"十二五"普通高等教育本科国家级规划教材

现代教育论（第四版）	黄　济　王策三	主编
比较教育（第五版）	王承绪　顾明远	主编
当代比较教育学（第二版）	冯增俊　陈时见　项贤明	主编
现代教学论基础（第二版）	裴娣娜	主编
课程论（第二版）	靳玉乐	主编
现代课程与教学论（第三版）	黄甫全	主编
小学数学教学论（第四版）	马云鹏	主编
教育法学（第二版）	尹　力	主编
教育经济学新编（第二版）	范先佐	著
心理学导论（第三版）	黄希庭　郑　涌	著
社会心理学（第三版）	章志光	主编
教育心理学（第三版）	冯忠良　等	著
教育心理学（第三版）	张大均	主编
心理与教育测量（第三版）	郑日昌	主编
国际贸易（第二版）	苏科五	主编

本书第一版荣获

第四届全国教育图书评比一等奖

"十二五"普通高等教育本科国家级规划教材

社会心理学

（第三版）

主　编　章志光
副主编　寇　彧

人民教育出版社
·北京·

图书在版编目（CIP）数据

社会心理学／章志光主编. —3版. —北京：人民教育出版社，2015.11（2021.3重印）
"十二五"普通高等教育本科国家级规划教材
ISBN 978-7-107-30679-2

Ⅰ.①社… Ⅱ.①章… Ⅲ.①社会心理学—高等学校—教材 Ⅳ.①G912.6

中国版本图书馆 CIP 数据核字（2015）第 263900 号

社会心理学

出版发行	人民教育出版社
	（北京市海淀区中关村南大街 17 号院 1 号楼　邮编：100081）
网　　址	http://www.pep.com.cn
经　　销	全国新华书店
印　　刷	北京天宇星印刷厂
版　　次	2015 年 11 月第 3 版
印　　次	2021 年 3 月第 6 次印刷
开　　本	787 毫米 × 1092 毫米　1/16
印　　张	39.5
字　　数	615 千字
印　　数	23 001～25 000 册
定　　价	55.30 元

版权所有·未经许可不得采用任何方式擅自复制或使用本产品任何部分·违者必究
如发现内容质量问题、印装质量问题，请与本社联系。电话：400-810-5788

第三版修订说明

中国梦是民族复兴之梦，是祖国富强、人民幸福之梦，其中包含许许多多、大大小小的各种梦，如科学梦、教育梦等。我们的教育梦的内容之一是希望编写出一本具有世界前沿水平，有先进理论观点和足够实证研究资料的，能说明较多社会现实的中国特色的社会心理学教材。经过二十多年的实践，我们深知实现这个梦想并非易事，也许需要几代人的奋斗和努力。我们现在所从事的仅仅是搭框架、添砖瓦，甘于为后人做铺路石的工作。

"老骥伏枥，志在千里。烈士暮年，壮心不已。"有壮心，何惧艰辛；然而岁月不饶人（主编已90高龄），力不从心，怎么办？办法是接力，年轻或更年轻的志同道合者同心协力，前仆后继，就能攀上那似无终极的科学高峰，梦想也必会成为现实。

这部全国通用的社会心理学教材，于1996年印行第一版。2006年，本书入选为教育部组织评定的普通高等教育"十一五"国家级规划教材，于2008年印行第二版，至今已累计发行近19万册。前年末，本教材又被列为"十二五"普通高等教育本科国家级规划教材之一，需要进一步修订，印行第三版。为此，我们首先组成了新的七人编写组（包括寇彧、金盛华、魏运华、刘力、杨宜音、李俏、章志光），并一致认同勤奋、踏实、细心、责任心很强的学者寇彧教授为本书的副主编，负责全面组织、审稿等工作。其次，分析了学科发展的近况及态势和本教材第二版的优缺点。经过查阅国内外文献资料与新近出版的教材，大家认为，自上次修订后的六年以来，本学科在广度与深度上都有所进展，特别是在内隐心理、社会行为动机、群体与群际关系、群际偏差与社会认同、社会经济地位与人的社会行为、脑神经机制以及社会心理学的应用研究与跨文化研究等方面（参见本书第15章）。但总体形势和我们在第二版修订说明中的情况大体相似，教材框架亦无太大变化。因此大家认为，本教材的总体例（包括总论、个体的社会心理、群体心理、应用四大部分）及各章命题和世界前沿水平是接近的，也还是可沿用的。此外，第二版教材的理论观点明确，引用的实证研究资料较多，有一定的佐证作用；理论联系实际的特点突出，尤其体现在论述应用内容的章节中。但是还存在一些不足之处，如篇幅过长、难点较多、新材料尚未补充，等等。为此，本次修订的原则如下：(1)保持总体框架不变，坚持前两版的编写原则，只做局部调整；(2)删繁就简，由原来20章减为15章，把烦琐、次要与难懂的部分删除、化简或加以概述；(3)添新汰旧，增加有创意的新研究，保留有历史价值的经典性探讨，去掉已过时的旧材料；(4)力求中国化，更多地采用我国学者的研究，联系中国实际。最后确定了具体的各章节题目，并对编写进行了分工。

经过一年时间，先后完成并讨论、修改了初稿，现将各章内容变化与更新的情况简述如下。

第一章，保留原貌。

第二章，保留原貌，删去难于理解和相对次要的"社会学的社会心理学理论新进展"一节。

第三章，在社会化概念的诠释上，增加了一些经典论述以及对社会意识与社会化问题的讨论，并增加了关于社会价值取向在社会化中的特殊意义的论述。在社会化机制部分，对社会化的亚社会认同机制中大社会、亚社会与社会化的关系进行了说明。在第三节的自我概念及其发展部分，增加了近年来最新的一些实证研究资料。但还有不足的是，由于研究资料的缺乏，未对"社会自我"（social self）的形成及其作用展开研讨。

第四章，在"社会认知偏差"中增加了对反事实思维的介绍与讨论；在"社会认知"中增加了社会认知的文化效应的内容。

第五章，新增归因的文化差异，归因训练的追踪研究，归因的前景理论，以及决策风格的经典分类。

第六章，删除"态度的测查"一节，新增"双重态度模型"（即内隐态度与外显态度）的内容及国内的相关研究。

第七章，基本保持原貌，个别题目做了修改。

第八章，保留原貌。

第九章，新增攻击行为的影响因素，包括遗传因素、脑神经因素、生理因素、家庭因素，并增加一些生物学实证研究证据。

第十章，根据最新研究成果修订了对亲社会行为的界定，以及亲社会行为的三种动机的阐述，增加了对"价值澄清法"的新评析，还新增了国内外一些新的实证研究和教育应用的内容。

第十一章，将原来的第十二章"合作与竞争"调整为现在的第十一章，并进行了体例和内容的修改。

第十二章，将原来的第十三章"从众、服从、依从"调整为现在的第十二章，并进行了体例和内容的修改。

第十三章，新增群体的特点、群体成员的相似性、个人与群体的关系等内容，较大幅度修改了原来的"群体的结构与功能"，加了社会惰化机制的集体努力模型和关于"冒险转移"与群体极化的新研究材料。

第十四章，新增关于偏见的本质、成因及干预措施的介绍，并对社会认同的概念进行更为系统化的阐述。

第十五章，对第一版和第二版有关社会心理学的应用的内容进行了压缩整合，通过健康社会心理学、环境社会心理学、文化社会心理学三方面集中介绍社会心理学的应用领域。

第三版参与修订的人员主要包括：章志光（北京师范大学心理学院教授、曾任中国心理学会常务理事，本书主编）；金盛华（北京师范大学心理学院教授、博士生导师，中国心理学会及中国社会心理学会副会长）；寇彧（北京师范大学心理学院教授、博士生导师，北京市社会心理学会副理事长，本书副主编）；魏运华（北京师范大学心理学博士，人民教育出版社副总编辑）；李俏（北京师范大学心理学博士，人民教育出版社总编室主任）；刘力（北京师范大学心理学院副院长、教授、博士生导师）；杨宜音（中国社会科学院社会学所研究员，博士生导师，中国社会心理学会前会长）。

第三版修订工作的分工如下：章志光负责第三版前言的撰写和审稿以及第一章、第二章、第六章的修订，金盛华负责第三章（与杨宜音合作）、第七章、

第八章、第十二章的修订，寇彧负责第三版前言的撰写及第四章、第五章、第九章、第十章（与何立婴合作）、第十三章的修订，魏运华负责第五章（与寇彧合作）的修订，李俏负责第十一章的修订，刘力负责第十四章（与杨宜音合作）的修订，杨宜音负责第十五章（与石林合作）的修订。

  本书自始至终受到了人民教育出版社领导与同仁的关怀与资助，及北京师范大学心理学院刘嘉院长的指导，谨致衷心的感谢。

  由于掌握的国内外资料不全、学术水平有限，编写过程中疏漏与错误难免，谨请读者指正并提出宝贵建议。

主　编　章志光
副主编　寇　彧
2015 年 8 月 30 日

第二版修订说明

岁月如梭,转瞬间,本教材初版出书不觉已历十载有余。

十多年来,世事纷繁。但在美国出现了三件与社会心理学有关的事值得一提:

一、后现代思潮的挑战。社会心理学家格根(K. J. Gergen)在1985年发表了 *Social Psychology and Phoenix of Unreality*(社会心理学与非现实的复活)和1988年在悉尼国际心理学会议上作了 *Toward a Postmodern Psychology*(走向后现代的心理学)的专题报告。帕克(I. Parker)于1989年出版了《现代心理学的危机》一书。他们对现代心理学进行了"反思"和"批判",特别是对实验法的否定,并指出它作为假设—经验取向的传统"尽管有着固守能力但已奄奄一息"。社会心理学要走出危机,就必须对其"范式"进行解构,要"通过采用新近出现的后现代文化材料同现代心理学脱钩",进行"重写"。一石掀起千层浪,这一挑战引起了心理学界不少人的震惊和深思。

二、近十年来,新的社会心理学教材频频出版。特别是在2005年,先后出版了 D. G. Myers 的 *Social Psychology*(8th Ed)和 E. Aronson 的 *Social Psychology*(5th Ed)。这些教材在美国的连续出版,说明它们属于经典教材。它们的特色是将基础研究和实践应用相结合,对经典研究和现代研究进展并重,使人感到现代心理学内容深厚,并不断在实践中持续发展。作为实证科学的现代心理学仍是心理学研究的主流。

三、社会学的心理学在研究的基础上形成不少新理论。如社会期望理论、社会比较理论、公平理论、权力依从性理论、社会认同理论、感情控制理论、要素理论、地位建构理论等。

以上事实说明：后现代心理学思潮虽然造成学界的一阵波涛，但还未能成为社会心理学领域的主流，人们仍在期望它能有后续的、有说服力的、有实效的研究出现。现代的社会心理学范式依然有强大的吸引力与潜力，其经典性的研究与新的应用性研究不断深化与扩大化，它的许多方面（包括方法）值得后来者学习。社会学取向的社会心理学研究在持续发展，显示社会心理学不同取向的研究均为社会发展所需，并将从多元走向统一，很有可能在不久的将来发展出一门真正多视角的新"社会心理学"。

本教材出版后受到广大读者和高校师生的欢迎，并获得第四届全国教育图书评比一等奖。这次又获准为普通高等教育"十一五"国家级规划教材，表明我国社会需要这样一本或多本不同体系的社会心理学教材。这次修改教材除遵循原版的四项原则之外，尤为注意"经典和现代研究并重"以及"加强联系实际"的两个方面。

这次修订，在原有十八章内容的基础上，增加了"合作与竞争"、"社会认同"、"应激与健康"三个新章。"合作与竞争"从原版"群体中的相互作用"一章中的一节独立成章，是因为我国面临社会转型时期，竞争与合作成为大家面临的现实。如有人说："竞争确实有利于资源的公平合理分配，比以前吃大锅饭好得多，但是竞争也是双刃剑，无序的竞争可能会导致科技资源的无效利用。在强调竞争的同时，要更强调有效合作"（李国杰，北京青年报2007年5月9日D2版）。显然，把社会心理学中对这一课题的专门研究作一番系统的介绍，应当说是必要与及时的。在激烈竞争的社会中，人们普遍感到来自社会的压力（stress）。一定的压力促使人们应激而奋力学习、工作，而过大的压力即超过承受能力的压力也会引起种种负面的、包括疾病在内的后果。"应激与健康"一章就是为回答有关压力的问题而添加的新章。关于"社会认同"是社会学的社会心理学研究的一个重要方面，加上这一章可使我们换一种视角去观察人与社会、人与他人互动的认知效应，以扩展思路。

新版的各章继续体现作者的基本理念，除个别章保留原貌和删去"消费与广告心理"一章外，其他各章均有所增减。现简述如下。

第一章，保留原貌。

第二章，增加了第五节社会学的社会心理学理论。

第三章，增加了自我概念与脑功能的关系等新知识。

第四章，增加了内隐社会认知的概念、研究内容和研究方法，并在内容小结中点出阿伦森在社会认知中提到的自动化思维与控制性思维现象。

第五章，对凯利的归因理论提供了近年验证的新线索；在归因的认知偏差中补充了"歪曲的思维方式"（如泛化、综合标定、过滤、极化思维、自责、个体化、看透心思、控制错觉、情绪性推理等）；在动机性偏差中对社会比较作了一些补充；在归因训练中提到了归因教育。

第六章，增加了R. E. Petty & J. I. Coeioppo等关于说服中的中心路径与周边路径的实验与观点。

第七章，增加了非语词行为表达情绪等研究资料。

第八章，增加了人际关系概念与意义的讨论。

第九章，增加了本能论方面新的神经、生物学研究证据。

第十章，增加了亲社会行为发生的三种理论：社会交换理论、社会规范理论、进化心理学理论；更系统地分析了影响亲社会行为发生的内外因素；还突出了"增多助人行为"的措施与教育。

第十一章，增加了社会惰化机制的集体努力模型和关于"冒险转移"与群体极化的新研究材料。

第十二章，"合作与竞争"为新增的一章。

第十三章，增加了少数人影响力问题的讨论。

第十四章，"社会认同"为新增的一章。

第十五章，作了部分删节，增加了"高影响力的领导者的三种类型（魅力型、交易型及转变型）"及"民族文化与领导行为"一节。

第十六章，其中以唐山地震及美国"9·11"事件为典型分别透析了自然灾害与社会灾害中人们的心态。

第十七章，"应激与健康"也是新增的一章。

第十八章，对"教育社会心理学的形成"及"教师期待效应"作了一些新的补充，另辟一节比较详细具体地阐述"合作学习"的新内容。

第十九章，增加了R. J. 斯腾伯格"爱的三角论"以及J. A. 李的爱情类型说，并结合我国实际介绍了婚后幸福感、冲突及离婚前后的心态。

第二十章，对于人为何会犯罪以新的视角从三方面（自由意志论、决定论、温和作用论）作了阐述，并增加了社会对犯罪行为的应对，以及犯罪者对刑罚、刑期与监狱的心理反应。

参加此次修订工作的有以下几位教授与专家，他们是章志光（北京师范大学心理学院教授、本书主编，负责第一章、第二章、第六章、第二版修订说明及第一版前言撰稿）、王二平（中国科学院心理学研究所研究员、博士生导师，负责第二章第五节撰稿）、金盛华（北京师范大学心理学院教授、所长、博士生导师，本书副主编，负责第三章、第七章、第八章、第九章、第十一章、第十三章撰稿）、魏运华（北京师范大学心理学博士，人民教育出版社编审、总编辑助理，负责第五章撰稿）、寇彧（北京师范大学心理学院心理学博士、教授，负责原由北京大学张志学教授撰写的第四章"社会知觉与印象管理"的修订）、何立婴（北京教育学院教授，负责第十章及原由北京大学张志学教授撰写的第十八章"教育社会心理学"的修订）、李俏（北京师范大学心理学博士，人民教育出版社副编审，负责第十二章"合作与竞争"撰稿）、石秀印（中国社会科学院研究员、博士生导师，负责第十五章、第十六章、第十九章、第二十章撰稿）、石林（美国西雅图市华盛顿大学心理学博士，北京师范大学心理学院副教授，负责第十七章"应激与健康"撰稿）、杨宜音（中国社会科学院社会学博士，中国社会科学院社会学所研究员，负责第十四章"社会认同"撰稿）。

本书内容比较丰厚，若教学时数不敷，主讲者可结合专业特点选择重点章节讲授，其他章节由学生自己阅读或讨论。

为了审阅与协调全书的内容，特成立了统稿小组，其成员有：章志光教授、金盛华教授、魏运华编审三人。

本书自始至终受到了人民教育出版社领导与同仁的关怀与资助，谨致衷心的感谢。

由于掌握的国内外资料不全、学术水平有限，编写过程中疏漏与错误难免，谨请读者指正与提出建议。

章志光
2008年2月

第一版前言

从两千多年前的亚里士多德到一百多年前的马克思都曾断言：人是社会的动物。个人一出生，就处于先前已形成的社会中，受到家庭、父母与成人社会的关照、教育与影响，从而学会与人沟通的言语，逐渐形成自我意识和人的心理、个性与依赖于群体的社会性。随着年龄的增长，参与社会活动的增多，个人也会更有意识地通过行动对他人、群体与社会发挥积极或消极的作用。社会决定和影响着个人，个人也能动地反作用于社会。个人一切心理与行为的问题大都可以找到社会的原因，而一切社会问题也多半和人们的社会心理与社会行为有关。一切正直的政治家、社会学家、教育家、艺术家以及关心人类有更美好生活的人士，都无非想通过自己所从事的领域发现社会规律来控制与促进社会发展，因而这里都涉及隐伏于人脑中的社会心理及行为动力的种种急需探讨的问题，而专门探索个体心理过程与机制的心理学家们又常常离开这个过程的社会动因及其社会效应而孤立地、去头截尾地进行研究，于是一门着眼于人在与社会交互作用中而产生种种社会心理现象（如态度、社会认知、吸引等）及行为（如侵犯、助人、合作与竞争等）的学科——社会心理学便应运而生，并按照社会实践的需求而发展起来。心理学家墨菲等（G. Murphy & J. K. Kovach, 1972）在《近代心理学历史导引》中说："今天的时代，社会心理学一只脚是站在实验科学的基础上，而另一只脚则处于社会变革的波涛起伏之中。它描述和对付那些错综复杂力量的任务是十分繁难的，即使这些力量是在一个远古社会中起作用的也同样；当科学家的显微镜集中到他自己所处的瞬息万变的社会细微构造时，那就可能使人望而生畏了。"由此可见，社会心理学的研究具有很重要的社会意义，但也相当困难和艰巨。正因为如此，它迄今既取得了许多成就，但也留下许多尚待考虑与探索的问题。玉成其事，任重道远。我们撰写这本书，主要是想做一点承上启下的工作，以便更好地推进这项工作。

社会心理学作为一种思想在我国已有两千多年的历史，如老子讲"信言不美，美言不信"的人的知觉思想，诸葛亮有关七种设定情景的"知人之道"，如"醉之以酒而观其性"等，尉缭子所谓"气实则斗，气夺则走"的士气论，孙子兵法中关于敌我双方互动的"诡道"等，它们虽然是思辨与经验描绘的产物，但至今仍不失光彩夺目。作为一种以实验研究为主的现代社会心理学，在我国起步较晚，并远远落后于西方的发展。近七八十年来，这门学科在美国有了飞速的发展，取得不少研究成果，形成或提出了不少新理论，如社会学习理论，社会交换理论，公平理论，认知一致性理论，归因理论，决策理论，场论，社会作用力理论，合理行动理论，人际行为三维理论，符号相互作用理论，角色理论，参照群体理论，等等。这些理论在本书中均有介绍，其是非曲直，尚可讨论、评价，但它们的确富于启发性。从科学无国界、一切科研成果都是人类共同财富的角度来看，一门学科在任何国家取得长足进步，都是可喜的事。1982年，我国人大五次会议批准的"国民经济与社会发展'六五'计划"中，社会心理学被正式列为要加强研究的学科，与此同时，又成立了中国社会心理学会。十多年来，全国会员与社会心理学工作者引进或翻译了许多西方和苏联的社会心理学的文献资料和教材，开展了一些类似的或独具特色的研究（如群体人际关系结构、归因与控制点、移情与亲社会行为、价值取向等方面的研究），编写并出版了多本社会心理学教材和包括社会心理学在内的词典（如《中国大百科全书·心理卷》、《教育大辞典·第5分册》等），应该说是有成绩的。现在，我们面临一个实际而尖锐的问题是：中国的社会心理学进一步要走向何方，是按西方的模式前进还是走自己的路？有人认为，既然我们要现代化，在经济、科技上都要力求与世界上先进的东西接轨，那么中国的社会心理学研究要想得到国际上的承认，也必须与西方社会心理学认同或部分认同，并在此基础上开展研究以发展自己的特色。但也有人认为，我们所探讨的对象是中国社会中的中国人，为什么采用的理论与方法却几乎全是西方的或西方式的？为了摆脱欧美核心国家借政经的优势行学术侵入之影响，应脱开现有的轨道开展中国人的"本土化"研究（indigenizational research）。接轨还是脱轨，两者各有利弊。接轨，可以批判地继承国外有关这门学科的丰硕成果，拓宽我们的思路，吸取一切合理的思想与先进的方法、技术，结合本国问题进行创新研究，以促使这门学科向前发展；但也有可能出现"全盘西化"，或成为外国社会心理学附庸的危险。脱轨，可以解放思想，不受西方社会心理学的体系、理论、概念与方法的束缚，采用自认为适宜的方法，重新去探索中国人社会心理中的一切特有的问题，去发现新的规律或建立崭新的理论，但可能需要几代人的努力，也有可能走弯路，如把社会学、民族学的探讨当成是社会心理学的研究，或侧重于社会心理内容、民族性的研究，而忽略人在互动情况下社会心理过程的探析等。当然如果有明智的决策，这些也不是不能避免的，但迫使我们要考虑的问题是：在当前实现现代化的历史条件下，社会心理学究竟应当继续走接轨之路，还是尽快脱轨走"本土化"的路子，或者既接轨又脱轨，即接轨中允许脱轨，脱轨是为了进一步接轨。换言之，大部分人可以走接轨之路，而另有一部分人抛开现有的社会心理学体系、理论与方法去搞"本土化"研究。这些都是值得我们大家认真思考的。但不管走哪条路，都需要对当前中国人社会心理进行研究，然后从这些研究中来判别哪些是接轨性的研究，哪些是脱轨性的研究，它们对中国社会心理学的理论建设与发展是否都有价值，从而形成一种有中国特色的社会心理学，并对全球性社会心理学的发展做出应有的贡献。

目前，最迫切需要的是联系中国实际，开展应用研究，并在此基础上进行理论创新的工作。科学应社会实践需要而产生，并在为社会实践服务中得到发展，这是由大量科学史实所证明了的至理名言。一门学科或一个课题，如果不顾及社会实践对它提出的要求或脱离实际而专注于纯粹学理的探讨，不管它说得有多高深，都会因不符合实际、不解决现实问题而受到冷落或被历史所遗弃。社会心理学也是如此。它在近代的兴起，除了母体学科——社会学、心理学——的渐趋成熟的原因之外，主要是由于欧美资本主义的发展以及由此产生一系列社会问题要求从人际互动的心理上找到解释所致。从美国的许多具体理论的建立过程来看，也大致如此。比如以拉塔涅（B. Latane, 1981）的社会作用力理论（social impact theory）的形成为例。他是从1963年在纽约发生一个青年妇女于38人在场时被杀而无人救助的案件中引起思考开始的。他依据场论思想，提出种种假设，经过一系列实验，发现"责任扩散"（diffusion of responsibility）的现象，并得出加强个人的社会责任心，能促进助人行为的结论。然后，他又把其他社会影响力的研究，如社会惰化现象（social loafing）、从众现象（conformity）等研究的结果加以综合，形成了一个包括三个基本原则（$I=f〔SIN〕$——社会作用力是影响者的强度、接近性和人数三者的乘积函数，即倍增效应（multiplicative effect）；$I=sN^t〔t<1〕$——作用源的作用力递减的边界作用；$I=f〔1/SIN〕$——社会作用力将因被影响者的人数、强度、接近性的增加而导致分散或减少）的新理论。这个理论的优缺点尚待评价，但它的创建过程颇有借鉴意义。现在不少年轻学生认为理论的创建很容易，它不需要经过艰苦、细致、长期的操作实验与调查研究，只要头脑来灵感就行了，这是很不实际的想法。这样产生的想法，作为一种设想是允许的，但不经过多方实证就自封为理论，它是不可能有生命力的。我在这里丝毫没有轻视理论思考的意思，只是想说社会心理学正确的抽象理论必须来源于社会实践（包括实验），并转过来为现实社会服务，经过检验、补充、修正直至完善。

中国是一个处于现代化进程中的国家，正在进行改革开放，由计划经济向市场经济转型，以建立有中国特色的社会主义。近年来，我们在各方面、尤其在经济建设方面取得了前所未有、举世瞩目的成就，人心总的来说是安定、乐观、向上的。这里有许多积极动人的社会现象，如：不少人为振兴中华艰苦创业，不惜清苦坚守岗位，不辞辛劳带动群体走富裕道路，不畏强暴见义勇为等；但同时也出现一些新的社会问题（如：分配不均、投资或管理无序、物价任意波动、假冒伪劣商品充斥市场、少数干部腐败、以及犯罪事件增多等）和由此引起的或潜存于上述问题背后的各种社会心理问题（如：一部分人对社会变革一时不理解、不适应而产生种种疑惑、不公平感、失落感、心理不平衡和信任感下降、社会焦虑增多，而另有一些人致富心切而滋生投机心理和见利忘义行为，等等）。所有这些社会行为和社会心理现象以及许多尚未提及的现象，都要求社会心理学通过研究来部分地给予说明，或提出积极的建议。如果我们能对这些问题展开认真和系统的实证研究，我想有中国特色的社会心理学必将建成，并会受到全社会的欢迎。

为了利于开展上述研究，或便于这门学科的教学，同时也为满足实际工作者应用已有成果的需要,对当前国内、国外(主要是西方)社会心理学研究的现状及有关理论进行比较系统的了解很有必要。我国已有几本译著或自编的教材,为什么还要再出版一本新的教材?理由是:

(一)更新内容。时代在前进,科研在发展,旧有教材所依据的版本或资料大多为70年代的作品,许多新的研究成果,如社会认知、决策、价值取向等都未涉及或谈得过浅,有的版本只是一本原著的翻版,而本书所参考的是多本80年代国外出版或再版的《社会心理学》,其中主要采用的是彭罗德(S. Penrod,1983)的 *Social Psychology*,弗里德曼等(J. L. Freedman,D. O. Sears,L. A. Peplau,1985,1989)的 *Social Psychology*,迈尔斯(D. G. Myers,1993)的 *Social Psychology*,布里格姆(J. C. Brigham,1986)的 *Social Psychology*,和费尔德曼(R. S. Feldman,1985)的 *Social Psychology:Theories Research and Applications* 等,以及90年代的文献资料。

(二)体现求实的精神。作者对一门学科与某些研究材料的评价或筛选都有自己的观点和标准。本书作者们认为社会心理学是一门古老而年轻,既有高深理论而又异彩纷呈,既有科学性而又带有许多争议(或说不够成熟)的学科,因此我们对前人或外人所有的理论都不采取全盘否定或全盘肯定的态度,在该肯定的同时也给予恰如其分的评价;而对于许多实验材料只要它的研究方法有独到之处、结论符合或比较符合实际,就予以引用。我们尊重研究者劳动的成果,甘冒"仰人鼻息"之险,在引用时都标出研究者的姓名,以便于读者查阅。

(三)力求"中国化"。一本社会心理学教材完全用中国的研究材料写成,在目前还不可能(因为它需要大量有水平的包括各种课题领域的研究成果作为依据,而在我国开展这方面实验研究的历史过短,研究者人数太少,其发表的文章在数量与质量上均有限),而且也没有必要,因为有些国外的材料是可以通用的。但一本翻译的教材只能忠实于原文,当然不会容纳中国的研究材料。为了克服上述矛盾,只能在自编教材中通过兼收并蓄来加以解决。本书的研究材料大部分来自于国外,但多数是经过我们的鉴别和筛选认为是较严肃和较符合实际的研究成果,其不足之处给予适当的评论或作为有争议的学术问题加以对待。学术上的是非往往是相对的,把一种研究结论或见解说成是绝对正确或绝对错误,不符合辩证法,它只能对读者起到禁锢思想和闭塞思路的消极作用。为了表明这些研究的普遍适用性,作者们常采取举例的形式来解释我们日常生活中的现象,并体现它能为我所用。其次,我们尽量把我们对社会心理学所持的观点和我国的某些实验研究材料纳入有关的章节中,如:第一章关于社会心理学研究对象的提法,是在分析了前人的许多定义之后得出的新看法,它不同于国内外以往的任何一种教材的定义;第二章中对四大学派新旧理论的评介也包含有作者们的观点和见解;其他各章也都或多或少地介绍了我国自己的研究成果,如第三章中引用了韩进之等人有关中国儿童青少年自我意识发展的研究(朱智贤《中国儿童青少年心理发展与教育》),第四章中提到陈仲庚、王登峰的"信息整合模型与中国人印象形成的特点"(《心理学报》1987.1期),第八章中提到章志光应用社会测量法对班集体中人际关系的研究(《心理学报》1982.2期),第十章中提到章志光有关"品德心理结构"的研究(《北京师范大学学报》1990.1期),第十三章中提到徐联仓、凌文辁等的"CPM领导行为评价"的研究(《心理学报》1987.2期)及俞文钊等关于"三维领导模式"等。当然,通过教材反映我国自己的研究成果,仅限于以上规模是远远不够的,但它是一种方向和开始,并将随着我国研究的扩大与深入得到充实与完善。

本教材是供高校开设社会心理学课程或具有同等学历水平的社会工作者自学用书。本书在编写过程中遵循以下几个原则:(一)思想性与科学性的统一。采用与论述的材料均有研究或实验作为依据,既做到忠实于原著,并按照"实事求是"和"历史发展"的观点予以评析,同时注意到使它们对我国现代化建设及社会生活健全发展起到积极的作用。(二)继承性与求新性的统一。任何一门学科都不能从零开始,它必须把历来优秀的研究成果(哪怕现在看起来很初浅的探索)吸收进来,但又不能停步不前,应着重将最新的成就或有意义的争论引入书内,使学科充满生气与新颖性。(三)理论性与应用性的统一。理论是经验与科学研究(包括实验)的总结,它又是新的问题探索和实际应用的定向物。而应用实践既是对理论的检验,又是促进理论发展的一种源泉。没有理论的指导就不会有自觉而深刻的应用实践,没有应用实践就会使理论显得空

第一版前言

洞而僵化。本书着重于理论阐述与实验的佐证与介绍，但也分别在各章、特别在后四章介绍了社会心理在商业、教育、婚恋和司法等方面的应用。（四）学术性与可读性的统一。教材不能成为描绘性的通俗读物，它应当有一定的学术深度（包括抽象的论述、概念和专门术语、数据等），但又不能成为百思不解的"天书"。本书有的章节从生活事例入手，导入理念和实验佐证；有的部分为便于理解概念和原理，通过举例来说明问题。而实验本身，尤其是设计巧妙的实验，既能很有力地阐明学理，又能生动地说明科学事实和提供研究方法的范例，所以本书着重于实验研究的介绍，特别对某些重点的或经典的实验刻意作较详细的介绍。与此同时，在文字上力求通畅，尽量做到深入浅出。

参加本教材撰写的都是有过社会心理学教学与研究经验的学者，他们是：章志光（北京师范大学心理学系教授，本书主编，撰写第一、二、六章，并审定全书），金盛华（北京师范大学心理学系教授，本书副主编，撰写第三、七、八、九、十一、十二章，并审阅部分章节），石秀印（中国社会科学院社会学所副研究员，撰写第十三、十四、十七、十八章），何立婴（北京教育学院心理学系教授，撰写第十章），张志学（香港大学心理学系博士生，北京师范大学心理学系讲师，撰写第四、十六章），魏运华（人民教育出版社编辑，北京师范大学发展心理学所博士生，撰写第五、十五章）。由于撰稿人各有所长，文字风格不一，但也使本书内容与形式丰富多彩，体现异曲同工之妙。

本教材内容比较丰富，如果教学时数感到不足，其中许多章节（如后五章或其他章中易懂部分）可让学生自学，然后集中作一、二次辅导、答疑；或依据大学生学习特点创造其他省时有效的教学方法。

作者们热望本教材能对我国社会心理学的发展和对社会主义现代化建设事业发挥积极作用，但由于水平有限，掌握的资料和察觉的社会现象不全，因此在阐述、分析和论评中出现片面、错误、遗漏均难于避免。谨请读者提出宝贵意见，以便在再版时予以修订，使之渐臻成熟、完善。

章志光
1995年3月

目录 Contents

第一章 社会心理学溯源、对象与方法/1
　　[内容提要]/1　　[学习目标]/1　　[关键词]/1
　　第一节　社会心理学的产生和发展/2
　　　　一、思辨期（社会心理思想早期积累阶段）/2
　　　　二、经验描绘期（社会心理学孕育或成型阶段）/4
　　　　三、实验期（社会心理学成熟与独立发展阶段）/7
　　第二节　社会心理学研究什么/10
　　　　一、分歧与争议/10
　　　　二、研究对象与学科性质/12
　　　　三、社会心理学与邻近学科的关系/16
　　第三节　怎样研究社会心理/18
　　　　一、社会心理学研究的方法原则/18
　　　　二、几种主要的具体方法/21
　　[要点小结]/27　　[思考与练习]/28　　[拓展性阅读导航]/28

第二章 社会心理学的派别及理论/29
　　[内容提要]/29　　[学习目标]/29　　[关键词]/29
　　第一节　行为主义学派的社会心理观及其新理论/30
　　　　一、刺激—反应理论/30
　　　　二、模仿论/32
　　　　三、社会学习理论/32

四、社会交换理论/33
　第二节　认知学派的社会心理观及其新理论/35
　　一、格式塔学派的理论/35
　　二、场论和群体动力学理论/36
　　三、认知相符理论和一致性理论/38
　第三节　精神分析学派的社会心理观及其新理论/41
　　一、精神分析理论/41
　　二、新精神分析中的社会学派别/43
　　三、人际行为三维理论/47
　第四节　符号相互作用学派及其新理论/50
　　一、符号相互作用理论的基本思想/50
　　二、角色理论/52
　　三、参照群体理论/55
　［要点小结］/59　　［思考与练习］/59　　［拓展性阅读导航］/59

第三章　社会化与自我概念/60
　［内容提要］/60　　［学习目标］/60　　［关键词］/60
　第一节　社会化的概念/60
　　一、社会化概念及其发展/60
　　二、社会化的特点/62
　　三、社会意识与社会化/65
　　四、社会化的基本目标/68
　　五、社会化与个性化/70
　第二节　社会化的心理机制/72
　　一、角色引导机制/72
　　二、社会比较机制/75
　　三、社会学习机制/77
　　四、亚社会认同机制/78
　第三节　自我概念及其发展/80

一、什么是自我概念/80

二、自我概念的功能/82

三、自我概念的结构/84

四、自我概念的发展/87

[要点小结] /92　　[思考与练习] /93　　[拓展性阅读导航] /93

第四章　社会知觉与印象管理/94

[内容提要] /94　　[学习目标] /94　　[关键词] /94

第一节　社会知觉及印象形成/95

一、社会知觉/95

二、印象形成/99

第二节　知觉他人与自我知觉/102

一、知觉他人的过程/103

二、知觉他人的内涵/108

三、自我知觉/111

四、社会知觉的偏差/116

第三节　社会认知：认识他人的高级过程/121

一、社会推理的步骤/122

二、图式在社会认知中的作用/124

三、认知启发/127

四、内隐社会认知/130

五、社会认知的文化效应/135

第四节　印象管理：控制他人的社会知觉和认知/136

一、对印象管理的理解/136

二、影响自我表现的因素/137

三、印象管理的策略/139

四、印象管理的识别/142

五、印象管理与文化/144

[要点小结] /146　　[思考与练习] /147　　[拓展性阅读导航] /147

第五章　归因与决策/148

[内容提要]/148　　[学习目标]/148　　[关键词]/148

第一节　归因及其理论/149
一、归因的概念/149
二、归因的理论/149
三、归因原则与归因偏差/155

第二节　归因风格和归因训练/166
一、归因风格及其测量/166
二、归因训练/167

第三节　决策的理论及其影响因素/170
一、决策的概念/170
二、决策理论/171
三、决策的主要影响因素/176

第四节　决策风格与决策技术/178
一、决策风格及其测量/178
二、决策技术/182
三、学生决策能力的培养/185

[要点小结]/186　　[思考与练习]/187　　[拓展性阅读导航]/187

第六章　态度及其改变/188

[内容提要]/188　　[学习目标]/188　　[关键词]/188

第一节　态度及其形成/189
一、什么是态度/189
二、态度的功能与作用/194
三、态度与行为/197

第二节　态度形成的理论/202
一、学习论/202
二、诱因论/204
三、认知相符理论/205

第三节　态度的改变/210
　　一、什么是态度的改变/210
　　二、态度改变的理论与模式/211
　　三、态度改变的研究/215
[要点小结]/234　　[思考与练习]/234　　[拓展性阅读导航]/235

第七章　沟通与人际吸引/236

[内容提要]/236　　[学习目标]/236　　[关键词]/236

第一节　沟通的意义与结构/237
　　一、沟通的概念/237
　　二、沟通的意义/238
　　三、沟通的要素/239

第二节　沟通的类型/243
　　一、语词沟通和非语词沟通/243
　　二、口语沟通与书面沟通/245
　　三、有意沟通与无意沟通/245
　　四、正式沟通与非正式沟通/246
　　五、个人内沟通与人际沟通/247

第三节　身体语言沟通/248
　　一、目光与表情/248
　　二、身体运动与接触/251
　　三、姿势与装饰/252

第四节　人际吸引的条件/255
　　一、熟悉/255
　　二、个人特征/256
　　三、相似与互补/261
　　四、爱情/263

[要点小结]/266　　[思考与练习]/266　　[拓展性阅读导航]/266

第八章　人际关系及其改善与测量/268

[内容提要]/268　　[学习目标]/268　　[关键词]/268

第一节　人际关系及其建立与发展/269
一、人际关系的概念与意义/269
二、中国文化下的人际关系特点/273
三、人际关系的状态/275
四、人际关系对行为的影响/276
五、人际关系建立与发展的过程/279
六、人际关系的深度/280

第二节　人际关系的原则/283
一、交互原则/283
二、功利原则/285
三、自我价值保护/287
四、人际吸引水平的得失原则/288

第三节　人际关系的改善及技术/290
一、沟通能力的自我提高/290
二、正确使用身体语言/292
三、人际关系改善的综合性心理学技术/294

第四节　人际关系的测量/296
一、社交测量法的原理/297
二、社交测量法的实施方法/297
三、图形法社交测量结果处理/302

[要点小结]/306　　[思考与练习]/306　　[拓展性阅读导航]/307

第九章　攻击和攻击行为/308

[内容提要]/308　　[学习目标]/308　　[关键词]/308

第一节　攻击的实质/309
一、什么是攻击/309
二、攻击的本能论/311

三、挫折—攻击理论/314
四、攻击的社会学习理论/317
第二节 攻击的影响因素/319
一、遗传因素/320
二、脑神经因素/320
三、生理因素/321
四、家庭因素/322
五、个体因素/323
六、社会角色与群体的影响/324
七、大众媒介的作用/325
第三节 攻击行为的预防与控制/326
一、完善社会惩罚机制/326
二、完善社会公平体系，有效化解社会矛盾/327
三、避免去个性化状态/327
四、引导个人进行理性的宣泄/330
五、培养与训练移情能力/332
六、培养成熟个性/333

[要点小结]/333　　[思考与练习]/334　　[拓展性阅读导航]/334

第十章　亲社会行为/335

[内容提要]/335　　[学习目标]/335　　[关键词]/335

第一节 亲社会行为概述/336
一、亲社会行为及有关概念/336
二、亲社会行为的三种理论/337
三、儿童亲社会行为的发展/342
第二节 亲社会行为的影响因素/344
一、情境/344
二、求助者/347
三、助人者/349

四、如何增多助人行为/352
　第三节　亲社会行为的实证研究/356
　　一、拉坦内和达利的干预模式/356
　　二、摩根和佩克的"助人的代价—报偿模式"/361
　　三、施瓦茨的利他主义模式/362
　　四、斯托布的移情实验/364
　第四节　亲社会行为与品德教育/367
　　一、群体影响与德育的作用/367
　　二、品德形成的三维结构/369
　　三、价值观教育/373
　[要点小结]/375　　[思考与练习]/375　　[拓展性阅读导航]/376

第十一章　合作与竞争/377

　[内容提要]/377　　[学习目标]/377　　[关键词]/377
　第一节　合作与竞争概述/378
　　一、合作与竞争的概念/378
　　二、合作与竞争的类型/378
　　三、合作与竞争的辩证关系/380
　第二节　合作与竞争的心理机制/382
　　一、合作与竞争的原因/382
　　二、合作与竞争的心理趋势/384
　　三、个体合作与竞争意识的发展/391
　第三节　影响合作与竞争的因素/395
　　一、相互作用的次数/395
　　二、奖励/396
　　三、信息沟通/399
　　四、威胁/402
　　五、社会文化因素/403
　　六、惩罚/404

七、其他因素/407

［要点小结］/408　　［思考与练习］/408　　［拓展性阅读导航］/408

第十二章　从众、服从、依从/410

［内容提要］/410　　［学习目标］/410　　［关键词］/410

第一节　从众/411

一、从众的概念与经典研究/411

二、从众的类型/414

三、从众的原因/415

四、影响从众的因素/418

五、少数人的影响力/422

第二节　服从/424

一、米尔格拉姆的权威—服从实验/424

二、服从的原因/427

三、影响服从的因素/428

第三节　依从/431

一、依从的目标/431

二、依据"一致"原则的依从策略/432

三、依据"互惠"原则的依从策略/433

四、依从诱导的其他策略/435

［要点小结］/437　　［思考与练习］/438　　［拓展性阅读导航］/438

第十三章　群体的基本过程/439

［内容提要］/439　　［学习目标］/439　　［关键词］/439

第一节　群体概述/440

一、群体的基本概念/440

二、群体的形成/443

三、群体的功能/446

第二节　社会助长、社会惰化与去个体化/447

一、社会助长/447

二、头脑风暴/451

三、社会惰化/452

四、去个体化/454

第三节 冒险转移、群体极化与群体思维/457

一、冒险转移/457

二、群体极化/459

三、群体思维/461

[要点小结]/465　　[思考与练习]/466　　[拓展性阅读导航]/466

第十四章　社会认同与群际偏见/467

[内容提要]/467　　[学习目标]/467　　[关键词]/467

第一节　社会认同/468

一、社会认同概述/468

二、社会认同的条件/472

三、社会认同的基本心理历程/473

四、社会认同研究的应用领域与理论意义/476

第二节　群际偏见/481

一、什么是群际偏见/481

二、千变万化的群际偏见/482

三、偏见、刻板印象与歧视/485

第三节　群际偏见的起因/486

一、群际偏见的社会根源/486

二、群际偏见的动机根源/490

三、群际偏见的认知根源/494

第四节　消除群际偏见/497

一、群际接触/497

二、"我们"与"他们"界限的重新划分/501

[要点小结]/503　　[思考与练习]/503　　[拓展性阅读导航]/504

第十五章 作为交叉和应用学科的社会心理学/505

[内容提要]/505　　[学习目标]/505　　[关键词]/505

第一节　社会心理学与健康/507

一、应激概述/508

二、应激与认知的关系/511

三、应激生活事件的研究/514

四、应激的应对/518

第二节　社会心理学与环境/525

一、环境—行为关系的理论/525

二、个人空间与领域性行为/530

三、都市环境/537

四、环保行为/539

第三节　社会心理学与文化/542

一、社会心理学的文化视角/542

二、多元文化与文化之间的互动/552

[要点小结]/556　　[思考与练习]/558　　[拓展性阅读导航]/558

主要参考文献/559

第一章　社会心理学溯源、对象与方法

【内容提要】

社会心理学是一门实证科学。它是应社会发展的要求，随着母体学科的成熟而逐渐形成和发展起来的。关于它研究的是一种什么现象以及应怎样去研究它的问题，始终是在争论和探讨中逐渐得到解答的。本章阐述了社会心理学的来龙去脉、研究的对象及其与邻近学科的关系，也评介了几种主要的研究方法。

【学习目标】

1. 了解社会心理学形成与发展的历史过程。
2. 领悟社会心理学的研究对象及其学科性质。
3. 掌握研究社会心理现象的几种基本方法。

【关键词】

社会心理　社会行为　交互作用　群体心理　实验法　相关法

在当代心理科学中，有两门主干学科最为人们所重视，其取得的成果既丰富多彩，又令人深思而颇具意义，它们就是认知心理学和社会心理学。前者是采用信息加工的观点来研究人类高级心理（主要是认知）活动的过程与结构系统的学科，后者则是从社会相互作用的角度来研究个体与群体的种种社会性心理活动的学科。

社会心理学的研究可以使人们更多、更深入地了解个体或群体的社会性心理活动怎样由社会条件引起和展开，并导致各种社会行为或社会问题的发生，从而有助于群体和社会对许多社会事件的预测、调控或疏导，有助于个人对自身某些心理活动（包括不平衡或失调现象）的理解和调节，以争取社会的相对和谐与进步。因此这门学科越来越为社会所关注,并引起人们的普遍兴趣。

社会心理学究竟是一门什么性质的学科?在讨论这门学科的对象与方法之前,我们先来简要地回顾一下它的产生与发展历程。

第一节 社会心理学的产生和发展

社会心理学作为一种思想有着漫长的过去,但作为一门现代学科只有短暂的历史。

社会心理学的产生与发展,按照霍兰德(E. P. Hollander,1971)的说法,大体经历三个时期:思辨期——在哲学怀抱中出现并积累社会心理思想的阶段;经验描绘期——在母体学科(心理学、社会学)中孕育并脱胎而成为具有最初学科形式的成型阶段;实验期——以实验、实证为主要方法开展大量研究,不断充实内容和形成多种理论而渐趋成熟的独立发展阶段。我们同意这种观点,并结合我国情况做下述介绍与补充。

一、思辨期(社会心理思想早期积累阶段)

人类社会一开始便伴随着许多社会心理现象:如氏族社会的人们由于对自然(天灾、疾病)与战争的恐惧而产生迷信并形成宗教,而后,宗族首领或统治者又利用宗教(仪式、禁忌)对个体的影响去调节人们的社会行为,以达到安定或统治的目的;许多游说者为了说服君主或追随者也常探索听众的内心奥秘等。有社会心理现象就会有社会心理思想。

在我国古代,有许多思想家提出过不少社会心理思想,如孔子关于判断人的善恶的社会知觉思想。他主张,不要因"乡人皆好之"或"乡人皆恶之"就说这人是"好人"或"坏人","不如乡人之善者好之,其不善者恶之"才是真正的好人(《论语·子路篇》)。孔子认为人以群分,善、恶群体对同一现象会有不同评价。所以了解人不仅要直接观察人的言行,还要依据不同性质群体对某人的相反评论来做出判断。如果"乡人皆好之",这个人很可能是个外观忠诚、实为不辨善恶的"乡愿"人物。关于人的知觉，诸葛亮认为："夫知人之性，莫难察焉。美恶既殊，情貌不一，有温良而为诈者，有外恭而内自欺者，有外勇而内怯者，有尽力而不忠者。""然知人之道有七焉：一曰，间之以是非而观其志；二曰，穷之以辞辩而观其变；三曰，咨之以计谋而观其识；四曰，告之以祸难而观其勇；五曰，醉之以酒而观其性；六曰，临之以利而观其廉；七曰，期之以事而观其信。"（《诸葛亮集·便宜十六策：知人性》）老子也认为人的内心与外部表现存在复杂关系，如"信言不美，美言不信"（《老子·元十一章》）等也是对如何判断人性的论述。此外，古代还有不少军事方面的有关士气和策略的论述，如"夫将之所以战者，民也。民之所以战者，气也。气实则斗，气夺则走。"（《尉缭子·战威第四》）又如孙子有关用兵的许多"诡道"，都是运用战争互动双方特殊的心理规律的思想。以上卓识不胜枚举，它们都是我国极为宝贵的社会心理学文化遗产，因此亟待挖掘。

在西方，被公认为首先提出社会心理学问题及主张的是古希腊的柏拉图（Plato，公元前427年—公元前347年）。他认为，宇宙是有理性的，人类灵魂的一部分是纯粹理性（即进入肉体的理念或对理念的回忆），另一部分是无理性的，包括生气勃勃的意志和贪得无厌的欲望。一个人的理性如能成为劝导者与指挥者来统率其他部分，他就是聪明的；意志经过教育与训练能坚决执行理性的教诲，知道什么要警惕和什么不用畏惧，他就是勇敢的；当欲望同理性融洽，接受其领导，他就是有节制的；当这三者彼此和谐，他就是正直的。人有了上述四种德性，他过的生活就幸福，达到至善。当他用这种伦理观与人性论去解决社会问题、提出政治理想时，社会心理学思想就变得很突出了。他认为，社会上有许多阶级，正如灵魂有各种部分与功能一样：受过哲学训练的哲学家或君主代表理性，应是统治阶级；军人代表意志，其职务是防御；而农业生产者、手工业者和商人代表低级的欲望，其职能是生产物质财富。这几部分人都能有适合其原有能力的职业，各司其能，安守本分，相互制约，和谐相处，一个国家就会有节制、勇敢、智慧，并且会实现正义。这样的社会就是一个完善的"理想国"。尽管柏拉图的先验论哲学观点、奴隶主的政治立场与乌托邦思想是许多人不认同的，但是他在两千多年前依据自己的心理学思想提出解决社会问题和协调人际关系的设想，不能不说是西方社会心理学思想的一种

"始创"。此后，还有许多哲学家也都提出了各自的主张，如亚里士多德（Aristotle，公元前384年—公元前322年）提出"人是社会性动物"和人有社会需求等主张。虽然许多主张与论述有的颇为深刻，但毕竟是零散的和思辨性的。

二、经验描绘期（社会心理学孕育或成型阶段）

社会心理学成为一门独立的学科，发生在19世纪中叶到20世纪初的欧洲。其历史背景是：第一，从17世纪的英国建立君主立宪政权（1640—1688），经过18世纪法国大革命（1789），到19世纪德国资产阶级革命（1848），为资本主义的上升时期。第二，革命与生产力的解放，推动着技术革新与科学进步，如自然科学出现了三大发现：动植物细胞的发现、能量守恒和转化定律的发现以及达尔文进化论的出现，从而也推动着思维科学（心理学）和社会科学（社会学）的发展。第三，资本主义的发展也带来许多新的社会问题，如城市人口的骤增所引起的道德、犯罪与竞争等问题，工商业与贸易的发达所引起的工人管理、了解消费者需求等问题，阶级矛盾与民族矛盾的起伏要求统治者了解舆论、群情和找到协调劳资关系和应对骚动的办法等。

不少有关人的学科也都提出了自身无法解决的社会心理问题，如语言学提出语言交际与心理（民族心理）相互影响的问题，人类学、考古学提出原始人的思维特点、民族风俗习惯形成的问题，犯罪学提出违法行为的社会原因与心理原因问题，医学提出社会致病因素和催眠术中人际暗示与心理调控的机制问题等。最为突出的是心理学和社会学两门学科中出现了民族心理学和群众心理学两种新的研究动向与发展趋势。

19世纪中期，心理学是从个体心理学发展起来的。洛克（J. Locke，1632—1704）、休谟（D. Hume，1711—1776）等人的联想主义（认为个体的心理是观念的联合或联想）在其中占统治地位。1824年，德国心理学家赫尔巴特（J. F. Herbart，1776—1841）首先宣称心理学是一门科学，反对沃尔夫（C. Wolff，1679—1754）的官能说，主张利用观察和计算的方法来研究观念及其关系，试图建立观念如何相互吸引与排斥的动力学，以此来说明各种事物、知识只有与意识中的观念有关才能进入意识，形成统一的概念。他对费希纳（G. T. Fechner，1801—1887）的心理物理学和弗洛伊德（S. Freud，1856—1939）的精神分析产生过影响，但他否认心理内容的客观来源和心理本质的可知性，因而无法解决个体心理的社会性以及种种社会心理问题。1859年，德国哲学家拉扎勒斯（M. Lazarus，1824—1903）和语言学家斯汤达尔（H. Steinthal，1823—1893）创办《民族心理学和语言学》杂志。他们在序言中首次提出，历史的主要力量是人民或"整体精神"（all geist），它通过艺术、宗教、语言、神话与风俗习惯等表现出来，而个体意识仅是它的产物。他们要求从心理学方面去认识民族精神的本质，揭示其活动的规律。接着实验心理学创始人冯特（W. Wundt，1832—1920）在1863年首先阐述并发展了上述思想。冯特认为，心理学应由生理心理学和民族心理学两部分组成。前者是实验学科，后者是经验学科。对于高级心理过程及人类共同生活方面的复杂精神过程，如语言、神话、风俗习惯、艺术等，应当用经验描绘的方法进行分析研究。冯特本人花了40年的时间研究前者，用20年的时间研究后者，并于1900年出版十卷集的《民族心理学》。民族心理学的提出和德国当时封建割据、战争不断及资产阶级要求民族统一的历史背景有关，也受黑格尔关于"民族精神"的哲学思想和赫尔巴特关于"灵魂统一"的心理学思想的影响。尽管它的理论基础与结论都存在问题，但它提出了在个体意识之外还存在着某些左右个体意识的群体心理的东西，对此应采用不同于实验的其他方法来加以研究，这对于社会心理学的产生颇有影响。

在19世纪后半叶的法国，许多社会学家出现了研究群众心理的热潮。社会学的创始人孔德（A. Comte，1798—1857）在1838年首先使用"社会学"（sociology）一词。他认为，要达到改造社会与组织社会的目的，就必须去认识社会规律，就需要通过实证（科学观察和经验）的方法建立社会学。社会静力学研究社会事实、社会存在的规律和社会秩序；社会动力学则研究社会演化、促进社会的进步。接着，塔尔德（G. Tarde，1843—1904）主张社会学的研究对象是人的心理。他认为，人类社会生活是一个发明、模仿、冲突和适应的过程；占人口1%的发明者是一切进步的源泉，其余99%是带有服从心理特点的模仿者，是被统治者。国家的权力、法律就是在这种服从心理的基础上建立起来的，是为了协调冲突，使人们适应而存在的。他于1890年著有《模仿律》，1898年出版《社会心理研究》，后者是最早以"社会心理"命名的社会学书籍。另一位法国社会学家涂尔干（E. Durkheim，或译迪尔凯姆，1859—1917）认为社会学要研究的不是个人心理，而是独立于个人之外的一种社会事实或"集合表象"（assemblage representation），如道德、宗教等，它带有外在性与强制性（迫使个人接受或遵从），有自己的社会原因。这个主张对后来社会学倾向于研究群众心理有一定影响。其后是勒邦（G. Le Bon，1841—1931），他认为，人的任何聚结都是"群众"；它主要是一种"感情现象"。个人在群众中的行为特点是失掉个性（易受冲动），表现为感情作用大大超过理智作用（易受暗示），根本丧失理智（行为不合逻辑），失掉个人责任感（对情欲失控）。由于群众从来是无秩序、混乱、盲动的，常表现出病态现象，因此需要有"领袖"，而优秀分子可履行领袖职责，然而领袖人物又往往有迎合心理。为了解决群众暴动的问题，他主张应对上述现象开展研究。他对法国大革命时期的群众行为与领袖人物的心态做了系统研究，虽然他荒谬地把群众的革命运动说成是非理性行为，但他提出个人和群众相互作用的命题，又是有意义的。他于1895年著有《群众心理学》一书，1913年还著有《革命心理学》。

这个时期最有意义的事件，是1908年在英国伦敦和美国纽约同时出版了两本书：一本是英国心理学家麦独孤（W. McDougall，1871—1936）的《社会心理学导论》；另一本是美国社会学家罗斯（E. A. Ross，1866—1951）的《社会心理学》。

麦独孤主张"社会心理学必须说明个人心理的天赋倾向与能力如何形成社会上一切复杂的精神生活；反之，这种生活又如何影响个人天赋倾向与能力的发展与表现"。麦独孤是个本能论者，他认为人类有14—18种主要本能以及与之相应的情绪，由情绪结合而发展起来的是情操，当情操加上后天以一定对象为中心而形成的理想观念，便产生能控制行为的意志力。如他说："国家的危亡，引起惧怕；国家的耻辱，引起愤怒；国家的光荣，引起自豪；国家的亲切，引起爱护。而这些惧怕、愤怒、自豪、爱护等情绪都是跟避害本能、争斗本能、自显本能及亲爱本能密切关联的。正是这些本能及相应的多种情绪，跟国家这个对象的观念联合在一起，就形成了爱国的情操与态度，成为驱策我们产生爱国行为的动机"。他认为本能是社会行为的原因，"是人类所有一切活动的推动者",也是个人品格与民族特性形成的基础。他还运用这种观点解释了不少群体现象,如社会团体能保持有组织、有连续性,主要是由于其成员有"自尊情操"的特性,而这种特性是在人们相同的自显本能和服从本能联合的基础上加上种种经验的结果。麦独孤的生物还原主义,虽然受到许多心理学家,如邓拉普(K. Dunlap,1919)和伯纳德(L. Bernard,1924)等的指责,然而他关于社会心理学应研究在社会情境下个体的社会心理与社会行为的主张及有关意志的个别论述(如"意志是在以较弱的理想冲动对较强的低级欲望冲动进行斗争而终于取胜的过程中实现的"的论点)对后来的心理学家(如皮亚杰等)都有影响。

罗斯是集社会学家研究群众心理之大成者。他主张社会心理学研究由人类结合而产生的心理面(psychic planes)和心理流(psychic currents),前者是指人与人之间一致的静态心理,如语言、信仰、文化、风俗等;后者是人与人之间一致的动态心理,如群众在骚动时心理的变化、军队溃败时人心慌乱的状态、工潮扩大时同情与愤慨的情况、宗教推广与迷信蔓延时的心理状况等。无论是心理面还是心理流,都是个人与其周围社会的心理相互作用(psychic interplay)的结果。这种相互作用有两种情况:一是社会优势,即社会力量及多数人对个人有决定性的影响或有目的的社会控制(如时尚、舆论、谣言的影响,或开展讨论、调停等方式);二是个人优势,即非常人物,如发明者、领袖等个人对社会、群众的影响或改造社会的作用。罗斯的《社会心理学》注重对风尚、习俗、暗示性、模仿性、群众与暴众心理的阐述,以及关于冲突、讨论、调停、舆论、谣言等现象的探讨,并强调对群众行为的控制方法。罗斯的上述研究偏于经验总结与描述,但其注重研究社会实际问题的倾向、主张社会心理学应研究群体心理和人际心理相互作用的现象以及建构独树一帜的学科体系,对社会心理学的发展颇有影响。

三、实验期(社会心理学成熟与独立发展阶段)

20世纪初期,第一次世界大战之后的美国,一方面经济未受破坏而得到迅速发展,另一方面也伴随出现经济危机和产生大量失业、罢工等社会问题,从而为社会心理学开展问题研究提供了新的动力。同时,"本能论"受到批判后，行为主义与格式塔理论等一度兴起，特别是它们采用实验方法建立实证学科的设想很具吸引力，从而促使一些社会心理学家，特别是美国的社会心理学家，为克服方法论上的缺陷而展开实验研究的尝试，结果引起了这门学科的巨大变化与发展。

这里应提到几位先驱者。

特里普利特（N. Triplett，1897）做过"在定速与竞赛中的动力因素"的实验，发现单独骑自行车的速度比一群人一起骑自行车的速度慢20%；后来又以10—12岁儿童为被试，进行卷钓鱼竿线的对比实验，发现群体合作比个体独作的效率高10%，因此认为合作比独作能促进工作效率。他第一次表明社会现象可以通过实验方法进行研究，所以颇具意义且有一定的影响。

德国人默德（W. Moede，1888—1958）于1920年在莱比锡首次出版《实验群体心理学》小册子，提出用控制变量的实验方法研究群体对其成员的思想、感情、行动的影响，并介绍了1914年所做的竞赛中的群体效应实验：17个儿童被试，先测知个人拍球速度与成绩，然后将被试置于团体比赛的情境中，发现其中9个成绩差者出现增量，原来成绩优者出现减量。研究者认为，前者是由于社会助长作用（在团体中受他人速度加快的影响），后者是由于缺乏对手和态度松弛所致。为证明这一设想，他把成绩优者抽出来另组团体比赛，结果出现了明显的社会增量，于是他认为态度是影响社会助长作用的一个重要变量。

奥尔波特（F. H. Allport，1890—1978）受到默德等的影响，在哈佛大学继续进行了一系列团体效应的实验，并进而证明：如果在群体中进行更复杂的推理过程，一般虽也增量，但会减质。最有意义的是他集拢了许多实验材料，于1924年出版了教材《社会心理学》，被看作现代社会心理学的开端。这本书在当时影响较大，主要因为它具有下述特色。第一，明确提出社会心理学研究的对象不是集体心理（collective mind）或群体意识（group consciousness），而是有关社会情境中的"个人的社会行为及社会意识"。奥尔波特认为群众激动产生情绪，实际上是群众中的个人激动；由于没有群体头脑，因而也就不存在群体心理。这个表述代表了当时美国相当一部分心理学家对社会心理学的观点，它持续地支配着后来的社会心理学的研究范围与课题。第二，用行为主义

（反射）的观点解释个人社会行为的发生、发展及其多种形式。奥尔波特否定麦独孤的本能论，但不否认先天反应的存在。他主张把行为分析为遗传成分与习得成分，认为一切社会性行为都是在社会环境的影响下，由于条件反射的作用而学会的，因此他比较强调社会环境的控制、教育指导与训练的重要性。他在运用刺激—反应理论研究社会行为的同时，并没有放弃心理分析。他认为弗洛伊德学说中虽有许多武断成分，但其中所发展的某些心理事实（如社会冲突与心理防御机制）对于人性的了解很有价值，因此加以引述。第三，重视和强调定量的实验研究方法，并介绍了自己和他人的许多以实验法进行社会行为（如社会助长）研究的成果。这样做不仅增强了论述的科学性与说服力，而且向后来者表明用实验法广泛研究社会心理学问题的必要性与可能性。第四，以特有的体系比较系统地阐明了社会心理学的问题。该书设导言（包括学科对象），第一篇"个人的社会方面"（包括人类行为的生理基础、基本的活动——遗传的及习得的、感情与情绪、人格——社会性的人、人格之测量5章）；第二篇"社会的行为"（包括社会行为的性质及其发展、社会的判断——语言与手势、社会的刺激——颜面和身体的表情、对于社会刺激的反应——简单的形式、在团体中对于社会刺激的反应、在群众中对于社会刺激的反应、社会态度与社会意识、社会适应、社会行为对于社会的关系9章）。

奥尔波特这本著作的问世，对促进社会心理学开展实验研究起着颇大的作用，其有关对象、方法、研究范围的观点与体系几乎统治了美国当时的社会心理学，甚至迄今还有影响。1931年，两位墨菲（G. Murphy & L. B. Murphy）又把当时通过实验室实验法与有控制的观察法等对社会心理学所做的许多研究汇集起来，出版《实验社会心理学》，从而大大推动社会心理学向更加科学化的方向前进。

一个多世纪以来，美国的社会心理学发展迅速，不仅研究成果累累，方法众多，而且形成了不少新领域、新理论和新学派。据1979年史密斯（S. S. Smith，1980）对美国主要社会心理学刊物发表文章课题的统计，研究最多的要属"归因"（59篇）和"态度和态度改变"（50篇），其次是"社会和人格发展"（44篇）、"认知过程"（41篇）；其他如"吸引和合群""侵犯""助人""群体过程""非言语沟通"等也有相当数量，课题领域甚为广泛。

中国社会心理学在 20 世纪 50 年代以前作为一门独立学科曾存在过。如 20 世纪 20 年代翻译出版了 G. 勒邦的《群众心理学》、麦独孤的《社会心理学导论》和 F. H. 奥尔波特的《社会心理学》等重要著作的译本。中国学者自己也编写了一些社会心理学著作，如陆志韦的《社会心理学新论》（1924）、陈东原的《群众心理学 ABC》（1929）、潘菽的《社会心理学基础》（1931）、高觉敷的《群众心理学》（1934）、张九如的《群众心理与群众领导》（1934）等。特别是 1944 年，孙本文编著出版的大学教科书《社会心理学》，在详尽介绍西方研究与联系中国实际方面做了有益尝试。在研究工作方面，张耀翔进行过民意测验、情绪测验、国人之迷信以及广告等项研究，陈鹤琴研究了婚姻问题，萧孝嵘等研究了战时心理建设问题，等等。

20 世纪 50 年代，在苏联否定社会心理学的思想影响下，中国也否定了社会心理学，中国的社会心理学停顿的时间比苏联要长。直到 70 年代后期，社会心理学的合法地位才得以确立。1982 年，在全国人民代表大会第五次会议批准的《国民经济与社会发展"六五"计划》中，社会心理学被正式列为要加强研究的学科。与此同时，又成立了中国社会心理学会。30 多年来，全国社会心理学工作者引进或翻译了许多国外特别是西方的社会心理学的文献资料和教材，开展了不少类似或独具特色的研究，发行了两本有影响的杂志《社会心理研究》（北京）与《社会心理科学》（天津），编写并出版了多本社会心理学教材和包括社会心理学内容在内的大型词典。20 世纪 80 年代至 21 世纪的今天是中国社会心理学蓬勃发展的时期，应该说是取得了一些成绩的。这些研究成果将有选择地在本书中予以介绍。

第二节　社会心理学研究什么

一、分歧与争议

社会心理学是研究社会心理的学科，似乎是不言而喻的，但同时又存在许多不同的见解、分歧与争论。如西方部分社会学家认为，社会心理学是"研究社会文化的主观方面"的学科（W. I. Thomas，1904）；"研究社会现象中的静态心理（如文化、信仰、风俗等）和动态心理（如工潮中的群情，战争中的人心慌乱以及迷信蔓延时的心态等）"（E. A. Ross，1908）；或"研究社会群体的起源、发展、结构和功能所包含的心理因素"（C. A. Ellwood，1917）。总之，他们都主张研究社会生活和群体中人际互动的心理共相。但相当多的西方心理学家认为，社会心理学应"研究个体在社会情境下产生社会行为的动机、情操与意志力，以及它们如何形成社会上一切复杂的精神生活"（W. McDougall，1908）；"研究个人的社会行为与社会意识"，所谓"社会行为"，即"能刺激他人或本身是对他人行为的一种反应"，而"社会意识"指"对社会事物及社会反应的意识"（F. H. Allport，1924）；"研究与各种社会刺激相关联的个体的经验与行为"（M. Sherif，1948）；"试图理解与解释个体的思想、感情和行为是怎样受到他人实际的、设想的或隐含的存在所影响"，所谓三种存在分别指真实的他人或事物、想象中的他人或事物，以及隐藏在他人或事物中的社会因素，如地位、身份等（G. W. Allport，1968）；"研究个体受社会情境影响的方式"（S. Worchel & J. Kopp，1976）。总之，他们都一致主张研究个体怎样在社会情境或因素影响下产生各种心理及行为。此外，也有的社会心理学家避开了个体或群体、心理或行为，认为"社会心理学是研究社会相互作用的科学"（J. H. Davis，1976；D. J. Bem，1979）。在我国也有类似的争论和不同的提法，关于此的探讨还在继续。

界定一门学科的研究对象，涉及一门学科是否有独立存在的权利、学科性质（属于社会科学、自然科学或边缘学科）及研究领域的宽窄范围和重叠等问题。研究对象如果不明确，就会影响学科发展的速度与前景。因此，很有必要予以探讨和加以确定。

有人问，一门公认的学科，为什么研究对象仍待界定？科学的形成与发展总是遵循一种内在逻辑的。人们先依据社会实践的需求展开对许多具体问题的研究，到了一定的成熟阶段，就有人出来加以综合、系统化或建构学科体系，并试图界定其研究范围与明确其对象；接着又有许多人遵照学科规定开展研究，随着研究问题的扩大或缩小以及学科的进展，它又会引起学者们更深入而细致的思考、争议或达成共识。循环往复，对学科对象的认识由不全面而渐至全面，由相对真理逐步接近绝对真理，这大概也是关于社会心理学研究对象的争论不断出现的一种必然性。下面，本书作者将谈谈自己的观点。

二、研究对象与学科性质

依据社会实践和理论发展的需求，依据科学分工的要求和本领域研究的进展情况，可以把社会心理学看成是一门介于社会学和心理学之间、并有自己独立研究对象的边缘学科。它要涉及但不专门去研究社会学所要研究的对象，如社会结构、制度、意识形态和社会发展动力等现象；它也要涉及但并不专门去探讨个体心理活动的基本形式、生理机制及产生、发展的一般过程，它所要研究的是人（包括个体与群体）在与社会交互作用中的社会心理现象及其从属的社会行为。

现就上述研究对象的界定分三点加以说明。

（一）社会心理与社会行为

人是社会性动物。在原始社会，人为了生存必须与他人、群体成员协同活动，从事狩猎、捕鱼、农耕等活动，以及与自然灾害或外族入侵进行斗争。随着生产力的发展与分工的精细化，随着商品交换与集市贸易的扩大，随着生产关系和社会制度的确立，国家的形成与国际关系的复杂化，人的行为也越来越带有社会性，即既受社会事物、情境所影响、制约与唤起，也对他人、群体与广大社会发生直接或间接的影响。

社会行为（social behaviour），就是由社会因素引起的并对社会生活发生影响的行为。这里不仅有各种群体（如社团、企业、国家机构）中的决策性行为，建设性或破坏性的重大行为，也有日常生活中种种人际交往和相互影响的屡见不鲜的行为，如合作与竞争、吸引或拒斥、助人或侵犯等。它们对社会可能起到巨大的积极作用或消极作用，也可能仅有微弱的影响。但人们总是通过对各种社会行为的直接观察来了解社会或发现社会问题，并力求从引发这些行为的社会原因中找到问题解决的办法。

事实上，社会原因与社会行为之间并不是直通的，这里还存在一个极为复杂而多样的中介环节——社会心理的活动过程。比如，人们走在大路上，忽然从背后传来一阵刹车声，人们一惊回望，见一老人躺卧在车轮旁，便知是出了交通事故。这时，社会情境是相同的，但观望者往往会产生不同的社会行为：

有人赶紧走自己的路，有人冷眼旁观，有人采取救助行动（如拨打急救电话、拦车将老人送医院、招人来帮助……），有人先犹豫后加入抢救行列等。为什么会出现上述行为各异的现象？这是因为引起观望者行为的原因，除当时相同的客观社会情境外，还存在着观望者不同的社会心理，如人们由于不同的经历产生不同的社会认知（认为是需抢救的危急事件，或认为是恶作剧，或认为是交警会处理的一般事故，或认为自己赶路要去完成的事更重要……），不同的助人信念、社会责任心、价值取向等所激起的不同动机、态度、体验和意向，不同的应急能力和决策考虑等。这种社会心理活动，不仅和当时的情境有关，更主要的是和过去形成的意识状态有关。这些意识活动是人们长期和社会相互作用，接受和积累各种日常生活和历史传递的经验、了解包括人际关系在内的社会关系而形成的，并和人格特性相互联系。所以，社会心理（social mind）是指由社会因素引起直接或间接地反映社会事物及社会关系并对社会行为产生导向作用、对社会发生影响的心理活动。（相关阐述见图1-1）

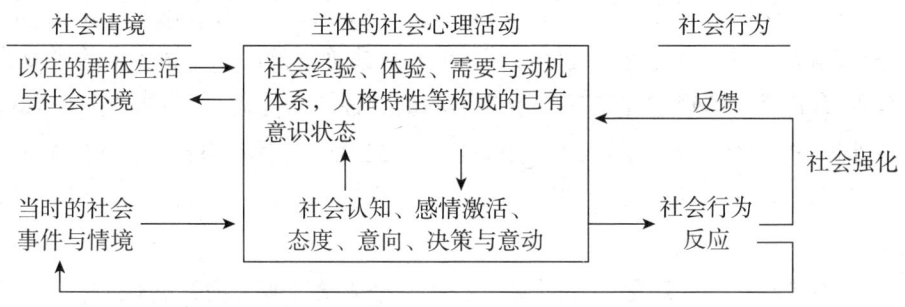

图1-1　社会心理的发生

要想预见人们的社会行为，或想解决由社会行为所引起的社会问题，就必须去探索在外部社会情境（包括他人行为）和主体社会行为之间的中介环节——主体的社会心理活动的过程及其规律。无论是个人还是群体的社会行为，如果脱离主体作为启动和持续影响环境的社会心理活动，它就会难以理解；同样，社会心理活动如果不结合作为心理窗口或来源之一的社会行为来加以研究，它也是无从知晓的。两者关联紧密，但又有区别。社会行为是外显的、客观存在的，而社会心理是内隐的、主观存在的。有时存在着活跃的社会心理活动，但往往并无或不立即有社会行为表现，而有的相似社会行为却往往是多心理原因的,还可能是真实社会心理的伪装。社会行为是行为科学的主要研究对象,而社会心理则是社会心理学的主要研究对象。尽管研究社会心理现象,不能离开对社会行为的观察与分析,甚至把它作为社会心理活动的客观指标来对待,但社会心理学的主要研究对象,不是行为本身,而是隐藏在行为背后且尚未完全揭开的社会心理活动过程及其规律性。当然,把某些社会行为作为考察心理活动的入门,或当作心理活动的结果来加以分析则是无可非议的,因而把社会行为看作是社会心理学的从属对象也是允许的。

(二) 个体心理与群体心理

个体(individual),在这里是指具有人的普遍自然属性与社会属性并能以单独的形式活动而有个性的实体。群体(group)则指由某些基于相同或相似的社会原因、心理或目标的人以特定的方式组合在一起进行活动且相互制约的共同体。

群体是由许多个体组成的,而每个个体从出生起至去世也总是群体(家庭、学校、社团、工作单位)的成员,它一旦离开群体,就会丧失社会性。两者密切相关,但又有区别。群体,其功能和效能绝不是许多个体能量的机械总和,它有自己质的规定性,有与个体不同的特性。马克思说过的"12个人在144小时的总劳动日中共同劳动,比12个孤立的劳动者各自做12小时,或1个劳动者每日做12小时连续做12日,会能供给一个更大得多的总生产物",指的就是这种质差现象。

个体具有社会心理是不言而喻的,其中包括已被研究的社会认知、归因、决策、喜爱、态度与行为意向、价值取向等。它们是个体与现实社会环境相互作用的产物,其引出的行为是社会生活的重要组成部分,也是构成社会问题的主要方面。因此,把它们作为社会心理学的研究对象是理所当然的事。而群体是否也有某些不同于个体的社会心理现象,如果有,它能不能成为社会心理学研究的对象,则是个长期有争议的问题。

众所周知,群体中存在着人际关系与上下左右的交往,以及由此而产生的种种特有的社会心理现象,如群体气氛、士气、凝聚力、社会助长、社会惰化、群体思维和群体决策中的极端转移以及仿效、感染、从众、引拒、竞争、协作、相容、冲突等。所有上述现象在个体单独活动时一般不会出现,而只有在群体中才会发生并为个体所感受到。F. H. 奥尔波特认为，"意识之发生，系决定于神经构造；而神经系乃为个人所有，并无有一种群众的神经系"；"所以除了属于个人的意识外，一概没有什么群体意识（group consciousness）"。这句话前一半是对的，而后一半的推论是站不住脚的。我们认为，个体心理是头脑的机能，是外部世界的主观映象；而群体心理则是普遍存在于全体或大部分成员头脑中，反映群体特点和特定社会关系的共同心态或占优势的心理倾向。如果说研究个体心理活动必须结合头脑机制来进行考察的话，那么研究群体心理活动则应更多地结合社会环境、群体结构特点及人际关系与交往情况来进行探讨。

群体心理和个体心理的关系正如群体与个体的关系一样，它们既有联系又有区别。如果不存在个体心理，也就不会有群体心理；但群体心理作为一种特有的心理现象也不断制约与影响着个体心理。一个忧心忡忡的人一旦进到一个欢乐的群体，很快地就会变为宠辱偕忘、心旷神怡者；相反，一个欢快的人偶然迈入一个充满悲怆的追悼群体，哀悼之情也会油然而生。一个人如果离开了群体，疏远了群体心理的影响，其个体心理便会失去重要来源，从而出现孤寂、简单或不近人情等现象。

19世纪，实验心理学家冯特提出研究"民族心理学"（folk psychology），20世纪完形派心理学家勒温（K. Lewin，1890—1947）主张开展"群体动力学"（group dynamics）的研究，都是对社会心理学应研究群体心理的创议。多年来，群体心理的研究已广泛展开，成果颇多，且有应用价值。所以，社会心理学不应再囿于学科偏见，只限于个体心理的研究而排斥群体心理的探索。况且现在不少社会心理学教材都已把群体动力学列入体系中，可见，任何人都无法阻挡学科发展的趋势。我们在对象定义中用包括个体和群体的"人"来表示活动主体，就是这个意思。

（三）社会交互作用与交往

社会交互作用（social reciprocity）是指人和社会（包括社会成员、群体及社会事物）相互联系、相互影响、相互制约的现象。它与东方社会常用的"交往"或俄语"общение""взаимодействие"等词的含义接近。不过，交往（social contact）更多地是指人与人之间的人际接触，以及由此形成或潜存在其中的人际关系；而社会交互作用则不限于人际相互作用，它还包括人与群体，以及两者与结构性社会之间的相互联系、彼此影响。社会交互作用包括人与人之间信息、情感与行为的交流，如相互沟通（intercommunication）、人际吸引（interpersonal attraction）、互动（interaction）等，同时也包括个人通过群体或媒体接受社会的要求与号召，或通过参与群体行为去影响社会的发展。不论是个体还是群体，其社会心理都是通过社会交互作用而产生、并进行不断调控与得以发展的。比如，人通过沟通接收、形成并传递信息；通过移情（empathy）体验、调节或表达自己的情绪、情感；通过互动感受对方的作用力、调控自己的行为意向以做出应答；并使人际关系和社会关系得到建立、调整，以实现个体、群体与社会之间的平衡，从而不断充实社会心理的内容和提高社会心理的水平。

正是由于社会交互作用与社会心理的活动之间的关系极为密切，因此有人（G. Murphy，1931）把社会心理现象说成是社会交互作用中的心理活动或社会交互作用的形式。研究社会心理活动虽然不能脱离社会交互作用，但它只是社会心理活动的前提条件或结果表现，其本身并不是社会心理学直接或主要的研究对象。

社会心理学既然是研究上述对象的学科，它的性质也就不难理解了。它是介于社会科学和自然科学之间的一门交叉学科，或者说是一门"人科学"。

三、社会心理学与邻近学科的关系

社会心理学和许多学科都有关联，但与两门主体学科——社会学、心理学的关系最为密切。现在主要讲讲社会心理学与这两门学科的关联与区分。

（一）与社会学的关系

社会学（sociology）是研究社会的结构及其内在关系与社会发展规律的学科。现代西方社会学侧重于社会组织、社会结构、社会功能、社会变迁、社会群体等的研究，它所揭示的社会发展的动力与规律对理解各种社会现象的实质、矛盾与解决社会问题颇有帮助。

社会学与社会心理学的共同点表现如下。（1）它们所研究的都是社会现象。社会学所要研究的社会事实或社会问题都是由具有社会心理的人参与活动而发生的,因而其研究不能不涉及人类与社会的需要、社会心态、社会意向等现象。(2)社会心理学也总是从社会问题中寻找课题,而且在研究时虽着重于分析微观的心理机制,但也不能离开对宏观社会环境与条件的考察和无视它们的影响。因此,两门学科存在多方面交叉是不足为奇的,但两者又有差异性,它表现在以下方面。(1)社会学研究的是社会生活中全部的客观事实(社会结构、构成部分如基础与上层建筑、各种意识形态的关系、社会制度、民族文化习俗、家庭、社团与国家社会发展的动力等),而社会心理学研究的仅仅是社会生活中部分事实及其主观表现,即个体或群体在交往中产生某些行为的社会心理过程(如社会认知、态度及其改变、互相吸引、价值取向、侵犯、相助、群体动力学等)。社会学要研究社会中成体系的各种意识形态及其与其他社会现象的关系;而社会心理学则不去研究这种意识形态,它只对与形成个人或群体意识形态有关的或受某种意识形态影响而流散于群众中的一些不系统的群体心理(如舆论、规范、流言等)进行研究。(2)研究的视角与方法各有侧重:社会学着眼于对宏观社会及大群体活动趋势的了解与剖析,重视社会调查与文献资料分析法的运用;社会心理学则侧重于用实验法(尤以现场实验与模拟实验为主)探察微观方面(如小群体心理特征的形成与发展及在此情境中个体社会行为发生、变化的心理过程等)的现象。

这两门学科互有联系,但其研究对象与方法均有区别,是不能互相代替的。它们的研究成果各有特色,可以互通有无、彼此补充,能使人们更全面、更深入地了解社会现象。

(二) **与心理学的关系**

社会心理学是心理学的分支,因此它和心理学的关系也是部分与整体的关系。研究社会心理学必须具备心理学的知识,它的成果也将丰富整个心理学的内容。

社会心理学与普通心理学在对象与方法上是有区别的。(1)普通心理学主要研究个体(包括动物)心理活动的基本形式、过程及其规律性,而社会心理学不仅要研究个体在交往中产生的特有心理现象(如社会认知、态度改变、侵犯等),而且要研究群体中的共同心理现象及其对个体心理的影响。群体心理是普通心理学极少涉及的。(2)普通心理学研究心理形式时总要把它当作头脑的机能，探讨它和生理活动规律的关系，而社会心理学侧重于研究社会心理如何受人际关系及群体环境等的制约，以及它对社会生活的反作用。（3）普通心理学在研究中更多地运用观察与实验室实验的方法，而社会心理学则不仅要采用现场实验与模拟实验，还要利用档案研究、问卷调查和现场研究等方法。

第三节　怎样研究社会心理

这里要讲的是研究方法问题。研究方法是达到科研目标的手段。方法的突破或改进，不仅可以使研究取得理想的成果，而且有可能促进整个学科实现飞跃与快速发展。不少人虽有从事科研的热情，但常常达不到应有的水平，其主要原因之一往往是缺乏方法论的指导和具体学科研究方法的知识。了解已有的学科方法，结合课题的性质选定某些方法进行创造性的运用或大胆进行方法的创新，就能使科研通过有效的工具到达预定的"彼岸"。让我们先来务虚，谈一下方法论的问题。

一、社会心理学研究的方法原则

社会心理学属于心理学，因此心理学研究发展中一些公认的原理、原则（如物质决定论原则、反映论原则、意识能动论原则、意识与活动统一原则、系统原则、发展原则等）都应受到遵循。但社会心理学由于研究对象的特殊性，它还应遵循自己某些特有的方法原则。不遵循这些方法原则，即使具体方法、技术的采用看来貌似科学，其研究的结论也仍有可能出现错误，甚至导致消极的社会后果。这里特别值得重视的是以下几个原则。

（一）客观原则

客观原则也叫实事求是原则，即按照事物的实际表现（即客观指标）揭示其内在的本来面目（本质、结构、联系与规律等），而不加任何主观臆断或歪曲。所谓不加主观臆断，不是说研究者不要有主观活动或设想，而是说不要在毫无依据或缺乏足够的依据之前轻率地做出武断性结论，应力求使主观认识与客观事实相一致。任何科学研究，其过程大体经历：（1）从事实出发、通过观察发现问题，借助联想与思考初步了解问题的性质、探讨的意义与是否已有人研究；（2）依据已掌握的理论，进行推导或凭借直觉对问题产生的原因提出理论假设，或对其因果提出预测；（3）通过实验或其他方法途径将主观认识返回事实，用客观事实来检验、印证假设或扩充、修正理论。科学研究如此循环往复，不断发现新事实、新规律，推进学科的发展。科学工作者不同于一般生活观察者，他们有更高的理论自觉性（理论定向性）、研究的目的性与研究设计的严密性与科学性，因此有可能缩短认识过程或减少重蹈覆辙的次数。由于研究过程总要经历研究者的头脑展开主观活动的过程，特别是心理学的研究对象的内隐性，如果研究者不能保持实事求是的意识与严谨态度，不了解哪些是真正的客观方法（如有人把自我陈述与内省法相混淆，前者是客观方法中的一种技术，后者是不宜使用的主观主义方法）或掺有急于求成、过分自信及极度维护自尊等杂念，都足以影响研究结果的客观性或真实性，所以在科学研究特别是社会心理学研究中，坚持客观原则颇为重要。

（二）宏观与微观相统一原则

宏观与微观是从不同的视角所见各种事物的大小范畴。在这里主要是指和社会心理有关的两种社会生活领域：一种是广大社会（如一个民族、一个国家、国际社会或全世界），其中包括生产力发展水平和生产关系相适应又矛盾的情况、经济基础与上层建筑的关系、不同的社会制度、文化与一定的意识形态等现象；另一种是个人生活在其中的具体社会小群体（如家庭、学校、工作场所等），这里存在着生活、学习或工作的条件、人际交往和人际关系以及心理交互作用等。前者对后者有决定性的影响，但后者又不等同于前者，比如在优越的社会中，大部分小群体是好的或较好的，但也存有不良的小群体和侵犯行为；相反，在某些社会中虽存有一些和谐的小群体和助人行为，但不能说这个宏观社会就一定是好的。前者是社会学研究的主要领域，后者是社会心理学研究的主要领域。在研究社会心理学现象时，既要着眼于微观的群体作用，也要注意到宏观社会的某些影响。在探索个体或小群体的现象时，其发现的心理规律可能对解决群体中某些问题有帮助，因而对宏观社会有间接影响；但不要简单地把它搬用到不同质的宏观社会中，否则就要犯社会学中心理学主义的错误,即用心理原因代替社会自身发展规律的错误。

(三) 交往原则

交往在狭义上仅指信息沟通,而广义上是指人际或群际由于社会生活的需要发生直接或间接的相互接触、来往、联系,因而出现信息及情绪沟通以及行为调节等复杂现象的过程。过去我们讲人与环境的相互作用是通过活动来实现的(如图 1-2,S 指主体,O 指客体、环境)。因此,离开活动就难以了解环境如何对人的心理发生、发展产生决定性影响,也不能了解人的心理如何影响环境。这叫"主体与客体相互作用的活动理论"。事实上,人不是单独地与环境发生关系,人是与其他人联系在一起或组成一个相互交往的群体通过活动跟环境(自然、社会)发生关系的(如图 1-3)。这被称作"交往和活动统一的理论"。不考虑交往,就无法了解群体的形成及其特点,同时也无法了解人们在群体内由于相互作用而出现的社会心理及社会行为。而个体产生交往行为的心理结构与功能,和作为交往中形成人际关系、相互吸引的群体及群体的心理与行为都是社会心理学研究的对象,因此在研究任何一种社会心理现象时,必须保持"交往与活动统一"的意识与设计思想,要在交往和活动过程中进行动态研究,这也是为了改善和促进人类的交往与活动。

图 1-2　主体与客体、环境的相互作用　　图 1-3　主体交往与客体、环境的相互作用

(四) 人道原则

这是人文科学研究中的伦理原则,指的是进行有关人的研究时(包括社会心理学研究),不要做损害被研究者身心的事,应是为了利人的目标,在研究过程中采取有益于人的手段,并力求达到促使社会健康发展的结果。这个原则极易理解,却常受到研究者的忽视或违反。比如,为了研究侵犯问题有意提供某些诱发条件,或研究群体关系故意制造人为的冲突,或通过不当手段谋取隐私材料及损害被试人格等,这些做法都应加以避免。特别以青少年为被试时,

研究者更要加倍注意防止以上情况出现，切忌"为研究而研究"，甚至采用不择手段和不计后果的设计。社会心理学工作者应时时提醒自己既是研究者也是教育者，以担负起科学工作者的社会责任与道德义务。

二、几种主要的具体方法

社会心理学的研究方法甚多，但主要采取的是实验法或相关法（或称非实验法、非操纵法）。

（一）实验法（experimental method）

实验法是在有控制的观察法基础上发展起来的更加精密的科学方法。当我们要验证或考察几种因素（或现象）之间是否存在着因果关系，通常我们不用被动地等待事物的自然发生，而要设置一定的情境，对其中大部分因素加以控制并操纵某一因素，以观察其是否引发或导致预定的结果，这叫作有控制的观察法。实验法设定了各种量化指标，按研究设计进行操作，利用统计公式得出结果，再经过分析做出实事求是的结论，所以比其他方法更吸引人。实验法由三部分组成：对一个或多个自变量的操纵，对额外变量的控制（使其对所有被试保持常数，消除可能使结果出现误差的方面和挑选条件相同或近似的被试者），和对一个或更多的因变量的观察记录。比如，研究者设想，有人遇险情时，旁观者人数越少，越有可能产生救助行为。为了验证这一假设，研究者在实验室中设置了一种单人利用电话和隔壁同伴被试讨论问题期间，同伴发生癫痫病的情境。在这里，自变量是除病人外一同参与讨论者（即旁观者）的人数（1人、2人或5人）；一些额外变量是被控制的，即实验情境相同，被试都是经历大致相同和随机指派的学生，对话者的形象是隐蔽的，其发言的内容与声音经特殊处理也都一样，所以对被试产生的影响也都相似；实验的因变量是处于不同自变量影响下的三组被试者走出房间去报告险情的人数。结果发现，1人组中，有救助行动的人数占比为85%，2人组为62%，5人组为31%。这就证实了研究者在实验前提出的"责任扩散"的设想（B. Latane & J. M. Darley，1970）。目前的实验设计通常采用下列模式。

实验组	O_1 X O_2
	R
控制组	O_3 O_4

或

实验1组		O_1 X O_2
实验2组	R	O_3 X_1 O_4
控制组		O_5 O_6

图 1-4 基本实验设计模式

注：R 表明随机指派，O_1、O_3、O_5 表示前测，X、X_1 表示不同操纵的自变量，O_2、O_4、O_6 表示后测。

为了使实验做得更为精确，也可以在实验前利用某些有信度和效度的量表或行为指标对被试的心理水平、个性或行为次数与质量等进行测查，或利用仪器、电化手段对刺激或行为强度、表情反应等进行记录，以作选择被试或分组匹配的参考之用，或用来和实验后测的结果进行对比，以发现它们在自变量影响下是否产生或有多大的变化。单组被试在实验前后某些（心理、行为）数值的变化，以及存在不同自变量的等组（实验组和控制组）之间数值的差异是否有意义，须经过统计学处理和显著性检验，即通过平均数差异显著性检验，或 χ^2 检验，变异数分析、t 检验等求 p 值。p 值表明这种差异判断偶然出现误判的可能性，在心理学上认为 $p<0.05$ 或 0.01，都是可信的，即差异显著或非常显著。有时自变量是两个（如旁观者人数加被试焦虑水平）或多个，就可以把它们相互结合构成 6 组或更多组别（析因设计），测定其交互作用的效应（interaction effect）。实验法分实验室实验和现场实验。上面所举的事例或我们在本书中所介绍的"电击实验"都属于前者，如果把实验搬到自然情境中去做，就称作"现场实验"（field experiments）。

在现场实验中，被试常常是街头巷尾、商店、地铁、法庭中随机找到的人，他们一般不会意识到是在进行实验或充当被试者。尽管实验者对实验街区、地点或接受实验的被试的身份、种族、年龄等是有意选择的，其实验设计是按预定方案来进行的，其结果也要经过统计学的处理，但由于它摆脱了实验室实验的人工性，所以具有较强的外部效度，即研究结果有更大范围的适用性。如研究者为证明"个人在助人过程中受到社会肯定就更可能做出亲社会行为"的假设，便请一位妇女在街道上随机地接近过路者（被试），请求他们告知去本地百货商店的路线。在过路者指点后，这位妇女有次序地分别给予这些被试（即将过路者分成三个强化组）以三种不同的强化（自变量）：积极的（"非常感谢你，我真感激。"）、中性的（"行。"）或消极的（"我不理解你说什么，不要紧，我还可以问别人。"）。此后，每位被试前行 6 英尺①远，又会遇到一名妇女（实验者的助手）向他走来，这名妇女在假装掉下一个小包后继续走路。研究者则逐一地观察并记录被试们是否招呼或拾包还给遗失者（因变量）。结果发现，那些得到积极强化的过路者中，90％的人有助人（招呼、拾包）行为，得到中性强化的过路者有 80％的人有助人行为，而受到消极强化的过路者中仅有 40％的人有助人行为；因而这也证实了先前的假设（M. K. Moss & R. A. Page，1972）。

实验法由于设计严密，有数量作为依据，统计分析严格，加上其所得的结果又可以任人重复检验，所以一般说它不仅更具科学性和说服力，而且也特别受到心理学家们的偏爱。但这不等于说实验法没有自己的局限性。比如，有些社会心理现象是不能或难以操纵的。像助人行为与社会阶级的关系，就不能用操纵社会阶级使之变动的办法来加以研究，因此可以采用非实验、非操纵的方法，即相关法。

（二）非实验法（nonexperimental method）

非实验法中大部分是相关研究，所以也称相关法（correlational method）。它是确定两种或多种现象（或变量）在变动中是否存在着关联以及有多大关联的一种研究方法。运用相关法，首先要设法取得两种或多种现象的足够样本（n＞30），然后通过一定的公式求出相关系数 r。如果 r＝0，则表示两者不相关，若 r 在 0 至 1 之间，则为正相关，即表示两变量会同时发生增或减；若 r 在 −1 至 0 之间，则为负相关，即表示一个变量增加，另一个变量会减少。在社会心理学中，相关系数不论正或负，其绝对值在 0 和 0.2 之间，则被普遍认为是弱相关；系数的绝对值在 0.2 和 0.5 之间，为中等强度的相关；系数的绝对值超过 0.5，则被认为是强相关。当我们知道两种现象（如家庭经济状况和侵犯行为、教育方式与归因倾向、选民的选举前态度与选举意向等）之间存在着接近±1 的相关，那么研究者就可以由一种现象的增减值了解到它对另一现

---

① 1 英尺＝0.304 8 米。

象具有多大的意义；假使相关接近 0（不论是正或负），它就会告诉研究者一种现象的变化对预测另一种现象没有太大价值。非实验法也不一定都要去求相关系数，许多研究结果一目了然，就可以免除此步骤。

相关法有很多具体的应用方式，下面是几种主要的方法。

1 档案研究（archive study）

依据一定目的收集大量现有资料，通过分析找出某些现象（社会事实与社会心理）之间关系的一种方法。档案不限于个案资料，它包括作品、报刊、书籍以及各种事件记录及文献等，如魏茨曼（L. J. Weitzman，1972）等为研究性别角色社会化的成因问题，收集了 18 种受奖的幼儿读物，并分析其题目、插图、主要人物及其活动等内容。结果发现，284 幅插图中对男性与女性的描述之比（261∶23）有着惊人的差异；男性大多被描述为主动的、勇敢的、机敏的、助人的、处于领导地位的，而女性则被描述为被动的、漂亮的、讨人喜欢的、并大多为家庭妇女。研究还发现，这些作者本人有 41% 是妇女，她们反映并加强了社会性别角色的传统观念，并起着教育女孩子有低抱负与低自信的消极作用。我国也有类似的研究（赵文华，1993）。这种方法还可以用来研究一个时期内某类电影、电视或法规的出现和青少年助人或违法等社会行为的关联。

档案法的优点：（1）它是一种不被觉察的（unobtrusive）、非反应性（nonreactive）的方法，因此不存在因被试意识到自己被研究而产生的心理干扰；（2）它使一段时期内社会心理趋势的估计、对往事的追溯与探源、对若干课题研究的跨文化比较成为可能；（3）它有助于某些假设（如上述读物中性别角色的社会化影响）的检验，有时也能提供因果关系的线索。其弱点是：（1）难以得到充分而足以检验假设的材料，而一些材料也可能包含编者由于偏见所造成的歪曲性内容；（2）工作量大，耗时耗资多（由于电脑的使用，这种情况稍有缓和）；（3）分析有赖于分析者抽样的方法（即选定用来分析的材料能否代表总体）和抽象、概括及发现的能力，否则难以得出一般性结论；（4）由于社会现象的多因性，用相关法得出的结论只能表明两种现象有无关联，并不能说明它们是否为因果联系。推断原因与结果，一般认为必须考虑以下三个因素。

第一，伴发变量（concomitant variation），指两个变量一起发生有规律、有系统的变化。在这方面,相关法和实验法都能显示。第二,变量发生的顺序(sequence of occurrence of variables)。原因必须出现在结果之前或同时出现,绝不能在结果之后。在这方面,相关法有时清楚,但一般模棱两可,而实验法在操纵时已建立了这种顺序,因此总是清楚的。第三,对其他可能的偶然因素的消除(elimination of other possible causal factors)。这一点在实验法中通过固定的控制使偶然因素得到排除,从而能证明某些结果确系操纵因素造成,而相关法一般难以做到这一点。因此,使用相关法来做因果推断应格外慎重。

2. 现场研究(field study)

研究者亲临现场,依据计划通过多种方法对有关的社会事件、群体活动及其中的心态进行观察与了解的方法。这种观察一般是非参与性的,即研究者作为旁观者采取一定手段,也可结合问卷定期对有关现象进行观察与了解,或通过交叉蹲点进行比较。拉皮尔在20世纪30年代的研究(R. T. Lapiere,1934)就是典型的现场观察调查。他为了研究态度与行为的关系,亲自陪同一对年轻华裔夫妇游历了美国西海岸,在256家餐馆、旅馆要求食宿,除被1家拒绝外都受到友好的接待;而后他又分别寄给上述餐馆、旅馆一份询问是否愿意接待华人的调查表,收回136封复信,其中给出否定回答的有126封(占92%),不确定的有9封,同意的只有1封。

于是,研究者得出"态度不能预言行为"的结论,但这引起了争论与许多后继研究。目前较为流行的是参与观察(participant observation),即研究者作为群体的成员与参与者,与其他成员共同生活、频繁接触与交谈,以获取更多真实的材料并观察事件的动态发展,然后通过分析做出结论。26岁的帕特·穆尔(P. Moore,1983)为体验老年人在现代社会中的遭遇及各种感受,曾化装成85岁老太太去接触社会,观察各阶层对老年及年轻姑娘的不同态度,获得许多揭示了人的真情实感的无人知晓的生动材料。她写成的报告引起了社会的震动与关于问题的深入探讨。这就是一种参与观察的实例(参见"奇特的体验",《世界博览》1985年第1期)。

现场研究的优点如下。(1)它通过观察所获的材料颇为真实并有深度,尤其能在事件自然的发展中观察到各种变化与新情况、新问题,这有助于新事实的发现。(2)它虽然不排除甚至相当重视晤谈,但更关注人们的行为、群体情境及相互作用的活动,而不是自我表白。这样就克服了许多被研究者不善或不愿描述而歪曲实情的困难。(3) 由于采用参与观察法,研究者的真实身份不易被觉察,因而可以消除或减少被访谈者常有的人为紧张感或唐突感,从而保证材料来源的多样性与真实性。(4) 它所得到的结果来自于不断发展变化的日常活动,因而其成果或结论能直接运用于被考察的环境;如果考察的群体较典型,其结论甚至可以推广或应用于类似的群体或环境。现场研究的弱点是:(1) 它要考察的有关现象往往要等待其自发出现,而不能靠研究者的意愿去引发,有时还会因遇到意外的干扰而不能完成考察任务,所以在时间与精力上往往花费较多;(2) 社会现象的发生是多因素的,考察者所把握的因素是否全面或是否为主要原因,常常有赖于其分析素养,但更多的是取决于相关研究方法本身的局限性。

3. 模拟研究 (simulation study)

模拟研究是仿照社会设置类似的情境,而后考察被研究者在其中所发生的心态和行为变化,并找到某些规律的方法。采用这个方法最著名的一项研究是津巴多 (P. G. Zimbardo, 1972) 等所做的"情节离奇的监狱"的研究。研究者认为监狱条件可能会扭曲人性和改变正常人的行为。为证实这个设想,又不能把正常人投入监狱,于是他们在斯坦福大学心理学楼的地下室模仿监狱设立一所牢房,并用15美元一天的报酬招聘了24名17—30岁的自愿参加"狱中生活"心理学研究的大学生。接着,研究者随机分派其中的6人扮演"看守"(发给他们军服、哨子、警棍,并告诉他们值班时要维持秩序、做好应付紧急事变的准备),其他18人扮演"囚犯"(给他们发放肥大囚衣、戴上镣铐、喷上防虱液,要求他们按手印、使用身份证号码和叫号应答,并把他们分别关入只有一张吊床、一个门洞的单人牢房)。他们都同意在两周内担任这种角色,其公开行为均被录像、录音,并通过观察、谈话获得其他信息。这种环境不久就使所有被试的行为远远超过正常扮演者所应有的界限。"看守"们为维护他们的权力日益从侮辱、恐吓以及非人性地对待同辈中获得乐趣,不时命令"囚犯"们做俯卧撑、拒绝"囚犯"们上厕所的要求,以及诱发出虐待狂似的行为。而"囚犯"们最初只是进行反抗,但很快就变得被动、抑郁并陷入了无能为力和极为沮丧、愤怒的境地。六天后,有一半"囚犯"被试要求释放,感情几乎达到崩溃的边缘。研究者见此意外情境，便不得不终止整个研究，并为消除所有被试的消极后果做了许多补救努力。这个研究是违反人道原则的（但也不是不可避免的）。它昭示：人的角色地位改变将对人的社会心理与社会行为产生相当大的影响；非人道的专政环境对人性发展具有颇大的损伤力，因而对司法制度的改革带来某些启发。

模拟研究最大的优点是对客观环境中难以参与控制或操纵的社会现象（如犯罪、法庭审判、监狱拘禁、国际仲裁等），通过巧妙的模拟使研究成为可能，并对其中的心理与行为机制获得更多的理解。如果情境设计得好（无副作用），条件允许，研究可以重复进行，以确定结果的稳定性。其弱点有以下两点。（1）由于模拟研究是在人为的环境中进行的，即使设计十分逼真，被试都知道自己是被作为研究对象，这种意识本身将不同程度地影响被试心态与行为的真实表现（如"看守"们觉得自己是在扮演角色，因而有意采取戏谑性的过火行为，而"囚犯"们由于知道自己不是真罪犯，于是对于种种虐待便产生过于受压的反应。它们与实际的监狱情况或有差异）。（2）模拟研究对变量的控制与操纵并不十分严格，因此所得的结果只表明与几种因素可能有关，而无法说明因果关系。

非实验法还有不少其他的方式，如问卷调查（questionnaires and surveys）、个案研究（case study）、评估研究（evaluation research）等，它们虽然都不如实验法那样能严格控制与操纵条件、精确地测定心理水平与行为，从而对某些现象的因果关系做出判断，并能证明或推翻理论假设；但是，许多历史趋势、宏观社会现象在无法采用实验法探讨时，运用非实验法能摆脱人为性，多方面地展开探索，并为构成理论假设准备条件，所以，它是不可替代的。因此，实际研究中，应将两类方法结合使用，发挥各自所长，互相弥补各自的不足，从不同角度探索同一类问题，以达到揭示社会心理现象的本质或规律的目标。

【要点小结】

社会心理学大体经历思辨期、经验描绘期与实验期而逐渐成熟与走上独立发展的道路。我国的社会心理学在20世纪50年代前曾存在过，其后停顿了三十多年，1982年后得到恢复与发展，进展显著。关于社会心理学研究的对象，学术界始终存在着争论，现在较普遍的看法是"人（个体与群体）在与社会交互作用中的社会心理及其社会行为是社会心理学的主要研究对象"。社会心理学的主要研究方法有实验法与非实验法（相关法），它应当是多元的，也是在不断创新发展的。

【思考与练习】

1. 从社会心理学发展的三个时期来看，本门学科与人类社会实践、科学进展有何关联？

2. 关于社会心理学的研究对象有哪些争论？为什么会发生争论？争论的意义何在？你是否同意本书的看法，请陈述理由。

3. 用实验法与相关法研究社会心理现象各有何利弊？你认为哪种方法更先进，应如何加以改进和运用？

4. 请结合本学科的学习，半年内选定一项既有理论意义，又有实际应用价值的小题目，完成实验研究的设计。

【拓展性阅读导航】

1. 孙本文著：《社会心理学》第二章"社会心理学的对象"、第五章"社会心理学的源流与派别"，商务印书馆，1946。

2. ［美］加德纳·墨菲、［美］约瑟夫·柯瓦奇著，林方、王景和译：《近代社会心理学历史导引》第26章"社会心理学"，商务印书馆，1980。

3. E. Aronson, T. D. Wilson, R. M. Akert. (2013). Social Psychology (8th edition), chapter 1, Introducing Social Psychology ($pp.$ 1-19); chapter 2, Methodology: How Social Psychologists Do Research ($pp.$ 20-45). Pearson Education, Inc.

第二章 社会心理学的派别及理论

【内容提要】

理论产生于实践（实验），并在为实践服务中得到发展。一切科学的理论都更正确、更全面和更深刻地反映现实，因此了解一门学科就要把握其理论。本章简要地阐明了心理学四大学派的社会心理观，并重点介绍了其最新的发展及其新理论。

【学习目标】

1. 了解行为主义学派的社会心理学观及其进展。
2. 了解认知学派的社会心理学观及其新进展。
3. 了解精神分析学派的社会心理学观及其进展。
4. 了解符号分析学派的社会心理学观及其进展。

【关键词】

社会交换理论　场论　群体动力学　认知相符理论　人格发展阶段论　人际行为三维论　符号相互作用理论　角色理论　参照群体理论

半个多世纪以来，西方社会心理学先后提出了许多新理论。这些理论大体上是沿袭心理学四大学派（行为主义学派、精神分析学派、格式塔学派（或认知学派）及符号相互作用学派）的传统观点，并在各自系列研究或争论的基础上发展起来的。

理论是经验的概括和研究的总结。由于事物的复杂性和人类认识的渐进性与相对性，有些观点只能以假说的方式存在，需要通过不断的验证来充实或完善。理论产生于实践（实验），并在为实践服务或通过反复实验得到发展。但一切科学的理论都更深刻、更正确、更全面地反映现实，因此，了解一门学科必须首先并始终把握或探索其理论。

　　社会心理学的各种理论是各学派对于种种社会心理实质或社会行为产生原因的解释。掌握这些理论的意义在于以下几方面。第一，可以使人对许多具体项目的研究成果有更深入的理解。具体问题的研究总是十分具体而生动的，其论说也往往是就事论事的，但如果人们知道研究者的立场、观点属于某一学派，并把这一具体研究与学派理论体系联系起来并纳入其中，就可以获得更多更深刻的意义。比如，当我们看到拉坦内和达利的"癫痫发作"实验，只能了解到或接受责任扩散的事实；但如果把这一研究和"场论""社会作用力理论"联系起来，其理解的深度就大不一样。又比如，知道津巴多的监狱模拟实验是一回事，但把这一实验与"角色理论"联系起来加以理解，则又会进入新的境界。理论还可以使各项具体研究摆脱零散与孤立的状态，构成系统加以理解。第二，可以对后继研究或行动起定向或参照作用。理论是对特定现象内各种关系的一般表述或设想，它虽不能代替其中许多具体的细节研究，却能从全局中指出某些知识的空缺与亟待检验与实证的部分，因而能促使人们去做进一步填补性研究或验证性探讨。任何研究在开题前，必须有理论上的设想，然后通过一定的操作步骤加以论证。这种理论上的设想，可以从各个学派的理论中寻找立脚点，也可以从中找出某些合理部分加以综合构成新思路。有无一定理论作为依据或参照，往往决定着一篇论文报告及其讨论的深浅度。第三，推动理论的更新与发展。每一种理论都有一批拥护者，表明它们有一定的合理性或吸引力；但任何一种理论都会有批评者或质疑者，并带来争论，表明它们并非都尽善尽美，总有片面性甚至错误。理论的评析争辩有助于推动各自的理论性研究的开展，同时也能促进理论本身的发展。

第一节　行为主义学派的社会心理观及其新理论

一、刺激—反应理论

　　它最初是由桑代克（E. L. Thorndike，1874—1949）、斯金纳（B. F. Skinner，

1904—1990)等人创设与发展起来的一种理论。这个理论认为动物与人的大部分行为都是后天学习的结果,都是有机体在遇到某种刺激,引起某种反应,并且该反应受到强化而构成联结的结果;而复杂的行为则是一系列简单的刺激—反应联结的结合。故刺激—反应理论也叫联结理论(theory of connection)。桑代克最初通过动物实验,发现猫想逃出迷笼,经过多次尝试错误,一旦偶尔碰到门栓而成功后,再继续实验时猫的无益动作会逐渐减少,并学会了很快开门。他认为,这就是学习,是获得自由的情境(动机)和碰门栓反应在头脑中构成联结的例证。他还通过大量实验,得出动物学习的三大规律:(1)练习律——刺激与反应的联结若是多次重复就会得到加强,即使用律;刺激与反应的联结若是长期不被使用就会削弱,即失用律;(2)效果律——刺激引起反应时,若伴随满足状态,联结则会加强;若伴随烦扰状态,联结则会削弱;(3)准备律——当一个神经传导单元有了传导的准备时,让其传导就产生满足,不让传导就产生烦扰;如果神经传导单元没有传导的准备时,迫使它传导就产生烦扰。后来他又对练习律和效果律做了修订:认为练习只有知道反应的结果是对或错时,才有助于改进;满足或奖励所起的积极作用比烦扰或惩罚所起的制止作用更明显。由于这里强调强化作用,所以也称强化理论(reinforcement theory)。后来他们把这种联结理论或强化理论应用于人类的学习,认为联结不仅有动作之间的联结,还有观念之间的联结,也有动作与观念之间的联结,一切联结的总和就是心理行为的总体。桑代克说:"学习就是联结,人之所以善于学习,主要是因为他能形成大量的联结……千千万万的联结。"既然学习能"使人成为异常复杂而精致的联结系统","那么,教学就是安排情境,使其能导致良好联结的形成,并使那些联结产生满足的效果"。斯金纳也看重强化,他进一步指出强化有不同的方式:S型的条件作用(巴甫洛夫经典条件作用)是无关刺激物和无条件刺激物同时呈现作为必要的强化方式;R型的条件作用(斯金纳条件作用)是一种操作性反应伴随强化物(食物、言语刺激等)而产生的强化方式。后来他还发现逐步接近强化法,并应用于机器教学与程序教学。

联结理论不仅是行为主义理论家教育思想的出发点,而且也是许多社会心理学家用来解释与探讨社会学习与社会行为发生机制的一种依据。下面不妨再介绍几种具体的理论。

二、模仿论

模仿（imitation）是个体在社会生活中主动仿效他人言行的社会心理现象。六十多年前，耶鲁大学的社会心理学家米勒和多拉德（N. E. Miller & J. Dollard，1941）在《社会学习和模仿》一文中提到，模仿可以通过延伸刺激—反应关系与强化的概念来加以理解。他们认为，人类许多社会行为都是通过人际相互影响——模仿而习得的，都可以通过一般学习原则的使用来予以说明。模仿也是习得的，它在解释儿童如何学会社会行为和交谈时占有中心位置。模仿在维持纪律和遵从社会规范方面颇为重要。儿童很小的时候就会仿效家人的某些动作、言语，当这种行为受到奖赏，儿童就会继续或扩大仿效的领域，所以模仿反应也是一种泛化现象。

后来，这个理论也被用来解释态度的形成与改变、挫折—侵犯以及助人等亲社会行为的发生等现象。

三、社会学习理论

社会学习理论（social-learning theory）是20世纪60年代由班杜拉和沃尔特斯（A. Bandura & R. H. Walters，1963）等人提出与发展起来的，以刺激—反应的观点为基础并通过实验的方法来扩大探讨社会环境（如他人、群体、文化规范或风俗习惯等）如何影响人产生某些习得行为的一种理论。这个理论认为人的一切社会行为都是在社会环境影响下，通过对示范行为的观察学习（observational learning）而得以形成、提高或改变的。观察学习一般要经历四个阶段：（1）对信息的注意；（2）保持，把示范行为表征化（represented），即转换成意象（images）和言语符号（verbal symbols）加以储存，它不必都需要直接强化，或仅需替代性强化（vicarious reinforcement，示范行为受到强化而产生自身的强化作用）和自我强化（即依据本人所建立的标准、信念或预期进行内部言语的评价）；（3）制作或组织反应，产生即时动作再现或延迟性的动作再现；（4）动机通过结果的信息反馈，获得行为与结果的因果关系的认知与经验，形成具有自我评价、预期或自我调节功能的动机系统。观察学习论比经典的联结说有许多新进步。第一，它把学习过程中的获得（acquisition）和执行（performance）加以区分。人们通过一次观察常常可以获得示范行为的表象或符号，但不一定即刻表现在行为中，而往往经过一段时间在某些诱因条件下忽然再现出类似的行为。这对解释儿童忽而出现某些令父母吃惊的言行是有帮助的。第二，观察学习论发展了"强化"的概念。它认为行为学习在最初需要有外部直接的或瞬时的强化，但当形成自我评价和内在诱因之后，这种强化就并非必要的手段了。这时，替代性强化或自我强化（自我奖赏和自我惩罚）通常起着更大的作用。发现替代强化和自我强化的作用对人的社会行为学习特点有更大的说服力。

班杜拉还提出了环境（E）、人（P）和行为（B）三者的交互决定论（reciprocal determinism）。他认为，人的社会行为是人的内部因素（主要是认知）与环境（主要是社会因素）相互作用（选择与影响）的信息加工活动的结果；人的认知不仅会影响行为的组织，而且行为的反馈又会使人产生结果的认知与调节功能的提高；人的行为不仅改变着环境，环境也制约着人的行为。所以，人不是完全自由、可以为所欲为的实体，因为他受制于环境与社会；但同时，人又不是完全被动的反应者，因为他通过与社会的相互作用形成了以认知为中介的自我调节系统，它们是交互决定的。教育在促使儿童社会化的过程中，若能为他们展示规范行为的榜样与提供评价行为的信息，并创设一定的环境使他们通过活动反馈形成自我评价与自我调节的系统和能力，它就是有成效的。社会学习论在教育社会心理学中有相当大的影响。

尽管它被某些学者——如帕文（L. A. Pervin, 1973）——看作"是近年来最进步、最受注意的一种心理学理论"，且代表着近代心理学发展的一大主流，但也有人批评它在借用认知的概念时没有揭示导致认知活动结果的过程与条件；其交互决定论带有二元论色彩等。不过这个学派的实验研究很有创造性，其结果常被用来讨论与解决电视的消极影响的问题，这些研究将在本书的后面章节中予以具体介绍。

四、社会交换理论

社会交换理论（social exchange theory）是霍曼斯（G. C. Homans,

1958）等采用经济学概念来解释社会行为有赖于相互强化而得以持续的一种理论。

这个理论的核心内容有以下几点。（1）客观上存有适合于有机体的规律，如动物与人有寻求最大奖赏、快乐与尽少付出代价、避免痛苦的倾向。因此，人的特定行动受奖越多，就越会表现这种行动；如果一个或系列刺激越是在人受奖时出现过，而目前的刺激越是和过去相似，人就越会表现出这种行为；但奖赏过多，也会使人感到厌烦，其价值相对减小，这种行动也会减少。（2）人的社会行为除服从这种规律外，还服从社会交换规律。社会交换类似商品交换。在商品交换中，商人的行为宗旨是为了追求最大的利润，如果产品销售收入（报酬）大于成本，就会有利润，于是这种商业行为便会继续下去，否则就会中止。社会心理学中所讲的社会交换是指存在于人际关系中的社会心理、社会行为方面的交换。这里的报酬与成本不限于物质财富，成本可能是体力与时间的消耗、放弃享受、忍受惩罚和精神压力等，报酬也可能是心理财富（如精神上的奖励、享受或安慰等）与社会财富（如获得身份、地位与声望等）。如果一个人以行动带给别人好处，并迫使对方做出互惠的行动，形成一种公平的关系和相互获益，那么这种相互作用的行为与关系就会得到继续与发展，否则就会减少、疏淡或停止。蒂博与凯利（J. Thibaut & H. Kelley，1959）还认为，人们彼此接近时，双方都感到得大于失，这种交往行为和关系便会保持下去；如果一方感到得不偿失，这种接近行为和关系就难以持续。这里也都涉及报酬（reward）－代价（cost）＝后果（outcome）这一公式的适用性。如果双方所得的后果都是正的，关系将持续；如果双方或一方所得的后果是负的，关系将出现问题。（3）由此也引出了分配公平原则（principle of distributive justice），并被亚当斯（J. S. Adams，1965）和沃尔斯特（E. Walster，1978）等发展为公平理论（equity theory）。他们认为，每人所得到的收益（报酬）与他的投入（代价）遵循一定的比例，即收益越多，投入也越高。在双方交往中，人若发现自己的收益与自己的投入之比与对方两者之比大致相同（$\frac{R}{C}=\frac{R'}{C'}$），则会认为实现了公平分配，心理上就比较平衡，交往也会继续。如果发现自己的两者之比低于对方（$\frac{R}{C} < \frac{R'}{C'}$），则会产生抱怨或愤怒等消极情绪，并会采取行动（如减少投入）或中断交往；如果发现自己的两者之比远高于他所应得的或别人的两者之比（$\frac{R}{C} > \frac{R'}{C'}$），则会体验到内疚感，于是也会设法采取补偿行为，如将多得的拿出一部分付给对方或充公益之用，以保持心理上的平衡。

尽管社会交换理论也和整个刺激—反应理论一样忽视了对中介心理过程的探讨，且不像社会学习理论那样有系统的实验证据，其理论本身把人看得过于现实，似乎更多地只适用于私有观念较重的社会中的人际交往情况，但由此引出的人际相倚作用理论、对策与决策研究、对社会比较的探讨，引起了当代社会心理学家的极大兴趣。

第二节　认知学派的社会心理观及其新理论

一、格式塔学派的理论

格式塔学派的理论是1912年在德国问世的，它是强调从整体和关系的角度研究心理与行为的理论。它最初侧重于研究知觉现象（如似动现象、对象与背景、常性、定势等），接着又考察动物的顿悟（insight）学习与人的创造性思维，后来又提出"心理物理场"的概念用以研究社会行为和人格问题。它是从"整体不决定于部分，而部分却决定于整体"这个公式出发，把完形的观点广泛地运用于心理学全野的理论体系，它的着眼点是认知（cognition），即认为人的心理和行为的核心是认知问题。因此，它也成为对当代认知心理学最有影响的学派。其早期代表人物有韦特海默（M. Wertheimer，1890—1943）、苛勒（W. Köhler，1887—1967）和考夫卡（K. Koffka，1886—1941）等。

没有必要在本书中对格式塔学派的理论做全面介绍，但需简述一下它对社会心理和社会行为的认知理论的影响。这个学派的理论认为，个人的行为不是对外界刺激的一种孤立的、简单的反应，也不是许多反射弧机械的总和，它是通过心理物理场（psychophysical field），特别是认知活动的整合（integration）而做出的。什么是心理物理场？在考夫卡看来，心理物理场包括环境与自我两个方面。环境可分为地理环境与行为环境，前者是实际的环境，后者是指意想中的环境，两者可能一致，也可能不一致。比如，覆盖着冰雪的湖面是地理环境，但夜骑者竟把它看成是可以行走的平原，从而驰骋而过，知情后才感害怕；又如一片平原上的小丘（地理环境）常被侵略者当作是埋有地雷或铺设了陷阱的伪装地（行为环境），因而踌躇不前或绕弯而行。后面的行为都是依据行为环境（而不是地理环境）而发生的。而自我则是一个人以自己为中心，与个人的需要、希望、认知、情绪与态度等心理活动密切关联的人格系统。不同的人在同一地理环境中往往采取不同的行动，这取决于他们的行为环境与自我两方面力量的交互使用，或称作"对象—自我"的关系。考夫卡在《格式塔心理学原理》中举过一个例子：两个人在路上行走遇到一个暴徒，地理环境相同，但采取了不同的行动。一位是文弱的作家，他通过面相（physiognomy）在心理物理场中出现了一个可畏的对象或有威胁性的行为环境，同时在自我中意识到自己是一个懦弱的人，如果抵抗就会吃亏，由于这两种应力的交互作用，产生了负诱发力（negative valence），于是他出现了回避意向并采取逃走的行为。另一位是拳师，他则给对方迎头一击，因为在他的心理物理场中，自我是一个魁伟有力的人，其行为环境是遇到了一个不堪一击的小人物和不值得大惊小怪的局面，其交互作用的结果是产生正诱发力（positive valence），故有上述行为表现。格式塔学派的理论家们认为，任何一种环境要引起人的行为反应，都必须通过一种有组织的、通体相关的认知活动。如果能知道一个人如何去领悟世界，也就有助于了解那个人的行为。由于认知被看作是行为的先导与决定因素，所以这个学派把社会心理学的研究重心放在认知活动方面。

二、场论和群体动力学理论

应用格式塔认知理论进行社会心理学（群体心理学）研究并发展了场论、创建群体动力学的著名人物，是先在德国后到美国任教的心理学家勒温（K. Lewin，1890—1947）。

勒温在研究导致个人行为产生的心理事实时，发现人是一个复杂的能量系统，在外部环境的包围与影响下存在着一个由 E（environment，由准物理、准社会和准概念的事实组成的心理环境）和 P（person，由需要、欲望与意图等内部个人区域，即图 2-1 中的 I-P，和知觉运动区域，即图 2-1 中的 P-M 组成的人）构成的个人生活空间（life space of person，简称 LSP），这个空间是一个心理动力场（psychodynamics field）。

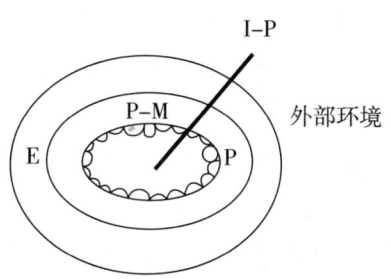

图 2-1　生活空间模式图

通常，内部个人区域中的小区之间保持着平衡的紧张状态，如果内外刺激促使某一小区（如饥饿小区）的紧张度提高，平衡状态就会被打破。为了恢复平衡，就会在心理环境中寻求能满足需要的目标和释放能量发动行为去达到目标。这种目标若能满足需要和减除紧张，就具有正诱发力，引起个体的趋向；否则就具有负诱发力，引起拒斥。人的各种行为都是在外部环境通过人的自我状态（P）和心理环境（E）两种力量相互作用所构成的心理动力场中发生的。为说明这一现象，勒温采取了一个公式：B＝f(P，E)＝f(LSP)，即行为是环境与人的函数，或者是个人生活空间的函数。勒温还采用了拓扑学（topology）的方法对某些心理动力场的内部关系以图式加以陈述，有兴趣的读者可参阅有关资料。勒温把上述公式加以推广，对群体过程进行研究。他把 P 看成是许多人，把 E 理解为准社会的心理环境，这样就构成了群体的生活空间。由于群体内人与人之间存在着相互影响、相互渗透的交互作用，群体为满足共同的需要也在寻求与确定各种准社会的目标，于是便会出现各种能量的汇聚、冲突、平衡与失衡以及群体行为的趋向和拒斥等现象，即群体的心理动力场。个人在群体中生活，其行为不仅取决于个人的生活空间（LSP），而且也受群体心理动力场（如人际关系、群体决策、舆论、气氛等）的制约。从 1939 年起，勒温先后对群体中的动力现象，如领导与群体生活、社会风气与侵犯行为等开展实验研究，并把它称之为"群体动力学"（group dynamic）。

群体动力学基于整体比部分重要的观点，认为群体作为一种由内在关系组成的系统，其影响力或作用远大于互不相干的个体。一个已经建立的群体（团体）有共同的社会目标、价值标准，因此会形成一种强有力的纽带把各个成员凝聚在一起，使个体的动机和群体的目标混为一体，所以，引起群体变化而改变个体的观念或行为习惯比直接一个个地去改变个体要容易得多；只要群体价值观没有改变，就很难使个体放弃群体标准来改变原有的主见。勒温及其同事还通过实验试图既解决社会问题，又印证其理论。比如，勒温在第二次世界大战期间进行了"群体决策与社会改变"的实验：因战时物资缺乏，为动员人们少食牛肉多食牛内脏，他把家庭主妇分为六组，前三组采用专家演讲与说服法由个人自愿执行，后三组采用群体讨论的方法，并要求做出执行的决策，使其改变饮食习惯。结果，未组成群体的主妇们只有3%的人发生了行为的改变，而经过群体讨论的主妇们却有32%的人改变了态度与饮食习惯。这说明参与群体讨论的主妇比分散的主妇拥有更大主动性，有更多执行决议的义务感，感受到更大的群体压力，经反复讨论对问题的性质有更多的了解。1940年，勒温在"领导与群体生活的实验"中使三个8岁儿童群体的领导人分别采取民主、专制与放任的领导方式，发现三组的气氛与孩子的侵犯行为存在关联。如果把一个孩子从专制型群体转入民主型群体，其攻击行为很快会减少；反之，若把一个孩子从民主型群体转入专制型群体，其攻击行为也会迅速增多。上述实验不仅说明群体对个体有更大的影响力，而且也说明群体内各种力量与因素的互动作用，决定着群体运作的方式与方向。勒温于1945年在美国麻省理工学院创建了"群体动力学研究中心"，从而推动了美国社会心理学特别是群体心理研究领域的发展。

三、认知相符理论和一致性理论

认知相符理论（cognitive consistency theory）是以认知趋向一致的状态或倾向性来解释个人心理活动和外部行为变化的社会心理学理论。20世纪50年代，美国心理学家麦圭尔（W. J. McGuire，1960）首先提出认知相符的概念。他在一项实验中提出不少有内在逻辑关系的三段论式命题（如你相信石油供应不会增加、你认为人们看来不会减少石油的消耗、你会期盼石油不足现象出现），最初被试对三个事件发生概率的判断常与理论上的概率值不相符，如果给予被试不相符的暗示，在间隔10分钟到7天之后，他们在下次的回答就更接近理论值。麦圭尔认为，人有一种动力倾向性，其信念、观点或态度如果与其他观点或行为有矛盾,只要他意识到,他就会自发地调整自己原来的观点,以与正常逻辑关系相符。这种认知相符倾向的观点是把人作为理智人的见解。在这一共同思想的基础上,许多社会心理学家展开了大量研究,形成了各自的理论,并统称为认知相符理论。这里包括费斯廷格(L. Festinger,1957)的"认知失调理论"(cognitive dissonance theory)、海德(F. Heider,1958)和纽科姆(T. Newcomb,1961)的"平衡理论"(balance theory)、海德(F. Heider,1944)和凯利(H. Kelley,1967)等人提出并发展起来的"归因理论"(attribution theory)。关于它们,在本书有关章内均有专门而详细的阐述,这里仅就其中的两个未提到的理论——"一致性理论"和"认知—情感相符理论"做简要介绍。

"一致性理论"(congruity theory)或称和谐理论,是探讨与预测人在接受新信息后为保持内部一致性而调整原有态度的一种理论,其提出者为奥斯古德和坦南鲍姆(C. E. Osgood & P. H. Tannenbaum,1955)。这个理论认为,人对周围各种人和事物由于不同评价而有相同或相异的态度。这些态度之间可以是互不相干而独立的(比如,我敬佩我的老师和我喜欢打扮),但如果态度对象中的一方发出有关另一方的信息(如老师表示赞成或反对打扮),前者成为信息源,后者成为信息对象,两者以及有关两者的态度之间就有了关联。如果人对两件事都持有肯定的态度(正向关系),而信息源发出的信息表明它和信息对象之间也存在肯定关系,两者完全一致,人会感到愉快,就无须改变原态度;假如信息表明它们之间存在否定关系(如老师反对打扮,即负向关系),这时信息所表达的关系和人的原态度的情况存在不一致,人就会体验到冲突、不安或不快。为达到心理上的一致与和谐,人便会从内部产生动力驱使自己调整对两件事的态度,或把对后者的肯定(我喜欢打扮)转为否定(我不再喜欢打扮),或把对前者的肯定(我敬佩老师)转为否定(我不再敬佩老师),或者不做方向上的改变而仅仅降低程度。同样,人如果对两件事持有不同的态度,肯定一个,否定另一个,而信息源发出的信息表明它们之间却存在正向关系(如老师赞成打扮),这种不一致同样也会使人感到不愉快。为在心理上达成一致,人的内部动力也会促使原态度发生改变,或肯定后者,或否定前者。人调整自己的态度的过程是迅速完成的,自己并不能明确意识到。这种调整的结果，不仅取决于三种变量因素（即个人对信息源的态度，个人对信息对象的态度，以及对信息源关于信息对象所做断言的态度）的方向（肯定或否定），而且也涉及它们的强度。一致性理论假定，在调整中各个因素都可能发生变化，其变化的总量与其相对的强度成反比。因此在调整时，虽然各种评价都有所改变，但一般不会去改变评价最强的因素。比如，一个人是时装迷，她仅仅道听途说地知道新老师是个有学问的人，因而有点喜欢，现在听到这个新老师反对打扮的评论，她可能不会改变对打扮的态度，而变得不大喜欢这位新老师。一致性理论和平衡理论在观点上是相同的，但它在态度方向上加上强度变量，并自编"态度语义分化量表"，制定态度调整预测公式及从事验证理论假设的研究，则是一种可喜的进展。

认知—情感相符理论（theory of cognitive-affective consistency）是一种关于人们总是试图使其认知与其情感相符的论说。俗话说"知之深、爱之切"，有关信息决定我们的情感，这个观念是千真万确的。假如我们知道一个医生坐过牢和谋杀过许多他的对手，我们就不会喜欢他。但反过来也一样，有时我们对事物偏爱的情感也会影响我们对事情真相的认知。罗森伯格（M. J. Rosenberg, 1960）关于人对态度对象在情感上发生变化也会引起认知上的变化，做出了引人注目的论证。研究者先从白人被试那里获知他们对黑人、对种族隔离以及对黑人与白人关系方面全部问题的态度的综合陈述，而后对他们进行催眠，并告诉他们对黑人进入他们社区已有和先前情况相反的态度（假如被试先前是强烈反对不同种族在同一社区合居的，那么告诉他现在对合居有好感；如果先前是赞成合居的，则告以现在对合居很反感）。这就是说研究者在催眠中改变了被试对种族合居的情感。重要的是，在催眠中改变其情感时没有提供某些新的认知或去改变其旧有的认知，但在从催眠失神和暗示被试现有对黑白人合居的态度中醒悟过来后，发现被试有关合居的认知紧随催眠中发生的情感而产生了戏剧性的变化。例如，在询问中，先前曾反对合居的被试，开始相信合居对于消除种族不平等是必需的，对于维持种族和谐是必需的，认为这是唯一该去做的公平合理的事，等等。这种分叉性的改变都是倾向于减少不平衡，这种不平衡是由于诱使情感变化而造成与原认知不相符合而产生的。正如认知相符理论预言，一旦情感发生变化，减少不相符的压力就会导致各种认知上的变化。

社会心理学中的认知派理论主要是探讨认知活动或过程及其在社会心理与社会行为中作用的一种学说,它极少涉及其他心理因素(如情感、意向和动机),而"认知—情感相符理论"超越了上述界限,并采取巧妙的实验设计来获得证据,不能不说是一种突破和进展。

第三节　精神分析学派的社会心理观及其新理论

一、精神分析理论

精神分析理论(psychoanalysis theory)是由奥地利精神病医生弗洛伊德(S. Freud,1856—1939)创立并由其追随者阿德勒(A. Adler,1870—1937)和荣格(C. G. Jung,1875—1961)等的推动而形成的。这个理论最初是在精神病治疗中为分析病态行为的内部心理机制而建立起来的。其早期理论认为:人的一切行为动机,都和性本能冲动有关;性的后面是一种叫"里比多"(libido)的性潜力,它常驱使人去追求快感,因此人在婴儿期是服从快乐原则的。本能欲望常不为社会习俗、习惯、道德、法律所容,因此人必须去适应现实,服从现实原则。当欲望与规范发生冲突,前者常被压抑(suppress)而成为被遗忘的无意识(unconscious)或潜意识(subconscious),潜伏在深层中。它不能通过记忆被召唤到意识中来,表现出抵抗(resistance),有时往往以梦的伪装形式再现,但它仍对人发生影响,如表现为变态或失常行为。意识是人类理智的作用,它寻求满足本能欲望冲动的途径,并调节无意识欲望与社会规范之间的冲突,使人产生正常人所具有的行为。

1920年后,弗洛伊德提出一些修正的观点,称作精神分析的后期理论。它认为:人有指向生命的生长和增进的性本能和自我本能,即生存本能(life instincts),同时也有表现为求杀欲望的死亡本能(death instincts),当它向外表现时,成为破坏、损害、征服等侵犯倾向,当这种侵犯受到挫折时,就表现为一种向内的自我谴责、自我惩罚及自杀等自毁倾向。此外,他还提出人格结构的理论。他认为,人格是由本我(id)、自我(ego)和超我(superego)三部分组成。本我或称伊特，是由肉体提供能量并贮存在无意识中的先天的本能、基本欲望构成，它们不断发出冲动，并要求欲望得到满足。唯一的出路是通过自我，即通过与感知觉等心理活动有关的意识，与外部世界发生联系去找到对象物。自我是意识的重要部分，介于本我与外部世界之间，它不仅使人知道自己具有认识现实并依据现实通过活动去满足欲望的能力，而且也为了使个体更好地适应现实生活大力地去对本我进行控制与压抑。随着儿童的成长，就会出现超我。超我是"道德化了的自我"，它包括"良心"和"自我理想"两部分。自我理想是习俗要求与社会规范教育的产物，是用来确定道德行为的标准；良心则是负责对违反道德标准的行为进行内心的惩罚。超我的主要职能在于指导自我去限制本我的冲动。在正常的情况下，这三者处于相对的平衡之中，因此个人就会采取恰如其分的行动，适应周围环境。如果三者之间或它们与现实之间发生冲突，当自我占上风，能使人意识到过度纵欲必生恶果（如"酗酒必生事"）、过于理想的自我不符合实际（如"不能人人都当大总统"），或告之以社会可接受的方式使欲望得到宣泄，或采取自卫机制（defense mechanism），就会使冲突有所缓解。如果三者的平衡发生破坏，就会产生压抑现象，出现变态人格或失常行为。他还认为，童年期三者平衡与失衡的经验对于人格的正常发展极为重要。

在这个理论中，阿德勒提出的追求优越—补偿（upward-compensation）说具有更明显的社会性。他认为，支配人的行为的并非都是性驱力，更主要的是一种生而具有的"追求优越"（upward）的内驱力。幼儿由于体小力弱而处处不如成人，残疾者由于身体有缺陷并受到歧视，会产生自卑感。他们越是意识到这种不足与缺陷，就越不愿屈服于这种自卑而设法奋力向上，如通过活动来增强体力与智力，发挥特长来弥补缺陷，或采取特殊行为方式（如顺从、取悦、粗暴、反抗、固执等）来摆脱困境，久之，还会形成"生活风格"和人格特征。补偿作用可促使儿童身心的发展，迫使人达到更高的成就和形成特定的人格；但也常有消极作用，如人的追求优越的力量遇到外界强大阻力无法实现时，也常会以幻想、虚构的目标、病态的方式来求得满足。阿德勒还以同样的观点来解释"妇女争取男权"和"人们联合起来依靠集体力量实现社会主义"等现象。

精神分析理论单纯以性或其他本能而不是以社会原因和社会动机来说明社会行为的动力，无疑是不正确的。其论说特别是泛性论有不少主观色彩，也是需要清理的。但它敢于冲破禁区，抓住潜意识这个中心进行深层探讨，重视动机冲突、移情、人格结构等的研究，对于后来的社会心理学研究也有许多启发。

二、新精神分析中的社会学派别

新精神分析（neo-psychoanalysis）是20世纪40年代在美国从精神分析运动中分离出来的一个心理学流派。在新的社会历史条件下和医疗实践的理论探讨中，部分精神病学家和精神分析理论家开始否定弗洛伊德的本能论、泛性论和人格结构说，强调文化、社会条件和人际关系等因素对人的心理和行为的影响，强调家庭环境和童年经验对人格形成与发展的作用，重视自我的整合与调节作用，逐渐形成了新的学派。其代表人物有：沙利文（H. S. Sullivan，1892—1949）、霍妮（K. Horney，1885—1952）、弗罗姆（E. Fromm，1900—1980）和埃里克森（E. Erikson，1902—1994）等。下面只将其中两位的主要观点略作介绍。

（一）霍妮的"文化因素"说

霍妮采用了弗洛伊德的潜意识、压抑、抵抗等概念，但不同意他的"俄狄浦斯"情结说（oedipus complex）和里比多说。她认为性力说完全歪曲了自我和环境的关系，忽视了文化因素对人的影响。霍妮认为，人的行为与人格发展的主要动力不是本能驱力，而是人在充满敌对的社会环境中寻求安全的需要，个体行为仅仅是对引起恐惧的环境的一种反应，个体性格的形成是以环境因素为基础的。新生儿由于弱小无力，有寻求安全、避免威胁的需要。如果儿童生活在一个友爱、被人接受的家庭中，就会有安全感，其心理与行为会得到正常发展。假如儿童生活在一个缺乏温暖与情爱的家庭中，父母时常争吵甚至拿孩子出气，就会使孩子产生不安全的恐惧，导致基本焦虑（anxiety）。这种焦虑若在后来的生活中没有摆脱，就会使他们感到社会上的人都对他有敌意，从而成为神经性焦虑。在此情况下，他们就不得不采取许多防御策略：如趋向他人（moving toward others）——做出讨好、依从等行为；避开他人（moving away from others）——表现出孤独、退缩等行为；反对他人（moving against others）——产生猜忌、敌视、伤害等行为。这种行为方式的重复使用，一旦固定下来，不仅会成为人格的一部分，而且还会成为一种精神病式的防御需要。这种行为模式一旦建立，人就会经常出现"理想化的自我意象"，用以掩饰真正的自我。前者的出现虽然能暂时缓解内心的焦虑，但它和现实的自我之间难免会发生冲突，从而使人失去适应多变社会生活的灵活性，增加困难和受到新的挫折，引起新的焦虑。这是导致精神疾病的主因。因此，霍妮认为家庭环境与教育对社会行为方式与人格发展有着决定作用，而且精神病是后天造成的，因此也是可防治的。此外，她还认为，妇女由于先天的生理解剖特点，具有一种自卑感，但男女之间的心理差别不是由先天原因、而是由文化因素决定的。她还从精神分析的治疗中发现，经济因素在病因中往往超过性因素。

霍妮的理论已经觉察到畸形社会对人的心理、行为和人格的影响，并且抓住焦虑这个中心概念来阐述社会与行为之间的心理过程、重视家庭环境与教育、对失常行为治疗的乐观主义态度，不能不说是精神分析理论的一种积极的进展。但她仅仅看到社会敌对性是人的行为和人格发展的主要动力，而没看到社会变革并使人类互助合作成为现实的动力作用，这又体现了她的理论的片面性。

（二）埃里克森的"人格发展八阶段论"

埃里克森从德国来到美国从事儿童精神病分析治疗工作，发现情绪疾病的中心是自我与社会生活（包括社会文化背景）的冲突，而不像弗洛伊德只强调性。他通过临床观察与经验总结，提出了"人格发展八阶段论"。

这个理论认为人的本性最初无所谓好坏，有向任一方面发展的可能。人格的发展是一个有阶段的过程，每一阶段都需完成一个特定的受文化制约的任务。这一任务中包括一对矛盾，人在向积极或向消极发展的矛盾中实现平衡。如果人在各阶段能保持向积极品质方面发展，不仅能完成阶段任务，而且会逐渐形成健康而成熟的品格；否则，就会产生心理—社会危机，或出现情绪障碍，为后一阶段制造麻烦，出现病态和不健全的人格。

埃里克森的人格发展八阶段如下。

1. 学习信任的阶段（出生—18个月）

儿童一出生就通过感官去领会世界，从母亲的形象中去信任世界。如果他得到人们的关怀、爱抚，生理需要得到满足，就会感到安全，形成对人的信任感；如果这种关怀不一贯，爱抚不够或没有，他就会对人和世界产生疑惧，形成不信任感。这个阶段的基本矛盾就是信任对不信任，最有影响的人是妈妈或类似妈妈的人。不信任不一定都不必要，有时也是对危险与不快事件的准备和预期，两者应保持一定比例，信任感应多于不信任感。信任与不信任的问题要持续到后几个阶段逐一解决。

2. 成为自主者的阶段（18个月—4岁）

儿童通过做力所能及的事（如走路、说话、独立穿衣、吃饭等），得到大人允许、承认，就会感到有自控能力和影响环境的能力，出现自主感；反之儿童在自己活动中出现意外时遇到大人不耐烦而过分粗暴，或过分溺爱加以阻拦，就会产生羞耻感和怀疑自己的能力。这个阶段的主要矛盾是自主对羞耻、疑虑，对儿童影响较大的人是父亲式的人物。允许儿童有活动的自由，鼓励他们的成功，对于发展自主性十分必要，但也要让他们在自主活动中接受一定的限制，从而使其为将来参加法制生活有所准备。

3. 发展主动性阶段（4—5岁）

儿童在这时开始进行各种运动，并在无父母控制的情况下会用自己"良心"的内部声音去支持与引导行为，于是产生了主动性。如果儿童有更多的自由和机会从事各种运动性游戏，家庭成员对他们智力上表现主动性而提出的种种怪问题给予耐心回答，不嘲笑、不禁止，其主动性就会得到加强；如果大人认为他们以上的活动是不好的、笨拙的、讨厌的，就会使他们产生内疚感。这一阶段，儿童开始意识到性别差异，会以父母自居，争取异性父母的爱，如不能偿愿，也会产生过度的内疚。这个时期的主要矛盾是主动性对内疚，影响最大的因素是家庭。

4. 变得勤奋的阶段（6—11岁）

儿童掌握了语言与文字工具后，不仅可获得大量知识、技能，而且具有演绎推理及按规则做游戏和学习的能力，且特别爱寻根究底地问问题。当儿童的创制活动和学习受到老师与家长的支持、赞扬和奖赏，其勤奋感就会产生并得到加强；反之，大人把这种活动看作是捣乱，或者他们在学习上经常失败，就会产生或增强自卑感。但是一个有自卑感的学生，如果遇到一位敏感、教导有方、事业心强的老师，老师设法帮助他逐步取得好成绩，增强其信心，也可使学生的勤奋感获得新生。这个阶段的主要矛盾是勤奋感对自卑感，对其有较大影响的是学校中的老师与同学，还有邻居。

5. 建立个人同一性的阶段（12—18岁）

儿童进入青春期，除产生爱情的新觉醒、寻找异性朋友外，还发展了对周围世界新的观察与思考的方法。他们会想到其他人在想什么和怎么想，想象理想的家庭、宗教和社会究竟应是什么样的，并把它们与现实进行对比，把社会的矛盾集中成为一个协调的、整体的理论和哲学。青年还是一个没有耐心的理想主义者，因为他们认为把理想变为现实，就如想象那样容易。青年期最重要的特征是出现了个人同一性（personal identity）。所谓同一性，指能发现事物的异同，形成它们内在相同和连续之感。如青年能将自己的过去、现在和将来综合成为一个有意义的"自我"整体，因此他能识别自己与别人的异同，能认识现在工作与未来效果的关联，能了解领导与被领导的统一与区别的关系，等等。发展个人同一性对于接受成年期的生活挑战非常重要，不然会产生同一性混乱，如时间混乱（不考虑时间的限制，总想立刻解决问题或任意拖延时间，缺乏时间观念），自我肯定的混乱（怀疑对自己的认识与给人的社会形象是否一致），工作瘫痪（不能认识努力工作与预期效果之间的联系，所以对成就不抱期望，因此松劲、不坚持努力），两性混乱（不愿接触异性或乱搞男女关系，对两性之间的同一性认识不清），权威性混乱（不了解领导与被领导的统一关系，因此产生对立或盲从）等。在青少年罪犯中，同一性混乱是最常见的症状。这一阶段的主要矛盾是同一性达成对同一性混乱，影响最多的是同辈群体或校外集团。同一性的发展与先前阶段任务的完成有密切关系。如果年轻人在进入青春期前有较多的不信任感、羞耻感、内疚感、自卑感，发展同一性就会相当困难，并不可避免地要发生同一性混乱。

6. 承担社会义务阶段（18—30岁左右）

本阶段是人们进行求爱和过早期家庭生活的时期，并出现人与人之间的新关系，产生亲密和团结的感情。亲密除爱情之外，还包括友谊、与人合担任务、分担苦乐、相互关怀等。亲密感是个人意识到对社会负有义务，并在社会活动、合作完成任务和性生活等过程中获得成功而产生的。如果一个人不能在夫妻或朋友之间建立友爱关系，就会产生孤独感。这个阶段的主要矛盾是亲密对孤独，影响较多的是一起工作与生活的伙伴。

7. 显示创始力感的阶段（中年期和壮年期）

这是成家立业的时期，人们可向两个方向发展：一是开始对家庭成员之外的人和后几代生活在其中的社会和世界表现关心和操心；另一是掉进自我专注的状态，只关心个人的需要与舒适。这个阶段的主要矛盾是创始力感和自我专注（generativity vs. self-absorption），与之关联的是社会分工和承担家务的情况。

8. 达到完善的阶段（从成熟到晚年）

这是人一生的主要努力趋近完成的时期。当他满意地回顾一生时，就会有一种完美感，但看到过去一段失去了很多好机会或走错了方向，想重新开始又觉得为时已晚，于是产生绝望的感觉。这个阶段的主要矛盾是完善对绝望。

埃里克森的理论从心理—社会的新角度阐述了人格发展的阶段与阶段矛盾，其中有许多辩证的观点，特别是提出青年早期"个人同一性"的概念，这不仅是一种发现，而且对解决青年期的心理—社会危机颇有现实意义与参考价值。埃里克森发展了弗洛伊德的人格分期，抛开了泛性论，但他对阶段矛盾的社会来源与实质似未交代清楚，仍把性、自我和情绪当作人格发展的基力，忽视人的意识、高级理智在人格发展中的作用与地位，因此依然没有突破新精神分析的框架。此外，他对第三阶段的性恋说（俄狄浦斯情绪说的翻版）以及青年同一性混乱的归因都仍带有神秘主义色彩或不当之处。

三、人际行为三维理论

这是以人际需要理论为基础阐述人际关系的形成、取向类型以及群体聚散过程特征的理论，其主要代表是舒茨（W. C. Schutz，1958）。

这个理论有以下几点主要的设想。

（一）基本的人际需要

每个人都有三种基本的人际需要：包容需要（inclusion need）——与人接触、交往、隶属于群体的需要；支配需要（control need）——控制别人或被人控制的需要；情感需要（affective need）——爱别人或被爱的需要。这种需要与生物需要类似，但不相同。生物需要调节着有机体与物理环境的关系，人际需要决定着个体与人类环境之间的联系。生物需要得不到满足，可能导致疾病与死亡；人际需要得不到满足，将会导致精神崩溃，甚至死亡。

（二）相对的继承性与连续性

童年期因人际需要是否得到满足而形成的行为适应方式，影响并决定着个体成年期对待他人的方式，有时像自己当年对待双亲的态度对待他人（恒常原则），有时像双亲早期对待他的方式对待他人（认同原则）。三种需要早期满足的不同性质与后来表现的行为方式之间存在如下关系。

1. 包容需要的情况

如果儿童与双亲的交往极少（由于双亲忽视，使其与家庭处于不完全融合的状况），这种经验会使他们出现低社会行为（under social behavior），如倾向于内部言语、摆脱相互作用、与他人保持距离、或间接地或直截了当地拒绝参加群体活动。如果儿童与双亲过分依赖与沟通，就会形成超社会行为（over social behavior），如总是寻求接触、忙乱、要求给予注意、热衷于参与群体活动，有时还会以巧妙地表现知识与技巧等方法加入群体。如果儿童与双亲恰当地沟通与融合，则会形成理想的社会行为（ideal social behavior），他们无论独处或群处都感到幸福，不把自己看作是需要注意的个体，能依据情境决定是否参与群体，人际关系一般没有问题。

2. 支配需要的情况

如果双亲对儿童既有要求，又允许儿童有自主决定权和一定的自由度，就会使儿童表现出民主型的行为方式，既乐于顺从又敢于掌权，可以放弃也可以执行支配权，一切视情况而定。双亲若过分地控制或不充分地控制，则会引起儿童的过度焦虑和防御性行为，或者形成专制型的行为方式，如倾向于去控制别人与反对他人对己控制，甚至独断独行，违反规范、不尊重他人权利；或者形成拒绝型的行为方式，如过分谦虚、顺从、拒绝支配他人或拒绝做出重要决定，不愿负责任。

3. 情感需要的情况

如果儿童小时候得不到亲人充分的爱，经常面对冷淡与排斥，长大会表现出低个人行为（under personal behavior），如与人表面友好，但保持距离，深怕不受人欢迎或不被真正喜爱,因而避免相互建立密切关系。如果儿童生活在溺爱的关系中,长大会表现出超个人行为(over personal behavior),如强烈地寻求爱,希望或试图与人建立密切的情感联系。如果儿童能获得适当的关心与爱护,就会形成理想的个人行为(ideal personal behavior),长大后既不会受宠若惊,也不会有爱的缺失感;不论能否同人建立密切关系,都能恰当地对待自己。

(三)基本人际关系取向的类型

人依据三种基本的人际需要的相对强度和表达形式——主动表现(expressed)或被动期待(wanted),可以分成六种基本的人际关系取向(fundament interpersonal relations orientation,或简称 FIRO)类型:(1)主动包容型(e^I)——主动与他人来往、积极参与社会活动的外向者;(2)被动包容(w^I)——期待别人接纳自己、孤独、退缩易疏离他人者;(3)主动支配型(e^C)——主动去支配他人,能运用权威、权力,喜欢控制别人者;(4)被动支配型(w^C)——期待别人来引导自己,乐于追随他人、受人支配,表现出顺从、无争等特征者;(5)主动情感型(e^A)——对他人处处表示喜爱、友善、热心、同情、亲密者;(6)被动情感型(w^A)——期待他人对自己表示亲密,而本人往往显示出对人冷淡、厌恶等情绪者。相同类型者在一起,大部分都能很好地相容,相同需要的主动表现者与被动期待者在一起也常相互弥补,相得益彰,但同属主动支配者在一起就不易相容。所以无论是交友、择偶、组织活动、人事安排等,了解一下人们的人际关系取向的类型颇有助益。

(四)相容

两个人在一起,或个人在群体中能协调地工作或生活,就是相容(compatibility)。它在人际关系中占有重要的位置。舒茨认为存在着三种人际相容:(1)互换(interchange)的相容,指两个人在三种需要上所表达和希望的行为总和相等,便产生最大限度的相容,尽管双方在某一需要范围内可能有不相容处,但总和上相等或相近,因而还是相容的;其不相容的程度决定于总和上的差别度,总和差别越大,具体不相容也就越严重;(2)首创的(original)相容,指一个人常有意使自己的表现去和另一个人发生互补,如某人发现对方希望拥有领导地位,就表现出顺从或愿受控制的行为;(3)交互的(reciprocal)

相容，指双方都在某种需要上表现与对方一致，如对方需要沟通，另一方也表现出渴望沟通；一方不想交谈，另一方也正合对方的意而终止谈话。总之，双方的需要与愿望表现出尽可能的相符。舒茨认为，一个人如果同对方在相容性上有差异，他就会去同更相容的另一个人接近，从而彼此感到满意或喜欢。

（五）群体的形成与瓦解

与不相容的群体相比，相容群体有更大的凝聚力，能更有效地达到目标或产生高生产率。群体的形成、发展要经历沟通、控制与爱三个阶段：通过沟通，每一个体都要抉择是否要留在该群体；而后过渡到责任与权力的分配，确定谁当领导者；最后要出现情绪整合或情感加深等现象。在群体瓦解时，这三者则会向相反方向变化，先是情绪依恋性被破坏，随后支配关系松弛或瘫痪，最后是众人纷纷脱离群体。

这个理论从人际需要的角度系统地说明人际关系与交往中的许多现象，尽管操作性的论证研究尚少，且没有说明三种需要和社会源泉的关系，但是它很富于独创性和启发性，它应属新精神分析理论在社会心理学中的新发展。

第四节 符号相互作用学派及其新理论

符号相互作用理论（symbolic interactionism）是强调事物的意义、符号在社会过程、社会心理及社会行为中作用的理论，是带有社会学特色的社会心理学理论。它最初是由社会学家、社会心理学家米德（G. H. Mead，1863—1931）综合了杜威（J. Dewey，1859—1952）、詹姆斯（W. James，1842—1910）和库利（C. H. Cooley，1864—1929）等人的观点后提出的，后经过林顿（R. Linton）、戈夫曼（E. Goffman）及海曼（H. Hyman）等人的研究而得到充实与发展。下面分三个部分简述其理论。

一、符号相互作用理论的基本思想

1902年，米德曾在《心智、自我和社会》（Mind, Self and Society）一文中阐明了社会行为主义者对三者及其关系的观点。在这里，他明确地提出了符号（特别是言语）是三者形成、变化及相互作用的工具的观点。该文及以后论述的要点大致如下。

1. 心智、自我、社会是密切关联的三种结构和现象。它们的形成、维持和发展，它们之间的相互影响、制约和关联，都借助符号及符号的相互作用来实现。米德把能传达某种意义的姿势（gestures），如动作、形象、言辞等称作符号，并称人是唯一能使用语言符号及其意义系统的动物。人之所以区别于动物，就在于人具有运用语言符号的能力，并有心智。

2. 人的心智（mind，或译精神）活动是人在社会相互作用过程中掌握与运用符号，并通过符号相互作用而产生与发展起来的，它既是社会客体向主观领域过渡的内化过程，也是大脑赋予客体意义的外化过程。人的行动不是对外界刺激的机械反应。人在行动前总是不停地在心理上解释所见所闻，进行"情境定义"（define situation），然后依据事物对他们的意义进行处理。这个意义来自于社会相互作用，不是客体本身所具有的。人在行动时还会了解到群体多数成员的态度，或称"概括化他人"（generalized others）的态度，因此知道行动的限度，并在这个限度内进行自己的"设计"，然后付之实施。这种解释、定义和设计的思维过程，都是一种符号相互作用或符号操作的过程。

3. 自我（self），作为有别于非我（周围环境、客体）的主体自己，是由主体我（I）和客体我（me）所组成。米德在《社会我》一文中说："在观察自己的过程中，自我既作为观察者，又作为被观察者的身份出现。具体地说，一个人可能记得曾询问自己何以能干这事或那事，或曾责备自己的缺点与不是，或者曾夸耀自己的成就。因此……人们可以发现主体我和客体我。"主体我是主动行动者（在前一段话中是被观察者），是冲动性的、创造性的，是变化的源泉。客体我是通过"角色采择"① 设想他人所见的我，即社会我，它是规范性的（在前一段话中是观察者）。任何行为，都是由主体我的冲动引起，而后受到客体我的控制；前者是行为的动力，后者是行为的方向，自我就是主体我与客体我的相互作用。主体我、客体我、自我组成了个性结构。正因为有

---

① 角色采择（role-taking），或译作"角色获得"，为米德用语，指采取别人角色的地位和立场来对待事物。

主体我，才会产生角色行为的变化或偏离；正是因为有客体我，才会引导行为去适合社会相互作用中的角色期望。米德说："作为一种单纯习惯的组织，自我并不具有自我意识。正是这种自我被我们称之为性格。然而，一旦出现重要问题时，这种组织便会出现某种分裂，不同的倾向便会作为互相矛盾的不同声音出现于反应性思维之中。从某种意义上说，旧的自我分裂了，从其精神过程中产生了新的自我。"在他看来，自我的成长是由部分的分裂、重建和新自我的产生造成的。自我的成长也就是个性的发展。自我的活动不仅左右着人的行为，影响着个性的发展，也会导致社会的变化。这些个性结构内的各成分活动，如自我询问、自我责备、自我夸耀等又都是借助于语言符号的操作来进行的。

4. 社会（society），代表人际相互作用的组织与结构。社会和群体的生活是由社会成员的协同行为来维持的，而要真正做到协同，就要彼此理解对方的态度、行为目的和反馈的反应等，这就需要有说明事物意义的符号作为沟通信息的工具。社会与个人是通过符号相互作用来互相影响和互相制约的，社会通过符号相互作用来"塑造"个人，影响个人的心智与自我的发展，而个人又是通过符号相互作用来维持与改造社会的。

符号相互作用的基本思想虽然带有某些主观臆测，如认为符号意义通过人的解释而改变可以导致社会变化，或认为社会变化的原因在于个性（主动的我）等不正确的看法，但由于它带有全方位性和辩证性，颇具吸引力，因而颇受学术界的重视。此后，一些心理学家，如库恩（M. Kuhn）等，依据各自对它的理解进行实证性研究。库恩用自编的"我是什么人"的问卷进行测查，结果表明被试关于社会地位和角色的回答占主要地位，所以证明"角色"是重要的，而且个人会依据自己的角色地位形成自己的行动计划和对自己的态度。他还认为，如果知道了个人的参照群体，就可以预测个人的自我评价，于是就可以预测个人的行为。与此同时，不少社会心理学家都抓住"角色"和"参照群体"等课题展开研究，并形成系统的角色理论和参照群体理论。

二、角色理论

角色理论（role theory）是关于人的态度与行为怎样为其在社会中的角色

地位及社会角色期望所影响的社会心理学理论。它是符号相互作用理论发展出来的一个分支。因此其基本观点是和库利和米德提出的思想（人的行为是在早期通过语言符号的掌握并为社会关系及跟别人交往所决定的）相一致的。然而，它作为一个由不少研究所充实并成为独特的、较完整的体系则是较晚的事。参与这方面研究并有影响的人有莫雷诺（J. L. Moreno）、林顿（R. Linton）、纽科姆（T. Newcomb）、萨宾（T. R. Sarbin）和戈夫曼（E. Goffman）等。

什么是"角色"与角色理论？"角色"通常指戏剧脚本中所规定的人物。角色理论家们认为，演员在舞台上的表演，即按剧中人的方式行动，或以剧中人的态度对待周围的事物及自己，是由剧本、场景、导演的指示、同伴演员的表演、观众的反应以及演员本身对角色的理解和扮演技能来决定的。在现实生活舞台上活动着的人，也类似于角色。一个社会是由许多具有不同身份和地位的人按照社会的功能（如生产、社会控制等）产生互动的关系系统；社会中的每一个人都被社会赋予一定的地位（如经理与职员、售货员与顾客、厂长与工人、军官与士兵、丈夫与妻子、父亲与儿子、教师与学生等），当一个人根据他在社会中所处的地位实现自己的权利与义务时，他就在扮演着相应的角色。这里的"剧本"就是社会生活本身，这里的"场景"就是面临的客观环境或具体情境。这里的"导演"常常是家长、教师或管理者，这里的"同伴演员"就是相互关联的同事或对手，这里的"观众"就是周围真实的旁观者或假想的人群。每一个人在限定的范围内究竟怎样表演，也取决于他对自己所担任角色的熟悉和理解程度，以及由他的全部经历所形成的扮演技能及才能。戈夫曼认为，无论由谁来扮演某一"角色"，其行为都有相似性，且可预料，这是由社会"剧本"决定的，而其差异性则是由每个人对自身"角色"的不同理解或不同的"角色技能"造成的。所以在角色理论中，"角色"一词是指个人或人们在群体及社会中由于占据一定的地位而显示的态度与行为模式的总和，或所应履行的职责。而所谓"角色理论"，则是试图按照人们所处的地位或身份去解释人的行为并揭示其中规律的研究领域。

有什么根据说明人的态度与行为是由其所处的地位或身份来决定的呢？在前一章中已提及的津巴多进行的监狱模拟研究，就是一次实证性的研究。它有力地证明：一种非人道的专政环境在改变人的心理、行为常态方面具有颇大的损伤力；与此同时，人的角色地位的改变对于人的社会态度与社会行为的变化有着十分显著的影响力。因此，从人们所处的不同角色地位及其经历去探索、理解或预测各种人物态度、行为的形成、现状及发展变化就成了不可缺少的途径。

那么，角色地位又是怎样在日常生活中对人们的态度与行为发生影响的呢？下面结合这个理论的某些特有概念对这个问题做一点简要的说明。

关于"角色期望"（role expectation）与"角色采择"（role-taking）。既然每个人在社会关系系统中处于一定的角色地位，周围的人也总要按照社会角色的一般模式对他的态度、行为提出种种合乎身份的要求并寄予期望，这就叫作"角色期望"。一个人的态度、行为如果偏离了角色期望，就可能引起周围人的异议或反对。一个人，尤其是儿童与少年，在这种情况下就会通过观察或想象依据别人对自己的表情、态度等出现"镜象自我"（looking glass self——库利用语），即把别人对自己的态度当作镜子来认识自己的形象，从而产生"自我概念"（self-concept），并按照别人的期望不断调节自己的行为与塑造自己，这就叫作"角色采择"。米德还指出，世界上的各种事物，包括社会地位与身份都可以由语言符号来加以分类与命名；当儿童掌握了语言符号并运用它和别人相互作用时，就会把具有一定身份名称的接触者看作是"概括化他人"，并把他们对自己的态度看成是一般的社会期望，假若他不仅按照这种期望形成有身份名称的自我，而且也在这个框架范围内行动，这就是在进行"角色扮演"（role-play）。

关于"角色冲突"（role conflict）。一个人往往同时处于几种地位，具有不同的身份和扮演着多种角色。当这些角色在特定条件下互不相容时，就会出现"角色间的冲突"（interrole conflict）。这种角色间的冲突常常会使人感到左右为难，为了摆脱这种困境，他需要依据条件明确自己当时主要的角色地位及其行为界限，同时还要考虑社会对自己的角色期望及"角色义务"（role obligation），以便做出既得体又尽本分的决策和行为。一个人在扮演一种角色时，也常常由于不能同时实现两个或更多的自我期望而产生矛盾，这就叫作"角色内的冲突"（intrarole conflict）。解决这类冲突就必须分清轻重缓急，采取先后兼顾或舍末求本的决策和行为。总之，人的社会行为通常是和角色冲突有关的，而一些不符合社会期望的角色行为则多半是由于缺乏健全的角色自我概念（或理想的角色模型意识）或不善于处理角色冲突造成的。如果能采取一些办法使人更好地实现"角色采择"和"角色扮演"，那么就有可能解决许多社会行为的问题，这就涉及角色理论的应用与技术的研究。

角色理论现在被广泛地应用到许多领域，如解决职业训练、家庭人际和睦及教育培养等方面的行为问题。其中使用得较多的是为莫里诺在 1960 年所创建的"角色扮演技术"（role-play technique）。所谓"角色扮演技术"，就是要求被试或受影响者在给予的情境中加以表现，从而学习充分地履行角色的方法。换句话说，采用角色扮演技术，就是让受影响者在一种特定的或创设的情境中扮演某一角色，使其认清角色的理想模型，了解社会对角色的期望和自己应尽的角色义务，从而有助于他们控制或改变自己的态度与行为，以达到改善人际关系和提高工作或学习效率的目的。

角色理论有自己的一套术语与概念。它强调人的态度与社会行为被社会生活的"剧本"和自己在其中所扮演的"角色地位"及周围人（"导演""同伴演员""观众"）的影响所决定，同时也受制于本人对"角色"的理解程度、扮演技能以及处理"角色冲突"的本领。如果撇开这里从戏剧上移植来的词汇，它确实部分地揭示了人与社会之间的部分真实关系和某些辩证因素。但是，人在现实生活中并不是在做戏，也不是单纯地为不知道由谁而创作的"剧本"来扮演角色，他作为社会成员是在真实地参与社会活动，并和其他成员一起创造着生活并推动着历史前进。人在幼年时的确无权选择自己的身份、地位，并在很大程度上接受外力的影响而形成特定的心理和行为方式，即使成年人也常常如此。可是，这不等于说人只能听从命运的安排，或像角色理论家们所讲的每一个人都应"守本分"。人随着对社会发展规律的认识加深，也能通过参与社会变革自觉能动地去改变或选择自己的角色地位，并主动地塑造着自己的人格。忽视这一点，任何学说都会起着维护旧制度、宣扬命定论的作用。

三、参照群体理论

参照群体理论（theory of reference group）是关于人的社会心理态度和行为怎样受其从属的或追求的群体参照力所影响的社会心理学理论。其代表人物有海曼（H. Hyman）、纽科姆（T. Newcomb）、谢里夫（M. Sherif）、梅顿（R. K. Merton）及凯利（H. Kelley）等人。

什么是参照群体？一般认为，它是指个体从心理上把自己列入与之对照，并在评价、态度、行为上和在规范与价值观形成上接受其影响的群体。比如，一个学生把自己看作是自己所肯定的家庭或社团组织的一员，从而以它为标准确定自己的社会地位，以它的规范为准绳评定或约束自己与别人的行为，并逐渐形成与该群体一致的观点。又比如某些青少年常常以不三不四的团伙作为自己的参照群体，从而形成某些反社会的观念，并产生某些违法行为。个人有多少沟通渠道，也往往有多少参照群体。由于参照群体理论对于个体在新的社会结构条件下行为的不一贯性、未成年人的犯罪现象以及人们向群体表达忠实态度时的冲突等现象进行分析与了解具有重要的参考意义，因而受到社会心理学家与社会学家的重视。

参照群体有许多分类：（1）现实的参照群体（现实生活中存在的隶属群体，如家庭、班级）和思想上的参照群体（不在眼前或设想的从属群体，如小说中描绘的"敢死队""探险小组"）；（2）会员群体（自己作为其成员的参照群体）和外部群体（在自己所属团体之外的参照群体，如相邻的学校或先进团体）；（3）大的参照群体（如国家、宗教、党团组织等）与小的参照群体（如锻炼小组、小剧团等）；（4）肯定性参照群体（其群体规范和目标被个体所采纳，并产生参加意向的群体）和否定性参照群体（引起个体反对参加的意向或不把自己看作是其中一员的群体）。纽科姆于1943年研究贝宁顿专科大学学生的社会观点时发现，大学生所持的不同观点（或者是保守的，或者是自由激进的）是他们日常肯定地还是否定地对待其保守家庭或学校自由主义环境这种群体的结果。所以说，观点的形成是"个体对某一或某些群体肯定或否定态度的函数"。同时他也指出，少年的反抗行为是他们把双亲作为否定性参照群体而出现的情境性的行为表现。如果学生把严厉的教师看作是和他们父母一类的人，也会表现出类似反抗的行为。

对于参照群体，凯利（1952）认为它有两种主要作用：规范作用（normativeness）和比较评价作用（appraisement）。前者是指群体确立某种行为标准（或称群体规范）迫使个体遵循，如果群体能奖赏对它的顺从而惩罚不顺从，它就起规范作用。后者是指个体借助它作为比较标准和出发点，用以评价自己或他人。尽管一个群体对某人并没有提出看法或要求，但这个人要想确认自己或对他人的地位和状况进行评价，就要以某个群体的特点或水平作为基准加以比较。例如，一个妇女想成为时装模特，她可能以自己的许多女性朋友作为参照群体与之进行比较，认为自己在外貌上是够水平的；但是作为公司的经理或评审者来说，他们则以已在那里工作的时装模特作为参照群体与之比较来对她做出评价，就可能做出否定性的评价。

参照群体的这两种作用往往是统一的，有时同一群体可同时起到这两种作用。比如凯利引用梅顿曾举过的例子说，一个新兵入伍时，常常以老兵群体的观点或作风作为参照点来进行自我评价（即比较评价作用），而老兵群体又常从自己规范的角度来要求或监视新兵，如果后者接受就给予支持，即起着规范作用。正是在上述两种作用下，新兵渐变为老兵的样子。

研究者对个体选择参照群体所依赖的条件也进行了探索。梅顿（R. K. Merton）于1957年在《社会理论与社会结构》一文中提出了某些类似规范性的论点，它们是：（1）如果群体对自己的成员没有树立充分的威信，那么其成员将倾向于挑选外部的、非会员的群体作为参照群体，因为在他们看来后者更有威信；（2）个体在自己的群体中越孤立，地位越低，那么就越有可能把外部群体当作参照群体，期望在那里占有较高的地位；（3）社会流动性越大，个体改变群体从属性的可能性越大；（4）个体对参照群体的选择，也依赖于个性特征。

开展这类研究对于了解个体的动机或态度、行为与社会结构之间相互作用的机制无疑是有益的，但是目前进行的实验还不多，问题多于答案。特别是脱离开历史与经济结构，把更广泛的社会关系仅归结为人际关系或人与群体的关系则过于偏窄而有局限性。

通过以上简介，可以大致了解西方社会心理学研究中四大流派的轮廓。这有助于我们深入把握以后将遇到的各种研究的学派思想背景，也有助于我们扩大视野和拓宽思路。这些理论作为学科探索的阶段性成果，都是很有意义且富于启发的，但是它们和许多事物一样不可能是完美无缺的。为了更好地从中汲取合理有益的养分，舍弃糟粕，做到"洋为中用、古为今用"，就需要我们苦下功夫，长期去做仔细的剖析、筛选和评价工作。至于如何看待这些理论，下面谈两点想法。

1. 从学术性上说，上述各种理论作为一种科学设想不仅有存在的权利，而且各有长处。比如，它们都抓住一个侧面对社会行为或社会心理的发生机制做出了自己的解释，这些分析各有独到之处并达到一定的深度；但毋庸讳言，它们也都存在某些缺失或各自的片面性。因此，试图以其中一种理论对复杂的社会行为和社会心理做出全面的说明，往往是办不到的。特别是，各种理论都不同程度地忽视了宏观社会中历史实践（社会生产关系、政治制度和文化因素）对人的社会心理与社会行为的影响，因此只运用它们的微观研究去解释社会事件，就会抹杀主要的、有决定意义的原因，不仅无助于社会问题的解决，而且也会重蹈社会学中心理学主义的覆辙。如果我们能摆脱各种理论的局限性，保持宏观的意识，在微观范围内不抱偏见地、有选择地运用它们去探索社会环境（群体）—社会心理—社会行为三者之间互为因果的关系，其应用也仅限于微观环境，那么这种研究工作将会为理论再上一层楼和解决社会问题带来益处。

2. 从哲学观上看，上述理论中行为主义学派和符号相互作用学派（特别是角色理论和参照群体理论），具有唯物主义特色，然而也往往带有形而上学特色，因为它们不重视对行为的心理原因和意识的能动作用的探索；而认知学派（包括场论）和精神分析学派与之相反，它们重视对认知、意识、动机和心理空间的探索，并带有一定的辩证性，然而也或多或少带有唯心主义的神秘色彩。对于这些理论采取全盘肯定或全盘否定都是不妥的，也是对科学不负责和缺乏历史眼光的表现。马克思和恩格斯曾从费尔巴哈的唯物主义中吸取其"基本的内核"，摒弃其形而上学与历史唯心主义的杂质；从黑格尔的辩证法中吸取其"合理的内核"，摒弃其唯心主义的外壳，从而发展为辩证唯物主义与历史唯物主义。这是正确处理文化历史遗产的一个范例，它对我们是一种极好的借鉴。我们应当对上述四大学派理论进行有扬弃的继承，加以改造，以建立我们自己的社会心理学新理论。

【要点小结】

社会心理学的各种理论，是心理学的几大学派对社会心理实质与社会行为产生原因的探讨、解释和研究深化的结果。行为主义学派的社会心理观大致包括刺激反应理论、模仿论、社会学习理论、社会交换理论等；认知学派的社会心理观大致包括格式塔理论、场论与群体动力学理论、认知相符理论和一致性理论（包括认知失调理论、平衡理论、归因理论、认知情感相符理论等）；精神分析学派的社会心理观大致包括精神分析论（人格结构论、补偿说）、新精神分析论、文化因素论、人格发展八阶段论及人际行为三维理论；符号相互作用学派的社会心理观大致包括符号相互作用理论、角色理论、参照群体理论等。

【思考与练习】

1. 了解社会心理学理论的意义与学习的必要性。
2. 社会心理学四大学派理论的各自特色及主要差异。
3. 试就四大学派理论新近发展中的一种你最感兴趣或最反感的理论进行评析。

【拓展性阅读导航】

1. ［苏］T. M. 安德烈耶娃著，李翼鹏译：《西方现代社会心理学》，人民教育出版社，1987。
2. Kay Deaux, L. S. Wrightsmart. (1988). *Social Psychology* (5th edition), chapter1, Theories as Explanation of Social Behavior, *pp.* 3-27. Brooks/Cole Publishing Company, Pacific Grove, California.

第三章 社会化与自我概念

【内容提要】

本章讨论了社会化概念及其理论模型的发展、社会意识与社会化的联系、社会化的基本目标、社会化与个性化之间具有的统一体的关系;强调了语言社会化和社会角色社会化;结合实例讨论了社会化的角色引导、社会比较、社会学习、亚社会认同、共享现实等机制;关于自我概念的讨论,阐述了詹姆斯、米德等关于自我概念的观点及自我概念的三种功能,最后介绍自我概念的结构及其发展。

【学习目标】

1. 了解社会化及其重要性。
2. 明确社会化与社会意识、个性化的关系。
3. 熟悉社会化的发生机制。
4. 认识自我概念及其作用。
5. 掌握自我概念的发展机制。

【关键词】

社会化　社会意识　自我概念发展

第一节　社会化的概念

一、社会化概念及其发展

社会化(socialization)通常指个体在社会影响下,通过社会知识的学习和社会经验的获得,形成一定社会所认可的心理—行为模式,成为合格社会成员的过程。

任何一个人,仅仅依靠其机体的自然属性和生物本能是不能在社会中生存的,必须通过社会化途径学习和掌握社会文化知识和规范,才能够作为正常社会的一个成员存在。20世纪50年代以前,社会化以少年儿童为对象,重点研究个体如何从一个"生物人"转变为"社会人",因此它属于发展心理学的研究领域。到了20世纪50年代以后,在以帕森斯(T. Pasons)为代表的结构功能主义社会学和英克尔斯(A. Inkeles)关于人的现代化研究的推动下,社会心理学的研究领域不断拓展,出现了广义社会化研究,指贯穿人生始终的内化社会价值标准、学习角色技能、适应社会生活的过程。特别是英克尔斯将社会化过程与全球性的以工业化、城市化和大众传媒为特色的现代化过程相联系,提出了现代社会的社会化过程的新要求和新标准,即与"传统性"(traditionality)相对应的"现代性"(modernity),将社会化的概念与社会变迁的特征联系起来而更具有现实性。进入20世纪90年代,社会心理学家对社会化的理解进一步深入,不仅形成了将其作为社会心理学最基础的过程的共识,并且从社会与个体相互建构的角度重新理解社会化。因此,社会化也是更带有"社会"意味的社会心理学研究的主题。

泰勒(S. E. Taylor)指出,回顾社会心理学百年史,社会心理学家逐渐认识到社会环境的力量和社会个体对社会经验主动建构的双重重要性。因此,对社会行为的理解达成两点共识。第一,个体的行为受到了来自环境的强烈影响,尤其是受到来自社会环境的强烈影响。人不是在一个孤立的真空条件下活动,而是在一个影响其思想、情感及行为的社会背景(social context)中活动,这就是社会化的过程,也是社会心理学家奥尔波特(G. W. Allport)经典定义的内容。第二,个体总是主动地解释(construe)其所处的社会环境。换言之,我们对环境做出的反应,并非环境本身,而是我们对环境的解释(Fiske et al.,1998)。这里所说的"解释",不仅融合了知觉、归因等心理过程,也包括情感、价值观、文化心理倾向等许多心理成分。这种对社会化的新认识,不仅将社会化看成一个个体被社会型塑的过程,一个伴随生命全程的过程,而且还看成一个个体与社会相互建构的过程,一个个体与社会互动关系不断被建构的过程。这一认识逐渐发展为社会心理学各个研究领域的"元理论"（meta-theory），也是社会心理学理论体系的基石（见图3-1）。

图3-1 人与社会相互建构的理论模型

在这一理论模型中所指的"人"，不是一个单一的、简单的个体，而是根据其存在的形式，可以在多个分析水平中呈现出来（杜瓦斯，2011）。目前学科发展已经揭示出，社会心理活动与特性不仅可以在认知神经、个体内、个体性、个体间（人际）、群体、群际、社会意识等多个水平被观察到，并且不同水平之间的社会心理活动与特性还存在交互影响。"情境"是指"人"的心理活动所处的具体场域、具体事件和具体时间。不同的个体成长过程、成长经历、个体与社会交往对象形成的不同关系都必然是在一定情境中发生和发展的。"环境"是指具体情境的更为宏观的背景，如自然环境、文化环境、历史环境、政治经济环境、社会意识环境等。有时，为了研究的便利，情境与环境也常常被统称为"脉络"（context）。由此，我们也可以看出，社会心理学是一个强调"影响"和"建构"的学科。

二、社会化的特点

1. 社会化的必备条件

生物学的研究已经表明，集群生活的动物幼体，需要在其集群的哺育中接受各种熏陶，以获得将来结成个体间关系所必需的素质的过程。而产生这种素质需要适当的时间。没有这段时间的社会化，一个个体就不能与同种其他个体产生正常的个体间关系和群己关系。

人类的社会化也存在同样的过程。陆续发现的狼孩、熊孩、羊孩等，虽然长大后回到了人类社会，却无论怎样训练也难于在人类社会中正常生活。他们虽然在身体结构上属于人类，但由于缺乏社会化，没有获得人的语言与意识，因而也不具备人的心态，在实质意义上完全是兽类的成员。很显然，无论从个体生存与发展的意义上来说，还是从人类社会整体生存和发展的意义上说，人类的社会化都是必要的。个人通过社会化得以适应社会，获得发展的基础。社会则通过社会化培养它的继承者，使得人类文化可以延续并在此基础上发展。从这个角度来说，个人的社会化过程复演着人类社会的发展。

人之所以能够被社会化，是由人类个体自身的学习潜力和人类存在独有的语言决定的。科学家研究揭示，人脑共有约1 000亿个神经细胞，其组成各种联系和网络的可能性几乎是无限的，是自然界发展水平最高也最为完善的信息加工系统。人脑不仅使人可以掌握语言、学习和积累知识，而且使人具有抽象思维能力，使人在既有知识与经验的基础上通过生活实践再造已经获得的知识和创造全新的知识，使人在适应周围环境的过程中成为一个具有能动性的主体。所有这些能力，是其他任何动物所不具备的。科学家曾屡屡艰苦地教给黑猩猩或狒狒等高等灵长类动物各种词汇和技能，最终发现，其他动物无论如何也不能超过人类3岁时所达到的智力水平。这就意味着，人的遗传素质客观地决定了人类独有的接受社会化的前提条件，任何不具备人类素质的其他动物，即便是在人类社会中成长，也不可能社会化为具有人的意识的人。

个体社会化过程的实现有赖于个体与社会的相互作用，有赖于个人生理上的禀赋与社会环境的充分接触，有赖于个体参加社会实践活动。如果一个人从小与社会生活隔离，脱离了社会实践活动，即使他具有个体社会化的自然基础，具有健全的神经生理基础，也不能获得正常人的社会化。如前面提到的狼孩的事例，就说明了实践活动对个体社会化的重要作用。

社会实践还提供了个体卷入社会、与他人形成共享观念的条件。当人们通过与他人交往的实践，与他人形成社会关系和心理关系，他成为社会成员才成为现实。人从出生以后，最初在家庭，以后在学校，再后来走上社会，逐渐深度地参与到社会之中，接受社会影响，也建构这些影响。

2. 社会化的本质

社会化的本质是社会经验的传递、共享和建构。人类社会特有的语言现象，为这种传递、共享和建构提供了实现的条件。经验传递、共享和建构需要有能够抽象地指称事物的物化媒介，而语词正好起到了这样的作用。语词是概括化的符号，它可以代表某种事物而又超越了该事物的表面特征。由于语词的音—形形式与它所指称事物之间的恒定的、经常的、稳定的联系，它已经成为了第二信号而具有了相对稳定的意义。因此，人们一方面可以借助语词的音—形形式记载事物，另一方面又可以它的音—形形式作为媒介，实现共时性的人际沟通和历时性的代际传递（过去时代的人向现时代的人进行知识传递）。由于语言的存在，人类祖先的经验得以积累、积淀下来，并直接构成后人赖以社会化的最为重要的文化环境。没有语言，就没有文化，就没有社会化。此外，语言又可以通过家庭、学校、媒介和其他社会群体等载体来实现人的社会化。

虽然，通常有关社会化的讨论主要关注儿童与青少年的社会化。但是伴随着共享和动态建构视角的出现，社会化被看作一个连续不断的、贯穿人的一生的过程。首先，从社会化的连续性说，人生每一阶段的社会化，都是以前一阶段的社会化为基础的。前一阶段的社会化状况，会对后一阶段的社会化产生深远影响。如果前一阶段的社会化没有能够达到预定目标，则后一阶段的社会化会出现明显困难。例如，倘若一个儿童在进入青春期时尚没有形成清晰的性别差异概念，那么他（或她）进入青春期后会遇到明显困难。

其次，从社会化的无终点特征上说，当今社会科学技术发展越来越迅速，全球化过程导致本土文化与外来文化的碰撞与融合已成为每个人都面对的现实，这些变化不断诱发、引导着人们生活方式的变化，迫使人们不断学习、不断适应社会新的变化。计算机普及和终身继续教育在世界范围内都是人们所面临的任务。它们是人们需要不断社会化的典型例证。如网络和信息技术时代的到来使得人们的生活方式发生了巨大改变，在世界的任何一个角落都可以接触到世界各地的各种信息，这种信息无时无刻不在影响着人们的态度和行为。

最后，社会化是一个社会成员共同参与建构社会共识，并且透过物质、制度和精神的活动反过来形塑社会成员自身的反复、长期、双向的过程。这一过程将社会成员与社会紧密联系起来，从而赋予社会成员的心理活动浓重的社会意涵，也使社会化伴随着生命的全程。

随着继续教育和终身教育理念的兴起，学校教育也只是人们在社会化过程中的一个时段而已，更多的教育需要在学校教育结束以后继续进行，这使得人们需要不断进行社会化。对在早期社会化与继续社会化中未取得社会成员资格的人，还要通过强制或补偿教育的方式进行再教化的过程，目的是改变这些人已形成的那种反社会化（文化）的人格，使他们接受社会规定的符合大多数人利益的社会规范、价值观念与行为方式。

三、社会意识与社会化

社会意识是一个社会关于自身存在的认识与信念,综合体现在社会成员对于创造和使用的各类器物(包括建筑、服装等)、社会制度(包括仪式、规范和规则等)之中,也体现在个人之间、个人与群体和社会之间、群体之间以及不同社会之间所持有的观念和信念(包括符号象征物、价值观念、信仰等)之中。一个社会的社会意识是以宗教、哲学、道德、伦理、法制、法规、文学、艺术、舆论、习俗、民风等形式存在的,各种社会意识的社会传播与各种形式和路径的沟通,构成了个体社会化的外在环境与预期模式。譬如,如果某个社会崇尚物质主义价值观的话,反映了一个相当长的时期内,这一社会的成员对于占有物质财富、达到某种物质生活质量的共识和选择偏好,并且将这种共识和偏好隐含在对社会角色期望和社会行为的意义表达之中,从而影响个人的价值取向形成。再譬如,如果某个社会崇尚科学主义,则在一个相当长的时期内,这一社会的成员对于战胜自然、享受科技发展带来的成果就会形成比较强烈的偏好,这种偏好也会表现在行为动机和各类资源分配的原则中,并影响人们的价值观。社会意识弥散在社会中,通过明确的主流意识形态和大多数人的日常社会交往表现出来,并由这种途径提供的范式影响个体价值取向的形成。

社会意识可以表现为社会信念、社会价值取向、社会心态以及主流社会意识形态等多个方面。我们已经知道,影响个体社会化的因素很多,总体来看,无外乎是内在和外在两大类因素。个体的社会化过程是通过个体与社会环境相互作用而进行的,在本章中,我们简要讨论社会价值取向和文化背景在社会化过程中的作用。

(一)社会价值取向

广义的价值取向也被称作人们对特定事物所采取的价值观,它是与具体事件和情境相关联的,是人们在特定对象之上进行的价值选择(金盛华、张杰,1995)。典型的价值取向倾向有个我取向与社会取向。以自主性为主,强调个体如何经由支配、控制、改变以及利用自然与社会环境,以满足自我欲望、兴趣及情绪的价值取向类型被称为"个我取向"(individual orientation);而以融合为重，强调个体经由顺从、配合及融入自然与社会环境，与环境建立和保持和谐关系的价值取向类型被称为"社会取向"（social orientation）。在中国文化下，社会取向还有自己的特征，例如，家族取向、关系取向、权威取向、他人取向等（杨国枢，2005）。

在个体社会化的过程中，社会价值取向对个体的社会化过程起到了引导和定向的作用。在处理个人与社会的关系时，社会价值取向表达和规范了行动者看待与评估自己与他人的结果分配、利益冲突上的处理。也有学者将其细分为个人主义取向、竞争取向、平等取向、极大极小取向、合作取向等。阿克索伊和威斯（O. Aksoy & J. Weesie，2012）采用分解游戏范式（decomposed games），结合参数模型对被试的选择进行分析。结果显示，个体自身的社会取向与其对他人社会取向的信念呈正相关，那些在社会取向参数上得分较低的个人主义取向者对他人社会取向的预期也较低。

金盛华等研究者采用《中国人价值观问卷》（Chinese Values Questionnaire，CVQ）对3 272名来自全国12个省、市的工人、农民、专业技术人员、大学生和高中生进行调查，结果表明，中国民众的价值取向是一个8因素的整体模型，包括品格自律、才能务实、公共利益、人伦情感、名望成就、家庭本位、守法从众、金钱权利八个维度。这八个维度在整体上表现出以品格自律、才能务实、公共利益、人伦情感为优先取向的亲社会结构，具有鲜明的投射中国文化特点的"好人定位"特点，而对名望成就、家庭本位、守法从众、金钱权利的追求则居从属地位（金盛华、郑建军、辛志勇，2009）。

（二）社会价值取向的跨国/跨文化比较

描绘出一个世界范围的价值观地图（geography of values）、文化人格地图、信念地图，这已成为很多文化研究者和文化社会心理学家的梦想。他们做了很多跨文化、跨国和跨地区的文化比较研究，最终将各个文化标识在相对的位置上（mapping cultural groups）。以下是两个比较典型的规模较大、时间较长的研究。

1. 霍夫斯泰德的文化价值观比较研究

在关于文化类型的探讨中，荷兰学者霍夫斯泰德（G. Hofstede）的研究触发了大量跨文化比较的研究。1968—1972年，霍夫斯泰德通过对66个国家、3个地区共计116 000个IBM公司的员工工作价值观的研究，确定了四个价值观的潜在维度，也称作国家层面的"文化四维度理论"。第一个维度是"权力距离"。他发现在这一维度上得分高的国家，个体容易接受专断的领导人和雇主，家长喜欢听话的孩子；而在低得分的国家，领导人或雇主比较愿意与下属商量，家长注意培养孩子的独立性（G. Hofstede，2001）。第二个维度是"不确定性规避"。他发现一些国家的人追求低风险和安全，拥有统一的国家宗教，而另一些国家的人则相反。第三个维度是"集体主义—个体主义"。个体主义文化是指其个体独立自主、自负其责、根据自己的兴趣选择职业而不依赖群体和他人的文化。第四个维度是"男性气质—女性气质"。他发现有些文化中的社会成员有较高的成就动机，也更加自信，这样的社会竞争激烈、社会压力比较大，另一些文化更重视抚育。霍夫斯泰德认为，文化的价值渗透在文化社会成员生活的方方面面，比如儿童的教养方式、职业的选择，等等。事实上，他特别强调，他所提出划分文化类型的维度并不是心理学意义上的，不是用来比较人格特征，而是用来比较人格特征赖以形成的条件之一——社会和文化的背景。然而，跨文化心理学家却十分热衷于这个概念，因为霍夫斯泰德在复杂的文化变量中提炼出了一个简捷、清晰、统一和可以进行实证研究的分析框架，它有可能将文化的维度与心理现象联系起来，将过去不易操作化的文化变量操作化，并且可以统合心理学的其他领域的研究发现。至今，霍夫斯泰德的这一研究发现仍然被用于文化价值观的研究，特别是跨文化价值观比较的研究中。在一项元分析的研究中，发现自1998年至2005年间发表的55项跨国文化价值观研究中，有13项采用了霍夫斯泰德的"集体主义—个体主义"和"权力距离"这两个维度（A. S. Tsui，S. S. Nifadkar & A. Y. Ou，2007）。

在霍夫斯泰德发现的基础上，特里安第斯（Traindis，1988）等人关于"个体主义—集体主义"的量表试图从价值观内容中抽绎出最可能反映文化差异的维度进行文化比较。这一量表涉及六种人际关系（夫妻、父母、亲戚、邻里、朋友、同事/同学）和七种假设情境（对自己为他人所做的决定或对行为本质的考虑、分享物质财富、分享非物质财富、对社会影响的敏感性、自我表现与面子、分享成果、对他人生活的情感介入）。他们的研究表明东西方文化下人们的价值观存在明显的差异，在集体主义—个体主义这一维度上，东方人相对处于集体主义的一极，西方人处于个体主义的一极。

2. 施瓦茨等人的价值观研究

以色列学者施瓦茨（S. H. Schwartz）等人1992年在81个文化群中抽取的55 022个样本进行的研究，发现在世界上存在多个文化区域（cultural region）。这些文化区域在七个维度构成的划分标准下，被勾勒出其文化轮廓，并形成了彼此的关系。他采用"最小空间分析法"（smallest space analysis），对56个价值观之间的距离进行了分析，最后命名了10种不同的价值观类型，并且将其归为两个大的维度（参见图3-2），一个是对变化的开放性与保守性，另一个是自我提升与自我超越（与他人合作）。

图3-2 施瓦茨等人的价值观维度

（资料来源：译自 Schwartz, S. H. (2009). Culture matters: national value cultures, sources, and consequences. In R. S. Wyer, C-y Chiu, & Y-y Hong. (eds.). *Understanding Culture: Theory, Research, and Application*, p. 135. New York: Psychology Press.）

在此基础上，施瓦茨等人特别探讨了不同国家与地区的社会经济水平、政治民主水平、市场竞争体系以及家庭规模与文化价值观的关系。他认为，这些因素与文化价值观是相互影响和建构的关系。

四、社会化的基本目标

社会化所要达成的目标是非常广泛的，凡是与适应社会生活、成功履行一个人的社会角色有关的知识、态度、情感、行为方式与思想观念、生活技能等，都属于社会化的目标。

通常人们在分析社会化目标时，一般强调价值观念、行为规范与社会技能的社会化，或是从社会领域来划分，强调政治社会化、法制社会化、民族社会化、道德社会化、性别角色社会化等。这些分析往往忽视了社会化的一个最为重要的目标——语言社会化。

本质上，个体社会化从掌握语言开始，全部社会化是以语言社会化为前提的，其他一切社会化目标的实现，也是以语言社会化为前提的。语言包括语词、语音和其他意义符号，是一种取得共识的符号系统，是人们进行思维和相互交流的手段。个体掌握一种语言后，才能接受相应的社会习俗和态度，塑造自己的人格。语言也是个体与他人及社会联系的纽带。语言社会化在个体社会化中占据特别重要的地位。

按照符号互动论者米德（G. H. Mead，1934）的观念，语言是人们理解别人和使自己为别人所理解的工具，人只有在掌握语言之后，才能够理解、接受社会态度与习俗，并由此来塑造自己的个性，才可能知道别人的体验与自己的体验的区别，使自我得以分化。语言是个人超越自我、联系社会，使自己成为整体社会的一个自然部分的桥梁。没有语言，就没有自我。这意味着，没有语言，也就不可能有社会化的实现。

语言学家认为，语言是一种文化最为集中的反映，掌握一种语言本身的过程就是社会化的过程。一种语言中所蕴含的观念、思想与各种知识，会在人们掌握语言的过程中发生深刻的潜移默化的影响。这样，不只其他方面的社会化要以语言的获得为前提，语言获得的本身就有不可替代的社会化作用。因此，语言社会化在个体的整个社会化过程中有着特殊地位。在某种意义上，在多大程度上掌握了一种社会的语言，也就在多大程度上获得了社会化。

常常容易被分析者忽视的另一个系统的社会化目标，是社会角色的社会化。我们知道，更多的观念、态度、行为规范与社会技能都是与一个人的社会角色相联系的。社会对不同的社会角色有着不同的期望与要求。通常情况下，人们的观念、态度、行为规范与社会技能是对应于某一社会角色而被系统化的。社会在对一个人的这些方面进行评价时，选择的主要参照系首先是这个人所担负的社会角色。一个人从出生到年老，一生中所担负的社会角色不断变化，相应地，社会对于他的期望与要求也在改变。人生在不同的阶段的社会化任务也不同。因此,脱离人们的社会角色笼统地讨论思想观念、行为规范和社会技能的社会化是没有意义的。社会化的一般结果,应当是使人们适应人生某一阶段的特定社会要求,获得成功履行特定人生阶段各种社会角色的知识、观念与技能,并形成恰当的、与特定人生阶段的社会角色相统一的自我概念,为后一阶段的发展准备良好的条件。

需要指出的是,社会化这一概念本身,强调的是社会对于个人的影响和个人对于社会的适应,而不强调个人反过来影响社会和社会自身对于个人的调整与适应。而事实上,从人类社会产生的那一天起直到今天,尽管人们一直不懈地努力使社会朝着为每一个人造福的理想境界发展,但实际的状况却是社会中还存在许多不公正、不平等、不合理,存在着某些人不恰当地获得过多特权,而又有另一些人的正当权益得不到实现的问题。对于任何一个社会,由不断变化与发展的欲求激发的个人的创造性和不懈的追求都是社会改革与发展的一种动力。因此,一个理想的社会需要在强调社会化的同时发展一种容纳个人创造性和合理追求,使社会自身得以不断进步的机制。这一问题将在下一论题中详细讨论。

五、社会化与个性化

与社会化相对的概念是个性化。所谓个性化,指个体在特定社会条件的影响下,在实现社会化的同时形成个人心理—行为倾向独特性的过程。个性作为一个人决定其思维和行为方式的内部动力系统,是个人的社会共同性和自身独特性的有机统一体,它决定着一个人如何看待世界和体验世界,决定着一个人如何看待自己和体验自己,也决定着一个人对于外部世界和自己采取怎样的行为方式。个人的社会共同性通过个性中所具有的社会意识及一定的与社会、文化要求相适应的行为方式得到体现,而个人的独特性则通过带有高度个人色彩的思维方式和行为方式,通过稳定而特殊的个人能力、气质和性格等人格特征得到显示。

个人的个性化是与社会化同步进行、同时实现的。社会化目标的实现过程,也是个性形成或个性化的过程。个人随着身体的成熟和随之而来的各种社会角色的变化,经历的社会生活的广度和深度也不断增加。一方面,对于整个同辈群体而言，无论是学前儿童、各学段的学生还是成人，社会对于一个特定群体有着相对一致的期望和对待。这样，在同一个特定群体中生活的人们，会有着系统化的共同的社会生活。这种社会生活经历的共同性折射到他们心理内部就是经验的共同。正因为如此，人们可以发展起社会要求的共同的、与社会期望一致的观念、情感、思维和行为方式，使社会的社会化目标得以实现。没有共同的社会生活、共同的经验，就谈不上社会化中共同性的形成。

另一方面，从个体的角度说，每一个人不仅有与其他同辈相对一致的共同社会生活，还有着不同于其他任何人的独特的、难于被系统化的社会生活。每一个具体的社会化执行机构或执行者（socializer），除了按照与社会、文化相适应的要求期望对待作为被社会化者（the socialized）的个人之外，还按照自己独特的倾向与方式对待每一个不同的个人，从而导致每一个被社会化者与社会化执行者之间的相互作用都有其独特的一面。而且，个人在与社会环境发生相互作用时，并不是一个简单、被动的客体，而是一个主动、具有能动性与选择性的主体。这种能动性与选择性使得人们的经验世界具有了与其他任何人不同的一面。这样，个人不仅会因为有与其他人相同或类似的社会生活、相同的经历与相同的经验而被社会化，与此同时，他们还会因为具有不同于其他人的独特社会生活、独特经历和独特经验而产生个性化，这使得他们的观念、情感、思维和行为方式在内容和表现方式上都具有高度的个人色彩。

很显然，社会化与个性化是伴生的、相互影响的，二者是不可分割的统一体的两个方面。对于个人的发展而言，社会化具有主导地位，个性化是个体的社会化经验独特化的过程的产物。社会化保证了人类社会的延续与文化的传承，个性化使得个人可能具有超越现实而又改善现实的独特性与创造性。在社会化与个性化方面，一个理想的社会应当既具有完善的社会化代理机构体系（如完善的教育体系）和社会化诱导机制（如完善的奖励制度与法制体系），又能够给予合理的个性化以广大的空间，而一个理想的个人则应当是既可较好地适应社会，又能够有充分的个人风格与独创性，具有促进社会积极变化的潜力。中国社会如何在改革开放的过程中既保证人们良好的社会化，又维护人们积极的个性化，将是诸多领域共同研究的一个重要课题。

第二节 社会化的心理机制

一、角色引导机制

所谓角色，是指一定社会身份所要求的一般行为方式及其相应的内在心理状态。社会对于一个人的要求、期望与对待，直接决定于他在社会结构中所处的位置和所担负的社会角色。因此，一个人的社会环境与社会生活首先是与其社会角色相一致，并依据社会对于相应角色的要求和期待而被系统化的。在中国，由于社会统一性程度很高，社会对于某种社会角色，特别是社会责任相对单一的儿童与青少年的社会角色，在全国范围内都有着高度一致的理解与期待。因此，身处特定社会位置、担负某种社会角色的人们，特别是进入正式社会化机构——各种学校，以接受社会化为主要任务的儿童与青少年，其社会生活有着高度的一致性。

以道德社会化为例，中国的儿童与青少年，特别是在城市生活的儿童与青少年，无论他们生活在哪一个具体的地区，也无论他们自身的特点如何、家庭背景如何，他们都必定接受同样的道德教育，接受同样的品德训练，并被同样或高度一致的评价系统评判。也就是说，他们有着一致性程度很高的社会化环境，并由此建立起高度一致的社会化经验。比如，教育部颁布《中小学生守则》的事实也证明，他们对于事物的基本看法、对于社会事件的观念与态度以及其基本的价值倾向，具有很高水平的一致性，是高度社会化的。

在2011年面世的《当代中国儿童青少年心理发育特征——中国儿童青少年心理发育特征调查项目总报告》中，调查者采用《儿童青少年价值观量表》考察4—9年级学生在金钱观、权力观、学习观、国家认同、集体主义、环境保护观6个维度上的价值观状况，在每个维度上得分越高代表学生越看重此因素的价值与作用。结果显示，4—9年级学生的金钱观得分表现出中间低、两端高的"U"型分布；其中，6、7年级学生的金钱观量表得分最低，而此年龄阶段学生的权力观与学习观则表现出随年级升高而下降的趋势；另外，学生的集体主义倾向与国家认同均呈现出倒"U"型分布特征，这两个维度上的得分在小学中高年级随年级升高逐渐上升，在初中阶段则随年级升高逐渐下降；而学生的环境保护观则表现出随年级升高而上升的趋势。

显而易见，在幅员辽阔、经济发展水平存在着地区差别的中国，生活在不同地区的儿童与青少年的具体社会化环境将有所区别，各地区的具体教育措施也不尽相同。那么，为什么绝大多数儿童与青少年在面对这些区别的情况下，仍然能够很好地认同国家制订的教育目标，并被与这些教育目标有关的社会要求或教育观念与策略所引导呢？只有很好地回答这一问题，才能使"儿童与青少年在大社会影响下如何形成一致倾向"的根本性问题得到很好的解释。对于这一问题的解答，可以从两个方面入手。

第一，从角色理论的观点说（C. H. Cooley，1902；金盛华，1994；G. H. Mead，1934），儿童与青少年的学生角色，是其自我同一性（self-identity）的核心。相应地，学校社会的接纳和承认，是他们自我价值（个人所意识到的自身价值）的核心构成部分。社会认可从来是人们自我价值的最重要来源。中国素有个人价值评判具有高度社会依赖性的文化传统，因而情况就更是如此。一个人只有在得到了社会的接纳和承认之后，才能够形成稳定的自尊感和确立稳定的自我同一性，才有可能获得自信和安全感。对于成人而言，无论一个人所做的事业多么有益于人类社会，只要他还没有被社会认可而成为社会的一个构成部分，他就不可能有稳定的自我同一性并在此基础上获得自我价值感（feeling of self-worth），就难以建立真正的自尊与自信。

无论是儿童、青少年还是成人，对于社会接纳与承认的看重和对于偏离社会和被社会抛弃的焦虑与恐惧，直接成了人们追求被社会认同的心理动力，成了他们自觉不自觉地与社会现状或基本倾向保持一致的心理原因。所以，尽管具体的社会环境有着各种彼此相区别的特点，人们仍然能够在总体倾向上与大社会的基本要求与期望相一致。也就是说，人们总体的社会化倾向，是由大社会的基本倾向决定的。

第二，社会是人们进行各种社会判断和进行自我价值判断的首要的和稳定的参照系。人类在哲学、社会学、心理学、人类学和教育学领域中积累起来的知识，都很好地证明了这一点。人类学家玛格丽特·米德（M. Mead，1928，1935）对南太平洋萨摩亚群岛的原始部落进行的系统研究发现，人们进行价值判断的基点，是自己生活在其中的背景社会的价值倾向，人们的行为方式乃至气质倾向，也是与背景社会倡导的倾向相一致的，生活在鼓励男子女性化社会中的男子，价值倾向与行为方式也高度倾向于女性化，而生活在鼓励女子男性化社会中的女子，价值倾向与行为方式也高度倾向于男性化。

按照符号互动论者米德（G. H. Mead, 1934）的概括化他人（generalized others）的观点，一个人进行社会判断和自我价值判断所依托的自我意识是一个统一的整体，在个人的发展过程中，人们已逐步将自己所面对的社会群体抽象成了一般化他人的概念，这个一般化他人的概念就是个人所意识到的社会，而个人的思维、推理、与他人的沟通，都是以这个一般化他人为基础的，个人对社会、他人与自己的理解，也是以这个一般化他人（社会）为根据的。

虽然，米德并没有就一般化他人这一概念的内涵进行分析，但很显然，个人一般化他人概念中所包含的社会各方面的期待、要求与对待，首先是与其所担负的主要社会角色相一致的，这些社会影响力的作用也是通过人们的社会角色而获得规则并系统地对人们的社会化发挥影响的。一般化他人概念的发展，使外部社会内化成了个人自己的、对个人的认知判断、情感动机及实际行为发挥经常性影响的心理结构。个人只有在这种心理根据之上，才能够对包括自己在内的各种社会事物进行判断、定向和取舍。

从倾向上说，个人越是缺乏独立的、稳定的自我价值体系，其社会判断与自我价值判断越依赖于以社会既存的状况和大多数人的选择作为参照。具体到儿童与青少年，由于他们还没有发展起成熟的个人独立评价系统，他们对于社会、他人及其自身的正确和错误、成功和失败、应该和不应该以及有价值和没有价值进行判断、取舍时，更倾向于依赖社会所倡导的基本价值标准。也正是由于这种参照作用，外部社会对于个人的影响作用直接同人们的年龄有关。年龄越小，越是依赖于外部社会的直接反馈与支持，受到社会影响的作用也越大。

在角色引导人的社会化，进而形成个人高度稳定性的自我概念的过程中，"角色采择"发挥着重要作用。所谓"角色采择"，指体验别人的角色，了解别人在特定的行为情境中的状态，了解其期望与情感。通过角色采择，我们可以知道别人在特定条件下如何理解当时的情境，怎样理解自己和将要实施的行动，也了解对情境中其他人的理解和期望。通过这一途径，人们可以反过来调节自己的行为，使其符合情境的需要和其他人的期望。心理学家发现，通过角色采择，人们可以十分细致地了解别人在特定条件下对我们的感受；如果需要，甚至可以知道应该选择怎样的姿势，用多高的声音、语气和别人说话等。

二、社会比较机制

发生在个体身上的社会化目标状态的最终实现，是个人（主体）不断进行自觉和不自觉选择的结果，并且这种选择在一定的范围内是随年龄的上升而不断加强的。由于选择，人们的社会化过程不是一个简单的被动的过程，而是一个具有主体性的能动过程。这种主体能动性的存在，使得社会引导不能简单地使人们朝着一个共同的方向发展，也为人们在实现社会化的同时实现个性化提供了可能性。

儿童进入青春期，他们自我意识的水平不断提高，自我意识的广度与深度都表现出明显的增加，进行自我选择的能力也相应提高。这种变化与生活领域的扩展一起，使选择对人们的社会化过程所发挥的影响越来越大。

自我意识水平提高的一个直接效应，是人们进行自我评价的需要越来越强烈。费斯廷格、米德（G. H. Mead）等确认，任何一个具有自我意识的人，都需要在明确评价和确认了自己的确切状况之后，才能明确自己作为主体同别人及周围世界的关系，才能明确自己对所处环境中的他人及其他客体应当怎样行为，才有明确的自我行为定向。没有明确行为定向的人是不能摆脱不安定感和焦虑的。由于青少年处于身体迅速成长、性发育趋于成熟及自我意识的广度与深度飞速发展的特殊阶段，他们的自我评价需要更为强烈。

费斯廷格发现，无论从动机的出发点来说，还是从评价所涉及的内容说，人们的自我评价都倾向于是社会性的。由于更多的时候现实生活中根本不存在进行社会性评价的绝对标准，人们必须通过将自己的状态与他人的状态进行对比，才能够对自己的状态形成明确的自我评价。这种将自己的状态与他人的状态进行对比以获得明确自我评价的过程，就是所谓的社会比较（social comparison）。在许多情况下，社会比较是人们形成明确自我评价的唯一途径。高田利武（1979）通过实验发现，在缺乏客观的物理标准的情境中，人们自我判断的确信程度会下降，此时他们要求知道别人的判断并将自己的判断进行比较的倾向明显加强；人们面临的情境越是偏于社会方面，越是缺乏客观标准，他们要求进行社会比较的倾向也越强。

由于存在着太多进行社会比较的动机，比较实际上是每时每刻都在发生的事情。虽然，研究表明（F. X. Gibbons，C. P. Benbow & M. Gerrard，1994），人们在潜心从事特别重要的事情和比较可能带给自己明显不利结果的事情时可能会避免比较，但社会中实际发生的自觉不自觉的比较，比人们想象的次数多得多。比较实际上成了一个自动、自发，而又对我们的社会化过程发挥广泛而深远影响的社会心理内容和形式。

大量的社会心理学研究已经很好地证实了社会比较对人们的深刻影响。米尔格莱姆与谢里夫（S. Milgram，1965；M. Sherif，1935）的经典研究发现，社会比较不仅有即时的行为效应，而且会导致稳定的观念改变，经过社会比较过程所获得的规范概念即便在人们独处时也会继续发挥影响。

20世纪50年代以来，研究者对人们社会比较对象的选择进行了大量研究。这些研究的结果表明，当人们不能确定自身状况的社会评价意义时，人们倾向于选择与自己社会特征共同的人进行比较。由于这一原因，同辈群体在人们特别是青少年的社会化过程中有着重要的影响。这一问题，我们后面还将做专题讨论。

有关社会比较问题的更进一步研究揭示，人们进行社会比较的动机是十分复杂的，确切了解自己的状况仅仅是社会比较动机的一种原因。实际上，人们许多社会比较行为都超出了试图确切了解自己的范围。尽管人们有方便的客观评价标准，但仍会常常进行社会比较。比如，一个学生知道自己考试得到满分时，虽然满分是个客观标准，说明考试没有错误，此时自身的考试结果是明确的，但学生并不满足于知道自己的成绩，他们还会急切地想知道其他同学的成绩，并将自己的成绩与同学的成绩进行比较。在这种情况下，社会比较不只是为了了解自己的状况，而且是为了了解自己在多大程度上超越了别人而获得成就感与自我肯定感。

德雷尔的研究（A. S. Dreyer，1954）表明，人们的自信心状况直接决定着他们的社会比较的性质及其社会化后果的指向。如果人们的自我胜任感得到确立,能够形成良好的自我肯定感,那么他们的社会比较倾向就是积极导向的。在这种情况下,人们倾向于选择比自己优秀的人作为比较对象,并且也存在着较多的、自发的自我努力。毫无疑问,这种倾向会导致人们的整个动机系统与心理结构朝着积极的社会化方向发展。相反,如果人们的自我胜任感受到威胁,不能形成良好的自我肯定感,那么他们的社会比较倾向就是消极导向的。在这种情况下,人们倾向于选择比自己低劣的人作为比较对象,自发的自我努力活动也较少。这种倾向会导致人们的整个动机系统和心理结构朝着背离社会化目标的方向改变。很显然,在人们,特别是儿童与青少年的社会化过程中,帮助他们建立自我胜任感和发展良好的自我肯定概念是十分重要的。

由于社会比较对于人们的社会化过程有着如此重要的影响,充分利用这种社会比较机制,引导人们,特别是儿童与青少年扩展自己的社会比较范围和深化社会比较的性质,就成了促进他们社会化的一个重要途径。心理学家研究发现,引导人们一方面进行个人间比较（与同辈进行比较）,另一方面也重视个人内在的历时性比较,重视超出自身所属社会群体的狭窄范围而进行广泛的比较,将大大有助于人们扩展自己的视野,形成更为适当的自我概念并向更为理想的社会化目标发展。

三、社会学习机制

在相当长的时期内,人们都认为个人的行为动力系统与心理结构是通过其行为实践而建立起来的。班杜拉及其合作者们于20世纪60—70年代进行的大量实验研究却很好地证明,人们的社会化远不只决定于行为实践,观察学习的经验及其相关的心理机制对于人们的社会化过程起着十分重要的作用,个人仅仅通过对他人行为及其后果的观察,就可以学习到各种行为、行为规则与行为方式。也就是说,人们的思想、情感与行为,既受到行为实践的影响,也要受到其观察经验的影响。

传统的强化倾向的心理学理论,强调外部社会制约力量对于人们社会化过程的影响,认为个人行为规则与行为方式的获得依赖于个人接受社会外部强化的直接经验。也就是说,如果外部社会对于人们的某种行为给予鼓励、褒奖和赞许,人们就倾向于保持这些行为;而当外部强化转变为批评、反对或惩罚时，人们就倾向于放弃这些行为。在这里，外部社会强化力量的作用对象，是行为者本身。

但是，班杜拉等人研究（A. Bandura & R. H. Walters, 1963）发现，外部社会的强化力量不仅在直接作用于行为者本人的情况下对人们的社会化过程产生定向作用，而且在这些强化力量不是作用于本人，而是作用于与人们有某些共同特征的其他人（如同辈），并且这种作用过程及其后果被人们所观察时，也会对人们产生同样或类似的定向作用。这种强化方式即为替代强化作用。实际上，人们大量社会化经验的获得，都是建立在由替代强化作为心理支持机制的观察学习经验的基础上的。

不仅如此，根据班杜拉的研究，不仅直接强化与替代性强化对于人们的社会化过程具有定向作用，随着人们自我意识水平的不断提高和自我评价的标准与系统逐步形成，人们的自我强化（self reinforcement）也开始成为社会化经验中具有自我引导性质的重要机制。也就是说，自我评价能使已获得高度发展的人经常运用自我强化机制来引导自己的经验，他们会经常用自己设定的标准来评价、衡量自己。当他们的行为符合自设标准时，他们会以自己能够支配的奖励来给予自己强化，如考试成绩优秀就奖励自己去看电影等。而当他们的行为没有达到自己设定的标准时，他们也会进行自我惩罚，如做错事或考试失败后主动放弃应该得到的东西或罚自己去做平常不愿意做的辛苦劳动等。

自我强化机制的出现，使得人们开始对自己的社会学习经验进行自我调节，从而使他们一方面接受外在强化与替代性强化的影响而被社会化，另一方面又受到自我强化的影响而使社会化过程带有个性化色彩。

社会学习机制对于解释人们的社会化，特别是当代青少年的社会化有着重要价值。青少年由于自主生活领域的不断扩展，他们的观察学习经验也在他们的社会化过程中占有越来越重要的位置。当代青少年的很多思想、观念与行为方式不是来自于系统的教育途径，而是来自于他们自己对于生活的观察，来自于他们所认同、崇拜的对象，也往往来自于他们特定的观察经验。

四、亚社会认同机制

亚社会也称次级社会，通常指相对于宏观意义上的大社会而存在的直接社会环境，有时也指对应于较大社会背景存在的较小社会背景。例如，在中国，尽管从领土完整及政权统一的角度看，所有中国人生活在一个国家共同体中，但是，不同地域、不同地区、不同机构之间，人们的价值倾向、生活方式在许多方面仍具有很大差别，这些差别直接导致了人们的社会化环境有所不同。许多调查研究都表明，生长在广州、上海、北京的中学生在许多问题上的价值倾向和态度都是有所区别的，他们在许多方面也倾向于选择不同的价值标准进行自我评价。甚至，在同一个城市，不同居住区也在许多方面有着不同的文化模式。德国与法国心理学家对法国的马赛市与德国的法兰克福市的比较研究发现，大型城市中不仅有区域亚文化的区分，而且区域间的文化鸿沟远比人们想象的要深。美国的纽约、芝加哥、洛杉矶、旧金山等城市的唐人街文化与周边地区的差别明显已是尽人皆知，并引起了心理学家、社会学家与人类学家浓厚的研究兴趣。

　　从社会心理学的角度说，人们的直接生活世界与社会环境，是自己居住地在一定范围内构成文化同一体的各种层次、各种形式的亚社会，而不是通常意义上的宏观社会。亚社会可以是居住地的社区，也可以是学校、工厂等机构。无论从哪一个角度说，亚社会都不简单等同于大社会，它与大社会是特殊与一般的关系。它除了包含大社会所具有的特点、要求、规范、价值倾向和强化手段外，还具有许多大社会所没有的要求、规范、价值倾向和强化手段。亚社会一方面存在着许多与大社会相一致的特征，同时也可能具有与大社会不同甚至相悖的要求、规范与价值倾向。

　　作为人们现实的社会环境，亚社会是人们社会化的直接背景，外部社会对于人们的要求与期望、奖励与惩罚，都是以亚社会为出发点的，因此，人们在其社会化过程中需要认同的是作为自己直接生活世界的亚社会。他们必须接受亚社会的引导，必须完成对亚社会的良好适应，否则就不能够顺利成长与发展。这样，人们在其社会化的过程中，不仅获得了存在于亚社会之中的大社会所要求的行为、规范、价值观和技能，而且也同时获得了种种亚社会特别要求的行为、规范、价值观与技能。正因为如此，当代人虽在同一个大社会背景中生活，但由于各种层次、各种形式的亚社会带给了人们各不相同的生活经验，因而生活于不同亚社会中的人们的社会化既有相同的一面，也有不同的一面。

不同的亚社会生活经验，是人们能在获得社会化的同时实现个性化的重要原因之一。

亚社会与大社会的不一致，常常是人们，特别是青少年社会化过程产生冲突的根源。当亚社会对青少年有着与大社会相冲突的要求或期望时，如果这种冲突被青少年意识到，他们就会产生究竟是适应大社会还是认同亚社会的强大压力。一般而言，青少年还处于自我价值系统的形成阶段，因而这种压力常常难以通过自己的努力来消除。青少年发展阶段之所以充满矛盾，除了他们身心发育不平衡等原因外，外部社会的要求与期望的不一致也是一个重要原因。

第三节　自我概念及其发展

社会化的目标，是引导人们形成符合于社会需要的稳定的行为定向系统。正如前面所讨论的，人们的行为导向机制有两个基本方面，一方面是依赖于外部社会力量的引导，另一方面则是个人相对独立于外在环境的自我引导。而人们自我引导能力的形成，正是通过自我概念的发展来实现的。

一、什么是自我概念

在心理学领域，有两个高度不同的概念都被译作自我。一个概念原文是self，被译成自我，指个人的反身意识（即以自身为对象的意识）或自我意识（self-consciousness）。西方绝大多数心理学家关于自我的讨论，从詹姆斯（W. James，1890）到米德（G. H. Mead，1934），从罗杰斯（C. Rogers，1951）到格根（K. J. Gergen，1982），都是在这一意义上进行的。我国心理学家对于自我的理解，也高度一致地与 self 的内涵相对应。徐海玲（2007）对自我概念与个体心理调节关系的研究，姚计海和申继亮（2004）对中学生偶像崇拜与自我概念的研究，都是在个人反身意识的意义上进行的。

另一个同样被译作自我的概念原文为 ego，它是弗洛伊德精神分析理论中的核心概念之一，指人的个性中从本我（id）分化出来，指导个人适应现实社会的生活，使个人行为超越简单快乐原则而遵循现实原则的个性部分。它是个人与现实的协调者。虽然，ego 的概念中包括一定的反身意识的意思，但在弗洛伊德的概念体系中，ego 不仅有觉察个人本我需要的作用，还具有意识环境要求，协调本我与超我（superego）关系的功能。不仅如此，ego 还直接与无意识的心理活动相联系。当 ego 不能同时协调本我与超我的相互冲突的要求时，它会发展起各种自我防御机制来解除自我（ego）的压力，使机体免遭损害。根据弗洛伊德的理论，自我防御机制是同无意识心理活动相联系的心理功能，自我（ego）功能的发挥，更多情况下也是无意识的。

虽然，有关自我概念问题的讨论从詹姆斯开始就已十分明确，但自我概念（self-concept）的提法直到罗杰斯的自我理论受到人们广泛关注、自我的课题重新为人们所重视之后才得到较多运用。

罗杰斯认为，自我概念是个人现象场中与个人自身有关的内容，是个人自我知觉的组织系统和看待自身的方式。他认为，对于一个人的个性与行为具有重要意义的是自我概念，而不是真实自我（real self）；自我概念控制并综合着对于环境知觉的意义，而且高度决定着个人对于环境的反应。这样，罗杰斯就将詹姆斯和米德的主体我（"I"）和客体我（"Me"）的概念统整到了一起，使自我概念的内涵兼具对象与作用两个方面。英国心理学家伯恩斯（R. Burns）在总结自我概念的结构时，就沿袭了罗杰斯的理解，直接将对象自我（self as known）和主体自我（self as knower，即作用自我）并列为自我概念的两个部分，并将自我概念理解为自我态度系统。

奥尔波特（G. W. Allport，1955）曾在罗杰斯之后提出一个新的概念"统我"（proprium），以替代自我概念的提法。他将个人的躯体自我感觉、自我同一性、自我扩展、自尊、自我意象、理性活动的自我意识、对统我的追求及主体自我等内涵都归到"统我"的概念之中。实质上，他的这种理解与罗杰斯对自我概念的理解是一致的。1961 年，奥尔波特将主体自我的内涵从统我概念之中分离了出来，认为所谓"自我"，指的正是主体自我，而其他以自身作为对象的各个方面则为统我。此时他的"自我"的概念与詹姆斯与米德的主体我（"I"）类似，而所谓统我则与相应的客体我（"Me"）相类同。

二、自我概念的功能

伯恩斯在其《自我概念发展与教育》一书中，系统论述了自我概念的心理作用，提出自我概念具有三种功能：保持内在一致性、决定个人对经验怎样解释并决定人们的期望。

个人怎样理解自己，是其内在一致性的关键部分。因此，个人需要按照保持自我看法一致性的方式行动。达顿等人（D. G. Dutton & R. Lake，1973）发现，当人们自认为自己没有种族歧视，但情境使人们遭遇可能被怀疑为具有种族偏见时，人们会努力做出显示自己的确没有种族歧视的行动，向自己证明自己反对种族歧视的倾向具有一致性。其他大量有关态度一致性的研究也都很好地证明，个人需要保持自我的一致性。后面章节中有关依从问题的讨论部分也有大量实验研究资料证明了人们寻求一致的心理倾向。

国内的大量研究也确认了自我概念在引导一致性行为方面的作用（金盛华，1994）。自我胜任（self-competence）概念积极的学生，成就动机与学习投入及成绩明显优于自我胜任概念消极的学生（张怀春、杨昭宁，2003）。李晓文和缪小春（2002）对不同适应水平小学生的自我描述的研究发现，适应良好的小学生自我概念的清晰性比适应不良的小学生高。有关品德不良学生的研究也证明，学生有关自己声名与品德状况的自我概念直接与其行为的自律特征有关。当学生认为自己声名不佳，被别人认为品德不良时，他们也就放松对行为的自我约束。很显然，通过维持内在一致性的机制，自我概念实际上起着引导个人行为的作用。从这个意义上看，在儿童与青少年的发展过程中，引导他们形成积极的自我概念有着非常重要的意义。

自我概念第二方面的功能，是它起着经验解释系统的作用。一定的经验对于个人具有怎样的意义，是由个人的自我概念决定的。每一种经验对于特定个人的意义也是特定的。不同的人可能会获得完全相同的经验，但他们对于这种经验的解释却可能很不相同。解释经验的轨道决定于一个人的自我概念。一个自认为能力一般、只该获得平均成绩的学生，对于比较好的成绩结果会认为是取得了极大成功，其心理反应可能是十分欣喜与满足。而对于同样的成绩，一个具有能力优秀、应当获得出众成绩的自我概念的学生，会解释为是遭到了很大失败，并体会到极大挫折。詹姆斯在他有关自我的论述中曾经提出过一个自尊的经典公式：

$$自尊 = \frac{成功}{抱负}$$

实质上，詹姆斯的这一公式要说明的是，个人的自我满足水平并不简单取决于获得多大成功，还取决于个人怎样解释所获得的成功对于个人的意义。

正如人们具有保持自己的行为与自己的自我看法相一致的强烈倾向一样，人们也强烈地倾向于按照与自我概念相一致的方式来解释自己的行为。由于这一倾向，改变人们已经形成并正在发生作用的自我概念是一件极其困难的工作。因此，引导儿童一开始就形成积极的自我概念或自我看法是一种先定的教育定向。自我概念就像一个过滤器，进入个人心理世界的每一种知觉都必须通过这一过滤器。在知觉通过这一过滤器的时候，它会被赋予意义，而所赋予的意义则高度决定于个人已经形成的自我概念。当个人的既有自我概念消极时，每一种经验都会被与消极的自我评定联系到一起。而如果自我概念是积极的，每一种经验都可能被赋予积极的含义。显然，我们需要很好地了解儿童既有自我概念的状况，懂得每一种教育措施经过儿童自我概念折射后对于他们的意义，才真正有可能找到实质地促进儿童社会化的方法与策略。

自我概念第三方面的功能，是它决定着人们的期望。在各种不同的情境中，人们对于事情发生的期待、对于情境中其他人行为的解释以及自己在情境中的行为预期都高度取决于自己的自我概念。伯恩斯指出，儿童对于自己的期望是在自我概念基础上发展起来，并与自我概念相一致的，其后继的行为也取决于自我概念的性质。金盛华（1996）有关儿童自我概念的实验研究很好地证明了这一点，他发现差生的成绩落后并不是独立存在的，而是整个行为动力系统都出现角色偏常（role deviance）的结果，在差生消极自我概念的基础上，他们的自我期望、学习动机、外部评价与对待都偏离了学生的角色。成绩长期落后对于普通学生是不正常的。但对于差生，由于他们的整个行为动力系统都出现了偏离，并在偏离的状况下形成一个新的自相一致的系统，因而在系统内部一切都并没有不正常。落后的成绩正是差生自己期待得到的结果，教师、家长与同学也认为那是他们应该得到的成绩。消极的自我概念不仅引发了自我期望的消极，而且也决定了人们只能期待外部社会的消极评价与对待，决定了他们对消极的行为后果有着接受的准备，也决定了他们不再愿意更努力学习，决定了学习对于他们不再有应有的吸引力（兴趣低下）。

由于自我概念引发与其性质相一致或自我支持性的期望，并使人们倾向于运用可以导致这种期望得以实现的方式行为，因而自我概念具有预言自我实现的作用。在这一方面，有关预言自我实现的大量研究已很好地证明了自我概念的这种作用。

自我概念在多方面的重要作用，客观地决定了积极自我概念的养成在儿童社会化目标中具有特殊地位。近年来，这一方面的研究正日益受到我国社会心理学家越来越多的重视。

三、自我概念的结构

前面我们提到，心理学的先驱研究者詹姆斯在分析自我的结构时，曾笼统地将自我分成主体自我和客体自我两个部分。前者指个人主体的纯粹经验，后者则指经验的内容。后来的符号相互作用论者米德（G. H. Mead，1934）也采纳了这种划分，并对主体我（"I"）和客体我（"Me"）的关系进行了论述，认为客体我是自我意识的对象，同时也是自我意识的本体，它是通过接受别人（社会）对自己的有组织的态度系统而形成起来的；而主体我是自我的动力部分，是自我活动的过程，虽然它在客体我的框架范围内活动，但它具有面向未来的前瞻性，它使人可能超出既有的客体我框架，使人的行为具有自由特征、创新性与新异性。米德认为个人与社会的变化、发展与改良都源于主体我的特性。在主体我与客体我的关系上，米德认为客体我是自我活动的本体建构，它制约主体我的活动，而主体我是客体我变化、发展的引导者，前一时相的主体我活动将成为后一时相的客体我的内容。

在自我概念的具体构成方面，詹姆斯的原有理论主要分析的是客体自我的结构，他认为自我具有身体自我（bodily self）、物质自我（material self）、社会自我（social self）和精神自我（spiritual self）四个重要性不同的层次。个人在每一方面对自己的反身意识，就构成了每一种自我的具体内容。较为流行的"20问法"自我研究法，最后对于内容的归纳通常也都包括詹姆斯的这几种结构性的自我分类。

第三章·社会化与自我概念

正如前面提到的，继罗杰斯之后，自我概念的含义已变得明确，它包括客体我与主体我两个方面。这种改变的一个重要理由是，个人的自我是一个完整的实体，经验必定与经验的内容有关，自我意识不可能有脱离内容的抽象形式存在，其内容也总会与意识到其存在的过程相联系。詹姆斯本人也承认，尽管在语言上可能做出主体我与客体我的划分，它们实质上同是经验同一体的不同方面。

除了詹姆斯等人外，其他许多自我研究者从不同的角度提出很多有关自我概念结构的思考，其中尤其值得我们注意的有罗杰斯有关理想自我的概念、施奈德与坎贝尔的实用自我和原则自我的观点（M. Snyder & B. H. Campbell, 1982）。

罗杰斯根据自己的临床实践，提出了与现实自我相对应的"理想自我"概念，并发现现实自我与理想自我的差距是诱发神经症的一个原因。

施奈德与坎贝尔则提出了实用自我（pragmatic self）与原则自我（principled self）的概念。根据近年来人们在价值观方面的研究成果，实用自我与原则自我可能与人们实际的自我概念结构高度接近。

虽然，不同的研究者在自我概念结构方面的提法不尽一致，但究其实质，各种观点之间的相容与共通性很高。随着自我问题研究的日益进展，相信总结出更有一致性并为更多的研究者所赞同的自我概念结构已为期不远。

从另一角度来看，自我也是文化的产物，不同的文化话语体系培植出对应的自我概念结构。文化通过对自我形成、结构、功能等的影响，进一步影响人们的认知、情感、动机及行为，其中记忆的自我参照效应就很好地反映了自我概念的东西方文化差异。自我参照效应（self-reference effect）是指记忆材料与自我相联系时的记忆效果优于其他编码条件的现象。朱滢等发现了中国人的母亲参照优势效应，研究要求被试对人格特质形容词分别进行自我参照、母亲参照、他人参照（例如，"固执"——"××是这样的人吗？"）及一般语义加工（例如，"这个词是褒义还是贬义的？"）的判断学习，在随后的再认阶段发现自我参照与母亲参照对词语的记忆效果显著优于他人参照及一般语义组，西方被试的自我参照（self-reference）在记忆成绩上优于他人参照（other-reference）及母亲参照（mother-reference），但中国被试的自我参照与母亲参照没有显著差异。这一研究结果说明，中国人的母亲表征与自我密切相关，自我包含有母亲的成分，而西方人的母亲与个体自我是分离的。后续以父亲及朋友为参照的研究也得出了相同的研究结果（戚健俐、朱滢，2002；管延华、迟毓凯，2006）。费孝通（1985）先生在其《乡土中国》一书中，对中国人的自我做了精辟的论述，他认为，中国人的自我是以"己"为中心，像石子一般投入水中和别人所联系成的社会关系，不像团体中的分子一般，大家处在一个平面上，而是像水中的波纹一般，一圈圈推出去，愈推愈远，也愈推愈薄。我们儒家最考究的是人伦，伦是什么呢？就是从自己推出去的和自己发生社会关系的那一群人里所发生的一轮轮波纹的差序。

研究自我的一些理论学家通过将集体（collective）的原理视为和个体的原理是一致的，从而对自我研究的视角进行了扩展（M. B. Brewer，1991；J. C. Turner, P. J. Oakes, S. A. Haslam & C. McGarty, 1994）。根据自我分类理论，个体对自我进行分类更多的是从个人或包括更多社会优势的不同水平进行分类，从自我包括许多重要的独立认知表征的观点来看，特拉费等人（D. Trafimow, et al., 1991）研究发现有关自我的个体和集体方面的区别有着鲜明的界限，分别存放在记忆的不同位置。因此，一些学者也将个体我和社会我看成两个不同的实体并对区分自我的个体身份和社会身份的重要性进行了讨论（M. B. Brewer & W. Gardner, 1996），他们在个体我之间进行了区分（从个体的特性来考虑），又从关系自我方面进行了区分（从群体身份方面进行考虑）。他们发现在自我图式的表现形式上，从认知、动机和情感等不同的水平上可以区分出很多种。例如，通过启动的方法让被试在一段短文中圈出"我们"启动更多的社会身份，被试在随后的态度表述中出现了混淆，并且和在圈出"他们"的启动条件下得到了相同的结果。群体身份的概念引发了研究者开始探讨参照群体身份和个体身份对随后的记忆效果是否会有差异的问题。

事实上，自我并不是一个单一的心理结构，而是可以从不同维度划分出不同的成分。其中，从自我的社会属性这一维度可以将自我划分出个体自我、关系自我和集体自我三大类。个体自我主要包含那些将个体本人与他人区分开来的独特的特质，关系自我在自我结构中吸纳了对个体本人具有重要意义的他人成分，集体自我则是基于对某些群体的认同，在自我结构中包含着个人所隶属和认同的群体成分,三类自我共同组成完整的自我图式。围绕着三者在自我结构中的地位与关系等问题,例如,关于"个体自我、关系自我和集体自我何者构成自我图式的基础",目前还存在着很多的争论。但是得到公认的是,自我的不同成分之间既彼此独立同时又相互影响,这种观点已经得到了很多实验证据的支持(C. Sedikides & M. B. Brewer, 2001; M. B. Brewer & W. Gardner, 1996; A. Aron et al., 1991; E. R. Smith & S. Henry, 1996)。按照自我的这种三分模型,已有的自我参照效应研究中所涉及的都是个体自我,而考虑到关系自我和集体自我的研究则较少,这是因为在这些研究中被试所进行的任务都是将材料与其本人联系在一起进行加工,所参照的是"自己"这一单独的个体而没有涉及关于社会群体的心理表征。

四、自我概念的发展

儿童自我概念的发展是其社会化成就的重要构成部分。婴儿出生时是没有自我与非我的分化的,因为如此,婴儿可能会自己抓伤自己。从认知上,大致到6至8个月时,婴儿始有对自己身体、自身的连续性的感觉(朱智贤,1990)。此时婴儿可以像认识不同时间的妈妈是同一个人一样,感觉到自己是一个连续"事件"。这是儿童自我意识的萌芽,也是自我概念发展的基础。

诸多发展性的研究发现,自我概念的发展曲线是起伏的,存在某些关键期和转折期。马什(Marsh, 1984)采用编制的自我描述问卷对6—18岁学生施测发现,总的自我概念与绝大多数分量表都表现出"7—9年级下降,9—11年级回升"的趋势,呈倒"U"型曲线,11—14岁是自我概念的最低点。弗里曼(M. Freeman, 1992)的研究也发现,自我概念的毕生发展呈曲线变化,从小学到初中逐年下降,随后开始上升,到大学毕业后开始下降,中年后再次回升,然后随年龄增长平缓下降。在《当代中国儿童青少年心理发育特征——中国儿童青少年心理发育特征调查项目总报告》中,研究者采用《儿童青少年自我认识量表》针对中国4—9年级儿童青少年的自我发展特点进行的调查结果显示,这一年龄群体的学生自我认识的积极程度随着年级的升高有下降的趋势。同时,这一认识的程度在不同地区间存在差异,发达地区和中等发达地区学生的自我认识得分均显著高于欠发达地区。而自我概念的不同成分具有不同的发展性特点,沙泊卡和基琳娜(J. D. Shapka & D. P. KeaLina,2005)采用哈特(Harter)的自我描述问卷对518名大学生进行了为期两年的研究,结果发现虽然很多方面的自我概念随年龄增加而增长,但学业自我概念却有所降低,而外表的自我概念基本保持不变。

文化的影响力也渗透在自我发展的各个阶段。与美国人相比,中国大学生更多地使用社会类别而更少地使用个人特征来描述自我。这种自我描述的文化差异不仅表现在成人身上,在不同文化下成长的儿童身上也存在差异。王小平研究发现,美国儿童更多使用积极的个人特征、抽象的性格及内在特点等来描述自我,而中国儿童则以中性或谦虚的口吻,使用社会角色、具有情景特异性的特征及外显行为来描述自己。

儿童自我概念发展的核心机制,是他们在认知能力不断提高的同时存在着与他人的相互作用。依恋理论(attachment theory)认为,个体在婴儿时期产生自我意识之前就已经形成了关于自身价值及受喜爱程度的基本反应模式,或称工作模型(working models)。这一初级的模式与他们从主要照顾者处获得的对待与反馈相一致(C. Hanzan & P. R. Shaver,1994)。当照顾者适度并持久地对婴儿的需求给予关注和回应时,他们便会相信自己是值得被爱并有能力采取有效行动的,这也是个体在成长过程中形成积极自我概念与较高自尊的早期基础(K. Verschueren,A. Marcoen & V. Schoefs,1996)。而早期形成的这一工作模型甚至到成年时期依旧会对个体内化他人评价及解读社会反馈产生影响。印度狼孩的典型个案说明,如果只有生理机能的单纯成长而缺乏与他人的交往,那么个人自我概念的发展就会受到抑制。麦奎尔等人(W. J. McGuire & C. V. McGuire,1982)曾以1、3、7、11年级的儿童为被试进行研究,发现儿童的社会自我的发展与他们对别人知觉能力的发展有着紧密联系。这意味着儿童在与他人的交往中不断提高知觉别人能力的过程也是自我概念不断发展的过程。

早在20世纪初,社会学家库利(C. H. Cooley,1902)就发现了与他人交往在儿童自我概念发展中的特殊作用。他认为,儿童的自我概念是通过"镜像过程"(looking-glass process)形成起来的"镜像自我"(looking-glass self),别人对于儿童的态度反应(表情、评价与对待)就像是一面镜子,儿童通过它们来了解和界定自己，并形成相应的自我概念。库利认为，通过这种镜像过程，别人对于儿童的态度反应不仅塑造着儿童的自我意象，而且也会通过儿童自我概念引导行为的作用塑造一个人的实际自我。这就意味着，别人对于儿童的态度反应，不仅影响着儿童自我概念的发展，而且影响着儿童整个人的成长。

后来的米德发展了库利的思想，并在其思想的基础上进一步提出了"一般化他人"（generalized others）的概念。米德（1934）认为，儿童的交往世界是广阔的，而对应于每一个交往对象都形成相应的"镜象自我"是不可想象的。事实上，一个人的自我概念是一个有组织的结构化系统，而不是各种自我评价的混乱集合。米德认为，儿童进行自我评价的依据，不是个别的人或独特的群体，而是将他们转换成了一个抽象的一般化他人，其自我概念是在设想的一般化他人如何看待自己的基础上形成的。

在实际生活中，并不是每一个与儿童发生交往的人对他们都具有同等的影响力，儿童生活中的某些人对他们的自我概念发展有着尤其重要的影响。这些人被称作重要他人（significant others）。在不同的发展阶段，重要他人的构成也不同。在学龄前阶段，重要他人主要是家长。到小学阶段，教师开始发挥可能超越家长的影响力；在小学高年级阶段，同伴的影响力也会明显增加。进入中学后，教师的影响力虽有所减弱，但仍然是学生最为看重的影响源之一。

国内外的许多学者都认为，事实上甚至到大学阶段，教师的意见也仍然会高度影响学生的自我概念状况。这些事实表明，在儿童发展的过程中，教师对儿童自我概念的形成与发展发挥着长期、重大而持续的影响，并且这种影响的性质很难为其他途径的影响所取代。这就意味着，教师看待学生的态度和对待学生的方式是学生在学校社会环境中的处境是否积极的最重要的因素，教育不仅会对学生的自我概念发展发挥巨大影响，而且会由此影响学生的实际自我状况与整个人生道路（金盛华，1994）。自省能力是儿童形成自我概念的基础。虽然镜像再认实验（mirror-recognition test）证实了大猩猩等动物也具有初级的自我觉知，但只有人类才具备高级完善的自省能力。西方儿童在 18—20 个月时可以识别出镜子中的自己（H. W. Marsh, L. A. Ellis & R. G. Craven, 2002），3 岁半左右开始出现自传体记忆（L. Shu-Chen，2003），6 或 8 岁能够表现自我参照效应。而依恋程度越小的幼儿有较早的镜像自我识别倾向，也越早形成自我觉知（M. Lewis，1992；J. P. Keenan, G. G. Gallup ＆ D. Falk，2004）。亚洲幼儿对父母的依恋程度远高于接受独立性教育的西方儿童，基于文化对自我的影响，东方儿童大约 4—4.5 岁时才具有自传体记忆，而西方儿童在 3.5 岁左右即可进行自传体回忆（L. Shu-Chen，2003）。在我国儿童的自省能力方面，韩进之等人（朱智贤，1990）的研究发现，近 24% 3—3.5 岁的儿童已开始出现自我情绪体验，这一比例会随年龄增长而逐步上升（见表 3-1）；自我评价方面的能力发展也有着相类似的趋势（见表 3-2）。

表 3-1　学前儿童有无自我情绪体验的比例（%）

年龄	3—3.5	4—4.5	5—5.5	6—6.5	x^2
人数	120	120	120	120	
有自我体验	23.33	48.33	75.00	83.33	109.25**
无自我体验	76.67	51.67	25.00	16.67	

注：**$p<0.01$

表 3-2　学前儿童有无自我评价的比例（%）

年龄	3—3.5	4—4.5	5—5.5	6—6.5	x^2
人数	120	120	120	120	
有自我评价	22.50	70.00	90.00	95.83	188.40**
无自我评价	77.50	30.00	10.00	4.17	

注：**$p<0.01$

在自我概念的发展方面，金盛华（1988）的实验研究发现，我国小学三年级以上的学生已形成十分清晰的自我概念，他们对自己多方面的评价都高度接近教师与同伴对他们所做的评价，与他们实际的存在状况也具有高度的一致性。李德伟的研究也得出了倾向一致的结果。向小平等（2006）研究者进一步使用自我概念量表对小学生自我概念发展的特点进行研究，结果发现，小学 3—5 年级学生自我概念的性别差异显著，女生在除焦虑外的所有维度上的得分均高于男生。自我概念高的个体是处事谨慎、情绪稳定、善于与人相处的外向者。

随着认知科学的发展,研究者(郑全全、耿晓伟,2006)提出自我概念是双重的,存在外显自我和内隐自我两种成分。同时,他们用内隐联想测验的方法发现自我概念对主观幸福感有预测作用,即外显自我预测外显幸福感,内隐自我预测内隐幸福感。

由于自我概念实际上起着对个人行为进行自我调节与定向的作用,其与社会化的联系正受到社会心理学家越来越多的关注。相较于自我概念的培养,传统的社会化更关注客观意义上的个性品质的培养。实质上,一切外部影响力量内化为个人的个性品质,都需要经过自我概念的中介作用。只有那些经过人们的自我价值系统审定之后自主选择并被纳入自我概念的结构,成为自我概念有机构成部分的信念与相关的行为,才可能真正转化为不需要外在力量支持的个性品质。

很明显,积极自我概念的培养,是社会化的重要目标之一。很多心理学研究者认为,个体自我概念的发展深受社会化的影响。生活中重要的他人,如父母、教师、同伴对自我概念形成的影响很大。一个人自我概念的形成既来自于对自己过去经验的总结,也来自于他人对自己的反应和评价,父母的影响尤为深刻。根据前面提到的社会信念和社会取向来看,当个体持有公平、正义和合作的社会取向时,在他社会化的过程中就会主动让自己朝着这个方向行为,而当他经常做出这种行为后,个体也就逐渐强化了自己的自我概念,认为自己是一个坚持公平、具有正义感的人。

自我在自我卷入中变化和发展,是近年社会心理学研究的一个重要发现。杰克和兰迪(J. Jecker & D. Landy,1969)进行了一个有意思的实验。他们让大学生们参加一次智力竞赛,并赢得一笔钱。实验结束后,参加实验的学生被分成三组,并收到三种不同方式的所馈。第一组学生被实验者告知,这次实验是由实验者自己出资的,并且实验者提出:由于经费短缺,希望参加实验的学生可以把刚刚赢得的钱归还给实验者,使他能继续这个实验。第二组学生被告知同样的要求,但提出要求的人不是实验者而是系办公室的一位秘书,问学生是否愿意把钱交到系里作为(非个人性)科研经费。最后一组学生为没有被提出要求的控制组。最后,所有参加实验的学生都填了一份问卷,其中包括对实验者的评价。有意思的是,那些被提出要求希望给实验者捐出自己钱的人最喜欢实验者，其问卷得分远远高于其他两组。也就是说，人们对自己帮助的对象会变得更加喜欢。第一组学生说服了自己，相信实验者是一位自己喜欢而值得帮助的人。

个人的自我概念还与脑功能有密切的关系。当大脑右额叶的某个部分发生病变时，人的自我概念和性格可能发生巨大变化。美国神经学家研究发现，位于人类大脑右额叶前部的某个区域，可能是人的自我意识中枢（B. Miller et al., 2001）。米勒和几位同事一共测查了72名患者，他们用脑成像技术，探测这些患者退化最严重的脑部区域，并调查了患者在性格、价值观和品味方面在得病前后的差异。结果发现，7位自我意识发生强烈变化的病人，其中6人脑部病变最厉害的区域是右额叶。而65名自我意识仍然保留的患者中，只有1人的右额叶有严重损害。在治疗实践中，一位54岁的妇女患病前性格迷人，充满活力，花大钱，穿名牌，重佩饰；患病后却大买特买便宜衣服，戴华丽而俗气的廉价串珠饰品，还会唐突地询问陌生人他们穿的衣服值多少钱。患病前，她爱吃制作精细繁复的法国菜；患病后却偏爱墨西哥快餐。

米勒的研究表明，人体生物性紊乱能够破坏各种健全的自省和自我认知模式，人要保持自我意识，需要大脑右额叶正常发挥功能。他认为，虽然几个世纪以来，哲学家、作家、科学家都一直在谈论"自我"的概念，但直到最近人们才拥有可赖以研究"自我"的物质基础的技术。他说："在我看来，我们就是我们的全部神经联系的总和。"至于为什么在右额叶非语言区域里我们看到了自我概念的遗失，这还是有待进一步深入研究的问题。米勒等人的发现，开启了研究自我概念脑机制和社会化对脑发展可能影响的新时代，对社会心理学未来的发展具有重要意义。

【要点小结】

社会化指个体在社会影响下，通过社会知识的学习和社会经验的获得，形成一定社会所认可的心理—行为模式，成为合格的社会成员，并参与社会建构的过程。语言、社会角色的社会化是重要的社会化目标。角色是一定社会身份所要求的一般行为方式及其相应的内在心理状态，个体依照角色要求和期待而被社会化。随着个体对自我评价的需求日趋强烈，个体倾向于将自己的状态与他人进行对比以获得明确的自我评价,即社会比较。社会学习机制、亚社会认同机制也是社会化的心理机制。自我概念发展的核心机制是不断提高的认知能力及与他人的相互作用,库利称之为通过"镜像过程"形成"镜像自我",米德称之为"一般化他人"。自我概念对个体行为有调节和定向的作用。

【思考与练习】

1. 如何理解社会化在社会心理学体系中的作用?

2. 个人怎样在社会环境的影响下,通过个人与社会的相互作用既实现社会化,又实现个性化?你怎样理解当代青少年社会化的机制?

3. 观察社会现象,找出人与社会的相互建构的例子。

4. 你认为自我概念与中枢神经系统可能具有怎样的联系?

【拓展性阅读导航】

1. [美]乔纳森·布朗著,陈莹浩等译:《自我》,人民邮电出版社,2004。

作为一本优秀的普及型读物,乔纳森·布朗的这本书深入浅出,科学严谨。本书详细地记录了多年来自我研究领域内概念的变化和阐述了心理学自我研究的价值,同时进一步描述了对这个日益重要的社会心理学思想的其他的解释。新的研究和概念与传统的和经典的理论交织在一起,自我概念和很多其他现象的关系得以通过精挑细选的研究调查和广泛的学术探索被加以解释。

2. [英]P.B. 史密斯、[加]M.H. 彭迈克、[土]Ç. 库查巴莎著,严文华、权大勇等译:《跨文化社会心理学》,人民邮电出版社,2009。

本书从文化角度来讲社会心理学,这个视角更容易帮助读者理解与自己的和他人的世界建立的心理联系是社会化的产物,也是社会化的馈赠。全书的五个话题——发展与家庭、社会知觉、人格、沟通和建立关系、组织行为——都可以放入社会化的特殊方面——文化类型化来理解,是文化建构了我们自己。

第四章　社会知觉与印象管理

【内容提要】

每个人都是社会成员，人既需要认识、了解自己，也需要在与他人交往的过程中，通过观察他人的行为来认识、理解他人；人会对他人形成印象，也需要管理自己留给他人的印象，以便更好地与他人互动和适应社会。本章介绍了社会知觉的内涵和印象形成的规则，探讨了知觉他人和知觉自我的过程，以及个体在社会知觉中容易产生的偏差；本章还讨论了社会认知的过程和认知启发、内隐社会认知的研究内容和方法，以及社会认知研究进展对我国社会心理学发展的启示；最后，本章探讨了印象管理的概念、策略及其与文化的关系。

【学习目标】

1. 了解社会知觉的概念和印象形成中的信息整合法则。
2. 理解知觉他人的过程以及自我知觉理论。
3. 了解社会知觉的主要偏差。
4. 掌握社会推理的步骤以及三种认知启发。
5. 了解内隐社会认知的研究内容和方法。
6. 理解印象管理的作用和策略。

【关键词】

社会知觉　自我知觉理论　图式　社会知觉偏差　认知启发　内隐社会认知　印象管理

第一节 社会知觉及印象形成

一、社会知觉

知觉是人对外界事物的整体反映，是人将感觉获得的信息进行选择、组合，从而形成完整印象的过程。普通心理学研究的知觉大多是物知觉或一般知觉，即对于自然界各种现象的知觉，而社会心理学所研究的是对社会性信息的知觉，下面我们将从社会知觉的含义、特征及影响因素三方面来阐述。

（一）社会知觉的含义

作用于人的信息有两大类：一类是自然界中的机械、物理、化学和生物等方面的信息，属于非社会性信息；另一类是由人的社会生活实践所构成的社会现象的信息，包括担任社会角色并具有人性的人、人际关系和群体以及各种社会结构和社会事件等，属于社会性信息。对非社会性信息的知觉，通常被称作物知觉（object perception）或一般知觉（general perception），而对社会性信息的知觉就是社会知觉（social perception）。

一般知觉与社会知觉有相同之处，但也有区别。海德（F. Heider）在《人际关系心理学》一书中指出了两者的三个差别：（1）人能体验自己的内部生活，而物不能。由于每个人都体验到自己的思想和感情，因而认为别人也是如此。（2）人往往被认为是其行动的第一原因，而物则不被认为是其自身活动的原因。人的行动不只是对环境的反应，如责任感就意味着个人行动具有内部原因。（3）人可以有意识地操纵和利用知觉者，而物则不能。对人知觉的目的就是使观察者预测他人（作为刺激）可能做出的行动，以便预先计划自己的行动。台湾心理学家张春兴认为，物和人还具有以下差别：物的静态特征居多，而人的特征是变动的；同类物之间个别差异小，而人与人之间的个别差异则甚大。因此，获得对社会性信息的知觉绝不是一件容易的事。这也说明，研究社会知觉是更为重要且相当艰难的任务。

社会知觉的概念最初是由布鲁纳（J. Bruner，1947）在《价值与需要是知觉中有组织的事实》一文中采用的，用以指出知觉不仅决定于客体本身，也决定于知觉者的目的、需要、态度与价值观,即指明知觉者的社会决定性。这个概念对于后面提到的社会认知的研究及其发展颇具意义,但与传统的社会心理学对社会知觉的理解仍有差异。

在传统的社会心理学中,社会知觉主要包括对人、对己和对社会群体的知觉。其中对人的知觉(person perception)最受关注。实际上,对人的知觉与社会知觉是从属关系,对人的知觉是社会知觉中一个相当重要的方面。

社会心理学和普通心理学对"知觉"含义的理解也有所不同。在普通心理学中,知觉仅仅是对事物形成的感性印象,属于认识的初级阶段,它不包括判断、推理等高级认识过程。而在社会心理学中,知觉不仅包括对人、对群体的外部特征的知觉,即形成印象,而且还要涉及对有关信息的思维加工,包括记忆、推理、判断、理解和解释等复杂环节。这种知觉实际上属于认知,所以,不少人主张用"社会认知"一词来代替"社会知觉"。

社会认知(social cognition)是现代认知心理学介入社会心理学后产生的一个概念和研究领域,其含义与社会知觉相当,但侧重于从认知结构或图式(scheme)概念的角度来探讨社会知觉的过程,来解释不同的人何以对同一人、物产生悬殊的知觉等问题。本章第三节将着重阐述社会认知中复杂的信息加工过程。

(二)社会知觉的特征

每个人都有其独特的背景和经验,这些背景和经验会随时间而不断地变化或积累,因此人们对同样的社会信息可能会做出不一样的反应。首先,社会知觉具有选择性,人会根据自己的喜恶选择某部分信息,而忽略其他信息。对于会使人压抑或难受的人或事,人往往会采取逃避的方式忽略它们。比如,对于路边的乞丐,一些人会假装看不见,来避免可能产生的消极情绪。其次,人对于信息的知觉反应会随其与自己的相关程度不同而有强有弱。人对与自己相关度较高的社会信息的反应通常更强烈。比如,一个人走在一个陌生的城市,忽然耳边传来熟悉的乡音,这时他(她)的反应就会比听到其他声音的反应强烈,个体可能会因此注意知觉对象的信息,甚至上前攀谈,产生"老乡见老乡,两眼泪汪汪"的感觉。而当社会信息与自己关系不大时,人对信息的反应就不会那么强烈,比如城市白领对于新颁布的农民优惠政策的知觉反应就会相对较弱。再次，个体对信息的知觉反应会随个人的情绪状态不同而不同。比如，对于一个刚失恋的青年而言，即使遇到自己曾经感兴趣的信息，他（她）这时也会漠不关心；而情绪好的人就很容易对各种事物都具有更强的知觉性。最后，社会知觉具有完形性。人倾向于在见到认知对象之后就开始勾勒对他（她）的印象，通过已知的各种信息和自己的推想或幻想来丰富被知觉者的特性，使之规则化、完整化，并在今后的接触中检验这种知觉印象。如果知觉对象给人的印象是自相矛盾的，比如一会儿亲和友善、一会儿冷酷无情，那么个体就会试图寻找更多的信息来协调这种认知矛盾。

（三）社会知觉的影响因素

影响社会知觉的因素大致可分为个体因素和情境因素两大类。个体因素又包括知觉主体与知觉对象两方面。

从知觉主体来看，首先，知觉主体与信息的关联程度不同、情绪状态不同，知觉主体就可能在应对同一社会信息时，产生不同的反应和应对方式，前文已有论述。其次，知觉主体的背景和经验也会影响社会知觉。知觉主体的背景和经验涉及个体的身份、成长经历、专业等相关因素，它制约着个体看待信息的角度，比如，对于一个合唱团体，经纪人注重的是合唱团体背后所具有的市场潜力，音乐制作人注重的是这个合唱团体的演唱实力，听众或歌迷注重的则是这个合唱团体的形象是否契合自己的审美、歌曲是否符合自己的口味，而合唱团体的成员则注重自己是否可以在演唱事业上实现自己的梦想以及自己的受欢迎程度。已有经验还能使个体的社会知觉更有效率，比如，面试考官就会比一般人对于求职者实力的判断和评估更准确，这是因为面试考官已阅人无数，丰富的经验提高了他们社会知觉的效率。再次，知觉主体的价值观也会影响社会知觉，比如，"跳槽"这种行为，在一些人看来是一种"人往高处走"的选择，或许在另一些人看来，这是一种不忠诚的行为。最后，知觉主体固有的知觉偏差同样会影响社会知觉，这个问题将在本章第二节第四部分详细阐述。

从知觉对象来看，其外表特征、人格特征、身份地位、自我表现方式等都会影响社会知觉过程。首先，知觉对象的外表特征很快可被人认知，也容易导致"晕轮效应"（关于"晕轮效应"，将在本章第二节的第四部分阐述）。"爱美之心，人皆有之"，所以，对于外表特征姣好的知觉对象，知觉主体容易有比较好的认知。其次，知觉对象的人格特征也会影响知觉主体的社会知觉。一般来说，外倾性的人比内倾性的人更容易给人以热情活泼的感觉，也更容易受欢迎。知觉对象的外表特征、人格特征以及相应的行为态度构成了其魅力指数。如果知觉对象的行为习惯或表现出的态度恰好与知觉主体接近，那么他们之间的人际距离就可能被拉近，相互之间就可能产生较好的人际关系知觉，因为人们通常喜欢与自己相似的人。再次，知觉对象的身份地位能够为社会知觉提供心理捷径。比如，人们通常喜欢按照职业对人群分类，就是因为职业相同的人常常具有一些相同的特点，当我们得知某个人所从事的职业时，就会依照他的职业信息来判断他的其他相应特征。最后，知觉对象的自我表现（本章第四节对此将做详细阐述）对社会知觉的影响也很大。因为人与人之间是互动的关系，知觉对象并不会被动地等着别人去知觉，知觉对象总是会通过自我表现来影响别人对自己的印象。"见人说人话，见鬼说鬼话"，这句俗语就说明了知觉对象在通过一定的自我表现策略（语言）来控制不同的知觉主体（"人""鬼"）对自己的印象。

下面再来看看情境方面的因素。情境是联系知觉主体和知觉对象的纽带。知觉主体和知觉对象都是情境中的个体，他们自然都会受到情境因素的影响。情境为个体的行为提供了合理性，也为知觉主体对知觉对象的知觉过程提供了评判标准。比如，一个女孩在某天很短暂的时间内就经历了笑—哭—笑的过程，不明情境的个体在听到这个现象的描述时，可能会认为她情绪无常。但如果了解当时情境的话，可能就不会这么认为了。原来，在这个女孩生日那天，她与一些朋友约好了要一起庆祝。结果当她到达约会地点后，所有的朋友都打电话给她，说有事不能到。就在她情绪低落时，所有的朋友又像天兵突降似的同时出现了。当我们熟知情境因素时，就会理解这个知觉对象情绪变化的原因，因而就会形成完全不同的社会知觉。可见，在社会生活中，情境是人们进行社会知觉不可或缺的重要因素。

综上所述，社会知觉是指对社会生活中的社会性信息的觉知，具有选择性、变化性、完形性，并且受到知觉主体、知觉对象和情境因素的影响。

二、印象形成

人们往往在极其有限的信息基础上形成对别人的总体印象,如见到一个人就去猜测他的智力、年龄、社会背景、性格特征等。尽管人们都意识到这种判断不一定可靠,但仍然乐意这么做。通过这种方式所形成的印象往往称为第一印象(first impression)。

(一) 好恶评价是第一印象形成中最重要的维度

当人们相遇时彼此最先做的判断就是相互喜欢不喜欢。对他人所做的好恶评价在很大程度上影响着对这个人形成的总体印象。

奥斯古德(C. E. Osgood,1957)等人的语义分化(semantic differential)研究证明,评价维度可以将许多信息组织起来形成一个完整的印象。在研究中,研究者让被试选择一些描述特征的配对词(如愉快—悲伤、好—坏、强—弱、冷—暖)去形容一些人或物,发现人们根据三个基本的维度进行评估,即评价(evaluation)(如好—坏)、力度(potency)(如强—弱)和活动向度(activity)(如主动—被动)。其中的评价维度在印象形成中最重要,一旦人们对他人或事物的判断在这个维度上确定了,其他两个维度的作用就不太大了。这一研究结果得到了后人的支持。罗森伯格等(S. Rosenberg et al., 1968)发现人们往往根据社会特征和智慧特征去评价他人(见表4-1),但最初人们在相当大的程度上仍然依据喜欢—不喜欢这一评价维度。

表4-1 好恶评价的社会特征和智慧特征

评价	社会特征	智慧特征
好的评价	乐于助人	科学
	为人诚实	坚决
	能容忍人	熟练
	平易近人	聪明
	幽默感	不懈
不好的评价	不快乐	愚蠢
	自负	轻薄
	易怒	动摇
	令人厌烦、缺乏人缘	不可靠、笨拙

(二) 印象形成中信息整合的法则

个体只有接收到大量有关他人的信息刺激之后,再对其进行处理,才能形成一种印象。那么,个体如何处理这些复杂的信息呢?

1. 平均法则

该法则起源于学习理论。学习理论认为人是简单而机械地将所接收到的信息放在一起的,就像老鼠或鸽子机械地形成一种习惯一样,人并不对信息进行过多的解释、分析就能形成一种印象。如果人接收到关于某人好的信息,对他就形成了好的形象,而如果接收到关于这个人的信息是自己不喜欢的,则会对其形成坏的印象。学习理论的这种思想应用到印象形成中,就是所谓的平均法则 (average principle)。按照这一法则,在印象形成过程中,人们接收到信息后对其单独地加工,然后将它们平均起来从而形成一种总体的印象。例如,现在有两个人甲和乙,如果让你在一个从 -5 到 $+5$ 的量尺上对他们的品质进行评价,甲机智、学识渊博、沉着、自信,你给他的打分分别是 $+4$、$+4$、$+2$、$+3$。乙除了具有上述品质外,还有坦率、不讲究衣着两个特点,你对他的打分分别是 $+4$、$+4$、$+2$、$+3$、$+3$、-2。那么,根据平均法则,甲的得分是 $(4+4+2+3)\div 4=3.25$,乙的得分是 $(4+4+2+3+3-2)\div 6\approx 2.33$,甲的得分比乙的得分高,因而对甲的印象更好些。

2. 叠加法则

叠加法则 (additive principle) 认为人在形成印象时将各个独立的信息叠加在一起形成总的印象。根据这一原则,上述甲、乙两个人的总分分别为13分和14分,乙的总分多一些,因而对乙的印象更好。可见,平均法则和叠加法则有时是相互矛盾的。尤其当两种信息的值都是正的或都是负的,且一个比另一个大时,两种法则就可能存在冲突。例如,我们了解到 A 很热情,进一步接触才发现他还比较谨慎,如果你对热情和谨慎分别打4分和2分,根据叠加法则,你对 A 的印象会更好,因为后来的信息值大于以前的信息值 ($6>4$);但根据平均法则,你却对 A 的印象稍微降低,因为后来的平均信息值3小于先前的平均信息值4。

3. 加权平均法则

平均法则和叠加法则,两者究竟哪一个更有道理呢?安德森 (N. H. Anderson，1959，1965）通过一系列实验证明，平均法则更正确。他发现当一则中等合意的（favourable）信息与先前很合意的印象结合后，总的评价不仅没有增加反而降低了。而两个很强的消极品质比两个很强的消极品质加上两个中等的消极品质所产生的印象更坏。王登峰、陈仲庚的研究发现中国大学生形成印象时也是依据平均法则的，支持了安德森的观点。我们认为，这种分析比较符合生活常识。例如，人们根据某个人的有关信息对他形成极好的印象后，就会对他抱有较高的期望，甚至认为这个人各方面表现都很出色。但进一步了解才发现这个人的另外一些品质并非特别出色时，对他的总体评价就会略微降低，从而更切合实际。按照叠加法则，我们对他人的积极品质了解得越多，对他的印象就越好。而实际情况是，如果对某人已形成的印象是中等肯定的，以后进一步发现他身上具备一些其他中等肯定的信息时，人们对他的最终印象仍然是中等肯定的。

经过进一步的研究，安德森提出信息的加权平均（weighted averaging）加工模式。根据这一模式，人们将所有品质平均起来形成印象，但他们给予那些他们认为最重要的品质以更大的权数。也就是说，人们根据平均法则形成印象，但对极端品质予以加权。例如，当公司招聘技术开发人员时，招聘者更注重应聘者的"智慧"品质而不是看其是否具有"魅力"。

（三）信息的先后顺序对印象形成的影响

人们在对他人形成印象的过程中往往根据最先接收到的某些信息形成印象，这种最先的信息对人形成印象具有强烈影响的现象称为首因效应（primacy effect）。在某些时候，人们最后接收到的信息也能左右其形成的印象，这种最后接收的信息对人们形成印象具有重要作用的现象称为近因效应（recency effect）。那么，两种现象分别在什么条件下发生呢？

卢钦斯（A. S. Luchins）设计了两段描写一个叫吉姆的男孩一天活动的文字。其中一段（简称E）描写吉姆与朋友们一起去上学、在阳光下取暖、在商店与熟人聊天、与前几天刚认识的女孩打招呼。这一段将吉姆描写成一个活泼外向（extroversion）的男孩。而另一段（简称I）则将其描写成一个沉默内向（introversion）的男孩，如吉姆放学独自一人回家、走在街道荫凉的一边、在商店里静静地等候买东西、见到前天刚认识的女孩不打招呼。研究者将两段文字分别做 EI、IE、只有 E 和只有 I 四种排列，要求被试看完文字描述后在人格特质维度上评价吉姆是一个什么样的人。四种情况下被试认为吉姆友好外向的百分比分别为：78％、18％、95％、3％（见表 4-2）。这一结果证明了首因效应的存在，即前面一段信息对被试印象的形成起了很大作用。

表 4-2　卢钦斯的实验条件及结果

条件	被试的评定
E—I	78％的人认为吉姆友好热情
I—E	18％的人认为吉姆友好外向
只有 E	95％的人认为吉姆友好外向
只有 I	3％的人认为吉姆友好外向

后来卢钦斯改变了实验条件，其一是提醒被试不要受第一印象的误导，要全面地进行评价，其二是将 E、I 两段描述隔开呈现给被试。念完一段后花 5 分钟时间让被试做无关的工作，如做数学题、听故事等。然后再将另一段呈现给被试。在这种条件下，大部分被试根据后面一段的描述去评价吉姆的特征，这证明了近因效应在起作用。

在社会生活中，第一印象很重要。因为人们一旦对某人形成了某种第一印象，以后不仅难以改变，他们还会寻找更多的信息或理由去支持这种印象。尽管以后这个人所表现出的特征或行为并不符合原先的印象，人们仍然要坚持，这就是信念固着偏见（belief perseverance prejudice）。因此在与人交往时，应注意自己给他人以好的第一印象。

第二节　知觉他人与自我知觉

在社会交往过程中，我们通过处理加工知觉对象的信息特征来知觉，具体的知觉过程包括抽取显著性信息、类别化信息，以及运用图式来主动构建知觉到的他人的外部特点、情感、人格等。而自我知觉则需要同时觉察内部线索与外部线索，通过对自己行为及行为发生的环境的分析来形成自我知觉。

一、知觉他人的过程

学习理论认为,印象形成的过程是对他人(刺激物)的特征进行被动的、机械的反应,它受制于好恶评价。这种看法简化了社会知觉的复杂过程。认知心理学的兴起使人们从信息加工的角度来看待印象形成的问题。认知心理学认为,尽管人类加工信息的能力远远大于其他动物,但仍然是有限的。人们往往会采取省力的办法去感知那些最明显、对印象形成最必要的信息。其实,早些时候内隐人格理论(implicit personality theory)就认为每个人都心照不宣地认为别人具有的品质都是相互关联的,一旦掌握了某人其中的一种品质就可以推想其他的品质及行为表现,如一个人若很内向,别人就会推断他很胆小、容易抑郁等。这种被戏称为"外行人的人格理论",反映了人们将每天所见到的复杂信息做简化处理的倾向。认知心理学在解释印象形成时继承了这一看法。此外,认知心理学认为人都是有选择地接收信息并将其统合成一个有意义的整体。因此印象形成是知觉者主动地、有组织地将关于认知对象的信息整合成一个紧凑的、有意义的印象的过程,而不是孤立地将一些特征加以平均的过程。在这一过程中,人们往往要采取一些捷径提高信息加工的效率。现在让我们来看一看社会知觉的过程。

(一) 寻找意义

面对信息时,知觉者总是尽力获得一个关于刺激物的有意义的印象。人对每一则信息的理解都要依赖于信息所处的背景。例如,"聪明的"这一品质在理解一个"热情、体贴、乐于助人的医生"时具有积极的意义,而在理解一个"冷酷、无情、利欲熏心的盗贼"时则具有消极意义。

安德森(1966)根据平均法则,指出背景对新特质的影响可以通过将背景信息与新信息的价值平均起来进行预测。这一观点不可信。因为信息放置到不同背景中时,其价值已不能按单独存在时来计算。例如,"聪明"放在医生背景中或许为+4分,而放置到盗贼的背景中则成为-5分。背景的不同能改变一个中性信息的性质。人们在印象形成中绝不是将各个独立的信息机械地平均,而是在接收到信息之后在已有背景的基础上创造出一个有意义的整体。同一个人"衣着艳丽"之举动在普通的工作场所与隆重的联欢会上给人的意义是完全相反的。阿希(S. E. Asch,1946)认为,新的品质置于不同的情境中往往会发生意义转移（shift of meaning），例如，"自豪"在形容一个给人好印象的人时，就是"自信"的意思，而形容一个给人不好印象的人时则产生"自负"的意义，所产生意义的性质和程度视已有印象而定。同样，在日常生活中，一个好说话的人可能被赞誉为"健谈"，也可能被指责为"多嘴多舌"。

在印象形成中，各种特质或信息的重要性是等同的吗？认知论与学习论的认识不同。学习论的平均模式简单地认为所有特质无论其价值大小都要对印象的形成发生影响。在他们看来，"冷酷"永远是-5分，"热情"永远是+7分。相反，认知论认为某些特征所含的意义要比另一些特征多，例如"热情—冷淡"品质可以与许多其他特征联系，而"文雅—粗鲁"则与其他品质的联系很少。阿希将那些与刺激物的其他若干特征联系密切、对印象形成具有重大影响力的品质称为中心品质（central trait），他通过实验证明了中心品质的存在及作用。

阿希（1946）将大学生分成两组，每人拿到一张描写某个人特征的包括7个形容词的表。第一组被试的表上写着"聪明、灵巧、勤奋、热情、果断、实际、谨慎"，第二组被试的表上的词除将"热情"换为"冷淡"外，其他一切与第一组被试的相同。然后让被试评价该人。结果发现第一组被试多数认为此人慷慨、幸福、人道，而第二组的评价几乎相反。阿希又分别用"文雅"和"粗鲁"去代替"热情"和"冷淡"，发现两组被试的评价无太大差别。这说明"热情—冷淡"是核心品质，而"文雅—粗鲁"则不是。凯利（H. H. Kelley, 1950）用现场实验证明了"热情—冷淡"具有核心品质的作用。他告诉心理学专业的学生，一位客座教师要来指导他们的讨论。在教师到来前，他将描写教师特征的材料发给大家，学生拿到的材料与阿希用的完全一样，即一半学生拿到的是包含"热情"的形容词表，另一半拿到的是包含"冷淡"的形容词表，其余的词完全一样。客人到来后指导学生进行了20分钟的讨论。等他走后，学生对他的评价差别很大（见表4-3）。不仅如此，得知客人"热情"的学生与其交流更自由，谈话更多。

表 4-3 "热情"、"冷淡"描述对印象形成的作用

品质	热情	冷淡
自我中心	6.3	9.6
不好交际	5.6	10.4
不受欢迎	4.0	7.4
刻板	6.3	9.6
烦躁	9.4	12.0
无幽默感	8.3	11.7
无情	8.6	11.0

注：表中评分越高，说明个人具有这种品质的程度也越大。

那么为什么有些词比另一些词对印象形成的影响更大呢？研究发现，描绘"热情""冷淡"的词与描述其他品质的词联系更多，关系更密切，而描绘像"文雅""粗鲁"之类品质的词则与描绘其他品质的词关系不大。因此在印象形成中，人们只要抓住与其他品质关系密切的词便大致可推知这个人的其他品质，中心品质的作用正在于此。还有人认为中心品质的"联想值"更大，有的词（如"友好""聪明"）使人联想起很多其他品质，而有些词（如"礼貌""善意"）并不能使人产生更多的联想。人们对他人形成印象时不是等量齐观地加工每一则信息，而是抓住中心品质，"以点带面""管中窥豹，可见一斑"，以此形成印象。不过，中国人的中心品质可能与西方不一样，在中国，与个人道德修养及"做人"有关的品质是最重要的，如果知道某个人"作风不正"或"喜欢说长道短"，哪怕他具有许多其他好的品质，人们也不会对其产生好印象。

（二）注重显著性信息

人们在形成印象时遵循图像—背景原则（figure-ground principle），即直接关注那些从背景中突出出来的刺激图像，而对于图像所处的背景或环境注意较少。人们总是利用那些最显著的刺激线索形成印象。如见到一位残疾人，人们马上会形成一种体态方面的印象，其他诸如年龄、性别、服饰、教育等都成为次要的。在一定背景中显得异常的线索（如明亮的、运动的及新颖的等）都

可构成显著线索。三十多年前，在大街上看见一个身穿牛仔裤的人便认为他肯定与众不同，而现在穿牛仔裤已属很平常的事，人们不再因某人穿了牛仔裤而对其形成特别的印象。

与显著性相联的是负向效果（negative effect）问题。人们在印象形成过程中，消极信息的作用往往大于积极信息的作用，人们根据他人的消极品质形成的印象很难改变。与建立在积极品质基础上的评价相比，人们更相信建立在消极品质基础上的评价。一个人不管具有其他什么样的品质，只要具有一个极端消极的品质，别人就会以此为依据对他形成一个非常消极的印象。例如，当人们听说某位明星偷税时，对其印象一下子变坏，而不管他做了多少好事、有多少优点。负向效果发生的原因可以用图像—背景原则加以解释。消极特质因为不平常而成为显著线索，从而引起知觉者更多的注意。

（三）对信息进行类别化

在社会知觉中，个体往往将信息分门别类地处理。"物以类聚，人以群分"，人们总是倾向于以一定的标准将人归类。这一过程就是类别化（categorization）。

刻板印象（stereotype）就是类别化的产物，它是指人们对某个群体中的人形成的一种概括而固定的看法。生活在同一地域或文化背景中的人们常表现出许多相似性，人们在社会知觉中便将这种相似的特点加以归纳，概括到认识中并固定下来，便形成了刻板印象。如人们会认为商人都很精明、知识分子文质彬彬、女子很温柔等。刻板印象一旦形成不仅很难改变，而且人们在社会知觉中会用它去"同化"某一个体，只要某一个体被"同化"到群体中，对群体的刻板印象自然也适用于认识这个人。这种印象的形成有的是通过与某些人或群体频繁接触而形成的认识，而有的则是根据他人介绍、媒介传播等间接资料得来的。卡茨和布雷利（D. Katz & K. W. Braly）调查了美国100名白人大学生对某些种族群体的刻板印象，发现他们认为黑人有迷信、懒散、无忧无虑等共同品质；德国人有科学头脑、勤奋、呆板等共同品质。台湾学者杨国枢、李本华研究了台湾大学生对各国人的刻板印象，发现台湾大学生认为美国人是民主、天真、乐观、坦率的等，日本人是善模仿、爱国、尚武、进取的等。

类别化在社会知觉中可以加快信息加工的速度、简化人的认识过程，在一定程度上可以起到执简驭繁的作用。人们不可能完全将他人的所有特性搞清楚,当知道某人属于某个群体时,根据已形成的刻板印象对其有个大致了解。但是,类别化常常导致社会知觉出现错误,因为过分简化会隐没了某些个体身上独特的东西。群体中的有些个体虽然属于某个群体,但其特征并非与群体特征一致,在这种情况下,类别化就会导致过度概括的错误。例如,知识分子并非个个都是文质彬彬,女性也并非个个柔心弱骨。尤其在当前社会正处于快速发展的时期,人的社会经济活动领域、思想观念都在发生迅速而巨大的变化,如果仍旧以过去形成的社会刻板印象去认识人,往往会出现错误。

(四) 运用图式知觉他人

图式(schema)是过去经验中形成的关于个人、群体、角色或事件等的一套有组织的认知系统或架构,它可以是语言材料的图式,也可以是视觉材料或其他具体材料的图式。当我们接触外界事物时,常在记忆中检索那些与输入信息最符合的图式与之对照,加以理解与解释,这个过程称之为图式加工(schematic processing)。图式将信息简化、组织,从而使加工过程更简便,它可以帮助人们记忆或组织一些细节、加快加工速度、填补知识空白、解释或评价新的信息(以上几点将在本章第三节中详述)。泰勒和克罗克(S. E. Taylor & J. Crocker, 1979)认为,社会图式主要包括三种类型,即个人图式、角色或群体图式、事件图式。

个人图式既可以是关于一个特殊人物的图式,如卓别林的图式;也可以是关于某一特殊类型的人的图式,如关于"外倾"人的图式是有朝气、好交际、热情等;还可以是人们关于自己是什么样的人的自我图式(self-schema),如有人认为自己独立性很强,他会通过各种方式显示出这一点。

角色或群体图式既可以是有关人们所承担的社会角色所构成的原型(prototype)(如教师、工人、售货员、恋人等);也可以是关于某种群体的图式,如前述的社会刻板印象就是关于某种群体的一种图式。人们对恋人的图式就是彼此相爱、相互关心、体贴、支持和相濡以沫甚至生死与共的伴侣。这种过分理想化的图式导致恋人之间因发现现实与图式不尽一致而出现冲突。同样,在学校中,教师和学生彼此也有关于对方的图式。

事件图式又称脚本(script),是指某一段时间内,行为所发生的标准序列。如在餐馆吃饭的一种脚本即客人坐下后服务员拿来菜单,大家对于点菜都彼此谦让,接着点菜者便仔细地看菜单,有时点好之后还要换菜,最后点汤。人们办事都有一定的顺序,他们大多靠事件图式去支配自己的行动。

前面提到的内隐人格理论,实质上可以理解成一种个人图式。内隐人格理论是我们关于哪些品质或人格特质会相互关联的观点,它不是心理学家特有的人格观点,而是现实生活中每个人都会存在的一种图式,它为人们快速了解别人提供了心理捷径,使人们在了解了某人的某种人格特质后,能快速地推知他(她)可能具有的其他人格特质。比如,如果一个人很和善,喜欢帮助人,那么我们的内隐人格理论会告诉我们,他(她)可能有很多朋友,他(她)慷慨真诚;如果一个人善于经商、善于与人周旋,那么我们也很容易认为他(她)精明世故。内隐人格理论作为一种图式,可以让我们在掌握信息量较少的情况下,迅速形成对别人的印象,而不需要花费较长的时间与之相处才能得到对他的印象。但是,单凭内隐人格理论来认识他人,也容易使人们产生偏差,比如晕轮效应的产生就跟内隐人格理论有很大的关系(本节第四部分将会详细介绍)。每个人都会有自己独特的内隐人格理论,个人的内隐人格理论也会随时间的积累和人们经历的丰富而发展。同时,内隐人格理论还是一个文化变量,处于同一文化背景下的人,会共有一些内隐人格理论,而不同文化背景下的内隐人格理论可能又有很大不同。霍夫曼等(C. Hoffman et al.)就用实验证实了这一假设,他们发现,人们印象形成的方式受包含在其语言中的内隐人格理论的影响,同样的一段故事用不同的语言(中文、英文)表述时,中英文皆通的被试会相应地形成中国或西方文化下的内隐人格理论,即对同一段故事里的人物产生不同的知觉。这说明不同的语言、不同的文化会影响人们的社会知觉。

二、知觉他人的内涵

社会知觉涉及对他人许多方面的认识。人们很容易认清对方的性别、身高、衣着,如果接触得比较多还能够了解他的社会角色。但当人们试图去认识他人诸如情绪、人格特征、态度等的内部状态时,就必须从看得见的线索中进行推测。

（一）对他人情绪、情感的认知

人的情绪状态可以大致地反映出其心理活动的基本状态，而情绪、情感又通过人的外在表情表现出来。因此，情绪、情感知觉是社会知觉的重要内容，而知觉人的情绪和情感，又是以人的表情为线索的。

人的丰富表情是其心理状态的反映，人们通常描述的"愁眉苦脸""眉开眼笑"的表情分别表达了人的哀与乐。表情动作包括面部表情、身体动作、手势、眼神、视线、语调等各方面，其中表情动作是判断情绪的最重要线索。

人们之所以能够凭面部表情较为准确地推断他人的情绪、情感，是因为几乎所有经历同一情绪体验的人都会表现出某种大体相似的面部表情。例如，人在高兴时都会"笑逐颜开"，焦急时都会"紧皱眉头"。早在1872年，达尔文基于他的进化论思想认为面部表情在所有文化中都表达的是同样的情绪状态。艾克曼和弗里森（P. Ekman & W. V. Friesen，1969）的研究证明，人的许多面部表情似乎在全世界都代表着相同的意义，而与个人生长其中的文化背景无关。他们把代表愉快、愤怒、厌恶、惊奇等情绪的面部表情的照片给美国、巴西、智利、阿根廷和日本的被试看，让他们说出面部表情所表达的情绪，结果发现他们判断的正确率很高（见表4-4）。

表4-4　不同文化背景下的人对面部表情判断的正确率（%）

表情 判断者及人数	愉快	厌恶	惊奇	悲伤	愤怒	恐惧
美国（99）	97	92	95	84	67	85
巴西（40）	95	97	87	59	90	67
智利（119）	95	92	93	88	94	68
阿根廷（168）	98	92	95	78	90	54
日本（29）	100	90	100	62	90	66

随后，他们研究了新几内亚偏远部族的人，这些人从没接触过西方文化，更没见过西方人表现情绪、情感的面部表情。研究者先告诉被试一个短小的故事，然后向他出示三张面部表情的照片，让他选出一张能表达故事中描写的那种情绪的照片，结果发现他们对表情鉴别的准确度为：快乐92%、悲哀79%、

愤怒81%、惊奇68%、恐惧43%。然后再让他们设想如果遇到故事里的情境会产生什么样的情绪，并做出相应的表情。最后，研究者将其录像带带回让美国大学生辨别。结果，除了惊奇和恐惧外，其他表情都能相当准确地被鉴别出来。

情绪的表现不仅具有遗传性，也受具体文化因素的制约，尤其是复杂高级的情绪、情感。社会规范告诉人们在何种场合下适合表现何种情绪、不适合表现何种情绪，因此人们有时会故意隐藏自己的真实情绪，而有时又会故意装出或夸大某种情绪。例如，你在上司面前提出了一个很有建设性的意见，他人为你叫绝，但你却不敢过分表露自己的兴奋，否则会被斥为"骄傲"或"无视他人"。有些文化鼓励人们公开表露自己的情绪，而有些文化则压抑人们的情绪表现。这些都使得人们对他人情绪的判断更不准确。不过，人们要想完全掩盖自己的情绪体验也是很难的，即便他的面部表情控制得很好，真实情绪也会从其语调、身势、目光等多种非言语线索中流露出来。

（二）对他人人格的判断

人格是个体多种心理特征的组合，它集中地反映了一个人的精神风貌以及不同于他人的独特的心理类型。因此认识他人的人格有助于我们全面地把握他人并顺利地与之交往。

人格是个人在相当长时间内形成的较为稳固的心理品质，而且它本身看不见、摸不着，还得通过人们的言谈举止去推断。由于人们在不同的情境下会做出不同的行为，因此要准确地认识他人的人格，既要了解其过去的生活经历，又要在长时间内反复地在各种情境下加以观察，最后概括出他的较为稳固的，反映其动机、意向、态度、价值观、能力等的人格特征。

中国人所说的"看人看心"在很大程度上就是通过观察他人的言行举止去推断其人格。由于"人心隔肚皮"、"人藏其心"、"人心多变"及"人心各别"等原因，人们常常感到"人心难测"。尽管如此，人们仍然力图通过各种观人术去捕捉有关信息，并企图透视人心。第一章提到诸葛亮的知人之道，就是中国人判断他人人格的方法总结。中国人通过察言、观色、睹行等途径去推测他人的人格。古人云"心为口根"、"欲知其人，观其所行"及"有一分貌，必有一分才"，便是人们运用上述三种途径从事社会认知的证明。但他们也意识到有些人"口是心非""言行不一"，有时"人不可貌相"，于是中国人又运用其他方法去识别他人的真伪、善恶。有人总结了以下几种方法。（1）时间考验。在长时间内反复观察、经常琢磨，"路遥知马力，日久见人心"。（2）危难考验。认为人之真伪、善恶在生死存亡、贫困衰败的情境下最容易看出，所谓"急难时刻见真情""艰难识好汉"。（3）利益考验。传统中国人重义轻利，由此认为在金钱和财产的诱惑面前很容易区分人的真实心理，此所谓"财上分明大丈夫""利动小人心，义动君子心"。（4）世态炎凉考验。即通过人在他人的穷富、成败、盛衰等变化过程中去考察其态度，以识别其真实人格。这些途径和策略都是中国人在长期的生活实践中总结出来的判断他人人格的方法。

三、自我知觉

社会知觉不仅包括个体对他人形成印象、推断他人的人格，而且还包括个体对于自己的认识。

（一）自我知觉的理论

符号互动论者强调从社会互动的角度去理解自我知觉。米德认为自我是一种社会现象，它通过个人在与他人互动中扮演一定的角色形成。个人在扮演角色时，他人期望他按照相应的角色规范去行事，因此自我知觉可以反映出他人对个体的态度。库利认为自我只有在社会互动中才能产生，其中想象起重要作用。他用"镜像自我"来说明自我知觉的形成，它包括三个方面：（1）个体想象自己在他人面前的形象；（2）个体想象他人对自己形象的评价；（3）上述两方面结合便产生自我感受或自我知觉。

贝姆（D. J. Bem）于20世纪60年代提出了用于解释个人理解自己的特性、偏好等的自我知觉理论（self-perception theory）。其要点有二。（1）个体对自己态度、感情和其他内在状态的认识，部分是根据他们对自己的外显行为和该行为发生的环境进行观察而推断出来的；比如，当我们做出帮助他人的行为，我们会知觉自己是乐于助人的，之后就可能更经常地帮助他人。（2）在某种程度上，内在的线索是微弱的、模糊的、不清楚的，因此个体就要站在外界观察者的位置上依据外部线索去推断个人的内在状态。如果个体未受外部环境的引诱和约束，自由地做出自己的行为，那么该行为就能真实地表达个人的内在特性；相反，如果外界压力很大，即个体的行为是迫于外界环境的约束做出的，它就不能代表个体内在的状态、特性或态度。所以，个体是通过对自己的外显行为及行为发生的环境进行分析来获得自我知觉的。例如，人在做原本自己很喜欢的事时，却获得了意外的报酬，如果他把自己的行为原因理解为追求报酬，就会弱化或低估他先前认为自己因兴趣而做出这种行为的自我知觉，这种现象称为过度合理化效应（overjustification effect）。这时，人认为促使他努力做事的是报酬，而不是他个人的内部兴趣；反之，如果人们没有得到预期的报酬，他则很可能将自己的努力归因于自己的内部兴趣。

贝姆的自我知觉理论与费斯廷格的认知失调理论针锋相对。他认为后者求助于假设性的个人内心状态去解释人类行为是令人费解的。我们知道，费斯廷格认为当人们后来做出的行为与先前的态度相矛盾时，就会引起不协调，个人就感到心理紧张、不平衡。如果个体做出的这种行为不是迫于环境压力而是自由选择的，那么个体要恢复平衡就需调整其自我知觉到的态度，使之与行为一致。贝姆认为，个体的这种调整根本不是什么态度改变，而是个人根据当前行为发生的状况而产生的一种新的自我知觉。贝姆继承斯金纳的操作行为理论所追求的目标，力求简洁地解释自我知觉，对社会心理学中的理论由动机一致性模式向归因模式转变起了巨大的推动作用。

（二）自我知觉的内容

同知觉他人一样，自我知觉也涉及主体对自己身体及心理特征等方面的认识，这里我们分别介绍主体对自己身体的知觉、对自己态度的知觉和对自己情绪的知觉。

1. 身体的自我知觉（体像）

体像（body image）是指个体对身体的自我知觉，又称为躯体意象。个人的体像是随个体的心境、经历的环境和自己的身体经验的变化而变化的。个体的体像一般可以分为三种类型：（1）体像正常；（2）体像烦恼，指个体自我审美的偏差引起的对自我体像的不满而产生烦恼，这种烦恼可能会使个体热衷于某种行为，例如减肥；（3）体像障碍，指个体想象出一些客观上不存在的体貌缺陷，进而感到极端痛苦，产生心理障碍，严重的会伴有某些行为障碍，如进食障碍。近些年来，追求苗条身材的减肥风在女性人口中盛行，卡什（T. F. Cash）

的一项研究发现，85%的女性认为自己应该减肥，骆伯巍等人的一项研究发现，22.3%的青少年存在体像烦恼，且女性高于男性，30.5%的青少年曾采用过各种减肥措施，在女性青少年中这一比率高达44.9%。另外，帕托（A. Peto）认为，体像的差异与自尊也存在相关。体像不仅包含着个体对身体的自我认知，同时还具有社会意义。教育青少年正确认识与接纳自己的身体，形成正常体像，将关系到他们的心理健康；对于体像烦恼或体像障碍者，心理学工作者也应对其提供专业帮助来改善他们的心理接纳及心理健康水平。

2. 态度的自我知觉

过去心理学家都认为人们通过内省去认识自己的态度。贝姆则认为由于人必须通过观察自己的外显行为去推测内心的态度，如果人的行为是自由做出的，这种行为就可反映个体的态度；如果行为不是个体自由选择的，它就不能表示个体的真实态度。比如，有人让我们为某项扶贫计划捐款，如果你毫不犹豫地捐了一些钱，事后回忆起来你会认为自己是一个富有同情心的人；如果你看见不公平现象而站出来抵制，你会认为自己就是一个公正的人。只要某种行为是个体自愿做出的，他就会以此来判断自己对事物、对人的态度。

萨伦西克和康韦（G. R. Salancik & M. Conway，1975）在一项精巧的实验中证明了态度的自我知觉。研究者将被试随机分为两组，然后采用不同的问法问及两组被试他们的宗教行为。对第一组被试问他们是否"偶尔"看宗教报刊、去教堂或向牧师请教个人问题。对第二组被试则问他们是否"经常"从事上述行为。几乎所有被试至少参加过某种宗教行为，但并不经常参加。其实两组被试的宗教行为并无差别，但问法的不同导致两组人做出不同的回答：第一组说他们有很多上述宗教行为，而第二组则说他们极少从事宗教行为。后来研究者进一步问及他们的宗教态度，第一组被试由于被巧妙地引导到描述自己参加了许多宗教行为，他们认为自己的宗教态度很强。这个实验说明人们是根据已经做出甚至虽未做出但已公开承认的行为去推断自己态度的。

3. 情绪的自我知觉

人们有时能够意识到自己的情绪体验，尤其是诸如快乐、悲哀等一些基本的情绪，但有时人们并不一定能够准确地知觉到自己的情绪体验。比如当你心境不好时，你很难说清楚你是处于忧伤还是愤怒。沙赫特（S. Schachter，1964）

认为，人们对情绪的知觉取决于两个方面：其一是人们体验到的生理唤起水平；其二是认知判断，认知判断来自于人们对自己的行为和情境的考察。如果人们感到生理唤起并对电视上的一个滑稽剧发笑，他们就判断自己是愉快的；如果自己对一个骑车撞了自己腿的人咆哮不已，则判断自己是愤怒了。人们通过对行为以及行为发生的情境加以判断，便能明了自己内部的情绪体验。沙赫特认为，内部状态是模糊的，因此情绪的自我知觉也要高度地依赖于外显行为及其发生的情境。一旦生理上唤起之后，人们总要寻找其产生的原因，如果从个人内部找不到，便从外界环境中去寻找情绪产生的原因。例如，一个人突然觉得自己情绪唤起了，很激动，但不知道为什么。此时如果他正好想起有人刚刚骂了他，他会认为这种唤起是由那个人引起的愤怒。沙赫特的这一思想与自我知觉理论大致相同，他和他的同事做了许多研究证明他的思想。

在最早的一项实验中，沙赫特和辛格（S. Schachter & J. E. Singer, 1962）将被试分为三组，给前两组被试注射一种能够产生与情绪有关的生理唤起状态的药物，这些唤起状态包括心跳加快、血压升高、手发抖、脸发热等，并给以不同的指导语。对第一组被试，正确地告诉他们注射这种药物会出现心跳加快、手发抖等反应；对第二组被试则错误地告诉他们注射这种药物是无害的，可能引起发麻、发痒等感觉；给第三组被试注射的是不产生生理唤起的生理盐水，然后将所有被试分别安排在"快乐"和"愤怒"的两种环境中。在"快乐"环境中，经过训练的实验者同伙（被试以为他也接受了同样的注射）与被试一起唱歌、跳舞、玩耍。在"愤怒"环境中，实验者同伙不断咒骂、斥责，一脸不愉快的表情。结果发现，那些被错误告知的第二组被试最易受环境的影响，他们在"快乐"环境中更高兴，而在"愤怒"环境中则更愤怒；被正确告知药物会引起心跳加快等反应的第一组被试不易受环境的影响；没有被告知的被试的情绪反应介于上述两组之间。第一组被试由于已经知道自己的生理反应是由药物引起的，便不从环境中去寻找线索，因此他们不受环境中他人行为的影响；而第二组被试由于不清楚自己生理唤起的原因，便认为是由环境中他人影响的，即将同伙的行为作为解释自己生理唤起的最明显线索，从而在不同环境中表现出不同的情绪；第三组的被试无生理唤起，因此也没有什么太明显的情绪反应。

上述研究结果说明，情绪的自我知觉中最重要的因素是生理唤起，其次是个体要对这种唤起进行认知评定，即寻找唤起的原因。如果意识到自己的唤起状态是由某种药物引起的，个体就不会有情绪体验，而如果并不是由药物引起的，个体就从外部环境中去寻找情绪线索，产生相应的情绪体验。这再一次说明，内部唤起状态是微弱的，情绪的体验必须要依靠个体对外在情境的认识。

（三）个体对自我信息的易受暗示性

自我知觉是个人了解自己的过程。人们既不可能每时每刻去内省自己，也不总能做到将自己放在局外人的地位来观察自己。正因为如此，个体便借助外界信息来认识自己。个体在认识自我时很容易受外界信息的暗示，从而常常不能够正确地知觉自己。

研究表明，人很容易相信一个笼统的、一般性的人格描写特别适合他，即使这种描写十分空洞，他仍然认为反映了自己的人格面貌。乌尔里克等人（R. E. Ulrich, T. J. Stachnik & N. R. Stainton）做过一项"大学生对类化人格说明的接纳"的研究。他们让被试看下面的描述：

> "你很需要别人喜欢并尊重你，你有自我批判的倾向。你有许多可以成为你的优势的能力没发挥出来，同时你也有一些缺点，不过你一般可以克服它们。你与异性交往有些困难，尽管外表上显得很从容，其实你内心焦急不安。你有时怀疑自己所做的决定或所做的事是否正确，你喜欢生活有些变化，厌恶被人限制，你以自己能独立思考而自豪，别人的建议如果没有充分的证据你不会接受。你认为在别人面前过于坦率地表露自己是不明智的。你有时外向、亲切、好交际，而有时则内向、谨慎、沉默。你的有些抱负往往很不现实。"

这段话很笼统，几乎适用于任何人。但当研究者问被试这一描述在多大程度上反映了其人格时，绝大多数被试认为这段话将自己刻画得细致入微、准确至极。后来的研究者如施奈德等（C. Snyder & R. J. Shenkel, 1975）发现，让被试们在1至5级量表上打分表示描写的精确度，他们的评价竟高达4.5。

一位名叫肖曼·巴纳姆（S. Barnum, 1975）的著名杂技师在评价自己的表演时说，他的演出之所以很受欢迎是因为节目中包含了每个人都喜欢的成分，所以他使得"每一分钟都有人上当受骗"。人们常常认为一种虚假的、一般的人格描述十分准确地揭示了自己的特性,我们将此倾向称为"巴纳姆效应"(Barnum effect)。

人们喜欢听他人对自己一般的、中性的但似乎很中听的评价。算命先生、看星相、看手相的人大多是以某种手段掩人耳目,根据人们表现出的较为明显的线索(如口音、衣着等),说出一段很一般的、无关痛痒的话,使人们误以为他真的能够预测自己的命运。如听见你是南方口音,就说你办事周全、谨小慎微;看见你身材高大、是北方口音,就认为你勇敢、讲义气,能得贵人相助等。这些都说明人们对自己的认识很容易受"巴纳姆效应"的影响。

四、社会知觉的偏差

由于社会知觉受其对象的复杂性、知觉者的主观性以及知觉者加工信息能力的有限性等因素的影响,人们在知觉他人或自己时不可避免地会产生偏差(bias)。应当说明的是,偏差往往是人们简化信息加工程序的结果,它并不一定总是不好,它有时可以加快信息加工的速度,并有效地保护个人的自尊。除了前面我们讲到的首因效应、近因效应、信念固着偏见、负向效果、刻板印象之外,社会知觉的偏差还有许多。

(一)晕轮效应

当认知者对一个人的某种特征形成好或坏的印象后,他还倾向于据此推论该人其他方面的特征,这就是晕轮效应(halo effect)。好恶评价是印象形成中最重要的方面,在知觉他人时,人们往往根据少量的信息将人分为好或坏两种。如果认为某人是"好"的,则被一种好的光环所笼罩,赋予其一切好的品质;如果认为某人"坏",就被一种坏的光环笼罩住,认为这个人所有的品质都很坏。后者是消极品质的晕轮效应,也称扫帚星效应(forked tail effect)。我们已经指出,人的社会知觉往往受到个人"内隐人格理论"的影响,他们常常从个人具有的一种品质去推断另一种品质。尤其当存在中心品质时,人们更具有这种推论倾向,这使得在社会知觉中人们对他人的评价往往具有很高的一致性,即认为好者十全十美、坏者一无是处。

戴昂等人(K. K. Dion, E. Berscheid & E. Walster, 1972)分别让被试看一些很有吸引力的人、没有吸引力的人和一般人的照片,然后要求被试评定这些人的特点，要评定的这些特点与有无吸引力并没有关系。结果发现有吸引力的人得到了很高的评价，而没有吸引力的人则得到了较低的评价（见表 4-5）。

表 4-5　晕轮和扫帚星效应的作用

特征评定	有吸引力的人	一般人	无吸引力的人
人格的社会合意性	65.39	62.42	56.31
职业地位	2.25	2.02	1.70
婚姻美满状况	1.70	0.71	0.37
做父母的能力	3.54	4.55	3.91
社会与职业幸福程度	6.37	6.34	5.28
总的幸福程度	11.60	11.60	8.83
结婚的可能性	2.17	1.82	1.52

注：表中数字越大，表示所评定的特征越积极

晕轮效应是一种"以偏概全"的评价倾向，严重者可以达到"爱屋及乌"的程度，即只要认为某人不错，便认为他所使用的东西、跟他要好的朋友、他的家人都不错。近年来的"追星族"，便是青少年因喜欢某位歌星的某一特征（唱的歌、长相、头发、行走姿势等）而盲目崇拜、模仿歌星，甚至不惜代价去搜集歌星使用过的物品。有些人利用晕轮效应的作用，刻意将自己打扮成某种人的外表，投其所好，从而行骗屡屡得手。

（二）**积极性偏差**

个体在评价他人时，往往更多地对他人做出积极的、肯定的评价，即评价他人时总有一种特别宽大的倾向，这就是积极性偏差（positivity bias），也称"宽大效应"（leniency effect）。对他人做出积极的评价会使被评价者和评价者都感到愉快，因此人们宁愿积极地评价他人。在缺乏其他信息资料的情况下，认知者一般对人会做出宽大的估计。宽大效应的发生是因为人们在社会生活中遵循"波利阿纳原则"（pollyanna principle）。波利阿纳是埃莉诺·波特（Eleanor Porter）所写的小说中的人物，他是一个过分乐观，并总以主观善良的愿望看待一切事物的人。作为一项原则，它是由马特林等（K. E. Matlin & D. Stang, 1978）提出的，愉快的事情总比不愉快的事情更平常，由于人们在

生活中所遇见的事情大多是好的（如好事、愉快的经验、好人、好天气等），即使他们偶尔遇见一些不好的事情（如生病、同事对他不好、天气很阴沉等），他们仍然较好地评价周围的环境，在大多数时间里对大多数事件做出"高于平均水平"的评价。

有一种观点认为，宽大效应只在对人的认知时发生，而对物的认知则不一定发生。西尔斯（D. O. Sears）提出对人的积极性偏见（person-positivity bias）概念。人们觉得他所评价的人都与他们相似，人对人具有同情心，可以认同，从而做出更宽大的评价，而对物则不会出现这种情况。西尔斯让学生对自己所选的课程和任课教师做出评价，对课程的评价主要是教材、考试等非人格方面，对教师的评价主要针对教师本身的人格方面。结果发现，96%的教师得到了学生积极肯定的评价，而只有19%的课程得到学生积极肯定的评价。

（三）证实偏差

人们既有的观念或期望会影响他的社会知觉和行为。他们总是有选择地去解释并记忆某些能够证实自己既存的信念或图式的信息，此为认知证实偏差（cognitive confirmatory bias）。例如，当我们认为某个人是外向型的，以后对该人所表现出的与外向有关的品质（如热情、好交际等）注意得更多，并容易回忆起来。而对该人所表现的与外向无关的品质（如谨慎、敏锐等）则不怎么在意。同样，人们根据社会刻板印象去评价个体也是要证实个体与其头脑中既存的图式是相吻合的。证实偏差导致个体过分相信自己判断的准确性，评价一旦形成便不轻易改变，这种偏差在错觉相关效应（illusory correlation effect）中最明显。如果两种因素相互联系，人们就更容易注意并记住它们相互联系的信息，这种期望歪曲了人的知觉和记忆，使人将两种因素之间的联系知觉得比实际上更强烈。

人们关于某人的社会行为总有一定的图式，这种既有的图式会使该人做出符合图式的行为，也就是说其行为表现符合他人对其行为的期望，这就是行为证实偏差（behavioral confirmatory bias），它实质上就是"自我实现的预言"（self-fulfilling prophecy）。斯奈德等人（M. Snyder, E. D. Tanke & E. Berscheid, 1977）让一些男性被试在电话中与他们不相识的女性交谈，事先告知一些被试，与他们谈话的女性相貌很漂亮，告诉另一些被试，与他们谈话的女性相貌不好。研究者分析了被试对电话中女性谈话的评论，发现那些被告知很漂亮的女性的谈话被认为比那些不漂亮的女性的谈话热情得多、可爱得多。原因在于，男性被试与"漂亮"女性谈话时更热情也更可爱，对方便做出了相应的反应。其实，与他们谈话的女性未必真的漂亮，但男性被试关于漂亮女性行为的图式引导了她们做出与之相吻合的行为。

（四）后视偏差及反事实思维

人们在回忆自己的判断时，倾向于认为其判断比实际上更为精确。这种现象称为后视偏差（hindsight bias）。在社会知觉中，人们大多是"事后诸葛亮"，事情发生后总觉得自己事先的判断很准确，而实际并非如此。比如，以前对某个人的评价并非很贴切，而当这个人做出某种行为之后，他就说："看，我以前就认为他是这样的人。"对事物的判断也是如此，如果让一些人预测一场足球比赛谁将获胜，大家猜测 A 队获胜的概率很高，结果 B 队胜了，事后让大家回忆自己当初估计哪个队获胜，很多人认为自己当初就认为 B 队能胜。

后视偏差并非人们有意让别人知道其评价比较恰当，即便没有他人在场，让个人在独处情况下说出自己原先的知觉时，这种现象也会发生。它是一种真正的记忆歪曲，说明个人在社会知觉中不由自主地倾向于认为自己的判断是正确的。

反事实思维（counterfactual thinking）指的是事件发生后想象另一种可能发生而未发生的后果的现象。当人们经历了不期望发生的或消极的事件之后，常常会进行反事实思维。例如，你临时将汽车停在路旁去办事，回来发现被贴了罚单，这时候往往会想："刚才如果小心一点，不把车停在这里就好了！"或者你会想："幸亏只是个罚单，要是车被拖走就更糟了。"前一种反事实思维是向上的（upward counterfactual thinking），就是当事人设想比实际情形更好的结果，这种反事实思维通常会引起当事人遗憾、悔恨的情绪体验，如果当事人更生动形象地想象行动细节的话，遗憾和悔恨就会更强烈；后一种反事实思维是向下的（downward counterfactual thinking），就是当事人设想比实际更差的结果，这种反事实思维通常会引起当事人更强的满意感和幸运感；此外，还有一种聚焦于消极后果原因的反事实思维（counterfactual thinking focused on why negative outcomes occurred），它会使当事人更多地去设想未来如何避免不愿意发生的事件。

可见，人们在社会生活中，不仅会思考现实，也会思考还可能出现什么情况。人们思考的倾向会对其社会知觉及社会行为产生深远的影响。

（五）虚假一致偏差

人们常常高估或夸大自己的信念、判断及行为的普遍性，这种倾向称为**虚假一致偏差**（false consensus bias），它是人们坚信自己信念、判断的正确性的一种方式。当遇到与此相冲突的信息时，这种偏差使人坚持自己的社会知觉。人们在认知他人时，总好把自己的特性赋予他人身上，假定自己与他人是相同的。例如，自己疑心重重，也认为他人疑心重重；自己好交际，也认为别人好交际。

罗斯等人（L. Ross，D. Greene & P. House，1977）在一项经典研究中，问大学生是否愿意在身上戴一块写有字的大广告牌子在校园里漫步30分钟，有些人愿意，而有些人则拒绝了。可是两类人都认为大学生中有2/3的人会同意他们的选择（同意或拒绝）。显然，他们的估计都不是正确的。这种偏差存在于许多人身上，正是由于认为有很多人的信念、价值观与行为同自己的一致，所以人们才坚信自己的判断及行为的正确性。吸烟的中学生普遍认为大多数中学生也同自己一样吸烟。在西方的社会调查中，常常发现持有一定政见的人认为大多数其他人的观点同自己一致。

（六）自我中心偏差

人们常常夸大自己在某种事物中的作用的倾向，称为**自我中心偏差**（egocentric bias）。夫妻两个人各自都认为自己在家务中做的事情更多，大学集体宿舍的同学都认为某次宿舍获得"文明卫生奖"的大部分功劳应归于自己，篮球队员总认为自己在比赛中的地位很重要等，这些都是自我中心偏差的例子。有时人们通过言语或行为表达出这种偏差，而有时虽不公开表露，心里却认为自己在合作中的地位更重要，因此对本来是公平的分配很不满意，认为没有"按劳分酬"。汤普森和凯利（S. C. Thompson & H. H. Kelley，1981）研究发现，夫妻双方中的每一方总认为自己在一些活动中承担的责任大于1/2，这些活动包括当两人相处时谁会主动与对方聊天以消除寂寞、解决冲突及对对方需要的敏感性等。

(七) 自我服务偏差

人们常常有对自己的良好行为采取居功的态度，而有开脱自己的不良行为的倾向，这称为自我服务偏差（self-serving bias）。自我服务偏差包含自我中心偏差，是个体对自我知觉的一种偏差，人们都倾向于提升自我的形象来提高自尊。勒纳等人（M. J. Lerner et al., 1991）发现，多数成年人认为自己对年迈父母的赡养要多于自己的兄弟姐妹。但是对于自己应负的责任，多数人会尽量否认。古因（B. Guerin, 1994）的研究发现，多数曾因车祸住院的司机，都认为自己的驾车比别人更安全、熟练。他们可能会描述说："我正开着车，不知从哪里窜出一辆车来，我来不及刹车，就被撞了。"自我服务偏差还与个体的归因有关，这将在本书第五章第一节有所阐述。

第三节 社会认知：认识他人的高级过程

社会认知（social cognition）是个体对来自他人、自己以及周围环境的社会信息进行加工、推理的复杂过程。这个过程包含图式、启发式的运用以及无意识成分的参与。20世纪80年代以来，人们开始从认知心理学的角度来研究社会认知。

受信息加工心理学的影响，社会认知范式开始采用信息加工的模式来解释各种社会心理现象，它倾向于研究个体的认知过程，即个体面临刺激时经过几个加工阶段才能做出反应，以及各个阶段有哪些特点。学者们曾提出过许多不同的社会信息加工模式理论，其中道奇等人（K. A. Dodge & N. R. Crick, 1994）提出的"儿童社会适应重组的社会信息加工模型"（a reformulated social information-processing model of children's social adjustment，以下简称 SIP 模型）最有影响，也最能体现认知的过程观。

SIP 模型认为，个体在社会交往中首先面临的是需要加工的各种信息，即社会性刺激，例如，他人的表情、动作、话语等。个体对这些社会性刺激赋予意义，并据此决定如何做出反应的过程，就是社会信息加工。在对社会性刺激加工的基础上，个体产生各种社会行为，这些行为又作为社会性刺激被他人所加工，并影响其行为。如此循环互动，最终实现了人的社会化。道奇还指出，个体的社会信息加工过程具体包括六个步骤：(1) 线索编码，即个体对社会性信息给予充分的注意和感知，并选取有意义的信息；(2) 线索解释和表征，即个体将获得的信息与已有的知识经验（如图式、原型等）进行对照和比较，解释该信息的意义；(3) 目标澄清和选择，在这个阶段，个体要澄清和选择自己期望达到的结果或目标，期望目标使个体处于某种唤起状态，这种唤起指向希望产生的特定的结果；(4) 反应产生和形成，即个体从记忆中搜索并产生出可能的适合该情境的反应；(5) 反应决定，个体评估上一阶段产生的各种可能的行为反应，并从中选择最佳的行为方式；(6) 反应执行，即个体执行所选择的行动计划，做出真正的行为反应。SIP 模型在社会认知和发展心理学研究中得到了广泛的应用，也取得了丰富的研究成果。

社会信息加工理论阐述了个体对社会信息加工的全过程，但是我们必须认识到个体在真实的情境中，做出社会判断的过程要远比理论上或者我们想象的复杂得多。最经常出现的情况是我们所获得的信息是极其繁杂的、不完整的、非常模糊甚至自相矛盾的。那么，我们是如何对这些信息进行加工并最终做出一个恰当的判断呢？在这个过程中会受到什么因素的影响？我们可以采取哪些策略来应对呢？不同文化背景下的人在社会认知过程中各具特色吗？这些都是社会认知研究的主要问题。

一、社会推理的步骤

社会认知实质上就是研究人们如何根据周围环境的社会信息进行推理的过程，它探讨人们如何对他人、其他群体、社会角色以及自己的经验进行判断，这一过程十分复杂。过去，艾因霍恩和霍格思（H. J. Einhorn & R. M. Hogarth, 1981）提出理性推理模型（rational model of inference），认为人们总是尽可能按照逻辑的、正确的方式将社会信息搜集在一起，从而进行判断。为了保证判断的精确性，人们应当尽力避免逻辑错误和主观偏见。虽然这一理论曾得到许多人的支持，但后来的研究却发现人们搜集、整合社会信息的方法往往是非逻辑的，而且受到不少错误和偏见的影响。人们进行社会认知时常常并不是理性的。

社会推理（social inference）包括搜集并选择信息，以及整合信息并形成判断两个阶段。

（一）搜集、选择信息

人们要做出社会判断必须要获取足够的信息。在社会情境中，获取信息的途径是很多的，他人的言谈举止、扮演的社会角色、群体成员相互之间的关系、群体的气氛等都是信息的来源。例如，当大学毕业生第一天到机关上班时，他会仔细观察周围人工作是否认真、人们是否发牢骚、同事之间是否相互合作、执行领导布置的任务是否积极等，抓住这些线索，他就可大致判断出该单位的情况。

人们的先前经验会影响他对信息的搜集。例如，刚才这位大学生当学生时曾到他现在工作的这个机关去办事，当时工作人员对他很冷漠，他便有了机关里的人很冷漠的印象。到工作单位后，他总去寻找一些与其先前经验一致的信息，比如自己不知道去哪里打水而没有人告诉他、一个人请另一个人帮忙看点东西被拒绝等。其实，水房就在办公室的隔壁，而且门口有醒目的标牌，别人以为他已经知道才没有告诉他；那位同事被拒绝也是因为他与被找的人之间很熟且被找的人那时确实有另外的事情。但先前的经验使这位毕业生执意去注意这些信息。

先前经验容易使人得出错误的判断。首先，先前经验本身可能是错误的，这个毕业生过去到机关办事遇到的那个人家里刚刚出了事故，他平时办事很热情，其他工作人员也较热情；其次，知觉者意识不到自己的先前经验是由于信息搜集所产生的误差，例如，这个大学生没有意识到单凭与机关人员的一次接触就下结论是不合适的。

认知者搜集到许多信息后还要对其加以选择，这一过程往往也容易产生误差。(1) 个体根据先前经验决定哪些信息是有关的。例如，毕业生只选择那些看起来人们相互"冷漠"的信息，而将同事之间相互照顾的信息看作虚情假意从而过滤掉。(2) 个体没有注意到信息中的偏差。他所搜集到的信息往往是从少数人身上得来的，一个人在短时间内的行为表现，并不能代表其总体特征或所在群体。(3) 个体往往抓住那些最显著的个案信息，忽视基于多数人的统计信息。例如，很多人都认为南方特别适合青年人的发展，当让他们提供论据

社会心理学（第三版）·

时，他们总是列举"某某人去南方炒股票赚了 100 万""某某人在南方工作不到三年便当上了某大公司的总经理助理"这样的个别事例。虽然统计信息更能代表实际的情况，但人们常常忽视它。

（二）整合信息、形成判断

完成了信息的搜集和选择之后，人们就将信息放在一起形成关于人和事的完整印象。这一步骤也不是像理性推理模式所说的那么合乎逻辑、正确，它也会出现错误：（1）使用少量信息形成判断；（2）所运用的信息本身是错误的，这些错误一方面来源于上一阶段搜集、选择信息的不足和错误，另一方面仍是由先前经验造成的。在信息整合之前，先前经验已影响其形成了某种印象；人在整合信息的过程中，便将那些不符合该印象的信息去掉，将那些模糊的信息解释为对印象的支持。

在形成判断的过程中，人们不可能运用理性推理模式。在多数时间里，社会信息是不可靠、不完整、甚至是有偏差的。即便这些信息既可靠、完整、又无偏差，社会知觉者本人也不能做到不出差错。不过，人的推理经常会发生变化，当现实反馈与推理不符合时，人们就要改变自己的判断。例如，你认为某人很好交际、很外向，但你在另一些场合却发现她沉默少语，或者一位更熟悉她的人告诉你她的确有点内向，你就要改变你的判断。人们在加工社会信息时十分注重效率，总想快刀斩乱麻，尽快完成信息加工，这就难免要发生许多错误。

二、图式在社会认知中的作用

每个人都有许多关于人、群体、事件等的图式，当面对新的社会情境时，他们便会调动自己的某种图式去填补因面临新问题而造成的"知识或经验空白"，利用过去在类似情境中处理问题的知识、经验、技能去帮助认识、解决问题。在不同的情境下，人们调动不同的图式来形成判断、做出决策，并进而指导人们与他人的交往。具体地说，图式在社会认知中的作用有以下几点。

（一）帮助人们提取信息

当你遇到一个难题时，你肯定会从脑海中提取有关这个问题的许多知识，将这些知识组合在一起，然后利用它们去解决面临的新问题，这一过程就是提取信息。它十分重要，有的人遇到困难时想不起解决的方法，主要是回忆不起脑海中已有的知识。

图式对人们提取信息很有帮助。图式将信息组织起来，使得人脑中的信息不再是杂乱无章的，就像图书馆中的分类目录可以使你很快找到有关的书籍一样，图式可以使人们有秩序地将信息回忆起来。如果我们所面对的信息与头脑中的图式能够匹配，事后人们回忆起来会很快。人们很容易回忆自己遇见的有阳刚之气的男性和最富有热情、勤奋、开拓进取的大学生，因为他们符合我们关于男性和大学生的图式，而那些与自己的图式不太匹配的信息则不容易被提取出来。

科恩（C. E. Cohen，1981）在他的一个实验中给被试播放一段录像，描画的是一个妇女和她丈夫坐在家里。一半的被试被告知这位妇女是一位图书管理员，另一半被试被告知她是一位女招待员。这位妇女的某些特征符合图书管理员的图式，比如戴眼镜、吃色拉、弹钢琴等；另外一些特征符合女招待员的图式，比如房间内有保龄球、没有书架、吃巧克力等。然后让被试回忆这个录像的细节。结果发现，被试能够很好地回忆起与图式一致的信息，即被告知这位妇女是图书管理员的被试回忆起戴眼镜、弹钢琴等，而被告知这位妇女是招待员的被试则回忆起吃巧克力等信息。不管要求被试当时回忆还是一周后再回忆，结果都是如此。

不过，在某些情况下，与图式中不一致的信息比与图式完全一致的信息更容易提取。比如你能很容易地想起一位漂亮、直爽的女性，你对她或许比对那些全身充满女性特点的人印象更深。有人解释说，与我们图式完全一致的信息很容易被同化到既有图式之中而得不到仔细的加工；而与图式完全相反的信息（例如，一位语言不流畅、逻辑不清楚的教师）一开始就会被我们所拒绝或者认为它们根本没有反映出某人（如教师）的特征，因此在脑子里也没有留下印象。但是，我们会对与图式中不一致的信息仔细加工，使之符合我们关于某人的图式，这一过程巩固了信息的储存，因而使得信息更容易被提取。

（二）加快信息加工的速度，提高解决问题的效率

图式是一种有组织的知识结构，只要形成了某种图式，以后再遇到与之有关的信息就能很快地被同化。此时，个体无须经过仔细的筛选、辨认，就能将

信息加工完毕，或者不经过太多时间的思考就能解决问题。马库斯（H. Markus，1977）曾将一些描述行为的句子分别读给有自我图式和无自我图式的被试听，然后让他们选择出适合自己的行为。结果发现，有自我图式的被试比没有自我图式的被试更迅速地做出选择。

交响乐团的指挥对各种乐器发出的音色、音调、音高都有图式，演奏时只要有一个人出了错误，他就能够立即辨别出来，无须犹豫是哪种乐器出的错，或这种声音是否真的错了；植物学家在采集标本时能够准确地鉴别各种看起来极其相似的标本，而一个对植物没有形成图式的人反复观察也不能辨认得出。专家与非专家之间的区别正在于掌握的图式不一样。专家的脑子里有明晰的图式，因而他们能够在极短的时间内做出常人不可想象的事情。

一个在城市生活多年的人对城市生活已形成了图式，因而即便他到了一个从没有去过的城市办事，也能够在出火车站之后买一张地图，然后在地图上找到要去的地方以及通向该地方的公共汽车，沿途还可以根据各种标志判断离目的地的远近。而一位长期生活在农村的农民，由于缺乏城市生活的图式，如果去到一个陌生的城市，则一切都要从头问起。因此，图式能够大大地缩短人们加工信息的时间，提高工作效率。

（三）填补社会认知者所需要的信息

图式的这种功能以几种方式出现。第一，图式可以指导人们进行信息搜索。图式当中都包括一定范围内的典型信息或特征，当人们面对信息源时，立即将信息源发出的信息与既有图式进行比较，一旦发现缺少了图式当中常有的某些资料时，人们便会进一步搜索直到找到与图式中的主要方面一致为止。例如，你去听交响乐时，发现乐队当中没有长号手，这时你就会四处张望、寻找。第二，当某方面的信息缺少了，而且根本搜集不到时，人们便会依据图式最合理地推测出所缺少的信息。这些补充的信息都是根据图式当中的事例和经验推断出来的，往往具有代表性。例如，人们都知道警察穿制服，如果某人告诉你他哥哥是警察，并向你描述他的许多特征，然后问你对他的印象。虽然他没有告诉你穿着这一项，但你肯定会将穿制服这一信息补充进去，最后形成一个整体印象。第三，如果认知者面对的信息太多、太繁杂，他不可能注意到每一则信息的细节。在这种情况下，认知者在记忆中重新建构信息，他就会选择去填补那些他抛弃掉的信息或者他根本没有注意到的信息。波尔等人（G. H. Bower，J. B. Black & J. T. Turner）让被试看一段话，描写一个人在超市里排队交钱，然后将她的东西推到汽车上的场景。当让被试回忆时，许多人都说记得看见了这个人将钱付给收款小姐。其实被试看见的描述中并没有这一点，而是他们根据事件图式进行了虚假的回忆。在现实生活中，有时人们很不愿意动脑子，往往在还没有完全搜集到信息的情况下便根据图式加以判断，这样做有时可以提高工作效率，如大学图书管理员很远就看见一个大学生拿着借书证朝他走来，她提前将换书牌拿出来等候；但有时却会出错，如第 15 届世界杯足球赛上，上半场西班牙 2∶0 领先于韩国队后，不少人关上电视，他们认为亚洲队输给欧洲强队是必然的，结果双方最后却以 2∶2 战平。

任何事物都具有两面性，图式也不例外。虽然图式可以帮助人们快速而经济地加工大量信息，使得社会认知的效率大大提高，但是它也具有许多不可忽视的缺点：比如我们总是选择性地吸收某些与图式相一致的信息，而忽视其他可能非常重要的信息；我们依据图式来补充我们不知道的某些信息，但是这些信息未必符合真实情况；即便是图式并不适合我们所面临的某种情况，我们也照样依靠它做出判断；图式一旦形成，我们总是不愿意去修改……这些都有可能使我们对信息做出错误的解释，对未来产生不切实际的期望，也会使我们的反应过于呆板。

三、认知启发

由于人们的时间、精力有限，社会信息又无穷无尽，所以人们在社会认知中不得不走捷径，而且人们无论在认知上还是在体力劳动上总想采用一些不太费力、不太费时的方法来解决问题。麦圭尔（W. J. McGuire，1969）称人为懒惰的知觉者（lazy perceiver）；泰勒（S. E. Taylor，1981）则认为人是认知吝啬者（cognitive miser）；二者都是说人加工信息的能力有限，在认知他人时并不对所有信息进行感知，而是抄近路，感知那些最明显、对形成判断最必要的信息。这就是认知启发（cognitive heuristics）。人们总希望既准确、可靠又快速、简洁地认识他人和事物，可靠性和简洁性缺一不可。认知启发就是人们经常用以快速、简便地进行推理、得出结论的决策法则。然而在某些情境中，这些快速和简便难免会带来一系列的错误。

特沃斯基和卡尼曼（A. Tversky & D. Kahneman, 1973）在一篇非常有影响的文章中提出人们在对不确定事件进行判断时，主要采用以下三种启发。

（一）表征性启发

表征性启发（representativeness heuristics）又称代表性启发，是指人们根据当前信息或事件与其认为的典型信息或事件的相似程度进行判断。

假如你第一次见到你的邻居，经过简短的交谈你发现她很注重整洁、衣着比较朴素、读过很多书、谈话时使用的词汇很丰富、有些内向。可她没有告诉你她的职业，了解这一点的简便方法就是将她的特征与你所见到的从事某些职业的人的典型特征进行比较，看她在多大程度上与从事这些职业的一般人相似。如果你感到她的特征似乎更像一名研究人员，你就判定她是一名研究人员。此时你所运用的方法就是表征性启发。这种策略认为个体越是与某一群体的一般成员相似，他就越可能是那个群体中的一员。

每个群体都有自己特殊的行为风格，其中的成员总有共同的特征，因此表征性启发往往是准确的。然而，个体的特征也会与其所在群体中其他成员不大一样。例如，研究人员也可能是喜欢时髦的人，而电影演员也可能喜欢读书。在这种情况下，表征性启发就会产生基率谬误（base-rate fallacy），即个体忽视事物发生的概率而做出错误的判断。许多研究都证实了这一点（A. Tversky & D. Kahneman, 1973）。

特沃斯基和卡尼曼（A. Tversky & D. Kahneman, 1973）曾做过这样一个研究，首先实验者告诉被试一个叫"狄克"的人是从一个有100人的群体中挑选出来的，告知一组被试这个群体中有30人是工程师、70人是律师（即工程师的基率是30%）；告知另一组被试该群体中有70人是工程师，30人是律师（即工程师的基率是70%）。然后再给一半被试提供有关狄克的进一步的人格描述，如30岁、已婚、无孩子，能力、动机很强，事业成功等。这些信息是中性的，无助于判断狄克的职业。对另一半被试则不提供这些信息。最后分别让两组被试猜测狄克是工程师的概率。

结果表明，当被试仅收到有关基率的信息时，他们认为当基率为70%时，狄克更可能是工程师。然而当接收到进一步提供的个人信息时，被试就不管基率是 70% 还是 30%，都认为狄克是工程师的可能性是 50%。这说明，人常常忽视一些有用的信息，仅仅依靠表征性启发去进行社会判断。

（二）获得性启发

也称为可利用性启发，人们常常根据某种信息容易在心里想起来的程度来进行判断。那些很容易就能回忆起来的信息被认为比那些不太容易回忆起来的信息更平常，这种认知策略就是获得性启发（availability heuristics），或称易得性启发。例如，当你问别人坐汽车和乘飞机哪个更安全时，几乎所有的人都会告诉你坐火车更安全，飞机容易出事故。其实，飞机事故的发生率远远小于火车事故的发生率，然而一旦飞机出事，电视、广播、报纸等媒体就会纷纷发布头条消息，因此人们看见、听见了太多这方面的信息。而火车事故相对要小些，报道也比较少，甚至有些事故发生了而人们根本不知道。因此，当人们比较两种交通工具的安全性时，他们很容易立即想起关于飞机出事的报道，所以回答坐火车更安全。这就是人们依据获得性启发来进行认知判断的典型事例。

获得性启发是个体依据回忆某类事件的难易程度和能够回忆这类事件的数量来进行判断的（C. Macleod & L. Campbell, 1992）。在许多情况下，获得性启发对于人们判断事物的发生频率有一定的帮助，毕竟经常发生的事件就更使人容易想起，因为人们经历得更多，但这种启发很容易产生误差。

第一，某些事件的信息很生动、显著，人们印象深刻，很容易提取，而另外一些事件比较平淡、熟悉，人们熟视无睹，于是人们认为前者发生的频率更高。比如，特沃斯基和卡尼曼曾问美国被试，第一个字母是 r 或 k 的词（如 road，king）和第三个字母是 r 或 k 的词（如 car，awkward）哪个多，多数人回答说第一个字母是 r 或 k 的词更多。其实，英语中第三个字母是 r 或 k 的词比第一个字母是 r 或 k 的词多得多，但由于人们更容易想起第一个字母是 r 或 k 的词，对这些词的印象更深刻，因此做出了上述回答。

第二，某些事件很容易使人联想起具体的事例，而某些事件不容易使人产生联想，人们便据此认为前者发生的频率更高。例如，当别人问你老年人最容易得什么病时，如果你周围恰恰有几个老人得的是癌症，你就会回答说老年人容易得的是癌症。此时，你低估了心脑血管疾病、精神疾病等对老年人的危害。

(三) 调整性启发

人们进行判断时，先抓住某一锚定点开始，然后逐渐地调整，最终得出一个结论，这就是调整性启发（adjustment heuristics），或称锚定启发（anchoring heuristics）。例如，同学买了一套衣服后让你猜他花了多少钱，你没有买过这种衣服，但你知道一位朋友买了一套类似的衣服所花的钱，于是你就可以说出一个大致的价格。在这里，你对他人所问的事情不了解，但你将找出的类似事件作为锚定点，然后根据它稍加调整得出最后的判断。

当人们试图对模糊的信息进行评价时，他们都是先设定一个锚定点以降低信息的模糊性，然后逐渐地调整自己的判断。比如，让你估计一袋大米的重量，你根据平时关于面粉的重量的印象，先大致猜出一个数值，然后在这个数值的基础上做上下调整。对社会信息的判断也是如此。他人的信息是模糊的，设定一个用作参照的锚定点有助于人们去解释模糊的信息。

在社会认知中，人们通常使用的锚定点就是自我。例如，当别人问你的一位同学是否聪明时，最简单的方法就是将这位同学与你自己进行比较。如果他比你聪明，你就认为他很聪明；如果他没有你聪明，你就认为他不太聪明。所以，你对这位同学是否聪明的判断并不是根据智力测验分数或某种绝对的标准，而是与你本人这个锚定的参照点进行比较得出的。

四、内隐社会认知

随着社会认知研究的不断深入，越来越多的学者发现，传统的社会认知理论对某些现象的解释是非常有限的。在我们的现实生活中，的确存在着许多内隐的、我们未意识到的社会认知现象，比如晕轮效应的无意识生成现象、异性交往中的无意识性别刻板印象、跨文化交流中的无意识种族刻板效应等。这些现象真实地存在于我们的生活之中，并且对个体和社会产生了不可忽视的影响。如何解释这些现象？一些研究者另辟蹊径，开始从无意识维度进行研究，向传统的社会认知提出挑战，"内隐社会认知"开始走入研究者的视野，成为当前社会心理学研究的一大热点。

(一) 内隐社会认知的概念

"内隐社会认知"是由美国心理学家格林沃德等人（A. G. Greenwald &

M. R. Banaji，1995）提出的。所谓内隐社会认知（implicit social cognition），是指"在社会认知过程中，虽然个体不能回忆过去的某些经验，或者未意识到某些经验，但是这些经验却依然对个体的行为和判断具有潜在影响的认知现象"。此概念关注的焦点是，个体的无意识成分参与了其有意识的社会认知加工过程。

格林沃德等人指出，内隐社会认知是一种深层的、复杂的社会认知活动，是认知主体不需要努力、无意识的操作过程。它具有如下特征。

1. 社会性。内隐社会认知是对人及人际关系等社会对象的认知活动，这一过程包含着社会历史意义和具体的文化内涵。

2. 积淀性。内隐社会认知作为一种认知结构，是已有的社会历史事件和个体原有生活经验长期积累的结果。

3. 无意识性。内隐社会认知的发生、发展及其影响都是一种自动的、无意识的操作过程，很难用语言来描述。

4. 启动性。个体过去的经验和已有的认知结果，会对新的社会对象的认知加工产生影响，这是一种潜移默化的"启动效应"。

（二）内隐社会认知的研究内容

内隐社会认知是一个内涵丰富的理论范畴，主要包括内隐社会知觉、内隐刻板印象、内隐自尊、内隐社会态度等。此处我们主要介绍近几年国内外关于内隐刻板印象和内隐自尊的研究成果。

1. 内隐刻板印象

内隐刻板印象（implicit stereotype）是指个体因过去经验的影响，对某一社会群体或者阶层形成一种概括固定的看法，但是个体自身通常并不能意识到这些过去经验对自己产生的影响。

1998年，格林沃德等人运用IAT测验对黑人—白人种族刻板印象进行了研究，结果发现，被试（均为白人大学生）更容易将白人和好的属性联系在一起，而将黑人和坏的属性联系在一起。同时进行的外显态度测验则发现，大部分被试都认为种族平等甚至偏向黑人（A. G. Greenuald，D. E. McGhee & J. L. K. Schuartz，1998）。内隐测量和外显测量的结果的分离充分地证实了种族刻板印象的存在。科雷尔等人（J. Correll et al.，2002）的一项实验也得到了同样的结果。实验中，人们玩一种视频游戏，其中他们会看到一些男子的照片，男子手持枪支或拿着如手机这样的非威胁性物品。男子中一半是黑人，一半是白人。被试被告知：如果看到视频中的男子手持手枪的话，就要按下标有"射击"字样的按钮；如果看到视频中的男子手持手机等非威胁性物品的话，就要按下标有"不射击"字样的按钮。实验中，被试就像真的警察一样，他们没有时间反应（因为每段视频的呈现时间只有 0.5 秒）。结果发现，被试最常犯的一个错误就是"射击"那些黑人，即使黑人并没有手持手枪。

2001 年，国内学者蔡华俭等人运用 IAT 测验对大学生的性别学科刻板印象进行了研究。结果发现，不管大学生的性别和专业如何，他们都倾向于把理工科和男生联系起来，而把人文学科和女生联系起来。

2. 内隐自尊

内隐自尊（implicit self-esteem）最先由格林沃德（A. G. Greenwald & M. R. Banaji，1995）提出。所谓内隐自尊，是指人们在对与自我相关或与自我无关的客体进行评价时的一种自我态度效应，这种态度效应也是无法通过内省的方式被意识到的。内隐自尊是针对主体自我的一种无意识的评价和态度，是自我态度长期积累形成的自动化状态，而且往往表现出一种积极倾向。

格林沃德等（A. G. Greenwald & S. D. Farnham，2000）运用结构方程模型的方法对内隐自尊和外显自尊的关系进行了研究。结果发现，二者是相对独立的，仅存在较低的相关。此外，研究也发现，当个体受到威胁性的负反馈时，内隐自尊能较好地预测其消极情绪。

内隐自尊与焦虑、抑郁的关系的研究发现，外显自尊、内隐自尊与抑郁、焦虑的关系是不同的。焦虑或抑郁个体的外显自尊水平显著低于正常个体，而内隐自尊水平与正常个体无差异。另外还发现，正常个体的外显自尊有高于内隐自尊的倾向，而抑郁或焦虑个体的外显自尊有低于内隐自尊的倾向。这就表明正常个体和抑郁或焦虑个体的内隐自尊和外显自尊的分离状况是不同的。

（三）内隐社会认知的研究方法

内隐社会认知是个体无法意识到的、自动化的操作过程，因此我们不能用自我报告法、内省法等直接方法进行测量，而要采用间接测量的方法。

内隐社会认知的研究受到内隐记忆研究的启发，常用的方法主要有如下一些。

1. 反应时法

此方法根据被试完成判断任务的反应时差异来考察内隐社会认知效应。比如，有研究者曾用反应时法来测查内隐种族刻板印象效应。在此实验中，研究者给被试呈现若干对字母串，当两个都是单词时，要求被试回答"是"，其他情况则回答"否"。结果发现，白人被试对白人—积极单词的反应比黑人—积极单词的反应快（如黑人—精明、白人—精明），这一反应时的差异成功地反映了内隐种族刻板印象效应的存在。

2. 词干补笔法

先让被试学习一列单词，然后给被试提供单词的缺笔词，要求被试把心中首先想到的单词填出来。吉尔伯特等（D. T. Gilbert & J. G. Hixon，1991）要求被试对"P_LI"进行词干补全，结果发现，被试如果见到一个亚洲女性后，倾向于以亚洲女性刻板印象（如"polite"）补全词语而非无刻板印象的词语（如 police）。这一方法帮助研究者证实了内隐刻板印象的存在。

3. 投射法

投射是个体把自己的思想、态度、愿望、情绪、性格等心理特征无意识地反应在对事物的解释之中的心理倾向。投射法常常要求被试根据一张模棱两可的照片或图画讲一个故事，或者对一个抽象的刺激（如墨迹）进行联想性描述。有研究者采用此方法对个体的内隐动机和外显动机进行了测量，结果发现，投射和直接测量所评估的结果是不同的。斯潘格勒（W. D. Spangler，1992）对成就动机的测量进行元分析后发现，用投射法测量的成就动机比问卷法具有更高的预测效度。

4. 内隐联想测验

格林沃德等（A. G. Greenwald，D. E. McGhee & J. L. K. Schwartz，1998）提出了一种新的内隐社会认知的研究方法——内隐联想测验（implicit association test，简称 IAT）。这种方法被社会心理学家大量应用，目前已经成为内隐社会认知研究的重要范式。

IAT 是一组计算机化的分类任务，它以启动效应为方法学基础，以反应时差异为指标，通过测量概念间内在的联系强度来间接地反映个体的内隐社会认知倾向。我们将以格林沃德提出的"花—昆虫 IAT"为例向大家简单介绍 IAT。

实验中通过计算机分别呈现花的名字（如"玫瑰""郁金香"）、昆虫的名字（如"蜜蜂""黄蜂"）、积极词汇（如"和平的""友好的"）和消极词汇（如"腐烂的""肮脏的"）。研究者要求被试对这些刺激进行分类，并按照实验要求按键做出反应。本实验主要分为以下五步。

第一步：呈现"花"时按左键，呈现"昆虫"时按右键；

第二步：呈现"积极词汇"时按左键，呈现"消极词汇"时按右键；

第三步：呈现"花＋积极词汇"时按左键，呈现"昆虫＋消极词汇"时按右键（联合任务 1）；

第四步：呈现"昆虫"时按左键，呈现"花"时按右键；

第五步：呈现"昆虫＋积极词汇"时按左键，呈现"花＋消极词汇"时按右键（联合任务 2）。

IAT 实验采用 IAT 效应作为考察指标，是指前后两个联合任务中个体平均反应时的差值。如果 IAT 效应在一定显著性水平上大于 0，就能证明实验假设；若小于 0 则说明假设不成立，应将类别与属性的关系反转；若与 0 没有显著差异，则说明类别与属性两个维度之间没有所预期的联系存在。在上面的实验中我们发现：被试在联合任务 1 中的反应时间比联合任务 2 中的反应时间短，据此可推断在个体认知结构中，"花"和"积极评价"概念间的联系较为紧密，而"昆虫"和"消极评价"概念间的联系紧密。

从上面的程序中，我们不难看出 IAT 包括两个维度的刺激材料：目标概念（target concept）维度和属性概念（attributive concept）维度。其中目标概念是根据实验要求，选取的特定群体集合，比如花/昆虫、男人/女人、我/非我、黑人/白人等；而属性概念可以是评价性的（如积极/消极），也可以是描述性的（如外向/内向）。

随着研究的不断深入，研究者提出了一些新的研究方法，如 GNAT（Go/Nogo Association Task）、EAST（Extrinsic Affective Simon Task）等，这些都被统合在 IAT 的范式中，是对最初 IAT 的继承和发展。

五、社会认知的文化效应

大量研究发现，人类的判断和行为受到即刻涌入脑海的信息以及如何解释这些信息的影响。因而研究者在实验室中常常用启动的技术来使被试从事一系列的任务，因为被试并不能意识到研究者的真实目的，所以他们就会通过完成（启动）第一个任务而被激活了某种价值观或目标，以至于在完成第二个任务及以后的任务时受到影响。研究者采取这种范式进行研究发现，文化对个体社会认知具有重要影响。

研究者（D. Trafimow et al., 1991）以具有东西方双文化背景的香港大学生为被试，安排他们或者用中文、或者用英文回答"我是谁？"的系列问题，结果发现，对于"自我"的描述，用中文作答的大学生更多聚焦于群体隶属关系方面，而用英文作答的大学生更多聚焦于个人品质方面。研究者认为，中英文的使用，分别激活了这些被试所拥有的东、西方文化，继而由于相应文化的影响，在他们的自我认知上分别显示了集体主义和个体主义的色彩。

另一项研究（S. J. Heine et al., 2008）以美国大学生和日本大学生为被试，让他们在镜子面前和没有镜子的情况下，报告理想的自我和真实的自我。结果发现，日本大学生是否在镜子前的报告结果无显著差异，但美国大学生的报告却因有镜子和无镜子而存在差异明显。研究者认为，日本大学生平时就更强调他人的认可，所以自己面前有无镜子，都可以唤起被监控的意识，而美国大学生平时更强调自我，不太在意别人对自己的评价，所以他们在镜子面前才可以被唤起被监控的意识，也才能意识到理想自我与真实自我是有巨大差异的。

社会认知的文化差异还表现在许多方面，研究者强调人类的思维毕竟发生在社会背景中，而且随着文化对社会判断的影响越来越被社会心理学家所重视，社会认知领域的研究也就越来越不可忽视文化变量的影响了，社会认知的文化效应问题已经成为目前社会心理学领域的重要研究课题之一。

第四节 印象管理：控制他人的社会知觉和认知

社会互动中的印象管理包括经营自我形象与使用恰当的管理策略。在不同情境中对不同交往对象的自我表现是他人对我们印象形成的重要途径。除此之外，形象一致性、自我提升等策略的使用同样有益于印象管理。在我们的社会中，有些人出于不可告人的目的善于装扮自己，他们在别人面前的表现与其真实的人格和心理往往背道而驰，但娴熟的表演仍会迷人眼目。他们像演员一样有目的地控制别人对其形成某种印象。就多数人而言，由于交往的需要，人们也常希望给别人留下一个好的、恰当的印象。这种试图控制别人对自己形成某种印象的过程就是印象管理（impression management）。

一、对印象管理的理解

恰当的印象管理是人际交往的润滑剂，可以使交往顺畅地继续下去。比如，每个人在求职时都尽力在衣着打扮、言谈举止上表现出自己的最佳形象，而且他还会去猜测招聘者的喜好，使自己的形象符合其偏好，这样才有可能得到那份工作。个人既希望自己的行为举止优雅自如，也希望别人文雅礼貌，不顾忌社会习惯和规范的行为总是引起他人的鄙视。因此，恰当的印象管理不是虚伪，而是人类文明的标志、个人修养的量尺。许多社会心理学家都对印象管理进行了论述。

符号互动论（symbolic interactionism）强调参与社会互动的人要站在他人的角色立场去了解别人如何看待自己，这可使人们能够有效地控制自己的社会行为从而使别人感到满意。例如，通过角色替代，政治家可以选择恰当的衣着和演说风格来取得当地选民的认同；教师也要站在学生的立场上考虑他们喜欢什么样的老师，依据学生的知识背景和接受能力思考应该怎样教，以及采取何种态度才能有效地为学生所接受。

戈夫曼（E. Goffman）在其《日常生活中的自我呈现》一书中提出"戏剧论"（dramaturgy），又称为印象管理。他认为社会交往就像戏剧舞台，每个人都在扮演某个角色、演出一定的节目。当个人在别人面前出现时，他总是试图控制别人对自己形成的印象及交往的性质。社会赞许的需要以及控制交往结果的愿望促进人们进行印象管理。在社会互动中，每个人都竭力维持一种与当前的社会情境相吻合的形象以确保他人对其做出使之愉快的评价。如果能够成功地维持良好的形象，这个人就会受到周围其他人的赞许，他就"有面子"，否则，就是"丢脸"。每个人都有一套保全面子或挽回脸面的策略，即面子功夫（face work），它就是印象管理的策略。

亚历山大（C. N. Alexander）等人于20世纪70年代提出的情境同一性理论（situated identity theory）也认为印象管理是社会互动的一个根本方面。他们认为，每个社会情境或人际背景都有一种合适的社会行为模式，这种行为模式表达了一种特别适合于该情境的同一性，从而称之为情境同一性。人们在交往中力求创造最适合自己的情境同一性，因此一位大学老师在演讲时会力图表现出教授或者学者的情境同一性，而在与朋友聚会闲聊时则会表现出一种更随意的情境同一性。

上述三种观点尽管有所差别，但他们都强调：他人总要形成关于我们的印象并加以指导他们同我们的交往。因此，理解他们对我们的知觉和认知并以此为依据创造出积极的、有利于我们的形象，有助于我们成功地与人交往。那么，究竟什么因素影响人们在一定情境下的自我表现？怎样进行印象管理才能获得赞许、赢得友谊并影响他人呢？我们又怎样去识别他人的印象管理以透视其真正的心理特征呢？

二、影响自我表现的因素

个体要给别人什么样的印象终究取决于在特殊的情境中如何表现自己。他人正是综合个体在衣着、言谈、行为举止等语言和形体信息后对其形成判断，因此，自我表现（self-presentation）是印象管理的重要途径。

所谓自我表现，是指任何旨在创造、修改和保持自己在别人心目中的印象的行为，其基本目的是建构与他人的交往，使我们获得理想的结果。通常情况下，自我表现是一种有意的行为。但是在熟悉的情境下，自我表现常常是自发的。

影响自我表现的因素有很多,其中最为关键的因素如下。

(一) 交往对象影响人的自我表现

个体在不同的人面前的行为表现是不一样的。格根和威什诺夫 (K. J. Gergen & B. Wishnov) 让被试描述自己的有关特征。一个月后,再安排这些被试在他人面前描述自己的特征。被试分两组,其中一组被试的交谈伙伴很自负,而另一组被试面对的谈话者很谦逊。比较被试两次关于自我的描述发现,与夸张自大的对象交谈的被试,其第二次自我描述比一个月前的描述更积极、叙述的优点更多;而在谦逊的对象面前做自我描述的被试与一个月前相比,不但减少了关于自我优点的叙述,而且强调自己的短处。

很多人在生活中也像这个实验中的被试一样,为了与交往对象达成默契,自己所表达的思想观点尽可能与交往对象相近。一个激进的主张女性独立的女大学生在竞选校学生会女工部部长时极力主张男女平等,宣称女性照样能够做好男性所做的事。但在与周围的男性大学生相处时,她又表现得顺从、温柔。"见到什么样的人说什么样的话"的人正是根据交往对象的不同调整自我表现的方式。

如果个体很讨厌与其交往的人,这个交往对象又表达出与其相同或相似的态度,此时个体往往会改变自己的态度或观点。所以,自我表现的目的并非总是尽力强调个体与交往对象的相似性,当这种相似令人反感时,个体宁愿改变自我表现,从而与他人保持距离。

(二) 交往的情境影响自我表现

交往的目标能够决定人的自我表现。格根和泰勒 (K. J. Gergen & M. G. Tayor) 让海军军校学员一起完成某项任务。对其中一半被试强调工作人员之间的团结和睦,而对另一半被试则强调效率和结果,然后让被试在小组里向同伴做自我介绍。这里是以自我介绍作为测量自我表现的指标。结果发现,强调工作效率的那组被试做出更多肯定性的自我描述,告诉别人自己的能力、特长和优点;而强调和睦的被试其自我描述谦虚得多,甚至包含了自我批评的成分。显然,由于交往的目标取向不同,人们的自我表现也不一样。

影响自我表现的另一个有力的动机因素是参照群体认同 (reference-group identification)。一旦人们认同某一群体的动机被激活,他就会以有利于群体的方向进行自我表现。比如，为自己的身份感到自豪的大学生会在很多场合表现出理性、礼貌、蓬勃向上的气质，无论走到哪里，只要他在心里认同大学生这一群体，他的自我表现必然是符合大学生的特征的。由于认同大学生这一群体，他们会在各种场合下有意识地控制自己的言行举止，使之符合社会对大学生的期望。兰伯特等人（W. E. Lambert，E. Libman & E. G. Poser）的耐痛实验也正说明了这种现象。

三、印象管理的策略
（一）保持形象的一致性
人们都希望与自己交往的人比较稳定一致。反复无常的人会让人捉摸不定，无法控制与其的交往，因此，保持一致的形象是给人以良好印象的前提。

1. "登门槛"效应

当个体先接受一个小的要求后，为保持形象的一致，他更可能接受一项重大、更不合意的要求，这叫作"登门槛"效应（the "foot-in-the-door" effect），又称"得寸进尺"效应。

弗里德曼和弗雷泽（J. L. Freedman & S. C. Fraser）让两个大学生访问郊区的一些家庭主妇。其中一个大学生首先请求家庭主妇将一个小标签贴在窗户上或在一个关于美化加州或安全驾驶的请愿书上签名，这是一个小的、无害的要求。两周后，另一个大学生再次访问家庭主妇，要求她们在今后的两周时间里在院内竖立一个呼吁安全驾驶的大招牌，该招牌很不美观，这是一个大要求。结果答应了第一项请求的人中有55%的人接受了这项要求，而那些第一次没被访问的家庭主妇中只有17%的人接受了该要求。这个实验说明人们都有保持自己形象一致的愿望，一旦表示出助人、合作的言行，即便后来的要求有些过分，人们也愿意接受。

这种效应在现实生活中也存在。比如当顾客选购衣服时，精明的售货员为打消顾客的疑虑，"慷慨"地让顾客试一试，当顾客将衣服穿在身上时，售货员会称赞这衣服很合适，并周到地为顾客服务，在这种情况下，当被劝说买下衣服时，很多顾客难以拒绝；有经验的教师在做学生工作时也是这样，他总是先让学生承诺完成一件比较容易的任务，待到任务完成后，他再接着提出更大的要求。

2. "留面子"效应

如果对某人提出一个很大而又被拒绝的要求,接着向他提出一个小一点的要求,那么他接受这个小要求的可能性比直接向他提出这个小要求的可能性大得多,这种现象被称为"留面子"效应(the "door-in-the-face" effect)。

查尔迪尼等(R. B. Cialdini, J. E. Vincent & S. K. Lewis et al., 1975)进行过"导致顺从的互让过程:留面子技术"的研究。研究者要求大学生花两年的时间担任一个少年管教所的义务辅导员,这是一件费神的工作,几乎所有的大学生都拒绝了。他们接着又提出一个小的要求,让大学生带领少年们去动物园玩一次,结果50%的人接受了此要求;而当实验者直接向大学生提出这一要求时,只有16.7%的人同意。那些拒绝了第一个大要求的学生认为再次拒绝会损害自己富有同情心、乐于助人的形象,为恢复自己的利他形象,便欣然接受第二个小要求。许多人正是利用这种策略去影响他人,当他想让别人为他办某事之前,他往往提出一大堆别人根本不可能做到的要求,待别人拒绝且怀有一定的歉意后,他才亮出自己真正要让对方办的事。由于前面拒绝了太多,人们往往为留些面子会尽力接受最后这项要求。

(二)**讨好与自我提升**

社会心理学家琼斯(E. E. Jones)等对人们特殊的印象管理策略进行了总结,指出讨好和自我提升是其中最为常见的。

1. 讨好

讨好(ingratiation)是一种使别人喜欢自己的策略。卡内基(D. Carnegie, 1936/1973)在其《如何赢得朋友并影响我们》一书中提出了6条让别人喜欢自己的方法:(1)真诚地对别人感兴趣;(2)微笑;(3)记住名字是一个人所有语言中最美、最重要的声音;(4)做一个好的聆听者,鼓励别人谈论他们自己;(5)谈论别人感兴趣的事;(6)真诚地使别人觉得他是重要的。这些方法就是一套印象管理策略。

琼斯提出了四套赢得他人喜欢的讨好策略。(1)恭维或抬举他人。人们很难不喜欢那些高看他们的人,所以恭维是必要的。但恭维要真诚、自然,要抓住时机,等对方需要恭维时抬举他最为有效。(2)在意见、判断和行为上遵从别人。人们喜欢那些在信念、态度和行为方面与其相似的人,因此遵从他人往往会给其留下好印象。但遵从不能过于勉强,要使人觉得可信,其中一个方法就是在小的方面表示不同意见,而在关键问题上遵从他人。(3)自我表现。个体要表现出一种令人喜欢、受人赞许的形象。但自我表现不能过火,适当的谦虚很有必要。因为过分的自我表现很容易使人感到压力和威胁。(4)给予好处(施惠)。互利互惠性原则是人类社会生活的重要法则,"投之以桃,报之以李",人们喜欢那些给予礼物或为他办好事的人。施惠的目的是要使他人产生一种由礼物激发起来的好感,而不能使人产生负债感,否则,就会适得其反。

当然,了解讨好的策略并不是鼓励人们为达到私利的目的去采取虚情假意的手法,而是为了帮助我们更好地识别社会上种种怀有不良图谋者的讨好手段,以防陷入圈套。

2. 自我提升

自我提升(self-promotion)是通过一个人的行为或讲述自己的积极事件来使别人相信自己能力的一种策略。自我提升和讨好不同,琼斯等人曾指出这两种策略反映了不同的目的,前者是使自己看起来更聪明、更有能力,而后者则是希望自己能让别人喜欢。

其实,我们每个人都希望自己既讨人喜欢又聪明能干,但是很多情况下却是"鱼和熊掌不可兼得"。比如,谦虚是讨好的一种有效方式,但有时候却常常给人没有能力的感觉;陈述自己的优点和成就会让别人认为你很有能力,但是也会让人觉得你在吹嘘炫耀,自以为是。因此,我们必须在讨好和自我提升之间找到一个平衡点,让我们的表现在展现自身能力的同时又深受别人喜欢;反之,将会顾此失彼。

(三)恰当的自我表露

自我表露(self-disclosure 或 self-revelation)指个体与他人交往时自愿地在他人面前真实地展示自己的行为、倾诉自己的思想。

演员的行为分前台行为和后台行为两种:前台是表演场合,前台行为是能够让观众看到的;而后台行为是为前台的表演做准备,它与前台表演是有差异的。演员在出台之前要在后台化妆,退台后要到后台休息放松,这些都是不希望别人看见的。与之相似,现实生活中人的自我也分为"公开自我"(public self）和"私下自我"（private self）两部分，前者是人们在工作场合或在一般社会情境中表现出的形象，而后者则是个人的真实形象，二者往往不一致。例如，人们从工作单位回家就相当于演员从前台退到了后台。在家里夫妻俩可以表现自己的"私下自我"，吵嘴撒气，都是正常的。但如果客人来了，这个后台又成了前台，夫妻又得和和气气将"公开自我"展示给客人。印象管理的目的是要给人一种积极的"公开自我"，不让别人看到自己的"私下自我"。

但假如一个人总是隐瞒自己的真实形象和思想，永远将自己装在"套子"里也不行。研究表明，允许别人了解自己的真实自我对于个人保持心理健康是必要的。朱拉德（S. M. Jourard）在《透明的自我》一文中认为，过少和过多的自我表露都会造成个体的适应性困难。从来不表露自己的人永远不能与他人建立亲密关系，没有知心朋友，缺乏社会支持系统，面临困难时无法向他人求助，很容易被挫折和烦恼压垮；而将自己心里的所有事情一股脑儿地倒给别人会使他人感到威胁，他人会采取避而远之的防卫态度，这种人也得不到真正的友情。理想的方法是对少数好朋友多表露一些，而对于一般人则保持中等的自我表露，既使别人感到你真诚而不虚伪，又使人感到与你交往很安全。

自我表露遵循对等原则。要让别人对你展示真实的自我，你自己也要做适当的自我表露。一般来说，人们往往根据他人的自我表露来判断自己该做出什么样的表露。别人表露得较多，自己表露得太少，别人就会怀疑你交往的诚意；而别人表露得较少，自己表露又太多，别人又会感到不自在。自我表露的对等原则反映了人们互相之间建立信任的机理。人际交往开始于低水平的自我表露和低水平的信任，当一个人开始表露自己的心声时，信任的纽带便开始建立。对方会以同样亲密的自我表露作为接受信任的信号。自我表露不断交换，直到形成了恰当的亲密关系。

自我表露可能存在性别差异，一般来说，女生喜欢做更多的自我表露，而男生相互之间的表露则相对较少。

四、印象管理的识别

作为社会认知的客体（对象），人们要进行印象管理，以求控制别人的知觉和认知，使自己给别人留下好的印象；而作为社会认知的主体，人们又要尽量识别别人的印象管理，剔除他人装扮出的东西，了解他人的真实态度、情感和人格。只有这样，人们方能辨别真伪，以控制、影响其社会交往活动。

（一）印象管理与非言语反应

在人际交往中，人们的印象管理包括两个部分：一种是个体比较容易控制的表现，如语言、仪表等；另一种则是人们不太留意或未加以控制的流露，如某些身体姿态、眼神等。在人际交往中，这两部分表现并不一致，甚至完全矛盾。在这种情况下，人们往往以自我表现者后一种无意流露出的意义为标准去做判断。在人际交往中，人们越是刻意控制自己的外显表现，越容易"泄露"出那一部分"未加控制"的信息。因此，认识他人时不仅要看其外表的言谈举止，更要注意诸如面部表情、声调及身体运动等非言语行为，它们是判断认知对象真实情感、态度和动机的有力线索。因为相对而言，非言语行为是难以随意控制的，它就像一个测谎仪，人的语言可以说谎，但身体却不会。

一些善于印象管理的人就像出色的演员一样，其表演十分"自然"。他与人交往时，时刻在控制，但高超的技巧又使他显得"未加控制"。人们会从其"自然"的表现中误以为这个人很真实，原因在于他们不仅能控制言语行为，而且也能控制自己的非言语行为。即便如此，我们仍能抓住那些容易流露出的蛛丝马迹。研究表明，一些善于欺骗的人可以成功地控制其面部表情，但并不能很好地控制其身体运动。埃克曼和弗里森（P. Ekman & W. V. Friesen）进行过一项"对来自于身体和脸部蒙骗的发现"研究。他们让护士学生参加两组会谈，其中一组人被要求坦诚地陈述自己对一部令人不愉快的电影的反感，另一组人则被要求极力表达他们对一部显然令人不快的影片的积极情感，两组被试均被拍成录像。然后，让观察者看这些讨论的录像，一组录像只显示护士们的面部表情，另一组录像只显示他们脖子以下的部位。最后让观察者判断录像上的被试是否诚实。观察者并不知道护士们看的是哪部电影，他们只能依靠面部表情或身体运动来进行判断。结果发现，观察身体运动的人能够更准确地识别护士是否在欺骗。这说明，有些非言语行为是很难隐瞒的。总之，再高超的欺骗者也能够被识破，这关键取决于人们的细心观察。

(二)印象管理与自我监控

人们的印象管理水平存在差异,有的人能准确地控制自己的表现,而有些人的这种能力却差很多,社会心理学家发现这种差异和个体的自我监控能力有关。

所谓自我监控(self-monitoring),是指根据周围的情境线索对自己进行的自我观察、自我控制和自我调节,它反映了个体在较广的生活情境中强调印象管理的倾向。这种倾向可以用斯奈德(M. Snyder)等人编制的自我监控量表(self-monitoring scale)来测量(M. Snyder & B. H. Campbell)。

自我监控量表由 25 个题目组成,要求作答者做是非判断,量表包括 5 种成分:(1)关注自我表现的社会适应性,如"在各种聚会和社交场合中,我不会尝试去说别人爱听的话或做出讨好别人的行为";(2)关注社会比较信息,将其作为适合的自我表现的线索,如"在社会情境中,当我不知道如何行动时,我会从别人的行为表现中寻找线索";(3)控制和矫正自我表现及行为表现的能力,如"为了正义,我可以当着别人的面从容地撒谎";(4)能在特殊情境中运用上述能力,如"即使我真的不喜欢某人,我也能装出友好的样子来隐瞒我的真实感受";(5)个体的行为表现和自我表现具有跨情境的一致性或可变性的程度,如"在不同场合中,在不同的人面前,我的举止行为会大不一样"。在该量表上得分越高,自我监控性越强。得分大于 15 分者为高自我监控者,得分小于 9 分者为低自我监控者。

研究发现,高低自我监控的个体在很多方面都表现不同。高自我监控者会付出更多的努力来了解他人、评估社会环境,在新的社会情境中能很快熟悉什么样的表现是恰当的、什么样的表现不恰当,能够很好地控制自己的情绪表现,能有效地创造他们希望的形象;而低自我监控者则对情境不敏感,不具备自我表现的能力,不能灵活调整自己的行为表现。同时,自我监控会在各种情境下影响交往行为。

五、印象管理与文化

阿伦森等(E. Aronson, T. D. Wilson & R. M. Akert, 2005)指出,所有文化中的人们对于他们留给人的第一印象都很关心,但是这种关心的本质及印象管理的策略在不同文化中有相当大的差别。

众所周知，西方文化强调个体主义，人们拥有"独立的自我观"，即以自己的想法、感受和行动来定义自我，而不是别人的看法、感受和行动。在西方，人们更容易认可和尊重那些独立、有个性、有能力的人，比如007、蜘蛛侠等。因此，在个体主义文化下，人们进行印象管理的主要目的是突出自己的独特性，显示自己独有的价值和存在感。

相反，东方文化尤其是中国文化，特别强调集体主义，人们拥有的是"相互依存的自我观"，即以自己和他人的关系来定义自我，个体的行为经常受到他人的想法、感受和行动的左右。在东方，人们并不怎么认可那些独立、独特、有个性的人，相反人们更倾向于用相互依赖的方式来观察自己，保持体面、避免尴尬和维持和睦，这些对个体尤为重要。因此，在集体主义文化下，人们进行印象管理的主要目的是维护自己的面子，更好地与他人和谐相处，更好地融入集体中去。

有研究者指出在不同的文化背景下，个体采取的印象管理策略存在差异。比如东亚文化中的人们很少会使用自我提升策略，他们更愿意去批评自己。当告诉北美的大学生他们在创造力测验中成绩很差时，被试会忽视这种负面信息，而只去保留那些对他们予以肯定的反馈，并且会继续从事那些能够肯定他们自身的活动。相反，日本学生会保留这些负面信息，并且把失败看作自我改进的一次机会。总之，北美和日本的大学生都渴望自己表现得更好，只是二者采取的策略不同：前者采取自我提升的策略，不断展示和加强自己的优点和能力；后者则采用自我批评的策略，承认自己的缺点和不足，在不断的取长补短中奋进。

对于上述看法，也有不少研究者提出了异议。他们认为，不同文化背景下的个体，积极展示自己的愿望是广泛存在的，只是在某些形式方面存在差异。比如在一项研究中，研究者要求美国和日本的大学生做出如下评估："与自己文化中的同龄人相比，我更愿意做出哪几种行为。"结果发现，美国学生在个人主义行为中显示了自我提升策略，他们宣称自己与同龄人相比，更可能在自己的意见和集体的意见不一致时，坚持自己的意见；而日本学生则在集体主义行为方面显示了自我提升策略，他们宣称自己与同龄人相比，更能够融入集体并服从纪律。总之，自我提升策略在东西方文化中都是被广泛采用，只是个体自我提升的领域有所不同而已。

在不同的文化下，个体所进行的印象管理及采取的策略是否存在差异？这些差异表现在哪些方面？这个问题的回答需要更多、更深入的研究。但是我们可以肯定的是，任何文化下的个体进行印象管理的愿望都是非常强烈的，并且在所有人的心里都不可避免地存在自我美化倾向，每个人都渴望得到其他人的认可和喜爱。

总之，为了维持正常的人际关系，为了顺利地与人交往，印象管理是十分必要的，人们根据情境、交往对象的特点创造出有利于自己的形象，即控制他人对自己的社会知觉和认知。但应当明白，印象管理只是人际交往的辅助手段，而不是最终目的，人们不仅不能只追求个人形象的设计而不注重自身实力的发展，更不可以用印象管理去欺骗他人。正因为如此，人们有时也需要准确地识别他人的印象管理。

【要点小结】

个体要认识自己、了解他人必须依赖社会知觉，也就是将获得的社会信息进行选择和组合，形成完整的印象。面对各种各样的信息时，个体会尽力获得关于知觉对象的有意义的印象，会利用那些最显著的刺激线索形成印象，也会将信息分门别类或运用已形成的各种图式快捷地了解别人，迅速形成对别人的印象。

同时，个体也在与他人的交往过程中，通过对自己的行为及行为发生的环境进行功能分析，来形成对自我的知觉。但是，个体又往往基于有限的信息基础进行知觉，再加上个体的主观性，就会使得个体在知觉他人和自己的过程中，不可避免地产生各种知觉偏差。

社会认知是个体对来自他人、自己以及周围环境的社会信息进行加工、推理的复杂过程。在这个过程中，图式、认知启发都使社会认知的效率大大提高。此外，个体的无意识成分也可能参与其有意识的社会认知加工过程。研究者采用投射法、内隐联想测验等方法对内隐社会认知进行了深入探讨。

为了维持正常的人际关系，为了顺利地与人交往，印象管理是十分必要的。交往情境、交往对象等都会影响个体的自我表现,而讨好、自我提升等策略都有利于个体的印象管理。印象管理只是人际交往的辅助手段,某些时候也具有欺骗性,因此我们必须学会准确地识别他人的印象管理。

【思考与练习】

1. 印象形成中的三种信息整合法则是什么?
2. 简述自我知觉理论的主要内容。
3. 社会知觉中的主要偏差有哪些?
4. 试述社会认知中的几种认知启发。
5. 如何理解内隐社会认知?内隐社会认知的研究方法有哪些?
6. 如何理解印象管理在人际交往中的作用?你认为有哪些比较好的印象管理方法?

【拓展性阅读导航】

1. [美] E. Aronson,[美] T. D. Wilson,[美] R. M. Akert 著,侯玉波等译:《社会心理学(第五版)》,中国轻工业出版社,2005。

该书第 3、4、5 章涉及社会认知、社会知觉、自我认识等相关内容,分别介绍了自动化和需要控制性的社会认知,侧重了文化与社会知觉、印象管理的关系,并通过生动的例子、贴切的测验通俗地阐述。

2. [美] 戴维·迈尔斯著,侯玉波、乐国安、张智勇等译:《社会心理学(第八版)》,人民邮电出版社,2006。

该书第 2、3、4 章涉及社会知觉的偏差及印象管理的相关内容,同时涵盖广泛,还介绍了自我概念、自我控制等与自我知觉相关的内容,并深入浅出地进行了阐述。

第五章 归因与决策

【内容提要】

个体的行为对于不同的人具有不同的意义,人们往往根据行为发生的情境,就行为者的动机和意图进行推理性的分析,并进一步做出有效的决定,采取必要的行动。本章阐述了归因与决策的概念、理论,归因风格与决策风格,归因训练与决策技术,以及归因与决策的教育意义等。

【学习目标】

1. 了解各种归因理论和决策理论的实质含义,认识导致各种归因偏差的主要因素。
2. 掌握不同归因风格和决策风格的主要特点。
3. 熟悉归因训练和决策树建立的基本过程和方法。

【关键词】

归因 归因理论 归因偏差 归因风格 决策 决策理论 决策树

我们在知觉人的行为时,总是试图进行推断和解释。影响社会认知的因素有许多,其中包括社会环境中不同的人、事和物,人们对这些不同因素所做的解释直接影响到人们的社会认知。某一个体的行为对于不同的人具有不同的意义,人们往往根据行为发生的情境,就行为者的动机和意图进行推理性的分析,这就是本章所要探讨的归因过程。当人们通过归因过程对行为者的动机和意图有所了解之后,便能进一步做出有效的决定,采取必要的行动,这就是本章所要探讨的另一个问题:决策。

第一节　归因及其理论

一、归因的概念

所谓归因（attribution），是指人们对他人或自己行为原因的推论过程。具体地说，就是观察者对他人的行为过程或自己的行为过程所进行的因果解释和推论。人们这样做的目的在于预测、评价人们的行为，以便对环境和行为加以控制。人们的行为表现，究其原因不外乎内部原因和外部原因两种。内部原因是指个体自身具有的、导致其行为表现的品质和特征，包括个体的人格、情绪、心境、动机、欲求、能力、努力等。外部原因是指个体自身以外的、导致其行为表现的条件和影响，包括环境条件、情境特征、他人的影响等。这些都是存在于个体自身之外的，是可以直接观察到的。内部原因和外部原因对人们行为表现所起的作用是各不相同的，但二者相辅相成，共同制约着人们行为表现的发生和变化。

二、归因的理论

归因理论（attributional theory）最早是由美国心理学家海德（F. Heider）提出的，但直到20世纪60年代中期才引起社会心理学界的重视并成为一个热门研究领域。海德认为，人们都有一种理解、预测和控制周围环境的需要。为了满足这种需要，人们就根据各种线索对已发生的行为和事件进行原因解释，人们只有了解了事件和行为变化的原因，才能理解这个世界，预测世界的变化，从而达到控制世界的目的。在现实生活中，人如果缺乏对世界的理解、预测和控制感，就会感到无所适从。在此基础上，海德本人及后续的研究者不断地深化对归因理论的研究，这些理论具有一个共同的特点，即以观察他人的外显行为为开端，以探求导致这一行为的原因为目的，帮助我们分析人类是如何解释他人行为的。

（一）海德的朴素心理学

海德被誉为"归因理论之父"，他认为我们每一个人都是朴素心理学家

(naive psychologist)，每一个人都具有关于人类行为因果关系的一般理论观点，并由此建立了他的"朴素心理学"，旨在系统地阐述没有经过训练的观察者如何正确理解他人行动的过程。

海德最有价值的贡献就是将归因分为两种类型。一种是所谓的内部归因(internal attribution)，这种推论方式认为，个体之所以出现某种行为，其原因与个体自身有关，如人格、态度或个性。另一种是所谓的外部归因（external attribution），这种推论方式认为，个体之所以出现某种行为，其原因与其所处的情境有关，并假设大多数人在同样情境下也会做出同样的反应。例如，当看到一位父亲对其孩子破口大骂时，我们可以做出两种归因。我们可以认为，这位父亲在教育孩子时缺乏技巧，他教育孩子的方法是完全错误的，这是内部归因；我们也可以认为，这位父亲之所以破口大骂，是因为他看到孩子过马路时没有注意来往的车辆，十分危险，这是外部归因。不难看出，这两种类型的归因会使我们对这位父亲产生不同的印象。如果用内部归因，那么我们对这位父亲的印象是负面的；如果用外部归因，那么我们对这位父亲会有一定的同情和理解。

内部归因和外部归因在我们的生活中发挥着重要作用。例如，婚姻美满幸福的夫妻对伴侣所做出的归因与婚姻关系紧张的夫妻对伴侣所做出的归因有很大的差别。婚姻美满幸福的夫妻倾向于对伴侣的正性行为做内部归因（如"她之所以帮助我，是因为她是一个慷慨的人"），而对伴侣的负性行为做外部归因（如"他之所以说些刻薄的话，是因为他的工作实在太紧张了"）；相反，婚姻关系紧张的夫妻倾向于相反的归因模式，对伴侣的正性行为做外部归因（如"她之所以帮助我，是因为她想给我的朋友留下好印象"），而对伴侣的负性行为做内部归因（如"他之所以说些刻薄的话，是因为他从根本上就是一个以自我为中心的人"）。

海德的归因理论是一个开创性的工作，他对行为原因所做的个人—环境的划分一直是归因的基础，其影响是深远的。但他未能对这两点做更进一步深入的探讨和详细的说明。

（二）琼斯和戴维斯的相应推断理论

琼斯和戴维斯（E. E. Jones & K. E. Davis）的相应推断理论（the theory of correspondent inferences）扩充和发展了海德的归因理论。所谓"相应推

断",是指外显的行为是由行动者内在的人格特质直接引起的,或者说,一个人的行为与其人格特质是一致的。例如,当我们看到某个人喜欢同别人吵架时,如果我们认为这个人天性就具有攻击性,那么,我们所采取的就是一种相应推断的步骤。由此可见,当同样的形容词(如攻击性)可以同时用来修饰行为和个性时,这种推断就是相应的了。

一个人之所以采取某种行为是为了达到某种目的,如果我们能够知道其行为的真正目的,那么,对于其个性的推断就会更有把握。在评定行动者的企图时,我们需要充分利用有关行动者的知识和能力等方面的信息。一个行为往往可以产生多种效果,而这些效果是否都是行动者的意图,我们需要逐项加以研究,如果某些行为后果并不直接与行动者的最初意图有关,那么,这些行为后果就不能用来推断行动者的个性和人格特质。

对行动者的意图了解之后,下一个步骤就是对其个性本质的推断。他们认为,在从行动者意图到行动者个性本质的推断过程中,应考虑如下三个基本因素。

1. 社会赞许性(social desirability)

所谓"社会赞许",指某一行为是社会一般人所希望、期待、接受的。大多数人越喜欢的行为,其社会赞许性也越高。人们一般都有这样的信念,每个人的行为都想迎合社会的需要。因此,那些合乎社会规范或社会期望的行为很难反映一个人的内在特质。例如,碰到熟人问好就是一个社会赞许性高的行为,如果根据这个行为来推断一个人彬彬有礼、很有教养是远远不够的。相反,人们往往把超出社会期望或社会规范的行为归因于行为者的个性本质,或者说,行为的社会赞许性越小,本质归因的可能性就越大,相应推断的可靠性就越高。

2. 非共同性效应(noncommon effects)

共同性既不能解释一个人为什么做出不同的行为选择,也不能解释两个人为什么做出相同的行为选择。非共同性(或称独特性)才是推断个性本质的重要因素。也就是说,非共同性因素越少,相应推断的可靠性越高。例如,有几个学生都走进某一书店,跟店员打招呼,扫视书架,翻阅新书等,这些共同行为都可以说明这些学生来到这个书店是想买书的,他们喜爱阅读。但是,当其中某个学生称呼老板为"舅舅"时,这一非共同性行为将有助于我们做出他是来看望亲戚的或重亲情的相应推断。

3. 选择自由性（freedom of choice）

如果我们知道某人的行为是自由选择的，那么，其行为与其态度是一致的；否则就难于做出相应推断。

（三）凯利的三度理论

凯利（H. H. Kelley）的三度理论（the cube theory）是继相应推断理论之后，对海德归因理论的又一次扩充和发展。凯利认为，人们在归因的过程中总是涉及三个方面的因素：（1）客观刺激物（存在）；（2）行动者（人）；（3）所处关系或情境。这三个因素构成一个共同变化的立体框架，所以称为三度理论。三度理论遵循的总原则是共变性（covariation）原则。对上述三个因素中的任何一个因素进行归因都需要同时考虑行为的下列三个变量。

1. 区别性（distinctiveness）。针对客观刺激物，即行动者是否会对同类其他刺激做出相同的反应。

2. 一贯性（consistency）。针对情境，即行动者是否在任何情境和任何时候都对同一刺激做相同的反应。

3. 一致性（consensus）。针对行动者，即其他潜在行动者对同一刺激是否也做出与行动者相同的反应。

例如，我们看到某人在看电影时发笑，那么我们归因时就需要了解：这个人是看这个电影时才发笑还是看所有电影时都发笑，这是区别性信息；这个人是在看电影时才发笑还是在别的场合也爱笑，这是一贯性信息；是在场看电影的所有人都发笑还是只有这个人发笑，这是一致性信息。

根据上述三方面的信息与共变，我们可以对人的行为做出相对正确的归因（见表 5-1）。

表 5-1　三种行为信息的共变与归因

行为信息			归因类型
区别性	一贯性	一致性	
低	高	低	行动者
高	高	高	刺激物
高	低	低	情境

美国心理学家麦克阿瑟（L. A. McArthur）从凯利的三度理论出发，对归因做了系统的研究。她给被试呈现一个非常简单的假设事件，并变化事件中区别性、一贯性和一致性的信息资料，然后测量他们的归因。在这个实验中，研究者让被试解释"玛丽昨晚为什么对夜总会小丑的表演笑得那样厉害"。三种主要的归因和结果如表 5-2 所示。

表 5-2　玛丽为什么发笑

条件	区别性	一贯性	一致性	归因
1.	低—她总对小丑们发笑	高—她总是对他发笑	低—别人很少发笑	人：玛丽（86%）
2.	高—她没对别的小丑发笑	高—她总是对他发笑	高—每个人都发笑	刺激物：小丑（61%）
3.	高—她没对别的小丑发笑	低—她以前几乎没对他发笑	低—别人很少发笑	情境/环境（72%）

凯利对归因理论的重要贡献在于，他提出了一个归因过程的严密的逻辑分析模式，对人们的归因过程做了比较细致、合理的分析和解释。这一模式假定人们以理性和逻辑的方式来做因果归因，人们会首先观察他人的行为线索，然后对他人的行为原因做出一个逻辑推理。大量研究证实，人们的确经常以这种模式所预测的方式来做出归因。但是，三度理论过分强调归因的逻辑性，而使之成为一个理想化的模式，脱离了普通人归因活动的实际。其实，普通人都是根据自己的需要、期望对行为结果迅速地做出归因，而并不像统计学家那样对信息资料进行繁杂的分析。人们在对他人的行为形成判断时，并不一定总会保持理性和逻辑性，有时候人们还会曲解信息，以满足自己高度的自尊需求。

（四）韦纳的成败归因理论

韦纳（B. Weiner）认为，对于成功与失败的归因应包括两个维度：（1）观察者必须决定成败是由于内在的（internal）因素还是外在的（external）因素；（2）观察者还必须决定成败是经常发生的（即稳定，stability）还是偶然发生的（即不稳定，instability）。通过这两个维度才能做出总结性的归因。这两个维度是相互关联的。韦纳认为，稳定的内在因素是指个人的能力

(ability)，稳定的外在因素是指任务的难度（task difficulty），不稳定的内在因素是指个人的努力（effort），不稳定的外在因素是指个人的运气（luck）。

韦纳等人的研究表明，当一个人目前的成败与自己过去的成败不一致，且与别人的成败也有所不同时，一般的归因大都是不稳定的内在因素；当一个人目前的成败与自己过去的成败相一致，且与别人的成败一样时，任务的难度往往是归因所在；当一个人目前的成败与自己过去的成败相类似，但与别人的成败不同时，能力便成为归因所在。

例如，以一个学生考试成绩的好坏来说明。如果某学生以前考试都得高分，这次考试又得高分，但其他学生这次都没考好，那么，我们大都会认为这个学生一定很聪明、能力很强；如果其他学生也都考得很好，那么，我们会认为一定是考试题目简单。反之，如果这个学生以前考试总考得不好，这次考试却得高分，而其他学生都没考好，那么，我们会认为这个学生得高分一定是运气好，侥幸而已；如果这个学生以前考试不行，这次也没考好，而别人也一样没考好，那么，我们会认为一定是题目太难。如果这个学生以前考试都考得很好，这次却没考好，而其他人都考得不错，这时，我们会认为是他努力不够。

韦纳于1979年又提出了另一个重要的维度，即控制（control）。他认为，努力、注意、他人帮助等因素是受个人意志控制的，是可控因素；而能力、运气、心境等因素是不受人的意志控制的，是不可控因素。

此外，韦纳还特别强调个人所处的文化背景以及不同的社会观念、个人技巧、人际关系等因素在成败归因上所占的特殊地位。

琼斯和戴维斯的相应推断理论、凯利的三度理论和韦纳的成败归因理论都是对海德归因理论的扩充和发展。但是，相应推断理论主要探求行为者的内在个性是否与其行为相吻合，而且只针对在某一特定时间和场合里所发生的行为，对于其他时间和场合所发生的行为并不加以考虑，而这些正是凯利和韦纳的归因理论中的重要因素，现在行为与过去行为的比较也为观察者提供了稳定与否的主要信息。可见，凯利和韦纳的归因理论所考虑的相关信息更为全面。

（五）泰勒和克罗克的社会认知的归因理论

泰勒和克罗克（S. E. Taylor & J. Crocker）认为，每个人对于社会事物如何运转操作都有不同的看法，这就是所谓的社会图式（social schema）。这些先入为主的观点,往往决定我们对于所面临的环境的不同解释,即影响我们的归因。社会图式可以分为三大类:(1)有关社会事件的图式;(2)有关社会人物的图式;(3)有关角色或群体的图式。

社会图式是过去经验的积累,这些图式帮助我们组合所遇到的社会刺激。根据社会图式,我们对于社会事件、社会人物可以建立一个整合的看法,许多缺失的信息也可以根据社会图式来加以补充。虽然我们并不一定对某一个人有深入的认识,但根据这个人所属的行业和角色,把他归入"这种人"或"那种人",我们并不难做出适当的归因。

有关泰勒和克罗克的社会认知理论,本书第四章第二节已做比较详细的介绍,这里不再展开论述。

三、归因原则与归因偏差

(一)归因原则

人们在对他人的行为进行归因时主要遵循如下两个原则。

1. 共变(covariation)原则

海德认为,人们的任何特定行为都是由许多原因决定的。但按照共变原则,应该在许多不同的条件下寻找特殊结果和特殊原因的联系。假如某个特定原因在许多不同的情境下和某个特定结果相联系,假如那个原因不出现时,那个结果也不出现,我们则可以把那个结果归于那个原因。例如,如果不论何时,只要老板刚休假回来就说他喜欢其职员干的活,而在其他时间总是批评其职员,由此,我们可以把他的行为归因于他最近是否休假。

2. 打折扣(discounting)原则

凯利认为:"某一特定原因在产生特定结果中的作用,假如有其他似是而非的原因也存在的话,应该打折扣。"也就是说,在有一种以上的原因可能起作用的情况下,我们的归因不要做得太盲目,不要轻易把结果归因于某个特殊的原因。例如,某保险公司的职员很友善地对待我们,并请我们吃饭,我们不能对他为什么这么友善做出确定的归因。我们可能把其行为部分归因于喜欢我们,部分归因于他想在我们这儿做买卖。当然,如果我们根本没有钱买保险的话,那就不要费心思去猜测了。

（二）归因偏差

归因理论所描述的基本上是一种合理的、有逻辑的过程。它假定人们是用合理性的方法处理信息资料的，而且在估计信息资料并加以综合做出结论的过程中是相当客观的。但是，人们在对他人或自己的行为进行归因时，并不总是既合逻辑又合情理的，因此会出现归因偏差（attributional bias）。这里主要介绍三类比较典型的偏差以及文化对归因偏差的影响。

1. 认知性偏差

（1）行动者与观察者。行动者对自身原因的分析与旁观者对同一行为的归因分析是不相同的：行动者倾向于强调情境的作用，做出情境归因；而观察者倾向于强调行动者特质的作用，做出内部归因。这种差异是导致归因偏差的最重要因素。其中，观察者的归因偏差也被称为基本归因错误，即人们在分析某些行为或后果的原因时高估个体特质性因素（谴责或赞誉人）、低估情境性因素（谴责或赞誉环境）的双重倾向。例如，某学生考试成绩不好，就学生本人（行动者）来说，他可能以试题太难、考察范围太广等外在因素来解释考试失败的行为；但就教师（旁观者）来说，他往往以学生不用功、没有做充分的准备或者基础太差等内在因素来解释这种考试失败的行为。换句话说，对于考试失败，行动者本人所做的归因分析大都是外在的、情境的因素，而一般人对于别人的行为所做的归因分析大都是内在的、个人的因素。

导致行动者与观察者归因偏差的原因主要有两种解释。

第一种解释认为，行动者与观察者的着眼点不同。行动者对于自身的行为很难做直接深入的观察，于是，他们的注意力偏重于外在的情境因素；相反，观察者把注意力集中于行动者及其内在因素。例如，如果问观察者他的朋友甲（行动者）为什么喜欢乙，观察者会列举甲的一些个性品质去说明。但是，如果问行动者本人为什么喜欢乙，他可能更多地描述乙的个性品质，而不是他自己的个性品质。

第二种解释认为，行动者与观察者的信息来源不同。行动者对自己过去的行为比较了解，他们的反应会因不同的情境而有所差别，这种信息是观察者难以获得的。观察者由于对行动者过去的行为方式了解较少，他们往往假定行动者当前的行为方式与过去的行为方式是一致的，于是归因于行动者的内在因素。

当然,如果行动者和观察者通过移情、采取对方的观点等方式归因,情况就会有所不同。斯托姆斯(M. D. Storms)的一项研究证明了这一点。在这项研究中,他让成对的男性被试进行简短的交谈,另外两个观察者被试在旁观察。随后问这些人,个性品质和情境特点在交谈的行为表现上的重要性如何。结果,被试表现出通常的行动者与观察者的差异。然后,让部分行动者和观察者观看谈话录像。这时,每个行动者看自己就像观察者看他一样。而每个观察者则从行动者的角度来看待这个情境。通过这种移情转换,行动者与观察者的差异大大减小了,更多的行动者对自己的行为做出内部归因。

(2) 显著性与获得性。显著性(salience)主要指刺激引起注意的特点。例如,一只火烈鸟在一群乌鸦中是显著的。显著性的影响有助于解释行动者与观察者的归因偏差。对于行动者来说,情境是显著的;而对于观察者来说,行动者是显著的。什么东西显著,什么东西就容易被认为是主要原因。

认知心理学家们的研究发现,一般人在估计某一事件发生的概率时,常常因为相关信息是否容易在脑海里呈现而有所不同,越容易被想起、被记起的刺激,在对某一事件进行归因时,越是具有重要性。

正如第四章第三节中提到的,特沃斯基和卡尼曼(A. Tversky & D. Kahneman, 1973)提出人们在归因过程中的三种简单的启发:表征性启发、获得性启发、调整性启发。其中,获得性启发(指利用易于进入头脑的信息去推论现实事件的可能性)也可以解释行动者与观察者的归因偏差。

例如,在1976年美国总统选举时,心理学家卡罗尔(J. S. Carroll)进行了一项研究。他让某些被试想象卡特取得胜利,让另一些被试想象福特取得胜利。然后,让被试预测谁将取胜。结果,那些曾想象卡特取胜的人倾向于预测卡特将取胜;而那些曾想象福特取胜的人则倾向于预测福特将取胜。获得性启发也可以解释行动者与观察者的归因偏差。对于观察者来说,行动者的行为被记住了,从而易于回忆。

(3) 歪曲的思维方式。歪曲(distortion)的思维方式会以各种形式使人们脱离现实。譬如,歪曲会使人们在对一个人或者事件做出判断之前就给人或事件贴上标签;歪曲会使人们的认识不准确;歪曲会使人们把一个具体的环境和特征无限地扩大；歪曲会使人们只看到问题的一面，而不能一分为二地看待问题；歪曲还会使人们感情用事而不是理性判断。歪曲主要表现在以下几个方面。

①泛化（overgeneralization）。泛化是一种与科学方法完全相反的思维方式。科学方法要求人们通过考察所有可收集到的信息，然后在此基础上形成一个可以用来解释所有信息的规律，然后再检验这个规律的合理性。而泛化则是只根据某一个事实或者某一个事件来形成一般的规律，并且从不检验这个规律的合理性。

譬如，某部门的男经理邀请某女职员下班后一起出去吃晚饭，结果那位女职员拒绝说，她从不与老板一起外出吃饭。于是那位男经理便下结论说，部门里的所有女职员都不愿意与他一起外出吃饭。在这里，这位男经理就是犯了泛化的错误，仅仅根据一个女职员的拒绝就推论所有女职员都会拒绝，从而不再去邀请别的女职员。

泛化容易使人们形成一种错误的观念。例如，看到某个人一次做了一个摇摇晃晃的桌子，便认为这个人永远不可能成为一个好木匠；看到某个人一次偶然地误删了文件，便认为这个人是个电脑盲；等等。泛化会阻碍人们再次去检验这些规律。人们在泛化时会经常使用"从不""永远""所有""每个"等词语。

②综合标定（global labeling）。所谓综合标定，是指对整类人、整类事、整类行为、整类经验等贴上定型式的标签。习惯于进行综合标定的人生活在一个由各种固定角色聚集成的世界里，而这些固定角色在现实世界里根本不存在。

这种思维方式与泛化很相近，但是在这里，歪曲是以标签的形式出现的，而不是以规律的形式出现的。在制造定式的过程中，综合标定比泛化更加绝对。譬如，一个具有远大志向的学生在某次考试中没有取得理想成绩，于是他就给自己周围的一切都贴上标签：老师们都是一些恶魔，同学们都是一群虚伪的家伙，父母都是自私的人，自己是个十足的大笨蛋。他使用的词都是带有贬义的。他有无数的口号，但是这些口号都充满了失望和不满。由于他给自己的生活贴上了太多的标签，所以，他被这些标签紧紧地束缚着，难以做出任何改变。

当人们对于自己的外表、行为、智力、社会关系等的评价信息都是一些带有贬义的内容时，人们就应该怀疑自己是否在进行综合标定。譬如，"我只是一个失败者""我的家像个猪窝""我一文不值""我是个笨蛋"等。

③过滤（filtering）。所谓过滤，就是指人们通过有色眼镜看世界，他只能看到和听到某些事情，而不能看到和听到其他事情。在过滤的过程中，人们只注意到那些特殊的刺激，如失败、拒绝、不公平等，只选择现实世界中的某些特定事实进行注意，而忽视所有其他事实。

譬如，一对年轻夫妇正在共进晚餐。妻子夸丈夫买了她喜欢的葡萄酒和鲜花，还夸他做的菜也很好吃，只是暗示他下一次可以在汤里少放些盐。丈夫却因此感到自己是个无能之辈，因为妻子不喜欢自己做的汤。他无法从妻子的赞扬中安慰自己，因为他完全听不进那些赞扬的话，他只是忙于过滤，只注意到谈话中带有批评意义的内容。

过滤就像一个蹩脚的政治评论家一样，只根据自己的喜好或者只从他所属团体的角度来评论事实，而完全不考虑他人的喜好和其他团体的立场。过滤挡住了人们的视野，使人们看不到自己有价值的方面，就像驾驶一辆所有窗户都已被涂上黑色的汽车一样。

④极化思维（polarized thinking）。所谓极化思维，就是指人们往往根据绝对标准对自己的行为和经验做要么有要么无、要么好要么坏的二分评价。习惯于极化思维的人生活在一个没有彩色只有黑白的世界里，他们认为自己不是天使就是魔鬼，不是好人就是坏人，不是成功者就是失败者，不是英雄就是懦夫等。

譬如，某公司女职员在一次周末聚会上因为饮酒喝醉了，星期一没能去上班，待在家里。为了这一偶然事件，她一个星期都陷入深深的苦恼之中。因为她认为，人要么是一个冷静理智的人，要么就是酒鬼。在她的眼里，人一旦开了酒戒，就会堕落为酒鬼。

极化思维的问题在于，人们最终必然会走向正负两极中的消极一面。"金无足赤，人无完人"，而一旦犯错误，极化思维的人便会对自己全盘否定。

⑤自责（self-blame）。所谓自责，是指人们无论对于什么事故，不管是否

真是由于自己的错误引起，都要责备自己。自责的人生活在一个充满错误的世界里，并且认为自己处于这个错误世界的中心，一切错误都源于自己。

自责的人会责备自己的所有缺点，如自己的粗俗、肥胖、懒惰、浮躁、无能等。自责的人会因为有些错误只不过与自己稍微有点关系而责备自己，如自己身体不好、他人对自己的反应，等等。但是，如果自责成为人们一种根深蒂固的习惯的话，那么，人们会对那些与自己明显毫无关系的错误也要承担责任，如天气、运程、同伴的心情，等等。当然，人们乐于对自己的生活负责是无可厚非的，而且是应该提倡的，但是如果一味地自我责备，那就是一种病态的责任感了。

自责的一个最普遍、最明显的症状就是没完没了的道歉。服务员烤糊了面包，自责的人要向她道歉；配偶不想看自己喜欢的电影，自责的人也要向她道歉；邮局的职员说没有贴足邮票，自责的人会对职员说："哦，我真笨，对不起！"

自责的人永远看不到自己的长处和成就。譬如，某男士养育了三个儿子，其中一个成了勤勤恳恳的社会工作者，另一个成了优秀的化学家，最后一个成了吸毒者。于是，这位父亲的后半生一直为自己没有培养好第三个儿子而深深自责，他完全忽视了自己还培养了另外两个成功的儿子。

⑥个人化（personalization）。所谓个人化，是指人们把自己当作整个世界，认为世界上的一切都或多或少地与自己有关。不幸的是，这些人往往会觉得自己根本没有权力和能力来控制这一切。相反，更多的情况是，他们往往处于其周围人的压力、包围和监视之下。

个人化具有一定的自恋成分。具有个人化倾向的人一旦走进人群中，便立即开始把自己与其他人进行比较，看看谁比自己更聪明，谁比自己更漂亮，谁比自己更有能力，谁比自己更受欢迎，等等。具有个人化倾向的人，如果其室友抱怨房间狭窄，那么他立即会认为室友是在抱怨自己的东西太多；如果朋友说心里很烦，那么他立即会认为朋友是在讨厌自己。

个人化的最大弱点是使得人们以不恰当的方式做出反应。人们可能因为一个根本不存在的矛盾与室友发生争执。人们可能会试图通过开一些无聊的玩笑来使自己变得不那么令人讨厌，结果却变得令人讨厌了。这些不恰当的反应会使人们与其周围的人产生隔阂。人们的敌意和否定刚开始时也许只是想象，但是渐渐地可能会变成现实，并进一步形成恶性循环。

⑦看透他人心思（mind reading）。所谓看透他人心思，是指人们自以为世界上所有人都跟自己一样。这是一种很容易犯的错误，是在投射现象的基础上形成的。这样的人认为，别人都会以与自己一样的方式行事。他们往往基于这样一种信念，即不管实际上是否存在，人类的特性和经验都是共同的。

由于看透他人心思很容易让人误以为每个人都同意自己的消极观点，所以，这种歪曲的思维方式对于自尊的危害也是致命的。这样的人经常会这样想："他一言不发是因为我迟到了，他很生气"；"他正在观察我的一举一动，包括最微小的错误，他想开除我"；等等。

看透他人心思还容易造成人际关系紧张。譬如，有一对年轻夫妇，当妻子皱着眉头嘟哝着房子时，丈夫推测妻子是在生他的气。于是，他以少言寡语和冷漠来处理这一情况。事实上，妻子皱眉头可能是因为身体不舒服，或者太忙了，或者正在为房租发愁，等等。但是，丈夫的冷漠很难使妻子告诉他皱眉头的原因。她以为丈夫的冷漠是因为缺乏兴趣所以才一言不发的。由此可见，正是丈夫最初的看透他人心思破坏了夫妻双方真正的沟通机会。

⑧控制错觉（control fallacy）。所谓控制错觉，是指人们或者是错误地认为自己能够控制所有的人和所有的事（过度控制），或者是错误地认为其他人都能控制而只有自己不能控制（控制无能）。

过度控制（overcontrol）的错误思维方式，容易使人们产生万能的错觉，错误地认为自己能够控制一切事物的各个方面。譬如，具有过度控制错觉的人可能会认为自己应该对参加晚会的每个客人的行为负责，应该对孩子的学习成绩负责，应该对送报人的准时负责，应该对母亲的更年期负责等。于是，当客人把脚放到椅子上时，当孩子的数学考试不及格时，当送报人迟到时，当母亲情绪失调时，具有过度控制错觉的人会有一种失控感，会产生怨恨、愤怒和强烈的挫折感。

如果人们经常这样思考问题——"我必须让她听我的"，"她应该照我说的去做"，"我确信她能准时到达"，而实际上人们根本没法控制这些事情，这时，就要考虑是否是一种过度控制错觉。

控制无能（undercontrol）的错误思维方式，容易使人们产生自己对一切都无法控制的错觉，并且错误地认为，世界上的一切都与自己毫无关系，任何人都不受自己影响。

譬如，莫莉是一家电话公司的接线员，经常陷入这种控制无能的错觉。她因为经常迟到而被老板训斥，银行账户也开始透支，男朋友也不理她。一想到这些，她就感到自己无能为力，似乎是老板、银行、男朋友在合伙攻击她。由于有控制无能的错觉，她不会去制订一个早起的计划，不会到银行存钱，也不会想办法与男朋友改善关系。

⑨情绪性推理（emotional reasoning）。所谓情绪性推理，是指人们不以理性的规律而是以变化不断的情绪体验来认识世界。这种思维方式的错误在于没有把自己的思维综合起来考虑，从而使得思维大打折扣。情绪性推理的人只依赖于情绪来解释现实。

譬如，小梅是一个服装设计师，她就是那种习惯于情绪性推理的人。如果今天她感到很愉快，那么她会推想她的生活将是幸福的。可是，如果明天她很沮丧，那么她会告诉人们她的生命将是一场悲剧。如果下星期她很紧张，那么她又会断言她的生活正处于危险之中。事实上，她的生活并没有每天都发生那么大的变化，只是她的情绪在不断变化。

情绪性推理对自尊的危害也是很大的。因为，如果人们觉得自己毫无用处，那么他就真的会毫无用处。如果人们觉得自己没有价值，那么他就必然会没有价值。如果人们觉得自己长得很丑，那么他就是长得丑的人。而这一切，其实是他的推理而已，并不是真的。

2. 动机性偏差

（1）自我服务。自我服务（self-serving），又称自我标榜（self-enhancing），是指一般人对于良好的行为都采取居功的态度，而对于不好的、欠妥的行为则否认自己应负的责任。例如，学生在考试考得好时，大多以能力强、准备充分来解释；当考试考得差时，大多埋怨试题太难、打分太严等外在因素。

自我服务偏差往往随自我卷入（ego involvement）的深浅而不同，自我卷入愈深，自我服务的程度也愈高。

自我服务可以用印象管理的观点来解释。布拉德利（G. W. Bradley）认为自我服务主要是为了给别人留下一个良好的印象,我们对自己成功或失败的真正原因虽有正确认识,但在他人面前,为了使别人对自己产生良好的印象,我们只好"往自己脸上贴金",推卸自己的责任。

(2) 自我设阻。自我设阻(self-handicapping)也是一种自我保护的做法。例如,一年一度的高考对于考生关系重大,任何考生对于考试的成败都没有绝对的把握,万一考砸了,别人的耻笑和轻视难以忍受。为了避免面对这种不愉快的后果,有些考生可能采取自我设阻的技巧,如考前丢失笔记、书本,考试时忘了带眼镜、手表等,诸如此类都可能对考试产生不良的影响。如此做是为将来万一落榜留一条后路,可以将落榜归咎于这些因素,从而减少个人对行为后果所应负的责任。如果在这么多困难存在的情况下依然能金榜题名,那么就更能显示个人"功力"的不凡。自我设阻的人虽然可以不必面对自己缺乏某种优良特质的难题,但却会减少成功的可能性。

(3) 社会比较。社会比较(social comparison)指的是个体就自己的信念、态度、意见等与其他人的信念、态度、意见等做比较。在社会比较的过程中,适当的背景因素是不可缺少的,因为,只有当有关的背景因素相当时,比较得出的结果才有意义。然而,人们出于自尊往往会选择背景不同的人做比较,以得出合乎己意而有偏差的结论。

社会比较主要有两种方式:一种是与比自己强或好的人比较,通常称为上行比较(upward comparison);另一种是与比自己弱或差的人比较,通常称为下行比较(downward comparison)。人们常常认为,与比自己强的人比较会产生嫉妒、敌意、挫折等消极的情感体验,而与比自己差的人比较则会产生优越、满足、幸福等积极的情感体验。其实不然,无论是上行比较还是下行比较,都并非必然导致积极或消极的效果,究竟会产生哪种效果还取决于具体的情境。

在上行比较中,如果比较目标与自己关系密切,或同属一类,那么会产生积极效果。例如,有的人常常在众人面前说自己认识某位知名人物,或说某位名人与自己是同学或朋友,等等,以此来提高自尊。这种现象,在心理学里我们通常称之为辐射效应(radiative effect),即比较目标的优良品质会辐射到自己身上,从而激发积极的情感体验。相反,如果比较目标与自己关系疏远、陌生，或不属一类，则会产生消极效果，这就是人们通常的理解。例如，一个长相中等的女性与一个她不认识的漂亮女性走在一起时会显得难看，并降低自尊。这种现象，在心理学里我们通常称之为对比效应（comparative effect），即感觉到与比较目标的差距，从而产生消极的情感体验。

下行比较也同样存在这样两种情况，只是效果正好相反。如果比较目标与自己关系密切，或同属一类，那么会产生辐射效应，即对方的不良品质会辐射到自己身上，从而降低自尊；如果比较目标与自己关系疏远、陌生，或不属一类，则会产生对比效应，即感到自己比对方强，从而提高自尊。

3. 性别偏差

（1）动机上的偏差。研究认为，女性的成就之所以没有男性高，主要是因为在女性的人格中存在着"害怕成功"（fear to success）的动机因素。一般女性大都不愿出人头地，虽然传统的"女子无才便是德"的说法早已为时代所唾弃，但女董事长、女总经理等"女强人"仍被认为与一般女性角色相比存在偏差。因此，当女性成功时，自己或他人常不愿将之归因于能力。

（2）观念上的偏差。美国心理学家贝姆（S. L. Bem，1981）提出的性别图式理论（gender schema theory）强调社会图式在性别角色上所扮演的重要意义。在前面泰勒和克罗克的社会认知的归因理论中我们已经阐述过，所谓社会图式是指一个人对社会事物所持有的某种看法。根据这些看法，人们设法将环境中所遇到的事物加以整体归纳，以利于个人适应社会。个人所拥有的许多观念深深地影响其日常行为，行为表现上的性别差异也可以追溯到原始观念上的差别。贝姆认为，性别的观念早在孩提时代就开始形成，日后的发展又时刻增强这种观念，性别图式起着帮助个人应付、整理环境的作用。

（3）环境上的偏差。美国心理学家达利（S. A. Darley，1976）认为，个人所处的环境对其行为反应影响很大。当人们采取某一行动时，人们会注意到这一行动的正确性和合意性，而正确、合适与否，则有赖于别人对这一行动的反应，有赖于文化与社会的期望，即有赖于环境因素。性别角色的期望是这些众多环境因素中的一种。性别角色的行为是为了迎合社会的期望和他人的赞许。

4. 归因偏差的文化差异

文化也是影响归因偏差的重要因素。在不同的文化下都可以观察到基本归因错误（D. S. Krull et. al, 1999）。但是，在西方文化中，人们更倾向于将他人的行为归因于个人特质，而非情境。一般来说，西方文化总是强调并鼓励人们"你一定可以做到的"，这种倾向个人特质的归因也更容易受到社会认可。相对地，东方文化则更注重情境因素的影响，所以亚洲文化下的个体很少将他人的行为归咎于个人特质。例如，相对于美国人，印度人更倾向于对个体的日常行为做情境性的归因（如"她的朋友和她在一起"），而较少进行人格特质的归因（如"她人很好"）（J. G. Miller, 1984）。美国的英文媒体在报道谋杀案时更倾向于进行特质性归因，如认为谋杀犯是"极度不正常的人""人格处于危险的边缘"；而美国的华人媒体则更倾向于对案件做出情境性归因，如谋杀犯"与对方关系不好""承受社会的压力""美国枪支的易得性"等（M. W. Morris & K. Peng, 1994）。那么，是否集体主义文化（如中国和日本）下的个体不会进行特质归因呢？近期研究表明，对行为的特质性归因是普遍存在于多种文化中的，只是集体主义文化下的个体对情境因素更敏感，在归因的同时会考虑情境因素。

归因的文化差异不仅体现在对他人行为的解释上，不同文化下的个体在对自己的行为进行归因时也存在显著的差异。传统的亚洲文化强调谦虚、和谐，因此，相较于美国人来说，中国人更不愿意将成功归于自身的因素，而是强调情境的作用（C. A. Anderson, 1999；Y. T. Lee & M. E. Seligman, 1997）；同时，也更倾向于将失败归因于个体特质因素（如能力），而非外在情境性因素（S. Oishi, R. S. Jr. Wyer, & S. J. Colcombe, 2000）。在一些亚洲文化中（如日本和韩国），这种自我批判性的归因非常普遍，并且是一种群体联结的重要"黏合剂"，因为当个体批评自己时，其他人会表现出共情和怜悯，继而强化了群体联系（S. Kitayama, H. R. Markus, H. Matsumoto & V. Norasakkunkit, 1997；S. Kitayama & Y. Uchida, 2003）。

另外，虽然不同文化下的个体对归因偏差倾向不同，但是该倾向对态度行为的预测却在一定程度上具有文化普遍性。例如，一项在英国、印度、澳大利亚和美国进行的研究都发现归因可以预测个体对待穷人和无业者的态度（L. J. Skitka, 1999；G. S. Zucker & B. Weiner, 1993）：将人穷和个体失业的原因归结为个体因素（如"他自己比较懒惰"）的个体更倾向于在政策制定中忽略穷人和无业者；反之，归因为情境因素（如"他们只是没有接受良好的教育"）的个体则更倾向于在政策制定时考虑这部分人的利益。

第二节　归因风格和归因训练

一、归因风格及其测量

归因风格（attributional style）是指个体在长期的归因过程中形成的比较稳定的归因倾向。按照不同的维度，归因风格可以分为内部的和外部的、稳定的和不稳定的、普遍的和特殊的、本性的和情境的，等等。通常情况下，心理学家主要研究个体内部的和外部的归因风格。归因风格与控制点（locus of control）在概念上很相近，都反映个体的归因倾向，但二者也有区别。归因风格是一个一般描述个人归因倾向的概念；而控制点是由心理学家罗特（J. B. Rotter，1966）提出的操作性概念，指个人对于自己行为控制力量位置的所在。

个体的归因风格可以通过归因风格量表来测查，如塞利格曼（M. E. P. Seligman）等人设计的归因风格问卷。个体的内部—外部归因风格也可以通过控制点量表来测查，比较典型而且常用的量表主要有：罗特的内外控量表（简称I—ES）、诺威奇—斯特里克兰（S. Nowicki & B. R. Strickland）的控制点量表（简称NLCS）、克兰多尔（V. C. Crandall）的智力成就责任心问卷（简称IAR）。这里主要介绍I—ES。

I—ES共由29道题目组成，其中23道是真实题，另有6道是干扰题（与测查归因风格无关）。每道题都由一对可供选择的a和b组成，让被试在每一对选项中选择一个自认为更适合于自己情况的陈述。

"真实题"举例：

11. ——a. 成功是一项艰苦的工作，运气与它有很少或者根本没有关系。
　　——b. 找一份好工作主要取决于好机遇。

25. ——a. 许多时候，我对自己所遇到的事没什么影响。
　　——b. 要我相信机会和运气在我生活中起重要作用是不可能的。

"干扰题"举例：

27. ——a. 在中学里，运动特别重要。
　　——b. 班级运动会是塑造性格的极好方式。

在23个真实题中，每个题都包括一个外控选项和一个内控选项，被试在每个题中选择外控选项得1分，选择内控选项不得分。最高分为23分（极端外控者），最低分为0分（极端内控者），平均分为11分，高于11分为偏外控者，低于11分为偏内控者。

二、归因训练

所谓归因训练（attribution training），是指通过一定的训练程序，使个体掌握某种归因技能，形成比较积极的归因风格。归因训练的基本思想是，个体在对自己行为的因果知觉中，存在各种归因偏差，通过归因训练，个体可以获得各种形式的归因反馈信息，从而消除归因偏差。

根据福斯特林（F. Fosterling）的观点，归因训练可分为两种途径进行：其一是错误归因训练（misattribution training），其二是再归因训练（reattribution training）。

（一）错误归因训练

错误归因训练的理论基础是沙赫特和辛格（S. Schachter & J. Singer）的情绪二因素论（本书第四章第二节对其实验研究已做过详细介绍）。他们认为，个体对情境的评价可以引起生理唤醒和"情绪性"认知。个体在生理唤醒和认知过程相互作用下经历着特定的情绪状态，生理唤醒处于积极状态时能够增强愉快的情感，而处于消极状态时能够增强愤怒的情感。他们将这一设想应用于临床工作，通过由不同生理唤醒状态下的认知解释，引起所期望的情绪归因，从而改变患者的消极情绪，达到治疗的目的。错误归因训练主要用于焦虑、失眠、口吃、忍受疼痛、吸毒、抑郁等方面的治疗。从有关的实践结果来看，这种方法虽已取得了一定成效，但尚未得到广泛的实验支持，因而在应用上受到一定的限制。

（二）再归因训练

再归因训练以韦纳、塞利格曼和班杜拉的理论观点为指导。再归因训练的具体方法很多，这里主要介绍常用的三种方法。

1. 团体发展法

这种方法以韦纳等人对于成就动机的归因分析为代表，要求归因训练以团体讨论的方式进行。小组成员在一起讨论和分析行为的原因，并由一名心理学家或受过一定训练的教师对个人及整个小组的情况做出比较全面的分析，引导他们做出正确的归因。然后，每个人填写归因量表，要求从一些备择原因中选出与自己行为最有关系的因素，并对几种主要因素所起作用的程度做出评定。心理学家或教师对这些自我评定和归因结果进行统计分析，并及时对小组成员做出反馈，指出归因偏差，鼓励比较符合实际的、积极的归因。

这种归因训练可以定期在学校进行，要求学生主动配合，同时，心理学家必须在训练之前注意观察、了解和记录学生行为的情况，从而使归因训练取得良好效果。

由于心理学家不可能经常、全面地了解每个学生的具体情况，因此，比较有效的途径是让教师掌握归因训练的知识和技能，把归因训练结合到教学工作中去。团体发展法比较适合于小学高年级学生和中学生，因为这部分学生已具备一定的认知发展水平，初步具备了讨论问题的能力。

2. 强化矫正法

这种方法以塞利格曼（M. E. P. Seligman, 1975）有关习得性无助（learned helplessness）的研究为代表，运用了学习和强化的原理。在归因训练时，对学生做出的积极归因及时给予强化，促使他们形成比较正确的归因风格。在采用这种方法进行归因训练时，让学生在规定的时间里完成某种行为，然后，要求学生在事先预备的归因因素列表中做出选择，对行为做出归因。每当学生做出比较积极的归因时，随即给予鼓励或奖赏，并对那些很少做出这类归因的学生给予暗示和引导。

强化矫正式的归因训练比较简便易行，特别适宜于儿童。这种方法的关键是掌握和灵活运用适当的诱导和奖励方法。用这种方法进行归因训练的效果可以迁移到日常行为中去，但需要定期进行。它的作用没有团体发展法那样持久。这种训练可以个别进行，也可以多个学生同时进行，不过，个别训练时的干扰较少，更容易取得好的效果。

3. 观察学习法

这种方法以班杜拉等的自我效能（self-efficacy）理论为代表，让儿童观看几分钟归因训练的录像片，片中表现儿童在完成某一行为时进行归因的情况。运用这种方法时，应该使片中儿童的特征（性别、年龄等）与受训儿童尽可能相似，所从事的行为也应尽可能与这些儿童的实际行为相一致；在观看录像后，让儿童重复类似的行为。这样能够使观察学习的效果更好地迁移到日常行为中去。

再归因训练的实施步骤包括下列三个方面。

（1）选择对象。按照训练的目的，根据归因风格测量挑选出由于归因风格不当而导致行为不适应的人作为训练对象。

（2）按照规定的一套训练程序实施干预。在阅读、数学、智力游戏和道德情境等活动中有目的、有计划、有针对性地进行说服、讨论、观察学习和强化矫正等方法。干预的时间和次数依训练对象的年龄而定。

（3）效果测量。比较实验组与控制组、训练前与训练后的行为改变，可以获得训练的效果。

国外有关再归因训练的研究表明，上述再归因训练的方法是有效的。隋光远（2005）用定性和定量相结合的研究方法，对13年前针对38名初中生进行的成败归因训练效果进行了追踪研究。结果发现，与对照组相比，接受过归因训练的实验组被试在任务选择、行为强度和坚持性方面均表现出较高水平，成就动机更强烈；对成功或成就倾向于做能力、努力归因。这一结果表明，归因训练能够对人产生深远的影响，动机的改善具有长期效果。西方在近年来的归因训练中已注意到多种因素的交互作用，也注重在实际课堂中进行训练。但从总体来看，仍然存在着种种局限性，包括忽视个体差异、训练工作大多是在实验情境中进行、对外部因素的制约作用认识不够、忽视归因各维度间的交互关系、忽视情绪因素在归因改变中的作用、忽视训练对象自我归因的主动调节能力等。

由于归因影响人们的期望、情感和随后的行为，因此，必须对学生错误的归因风格进行矫正。例如，有的学生习惯把学业失败归因于能力低，教师就应明确指明他们的失败是因其努力不够造成的，训练他们在失败时更多地归因于主观努力程度方面。这样就会增强学生学习的自信心，从而避免产生自卑心理。再比如，有的学生把学习失败归因于教学质量差、教师有偏见等外部原因，这是一种防御性归因，是为了保护自尊心。针对学生的这种防御性归因，教师要有正确的认识，既要从学生归因于教学质量差中发现自己的问题，以提高教学质量；同时也要引导学生更多地进行主观努力因素归因，让学生认识到努力程度对学习成功的重要性。一般来讲，要让学生把成功归因于内部的、稳定的因素，以增强其自尊心和自信心；而把失败归因于外部的、不稳定的因素，或内部的可控因素（如努力），使其相信自己以后经过努力就能获得成功。教师可以结合日常的教育教学工作，针对不同学生的归因倾向进行引导、鼓励和强化，使其形成正确的归因风格。

第三节　决策的理论及其影响因素

一、决策的概念

人生在世总难免要做决策或决定。早上吃面包喝牛奶还是吃油条喝稀饭？周末在家休息还是去公园游玩？这些问题都是我们日复一日要面对的决策问题。有些决策做错了并无伤大雅。比方说，我们选了部乏味的电影观看而白白浪费了整个下午也许会令我们很气愤，却不会对我们的人生造成太大损失。然而，在某些事情上做错了决策却可能会令我们抱憾终生，甚至万劫不复。譬如，错误投资而导致倾家荡产就可能会令我们妻离子散。所谓决策（decision-making），是指人们在对某行动方案的知觉和具有正面的或负面的后果和成功的可能性等考虑的基础上做出抉择的过程。

上述定义包括以下三个方面的含义。第一，决策必须是对某些行动方案的知觉和考虑；第二，决策必须在行动方案实施后具有正面的或负面的后果；第三，决策还必须具有成功的可能性。

无论人们在选择行动方案时多么谨慎，也很难确定这些行动方案会带来怎样的结果。因此，当人们在做决策时，必须考虑这些决策的后果，以及采取行动后，这些后果真正发生的可能性，即概率。如果两个行动方案中，有一个方案的概率为零,那么,它们之间也就无所谓决策存在了。当然,在这里必须注意,真正重要的并不在于行动产生预期后果的客观概率,而在于行动者的主观概率或个人信念。所谓主观概率,是指个人对于决策成功可能性的一种直觉。

二、决策理论

决策理论(decision theory)着重于研究不确定情境下的决策问题,其主要课题是决策规则的选择,即如何根据有关证据决定"怎样决策"的问题,或者说,通过获得样本结果概率的信息,提供达到决策目标的最佳方式。如何做出理性的决策构成决策理论的中心课题。较精确地说,决策理论是一门研究决策者在不同处境下该如何选择才最为理性的学问。必须指出的是,决策理论只能告诉我们怎样做决策最理性,并不能担保我们每次都能获得最好结果。最理性的决策未必会导致最好的结果,最好的结果也不一定来自最理性的决策。换句话说,理性的决策与结果的好坏并无必然联系。因为,结果的好坏总难免掺杂运气的因素。

决策理论主要是从经济决策问题的研究中发展起来的。在大多数情况下,人们所面临的都是不大确定的决策情境,决策者并不确切地知道事件将会出现什么结果,这时,存在"决策风险"。作为"最佳决策",其目标总是要使在做出某项决策时,预期的损失(expected loss)最少。

决策理论有很多种,这里我们只介绍比较典型的四种。

(一)概率理论

概率(probability)是一种重要的统计方法,是指事件发生的可能性,常常以人们的经验作为推断的基础。

概率理论认为,人们的决策通常是以概率为依据的。例如,某人要到万里之遥的异地去参加一个紧急会议,当他选择交通工具时,一般选择飞机。尽管飞机有失事的可能性,而且他可能耳闻目睹过飞机失事的惨痛景象,但这一事件的概率毕竟非常小,是一种"小概率事件",在做决策时,人们通常认为"小概率事件是不可能发生的"。

应该指出的是,人们做决策依据的不仅仅是客观概率,更多的时候依据的是主观概率。所谓主观概率,是指人们对客观概率的主观判断。例如,抛掷硬币每次出现正面或反面的客观概率都是相等的,各为50%。但是,赌徒们往往根据过去出现正面或反面的次数来判断下次出现正面或反面的概率。若前几次都是出现正面,尽管下次出现正面或反面的客观概率仍然各为50%,但赌徒们会认为,下次出现反面的概率大于出现正面的概率,这就是主观概率。

诺曼(R. Norman)指出,主观概率有三个主要特点。第一,人们倾向于高估低概率事件的出现,低估高概率事件的出现;第二,人们倾向于表现出赌徒的谬误,预测暂时未出现的事件很可能最近出现;第三,人们倾向于高估对他们有利的事件的真实概率,低估对他们不利的事件的真实概率。

(二)预期损失理论

在决策过程中,人们往往以损失(或负收益)来描述各种决策结果。

例如,如果用 a_1、a_2、a_3 分别表示某个体商贩在足球比赛时的销售决策行动——

a_1:只销售雨伞;

a_2:既销售雨伞,又销售汽水;

a_3:只销售汽水。

用 θ 表示两种天气状态——

θ_1:雨天;θ_2:晴天。

该决策问题预期的损失函数为 $L(a, \theta)$:

	θ_1	θ_2
a_1	−20	10
a_2	5	5
a_3	25	−7

天气状态的概率分布为 $P(\theta)$:

	θ_1	θ_2
$P(\theta)$	0.2	0.8

那么，预期损失理论（theory of expected loss）认为，采取行动 a 时预期的损失 L(a) 为：

L(a)＝L(a，θ)P(θ)。

上例中，行动 a_1、a_2、a_3 的预期损失分别为：

$L(a_1)$＝－20×0.2＋10×0.8＝4

$L(a_2)$＝5×0.2＋5×0.8＝5

$L(a_3)$＝25×0.2＋(－7)×0.8＝－0.6

由于 a_3 使预期损失最小，所以 a_3 是最佳行动方案。

（三）效用理论

用预期损失理论考虑重复决策问题是有效的，但当某些决策只能做一次时，以预期损失作为依据就可能犯决策错误。例如：

a_1：采取行动 a_1 后肯定能获得 10 000 元；

a_2：采取行动 a_2 后有 50％的可能获得 21 000 元。

尽管 a_2 的预期金额高于 a_1（21 000×50％）＞（10 000×100％），但大多数人宁愿选择行动 a_1 而不是 a_2。这说明决策并不是建立在对金额本身判断的基础之上，而是以对钱的主观评价，即钱的"效用"为基础的。

决策效用是指对于决策后果的主观评价。研究表明，在许多情况下，效用是比预期损失更适当的决策指标，决策应该建立在"期望效用"（expected utility）的基础上。

效用理论提出一条重要的决策规则或称 EU 标准：在决策时使期望效用值（EU）最大。

应该指出的是，影响和决定效用高低的既有经济因素，也有各种非经济因素，如社会因素。不同的人会有不同的效用函数，因而会在相同的情境中做出不同的决策。例如，金钱的效用不仅仅是它的表面价值，它与人的财产有关系。一元钱对一个乞丐和对一个富翁就会有不同的效用。

（四）前景理论及其新进展

传统的决策理论假设人们的决策是理性的、效用最大化的，但是大量的经验和实证研究表明人们的决策过程受到非理性因素的影响（李海军、徐富明、相鹏、孔诗晓、孟贞贞，2013）。卡尼曼（D. Kahneman）和特沃斯基

(A. Tversky)于1979年提出了决策的前景理论(prospect theory),前景理论把心理学研究与经济学研究有效结合,从而解释了在不确定条件下人们是如何做决策的。前景理论的主要观点是:个体是依照一个参照点来进行决策的,在参照点的左右会产生不同的决策偏好。它假设在风险决策过程中,个体凭借框架和参照点等收集和处理信息,利用价值函数和主观概率的权重函数对信息予以判断。如图5-1所示,人们感知价值的函数是定义在相对于某个参考点为拐点的收益和损失上的"S"型函数,由于损失比等量的获得产生的心理效用大,也就是说,损失曲线的斜率大于获得曲线的斜率,在价值函数上体现为损失曲线比获得曲线更陡。

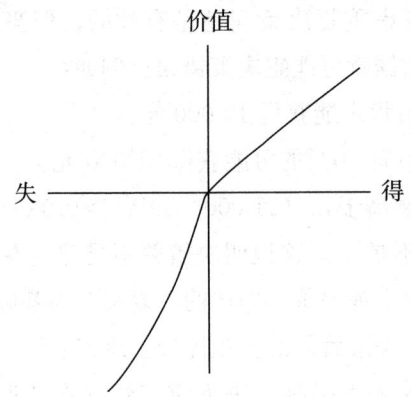

图5-1 前景理论的价值函数曲线

(资料来源:Kahneman, D. & Tversky, A. (1979). Prospect theory: An analysis of decision under risk. *Econometrica*, 47, 263-292.)

下面我们通过"亚洲疾病问题"的例子来加以说明。

"亚洲疾病问题"——第一个问题:

假想亚洲爆发罕见疾病,预计会有600人因疾病发作而死亡,现有两种与疾病做斗争的方案可供选择,请问方案A与方案B您喜欢哪一个?

方案A:200人可以获救。

方案B:1/3概率600人可获救,2/3的概率无人可获救。

"亚洲疾病问题"——第二个问题:

假想亚洲爆发罕见疾病,预计会有600人因疾病发作而死亡,现有两种与疾病做斗争的方案可供选择,请问方案C与方案D您喜欢哪一个?

方案C:有400人会死亡。

方案D:有1/3的概率无人死亡,2/3的概率600人均死亡。

结果发现,对于第一个问题,大多数人会选择A,而对于第二个问题,大多数人选择了D。这就是说,大多数人在面临获得的时候是风险规避的,而在面临损失时却是风险偏好的。

在大量研究的基础上,前景理论得出以下三个基本原理:(1)大多数人在面临获得的时候是风险规避的;(2)大多数人在面临损失的时候是风险偏好的;(3)相比获得,人们对损失更敏感。

试想,得到100元与失去100元,哪个让你感受更深刻呢?正常人在失去一件东西时经历的痛苦程度要比得到同样一件东西所经历的高兴程度更大。这就是说,人们对损失更敏感。因此,人们在面临获得时往往是小心谨慎,不愿再冒风险,而在面对失去时会很不甘心,想再搏一把。而且人们常常高估小概率事件,所以会热衷于参与高额奖金的抽奖,即使已知得奖的概率很低。

在前景理论的基础上,王晓田和约翰森(J. G. Johnson)于2012年(X. T. Wang & J. G. Johnson,2012)提出了三参照点理论(Tri-reference-point theory,TRP)。他们认为,在风险决策中要考虑三个参照点的影响,现状、目标和最低要求。决策者同时希望超越目标、提高现状、保持在最低要求之上。这些参照点将结果分成:失败区域(在最低要求之下)、损失区域(在最低要求和现状之间)、收益(在现状和目标之间)、成功(达到目标或以上)。每一区域都有特殊的价值功能。根据三个参照点的心理权重的排序:底线>目标>现状,该模型继而推导出跨越不同区域的以现状为分界的双S型的价值函数,以及据此产生的对于跨越不同参照点的预期结果的偏好转换和损失—获益及失败—成功的两种不对称性(王晓田,王鹏,2013)。三参照点理论扩展了前景理论中价值函数只有现状一个参照点的情形,考虑了多个参照点的影响。

此外,传统的决策理论很少关注情绪的作用。然而,人们不可能总是如期望效用理论所假定的那样做出最优决策,后悔就随之产生了,人们在后悔时通常会出现"如果……就……""要是……就好了"的反事实思维。卡尼曼和特沃斯基关于后悔心理的研究发现了经典的"作为效应（action effect）"，即相比没有做出正确行为导致同样价值的损失，人们对做出错误行为而导致损失更为后悔。后来的研究者发现，时间会影响人们的后悔心理。在短时间范围内，人们对作为行为产生的不良后果更加后悔，而从长期角度考虑，人们感到不作为行为更加后悔，例如"要是我在大学时候能够多读些书就好了"（T. Gilovich & V. H. Medvec，1994）。国内研究者试图用后悔的一致性模型来解释作为效应，分别用"状态改变"和"状态继续"替代了"做"与"不做"，认为无论长期或短期后悔都是状态改变强于状态继续的后悔。

与决策理论密切相关的理论还有合理行动理论、社会交换理论、公平理论等，这些理论也能部分地解释人们的决策行为。

三、决策的主要影响因素

影响决策的因素很多，其中包括前面提及的事件发生的概率、人们对各种供选方案的主观评价和预期等。我们将分为"情境因素"和"决策者因素"两部分进行分析。

（一）情境因素

1. 可获取的信息量

人在做决策时不可能获取所有的可用信息，在一定范围内所获取的信息越多，做出的决定可能越理智；但当信息负荷过大时，人反而会因为考虑得过多而不知如何选择。

2. 组织环境

如果组织环境是倾向于注重个人利益的，那么决策者会更可能做出有利于个人利益的决策。而如果组织决策是更倾向于注重集体利益的，那么决策者会更可能做出牺牲自己利益而有利于组织的决策。

3. 信息呈现方式

如卡尼曼提出的框架效应（framing effect），最著名的研究有前文中提到的"亚洲疾病问题"。

(二)决策者因素

1. 个人认知

个人认知对决策的影响包括已有的知识经验、价值体系以及所有个人因素所导致的认知偏差。比如有风险投资经验的人可能会比毫无经济学基础的人在经济决策上做出更理智的决策。社会主义价值观体系下生活的个体可能会和资本主义价值观体系下成长的个体做出不一样的决策。

2. 人格

个体人格中的独立性和依赖性特征会影响决策。独立型人格的人在做决策时比较有条理、有系统,但他们通常对自己所面临的各种行动方案的可能性和合意性持一种悲观态度。由于他们总喜欢把事情往坏处想,试图考虑行动方案的每一种可能的结果,以使自己避免最坏的结局,所以,他们对每一种结果的可能性和合意性产生低估,从而导致决策困难。依赖性的人在做决策时比较愿意倾听各种意见,对某一结果的可能性和合意性通常持乐观态度,有助于缩小所考虑的行动方案的范围。他们在评价信息时更多地运用直觉而不是逻辑。在做决策时,喜欢根据预感和冲动来做反应,而不是对每一种选择的积极或消极方面进行系统分析。

人格因素中我们还经常考虑的另一方面是情绪性—理智性对决策的影响。情绪性的人在做决策时通常以对行动方案可能性或合意性的极端判断为基础。他们或者对行动方案全盘肯定,排除其他任何值得考虑的行动方案;或者对某一结果的可能性与合意性持全盘否定的态度,陷入无助的痛苦。研究还表明,情绪性的人通常缺乏时间观念,往往高估或者低估某一行动方案所需要的时间,这也容易导致错误的决策。情绪性的人可能会误以为一个十分满意的行动方案花的时间太长而将其排除;或者一个被采纳的行动方案由于受到时间的限制而根本不可能完成。

理智性的人常常低估某一结果的可能性和合意性,不太愿意利用机会,甚至拒绝那些极有意义的行动方案。他们不能有效地评价可能的行动方案,这会使他们的决策也受到一定的限制。

3. 动机

决策者倾向于风险寻求或是风险规避,这属于影响决策的动机因素。倾向于风险规避的个体可能会选择更保守、更安全的决策,而不会去冒险,即使那种冒险有一定的概率可以获得更大的利益。比如我们经常在一些电视节目中看到的,"选择继续作答,你有可能得到更高的奖金,但失误后要撤回已获得的奖金;选择离开,你将带走现有的奖金,但也失去获得更高奖金的机会"。倾向于风险规避的人会选择离开,而倾向于风险寻求的人会选择继续。

4. 情绪

高兴或者不高兴时所做的决策往往相距甚远。但是在正性情绪对决策的影响上,科学家们也有不同的见解。有些研究者(M. L. Finucane, E. Peters & P. Slovic, 2003)认为正性情绪因为占用认知资源,损害信息处理过程,而影响决策质量。而有些研究者(A. M. Isen, 2008)认为正性情绪可以提高认知灵活性,从而提高决策质量。

上述影响因素主要是针对个人决策而言的,在群体决策中还存在"冒险转移"等影响因素,这些因素将在第十三章中做比较详细的介绍。

第四节 决策风格与决策技术

一、决策风格及其测量

所谓决策风格(decision style),是指个体在长期的决策过程中形成的比较稳定的决策倾向。历史上,研究者对决策风格进行了大量的研究,并提出不同的决策风格的分类方法,这里列举比较著名的几种划分方式及其测量方法。

(一)汉德森(J. C. Henderson)和奈特(P. C. Nutt)的分类方式

1980年,汉德森和奈特对决策风格进行了经典的划分,将决策风格划分为分析型(analytic)和启发型(heuristic)。分析型决策者谨慎且有条理,综合各方因素分析问题,选择最佳方案。启发型决策者运用常识和直觉来做决策。

(二)罗维(A. J. Rowe)和鲍佳莱德(J. D. Boulgarides)的分类方式

1992年,罗维和鲍佳莱德按照价值观和价值复杂度两个层面将决策风格分为四种类型。主导型风格（directive style）的决策者渴望明确的指导，注重效率与结果，较有逻辑且有效率，偏好短期快速决策。行为型风格（behavior style）的决策比较易于沟通，容易接受建议，处理问题只需少量信息，重视中、短期目标。分析型风格（analytic style）的决策者善于推理与创造，以获得高成就或崇高地位作为目标，做事有条不紊。概念型风格（conceptual style）的决策者关心、信任他人，观念开放，喜欢创新，愿意冒险，但不喜欢受到过多的限制。

（三）斯科特（S. G. Scott）和布鲁斯（R. A. Bruce）的分类方式

1995年，斯科特和布鲁斯按照决策者做决策的方式将决策风格分为五种类型。理性型（rational style）决策者有逻辑，且深思熟虑，会评估长期效用，并以事实基础为导向，呈现较高的绩效表现。直觉型（intuitive style）决策者以自我判断为导向，在有限信息内能够快速做出决策，发现错误时能及时改变；但错误可能性较大，决策具有不确定性。依赖型（dependent style）决策者采用他人建议与志愿，允许他人参与决策并共同分享决策成果。逃避型（avoidant style）决策者拖延、不果断，面对决策容易焦虑。自发型（spontaneous style）决策者容易基于一时冲动，而做出后悔的决定。

斯科特和布鲁斯编制了可用于测量他们提出的五种决策风格的"一般决策风格测量问卷（General Decision Making Scale，GDMS）"。该量表共包含25个题目，每个题目按照五点量表评分，从"非常不同意"到"完全同意"。25个题目属于五个分量表（依赖型、自发型、逃避型、理性型和直觉型），在某一分量表上得分高的人偏向于这种决策风格。

（四）其他的分类方式

1. 冒险型

这是企业家的决策风格。只要能带来巨额利润，企业家们总是愿意冒险。他们对自己的能力一贯持乐观态度，无论可能出现怎样的不利情况，他们都会对自己的能力做最高估价。即使犯了错误，他们也很少后悔，而是把错误当作一份经验，帮助他们在以后的决策中避免犯类似的错误。这种风格的人最善于在两种难分上下的行动方案中做决策，因为冒险风格的人对于行动方案的正面后果特别敏感，只注意到这些行动方案成功的可能性，而对其负面后果则视而不见。这种风格的弱点在于，巨大的收益常常伴随着巨大的风险，冒险风格的人随时都有破产的可能，因此常常在生活和事业上大起大落。

2. 谨慎型

这种风格的主要特征是使损失的危险降到最小。谨慎风格的人认为，人们应该时刻注意到事情可能变坏的趋向，并且选择能够避免导致毁灭性结局的决策。这种决策风格的人比较适合于从事那些具有重大损失可能的高度冒险性工作，如股票、房地产和货币市场等。在这里，谨慎决策不仅安全，而且可以带来虽不巨大但很稳定的收益。谨慎风格的人不可能被委托来设计一项庞大的工程或经营巨款，因为他们不愿冒险，不受潜在奖励的诱惑，对投机性很大的计划不感兴趣。

在一般情况下，谨慎型与冒险型水火不容，如果这两种风格的人联合决策，常常会发生冲突。谨慎型的人力图避免在事情受阻时发生最坏的结果，而冒险型的人则坚持认为，只有冒险才能取得真正的进展。

谨慎型风格的弱点在于，有些千载难逢的良机很容易被错过，而且，在力图使损失减到最小时，可能忽视了潜在的收益。

3. 防御型

这种风格的人在做决策时主要考虑的是，不让自己以后感到后悔，他们既力求把损失降低到最小，又力求不使自己错失良机。防御型的人最怕后悔，既不愿冒遭受巨大损失的风险，又不想放弃可能得到的收益。在没有足够信息确保决策正确的时候，防御型的人可以做出最佳选择。如果对问题疑惑不解的话，那么，采取一种折中的决策常常是最安全和最成功的。因为，倘若这种决策是错误的，那么，损失被降到了最小；倘若这种决策是正确的，那么，收益仍然可以得到。

应当指出的是，这三种决策风格各有利弊，没有哪一种必然比另外两种更好或更坏，只有把适当的风格运用于特定的决策任务上，才能选择正确的行动方案。可以断言，只有把决策风格与情境需要统一起来，才能把握住最好的行动机会。

决策风格可以利用"决策风格问卷"来进行测查。"决策风格问卷"共由七道题组成，每道题先讲述一个小故事，然后提出 a、b、c 三种行动方案（分别代表三种决策风格），让被试选出一个在脑子里最先想到的或最可能想到的行动方案。举例如下。

• 你在银行存了一些钱，现在准备用这些存款购买股票。你的一位好朋友给你提供了三种不同类型的股票信息：第一种是红利非常稳定的股票，这种股票非常安全，但不大可能带来巨额利润；第二种是特别冒险的采矿股票，据权威人士透露，这种股票的价格在近期内可能猛涨，但是，万一这一内部消息不可靠，那么，购买这种股票将会带来一定的损失；第三种是一家小型制造公司的股票，该公司董事会正在考虑与一家外国公司合资，如果成了，股票价格将会上涨；如果不成，价格将保持原封不动。

在决定购买某种股票时，你脑子里最可能出现下面哪一种想法？

a. 一个人如果不愿冒险或碰运气，那他就永远不会获得巨额利润。所以，我相信内部权威人士提供的信息，决定购买采矿股票。

b. 我的运气一向不好。所以，我将选择安全的红利投资，数额虽小，但很稳定。

c. 一方面，我不甘心失去一次获取巨额利润的机会；另一方面，如果在有稳定的利润可得时，我却没有去争取，对此我会严厉自责。因此，我将选择购买那家制造公司的股票，因为即使发生了最坏的结果，我也不会对自己的选择感到遗憾。

• 某学生在中学毕业时面临困难的抉择：如何进一步深造。他可以到一所很有声望的大学去上学，在那里，获得学位是很难的，但是，一旦获得学位，那将非常荣耀。他也可以到一所名气不大的学校去上学，在那里，获得学位很容易，但是缺乏成就感。这个学生毅然选择了前者，结果，他失败了。

对此，你做何感想？

a. 他瞄准高目标的做法是对的，因为，人总应该往高处走。虽然他的失败是不幸的，但这并不妨碍他进另一所大学。

b. 他真是自讨苦吃，因为好高骛远必然导致失败或失望。

c. 他的最好办法是向更多的大学提出申请，这样做，也许可以寻找到既有一定声望，又不会使自己遭到失败的学校。

简单统计选项"a""b""c"的选择情况，看看哪种反应出现的次数最多。如果选"a"最多，那么，其决策风格偏向于冒险型；如果选"b"最多，决策风格偏向于谨慎型；如果选"c"最多，则决策风格偏向于防御型。

二、决策技术

小到"抛硬币"，大到著名的"决策树"，都可以被看作决策技术。以下将介绍几种著名的或者有实用价值的决策技术。

（一）按类别排除（elimination by aspects）

由特沃斯基在1972年提出。按类别排除是指在备选项中进行选择时，首先列举出需要对比的方面，然后直接排除在某一方面有欠缺的选项。比如，要高考的学生想要选择报考哪所院校，他需要综合考虑的因素可能有"与自己的实力匹配度""院校知名度""是否有自己喜欢的专业"等。做决策时，首先看第一个方面"与自己的实力匹配度"，该学生发现一些大学是自己根本考不上的，遂排除。然后看第二个方面"院校知名度"，发现一些院校完全不知名，被排除。以此类推，最后选到自己认为合适的院校。

（二）偏好树（preference tree）

由特沃斯基和什穆斯尔·参塔（Shmuel Sattach）在1979年提出。他们改进了按类别排除法，取而代之以列出所有关注的方面，从抽象到具体，逐一对比选项而排除。比如，仍然是高考的学生要选择报考哪所院校，他最关注的方面是"院校知名度"，其次是与"自己实力的匹配度"，最后是"是否有自己喜欢的专业"。于是，他首先把知名院校列出来，其次在这些院校中寻找与自己实力匹配的院校，将不匹配的院校排除，接着再看被选定的院校中哪些是有自己喜欢的专业的，然后在其中选出自己心仪的院校。偏好树法其实就是将按类别排除法按照更有层级、更有逻辑的方式组织起来，再做筛选。

（三）决策树（decision tree）

我们知道，决策时会包括两个或多个行动方案，而这些方案对行动者有正面的或负面的后果，同时，这些方案在达成预期后果的概率上各不相同。因此，对于任何一种决策，我们都可以用一种有用的图示加以表示，这种方法就是所谓的决策树。

建立决策树的过程应该注意两个关键成分：第一，合意性（desirability），即行动方案给行动者带来的正面或负面的后果；第二，可能性（probability），即行动方案对于达成预期后果的概率。

下面，我们以某玩具进出口公司所面临的困境为例来详细介绍决策树建立的具体步骤。

这家公司的销售部主任艾利克面临这样一个困境：该公司在市场暴涨时进口了一批电子玩具，可是，现在的玩具市场正处于疲软状态，他不知道如何才能以最好的方式将这些玩具推销出去。

艾利克有两家主要的零售商可供选择：A公司的进货经理是阿里森，该公司是艾利克的第一选择，因为艾利克过去推销给该公司的同类商品比较畅销，而且，该公司的商品销路主要在邻近地区，这种昂贵的电子玩具在该地区有较大的市场；B公司的进货经理是阿兰，艾利克与他有很好的私人关系。

艾利克知道，他必须非常谨慎地与这两家公司的经理进行谈判，因为，如果他向其中某个经理提出这笔交易，若遭到拒绝，那么，他很难再向另一个经理提出这笔交易。因为，阿里森和阿兰长期以来一直是强硬的竞争对手，两人都会为没有被给予新商品的优先购买权而生气。

艾利克所面临的上述困境是众多企业家们经常面临的。尽管这种决策困境具有很大的不确定性和冒险性，但决策树却可以提供一种最好的技术，使这些不确定性和冒险性减少到最小，从而帮助决策者做出最有效的决策。

步骤一：艾利克对各种结果做如下评价：

选择	合意性
卖给阿兰	+5
卖给阿里森	+6
谁也不卖	−6

注：合意性从−6到+6

步骤二：艾利克对两个经理接受或拒绝的可能性的评价：

选择	可能性		
优先选择	接受	拒绝	合计
与阿兰洽谈	0.7	0.3	1
与阿里森洽谈	0.6	0.4	1

步骤三：艾利克对某方知道对方拥有优先购买权并拒绝购买时仍愿意购买其商品的可能性的评价：

选择	可能性		
第二次选择	接受	拒绝	合计
与阿兰洽谈	0.2	0.8	1
与阿里森洽谈	0.3	0.7	1

基于上述步骤，艾利克可以建立如图 5-2 所示的决策树。

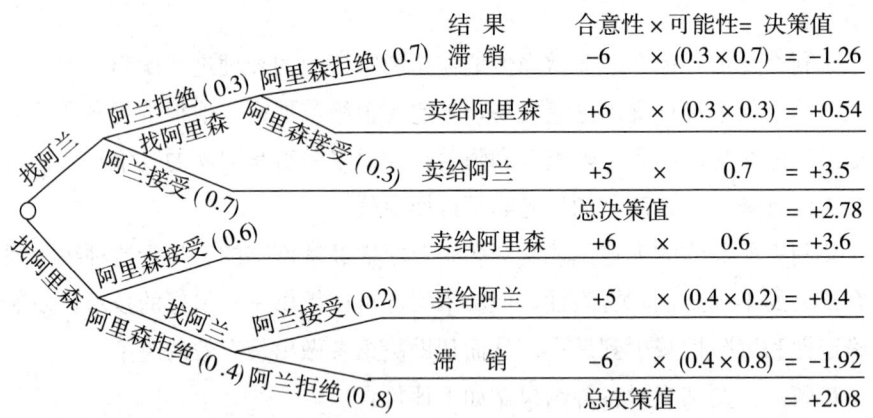

图 5-2　解决玩具公司困境的决策树

从上面的决策树中我们不难看出，艾利克优先选择同阿兰做买卖的三种可能结果的总决策值是 2.78；优先选择同阿里森做买卖的三种可能结果的总决策值是 2.08。由此，我们不难得出结论，艾利克的最佳决策是优先把玩具提供给阿兰（尽管艾利克最初已经看好了阿里森）。

决策树具有以下优点。

（1）对决策的各种成分赋值使得我们的注意力集中于特定的问题，从而可以防止我们的注意力被泛泛的、非实质性的考虑所分散。

（2）建立决策树的过程阐明了我们必须考虑的各种关键因素，使我们对这些因素的真正作用做出更客观的评价；而且，由于明确地提出了一个应该遵循的结构化程序，所以，它减少了伴随决策而产生的任何焦虑。

（3）在建立决策树的过程中，我们弄清了所有可能的选择和结果，并把它们记录在纸上，而不是在记忆中操作。我们知道，短时记忆的容量是有限的，如果这一系统超负荷，那就会使我们遗忘许多重要的信息，从而导致我们在对已有信息缺乏全面思考的基础上做出错误的决策。

（4）决策树通过对结果的合意性和可能性赋予数值，从而使我们的决策在理智的控制下而不是在情绪的控制下进行。

无论你何时面临一个难以做出而又对你的未来非常重要的决策，决策树都将是强有力的工具。在应用这种技术解决大的决策问题之前，你应该先在较小的决策任务中练习这种技术。在运用这种技术时，要特别注意人格因素对决策的影响，并考虑三种决策风格中哪一种最适合于某一特定的任务。

三、学生决策能力的培养

个体的社会行为受多种因素的影响，其中决策能力是影响社会行为的重要因素之一。个体在一个不明确的社会情境中，如果缺乏正确的判断能力，那么，其行为效果的社会意义可能与其行为意向的社会意义大相径庭。例如，一个乐于助人的学生在回家途中遇到某人正费劲地搬一台电视机，这个学生毫不犹豫地前去帮忙。如果这个人正好是一个小偷，那台电视机是偷来的，那么，这个学生的助人行为就具有消极的社会意义。

那么，怎样有效地培养学生的决策能力呢？我国学者肖峰在其实验研究中提出了一套科学的亲社会决策训练程序。这套程序分为四个阶段。

第一阶段，认知问题。要求决策者首先要准确地把握问题的性质，明确决策的具体目标。

第二阶段，探索解决的方案。要求决策者根据决策的目标和问题的性质，在头脑中展开发散思维以产生尽可能多的解决方案。

第三阶段，评价方案。要求决策者根据一定的标准来评价已产生的方案，这些标准包括以下几方面。

(1) 合目的性：决策方案符合决策的目标；

(2) 可行性：决策方案在现实条件下是切实可行的；

(3) 确定性：决策方案能够确切地带来预期的后果；

(4) 经济性：决策方案在实施时所付出的代价尽量小；

(5) 纯洁性：决策方案在实施后所产生的副作用要尽量小；

(6) 创新性：决策方案有独特创新性。

第四阶段，实地演练。给决策者提供一些实际生活中的助人情境，让决策者按照上述三个阶段进行决策。

此项研究的结果初步表明，这种训练能提高中学生的亲社会决策能力，并增加助人行为。

【要点小结】

人们总是试图对他人的行动过程或自己的行为过程进行因果解释和推论，目的在于能预测和评价他人的行为，以便对环境和行为加以控制。海德的朴素心理学、琼斯和戴维斯的相应推断理论、凯利的三度理论、韦纳的成败归因理论、泰勒和克罗克的社会认知的归因理论等，都从不同的角度对人们的归因过程进行了解释。个体在长期的归因过程中会形成比较稳定的归因风格，同时在进行归因时并不总是既合逻辑又合情理，常常会出现认知性偏差、动机性偏差、性别偏差等归因偏差。通过一定的归因训练程序，我们可以使个体掌握某种归因技能，形成比较积极的归因风格，还可以获得各种形式的归因反馈信息，消除归因偏差。人生在世总难免要做决策或决定。概率理论、预期损失理论、效用理论、前景理论等，都从不同的角度对人们决策的过程进行了解释。个体在长期的决策过程中也会形成比较稳定的决策风格，如冒险型、谨慎型、防御型等。个体通过建立决策树可以有效地解决决策过程中的许多难题。

【思考与练习】

1. 试对相应推断理论、三度理论、成败归因理论进行比较和评述。
2. 归因过程中的主要偏差有哪些？
3. 试述归因训练的途径、方法和步骤。
4. 简述决策的主要理论。
5. 以你亲身的生活经历为例，说明决策树的建立过程。

【拓展性阅读导航】

1. 孙煜明主编：《动机心理学》，南京大学出版社，1993。

本书对归因的概念、归因的偏差、各种归因理论以及归因训练等做了比较详细的介绍。

2. 庄锦英著：《决策心理学》，上海教育出版社，2006。

本书介绍了决策心理学的研究对象、研究范式、研究方法和发展历程，重点介绍了各种决策理论、决策风格及其影响因素等。

第六章 态度及其改变

【内容提要】

态度是具有多种功能与作用的社会心理现象。对态度成分、态度与行为关系和态度形成理论的分析,可以帮助我们对态度的心理机制有所理解。本章着重阐述了态度改变的模式和若干具体的实验研究,对维持或改变态度的劝说工作具有应用价值。

【学习目标】

1. 掌握态度的定义及其功能。
2. 理解态度与行为关系及合理行动理论。
3. 了解态度形成的几种理论。
4. 掌握劝说情境的模式及影响态度改变各因素的研究。

【关键词】

态度　内隐态度与外显态度　合理行动理论　有计划行为理论　诱因论　平衡论　劝说情境模式　劝说的中心路径和外周路径　恐惧唤起

人在社会生活中,不仅会对他人及各种社会事物产生认知活动,而且也会在认知的基础上对人和各种事物产生一定的态度。态度会影响人如何去对待事物,也会左右着人如何行动和取得何种社会效果。

因此,凡是在人际交往、相互制约与需要彼此控制的场合,人们都很重视对方的态度,以预见其后续的行为,也较注意自己态度的表现或想方设法去影响或改变对方的态度。比如,在政治生活中,政治家很关心群众的政治态度,因为它反映着人心的向背;而每个公民出于不同的动机(或主动关心政治、或出于自身的安全和利益)也都时时进行着各种各样的(真心实意的或虚情假意的）表态。在教育过程中，学生对教师的态度十分敏感，而教师为搞好教学、教育工作也总是要狠抓学生的学习态度及其改变。在日常工作和生活中，人们为了建立、维持或改变人际关系，无论是领导与下属之间、同事之间、朋友之间、家人之间也都非常注意彼此的态度。有时由于一方疏于把握自己的态度，不经意的挤眼、冷漠，就会被人误解为不友好，从而影响了关系或坏了事；有时也由于过分热情而被人误解为"别有用心"。态度表现不仅是人际交往的媒体，也往往是社会行为的先导。

态度只要表现于外，就体现出一个人的内心状态和多方面的信息，它是预测行为的一种标志。要想改变人们行为的趋向，就必须设法改变人们的态度。无论是报刊或演讲等形式的宣传、商业广告的推销，无非都是要维持或改变人们的态度。态度将随着社会环境、周围情境的变化而变化，但又不是机械地、必然地会发生变化的。它的变化或维持都遵循一定的规律。

态度如此频繁地出现在日常生活中，对于社会生活又是如此重要，所以它很早就成为社会心理学的重要研究领域，并在其中占据着中心地位，以至于托马斯（W. I. Thomas）把社会心理学称之为"研究社会态度的科学"。

第一节　态度及其形成

一、什么是态度

（一）定义与特征

态度（attitude）是个人对特定对象以一定方式做出反应时所持的评价性的、较稳定的内部心理倾向。

对于这个定义应做几点说明。

1. 态度是一种内在的心理倾向（propensity）

人们通常理解，态度总是显露在脸部表情上、谈吐与举动中的各种表现，如发表肯定或否定等意见，表现出喜欢或厌恶等感情，做出接近或拒斥等行为。事实上，态度可以而且一般都会表现于外，这称作态度行为（attitude behavior）或表态；但也可以不以外显的形式表现出来，有些甚至深藏于内心，一辈子都不表露，成为未表的态。任何一种行为，都可以分为两个阶段：一是内在准备阶段，二是外部完成阶段。态度是指人依据自己的经验或观点、对特定的事物在内心进行意义估量或凭直觉做出如何对待的一种心理倾向。它是一种尚未表现于外的内心历程或潜在的心理状态。

2. 态度总有一定的对象

态度的对象是包罗万象的，如人（他人、自己）、物、事件、群体、制度、民族、国家以及代表各类事物的观念等。这些人与事物一旦成为态度的对象，就称作态度客体（attitude object）。没有客体的态度是不存在的。任何一种态度都有针对性，总是对一定的客体而发生的，所以它反映了主体与客体间的关系。俄文的 отношение 译作"态度"，而其复数形式则译作"关系"，说明态度与关系密不可分，它是关系的表现。

3. 态度具有价值判断的成分和感情色彩

任何态度都是对特定事物的意义性或重要性进行估量（即评价）后所产生的某种看法、体验或意向，如重视或轻视、肯定或否定、赞同或反对、喜爱或厌恶、趋向或回避、接受或拒绝，以及处于上述两极端之间的一种中性状态。态度，不管是通过直觉还是通过分析思维过程而产生，它总是关于事物对自己有多大利害关系的一种价值判断或情绪评定的结果。

4. 态度具有一定的稳定性与持续性

态度一旦形成，就将持续一段时间，不轻易改变，这叫作态度的抗变性。这个特点之所以出现，是由于态度的形成具有深层的原因，即它是客体的特性和主体已有的种种需要、习惯、经验、理念交互作用并建立较稳固联系的结果。要改变一种态度就要涉及整个或部分联系系统的改造，它不是轻而易举的事。对于这个问题，我们将在第三节中做专门的阐述。

美国心理学家阿伦森（E. Aronson）等认为："简单地说，态度是对人、事物、理念的评价。"这代表和概括了许多心理学家的观点，它和我们关于态度的概念大体上是一致的。

（二）态度的成分与分类

对于态度究竟涉及哪些心理成分，心理学家们通常有三种看法。第一种是单一成分说,认为态度主要是感情(affection)的表现。如瑟斯顿(L. L. Thurstone)指出,"态度是人们对待心理—客体(人、物、语词或观念等)肯定或否定的不同情感。"赖茨曼(L. S. Wrightsman)曾举例说:"如果我们有某种需要,有人阻碍我们或有物理障碍使我们不能满足,我们就会有情绪,就会讨厌这种障碍物。这就是态度,它很难说有多少认知成分,也不一定伴随行为或与行为保持一致。"所以他也认为"态度是对某种对象或某种关系的相对持久的积极或消极的情绪反应"。第二种是双成分说,认为态度是感情和认知统一的表现。罗森伯格(M. Rosenberg, 1960)认为:"对于态度客体的情感反应是以对客体进行评价的信念(belief)或知识为依据的,所以态度既有感情部分,也必须包括认知部分。"第三种是三成分说,认为态度包括感情(affection)、行为(behavior)和认知(cognition)三种因素,故也称作态度的ABC模式。瓦格纳(R. V. Wagner)说:"态度是由感情、认知和行为的成分组成的,它们与个人对态度对象的评价、知识与行为的心理倾向是符合的。"

以上三种说法虽有差异,但都肯定感情倾向是态度的基本特征。正因为如此,人们也常以感情表现(表情)作为态度的测量指标。人们比较善于用语言或动作来掩饰自己某种真实的态度,但难以支配与态度关联的情绪流露,以表情作为态度的一种指标是比较可靠的,而据此认为态度就是由感情成分构成的则显得依据不足。我们倾向于赞成三成分说,但应将行为看成内隐的行为意向(behavioral intention)。

人有各种各样的态度,为了观察分析和研究的便利,社会心理学家对它们做了各种各样的分类,其中有三种分类法较受到关注。

一是就态度表现形式分类,即以何种心理成分占优势来分。卡茨和斯托特兰德(D. Katz & E. A. Stotland, 1959)把态度分为五种类型。(1)与情绪、感情联系的态度——由一次情感反应(如欢快、恐惧、痛苦等)的经验构成对某些客体的态度,当遇到类似情境就会出现同样的体验。有时人在遇到某些物品时会莫名其妙产生好感或反感,大多属于这一类态度。(2)理智性或认知性的态度——人们依据他人的介绍或书本知识而产生对事物的态度,其中有明显的分析、联想、类比与评判,而无强烈的情感伴随。如我们在候选人间接介绍时对他所产生的看法与抉择。(3)动作定向的态度——由于某种需要的激活而产生对有关客体接近或回避的反应，其中认知成分不很明显。(4) 知情意均衡的态度——既有认知与思考、伴有强烈的情感，还有行动意向，三者交融在一起或交替出现，如我们对祖国的态度。(5) 自我防卫的态度——由于情势不明、内心冲突或出于防卫的动机而产生某种疑惑、拘谨或暧昧不定的态度。

二是就态度的内容及其关联分类。弗格森（L. W. Ferguson, 1939）认为，人对许多事物的态度是有关联的，它们构成了态度束（attitude cluster），而由关联的态度束合成为态度丛（attitude constellation），即有关一类事物的总态度。因此态度是有层次的系列化结构。他曾要求大学生对战争、上帝的存在、爱国、罪犯处理、死刑、新闻检查、进化、节育、法律、共产主义十种现象发表看法，结果发现其中某些态度之间存在高相关。例如，相信上帝存在者，会反对进化论与节育；而承认进化论者则否认上帝的存在，不认为节育是犯罪。于是他将对进化、上帝的存在和节育的相关态度，称作宗教主义（religionism）的态度束。又如主张罪犯应从轻处理者大都反对死刑与战争，反之亦然。于是他将对罪犯处理、死刑和战争的相关态度，称作人道主义（humanitarianism）的态度束。同样，还发现主张爱国者（即爱资本主义国家者）大多赞同新闻检查、维护法律和反共，反之亦然。于是他将对爱国、新闻检查、法律、共产主义的相关态度称作国家主义（nationalism）的态度束。这种分类绝不止上述三束，它是分析不完的。它作为一种研究，对于深入了解态度间的关系及分层结构，以及从某人的一种态度推知他的其他态度，则是有意义的。

三是就内外存在界限分类。近年来，有不少学者认为，态度一旦形成，常以两种方式存在：外显态度（explicit attitudes）和内隐态度（implicit attitudes）。前者是指个体意识到的、常表现于外、易于报告的某一种倾向，如"你爱母亲吗？""你总和抽烟的人在一起吗？"对这些问题的回答就是一种外显态度。后者往往是无意识、不受控制、潜伏在内心的一种倾向，比如许多人是主张男女平等和民族平等的（这是一种外显态度），但有时遇到某些异性或其他少数民族，常会产生嫌弃感或躲避举动，这就是由性别和种族的刻板印象造成的，是一种说不明道不白的内隐态度。近年来，不少学者在这方面进行了新的探索。有的研究指出，同时采用内隐态度与外显态度的两种测量（如对于牙齿装饰、恋爱结局与自杀尝试等）比单一测量更能预见行为的发生。对于上述由威尔逊等（T. D. Wilson，S. Lindsey & T. Y. Schooler，2000）提出的"双重态度模型"（A model of dual attitudes），我国一些年轻的心理学工作者曾进行了初步的验证，举例如下。

（1）王秀丽等以"合作"为态度客体，自编了包括认知、情感与行为意向的态度三成分问卷，用内隐联想测验（IAT）作为测查工具，对大学本科生33人进行了测查，结果发现他们对于"合作"的内隐态度与外显态度持有较高的积极分，二者之间没有出现分离。因此，研究者认为大学生可能不存在内隐的合作态度，而在外显的认知维度上比其他情感与行为意向的维度更为积极（王秀丽、彭杜宏、吴铁钧，2008）。

（2）王晓丽等以"师生冲突"为态度客体，同样以自编包括认知、情感与行为意向三成分的外显态度问卷和投射测验（projective test）中的故事结尾完成法为测查其内隐态度的工具，对北京、河北、山东三地405名中学教师进行测量。结果发现，被试对师生冲突的外显态度较积极，而内隐态度较消极。如在认知方面，持积极的外显态度人数占88.8%，而内隐态度中对三种情境持积极的人数仅占44.9%，27.9%，40.8%，两者差异显著；在情感反应上表现消极的人数，外显态度中仅占32.3%，而三种情境的内隐态度则为71.1%，87%，78.9%，两者差异也显著；在行为意向方面，在外显态度中大多选择"合作"方式，而在内隐态度中大多选择了"强制"的方式（王晓丽、芦咏莉、栾子童、钟珩，2010）。在外显态度中之所以更为积极，可能是受到社会赞许性的影响；而在内隐态度中，由于测验目的的隐蔽性，生态效度较高，故能反映出更多受潜在的旧教育观念，如"师道尊严"等的影响的消极性。

上述研究给我们提供了一些启示：（1）并非所有的态度都有双重性；（2）态度之所以具有双重性，是因为表现于外的，可能受到社会许多因素的制约，而潜存于内的，甚至是无意识的也是有原因的，要彻底搞清楚这些问题，有待更多的探讨；（3）方法上也有一些值得思考和改善的问题，特别是测查外显态度的问卷与测查内隐态度的工具在内容、效度上是否具有可比性。如果测查的不是同一对象的同一内容，这种比较也是缺乏说服力的。

二、态度的功能与作用

（一）态度的功能

人为什么要形成或保持某些态度，这是一个态度功能（function）的问题。卡茨（D. Katz, 1960）和奥斯卡姆普（S. Oskamp, 1977）等认为，态度有四种基本功能。

1. 适应（adjustment）功能

人的态度都是在适应环境中形成的，形成后起着更好地适应环境的作用。我们是社会性的生物，一些人和群体对我们都是很重要的，适当的态度将使我们从重要的人物（双亲、老师、雇主及朋友等）或群体那里获得认同、赞同、奖赏或与其打成一片。许多大学生发现，如果他们以对父母的态度去跟朋友打交道往往就不适应，反之亦然。所以习得的态度具有适应社会生活的功能。

2. 自我防御（ego defense）功能

人们常说："怀有偏见的人往往是心理不健康的。"态度有时也反映出一个人未澄清的人格问题，如不明说的侵犯和生怕丧失身份等。态度作为一种自卫机制，能让人受到贬抑时用来保护自己。比如一个知识分子看到商人赚很多钱并在生活中拥有许多财富，为了恢复被损伤的自尊，他常会显示出自命清高和鄙视"为富不仁"者的态度，以保持心理平衡。

3. 价值表现（value express）功能

在很多情况下，特有的态度常表示一个人的主要价值观和自我概念。比如某人参与某种群众性运动，手持某一政治人物的标语牌，这表明他赞同这一运动主题，并拥有这方面的价值观以及认同此政治人物的观念。

4. 认识或理解（knowledge or understand）功能

一种态度能给人提供一种作为建构世事手段的参照框架（frame of reference），因此它能引起意义感。比如，在政治争论中，态度常常为评价政治候选人提供一种参照框架。

上述四种功能的前两种是为实际的需要服务的，它们能帮助我们调整或纠正自己的行为，以使我们受到奖赏而不是受到惩罚。后两种功能和追求自我实现相联的高层次需要有关。因为我们要从表达的价值观，即表达自己所赞同的观点中获得满足；此外，我们有了解周围世界及我们在这个世界中所处地位的需要。

（二）态度的作用

态度对一个人的心理与行为具有多方面的影响与作用。已有的研究表明它具有多种作用，现仅列举几种加以说明。

1. 态度影响社会性判断

不少实验证明了态度能够影响社会性判断。哈斯托夫和坎特里尔（A. H. Hastorf & H. Cantril，1954）将普林斯顿大学和达特茅斯大学两校队足球赛的录像分别放给两校学生看，结果普林斯顿大学的学生发现达特茅斯球队犯规次数比裁判实际上指出的多两倍，而达特茅斯大学的学生则相反，他们更多地指出普林斯顿球队犯规而未受罚的次数。显然，这是由于两校学生维护各自学校荣誉的立场和期望本校球队获胜的积极态度而造成认知判断偏差的例证。

2. 态度影响耐力

兰伯特（W. E. Lambert，1960）等曾做过一个"群体对个体耐痛力增长的效应"的实验。他们以基督徒与犹太教徒大学生为被试，使用一种类似血压计的改装耐压器（在充气皮绑带上置一尖状突起，绑在被试手臂上，充气后会使人产生痛感。当被试无法忍受时会说"受不了"，这时松开绑带并测定充气量，以此作为耐痛力的指标）来测定耐痛力的水平。实验前，实验者告诉被试，测试目的是为了确定正常人耐痛的程度。初测时，仅仅是记录两教派群体各人的耐痛水平。休息时，实验者告知一半的基督教徒学生被试"据某一报告认为，基督徒的耐痛力不如犹太教徒"；而告知一半的犹太教徒学生被试"据某一报告认为，犹太教徒的耐痛力不如基督教徒"。再测时发现，那些被告知上述话语的两组被试，其耐痛水平都显著提高，而其余未被告知上述话语的两组被试，其耐痛水平与初测结果无显著差别。研究者认为，这种戏剧性的变化，主要是由于休息时实验者的指导语激起基督徒大学生和犹太教徒大学生各一半被试对自己宗教群体的效忠态度所致。这个实验表明，一个人对自己所属的群体有认同感、荣辱感、责任感，并时时能被激起效忠态度，就会表现出巨大能量。事实上也是如此，历史上许多爱国者与革命者之所以能表现出惊人的毅力与不怕牺牲的精神，都是和他们具有崇高的信念和对祖国、对人民的效忠态度分不开的。

3. 态度影响学习效果

了解学习的意义，对学习活动怀有兴趣，因此对学习采取认真、积极的态度，就会更好地理解与记忆学习材料；否则就会得到相反的效果。这似乎是一种常识。当然，学习态度端正，也不一定就能取得良好的学习成绩，因为学习过程还存在着其他影响学习效果的因素，如智力、策略等。这里不妨介绍一下态度在学习中的过滤作用（the role of filter），即学习者对某些事件所持的社会态度，也会影响他对有关事件的论述材料内容的掌握程度并产生不同的学习效果。琼斯（E. E. Jones, 1956）等做过一项实验。研究者选择对"白人与黑人分校学习"有不同态度的大学生作被试，第一组为反对分校者（即反对歧视黑人者），第二组为赞成分校者（即有种族歧视者）。然后让两组被试分别朗读11篇主题为"反对黑人与白人分校学习"的文章，读后请两组被试分别将读过的文章内容尽量完整地写出来。结果发现，第一组学生所记忆的材料数量（即成绩）远优于第二组。这说明，与读者的社会态度相吻合的材料，易被吸收、同化和储存、提取；而与读者的社会态度（包括信念、价值观）相反的材料，则往往被忽视或曲解。显然，态度在学习过程中起着过滤器的作用，是影响学习效果的一个重要因素。

4. 态度影响工作效率

一般地说，人对自己所从事的工作喜爱并有良好的态度，就会努力工作，产生高效率。但事实比这种设想更复杂。布雷菲尔德和克罗克特（A. H. Brayfield & W. H. Crockett, 1955）曾对此进行了长期的调查研究，发现企业员工对工作的态度（满意不满意）与生产效率之间并无必然的相关。对工作感到满意的员工，有的效率高，有的效率则一般或不高，这是因为后者受工人群体内部隐存的社会标准（social norms）——"不过高也不太低"的生产指标所制约，他们不愿离群，故有意降低效率以求与大家一致。而对目前工作不满意的员工，由于其他动机（如维持生计、受人尊重或自我表现等）的支配，往往也能提高工作效率。当然，如果整个群体都比较了解工作的意义，对工作满意而有积极的态度，则会比持有消极态度的群体有更高的效率，这是无疑的。

三、态度与行为

人们常常看到某人有某种言谈和行动，就认为他持有某种与之一致的态度；或已知一个人对某事持有某种态度，也就认为一定会有某种行为紧随其后。这是一种简单的、将行为与态度混为一谈的推论，然而这种现象在生活中极为普遍。比如，我们常听到广播说，根据民意调查，我市市民有 98.7% 的人赞同在本市举办这一活动，而我们在与各区朋友交谈中了解到的情况却与此并不相符。是调查不精确，还是人们的表态并不能代表他们的真实态度，或说行为与态度无关？

早在 20 世纪 30 年代，美国社会心理学家拉皮尔（R. T. LaPiere，1934）曾进行过一项著名的现场研究。他偕同一对年轻的中国留学生夫妇在美国西海岸旅行一万多英里，住过 66 家旅社，在 184 家餐馆用餐，大都受到很好的接待，只有一次遭到拒绝。多数旅社和餐馆甚至以"比平常更关心"的方式款待他们。当时的美国普遍存在对黑人和亚洲人的种族歧视，特别在很少有东方人居住的地方更是如此，所以他们预计会遇到许多困难。但出现的情况使研究者感到非常意外，为此促使他继续做深入调查。六个月后，他分别向上述光顾过的 250 家餐馆、旅社寄去了两种问卷。问卷中都有如下问题："你是否愿意接待中国顾客？"为了避免对方因接待过华人而产生怀疑，以致做出不真实的回答，特别给其中的一半餐馆、旅社寄了第二种掩护性问卷，其中除上述问题外又插入一些"是否愿意接待德国人、法国人、日本人等"的问题。同时，他给许多未光顾过的餐馆、旅社也寄发了问卷，把它们当作控制组。

结果在光顾过的 250 家餐馆、旅社中收回了 128 份答卷，其中回答不愿接待的旅社有 43 家，餐馆有 75 家；回答不确定，视情况再说的旅社有 3 家，餐馆有 6 家；回答愿意接待的只有 1 家旅社。两种问卷的回答差异很微小。光顾过和未光顾过的两组被调查者的回答，其差异也很不显著，这表明它们的真实态度与实际的接待行为并无相关或一致性。

表 6-1 对"愿否接待中国顾客"问卷的回答情况表

	光顾过的旅社		未光顾过的旅社		光顾过的餐馆		未光顾过的餐馆	
总份数	47		32		81		96	
问卷种类	①	②	①	②	①	②	①	②
回答人数	22	25	20	12	43	38	51	45
不接待	20	23	19	11	40	35	47	41
未定：视情况	1	2	1	1	3	3	4	3
接待	1	0	0	0	0	0	0	1

注：①表示仅要求对中国顾客做出回答的问卷。
②表示还要求对包括其他种族顾客问题做出回答的问卷。

上述研究引起许多争论和后续研究。一些人认为，"问卷的回答者可能是管理部门的雇主或管理人员，而接待者并未接到拒绝华人顾客的通知"，"一般人观念中的华人是赤足、戴草帽的农民形象，而现在接待的是和一名白人为伴、能讲英语的华人夫妇，也许他们根本不知道接待的是华人"，"接待的时间与回答问卷的时间相隔六个月，态度也如同时光的流逝是会发生变化的"，意指被调查者答卷时的态度已非接待时的态度等。拉皮尔也并未依据上述研究就断定态度与行为之间是不一致的，而只是认为问卷中所出现的态度是一般的、抽象的，把它作为行为的可靠预测则会与实际经验脱节。这就给后人提出了一个问题：态度与行为之间可以一致，但并非都具有一致性，这种非一致性是由哪些因素造成的？因此，必须进行深入研究，还可能涉及研究方法的改进。

费希本和阿赞（M. Fishbein & I. Ajzen，1975）通过一系列的调查与研究，在关于"态度与行为的关系"问题上取得了一些新认识。他们采用了自我报告、行为意图提问和量表测量等方法调查了 62 名男女大学生对宗教的态度。他发现被试的宗教态度并非必然与任何一种单一行动（如施舍）保持一致，但是和同类许多不同的行动的执行有紧密的相关。这种由同类几个行动组成的行为叫作多重行动。用它来作为衡量态度的工具，叫多重行动标准（multiple-act criterion），它可以被看作是由许多与特殊态度相关的单一行动（single-act）的均数，是一般态度的一般行为倾向。既然一般态度与多重行为标准有高度相关，那么了解一般态度就可以预见一般行为倾向，或者通过对多重行动的测量也可以推断其一般态度。这个发现后来也为其他研究所证实。于是有人设想,拉皮尔的研究如果用多重行动尺度测量餐馆、旅社全体职工对中国人的一般态度,也许就不会发现矛盾。

与此同时,社会心理学家通过不少研究也得出几个原则:(1)一般态度预测一般行为;(2)特殊态度预测特殊行为;(3)态度测量与行为之间的时间间隔越小,它们之间就有更多的一致性。

第一个原则可以由上述费希本和阿赞等的研究作为例证。第二、第三个原则可以用选举前的态度与实际投票行为之间关系的研究作为例证。小凯利和米雷尔(S. Jr. Kelley & T. W. Mirer,1974)曾发表《选举的简单行动》一文。他们对1952—1964年期间四次总统选举的情况进行调查发现:选民在投票前两个月的投票态度与实际投票情况一致的占85%,当然不一致的情况也会发生;当预测时间离实际投票日期越接近,预测的误差就会减少。于是有人也设想,拉皮尔如果在其中国朋友受到接待后立刻就调查有关接待者对待中国顾客的特殊态度,或许就不会出现上述矛盾,或者能发现态度持有者的特殊行为产生的更复杂原因。

费希本和阿赞通过一系列研究和分析,于1975年发表了《信念、态度、意向与行为:对理论与研究的概述》一文,并提出了"合理行动理论"(theory of reasoned action),1980年又在上述理论基础上提出"行为意向模型"(the behavioral intention model)。这个理论认为,预测人们是否采取某种行动,最好的办法是了解其意向(intention)——是否打算去采取行动。影响意向的因素有二:一是对行为的态度(赞成或反对这样做);二是主观规范(头脑中存在的某些行为准则)。前者(态度)是由个人对这种行为会导致某种后果以及对这种后果评价的信念决定的,后者(主观规范)是由特定的个人或群体认为应否去执行这种行为和促使他去遵守这种规定的信念决定的。态度与主观规范两个变量可能一致,即都是积极的,那么其行为意向也可能是积极的。假如其中一种变量是积极的,而另一种变量是消极的,那么在此情境下,其意向将取决于两个变量相互作用的相对强度,或说取决于其中更占优势的或重要的那个变量。比如,甲乙两个青年都具有吸烟损害健康和具有种种坏处的信念,因而他们对吸烟都持有消极的态度,同时他们的父母都反对吸烟,理论上他们也都会具有"不许吸烟"的主观规范。甲始终生活在一个正派的工作群体内,他和大家一样都认为"青年人不应吸烟"。然而乙由于参加了一个非正式小群体,这里的朋友们都认为"吸烟是时髦青年的表现""吸烟是对成年人社会清规戒律的一种反抗""吸烟可预防传染病"……由于乙把这种说法看得比父母的教导更重要,头脑中也就出现了"偶尔背着父母吸烟也无可厚非"的主观规范。这样,甲就出现"绝不吸烟"的行为意向,而乙则可能出现态度(吸烟是坏事)与主观规范(可允许偶尔吸支烟)之间的矛盾与冲突,如果处在非正式群体同伴都在吸烟的情境中,其主观规范的强度增加,就有可能出现吸烟的意向。有了这两种迥然不同的意向,就会产生两种不同的行为。当然,有了吸烟意向但外部出现个人不可控的因素,如监护者突然出现或其他偶发事件发生时,也会使相应行为得到抑制,即不出现或暂时不出现吸烟行为。

这种行为意向模型如图 6-1 所示。

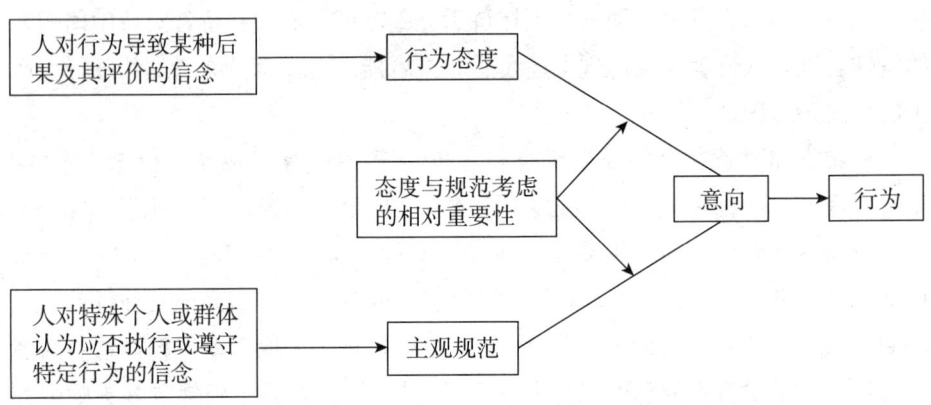

图 6-1 关于各因素决定个人行为的合理行动模型

后来不少学者通过对献血者的问卷调查研究,证明了通过意向可以更好地预测行为和意向预测与近期(一周后)行为的相关(0.51)大于与远期(3个月后)行为的相关(0.01)的理论设想;同时也发现,实际情况(影响态度与意向的因素还包括过去的行为经验等)比上述模型更复杂,因此行为对态度的影响问题有待继续探讨。

这个理论模型虽然还比较简单,但它有助于解释态度与行为不一致的机制问题,有助于我们通过对意向的了解去预测行为,以及把握影响意向和行为的因素去培养良好的行为意向与社会行为，因此它仍具有积极意义。

1985年，阿赞经过几年研究提出了"有计划的行为理论"（theory of planned behavior）。这是在"合理行动理论"的基础上发展起来的一种为更多人所接受的理论。他认为，预测经过熟虑与计划的行为，最好的方法是了解行为意图，而行为意图取决于三个因素：指向行为的态度，主观规范（subjective norm），知觉到的行为控制（perceived behavior control）、即自我效能感（self-efficacy）。这里所说的态度，指的是特定态度而非一般态度。例如，在拉皮尔调查问卷中不是问"你是否愿意接待中国人？"，而是问"你是否愿意接待一对有教养的、穿着体面、由一位美国大学教授陪同的中国夫妇？"，那么人们的回答可能和其后的行为就会更为一致。这里所说的主观规范，不是指一般存在的社会规范，而是指周围自己在乎的人对自己特定行为的看法或信念，即这些人关于好坏、是非的判断标准。所谓知觉到的行为控制，即依据自己的经验实施某种行为的难易程度。例如，问"你会不会去附近的体育馆进行锻炼？"，如果他认为"我为了身体健康（什么事都会去做）"（即指向特定行为并与其一致的态度），"邻居们都已跑步去体育馆"（即在乎的人必定会赞成的信念），"这很容易"（即行为控制感），那么他就会产生"我从下周开始去锻炼"的行为意向。如果没有其他因素干扰，他就会付诸行动（见图6-2）。

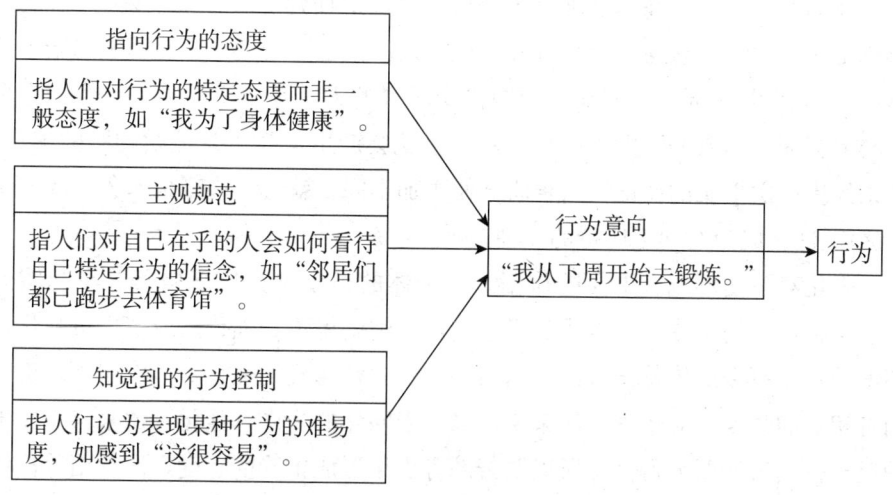

图6-2　关于"你会不会去附近的体育馆进行锻炼？"的有计划的行为理论模型

许多研究表明，如果能从以上决定行为意向的三个方面去了解情况，就能增强我们预测人们经过思考与计划的行为的能力，比如接受某种工作、系好安全带、做疾病检查以及做爱时使用避孕套，等等。

第二节 态度形成的理论

不同理论派别对态度形成有各自的解释与强调，其中主要有学习论、诱因论与认知相符理论三种。

一、学习论

第二章已谈过刺激—反应理论，即学习论（learning theory），在那里谈及的一些原理同样适用于态度的形成。霍夫兰等（C. Hovland, I. L. Janis & H. H. Kelley, 1953）认为，态度大致同其他习惯一样是后天习得的，是个人通过联想（包括强化和模仿）获得有关信息和情感的过程加上评价组成的。所谓联想（association），就是两个或多个观念（概念）之间构成联结通道，由一个观念可引起另一个观念的活动表现。斯塔茨夫妇（A. W. Staats & C. K. Staats, 1958）在《态度由于经典条件反射而建立》一文中说："态度的形成是一个中性概念与一个带有社会积极或消极含义的概念重复匹配的结果。"例如，"学生"一词只表明在学校中接受教育的人，是个中性词，但假若它多次与形容词"偏激的"发生联结，其结果就会产生"学生是偏激的"的偏见。如果经历一次事实的印证，这种联结便更加牢固，就会形成刻板印象（stereotype）。这就成为对学生所持的一种态度。

强化对态度形成有重要的作用。当个体的态度（如厌恶吸烟、早起锻炼等）得到社会的赞许，它就受到了强化，否则就得不到强化（或产生负强化）。态度的强化更多地依赖于赞许，当同时受到两种相反的强化，其作用则取决于两者相对的强度。对于青少年来说，来自于同伴的赞许（强化）比来自于父母的反对，其力量要大得多。所以要帮助青少年形成正确的态度，注意培养群体的健康舆论颇为重要。

模仿是榜样人物形象的示范而产生的联想反应，即初级学习形式。榜样如果是强有力的、重要的或亲近的人物，引起模仿的作用更大，甚至在没有榜样言语教诲的情况下，也是如此。儿童早期的一些态度大多来自于对双亲的模仿，但随后形成的态度来自于对社会上各种人物（教师、同辈好友、英雄人物、名人等）的模仿。人不仅模仿榜样态度的外部特征——言谈、举止等，而且也吸收着榜样态度的内涵——思想、情感、价值观念、人格等。父母对物质财富持自私态度的儿童可能内化了这种态度，并会拒绝与伙伴共享玩具，甚至父母告诉他们不应该这样时，他们也还会如此待人。直到人们掌握了许多社会规范与形成评价系统，这种模仿学习才逐渐让位给鉴别学习。

一项研究的研究者以六年级学生为被试，让他们玩有奖弹子游戏，赢一次得一张代币（token），代币积累多了可换一件更好的礼品，并请被试将每次获得的代币放入标有"我的钱"字样的罐内；而同时，在墙上张贴有丹佛儿童基金会为贫苦儿童募捐的招贴画，附近放有一个标有"给穷孩子的钱"字样的罐子。在玩游戏前，主试对所有被试说："让我们使这些穷孩子知道，我们在关心他们"，控制组的情境也大致如此。实验组除上述情境外，加上榜样的示范行为，即主试将自己赢得的代币放入"给穷孩子的钱"的罐子内。结果发现，控制组被试捐代币者极少，而实验组的被试大都能模仿主试的样子去行动，假如示范者对他们的实际行动报之以微笑（强化）或者说"你们这样做太好了"，那么被试的捐献就会增多。研究者认为，只是口头上指点"照我说的做"，儿童不一定会去做，而教会儿童以利他主义的态度对待穷苦儿童，最好的方法是在儿童面前展示榜样行为以引起仿效，即造型（modeling），并给予强化。

凯尔曼（H. C. Kelman，1958）曾指出态度形成及变化经历如下三个阶段。(1) 顺从（compliance），指在社会影响下，个人仅仅在外显行为上表示与别人一致，这里还谈不上有多少深刻的认识或情绪成分。这种态度是表面的、外控的（受奖惩原则支配），一旦外因消失，它也中止，因此是暂时的。(2) 认同（identification），指由于喜欢某人、某群体或某件事，乐于与其保持一致或采取与其相同的表现。这种态度带有较多的情绪、情感成分，它虽然谈不上多深刻的认识作基础，但已比较主动了。(3) 内化（internalization），即把情感认同的东西跟自己已有的信念、价值观联系起来，给予理智上的辨认，做出是非判断。这是一种认知性成分占主导地位的态度,它已成为人格的一部分,因此一经产生就比较持久,不易改变。以上三个阶段,既可看作是从儿童到青少年阶段态度形成的次序,也可看作是个体形成的态度所处的三种层次或水平。它对我们分析与理解态度形成的性质与机制颇有启发。

二、诱因论

这种理论是把态度的形成看作是权衡各种可能情况的趋近(pros)和退避(cons)而后采取最好抉择的过程。比如,一个学生可能感到社交聚会是有乐趣的、令人兴奋的,而且他的朋友们也都喜欢这样做,这种考虑使他对聚会产生积极的态度。然而他知道其父母不希望他这时去参加这种聚会,况且这种活动的确干扰他的学习,而他自己正想考大学法律系,这样的考虑使他对聚会产生消极的态度。当两者发生冲突时,按照诱因论(incentive theory),这些诱因的相对强度决定着最终的态度。

诱因论关于态度的认识之一是由格林沃德和佩蒂等提出的认知反应理论(cognitive response theory)。这个理论认为,人对沟通所做的反应是伴随着一些积极或消极的思想(或说是认知反应),而且这些思想依次决定着人们沟通的结果,即是否改变其态度。例如,你听到一个人民代表在电视讲话中建议政府砍去对老年人医药费的部分支付,如果你对自己说:"为什么退休者只有很少养老金?或者人们不能供养自己,又是残疾者或穷困者时怎么办呢?如果没有人能去支持他们,那么政府的方案是做这件事的唯一途径。"这种认知反应意味着你不喜欢这个讲话所做的劝说。但假如你对自己说:"这是对的,税已经很高,方案已尽可能地为过高的医疗费用做了恰当的支付,人们也无论如何应承担一些他们的医疗费。"这样你很可能对讲话者持支持的态度。认知反应理论的关键假设是,人是积极进行信息的加工从而产生认知反应,而绝不仅仅是对于所遇见的任何信息的被动接受者。

诱因论另一个关于态度的认识是由爱德华(W. Edwards,1954)在《决策理论》中提出的期望—价值研究(expectancy value approach)。他认为,由于诱因冲突的复杂性,人在做抉择时总要对每一种情况进行评价,力图采纳达到最好效果的立场,而拒绝那些似乎会带来坏效果或未必能带来好效果的立场。而人们进行情况评估时，一般都试图通过预期后果的价值（value）及出现这种后果成功的可能性，即对概率（probability）的估量，以取得最大的主观效用（utility），其公式为 U＝V×P。如果一种情况，其后果价值高、成功概率大，则效用亦大，人就会积极对待与参与。反之，如效用较小，人就会消极对待或不参与。如果面临两件事或两种行动，成功概率相同，价值大者所得也大，价值小者所得也小。如果遇到一件事存在着两种成功的可能性，得大于失时，人就会采取积极态度或行动；得小于失时，则人会采取消极态度或不去行动。

这个理论把人的态度形成看成是有理性的、主动决策的过程，它比学习论进了一步，但它把人的态度形成都看成是个人为得失深谋远虑的表现，则并不完全符合实际。事实上，人所表现出来的态度并非都是通过决策形成的。

三、认知相符理论

在第二章中提到的认知相符理论（cognitive consistency theory）的基本观点：人的信念或态度如果与其他观点或自身行为发生矛盾，就会有一种动力倾向性推动其进行自我调整（或改变原信念、原态度，或否定其他观点和自身行为），以达到或恢复认知上的一致性。现在再来介绍其中两种与态度形成及改变密切相关的具体论说。

（一）平衡论（balance theory）

这是由海德（1958）提出的有关人际关系和态度变化的一种社会认知理论。海德认为，人的心理活动是在人与社会因素（社会事件、他人、文化观念等）的相互作用中实现动态平衡的过程。个人在社会生活中与他人建立的关系是通过某些事件（X）形成的，比如甲（P）喜爱音乐（X），乙（O）也喜爱音乐（X），于是甲对乙会产生好感、积极的情感评价，并有可能建立友好的关系。这里就存在一种 P—O—X 封闭的三角关系模式（参见图 6-3a）。由于三者之间都是正向关系，即 P 对 X、P 对 O 以及 P 认为 O 对 X 都具有肯定的态度倾向或积极的情感评价，所以对 P 来说心理上是平衡的。如果事情有了变化，比如甲（P）和乙（O）两人已成朋友，甲支持和主张参加一个社团，而乙则否定和反对参加这个社团。这时 P—O—X 的三角关系就出现了两正一负的模式（如图 6-3e），因此 P 就会感到心理上的不平衡，产生紧张、焦虑、不舒适或不愉快。P 为了从不平衡状态恢复到平衡状态，一般采取两种办法中的一种：一是对 O 进行劝说，希望他改变对社团的看法，使 O—X 的关系由负变为正（即恢复到图 6-3a）的平衡态；二是改变自己对 O（或对 X）的态度，即疏离 O 或断绝和 O 的关系，态度上由肯定转为否定，关系上由正转为负（如图 6-3c），或改变自己对 X 的态度，即由赞成这个社团改为反对这个社团（如图 6-3b）。

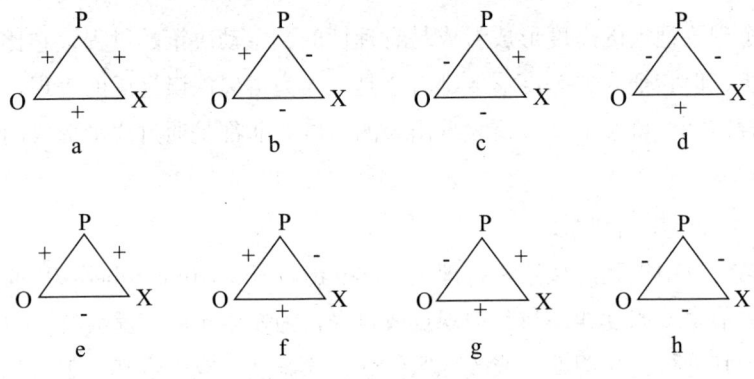

图 6-3 平衡态和不平衡态示意图

这种三角关系有许多模式，但大体上可分为平衡态和不平衡态两类。海德认为："在三个实体的情况下，如果三种关系从各方面都是肯定的，或者两种是否定的，一种是肯定的，则平衡状态存在"（见图 6-3 中的 a、b、c、d）。相反，三种关系都是否定的，或者两正一负，则存在着不平衡状态（见图 6-3 中的 e、f、g、h）。一个简便记忆法，是把正负号改成＋1 和－1，相乘得＋1，即为平衡态，相乘得－1，则为不平衡态。

个人处于不平衡态，就会体验到不愉快，其所引起的压力将驱使人将不平衡态转化成平衡态。这种转化方式除前边提到的两种办法（对 O 进行劝说和改变自己对 O 或 X 的态度）外，还可以采取其他一些办法，例如：(1) 将不平衡三角中某两个因素转变为无关联（如甲对乙可做如下设想："我们认识不久，双方还不一定能成为朋友"），使其成为一个开放的、有待再度确认的、不完全的三角体系（如图 6-4）；(2) 把不平衡三角中某两个因素之间的关系做新的归因或解释（如设想"我的朋友不是反对这个社团，是反对社团中有一个我也讨厌的人"，或想"我只参加无讨厌者参与的社团活动，我的朋友也就不会反对了"），这时就会使整个系统恢复平衡（如图6-5）。

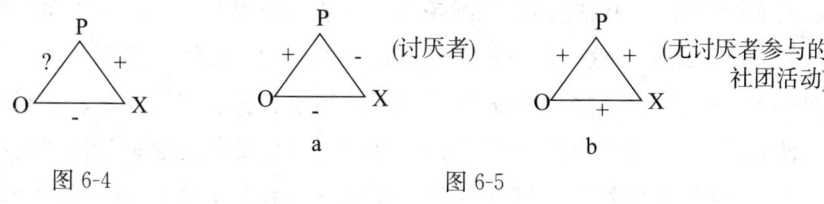

图 6-4　　　　　　　　　　　　图 6-5

海德的平衡论对态度的形成或改变的机制提供了一种新的说明线索，其平衡态与不平衡态所引发的情感体验也获得一些后续研究支持的论据。但人们也评论其有如下不足之处。（1）在几种关系中只有正负的体验方向指标，而无强度指标，因而无法说明P在不平衡态时何以会对某一方（如X）而不是另一方（如O）改变态度去恢复平衡状态。这里很可能存在着强度原则，即从薄弱处着手解决问题。（2）人际关系和态度的形成是一种很复杂的过程和体系，绝不会只是个孤立的三角模式。两个人对同一件事持有不同意见可能使双方发生不快或影响关系，但也可能不会使人觉得不平衡，更不会影响到双方友谊。因为友谊关系和爱慕态度是和双方对许多事情，特别是对重大事件的共同看法有关联，它绝不会因为一点小分歧、小争执而产生动摇。因此，P—O—X模式作为一种"细胞"模型是有意义的，而作为一种整体模型则还有待于发展。

纽科姆（T. M. Newcomb，1961，1968）也曾对"相识过程"和"人际平衡"提出一个A—B—X模式。他把A和B看作两个人，X为另一件事或另一个人。他认为A和B因对X的一致看法而建立友好关系，也会因两人对X有不一致的看法而出现紧张状态，其紧张度受以下一些因素影响：（1）A喜欢B的程度，越喜欢，不一致时就越紧张；（2）X对A或B的重要性，X越重要，不一致时A或B就越紧张；（3）A、B因X而交往频率越高，不一致时也越紧张；（4）A和B对X的态度差异越大，不一致时越紧张；（5）A或B的自信程度越高，不一致时紧张度越大。为了消除这种紧张，A或B就会采取意见沟通以调和矛盾，或者改变原态度和中断友好关系。这个模式弥补了海德理论的不足,但仍未解决人际关系与态度形成的整体关系和复杂性的问题。

(二) 认知失调论(cognitive dissonance theory)

20世纪50年代,关于人们在相互作用中其认知因素由失调到协调,从而引起态度或行为变化的研究领域逐渐拓展。费斯廷格曾发表《一种认知失调的理论》的文章,最早对这一理论进行了阐述。他认为,任何人都有许多认知因素,如关于自我、自己的行为以及环境方面的信念、看法或知觉等。它们之间存在三种情况:(1) 相互一致和协调的(如"吸烟危及我的健康"和"我不吸烟");(2) 相互冲突和不和谐的(如"吸烟危及我的健康"和"我吸烟");(3) 无关的(如"吸烟危及我的健康"和"今天刮风")。当人们的两个认知因素 x 和 y 处于第二种情况,即从 y 推出的是非 x 时,人就会感到不舒适或紧张,并力求减缓这种压力。这种由于认知冲突(更多的是心理上的不一致,而非逻辑上的不一致)引起内心不自在的状态,就叫"认知失调"现象。

人出现了认知失调,就会不由自主地驱使自己去减少这种矛盾,力求恢复或保持认知因素之间的相对平衡和一致性。它通常采取以下几种途径:(1) 改变或否定两个认知因素中的一个(如否定 y,将"我吸烟"改为"我不再吸烟",这是行为意向或行为的改变;或否定 x,将"吸烟危及我的健康"改为"如果停止吸烟将会使我超重",这是一种对吸烟的看法与态度的改变);(2) 对两个认知因素重新评价,减弱其中一个或同时改变两者的重要性或强度(如降低 x 的作用,改原认知为"吸烟对我的健康可能有一些影响",或降低 y 的作用,决心"要少抽点烟"),由于强度的减弱,不协调的程度相应变低,人会感到舒服一些;(3) 在不改变两个认知因素的情况下,增加一个或几个能弥补鸿沟的新认知或理由(如插入一种理由"抽烟可提高工作效率,个人安危是次要的",或"世界上抽烟而长寿者不乏其例,我可能就属于这种人"等),以这种方式减少不协调,可以不改变 x 与 y,但会出现辩解性理由。有些理由常以歪曲事实为代价,所以往往有害。

为了证明认知失调和缺乏充足辩解理由时能引起态度的改变,费斯廷格和卡尔史密斯(J. Carlsmith, 1959)曾做过一项"强制顺从的认知性后果"的实验。研究者请大学生被试来实验室进行1小时单调、重复而枯燥的工作(前半小时请他们一而再地把托盘里的胶片卷轴拿空又重新——放入盆内,后半小时请他们把一枚螺钉在板上顺时针拧转四分之一圈,又倒转四分之一圈,如此等等)。除控制组外,所有的被试在工作完毕后被要求对等在门外的一个妇女(研究者的实验助手)撒谎说,这项任务是非常有趣而愉快的。对于这种撒谎,给一些被试付给 1 美元奖赏(低奖赏组),而付给另一些被试 20 美元(高奖赏组)。最后,所有被试被要求在喜爱程度 10 等级表(从-5 至+5)上回答在多大程度上他们真的喜爱这项任务。结果发现,高奖赏组和控制组的被试大多认为这项工作枯燥无趣,不大喜欢,两组态度平均得分值较低,且无明显差异。也就是说,他们对工作的态度没有多大变化。而低奖赏组的被试大多认为从事这项工作是有趣的、愉快的,其态度平均得分值较高,与高奖赏组相比达到显著性差异($p<0.03$)。也就是说,他们对此项工作的态度发生了较大变化,由不喜爱变得较喜爱(见图 6-6)。

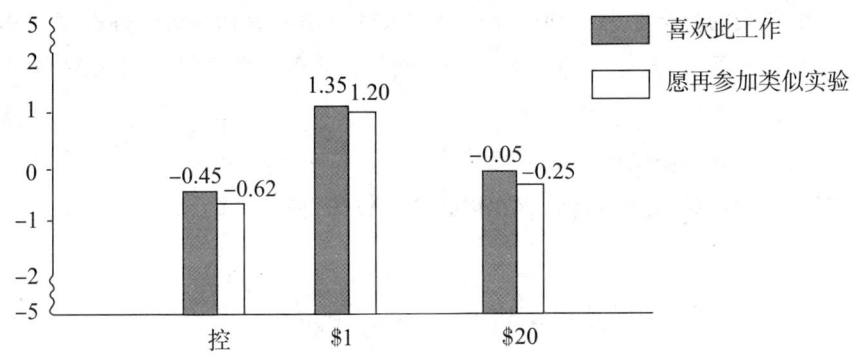

图 6-6 报酬数量与态度改变

研究者认为,控制组学生没有被要求撒谎,内心也无认知冲突,其所表达的喜爱程度就是他们对这项工作真实的认知与态度。两个奖赏组的被试都面临对单调工作的认知(态度)和对撒谎行为知觉的冲突,即出现认知失调。为了减少认知失调,高奖赏组被试由于高报酬的外力影响就在两个认知之间插入一个理由性的辩解,如"得到一笔可观的酬金,撒个小谎是值得的"等,于是不仅维持对工作十分单调的认知和不喜爱的态度,而且对自己的撒谎行为感到心安理得。而低奖赏组被试在两个冲突的认知之间找不到一个充足的外在理由(因为"为 1 美元而撒谎,很不值得"),就会从内部寻找对自己行为的支持,于是就朝着否定"说的不是谎言"和觉得"工作是有趣的"方向变化,即改变了对工作的认知与态度。这个实验证实了减少认知失调的第三条和第一条途径的有效性。

这个实验也引发一些关于态度维持和改变的似规律性的设想。(1) 要想巩固人的原有态度,应尽力避免他做出与态度不一致的行为(包括言语表态);假如已经发生了这种行为,最好使他找到产生这种行为的外部原因和充足的辩解性理由。(2) 要想改变人的原有态度,最好是引导他做出与原有态度相矛盾的行为(包括言语表态),同时防止或减少他从外部找到为这种行为辩解的理由或原因。

认知失调论还有许多具体的研究,其方法设计的巧妙与严谨给人不少启发,其总体理论从一种认知角度探索了态度维持与改变的机制,并且可以对态度变化的原因做出局部的解释,颇有新意。然而态度的形成与改变还有许多更深层、更复杂的社会原因与理性原因(如人的价值取向和人对各种态度及其信念依据的评价等),光凭一种内部认知方面的动力倾向性的理论是无法揭开其全部奥秘的。

上述三种有关态度的理论各有其侧重点和特色,如果取其符合实际的部分加以综合运用,对态度的形成与变化必会有较完整的理解。

第三节　态度的改变

一、什么是态度的改变

态度的形成是指人对某些事物从不曾有态度到出现某种态度,而态度的改变是指人在对事物已有态度的基础上发生一定的变化。态度的改变分为两种。一种是一致性的改变(congruent change),指方向不变而仅仅改变原有态度的强度,即量变。如对某事由有点反对(或有点赞成)变得非常反对(或很赞成),或对某人由热爱(或憎恶)降为一般的喜爱(或反感)。另一种是不一致的改变(incongruent change),指以性质相反的新态度取代原有的旧态度,或说是方向性的改变,即质变。如对某事的态度由反对变为赞同,对某人由喜爱变为厌恶等。通常所谓态度改变更多是指后者,即方向性的转变。当然,态度强度的变化存在引起态度方向性改变的可能，而方向性改变也包括着强度的变化，两者是彼此关联和互相包容的。同样，态度的形成与态度的改变之间也存在这种辩证关系，因为态度形成就意味着有改变的可能，而态度改变也意味着新态度的形成。

二、态度改变的理论与模式

人的态度究竟是在什么情况下发生改变的，它依赖于哪些外部和内部的条件，其过程如何？弄清楚这些问题不仅有助于我们更深刻地理解人们的社会态度何以突然发生改变或维持原状；而且能使我们把握和运用其中的规律，采取某些手段以更有效地改变人们的态度，或协助人们抵制态度的改变。

霍夫兰和贾尼斯（C. Hovland & I. L. Janis，1985）在耶鲁大学做了大量关于沟通和态度改变的研究，并发表《为推动研究所做的概括与含义》一文，提出了态度改变的"劝说情境的模式"（参见图6-7）。

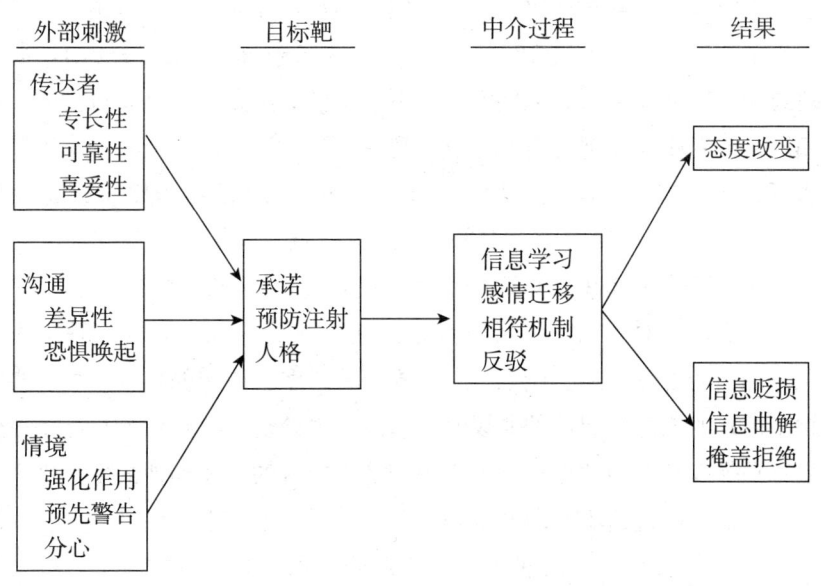

图6-7 劝说情境的模式

这个模式不仅指出引起态度改变（或不改变）的过程及其所涉及的主要因素和有关变量，而且也包含一些重要的观点，因此可供现今在该领域中从事研究或工作的人参考。

霍夫兰认为，任何态度的改变都是由一个人的原有态度与外部一些不同于此的看法（或态度）之间存在差异造成的。这种差异会产生压力（pressure），引起内心冲突（inner conflict），或称不协调（dissonance）、不平衡（imbalance）、不一致（discrepancy）。为缩小这种差异、减少压力，人具有恢复心理协调的能力：方式之一是接受外来影响，改变自己原有的态度；方式之二是采取各种办法去否定或抵制外部影响，以维持原有态度。这些抵制的办法如下。(1) 贬损信源（source derogation），当人们有时无法驳倒对方的论点时，常采用贬低或损毁影响者的声誉来表明信息不可靠或降低劝说信息的价值，从而加以拒绝。比如进行人身攻击以表明对方的论说"一文不值"或表示对对方的论说"不屑一顾"，就是常见的抗拒手法。这种手法在政治斗争、法庭审判、竞选活动以及日常生活中经常可以看到。这种攻击由于使对手影响力下降，不仅排除了现有论点威胁，而且也使后继的论述变得失色无力，所以在缩小因差异而造成的压力上常常很有效。然而若使用不当，如完全不顾事实、损害对方人格，也会产生道义上的问题。(2) 歪曲信息（message distortion），即有意无意地或断章取义地将对方某些实质上不同于己的论点看作是和自己的看法相近或相同；或者相反，把对方的论点故意夸大到极端，使其失去可靠性甚至变得荒唐可笑。前者称作同化作用（assimilation），后者称作反向或逆反作用（contrast）。无论是认为相近，或是认为对方论点完全不可信，都在于缩小或取消差异而导致压力消失，从而未必去改变原态度。(3) 掩盖拒绝（blanket rejection），包括两种方式。一种方式是以文饰或美化自己的真正看法或态度来拒绝外部的劝说或影响。例如，一个享受着许多不应有的特权（如购买超标准小轿车等）的人面对舆论的非议时，偶尔会去访贫问苦或标榜自己是提倡人人都享有平等权利的施政者；当人们提到贫困地区的人民和他的生活水平有天渊之别时，他会回避这个问题并辩解"我讲的平等不是平均主义"或"我的一切都是由于工作需要"。另一种方式是不理睬、不回答对方的意见，也很少说"不"，而是毫无道理地拒绝对方的一切论据，从而继续维持自己的见解。后一种现象极为普遍，但其机制迄今仍待进一步研究。

传达者（即劝说者）总希望接收者（即目标靶）用改变态度作为解决问题

的方式。要取得这种结果，就必须探明影响态度改变的过程和主要因素及各种变量。

图 6-7 即劝说情境下态度改变过程的示意图，它分为如下四个关联的部分。

（一）**外部刺激**（external stimulus）

外部刺激包括如下三类因素。

1. 传达者（communicator）

即持有不同见解并力图使别人接受这种见解以改变态度的人或群体（如劝说者、广告商、宣传机构等），或称信息源（source of information）。其本身包括一些变量，如专长性（expertness）和可靠性（trustworthiness），它们是可信性（credibility）的两个主要变量，此外还有喜爱性（likability）和吸引力（attractiveness）等。

2. 沟通（communication）

指传达者的信息内容及传达方式的合理性。这里包括有许多变量，如信息源和目标靶原立场观点的差异性（discrepancy）、恐惧唤起（fear arousal）、一面性或两面性论述（one-side vs two-sides arguments）、新颖性（novelty）等。

3. 情境（situation）

即对沟通和参与活动者有附带影响的周围环境，如有无强化作用（reinforcement）、预先警告（forewarning）、分心（distraction）等。

（二）**目标靶**（target）

目标靶即传达者要通过说服使其接受沟通信息并企望其改变态度的人或听众。人是具有反作用于信息的能动者，他本身具有许多因素或变量影响着信息的接受，因此同一种劝说信息在不同的人身上可能产生不同的效果。这些因素有对原有态度的忠诚度（commitment），对劝说是否有防御能力即有无经过预防注射（inoculation）以及人格（personality）中的种种变量（如自尊心、智力）等。

（三）**中介过程**（intervening process）

中介过程指目标靶在外部劝说刺激和内部因素交互作用下的态度变化过程，反映了态度改变的心理机制。

1. 信息学习（message learning）

一个人如果学习了信息，变化将随之而来；那么要改变或维持别人的态度，关键问题就要依据对方的需要和可接受性，增加或减少其学习。比如一个有经验的沟通者其劝说常常很有效果，是因为他了解他所讲的是人们需要记住的东西；同样他也避而不谈那些复杂而综合的信息，因为这些信息人们难以学习，故甚少效果。当然，使听者知道沟通者所提倡的见解非常必要，故劝说要言简意赅。但超出某些需要的限度，要求人们对信息细节进行附加学习，言简意赅就会在决定劝说成功方面变得相对不那么重要。

2. 情感迁移（transfer of affection）

指在两种有联系的事物之间有可能发生情感或评价的迁移，这种现象在广告宣传中最常见，如广告商为了使顾客对某种商品（化妆品、电器等）持积极态度，通常不是单纯地告诉人们它有哪些优点、效力，而往往在商品的旁边安置一位漂亮的女士、英俊的男子或一个天真活泼的孩子，并在背景中点缀着惹人喜爱的花草、宠物，甚至明星或名人支持性的签名等。这无非是使一切美丽、有声誉和受欢迎的事物与所宣传的商品构成联系，并把由前者引起的积极情感转移到商品上，使人们对陌生的商品产生兴趣和喜爱的感情，从而增加了人们购买的可能性。

3. 相符机制（consistency mechanism）

相符机制是在态度改变过程中经常起作用的一种现象。比如，我们准备投票赞成某人当选人民代表，是因为我们听说他有不少先进事迹，因而产生信任和钦慕之情；但后来又听到他发表过一些过激的而为我们所不能接受的改革建议（如大幅度提高学费、一律实行商品房制度等），这样在我们头脑中就产生某种信念和新信息之间的不相符，让我们感到很不舒服。为了恢复一致性，我们必须改变两种态度中的一种：或者改变对候选人的态度，不投他的票；或者同意其改革主张。不相符促使人们进行二择一的态度改变，态度有了改变，压力就会减少。所以相符机制是驱使人改变态度的一种内部动力。当然，这里还有许多方法（如认知不协调理论中所揭示的途径）可供运用。

4. 反驳（counter arguing）

反驳即当人们面对与己不同的态度或劝说时，会有意无意地去寻找对方某些立论的不合理之处，同时也会引用若干证据来支持自己的见解，只要在思维辨析上或者口头辩论上，驳倒对方的一些论点，那么双方的差异所造成的压力就可以减少。但是劝说者（传达者）往往在事实的描述、论据的收集、情报的掌握等方面比大多数临时接受信息者更有准备，因此真正驳倒劝说者是很困难的。于是，人们也会采取其他办法甚至通过改变态度来减少压力。

（四）结果（outcome）

结果包括两种：态度改变、抵制。其方式如前所述。

三、态度改变的研究

（一）信息源（source of information）

作为信息来源的传达者，不仅其劝说的内容，而且其本身的许多条件都会对目标靶和劝说的效果产生不同的影响。下面仅介绍几方面的研究。

1. 可信性（credibility）

一个传达者被人们所信赖的程度即可信性，它对劝说的效果有显著的影响。同一劝说的信息内容由几个具有不同可信性的人发出，则高可信性者比低可信性者具有更大的说服力。可信性通常包括专长性和可靠性。

（1）专长性（expertness）的研究

阿伦森、特纳和卡尔史密斯（E. Aronson, J. A. Turner & J. Carlsmith, 1963）发表了《传达者的可信性和沟通的差异是看法改变的决定因素》一文。研究者请被试参加一项美学的实验，要求他们评价选自无名现代诗的九个节段。接着，让他们读另一个人对其中一节诗（被试最不喜欢的一节）所做的评论，把它说得比被试曾经认为得更好。其关键变量是，告诉一部分被试这篇评论出于著名诗人艾利奥特（T. S. Eliot）之手，而告诉另一部分被试它出于密西西比州州立师范学院的一名学生之手。然后要求被试对这一节诗再做一次评价。结果发现，读了著名诗人（高可信性信息源）评论的被试比读了大学生（低可信性信息源）评论的被试在看法上有更大的改变（参见图6-8）。

报刊、电台经常邀请有关专家、权威宣布某项信息，就是为了增强信息的可信度。但一个领域的专家能否将其影响转移到另一个领域，有人的回答是肯定的，也有人认为影响力只在相关领域中起作用（如诗人对戏剧做评论），而

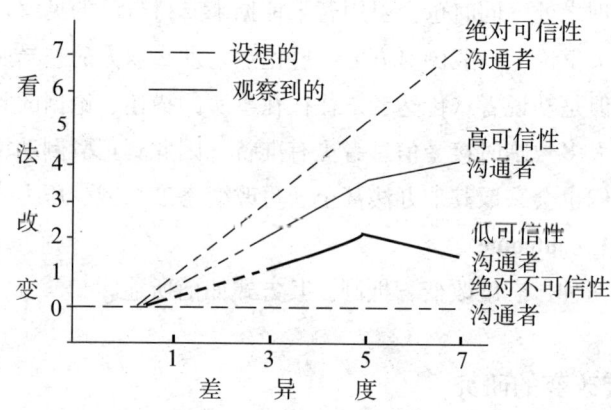

图 6-8 看法改变是信息差异和信源可信性的功能

在完全不同的领域中（如诗人对政治学、军事学的评论）则无太大影响。这仅仅是推测。"威信转移"（transferability of prestige）问题是一个悬而未决、有待研究的课题。

(2) 可靠性（trustworthiness）的研究

可靠性是指传达者是否公正和客观。一个传达者即使是专家、权威，一旦人们发现他发表某种见解的动机是基于私利，或常有偏袒性，甚至发表的见解属于偏见，不可靠，那么其影响力就会下降，甚至比不上一个普通人发表的与目标靶自身利益相违的见解所起的作用。

沃尔斯特、阿伦森和亚伯拉罕（E. Walster, E. Aronson & D. Abrahams, 1966）进行过一项"增加低信誉传达者的说服性"的实验研究。研究者让甲组被试听到一份"加强法制和扩大警察和法庭权力以严管罪犯"的呼吁，让乙组被试听到另一份"反对警察和法庭权力过大，以保护被告权利"的呼吁；而后又告诉这两组中的各一半被试，说它是检察官斯蒂芬斯的建议，告诉两组中的各另一半被试，说它是被判刑的贩毒商纳波里塔纳的申求。这样被试分别听到两种角色发表的两种不同意见，于是被试被分成4组：①"从严——来源于检察官"组；②"从严——来源于罪犯"组；③"从宽——来源于检察官"组；④"从宽——来源于罪犯"组。接着，请被试谈谈自己同意哪一种意见。结果发现，接受上述意见并改变自己看法最多的是②组和③组的被试（如图6-9）。这也就是说，当罪犯提出从严主张，检察官提出从宽主张，都是与自身地位、利益相违的，因此会被认为更公正、更可靠。换言之，传达者所提出的主张越是与自身利益相反，越具有说服力，因而在改变人们的态度时会产生较大的影响。

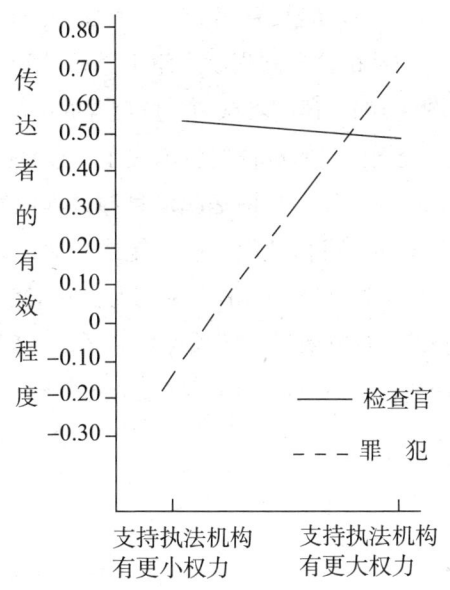

图 6-9　被试对高威信和低威信传达者的反应

由此推及我们的社会，由一个干部提出增加群众的权益和福利的建议，和由一般群众提出加强干部行使管理权的力度和增加工资待遇的主张，都会被认为是公正的、合理的。

（3）可信性的持续性（continuity of credibility）。信息的可信性水平具有不同的影响，已如前述。但这种影响能保持多久，会不会随时间的推移而发生变化？凯尔曼和霍夫兰（1953）就此进行了"传达者在看法改变延迟测量中的作用"的实验，并在其中发现了"睡眠者效应"（sleeper effect）。研究者向两组中学生被试出示了一篇"司法制度应从宽处理少年违法者"的读者来信，阅读者在甲组扮演一位知识渊博、公正无私和值得信赖的人（即高可信者，C+），在乙组扮演一个无知、有偏见和不负责任的人（低可信者，C-）。然后让被试表态，即在一份有参照点的表上确定自己对来信内容的赞同程度。结果甲组被试平均分为50，乙组被试平均分为46，两者相差为4。这表明高低可信性信息源对被试的态度具有不同影响。三周后，再询问上述被试对来信内容所持的态度。这次只让两组中各一半被试重复回忆信息传达者，对其余一半被试不再提及信息传达者。结果发现，两组中回忆传达者的被试，其赞同程度虽都有所下降（48.8：44.8），但相差仍为4，说明分歧依然存在。而两组中另一半不再提及传达者的被试，赞同程度甲组下降，乙组上升（均为47），几乎不存在分歧（参见图6-10）。研究者认为，信息源的可信性不论高低，对目标靶的影响在即时情境下较大，三周后作用就消失了，这意味着人们忘记信息源比忘记信息内容更快。而当人们一旦回忆起信息源，其依然还起作用。这里有个特殊的现象，即信息源的低可信性使人们不能恰当地估计信息内容，从而形成否定性的态度；随后由于这种影响的消失又使人们能对信息做出正确的估计，使否定的态度变得更肯定。这种效果反转被称作"睡眠者效应"，意为人由于某种原因处于朦胧状态往往有眼不识货，而一旦醒来就会更好地赏识这些事物。

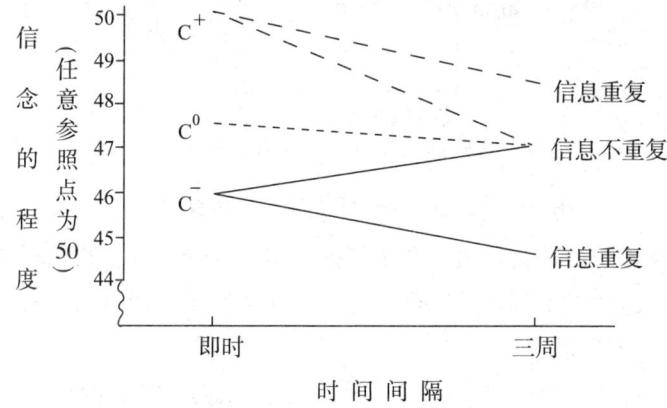

图6-10 在接受信息内容时信息源可信性的效应

这个研究的启发是：低可信性对态度的影响是暂时的，人一旦恢复理智就会比较正确地对信息做出判断。换言之，"真金不怕火炼"，信息本身的价值是影响态度变化的主要因素。

2. 喜爱性（likability）

一个传达者是否受到听众或他人的喜欢，与能否引起目标靶态度改变颇有关系。凯尔曼曾认为，由于人们试图成为一位被喜欢的传达者，进而往往与目标靶的态度、爱好、行为方式和服装样式保持一致，从而引起目标靶的好感，便能使其态度变化。换句话说,一个人喜欢传达者,就易接受其影响;若讨厌传达者,就易拒绝其劝说。

人是否为人所喜爱,是由许多因素造成的,如有无能力,外观有无吸引力,是否有相似性,自己是否首先尊重与喜爱别人,熟悉和互补等。下面介绍几个相关研究。

(1) 吸引力(attractiveness)。诺尔曼(R. Norman,1976)进行了一项要求人们缩短睡眠时间的实验,发表了《吸引力和专长两个信息源谁更重要的比较》一文。研究者让一个无吸引力的专家(毫无魅力的中年生理心理学教授)与一个吸引力大的非专家(20余岁健壮的大学生)分别对两组大学生被试进行劝说,每组被试中的一半听了为何要缩短睡眠时间的详尽论点说明,另一半只听到应缩短睡眠时间的简单说明。结果发现,论点的附加比简单的声明可以增强专家的说服力,有更多人接受其劝说改变了对睡眠的态度,而对于有吸引力的非专家来说,有无这种附加论点的说明并非很重要,他所引起的态度改变程度都相当高。

(2) 尊重的得失(gain-loss of esteem)。人都有受人尊重与喜爱的需要,但也不是一再受到赞赏就会对奖励者产生最积极的态度。有时,一个严格的人,把批评和表扬恰当地交替使用反而会产生更大的积极效果。阿伦森和林德(E. Aronson & D. Linder,1965)发表了《尊重的得失是人际吸引的决定因素》一文,其做法是请三组被试先后来参加一项实验,让一位助手充作"假被试";每次实验后休息时,被试都会听到这个"假被试"跟实验者的谈话,即谈对其他被试的印象。有意安排助手对第一组被试自始至终持肯定态度;对第二组被试自始至终持否定态度;对第三组被试采取先否定、后肯定的态度。然后实验者问所有被试在多大程度上喜欢这个"假被试"(从−10到+10进行评分)。结果发现,喜欢程度的平均分:第一组为6.42;第二组为2.52;第三组为7.67。研究者认为,前两组的情况说明人际吸引中的"相互性原则"(interactive principle),即你肯定别人,别人也喜欢你,你否定别人,别人也不喜欢你。对于第三组的情况,研究者认为开始的否定评价引起被试的忧虑、自我怀疑,增强了获得肯定评价的需要,而后评价者表现越来越积极时,这种评价就变得更有意义了。弗里德曼(J. L. Freedman)则认为,如果一个人一下子就表示肯定和喜欢任何人,则会引起对这个人诚意或辨别力的怀疑。但人们对一开始对自己持批评态度的人,虽感到不舒适,但反而认为他是很有判断力和靠得住的人,因此,对他后来的肯定觉得更有分量,于是也更喜欢这个人。上述现象的解释也称"得失理论"(gain-loss theory)。

(3) 相似性(similarity)。人们一般都喜欢和自己相似的人。这种相似包括民族、宗教信仰、政治主张、阶级、教育水平、价值观、态度及年龄等。在劝说中,如果传达者表现出和目标靶有更多的相似点,往往其劝说信息更易于被接受,并引起目标靶更多的态度改变。布罗克(T. Brock, 1965)曾进行过一个有趣的实验。他让零售商店化妆品柜台的售货员劝说顾客购买同一品牌不同价格、不同容量的产品。这些售货员有的充作有专长而与顾客无相似身份的人,有的则充作与顾客有相似身份而无专长的人。结果表明,当传达者与顾客之间有相似的身份时,并说自己经常使用的是某种容量而又价钱公道的产品,这个容量实际上也正是顾客想买的数量,此类劝说最为有效。相似性效果远远超过专长的效果,即超过那些只炫耀产品质量而不考虑价格和容量都适宜于对方条件的劝说。也就是说,没有专长但与听者有相似性的传达者比有专长而与听者无相似性的传达者对消费者的劝说更为有效。相似性因素显然在实际操作中提供了附加的相应情报。

(二) 沟通(communication)

信息要引起态度改变,不仅依赖于传达者自身的条件,还必须通过沟通、依仗沟通的方式到达目标靶。并不是任何沟通方式都能引起目标靶对信息同样的接受程度,或产生态度改变的同样效果,这取决于沟通本身的许多变量。它们中研究得较多的有如下几方面。

1. 差异性(discrepancy)

这是指传达者发出的态度信息(见解)和目标靶原有的态度(见解)在程度上的差异。我们把人们对人或对事物的各种看法人为地分为7级(见图6-11)。

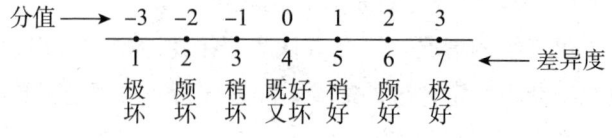

图 6-11 各种看法的评分等级

假设几人阅读《三国演义》之后，甲认为"曹操是个极坏的奸臣"（-3分），乙则认为"他既有缺点又有优点"（0分），但是历史老师评讲时认为"曹操统一三国，惜才，善用兵，重农利，是个颇好的历史英雄人物"（3分）。以目标靶的态度为定点，你就会发现同样的劝说，它与听众的差异度是不同的。它可分为低差异、中差异和高差异。甲与传达者观点的差异度为6，属于高差异；乙与传达者观点的差异度为3，属于低差异。差异会产生改变态度的压力，差异越大，压力也越大，差异较小，压力也较小。

差异是否都会引起态度改变呢？早期的研究，如前面提到阿伦森等的研究表明，撇开其他因素不谈，随着差异度的增大，会有更多的态度改变。在高可信性信息源的影响下，差异度是3，其态度改变量为2.2；差异度是5，其态度改变量为4；差异度是7，其态度改变量为4.2。看来态度改变量随差异度的增大而增多，两者呈正相关。但后来的许多研究发现，中等差异引起态度的改变最大，随着差异度的增大超过中等差异之后，态度改变则越来越困难，因之也会减少。由于传达者的极端陈述，还可能引起目标靶对这种陈述可靠性的怀疑，以致产生抵制。

当然，这种态度最大变化点，即最高极限（maximum）究竟在差异度的什么位置，也常随信息源的其他条件（如可信性）而变化。博克纳和英斯科（S. Bochner & C. A. Insko, 1966）曾进行过"沟通者差异、信源的可信性和看法改变"的实验。研究者让一位诺贝尔奖金获得者（高可信性）和一位基督教青年会指导者（低可信性）发出关于普通人每夜需要睡眠几小时的信息。每个被试从一个信息源处得到一种信息，如8小时、7小时、6小时等。由于大多数被试原先认为8小时最合适，所以它与8小时信息的差异度为0，与7小时的信息的差异度为1，依此类推。然后询问被试你认为几小时最合适。结果经统计处理（见图6-12）发现，起初态度的改变量随差异度的增加而增加；但到了差异的适中水平时，其态度改变量就开始下降。此外不出所料，传达者的可信性越大，其发生最大态度改变量（maximum attitude change）的差异度水平也越高。也就是说，基督徒青年会指导者引起被试态度最大改变量6.48小时是在提倡睡3小时（差异度为5）的场合；而高可信性的诺贝尔获奖者引起态度最大改变量（6小时）是提倡睡1小时（差异度为7）的场合。

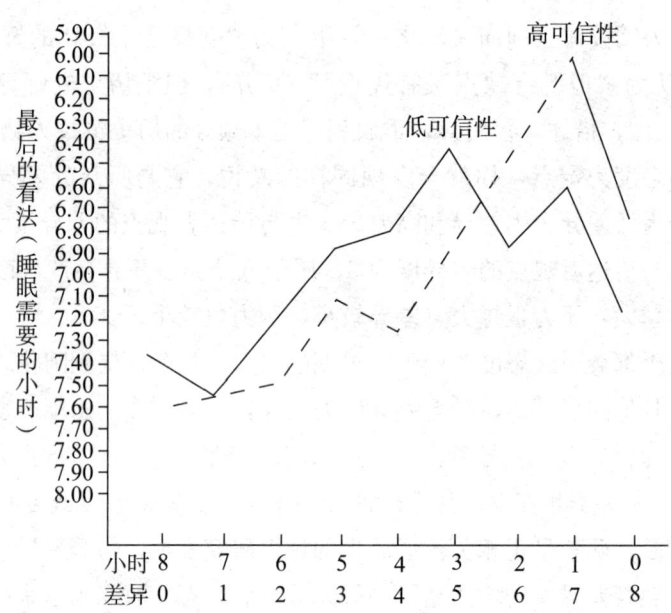

图 6-12 高、低可信性传达者在各种差异度水平上引起的看法改变

因此,可信度的水平不会改变差异度与态度改变之间的基本倒 U 形的关系,但它能改变态度变化极限发生的差异点的位置。高可信源引起态度改变极限的差异点在适中偏高的位置上,低可信源引起态度改变极限的差异点在适中偏低的位置上。抵制传达者越是困难,态度发生最大改变量(极限)的差异度也越大。改变一个人的态度越困难,发生最大改变量(极限)的差异度就越小。

可见,要想引起人们态度的改变,考虑目标靶原态度的状况或水平,并依据自身的条件(如可信性等)适当控制给出信息的差异度,是很有必要的。

2. 恐惧唤起(fear arousal)

这是试图改变别人态度的一种通用方式。母亲常对儿子说:"你要再吃糖不刷牙,牙就会坏掉,拔牙可痛呀!"佛教徒说:"你要再不修善,来世就会下地狱、下油锅!"竞选者对选民说:"要让某某上台,你们就会遭殃,将永无翻身出头之日!"环境保护宣传者说:"人们要是再任意砍伐树木,将来绿色的森林田野都将变成荒漠,甚至水都喝不上!"和平主义者呼吁:"如果大家不起来反对战争,人类就会自取灭亡。"等等。这表明,人们在劝说别人改变态度时较普遍地使用着唤起恐惧的办法，但唤起恐惧对于态度改变是否都有效呢？

一些研究者通过实验，认为恐惧唤起有助于态度甚至行为的改变。戴伯斯与利文撒尔（J. M. Dabbs & H. Leventhal, 1966）做过一项"在恐惧唤起沟通中不同劝告的效应"的实验，研究者让大学生参加一次有关破伤风疫苗预防接种的劝说活动，其中包括指明这个病的严重性、致命性和易感染性，并告诉听众进行预防接种极为有效。同时把大学生被试分成三组，使他们分别处于三种条件下。在第一种条件下，对这种病的描绘非常逼真，病状也看得很清楚，并尽可能营造一种吓人的情境。在第二种条件下，所唤起的是中等程度的恐惧。在第三种条件下，唤起的恐惧甚少。然后，让被试回答预防接种的重要性如何，和他们是否想做接种。附近的大学保健医院在此后一个月内登记有多少学生去做了预防接种（参见表6-2）。

表6-2 恐惧唤起对态度与行为的效应

条件	做接种的意向*	做接种的百分比
高恐惧	5.17	22
低恐惧	4.73	13
控制组	4.12	6

注：这些数字是量表中从1（最低）到7（最高）等级评定的均数

结果表明，唤起的恐惧越大，想做接种的人数越多。恐惧唤起不仅产生了更多的态度变化，而对相关的行为也有较大作用。

但也有一些人持相反的看法。他们认为，在改变态度的劝说中，唤起恐惧是重要的，但低度恐惧或甚至不带恐惧的说服比高度恐惧的说服有更大的影响。如贾尼斯和费希巴赫（I. L. Janis & S. Feshbach, 1953）在本领域首次做过一项"恐惧唤起的沟通效应"的研究。他们让高校学生看一场电影，电影内容强调饭后须刷牙，一天要刷三次的重要性，并指明不这样做的危险和有一口好牙齿的益处。同样将被试分成三组：高恐惧组被试看到的是严重龋齿和齿龈溃烂的画面，以及口腔内病牙从齿龈上脱落等镜头；中恐惧组被试看到的恐怖画面较少；无恐惧组（即控制组）被试看到的是没有病害的牙齿。结果发现，高恐惧组被试报告说，呈现的东西给他们留下很深印象，并赞同电影中所述的一切。然而在一周后发现，无恐惧组被试的行为改变远超过高、中两个恐惧组的被试。因此，研究者认为，恐惧唤起具有回返效应（reversion effect），即由赞同回到原先不在乎的态度，而不带有恐惧唤起的劝说论点可以产生最大的效应。但后来研究者还认为恐惧唤起与态度变化之间的关系还取决于其他变量，如问题的性质与目标靶卷入其中的水平。在卷入低水平条件下，较大的恐惧能产生较多的态度改变，但在某些时候（如因戒除抽烟恶习很困难，用患肺癌吓唬吸烟成瘾者），同样的恐惧会变得很强烈，引起了防御机制（defensive mechanism），甚至导致目标靶拒绝相信这种危险，因而产生很小的态度改变。

罗杰斯和梅博恩（R. W. Rogers & C. R. Mewborn, 1976）曾发表《恐惧性要求与态度改变》一文，认为恐惧唤起是否能有效地引发态度改变，取决于三个因素之间的相互作用。这三个因素是：(1)事件的有害性；(2)事情发生的可能性；(3)处理响应的有效性。研究者为了检验这个设想，设计了一套实验。先让吸烟很厉害的学生分别看两种有关"吸烟有害"的电影，低有害组被试看影片第一部分：一个患肺癌的男子发现自己患病，去医院诊治以及外科医生进行手术准备的画面；高有害组被试除看到上述同样的内容外，还有5分钟展现肺切除的镜头。接着，两组被试都要回答一份恐惧唤起的问卷。然后，又让两组被试各分成两小组，分别阅读两篇关于肺癌发生的高、低可能性的短文（高可能性文章的大意是：一个人只要吸烟，患肺癌的可能性就增大；低可能性文章的大意是：尽管吸烟能引起肺癌，但一个特定的吸烟者得这种病的可能性并不大），以及另两篇有关处理响应有效性的短文（高有效性短文指出：停止吸烟是避免患肺癌的最有效方法；低有效性短文指出：就是戒烟也难以保证不患肺癌）。读后要求每个被试在问卷上对患病可能性和处理有效性做等级评定，并说出他们自己是否打算采用这种处理响应。结果发现：(1)看了高有害性电影的被试比看了低有害性电影的被试表现出更大的恐惧；读了高可能性短文的被试比读了低可能性短文的被试认为更有可能得肺癌；读了高有效性短文的被试比对照组被试有更多人相信戒烟处理的效果，表现出戒烟的紧迫性，说明其态度发生了改变；(2)这些效果在"高有害性"和"高有效性"的条件下，或在"高可能性"和"高有效性"的条件下特别显著；而在"低可能性"

的条件下，"高有害性"的影响很小；（3）"高可能性"实际上有消极作用——使被试认为戒掉吸烟习惯对其未来健康的影响很小，他们准备增加每天的吸烟量。

看来，在多数情况下，"恐惧唤起"可提高劝说的功效，但太强的恐惧也可能使说服的效果适得其反；但任何效果都取决于"恐惧唤起"与其他变量的相互作用。因此，在运用恐惧唤起手段进行劝说时，一般可采用中等强度的恐惧，同时应考虑对其他变量的控制。

3. 一面性或两面性论述（one-sided vs two-sided arguments）

在劝说时只讲自己的一种正面论点好呢，还是同时提出正反两种观点而后强调自己见解的正确性和重要性更有影响力，是任何劝说者都会碰到的一种沟通技巧问题。霍夫兰和丘（G. C. Chu）等通过实验研究指出：当听众与传达者（即劝说者）的观点一致或对问题不熟悉时，单面论证效果更好；如果听众与传达者的观点不一致，面对的问题又熟悉，特别是又受过良好教育，双面论证的效果远大于单面论证，因为单面论证会被看作传达者有偏见，从而增强了目标靶的抵制作用。琼斯和布雷（R. A. Jones & J. W. Brehm，1970）发表《单面和双面沟通的劝说是一种意识功能》一文，认为上述效果应看作是由心理对抗作用（psychological reactance）造成的。一个被强迫采纳一种特殊观点的人，常会由于保护自己的自由意志而强烈地对抗这种观点，而双面论证则被认为是更公正、更少偏见的讲评，于是就会减少目标靶的对抗心理或防卫心理而易于达到说服的效果。

4. 新颖或重复（novelty vs repetition）

由于人们对陈旧的观点往往充耳不闻，所以新颖性在沟通中是一个有效的策略。西尔斯与弗里曼（D. Sears & J. Freedman，1965）通过实验发现，对新颖性的期望会使一种沟通更有吸引力。在模拟审判室的情境下，告诉实验组被试将听到一个新颖的论证，尽管他们随后听到的论证与没有被预先告诉的控制组被试听到的内容相同。但是实验组被试却认为这个论证有更大的说服力。显然，在许多人的心目中，"新"这个词总是蕴含有"较好"和"更有趣"的意思，因而具有"暗示"作用。正因为这样，广告商与政治家都常使用这种策略。但是当一个信息新颖得与听众观点相反时，这种策略也可能产生适得其反的效果。

另外，一个人不可能在第一次听到一种新观点时就被说服。许多研究表明，增加熟悉性可提高信息的吸引力和对信息的好感。这也表明，一些使人的防卫减少为目的的信息（即熟悉而经验到无后患的信息）将有一种"累加效应"（cumulative effect）。所以适度地追溯以往的某些刺激将提高对它的评价。但是，米勒（R. Miller，1976）提出，信息的重复呈现超过限度，会使人感到是对他们的智力或决断的侮辱或威胁，因此也会引起防御性的抵抗。

（三）目标靶（target）

态度改变是目标靶（被劝说者）自身的事。人作为目标靶，是具有能动性的复杂系统。任何外部影响都要通过目标靶自身的因素起作用，所以研究目标靶内的许多因素在态度改变中的作用是相当重要的。下面简要介绍几个相关因素的已有研究。

1. 承诺（commitment）

一个人对某事已持有的信念与态度，若承担了义务就成为难以放弃立场的全部力量，即承诺。承诺比没有承担义务的态度更难于受外部劝说影响而改变。承诺的强度受制于两种因素：一是公开表态，即公开化；二是在上述态度基础上采取了行动。比如，一个人在内心赞同某一政治主张，他一旦发表了讲话、写过文章，或参加了实现这一主张的组织，宣过誓等，他会对自己所持的态度感到承担了更多的义务，违反或改变态度就会觉得为规范所不容并受良心的责备，或怕被人耻笑，因而更不愿改变。这种态度有更大的抗变性。相反，一种态度如未有承诺或达到信奉的程度，则更易于受劝说而被改变。

多伊奇与杰勒德（M. Deutsch & H. B. Gerard，1955）做过一项"规范和信息对个人判断的社会影响的研究"。他设计了一项类似的从众实验，要求被试在听到群体他人（实验助手）判断之前对有关刺激物进行一次最初的判断反应（即形成一种看法），而后使被试处于4种条件下：（1）无承诺组（none commitment），被试在看到刺激之后，不用把自己的最初看法做公开的或私下的说明；（2）弱私下承诺组（weak private commitment），要求被试将自己的看法写在一块魔术板（magic pad）上；这种魔术板是一种儿童玩具，在石板上覆盖一张玻璃纸可写字、绘画，揭开玻璃纸后，字画均会消失，不留任何痕迹，允许被试待听到他人反应后再发表自己的判断；（3）强私下承诺组

(strong private commitment),要求被试将自己最初的看法写在一张纸上,他们知道这张纸不会收上去,也不用签名;(4)公开承诺组(public commitment),要求被试将自己最初的看法写在一张纸上,签上名,而且知道它会收上去。然后请代表群体压力的许多假被试发表一致的意见,再由真被试发表自己的看法。

表6-3 承诺与从众反应的关系

承诺	从众反应百分比
无	24.7%
弱私下（魔术板）	16.3%
强私下（写于纸）	5.7%
公开	5.7%

结果表明,那些事先未公布自己最初判断（即无承诺）的被试有更高的从众率（24.7%）,即他们最后改变了最初看法;弱承诺的被试,虽然明知道自己写在魔术本上的最初看法已消失,并无人知晓,但由于轻微地表达行动,比无承诺组的从众率低（16.3%）,即有较多人不改变最初看法;强私下承诺的被试,仅在纸上留有自己最初判断的痕迹,其从众率则大大减少到了无法再减的水平（参见表6-3）。也就是说,后两组由于有过强的或公开的承诺,其看法成为信奉或承诺而难于改变或很少改变。可见,态度能否改变与持有者对此事的承诺程度密切相关。

2. 预防注射（inoculation）

一个人若从无与病菌接触并做斗争的经历,一旦遇到病毒入侵就缺乏免疫力以致病倒或身亡。为了增强防病能力,人们通常都会采取两种办法:一是补充营养品、开展体育锻炼以增强体质;二是采取注射疫苗的办法,以增强抗病力。劝说的效能也如病毒的进攻,它取决于目标靶自身的防御能力。一个人已形成的态度与看法若从未接触过相反的意见并有与之交锋的经验,就易于被人说服而发生改变;相反,人要使自己的正确看法不被说服,从而不改变态度,就应有更多论点的支持,或通过与相反观点的论争去增强抗变力。

麦圭尔与帕普乔治斯（W. J. McGuire & D. Papageorgis, 1961）支持上述论点,并进行了一项"先期信念防御各类型在免被说服中的相应效用"的实验。研究者先找出一些社会上普遍持有的也从未受到过攻击的看法（如"每餐之后刷牙是好事"），帮助被试形成一种信念。然后将被试分成三组：第一组接受了更多论点的支持，（如让他们读卫生部门的研究报告：一天刷三次牙的人比很少刷牙或从不刷牙的人，更少出现龋齿），以提高其对随后而来的说服信息的抵御能力。第二组给予预防注射，即对其看法给予轻度的攻击，促使他驳倒这种攻击以保护自己的立场。第三组为控制组，未采取措施。接着，各组被试的原有看法都受到一次强烈的劝说；最后测查三组被试原有看法改变的情况。结果发现：（1）用论点支持法帮助的组，其态度改变（5.87），稍少于控制组（6.64）；而用预防注射法帮助的组，其态度改变（2.94）比其他两组都少得多（参见表6-4），说明预防注射防御法对于提高态度抗变力具有很大的作用；（2）支持性防御法只有当目标靶简单地需要用这些教给的论点时往往颇为有效，而当目标靶被激起去思考自己的防护论点时，预防注射防御法则更为有效；和这一观点一致，作者在后来的研究中说明，当随后的劝说所包容的论点类似于事先所支持的论点内容时，有准备的支持法是有效的，但当遇到使用新论点时，它就相应地无效了。而预防注射法甚至在劝说包括新论点时也很有效。劝说后来的研究者，如休德菲尔德和博里（P. Suedfeld & R. A. Borrie, 1978）的系列实验结果还表明，论点支持和防御范例的综合使用在减少态度改变方面比单纯提供支持性信息具有更显著的效果。

表6-4 支持或预防注射的防御在抵制劝说方面的作用

条件	态度变化量
支持性防御	5.87
预防注射防御	2.94
两者无一	6.64

预防注射为什么能对抵御劝说起这样大的作用，弗里德曼认为，驳倒轻微的劝说，个人会运用并进而实施其所有的防御措施，如准备论点来支持自己的看法，构思相反论点去反对对立的看法，贬抑对立论点的可能来源，等等。这就会像打预防针一样，使人建立起一个强有力的防御机制，并增强战胜相反论点的信心与抗变能力。

3. 人格因素（personality factors）

这是人们在与生俱来的生理特点基础上受后天环境、教育等因素长期影响下，通过个人的实践活动形成的稳定特性，它对个人理解与接受当前的信息，是否或在多大程度及速度上去改变原态度，以及以何种行为方式去表达态度都有种种影响。这方面存在着许多已研究与待探索的课题，下面列举几个已有的研究结论。

霍夫兰和贾尼斯（1959）在《人格与说服》一文中指出，在一种条件下易被说服的被试，在另一种条件下也易被说服。因此他们认为，这种高度可说服性的现象是与个人的人格品质相一致的。此后，许多人对这个问题展开研究。

（1）自尊（self-esteem）。自尊是人估定自己价值大小的表现。许多研究表明，低自尊者往往比高自尊者更容易被说服。如麦圭尔（1969）认为，低自尊的人并不尊重自己的看法，因此遇到压力时很容易放弃它。高自尊的人往往很看重自己已确立的观点与态度，在遇到他人的说服或攻击时常会认为是对自己价值的贬损，因此加以抵制。

（2）智力（intelligence）。人们一般都认为，智力高的人比智力低的人难以被说服，但迄今还缺乏证据说明智力水平与可说服性程度之间的相关。但一些研究，如伊格利和沃伦（A. H. Eagly & R. Warren, 1976）所进行的"智力、理解力和看法改变"的研究表明，高智力者与低智力者相比，前者很少受到阐述不一致和无逻辑论点的影响。因为高智力者一眼就能看穿说服者论点中的漏洞而认为不可信，而智力低的人由于不理解对方的论述，也会不予以重视。

（3）性别差异（sex differences）。在过去20—30年已有的研究认为，女人比男人对外界的影响更敏感，因而态度更易变化。但伊格利和卡莱（A. H. Eagly & L. L. Carli, 1981）在检验了近一百五十项研究后指出，从实验结果看，男女在可说服性上的差异很小。如果有差异，更多的是与双方各有所长的内容有关。如在西方社会中，从事财政、金融等相关职业的大多数是男性，女性在这方面可能缺乏自信，因此在财政事物上往往比男性更易于被说服；但在家务和抚养孩子方面，女性却很自信，因此对来自于这方面的劝说就会比男性有更多的抵制。

（四）环境与情境（environment & situation）

环境与情境中的许多因素虽然不是与劝说过程直接相关的变量，但它们也是影响态度改变的一种背景或偶然的变量，或多或少地起着辅助作用。

1. 强化作用（reinforcement）

传达者的说服为的是改变对方的态度，如果在进行说服时，周围环境中的一些因素，或有意创设一种气氛能带给人以欢愉或快感，就会使说服性信息由于这种强化而被看得更积极肯定，从而增加其影响力。贾尼斯和吉尔摩（I. L. Janis & J. B. Gilmore，1965）曾进行过一个有趣的实验。研究者以大学生作被试，请他们阅读一套有四篇不同论题的劝说性交流材料，它们是癌症治疗，武装力量的规模、月球探测器、三维电影，其中在阅读休息时给一部分被试提供花生和百事可乐，而另一部分被试在读同样的材料休息时，未给他们提供食物或饮料。然后，请被试对这些材料发表支持或反对的意见。结果发现，前一部分被试由于处于一种更好的精神状态，对交流材料的内容比后一部分被试持更肯定的态度（参见表 6-5）。

表 6-5　百事可乐的效应

论题	实验条件	
	伴有食品与饮料	无食品与饮料
癌症治疗	81%	62%
武装力量规模	67%	43%
月球探测器	55%	30%
三维电影	67%	60%

注：表中数字是被试在支持倾向减去反对倾向中改变态度的百分比

现在，社会上许多活动，如商品推销会、新书发布会、学术研讨会甚至大学吸引优秀生报考的参观活动，都适当地佐以茶点招待或赠送纪念品等，无非都是通过强化作用来达到宣传的效果。

2. 预先警告（forewarning）

在劝说时事先有人透露劝说的企图，可能产生正反两方面的作用：一是预先坚定或动摇听众与其一致或相反的信念，使其更敏感地接受影响；二是给听众创设了找到反对论点的机会，于是极大地增强对劝说的防御性。弗里德曼和西尔斯（J. L. Freedman & D. O. Sears，1965）做过一项"警告、分心和对影响的抵制"的研究。研究者在 10 分钟之前告诉一部分十几岁的青少年被试,他们将去听一个"为什么不许青少年开汽车"的报告,而另一些孩子则在报告开始时才听到这个主题。结果,得到预先警告的一组被试受报告的影响(即接受报告的观点)比未受到预先警告的被试要少得多。为什么会发生这种现象?研究者认为,预先警告发生后的十分钟内,它足以使某些防御过程和机制发挥作用,类似预防注射引起使用各种策略与战术,如构思支持自己看法的论点,尝试去准备反对的论点,或采取贬损来源等方法。就像一个已做好战斗准备的战士,充满信心地去应战,因此更有可能夺取胜利。

但也有一些研究表明,预先警告可能还有相反的正面作用,即对于没有卷入这个论题的一些被试,它将促进态度变化。阿普斯勒和西尔斯(R. Apsler & D. O. Sears, 1968)曾进行一项"警告、个人卷入和态度改变"的研究。研究者通过助手给予被试提倡撤换教授的劝说性信息,当遭到所有的被试反对后,又对部分被试说,这种变化会很快到来,这时就要影响到他们自己的教育(高卷入);对另一部分被试说,这种变化是几年之后的事,对他们不会有影响(低卷入)。然后让两组被试在一份支持倾向 16 点量表上表明自己的态度,以观测其变化的情况。结果显示,预先警告在高卷入组起到阻止变化的作用(只得 1.5 分,比未予警告组的 1.8 分少 0.3 分),而在低卷入组却起到促进变化的作用(得 2.4 分,比未予警告组的 0.7 分多 1.7 分)(参见表 6-6)。预先警告能促进低卷入者的改变,是由于低卷入者对这件事本身觉得与自己关联不大,也不一定对原态度有严格坚持的意图,因此预先警告似乎作为一种线索,对于推动他沿着迟早要走的路前进起着一定作用。

表 6-6 预先警告能增加低卷入者的态度变化

条件	表示态度变化	
	高卷入	低卷入
预先警告	1.5	2.4
无警告	1.8	0.7
警告的作用	−0.3	1.7

注:各组人数 n=20,表中数字越大,表示在 16 点量表中态度的变化量越大。

3. 分心（distraction）

分心就是由于额外的内外刺激干扰而使注意力分散的现象。在劝说过程中，若情境中有某些因素（或称噪音）引发听者的分心，就会影响劝说的效果。如果引起分心的刺激过强，使目标靶完全听不到信息，那么劝说就等于没有发生。这是一种常识，但不少电视广告常违反常理，如推销的商品是药品，而画面上出现的是与主题毫无关联的漂亮明星的歌舞和音乐伴奏，喧宾夺主地湮没了宣传的信息内容，使观众弄不清推销的是何物。社会心理学的研究还发现，如果情境中有某些"噪音"适当地分散目标靶的注意力，不让他们去思考或重组（rehearse）反驳的理由，反而使目标靶更易于受到劝说的影响而改变态度。费斯廷格和麦科比（L. Festinger & N. Maccoby, 1964）做过一项"对劝说沟通的抵制"的研究。研究者让被试在看一场电影时听到一篇反对博爱的讲话。对一些被试，电影上放映的正是这个人在讲话的镜头，而对另一些被试，电影放映的是一部滑稽可笑、并对现代艺术多少有些挖苦讽刺意味的片子。显然，在听反博爱讲话时，看这个离题的电影比看那个人在讲话的镜头会引起更多的分心。然后让被试对这个讲话表态，结果是最初不同意这个讲话（支持博爱）的被试在分心条件下比不分心条件下更多地受到讲话的影响，即改变了态度。可见，不让被试集中更多注意力去思考这个讲话，反而能增加这个劝说的有效性。

上面提到了有关劝说中的许多环节与因素，但大家更为关注的问题是传达者何时应该更强调这个因素而不是其他因素。比如，劝说者是更强调说服内容的论据、事实逻辑，还是应强调信息源的专长性、讲话的长度等表面的特征。佩蒂和卡乔波（R. E. Petly & J. T. Cacioppo, 1986）将人们有动机、有能力专注于沟通中的逻辑论证、思考内容的情况，称之为劝说的中心路径（central route to persuasion）；将人们不思考沟通中的论据，而受周边线索影响的情况，称之为劝说的外围路径（peripheral route to persuasion）。

佩蒂等在一项研究中，要求大学生去听一次演讲，内容是大四毕业前是否需要通过主修课的综合考试。告诉其中的一半人，目前学校正在考虑实施这项规定；而告诉另一半人，学校要等到10年后才会考虑实施。对前一部分学生来说，这是一件十分现实而与个人密切相关的问题，所以他们是"高个人关联性"被试。而对于后一部分学生来说，这是个"遥远"的变数，所以他们是"低个人关联性"被试。实验中引入两个变量：第一个变量是论据的强度（一半学生听强论据报告，指出大学教授教学素质会因综合考试而改进；另一半学生听弱论据报告，指出多数学生愿意冒考试失败的危险而迎战）；另一变量是周边线索——演讲人的声望（一半学生被告知演讲者是某大学的著名教授，而另一半学生被告知演讲者是一高中生）。而后，被试可依据以上信息填写正负各 10 点的是否同意规定执行的表格，结果如图 6-13 所示。

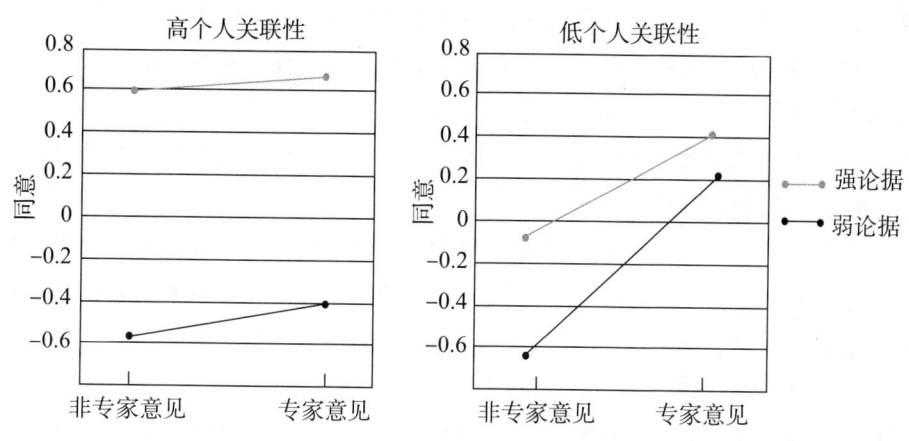

图 6-13　个人关联性对态度改变的类型的影响

上述研究结果表明：(1) 当议题的个人关联性很高时，论据的质量比是否来自专家的意见更能说服人，这是劝说的中心路径（参见 6-13 左图）；(2) 当议题的个人关联性较低时，人们更多的受是否来自专家的影响，而相对不重视论据的质量，这是劝说的外围路径（参见 6-13 右图）。随后的研究表明，劝说时采取中心路径或外围路径的效果还取决于别的因素，如人格倾向。有的人更喜欢透彻地思考问题，或者说他们拥有高度的认知需求，而另一些人则相反。前者可能更关注相关的论据（即通过中心路径）来形成自己的态度，后者则可能依赖外围路径的线索（如劝说者的吸引力或可信性等）而形成态度。与通过外围路径形成的态度相比，通过中心路径形成的态度更为稳定持久，与行为表现更为一致。

可见，劝说中的各种变量所起的作用不是绝对的，而是相互制约的。当然，一般地讲，议题的是非与论据在劝说中起着核心的作用，即所谓"真金不怕火炼"。"指鹿为马"只是一种特殊与暂时的现象。在劝说中，强论据加上可利用的某些周边变量可能会产生比较理想的说服效果。

【要点小结】

态度是个人对特定对象做出反应时所持的评价性的、较稳定的内部心理倾向。它由感情、认知与行为意向三种成分构成。态度与行为之间具有较复杂的关系。合理行动理论表明，行为意向取决于不同信念引起的态度及主观规范两变量的相对强度；有计划行为理论则提到了知觉到的行为控制变量，这些都启发人对态度机制进行更深入的思考。

在态度形成方面，除学习论、诱因论外，较引人注目的是认知相符论，其中平衡论与认知失调论最为突出。

当前，社会心理学对态度研究得较多的是态度改变的过程、影响因素与各种变量及劝说方法等。其中，探讨最为详尽的是霍夫兰与贾尼斯的劝说情境模式，它涉及外部刺激（传达者——专长性、可靠性、重要性等；沟通——差异、恐惧唤起等；情境——预先警告、分心、强化作用等）、目标靶（承诺、预防注射、人格等）、中介过程（信息学习、感情迁移、相符机制、反驳等）、结果（态度改变或信息贬损、曲解、掩饰、拒绝等）环节，针对各环节，研究者分别开展了许多引人入胜的实验，但关于实验结论的争论还将继续，并步步深入。

【思考与练习】

1. 请举出一些事例，说明态度在我们生活中的作用。
2. 试评态度形成的三种理论——学习论、诱因论和认知相符论，并着重评析你认为最有说服力的一种。
3. 态度改变的模式与压力理论对你有什么新的启发？
4. 你是否有过劝说别人改变态度的经验？结果如何？原因何在？如果今后要进行这项工作，你会怎样利用本章知识？

【拓展性阅读导航】

1. S. Penrod (1983). *Social Psychology*. (*pp. 263-291*). Englewood Cliffs, NJ: Prentice-Hall, Inc.

2. E. Aronson, T. D. Wilson & R. M. Akert (2013). *Social Psychology* (8th ed, *pp. 164-165*). Pearson Education, Inc.

3. ［美］菲利普·津巴多、［美］迈克尔·利佩著，邓羽、肖莉等译：《态度改变与社会影响》，人民邮电出版社，2007.

第七章 沟通与人际吸引

【内容提要】

本章结合日常生活的例子,在经典实验研究的基础上,介绍人际沟通与吸引这一社会心理学体系中重要而又相当有趣的内容。我们首先介绍沟通的概念,包括沟通与交往、人际关系的区别,沟通的重要性;其次从感觉剥夺、社交剥夺实验来阐述沟通的重要意义,尤其是对于婴幼儿、退休老人的意义;接着介绍沟通过程的七要素、沟通的类型;然后详细而又生动地结合日常生活例子,介绍身体语言沟通,包括目光与表情、身体运动与接触、姿势与装饰;最后阐述人际吸引的条件:熟悉,个人特征(包括才能、外貌吸引力、个性品质),相似与互补,并且在爱情这一人类永恒的主题的部分,介绍爱情与喜欢的区别,以及"罗密欧与朱丽叶效应"。

【学习目标】

1. 了解什么是沟通及其意义。
2. 熟悉沟通过程的七个要素和沟通的类型。
3. 了解身体语言及其沟通作用。
4. 掌握人际吸引的影响要素。
5. 熟悉吸引的相似与互补原则。
6. 了解罗密欧与朱丽叶效应。

【关键词】

沟通 感觉剥夺 语词沟通 非语词沟通 身体语言 相似 互补 罗密欧与朱丽叶效应

假如人一生下来就没有与他人的交流,人就不会知道世界是什么,不知道自己是谁，不知道为什么而活着。

第一节 沟通的意义与结构

一、沟通的概念

沟通（communication）一般指人与人之间的信息交流过程。有些学者将沟通等同于交往。其实，交往的含义比沟通广泛得多，它不仅指人与人之间的非物质性的信息交流，也包括物质的交换，还包括人与人之间通过非物质的和物质的相互作用过程建立起来的相对稳定的关系或联系。不过，由于交往领域所讨论的问题与人们日常的概念关联十分密切，人们已经习惯将人与人之间的动态相互作用过程称作交往，而将通过人与人之间的相互作用而建立起来的稳定情感联系称作人际关系。所以我们在讨论中通常也都是沿用约定俗成的提法，只是在专门讨论概念时，强调人与人之间的动态相互作用过程和静态人际关系都属于交往的范畴。

沟通是人与人之间发生相互联系的最主要的形式。人醒着时大约有70%的时间，都是花在这样那样的沟通过程中的。我们与别人交谈、读书、看报、上课、听广播、看电视，都是在进行沟通。沟通的广度和方便程度，是生活质量重要的方面之一。交通的便利和通信的发达是生活现代化的重要元素，信息技术的迅猛发展也使得近些年来计算机网络成为人们的主流沟通媒介，而它们所改善的，首先是人们沟通的状况。

语言作为社会人群已经形成高度共识的符号系统，每一个字词的声、形符号，都已经被赋予了一定的意义。因此人们一方面可以用它来指称事物，描述内心状态，一方面又可以通过它的声、形等物化形式使其他人能够觉察并理解。这样，语言成了人与人之间进行沟通的桥梁。虽然日常生活中人与人之间的沟通还存在其他许多非语言的形式，但由于语言是最为规范化的符号系统，在同一种语言背景中，不同的人对以一定字词的声、形符号为载体所建立起来的概念或理解是高度接近的。语言的这种特点，客观地决定了人们日常社会生活中的大部分沟通都借助于语言来实现。

另一方面，约定俗成的字词符号系统的含义不仅相对独立于沟通情境，而且在一定历史时期内保持相对的稳定。因此，语言沟通有着代际文化传递的特殊功能。相反，其他沟通方式，如目光和姿势，具有高度的情境依赖性。脱离开沟通情境，人们可能会得出完全不同的理解。

二、沟通的意义

我们已经知道，作为信息加工和能量转化系统的人类有机体必须与外部环境保持相互作用，必须接受外界的各种刺激，才能够维持正常的生命活动。心理学家赫伦（W. Heron）曾经做过"感觉剥夺"实验，将自愿参加的被试关在一个隔绝光线、声音的实验室里，身体的各个部位也被包裹起来，以尽可能减少被试的各种感觉。实验期间除给被试必要的食物外，不允许其获得其他任何刺激。结果，仅仅3天，被试的整个身心就出现严重障碍，甚至连大动作的准确性也受到严重损害。

更为重要的是，人与人之间的沟通所提供的信息是社会性的信息，对于人来说，这种信息比一般的物理性刺激更为重要。动物心理学家曾以恒河猴做过一个同样著名的"社交剥夺"实验。实验将猴子喂养工作全部自动化，隔绝猴子与其他猴子或人的沟通。结果，与有正常沟通机会的猴子相比，缺乏沟通经验的猴子明显缺乏安全感，不能与同类进行正常的交往，甚至其本能的行为表现也受到严重影响。

在智慧活动和智力发展方面，沟通是必要的前提。人们对因战争而独居深山数十年的特殊个案进行过研究，发现沟通的缺乏对人们语言能力及其他认知能力都有损害。沟通机会缺乏的孤儿与保持正常沟通的儿童相比，智力发展明显延后。心理学家以早产儿为对象进行的实验发现，增加与早产儿的沟通，并对他们进行按摩，有助于他们最终实现正常发展。而没有做这种实验处置的早产儿，则多数有这样或那样的问题。

老年人退休后衰老过程加快的问题，已经得到社会的广泛重视。心理学家经过研究发现，人退休后之所以衰老加快，关键在于人在退休后失去了许多沟通机会，沟通的频度、广度都明显下降。这种变化的直接结果，是人的机体得不到足够的社会性刺激。人的机体同样遵循"用进废退"的自然法则。研究揭示，与普通的退休人员相比，退休后仍坚持工作、担负适当的社会责任的老人，衰老明显减缓。医学的最新研究成果也揭示，独身者寿命偏短的主要原因，是相比正常人缺乏配偶之间的沟通和由此形成的情感依恋。由于缺乏配偶，他们的孤独、烦躁、焦虑、空虚、抑郁等消极情绪常得不到及时倾诉和排解。而消极情绪不能够及时消除，会对整个身心健康产生严重的不良影响。

在某种意义上，当前我国社会出现的心理咨询、咨询电话、知心电话或希望热线，都是为求助者提供一个开放性的沟通机会，使他们有机会说出自己的困惑、烦恼、郁闷或焦虑。从这些形式的社会服务的受欢迎程度，我们就能够感受到沟通对人们心理健康的重要性。据报载，美国一位老太太登广告称"随时接受来访者倾诉心声，每小时收费15美元"。结果生意兴隆，预约者甚至排满了半年时间。

三、沟通的要素

整个沟通的过程大致按照以下顺序进行：信息者先对信息源进行编码，并将其转化成符号形式，然后通过媒介作为信息传递的通道传送给信息接收者，并由信息接收者对接收到的信息进行解码。在日常活动中，人们便以这种沟通过程实现了信息在个体之间的传递。

巴克尔（L. L. Barker）认为沟通过程有七大核心要素，包括信息源、信息、通道、信息接收者、反馈、障碍和背景。这七个要素之间的相互关系，从图 7-1 中可以一目了然。

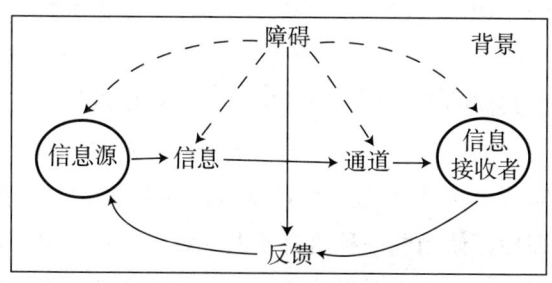

图 7-1 沟通过程及其组成要素

（一）信息源

信息源是掌握信息并试图进行沟通的人。他们开启沟通过程，决定以谁为沟通对象，并决定沟通的目的。沟通的目的可以是为了提供信息；也可以是为了影响别人，使别人改变态度；还可以是为了与人建立某种联系或纯粹为了娱乐。作为信息源的沟通者在实施沟通前，必须首先在自己丰富的记忆里选择试图沟通的信息。然后，这些信息还必须转化为信息接收者可以接受的形式，如文字、语言或表情等。沟通准备过程的一个直接结果，是使人们对自己身心状态的意识更准确。一个人每天获得的知觉、思想观念和感受是很多的。但是，在人试图将这些经验转化为可沟通的形式之前，这些经验是混沌的，缺乏足够的结构化。比如我们读一本小说，小说中情节和绝妙好词虽然很多，但我们只有倾向性的印象，而缺乏确切的观念。只有在我们试图把小说的故事讲给别人听，精心整理出思路，给出自己的评价和感受时，我们才真正理解了小说，了解了自己对于小说的评价。有过准备讲稿经验的人会有深切的体会，只有真正确切了解某个事情或某种知识，才能讲得出、写得好。如果没有仔细的沟通准备过程，就常常会发现觉得有千言万语要说，但就是什么也说不出来。

（二）信息

从沟通意向的角度说，信息是沟通者试图传达给别人的观念和情感。但个人的感受不能直接为信息接收者接受，因而它们必须转化为各种不同的可为别人所觉察的信号。在各种符号系统中，最为重要的是语词。语词可以是声音信号，也可以是形象（文字）符号，因而它们是可被觉察、可实现沟通的符号系统。更为重要的是，语词具有抽象指代功能，它们可以代表事物、人、观念和情感等自然存在的一切。因此，它们也为沟通在广度和深度上提供了最大的可能性。

语词沟通是以共同的语言经验为基础的。没有相应的语言经验，语词的声音符号就成了无意义的音节，形象符号也成了无意义的图画。如果对不懂中文的人讲汉语，那对方就不能从你的声音符号里面获得意义，沟通也就不能实现。另一方面，即使是使用同一种语言的人，对于同一个语词，不同的人在理解上也常常是有区别的。因为对于任何一个语词的意义，不同的人都有不同的经验背景。由于不同的人在词义理解上存在差异，实际上完全对应的沟通是很少的，更多的沟通都发生在大致对应的水平上。日常生活中人们时常出现沟通的误解，也往往是由对于同一个语词的理解不一致引起的。

（三）通道

通道所指的是沟通过程中信息传达的方式。我们的五种感觉器官都可以接收信息。但最大量的信息是通过视听途径获得的。日常生活中所发生的沟通也主要是视听沟通。通常的沟通方式不仅有面对面的沟通，还有以不同媒体为中介的沟通。电视、广播、报纸、电话，还有手机、计算机和掌上电脑等，都可被用作沟通的媒体。但是，心理学家的研究发现，在各种方式的沟通中影响力最大的，仍是原始的面对面的沟通方式。面对面沟通时除了语词本身的信息外，还有沟通者整体心理状态的信息。这些信息使得沟通者与信息接收者可以发生情绪的相互感染。此外，在面对面沟通的过程中，沟通者还可以根据信息接收者的反馈及时调整自己的沟通过程，使其变得更适合于听众。由于面对面沟通能够更有效地对信息接收者发生影响，即便是在通信技术高度发展的美国，总统大选时的候选人也总是不辞劳苦地各地奔波做演讲。

（四）信息接收者

信息接收者指接收来自信息源的信息的人。信息接收者在接收携带信息的各种特定音形符号之后，必须根据自己的已有经验，将其转译成信息源试图传达的知觉、观念或情感。这是一个复杂的过程，包括一系列注意、知觉、转译和储存的心理动作。由于信息源和信息接收者拥有两个不同但又具有相当共同经验的心理世界，因此，信息接收者转译后的沟通内容与信息源原有的内容之间的对应性是有限的。不过，这种有限的对应在更多的情况下足以使沟通的目的得以实现。

在面对面的沟通过程中，信息源与信息接收者的角色是不断转换的，前一个时段的信息接收者，则成了下一个时段的信息源。在日常生活中，每一个人都必须很好地了解如何有效地理解别人和让别人理解，了解沟通过程中信息的转译和传递机制，只有这样，才能提高沟通的有效性和准确性。

（五）反馈

反馈的作用是使沟通成为一个交互过程。在沟通过程中，沟通的每一方都在不断地将对信息的反应回复给另一方，这种回返过程就称作反馈。反馈可以告诉信息发送者信息接收者接收和理解每一信息的状态。如果反馈显示信息接收者接收并理解了信息,这种反馈为正反馈。如果反馈指示的是信息源的信息没有被接收和理解,则为负反馈。显示信息接收者对于信息源的信息反应不确定的状态叫作模糊反馈。模糊反馈往往意味着来自信息源的信息尚不充分。成功的沟通者对于反馈都十分敏感,并会根据反馈不断调整自己的信息。

反馈不一定来自对方,我们也可以从自己发送信息的过程或已发出的信息中获得反馈。当我们发现所说的话不够明确,或写出的句子难以理解时,我们自己就可以做出调整。对应于外来反馈,心理学家称这种反馈为自我反馈。

(六) 障碍

人类的沟通经常发生障碍,因此,分析沟通过程不能不分析障碍问题,我们可以将人类的沟通系统比作电话回路。在电话回路中,任何一个环节都可能出现问题,对沟通构成障碍。在人类的沟通过程中也有大致相同的情况。信息源的信息不充分或不明确(如得相思病而成日坐立不安的人会认为自己是病了而不是爱上了某一个人)、信息没有被有效或正确地转换成可以沟通的信号(如爱的感受没有被转换成让被爱者可以理解的语词表达)、误用沟通方式(如以不适当的讨好方式来表达爱慕)、信息接收者误解信息(如将爱慕者表达的关怀和帮助解释成他希望通过这种方式得到自己的帮助)等,都可以对沟通造成障碍。

此外,沟通者之间缺乏共同的经验,彼此也难以建立沟通。来自两个完全不同的文化背景的沟通者是很难有效地交流信息的。有个故事讲的是,一个外国旅游者在一个乡村小店想喝牛奶,于是他在纸上画了一头牛,结果店主真的牵来一头大水牛。其实,即使在同一个国家,由于不同地区、不同民族有其独特的文化,类似的笑话也是经常发生的。足够的共同经验,是沟通得以实现的必要前提。

(七) 背景

沟通过程的最后一个要素是背景。背景是指沟通发生的情境。它影响沟通的每一个因素,同时也是影响整个沟通过程的关键因素。在沟通过程中,许多意义是由背景提供的,甚至语词的意义也会随背景而改变。例如,"你真够坏的!"这句话,如果是亲密朋友在家里亲切交谈的背景,那么这句话并不是谴责的意思，而意味着欣赏、赞美。可以设想，如果将这句话用于其他情境，其意义会是什么，其所指的对象会做出怎样的反应。由此可见，不同的沟通背景会导致个体在信息加工时采取不同的加工模式，从而达到不同的沟通效果。

第二节 沟通的类型

沟通的类型十分复杂，而且几乎每一种类型的沟通都与我们的日常生活有着密切的联系。本节主要讨论几种人际沟通的主要类型。

一、语词沟通和非语词沟通

语词和非语词沟通（verbal and non-verbal communication）常被译成语言和非语言或言语和非言语的沟通。比较而言，最准确的还是第一种译法。

语词沟通指借助语词符号实现的沟通。而借助于非语词符号，如姿势、动作、表情、接触，以及非语词的声音和空间距离等实现的沟通叫作非语词沟通。

语词沟通是沟通可能性最大的一种沟通。它使人的沟通过程可以超越时间和空间的限制。人不仅可以通过文字记载来研究古人的思想，也可以将当代人的成就留传给后代。借助于传播媒介，一个人的思想可以与很多人分享。所有这些，没有语词是无法实现的。

在人类的一切经验当中，共同性最大的就是语词。因此，语词沟通是最准确、最有效的沟通方式，也是运用最广泛的一种沟通。一个人如果缺乏语言能力，如不会说话、无法识字或出国不懂外语，那么与人沟通的过程就变得十分困难，有些沟通则根本无法实现。

非语词沟通的实现有三种方式。第一种方式是通过动态无声性的目光、表情动作、手势语言和身体运动等实现沟通；第二种方式是通过静态无声性的身体姿势、空间距离及衣着打扮等实现沟通。这两种非语词沟通统称身体语言沟通。这是当代社会心理学新兴的研究领域，近年来积累了大量对我们现实生活中的人际沟通具有指导意义的科学研究成果。我们在下一节将专门讨论身体语言学的问题。

戈夫曼（F. Goffman，1959）提到，非言语行为在表达情绪方面特别有力，并且因为它不像语词那样容易控制，它传达的信息也更为真实（A. M. Kring, A. David, S. John & M. Neale，1994）。演员的表演是非常好的例子，他们努力的一个重要方面，就是提高控制非言语表达的能力，以传达那些通常在不能控制的条件下表达的感情。

第三种非语词沟通的方式是通过非语词的声音，如重音和声调的变化、哭、笑、停顿来实现的。心理学家称非语词的声音信号为副语言（paralanguage）。最新的心理学研究成果揭示，副语言在沟通过程中起着十分重要的作用。一句话的含义常常不是决定于其字面的意义，而是决定于它的弦外之音。语言表达方式的变化，尤其是语调的变化，可以使字面相同的一句话具有完全不同的含义。比如一句简单的口头语"真棒"：当音调较低、语气肯定时，"真棒！"表示由衷的赞赏；而当音调升高，语气抑扬，说成"真棒ǎi"时，则完全变成了刻薄的讥讽和幸灾乐祸。

心理学研究发现，低音频是与愉快、烦恼、悲伤的情绪相联系的，而高音频则表示恐惧、惊奇或气愤。副语言研究者迪保罗（B. M. Depaulo）的研究还发现，鉴别别人说谎的最可靠线索就是声调。不老练的说谎者说谎时会低头或躲避别人的视线。老练的说谎者则可以有意识地控制这些慌乱行为，说谎时不仅不脸红、不低头，还能有意识地以自然的表情迎接别人的目光。但是，说谎时声调的提高却是不自觉的，可以真实地透露说谎者言不由衷的心态。

非语词沟通可以交流大量关于感觉、情绪和态度的信息。这些有关内部状态的信息以声音质量、眼神交流、面部表情、手势、身体运动和接触的方式表现出来。因此，非语词沟通常常被称作"情绪语言"。值得注意的是，非语词表现力和性别是在非语词沟通中最受人们关注的两大个体差异变量。非语词表现力是指个体使用非语词行为表达情感和感受的程度大小。非语词表现力强的个体有更多观点和情绪的表达（M. Weisbuch, Z. Ivcevic & N. Ambady，2009），而这也和个体的社会适应性有一定关联（R. E. Riggio，2006）。此外，性别也是导致非语词沟通差异的重要因素之一。和男性相比，女性在交流过程中表现出更多的微笑及目光注视，并和他人的人际距离更近。简而言之，非语词行为在人际沟通中扮演着十分重要的角色。

二、口语沟通与书面沟通

这两种沟通是语词沟通的基本方式。口语沟通是指借助于口头语言实现的沟通。通常提及口语沟通时，一般都是指面对面的口语沟通。通过广播、电视等实现的口语沟通通常称作大众沟通或大众传播（mass communication）。

口语沟通是日常生活中最经常发生的沟通形式。交谈、讨论、开会、讲课等都属于口语沟通。口语沟通是保持整体信息交流的最好沟通方式。在沟通过程中，除了语词之外，其他许多非语词的表情、动作、姿势等，都会对沟通的效果起积极的促进作用。口语沟通还可以使人及时得到反馈并据此调节沟通过程。口语沟通中，沟通者之间的相互作用充分，因而沟通的影响力也大。不过，与书面沟通相比，口语沟通中信息的储存全凭记忆；同时，口语沟通时沟通者对说出的话没有反复斟酌的机会，因而容易失误。由于这些不足，在正式的公共场合人们常采用口语沟通和书面沟通相结合的形式。信息源常预先备稿，而信息接收者则往往做笔记或进行录音。

书面沟通即借助书面文字材料实现的信息交流。通知、广告、文件、报刊等都属于书面沟通形式。书面沟通由于有机会修正内容和便于储存信息，因而沟通不易失误，准确性和持久性也较高。同时，由于阅读接受信息的速度远比听讲快，因而单位时间内的沟通效率也较高。但是，由于书面沟通缺乏信息提供者背景信息的支持，因而其信息对人的影响力较低。当然，有一种情况是特殊的，即权威的文件所激发的重视程度远比口头传达强，但这里涉及的完全是另外一种机制。一方面，权威文件引起的效果是重视，并不意味着它就一定有高影响力。另一方面，口头传达文件时，传达者已不是真正的信息源，他们实际上只起传达媒介的作用。在他们的传达过程中，通常没有自身人格和情感因素的参与。这种传达过程与口语沟通有着实质的区别。

三、有意沟通与无意沟通

在大多数情况下，沟通都具有一定的目的，这种沟通是有意沟通。但是，有时我们事实上与别人在进行信息交流，而我们并没有意识到沟通的发生。这种情况下的沟通是无意沟通。当然,沟通者有时为了某种特定的目的,也会故意使自己的有意沟通给信息接收者造成错觉,使他们看成是无意沟通。便衣诱捕扒手时,常常故意把钱包放在容易被小偷觉察的口袋里,甚至使钱包从口袋中露出一截,就属于这种情况。

有意沟通很容易理解。每一个沟通者,对自己沟通的目的都会有所意识。通常的谈话、打电话、讲课、写信、写文章,甚至闲聊,都是有意沟通。表面上,闲聊好像没有沟通目的。实际上,闲聊本身就是沟通目的,沟通者可以通过闲聊消磨时光、排解孤独。

无意沟通不容易为人们所认识。事实上,出现在我们感觉范围中的任何一个人,都会与我们存在某种信息交流。心理学家特里普利特(N. Triplett, 1897)发现,如果你一个人在路上跑步或骑车,速度通常较慢。如果有别人(不管你认识与否)与你一起跑,或一起骑,你的速度会不自觉地加快。同样的过程也发生在别人身上。显然,你们彼此有了信息沟通,发生了相互影响。你走在大街上,无论来往行人的密度有多么大,你也很少与别人相撞。因为你及其他人在走路过程中,随时都在调整彼此的位置,你在与许多人保持着信息交流。

心理学家谢里夫(M. Sherif, 1935)的"光点游动"实验发现,只要你知道了别人如何判断,哪怕你们之间没有说过一句话,没有进行过任何有意识的沟通,你的判断也会不自觉地受到别人影响,向别人靠拢。而且,这种影响一旦发生了,还有相当的稳定性。谢里夫的巧妙实验科学地证明了这一点。当然,在别人身上,也发生着完全相同的过程。由此可见,无意沟通不仅是经常发生的,沟通的广泛程度也远远超出了我们的想象。而且,这种沟通对于我们有着意想不到的深刻影响。其实,文化背景对于一个人的影响,更多的时候都是通过无意沟通实现的。影响个人行为与发展的社会比较,更多的时候也是通过无意沟通实现的。

四、正式沟通与非正式沟通

正式沟通指在正式社交情境中发生的沟通,而非正式沟通指在非正式社交情境中发生的信息交流。我们每个人在日常生活中都离不开这两种沟通。在正式沟通过程中,如参加会议、恋人初次会面、发表讲话等,我们对于语词性的、非语词性的信息都会高度注意。语言上用词会更准确,并会注意语法的规范化。对于衣着、姿势和目光接触等也会十分注意。人们希望通过这些表现来为自己塑造一个好的形象,以便给别人留下良好印象。在正式沟通过程中,往往存在典型的"面具"效应,即人们试图掩盖自己的不足,行为举止上也会变得更加符合社会期望。

在非正式沟通过程中,如小群体闲谈、夫妻居家生活等,人们会更放松,行为举止也更接近其本来面目。沟通者对于语词和非语词信息的使用都比正式沟通随便。每个人都会有体会,在自己家里或亲密好友的家里,与在上司家做客的感觉有着明显的区别。不仅背景引发的心理紧张度不同,整个沟通过程也具有不同的性质。

五、个人内沟通与人际沟通

沟通不仅可以在个人与他人之间发生,也可以在个人自身内部发生。这种在个人自身内部发生的沟通过程就是个人内沟通(intrapersonal communication)或自我沟通。个人内部神经系统是由信息传入和信息传出两个系统构成的。比如人去抓握一个东西的过程都是由一系列的内部沟通构成的。首先是眼睛看到东西,信息由传入神经传到大脑。然后由人脑根据肌体需要发出抓握指令,指令经传出神经到达肌肉,被肌肉接收并引起收缩。如果抓握动作第一次不够准确,还会发生一系列的信息反馈调节过程。

自言自语是最明显的自觉的个人内沟通过程。一个人在做事时常对自己不断发出命令,自己又接受或拒绝命令。小孩搭积木时,口中常念念有词:"这一块应该放这。不对,应该放这。对,就是放这。"这是典型的自我沟通过程。

自我沟通过程是一切沟通的基础。事实上,人们在对别人说出一句话或做出一个举动前,就已经经历了复杂的自我沟通过程。不过,只有在你必须对一句话进行反复斟酌,或对一个举动反复考虑时,你才能清楚地意识到这种过程的存在。自我沟通过程是其他形式的人与人之间沟通成功的基础。精神分裂症患者由于自我沟通过程出现了混乱,因而也不能与别人有真正成功的沟通。

人际沟通特指两个人之间的信息交流过程。这是一种与我们日常生活关系最为密切的沟通。我们与别人关系的建立和保持，都必须通过这种沟通来实现。本书所涉及的沟通问题，主要是以人际沟通为核心的。更多的沟通分析，都是有关人际沟通的知识。

第三节　身体语言沟通

所谓身体语言（body language），指非语词性的身体信号，包括目光与面部表情、身体运动与触摸、身体姿势与外表、身体之间的空间距离等。通过身体语言实现的沟通，称作身体语言沟通。而专门研究身体语言沟通问题的新兴研究领域，就是所谓的身体语言学（kinesics）。

心理学家经过严格的观察研究发现，"此时无声胜有声"绝不是简单的主观感受，而是科学事实。在两个人之间的面对面的沟通（即人际沟通）中，55％以上的信息交流是通过无声的身体语言实现的。身体语言在人际沟通中有着口头语言所不能替代的作用。

一、目光与表情

（一）目光

"眼睛是心灵的窗户。"心理学家的大量科学研究已经证实了这一格言的合理性，研究发现，眼睛是透露人的内心世界最有效的途径。人的一切情绪、态度和感情的变化，都可以从眼睛里表达出来。而且，人对自己的语言可以做到随意控制，可以完全为了暂时适应某种特定情境的要求而口是心非，但人们对于目光却很难随意控制。观察力敏锐的人，可以很好地从一个人的目光看到一个人内心的真实状态；可以从一个人的眼睛看出究竟是真的镇定自若，还是故作镇静，内心实际很慌乱。我们可能看过电影中的蒙面大侠，你可以很好地体会到，仅仅从只有两个眼睛的面部特写中，就能看到人物全部的情感变化历程。可见，无论从科学研究的角度还是从日常生活经验的角度，"我从你的眼睛看到了你的内心"这一说法都不是诳语，而是事实。

心理学家帕特森（M. L. Patterson）提出非言语交流的序列功能模型，他认为目光接触有以下几大功能：提供信息、调节互动、表达亲密、锻炼社会控制能力和促进任务目标的达成。在提供信息方面，目光接触和注视能反映喜好和吸引程度，并表达个体感受的强度大小。当个体目光注视照片或视频中人物的时间更长时，个体对其喜好程度有显著提升；当男人和女人的目光相视时间更久时，能表现出彼此之间更强的性吸引力。在调节互动方面，研究者发现，成人在开始或结束谈话时总会用目光进行互动调节，谈话前的目光转移为了收集相关想法和观点，而谈话后的目光注视是为了接收对方的反馈。在表达亲密方面，研究者发现，当个体对对方有好感或感到亲密时，对其的目光注视时间明显增加。在社会控制方面，当个体想要说服某人，或做出一些说谎行为，抑或对他人施加威胁和统治的情境下，人们也常常使用目光来进行社会控制。此外，目光接触还能促进任务目标的达成。例如，目光接触能够增强人际交往过程中人们的舒适感，从而促进整个会谈的顺利进行。

　　心理学家的研究证实，人的情绪变化首先会反映在不自觉的瞳孔改变上（J. L. Andreassi, 1995）。当人的情绪从中性变得兴奋、愉快时，瞳孔会不自觉地变大。一个男子看到迷人的女郎，或一个女人看到潇洒的男子，都会有瞳孔放大的反应。有人研究人们打扑克时的瞳孔反应，发现如果抓到了自己期望的好牌，情绪兴奋性会陡然上升，并出现瞳孔放大。科学家对动物的研究也证实，在猫看到感兴趣的食物和动物刺激时，它也同样有瞳孔扩大的反应。

　　更进一步的科学研究还揭示，对于令人厌恶的刺激物，人们的瞳孔反应不是扩大，而是明显缩小。当人们的情绪从愉快转向不愉快，或突然出现令人不快的人或事情时，瞳孔会不自觉地缩小，并伴随程度不同的眯眼和皱眉。可见，人的眼睛是其内心情感状态的良好指示器。

　　眼睛不仅是心灵的窗户，更重要的是，"眼睛会说话"。心理学家发现，目光接触是最为重要的身体语言沟通方式。许多其他身体语言沟通，常常也直接与目光接触有关。如一个人斜靠在墙上，在没有目光接触时，这个姿势可能意味着休息。而如果与某一个特定的人保持某种目光接触，这个姿势的意义则可能变成了轻视对方。我们可能都有经验，人际沟通中若缺乏目光接触的支持，那沟通会变成一个非常令人不快、非常困难的过程。如果一个人戴着深色或反光太阳镜与你谈话，你会感到有说不出的不舒服感觉，也感到难以与对方保持默契的沟通。因为太阳镜阻断了你们目光的接触，使你们的沟通过程失去了一个重要的信息交流途径。看不到对方眼睛，你无法了解对方说话时处于怎样的状态，也难以确认对方对你的谈话究竟做怎样的反应。心灵的窗户挂上了一个深色的帘子，信息的沟通和情感的交流出现障碍自然是可以预期的。所以，几乎所有的人际关系心理学专家都告诫人们，千万不要戴颜色很深的太阳镜与人说话！它会让人感到你在拒他于千里之外，会使你得不到别人信任，会使你与别人的沟通成为一个冰冷的、没有感情和生机的过程。

在日常生活中，人们很多信息与情感的交流，都是通过目光接触来实现的。长时间凝视对方眼睛是人们卷入爱情的重要标志。凝视通常传达积极的感觉并导致相应的反应。紧盯着别人是专断的、控制的行为，它可能是领导行为的有效因素，但凝视也会使人产生不舒服的感觉和使人认为沟通者具有试图说服自己的企图（Carli et al.，1995）。

（二）表情

表情一般指面部表情（facial expression）。面部表情是另一个可以实现精细信息沟通的身体语言途径。人面部的数十块肌肉，可以做出上百种不同的表情，准确地传达出各种不同的内心情感状态。来自面部表情的信息，更容易为人们所觉察。但同时，由于表情肌的运动是自觉的，人们可以随意控制，因而也出现了虚假表情的问题。很少有人能够随意控制自己眼睛的变化，使其故意显示与内心状态不一致的信息，但几乎所有人都能够随意控制自己的表情肌，使之做出与内心真实体验不相对应的虚假表情。

与目光一样，表情可以有效地表现肯定与否定、接纳与拒绝、积极与消极、强烈与轻微等各种难度的情感。由于表情可以随意控制，变化迅速，而且表情的线索容易觉察，因而它是十分有效的身体语言沟通途径。人们可以通过表情来表达各种情感，也可以运用表情来表达对别人的兴趣；可以通过表情来显示对一件事情的理解状态，也可以经由表情表达自己的明确判断。在日常的人际沟通过程中，表情是人们运用最多的身体语言沟通途径之一。

心理学家的研究发现，虽然任何一种表情都是整个面部肌肉的整体功能，但面部的某些特定部位对于表达某些特殊情感所起的作用更大。在一般情况下，表现厌恶的关键部位是鼻、颊和嘴；表现哀伤的关键部位是眉、额、眼睛和眼睑；嘴、颊和眉、额对于表现愉悦特别重要；而恐惧则主要由眼睛和眼睑表现。通常情况下，人们的目光与面部表情是一致的，都与内在的心理状态相对应。而在特定的情况下，如情境要求人做出特殊的表情，以便控制自己留给别人的印象时，人们的眼神与表情会出现分离。在这种情况下，透露人们内心真实状态的有效线索是眼神，而不是表情。因为表情是可以伪装的。实际上，眼神与表情相分离这一事实本身，就是人们作假的有效信号。只不过在一般的情况下，人们只去注意容易觉察的面部大肌肉运动，而不去注意眼神的变化。

研究表明，表情的表达常常被行为者控制用来实施有效的印象管理。青年、儿童常常能通过使用有控制的面部表情——微笑来掩盖欺骗（C. F. Keating & K. R. Heltman，1994）。拉法兰等人的研究（M. LaFrance & M. A. Hecht，1995）揭示，微笑之所以容易掩饰欺骗，并能使人们宽容，可能同微笑与可信任性相联系有关。

布朗（Brown，1996）综合各种研究结果，对个人表达与真实自我状态的对应性进行了总结（如图 7-2）。

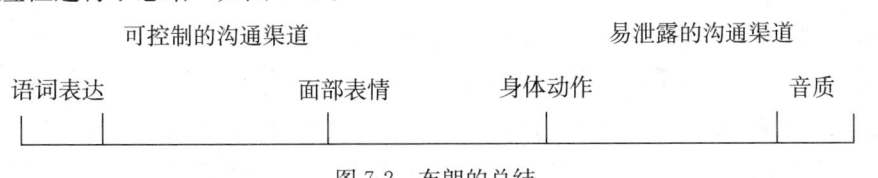

图 7-2　布朗的总结

二、身体运动与接触

身体运动是最容易被觉察的一种身体语言，更容易引起人们的注意。身体运动语言与人们的日常生活具有十分密切的关系。聋哑人借助手势语言，实现了与别人的沟通，摆脱了孤独。第二次世界大战时期，英国首相丘吉尔发明的"v"手势，成为世界上广为运用的代表胜利的手势语（"v"是英语单词"victory"——意为"胜利"——的第一个字母，竖起中指与食指并展开，就成了"v"字）。我们每一个人都可以开列出一个自己习惯使用的身体运动语言清单（这可以帮助我们更好地了解自己，不妨试试）。心理学家研究发现，人们通常使用的主要身体运动语言及其重要意义有以下一些。

• 摆手：制止或否定

- 双手外推：拒绝
- 双手外摊：无可奈何
- 双臂外展：阻拦
- 搔头皮或脖颈：困惑
- 搓手和拽衣领：紧张
- 拍脑袋：自责
- 耸肩：不以为然或无可奈何

触摸被认为是人际交往最有力的方式。每个人都有体会，在触摸或身体接触时对情感融洽的体验最为深刻。在日常生活中，身体接触是表达某些强烈情感的最为有效的方式。人与人之间相互理解，隔阂的消融，深厚的情谊，也常需要通过身体接触，才能得到充分表达。

心理学家发现，每一个人都有被触摸的需要。从出生开始，人就存在与温暖松软的物体接触感到愉快的本能。所以，儿童都喜欢拥抱、抚摸和亲贴长毛绒玩具，大多数成人也对这样的经验有愉快感。更为重要的是，科学家通过严格的实验研究发现，与动物本能性的依恋情感一样，人不仅对舒适的触摸感到愉快，而且会对触摸对象产生情感依恋。我们仔细观察一下自己或周围的孩子就会发现，孩子与谁的身体接触越多，对谁的情感依恋就越强烈、越深刻。有过恋爱经历的人会有体会，爱情是从身体接触（哪怕只是握手）的那一瞬间发生质变的。同样道理，如果恋人之间从来没有出现过任何身体接触，那么恋爱关系的中断对双方造成的心理影响都很小。但是，如果双方存在过拥抱、接吻等身体接触，则恋爱关系的中断会给双方都带来强烈的失恋反应。

三、姿势与装饰

姿势与装饰是另一种容易觉察的沟通途径。再迟钝的人，也能从一个人"用鼻孔看人"的姿势中感受到他（或她）的高傲与浅薄；最不注意评价别人的人，也能从一个人的服饰或其他装饰看出一个人的风格。警察审问小偷时，警察用的是显然居于优势的开展进攻姿势，而小偷则是低头、缩脖、手臂和腿部内敛的被动防御姿势。在这种明确的姿势对比下，即便警官不着制服，我们也能很好地判断出谁在审问，谁在接受审问。

(一) 姿势

日常生活中，我们也在经常使用姿势来进行沟通。在需要表示对别人尊敬的情境下，如与上级谈话，我们的坐姿自然就比较规范，通常会腰板挺直、身体稍稍前倾。有些人则干脆"正襟危坐"。如果我们对别人的谈话表示不耐烦，则坐的姿势就会后仰，全身肌肉的紧张程度就会明显降低。无论什么人在讲话，只要看一眼听者的姿势，就会明白他的讲话是否吸引听众。

心理学家萨宾（Sarbin）通过对生活的细致观察，曾经对一些经常使用的姿势做出总结。图 7-3 是我们选择的各种身体姿势的示意图，读者可以看看自己的理解与研究得出的结果是否一致。这些示意图及其定义都来自西方，但我们会发现，我们对于大多数示意图的解释，与西方研究人员的解释是一致的。这说明通过姿势实现的沟通，有着广泛的适用范围。一些姿势是世界性的沟通语言。事实上，也正因为不同文化中存在着如此众多的共同沟通方式，跨文

图 7-3　各种身体姿势及意义

化、跨国度的人际沟通才成为可能。西方人演电影时用身体姿势表示欣赏、理解、困惑、接纳、拒绝、傲视、防卫、敌对，我们在看电影时也能建立起高度类同的概念。同样，我们的绘画艺术、电影和电视作品中的各种姿势，也可以被其他文化背景的人所理解。动画片《三个和尚》使用的全部是姿势、动作、表情等身体语言，同样会被世界各国艺术家赞赏，并赢得世界大奖。

（二）装饰

装饰所起的沟通作用是自然发生的。任何有关的装饰，从发型、服饰、妆容到所携带的物品，都在透露有关一个人的信息。事实上，人们也正试图通过各种装饰来透露自己的信息。很少人对自己的服饰仪表全无知觉。

装饰主要有服装、化妆和携带品等几个方面。服装是装饰的主体方面。从世界范围内时装行业的兴盛，就可以知道服装在人们生活中具有多么重要的位置。服装不仅反映着一个人的性别、年龄、职业、地位，也反映着一个人的社会角色、性格乃至情绪倾向。各种颜色、各种式样、各种档次的服装，正好反映了人们五彩缤纷的需要，反映了着装者不同的特点。追求名牌的人，会很乐意把服装的标记显露出来；对自己的大学生身份感到愉快的人，会经常穿印有"××大学"字样的运动衣或T恤衫；追逐时髦的人，会很愿意穿着流行服装；注意洁身自好的人，会时刻注意自己服装的规范和整洁；喜欢被人们注意的人，总喜欢特立独行的穿戴；等等。由此可见服装的自我显示作用。

佩戴首饰、整容等，本质上都是化妆的延伸。因此，化妆也是一种特殊的身体语言沟通方式。一个人的化妆风格，直接反映一个人期望向别人表露自己的哪些信息，反映一个人的审美情趣与性格特点。有强烈吸引别人注意欲望的人，会不顾自己的特点，浓妆艳抹；而性格稳重，知识修养较好的人，往往只化淡妆。在首饰佩戴上，个人特点的反映更加明显。有些人佩戴首饰与自己的特征融合而和谐，起到了增加美感、画龙点睛的作用；而有些人佩戴首饰却是为了向别人显示财富，比如有人十个手指都戴满戒指。

携带品有两种。一种是能够比较方便地随身携带的物品，对女性而言主要有提包、手袋等，对男性而言则主要是公文包和密码箱。使用非常普及的手机，在某种意义上也具有携带品的意义。另一种携带品不能随时带在身边，如自行车、汽车等。这些物品一方面是生活的必需品，另一方面又具有了装饰的意义，成为人们自我说明的一种特殊的物体语言。它们是身体语言的扩展和延伸。

第四节　人际吸引的条件

人际吸引是人与人之间的相互接纳和喜欢。怎样才能被人接纳和喜爱是一个古老而有生命力的问题。著名人际关系学者戴尔·卡内基（D. Carnegie）出版了一本讨论人际关系技巧的著作《怎样赢得朋友和影响别人》。该书尽管没有一个十分吸引人的名字，却历经60年光阴畅销不衰，而且至少被译成35种文字，它已成为世界上名列前茅的畅销书。这一事实本身就说明渴望为人们所接纳和喜爱的需要在人类社会里有多么普遍。

人究竟为什么喜欢别人或为别人所喜欢呢？心理学家阿伦森（E. Aronson）曾经做过调查，结果发现受人喜爱的主要是：（1）信仰和利益与自己相同的人；（2）有技术、有能力、有成就的人；（3）具有令人愉快或崇拜的品质，如忠诚、理解、诚实、善良的人；（4）喜欢自己的人。总结社会心理学家在人际吸引领域的研究，可以发现人际吸引的条件主要有熟悉、吸引人的个人特征、相似与互补、喜欢与爱情等方面。

一、熟悉

毫无疑问，在日常生活中，人们除了在少数时候把喜欢的情感投向自己认同的歌星、影星、体育明星之外，更多的时候都把这种情感投向周围与自己有直接交往的对象，并在其中选择交往或合作的伙伴。能够相互接触，彼此之间存在交往的可能性，自然就成为了人际吸引的前提条件。社会角色关系影响人际关系的一个途径，就是它使人们不可避免地发生交往。人际关系的由浅入深，也正是从相互接触和初步交往开始的。

扎伊翁茨（R. B. Zajonc）进行过一系列研究，结果发现，熟悉本身就可以增加一个人对某个对象的喜欢。

扎伊翁茨以无意义音节和中文字（对西方不懂中文的人无意义）为研究素

材，以词汇出现的次数为自变量：有些词只出现一两次（被试对这些词感到生疏）；而另一些词则呈现若干次，最多可近 25 次。然后，实验者要求被试猜测这些无意义音节的含义。结果表明，被试对呈现次数多而变得熟悉的词更有好感，倾向于赋予这些词褒义。

扎伊翁茨以人的照片为研究素材所做的研究也得出了同样的结果。一个人的照片被呈现的次数越多，被试对其越熟悉，他们也越倾向于喜欢照片上的人（见图 7-4）。

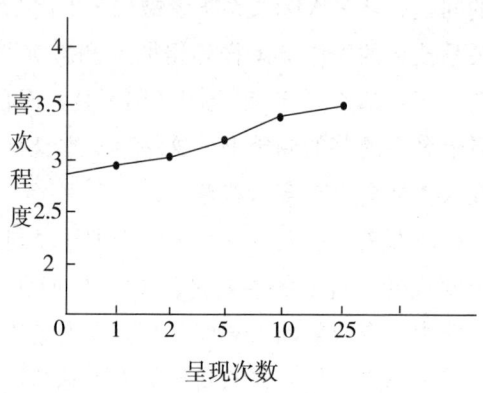

图 7-4 熟悉与喜欢的关系

（资料来源：J. L. Freedman et al. (1985). *Social Psychology* (5th ed.)，p. 220）

莫兰德等人（R. L. Moreland & S. Beach，1992）找到四名吸引力相同的女性，并让每位女性学习社会心理学的课程，但每人上课的次数不一样，分别为 1 次、5 次、10 次和 15 次。学期末，教师通过幻灯片呈现这四位女性的照片，让学生们进行喜好程度评价。结果发现，出勤率越高的女性，越会被学生们喜欢。

二、个人特征

（一）才能

人对于有能力的人的态度常常出人意料。表面上，似乎在其他条件相等的情况下，一个人能力越高，越是完善，就会越受欢迎。但是研究表明，在一个群体中最有能力、最能出好主意的成员往往不是最受喜爱的人。为什么会有这种现象呢？因为人对于别人有着两种不同的需要。一方面，人希望自己周围的人有很好的才能，有一个令人愉快的人际交往背景。但同时，如果别人超凡的才能使人们可望而不可及，人们就会感到压力。因此，当一个榜样被描绘成在才能和人格完善上都达到了普通人不可企及的地步时，人们就只好敬而远之了。

显然，才能与被人喜欢的程度在一定限度内成正比关系。超出这个范围，其才能所造成的压力这一变量就成了主要的作用因素，使人倾向于逃避或拒绝。任何一个人，无论如何不会喜欢一个与其相比总会显得自己无能和低劣的对象。

（二）外貌吸引力

1. 外貌与交往

外貌对于人际吸引的影响是显而易见的。爱美是人的天性，无论在哪种文化背景中，美貌都是一种财富，都令人向往。

外貌影响人们的吸引力与人际交往。不仅日常生活事实的观察可以证明这一点，严格的社会心理学实验也证实了这一点。西加尔等人（H. Sigall & E. Aronson，1969）通过巧妙的实验揭示，漂亮的女性比不好看的女性更能影响男性的交往行为。实验以公认漂亮的和不好看的女性为助手，让她们扮作临床心理学研究生，给男性被试的个性特点做临床心理学评价。最后给予被试的评价有肯定与否定之分。这样，实验就有漂亮—肯定、漂亮—否定、不漂亮—肯定、不漂亮—否定四种情况。实验结果表明，在女性不漂亮的条件下，男性被试不太看重评价的结果，他们事后对实验助手的喜欢水平都是中等。但在女性漂亮的情况下，被试非常看重评价的结果。在他们得到肯定评价时，他们对女评价者的喜欢水平在四种情况中最高。而当他们得到否定评价时，他们对女评价者的喜欢水平在四种情况中最低。但在研究者询问他们是否继续参与研究时，他们表现出非常愿意再与漂亮的女评价者发生交往。可见，来自漂亮女性的否定对被试如此重要，以至于他们希望自己有机会改变漂亮女性对自己的评价。

在一些实验中，容貌吸引力和诸如约会频率、友谊程度等受欢迎程度指标相关联。一些研究以第三方介绍的约会当中的情侣们为调查对象，他们被问及对方究竟在多大程度上吸引自己,同样,在一些关于视频约会的调研中,调查对象们对自己究竟在多大程度上被对方吸引进行自评,这些研究的结果发现,外貌出众的人注定比那些长相平平的人获得更多的关注。

2. 外貌的辐射效应

大量的社会心理学实验表明,外貌魅力会引发明显的"辐射效应"(radiating effect),使人们对高魅力者的判断具有明显的倾向性。

心理学家兰迪等人(D. Landy & H. Sigall, 1974)进行了一项研究。他们让男性被试评价有关"电视影响社会"的短文。被试被告知短文的作者都是女性。论文的客观质量有好坏两种。实验分为有魅力组、无魅力组和控制组。有魅力组接到的短文附有作者照片,照片为一个公认有魅力的女性。无魅力组所附的照片则是没有魅力的女性。控制组所读的短文没有附照片。

表 7-1　魅力与短文被认为的质量

短文的客观质量	作者外表吸引力			总计
	有魅力	控制组	无魅力	
好	6.7	6.6	5.9	6.4
坏	5.2	4.7	2.7	4.2
总计	6.0	5.5	4.3	

注:表中指数表明短文被认为的质量水平

从表 7-1 的研究结果可以清楚地看到,由于辐射效应的作用,同样的文章,当被认为是有魅力的作者写的时候,得到的评价更高,当文章本身质量并不好时尤其如此。

此外,外貌的吸引力能辐射到对个体其他特质的正面评价中。一些实验要求人们对相片里的人做出评价,结果发现,照片里那些长相出众的男人和女人们被认为更快乐、更有智慧、更受欢迎,并拥有更令人羡慕的性格、更高的收入和更成功的事业(D. Bartal & L. Saxe, 1976; A. H. Eagly, R. D. Ashmore, M. G. Makhijani & L. C. Longo, 1991; J. S. Moore, W. G. Graziano, & M. G. Millar, 1987)。进一步的研究表明,人们对有魅力的人所做的判断并不总是朝有利的一面倾斜。西加尔等做了一个有趣的研究。研究给被试详细的案件材料，让他们设想自己是法官，对罪犯进行判决。罪犯都是女性，分三种情况。一是有魅力组，案例附有漂亮的罪犯的照片；二是无魅力组，案例附有缺乏魅力的罪犯的照片；三是对照组，接到同样的案例材料，但没有罪犯的照片。案件有两种类型，一种是诈骗，一种是夜盗。

表 7-2 判刑的平均年数

罪行	被告人的魅力		
	有魅力	无魅力	对照组
诈骗	5.45	4.35	4.35
夜盗	2.80	5.20	5.10

（资料来源：J. L. Freedman et al. (1985). *Social Psychology* (5th ed.), p. 55）

结果发现，对于被认为同美貌有关的诈骗罪，被试倾向于认为有魅力的女性罪犯利用美貌进行诈骗犯罪，因而明显给予重判，被判决的平均刑期明显长于其他两组，而其他两组则没有差别；而在明显与外貌无关的夜盗罪上，有魅力的罪犯则得到了更多的同情，有明显的辐射效应存在，平均判刑年数远低于其他两组。从以上的研究资料可以看出，尽管通常情况下美貌会产生辐射效应，使人们对美貌的人的其他方面做出更积极的评价，但是，如果人们感到有魅力的人在滥用自己的美貌，则会倾向于对她们实施更严厉的惩罚。

（三）个性品质

表 7-3 影响人际关系的主要个性品质

最积极品质	中间品质	最消极品质
真诚	固执	古怪
诚实	刻板	不友好
理解	大胆	敌意
忠诚	谨慎	饶舌
真实	易激动	自私
可信	文静	粗鲁

续表

最积极品质	中间品质	最消极品质
智慧	冲动	自负
可信赖	好斗	贪婪
有思想	腼腆	不真诚
体贴	易动情	不善良
热情	羞怯	不可信
善良	天真	恶毒
友好	不明朗	虚假
快乐	好动	令人讨厌
不自私	空想	不老实
幽默	追求物欲	冷酷
负责	反叛	邪恶
开朗	孤独	装假
信任	依赖别人	说谎

注：箭头表示受人欢迎的程度逐渐递减

(资料来源：J. L. Freedman et al. (1985). *Social Psychology* (5th ed.), p. 212)

安德森（N. H. Anderson）在一项研究中，将555个描绘个性品质的形容词列成表格，让大学生被试按照喜欢程度由高到低排成序列。在这一序列中，有代表性的个性品质有三类：排在整个序列最前面的高度受人喜欢的品质，位于序列中间的介于积极与消极之间的中性品质及排在序列末尾的高度令人厌恶的品质。

表7-3是三类个性品质的序列，每类包括20个品质特征。从表7-3所列的个性品质可以看出，尽管安德森做研究的时代是20世纪60年代末，并且研究对象是美国的大学生，但他的发现与当代人的选择倾向仍有高度的一致性。并且，他揭示的结果不只适用于美国的大学生，即便对于当代中国的普

通人,也有很重要的启发意义。这意味着人们在人际交往方面的倾向有着高度的跨社会角色、跨文化和跨时代的一致性。这一点不仅可为我们日常生活的观察所证实,在社会心理学课程讲授中对不同对象的调查结果也证实了这一点。

三、相似与互补
(一)相似

"老乡见老乡,两眼泪汪汪。"从这句俗语中,我们可以看到当人独在异乡为异客时,突然见到同乡,在陌生的环境里见到具有相同特征的对象所激发的人际吸引有多么强烈。每一个长期生活在异国他乡的人,可能都有这种深切的体验。

相似(similarity)会导致人际吸引,这一点已为社会心理学家所做的大量实验研究证实。社会心理学家纽科姆(T. M. Newcomb,1961)曾以大学新生为对象进行过一项实验。实验为参加研究的大学新生免费提供普通学生公寓住房,交换条件是他们接受调查和参加研究工作必需的面谈(并非真实研究目的)。纽科姆根据测验和问卷获得的结果,将一部分特征相似的学生安排住在一起,而将另一部分特征相异的学生安排在一起居住。此后,研究不再干扰这些被试的正常生活。结果,一起居住的特征相似的学生能够彼此接受和喜欢,并成为好友;而一起居住但特征相异的学生虽然同样朝夕相处,但还是难以相互喜欢并建立友谊。

大量研究发现,在所有特征中,共同的态度或观点具有特殊作用。伯恩(D. Byrne)所做的研究"吸引的范例"发现,在人们不了解他人的情况下,"观点是否一致"高度决定着人们对别人的喜欢程度。伯恩先了解被试对于一些事物的看法,几周后给被试一些其他人情况的材料。材料将其中一些人的态度与观点描述得与被试非常相近,将另一些人的态度与观点描述得与被试相去甚远。结果发现,描述的相似性决定了被试对别人的喜欢程度和是否倾向于选择别人作为自己的工作伙伴。

除了观点和特征的相似性外,相似的人际模式和交流技巧也会增加彼此的吸引力。在一项研究中,研究者发现当人们思考和评价他人的方式以及谈论人际交往的偏好方式相似时,很容易彼此吸引(B. R. Burleson & W. Samter, 1996)。具有较高人际交流技巧的个体认为社会交往是错综复杂的,他们关注人际交往中的心理因素,并对这一过程涉及的心理要素尤为上心。相比之下,低人际交流技巧的个体把社会交往看成是一种直接明了的交流方式。他们将目光聚焦在交往过程中的工具性要素上,如我们能够完成什么,究竟发生了什么等,而对交流者的性格和动机缺少兴趣。因此,人们倾向于与自己交流技巧相似的个体做朋友并发展亲密关系。研究者也反向证明了这一观点,他们发现不同类型社会交流模式的个体在一起会变得沮丧不已,活跃度也较低(S. W. Duck & G. Pittman, 1994)。

日常生活中,各种情况的相似都能引起程度不同的人际吸引效应。共同的态度、信仰、价值观和兴趣,共同的语言、种族、国籍、出生地,共同的民族、文化、宗教、背景,共同的教育水平、年龄、职业、社会阶层,乃至共同的身体特征,如身高、体重等,都能在一定条件下不同程度地增加人们的相互吸引。

为什么相似性在人际关系中扮演着如此重要的角色?我们可以从以下三个方面来进一步理解。首先,我们都倾向于认为和自己相似的人会喜欢自己,并更可能建立和发展关系;第二,相似的个体进一步确证了自己的观念和价值观;第三,这种认同感使得人们面对在某些重要问题上和自己观点相悖的情境时,更倾向于肯定自己的判断,并对其他观点做出负面推论。而这些都会增加和自己相似个体对我们的吸引力和我们喜欢对方的程度。

(二) 互补

研究表明,当交往双方的需要和满足途径正好成为互补(complementarity)关系时,双方之间的喜爱程度也会增加。大量心理学资料和日常生活的事实都证明,现实生活中一部分人的婚姻是基于互补关系缔结的。极端的例子是有虐待倾向和受虐倾向的男女结为夫妇。由于双方的个性倾向和行为特征正好都满足了对方的需要,并构成了双向的互补关系。而有虐待倾向或受虐倾向的人与正常的人是很难维持正常婚姻关系的。一个支配型的男人娶一个依赖型的妻子;一个喜欢控制人的泼辣女人与一个被动型不愿做决定的沉默男人结为夫妇等都属于这种情况。试想,支配型的男人与支配型的女人是很难做一对和平夫妻的。

互补的另一种情况是他人的某一特点满足了一个人的理想，从而增加了其对这个人喜欢的程度。这种情况不是严格意义的互补，而是补偿作用（compensation）。如一个人看重学历而自己又失去拿高学历的机会，因而尤其看重高学历的朋友，就属于这种情况。

值得注意的是，互补性只存在于人们的某些个性中，并不是全部特点都具有互补性。这种假设只有在一个人的需要可以被另一个人满足的前提下，才能显示出互补的意义。有些依赖性强的人可以从那些喜欢关心他人的同伴处得到关照。但是某个勤奋的人不太可能喜欢一个懒汉，而且一个信仰诚实的人也难以和一个成天撒谎的人交朋友。因此，一个人可以通过依赖—关心、内向—外向的特点来寻找互补的搭档，而不会通过不诚实或缺乏责任心的特点来寻找互补性搭档。

四、爱情

（一）爱情与喜欢的区别

与性吸引有关的爱情（love）也是人与人之间相互吸引的一个原因。在这里，我们将同性相恋的特殊问题放下，使讨论限定在异性爱情的范围内。

爱情是古今中外人们关心的永恒主题之一，但对爱情问题展开定量的科学研究，则是20世纪70年代才发生的事。鲁宾（Z. Rubin）对爱情与喜爱的联系与区别进行了系统研究，他确认喜欢与爱情是两种既相互密切关联但又各不相同的情感。喜欢的两个最主要因素，一是人际吸引的双方有共同的理解，二是喜欢的主体对所喜欢的对象有积极的评价和尊重。而爱情有如下三个最重要的因素。(1) 依恋。卷入爱情的恋人在感到孤独时，会高度特异地去寻求自己恋人的陪伴和宽慰，而别人不能有同样慰藉的作用。(2) 关怀与奉献。恋人之间会彼此高度关怀对方的情感状态，感到使对方快乐和幸福是自己的责任，并对对方的不足表现出高度宽容。在爱情关系没有受到他人威胁时，表现关怀与奉献的一方对自己的行为往往有纯粹无私的崇高感。(3) 亲密。被爱情所裹挟的恋人，不仅有着对对方的高度信赖，并且有特殊的身体接触的需要。虽然这种身体接触最终会自然地卷入性的意味，但是恋爱之初，这种身体接触需要却是泛化的高度依恋需要的反映。在一定意义上，它很像高度依恋母亲的幼儿对母亲爱抚的需要。

通常情况下，一个成熟的青年人可以明确区分自己对别人的喜欢与爱情之间的差异。但对于刚刚进入青春萌动时期的少男少女，由于依赖、尊重、喜欢与新出现的性意识意味着朦胧爱情还没有出现高度分化，因而常常会把对自己偶像的崇敬与尊重，对长者的依赖与喜欢情感以及爱情混淆到一起。

（二）罗密欧与朱丽叶效应

对爱情展开科学研究的另一个重要发现，就是确认了当出现干扰恋爱双方爱情关系的外在力量时，恋爱双方的情感反而会加强，恋爱关系也因此更加牢固。心理学家德里斯科尔（R. Driscoll，1972）等人在"双亲影响和罗曼蒂克爱情"的研究中借名于莎士比亚的著名悲剧《罗密欧与朱丽叶》，称这种现象为"罗密欧与朱丽叶效应"（Romeo & Juliet effect）。莎翁的这一悲剧故事描写的正是这种试图破坏两个人的爱情关系，反而使两个人爱得更深的现象。罗密欧与朱丽叶相爱，但由于双方家族世仇，他们的爱情遭到双方家庭的竭力阻碍。然而，家庭的压迫非但没有使他们分开，反而使他们爱得更深，直至双双殉情而亡。

德里斯科尔等人1972年研究了91对已婚夫妇和相恋已达8个月以上的49对恋人。研究的一项重要内容是考察被研究夫妇与恋人的彼此相爱程度与他们父母的干涉程度之间的关系。结果发现，在一定范围内，父母干涉程度越高，有情人之间相爱也越深。研究后的6至10个月期间，德里斯科尔等人对这些被试又做了调查，试图了解他们父母的干涉是否改变了他们之间的关系和相爱的水平。结果证明，父母的干涉程度与恋人们的情感变化成显著正相关，亦即父母干涉越强烈，恋人们爱得也越深。

第二章讨论的认知失调理论，已经很好地解释了选择自由与对所选择对象喜欢程度之间的关系。如果选择是自愿的，人们会倾向于增加对所选择对象的喜欢程度；而当选择是被迫的时候，人们会降低对所选择对象的好感。因此，当强迫人们做出某种选择时，人们对这种选择会产生高度的心理抗拒，而这种心态会促使人们做出相反的选择，并实际上增加对自己所选择的对象的喜欢。因此，当外在压力要求人们放弃选择自己的恋人时，由于心理抗拒的作用，人们反而更转向自己选择的恋人,并增加对恋人的喜欢程度。布莱姆(S. S. Brehm & Brehm,J. W.,1981)发现一种心理反作用:自由和控制的理论。在实验中,当被试面临 A 与 B 两个选择时,在低压力条件下,另一个人告诉他"我们选择的是 A",在高压力条件下,另一个人告诉他"我认为我们两人都应该选择 A"。结果,低压力条件下被试实际选择 A 的比例为 70%,而在高压力条件下,只有 40%的被试选择 A。这表明,人们更愿意进行自由选择,在外力强制作用的条件下,人们很可能出现抗拒心理。

(三)爱情与婚姻

在人们关于爱情的理想中,多数人都渴望爱情最终的结果是婚姻。马克思关于"没有爱情的婚姻是不道德的"经典论断也成为许多人评价婚姻的重要依据。但是,跨文化研究的结果发现,婚姻与爱情的关系高度受到文化价值的影响。同意在没有爱情但其他特征符合期待的条件下同异性对象结婚的比例,存在显著差异。当人们被问到"如果一个男性(女性)具有所有你希望的其他特点,但你不爱他(她),你愿意和他结婚吗?",来自印度和巴基斯坦的回答者回答"愿意"的比例达到 50%左右,而美国、巴西等地的回答者选择"愿意"的比例低于 5%(见表 7-4)。

表 7-4 不同地方对婚姻与爱情的关系的态度差异   单位:%

回答	印度	巴基斯坦	泰国	美国	英国	菲律宾	墨西哥	巴西	中国香港	澳大利亚
是	49.0	50.4	18.8	3.5	7.3	11.4	10.2	4.3	5.8	4.8
否	24.0	39.1	33.8	85.9	83.6	63.6	80.5	85.7	77.6	80.0
不确定	26.9	10.4	47.5	10.6	9.1	25.0	9.3	10.0	16.7	15.2

注:根据 Levine,Sato,Hashimoto,& Verma(1995)的结果修订。

以上结果说明,爱情与婚姻的联系是非常复杂的。除文化价值的差异外,随着时代的变迁,人们关于婚姻与爱情的观念也正在发生深刻的变化。被一个特定时期的主流意识形态和价值取向掩盖的传统的"郎才女貌"观念又回到了实际的社会生活中。只是现代版的"郎才女貌"的时代特征更为鲜明。从众多征婚广告可以看出,"郎才"更多以社会与经济地位来显示,"博士""海归""名车""豪宅"都成为定义"郎才"的高频词汇。而"女貌"的温柔贤淑也被高频的"美女""靓丽",甚至"妩媚""性感"所替代。实际上,这些广告描述的是否与征婚人的实际情况相符合或是否杜撰已经不重要,重要的是广告能吸引潜在的婚配者,这已经带有明显的时代印记。从媒体关注的"婚托"现象和引起社会广泛关注的富豪征婚案例看,这些具有时代特征的征婚广告的吸引力是显而易见的。

毫无疑问,爱情与婚姻的关系还将长期吸引研究者关注并会被不断研究下去。两者关联的复杂性、时代性和文化依赖性,也将是人们讨论这一问题时不可忽视的重要因素。

【要点小结】

沟通指人与人之间的信息交流过程。沟通过程由七个要素组成,包括信息源、信息、通道、信息接收人、反馈、障碍和背景。在沟通中,身体语言有着口头语言不可替代的作用。人际吸引是人与人之间的相互接纳和喜欢。熟悉本身能增加喜欢。才能与被人喜欢的程度在一定限度内成正比关系。外貌影响人们的吸引力与交往,人们对美貌的人的其他方面也会做出更为积极的评价,表现出一定的外貌辐射效应。安德森的经典研究揭示了影响人际关系的主要个性品质。特征或观点的相似、需要和满足的互补会导致人际吸引。爱情有别于喜欢;在恋爱中,当出现干扰双方爱情关系的外在力量时,恋爱双方的情感反而会增强,这称之为"罗密欧与朱丽叶效应"。

【思考与练习】

1. 你怎样理解沟通与社会化之间的关系?
2. 为什么说人在实现沟通的同时也实现相互影响的过程?
3. 沟通障碍与沟通过程的七个要素可能发生怎样的联系?
4. 沟通过程的倾向性与方式与沟通者的人际交往风格有怎样的联系?
5. 你如何理解人际吸引与拒绝倾向和一个社会的主导价值取向之间的联系?

【拓展性阅读导航】

1. Elliot Aroson. (2005). *Social Psychology* (5th edition). New York:

Longman.

本书第 10 章从人际吸引的条件、亲密关系的特点、爱情发生的原因几方面介绍了人际吸引。

2. David G. Mayers. (2005). *Social Psychology* (*8th edition*). New York: McGraw-Hill.

本书第 11 章从友谊和吸引的影响因素、爱情、亲密关系如何结束等方面,介绍人际吸引与亲密关系。

第八章 人际关系及其改善与测量

【内容提要】

本章介绍了人际关系的状态、人际关系对行为的影响,阐述了人际关系建立与发展的四个阶段,揭示了自我暴露与人际关系深度间的联系以及自我的分层等内容;结合生活实际和经典的社会心理学实验,详细介绍了人际关系的四个原则:交互原则、功利原则、自我价值保护、人际吸引水平的得失原则;关于人际关系的改善方面,介绍了敏感性训练和角色扮演;人际关系的测量方法则着重介绍了社交测量法。

【学习目标】

1. 掌握人际关系的概念及其社会心理意义。
2. 了解个人心理领域与人际关系。
3. 掌握人际关系的四个原则及人情增减规律。
4. 了解沟通状况的自我评价。
5. 熟悉人际关系改善方法。
6. 掌握社交测量法。

【关键词】

人际关系 自我暴露 交互原则 功利原则 自我价值保护 人际吸引水平的得失原则 情境同一性 敏感训练法 角色扮演 社交测量法

在人的所有生活经历中,最耐人寻味、最五光十色的经验,通常都是与人际关系相联系的。愉快、烦恼、缠绵、缱绻、相思、怨恨、想念、关怀,以及孤傲、浅薄、自豪、自卑、轻浮、深沉,等等,所有这些暂时的、久远的、浅显的、深刻的体验,无不与人际关系相关联。虽然,有人从与别人的关系中获得愉快和幸福，有人却只获得烦恼和不幸。但是，在这两种人中间，有一点是共同的，即他们都不能没有人际关系，不能没有与他人的交往。

第一节 人际关系及其建立与发展

一、人际关系的概念与意义

人际关系指人与人通过直接交往（包括沟通和其他各种形式的交流）过程发展起来的较为稳定的倾向性情感联系。信息沟通是人与人之间发生关联的重要形式，也是一个人超越自身、与他人建立联系，并通过这种联系丰富和扩展自身的主要途径。人与人之间通过沟通和其他各种形式的交流，逐步建立相对稳定的情感联系，这种情感联系就是通常所说的人际关系。因此，人际关系在本质上是人与人之间直接交往所产生的情感的积淀，是人与人之间相对稳定的情感纽带。

一个人的人际关系系统，实质上是一个人的情感支持系统。人作为社会性的动物，其自身的意义是由其所存在的社会系统决定的。亚伯拉罕·马斯洛（A. H. Maslow）于《人类动机的理论》（A Theory of Human Motivation Psychological Review）一书中提出需要层次理论，该理论认为人潜藏着五种基本需要：生理需要、安全需要、归属与爱的需要、尊重的需要和自我实现的需要。安全需要、归属与爱的需要以及尊重的需要的满足显然是与良好的人际关系直接关联的。而人际关系的缺失，情感支持系统的不足，可能会导致人们产生心理问题甚至精神疾病，也可能伴随一些生理机能的紊乱。这也暗示着生理需要与人际关系的联系。每个人的力量都是渺小的，自我实现总是离不开他人的帮助，为此，良好的人际关系对自我实现需要的满足也起着至关重要的前提作用。由此可见，这五种基本需要无一不与人际关系息息相关。

此外，发展心理学的理论与研究也证明，从幼年时期开始，家庭的亲子关系、同伴关系、学校的师生关系就开始影响着个体的社会化进程。人以人际关系中的重要他人（significant others）为参照，在社会化过程中，渐渐形成稳定的自我概念与人格。由此可知，人际关系对于个人的各个方面，以及个体的毕生发展都具有重要影响，直接成为个人心理健康、工作成功和生活幸福的重要背景条件。

辛志勇（2002）分别运用访谈法、语句完成法、自由联想测验法对大学生价值观结构的目标价值系统进行了研究。结果发现，大学生感到最"快乐""幸福"的事情中，亲情稳居第一位，友情也基本位于第二位到第四位。由此可见，大学生对"快乐""幸福"这两个终极目标的追求是离不开人际关系的。因此，人们在自己的整个生活结构中，总是将人际关系，特别是亲情，置于重要地位，并集中体现为对婚姻家庭压倒一切的重视和对友情的关注。具体结果见表 8-1 和表 8-2。

表 8-1 对快乐的理解

目标项目	访谈法（59人）	语句完成法（81人）	自由联想（81人）
亲情	43 (72.9)	25 (30.9)	36 (44.4)
友情	25 (42.4)	8 (9.9)	21 (25.9)
爱情	16 (27.1)	11 (13.6)	15 (18.5)
金钱物质	1 (1.7)	3 (3.7)	8 (9.9)
人际关系	3 (5.1)	5 (6.2)	8 (9.9)
社会承认	2 (3.4)	4 (4.9)	3 (3.7)
助人奉献	2 (3.4)	2 (2.5)	3 (3.7)
理想追求	2 (3.4)	8 (9.9)	9 (11.1)
学习成绩	33 (55.9)	11 (13.6)	14 (17.3)
意愿兴趣	8 (13.6)	13 (16.0)	13 (16.0)
心情愉快	1 (1.7)	7 (8.6)	7 (8.6)
身体健康	6 (10.2)	6 (7.4)	9 (11.1)
自我实现	5 (8.5)	2 (2.5)	3 (3.7)
环境舒适	1 (1.7)	2 (2.5)	1 (1.2)
责任义务	3 (5.1)	0 (0)	5 (6.2)
性格开朗	2 (3.4)	1 (1.2)	4 (4.9)

续表

目标项目	访谈法（59人）	语句完成法（81人）	自由联想（81人）
生活平安	6 (10.2)	2 (2.5)	2 (2.5)
国家发展	4 (6.8)	1 (1.2)	3 (3.7)
和平安定	3 (5.1)	3 (3.7)	1 (1.2)
人类进步	1 (1.7)	1 (1.2)	1 (1.2)

注：括号内数字为各项人数占总人数的百分比值。

表 8-2 对幸福的理解

目标项目	访谈法（59人）	语句完成法（81人）	自由联想（81人）
亲情	22 (37.3)	38 (46.9)	33 (40.7)
友情	19 (32.2)	19 (23.5)	17 (21.0)
爱情	8 (13.6)	11 (13.6)	6 (7.4)
金钱物质	4 (6.8)	3 (3.7)	8 (9.9)
人际关系	10 (16.9)	3 (3.7)	2 (2.5)
社会承认	2 (3.4)	4 (4.9)	3 (3.7)
助人奉献	1 (1.7)	1 (1.2)	2 (2.5)
理想追求	14 (23.7)	15 (18.5)	16 (19.8)
学习成绩	16 (27.1)	6 (7.4)	8 (9.9)
意愿兴趣	7 (11.9)	3 (3.7)	28 (34.6)
心情愉快	15 (25.4)	3 (3.7)	12 (14.8)
身体健康	3 (5.1)	8 (9.9)	9 (11.1)
自我实现	1 (1.7)	4 (4.9)	5 (6.2)
环境舒适	1 (1.7)	2 (2.5)	2 (2.5)
责任义务	1 (1.7)	1 (1.2)	1 (1.2)
性格开朗	4 (6.8)	2 (2.5)	4 (4.9)
生活平安	4 (6.8)	2 (2.5)	2 (2.5)
国家发展	1 (1.7)	1 (1.2)	2 (2.5)

续表

目标项目	访谈法（59人）	语句完成法（81人）	自由联想（81人）
和平安定	1 (1.7)	0 (0)	1 (1.2)
人类进步	1 (1.7)	1 (1.2)	1 (1.2)

注：括号内数字为各项人数占总人数的百分比值。

教育部人文社会科学重大项目课题组 2004 年在研究当代中国民众的价值取向和精神信仰的过程中，对来自不同地区的包括工人、农民、专业技术人员、大学生和中学生共 303 位人员进行了深度访谈。结果发现，在人们回答"您认为失去什么将会使您的生活变得毫无意义？"时，最为重视婚姻家庭关系的价值，具体结果见表 8-3。

表 8-3　对"您认为失去什么将会使您的生活变得毫无意义？"的作答情况

反应	选择（%）
失去婚姻家庭	58.1
失去工作	21.6
失去向往目标和追求	16.3
失去健康	15.6
失去友谊	13.0

里奇（J. W. Reich）等人的研究则发现，人际关系是人们快乐的重要来源。如表 8-4 的结果所示，人们快乐的来源主要是与人际关系相联系的，表 8-4 的结果除后两项与人际关系的联系不明显以外，其他各项都具有人际情感关系的性质。

表 8-4　快乐的来源（满分 100）

	男性		女性	
	21 岁以下	21 岁以上	21 岁以上	21 岁以下
结婚或订婚	47.0	72.5	71.3	71.4
恋爱	75.7	72.9	87.0	73.1
生子	41.4	57.8	60.5	70.1

续表

	男性		女性	
	21岁以下	21岁以上	21岁以上	21岁以下
交到新朋友	60.3	58.3	75.6	73.4
朋友来访或/和在一起	52.1	54.7	68.9	65.2
和同胞或近亲在一起	52.9	48.2	65.7	68.3
度假	64.0	72.0	74.2	71.0
获得学位	61.6	58.5	80.2	72.9
大病初愈	82.1	60.4	66.6	77.3

人际关系的重要性不仅体现在静态生活中人们对其的关注程度，还能体现在其动态变化时对人的生产生活与身心健康的影响。霍姆斯（T. H. Holmes）等运用心理物理学中比率量表的直接数量估计法，编制出社会再适应量表（SRRS）。该量表解释的是人们生活中的重大事件引起的改变在多大程度上需要人们的再适应，以及有多大可能影响人们的疾病发作率。研究者确定了43项生活事件的量级，发现对生活影响最大的事件依次为配偶死亡、离婚、夫妻分离、判刑、家庭重要成员的死亡、人身伤害或疾病、结婚、失业、夫妻和解、退休、家庭成员的健康变化、怀孕、性生活问题、新家庭成员的获得、业务调整、财政状态变化、密友死亡等。可以看到，以上列举的17个事件中，有10个与人际关系直接关联。事实上，43项事件中有将近一半是与人际关系密切相关的。以上说明，人际关系的动态变化对生活也会带来巨大影响。

二、中国文化下的人际关系特点

历史上，中华民族的组成结构虽然经过了一次又一次的变迁，但古往今来的传统观念中，中国人始终十分看重人际关系、人情关系，并且对相关的生活事件格外敏感。研究中国文化下人际关系的特点，将特别有助于研究中国人的价值取向甚至文化的核心要素。

费孝通于1947年提出了"差序格局"的概念，被认为是对传统中国人价值观的最深刻、最贴切、最形象的阐述。在对中国人的社会关系结构进行阐释时，费孝通认为，中国人是以"己"为中心，就像把一颗石子投入水中水面出现的波纹一样，最中心的是自己，然后"一圈圈推出去，愈推愈远，也愈推愈薄"，在差序格局中，"社会关系是逐渐从一个一个人推出去的，是私人联系的增加，社会范围是一根根私人联系所构成的网络"。

上述以"自己"为中心、看似个人主义的价值观，表面上似乎有些偏离我们对中国文化所代表的东方集体主义文化的传统认知，而杨中芳（1991）对此做了合理的解释。正如杨中芳所言，中国价值体系中的"自己"与西方价值体系中的"自己"并不完全一样，西方人的"自己"是以表达、表现及实现"自己"为主，而中国人的"自己"是以实践、克制及超越转化的途径，来使"自己"与"社会"结合。因此，中国人的自己是可以扩展的，不仅包括个体自身，还可以推及家庭、亲戚、朋友，甚至家族和宗族。从这一角度看，中国人又是社会取向、关系取向或情境取向的。何友晖等（1991）也认为传统的中国人强调在人与人的社会关系中来界定自己的身份，例如"我是某某的儿子""我是某某的学生""我是某某的朋友"。何友晖将这种以关系界定的身份，称作"关系性身份"，也把中国人的这种取向称为"关系取向"。可见，中国人确实是将人际关系作为一个十分重要的生活维度来看待的。

鉴于这种重要性，人们必然会关注人际关系怎样影响人们的行为，以及我们从人际关系中能够获得什么。这就涉及中国文化的另一种传统：人情和面子。台湾大学心理学教授黄光国在其所著《人情与面子：中国人的权力游戏》一文中提出了他的人情与面子模式。其中，他提出了三种不同的人际关系以及相应的做事法则和决策策略。工具性关系对应的法则是公平法则，其决策策略是客观决策；情感性关系对应的法则是需求法则，其决策策略是亲情困境；混合性关系对应的法则是人情法则，其决策策略是人情困境。黄光国认为，西方人的社会是一种比较典型的工具性关系，做事喜欢讲究公平，而中国人的社会是一种情感性关系，或接近情感性关系的混合性关系，所以倾向于遵守需求法则和人情法则。

三、人际关系的状态

人际关系的状态，存在动态与静态之分。动态的人际关系包括人与人之间的信息沟通和物质品的交换。静态的人际关系是人与人之间相互关联的状态从无关到关系密切，要经过一系列的变化过程。当两个人彼此没有意识到对方存在的时候，双方关系处于零接触状态。此时双方是完全无关的，谈不上任何个人意义的情感联系。如果一方开始注意到对方，或双方彼此产生了相互注意，则人与人之间的相互作用就已经开始。一方开始形成对另一方的初步印象，或彼此都获得了对于对方的印象。不过，在双方直接的更充分的语言沟通开始之前，彼此对于对方都还处于旁观者的立场，没有相互的情感卷入。

从交往双方开始直接谈话的那一刻起，彼此就产生了直接接触。不过，在通常情况下，最初的直接接触是表面的。彼此之间几乎没有情感卷入。直接接触是双方情感关系发展的起始点。随着双方沟通的深入和扩展，双方共同的心理领域也逐渐被发现。发现的共同心理领域的多少，与情感融合的程度是相适应的。一般情况下，心理学家按照情感融合的相对程度，将人际关系分为轻度卷入，中度卷入和深度卷入三种。轻度卷入的人际关系，交往双方所发现的共同心理领域较小，双方的心理世界只有小部分重合，也仅仅在这一范围内，双方的情感是融合的。中度卷入的人际关系，交往双方已发现较大的共同心理领域，同样，双方的心理世界也有较大的重合，彼此的情感融合范围也相应较大。在深度卷入的情况下，双方已发现的共同心理领域大于相异的心理领域，彼此的心理世界高度（但不是完全）重合，情感融合的范围也覆盖了大多数的生活内容。不过，在通常情况下，人们只同极少数人能够达到这种人际关系深度，有些人则从来没有与任何人达到这种深度的关联，还有一些人终其一生与别人的关系都只处于比较轻度的卷入水平。

图 8-1 对人际关系的各种状态及其相互作用水平的递增关系做了直观的描述。图中圆圈表示人际关系涉及的双方。需要特别指出的是图 8-1 还表示了一个十分重要的概念，即不存在人际关系双方的心理世界完全重合的情况。无论人们的关系多么密切，情感多么融洽，也无论人们主观上怎样感受彼此之间的完全拥有，关系的卷入者都不可能在心理上取得完全一致。两个人是两个世

界、两个理解的基点、两种情感的基点、两种利益的基点。人与人之间只存在多大程度上相一致的问题,而不存在完全相一致的情况。

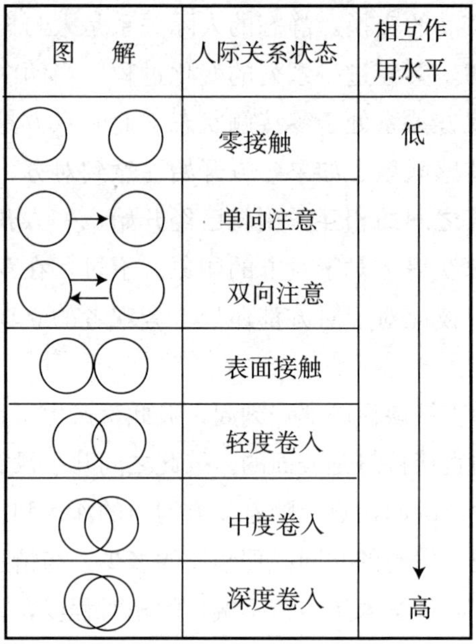

图 解	人际关系状态	相互作用水平
○　○	零接触	低
○→○	单向注意	
○⇄○	双向注意	
◯◯	表面接触	
◯⃝	轻度卷入	
◉◎	中度卷入	
◉◉	深度卷入	高

图 8-1　人际关系状态及其相互作用水平

(资料来源:J. L. Freedman et al. (1985). *Social Psychology* (5th ed.), p. 230)

四、人际关系对行为的影响

人际关系的本质是一种情感的社会交换。日常生活中对人们重要的各种人际关系,同时也都是能够满足人们的各种需要,对个人生活具有重要意义的关系。心理学家研究发现,人际关系一经建立,就会对人的行为产生各种不同的影响。影响的性质与大小,取决于一种人际关系自身的特点及其对于个人的意义。

(一) 长期与短期人际关系的不同作用

依据相互作用时间的长短,人际关系可以有长期与短期的划分。长期人际关系通常都与重要的社会角色关系相联系,是人们长期社会角色关系伴随的人际情感关系,如夫妻关系、亲子关系、师生关系、雇主与雇员的关系所涉及的人际关系。短期人际关系则是偶然生活事件使人们发生交往所产生的人际情感关系，如推销员与顾客、警察与违章者，即各种社交情境中的短期人际交往所涉及的人际关系。

长期人际关系与人们的社会角色关系是交织在一起的。关系涉及的都是人们生活中的重要他人。"重要他人"最先是由美国社会学家米尔斯提出的一个概念。他是根据乔治·米德有关"自我发展"的理论提出来的。在国内，顾明远从人的全面发展的角度加以界定，重要他人是指对个体自我发展（尤其是儿童时期）有重要影响的人和群体，即对个人智力、语言及思维方式的发展和行为习惯、生活方式及价值观的形成有重要影响的父母、教师、受崇拜的人物及同辈群体等。心理学家发现人们倾向于将重要他人包含在自身的自我概念之中。一项研究发现，人们常常将自己的某些方面投射到对重要他人的感知上，而且人们并没有意识到自己的外显自我评估会影响到对重要他人的外显感知（S. L. Murray, J. G. Holmes & D. W. Griffin, 1996）。德哈特等（T. Dehart et al, 2011）的研究表明，人们也将重要他人包含进了自身自我概念的内隐层面，即人们对重要他人的内隐评价与自我评价也是相联系的。这项发现适用于亲子关系、情侣关系、兄弟姐妹关系和同伴关系。可想而知，关系双方从社会角色上与情感上都有相互的依赖，因此关系性质对双方的影响持久而深远。并且，由于涉及这类关系的人们经常发生交往，因而关系的作用性质常为关系的卷入者所觉察。通常的人际关系困难与不适应，主要来自这类关系。

短期人际关系由于它的偶然性，也因为关系所涉及的对象通常在人们的生活中没有长久的影响，所以短期人际关系往往只影响具体的、表面的行为，通常难以影响人们深层的态度与价值观。

（二）社会角色与影响力

卷入人际关系的双方是相互依赖的。人们更多的人际关系都与社会角色关系相联系，由于社会规范的作用，社会角色的不同导致了人们在人际关系上的影响力存在着不均衡，致使许多人际关系的一方更依赖另一方或者一方对另一方的影响力比相反方向的影响力要大。比如，教师与学生之间、领导与被领导者之间，某些夫妻之间的人际关系就是如此。通常情况下，居于社会有利地位、掌握更多资源的一方，影响力比相对社会地位较低、掌握资源较少的一方更大。相应地,由于人际关系双方的影响力不均衡,因而这种关系对相关双方的意义也不同。对于影响力较小而有更多依赖的一方,这种关系对他们的重要性更大,行为与态度所受到的影响也更大、更深远。而对处于相对有利社会位置、影响力较大的一方,这种关系对他们的重要性相对较低,因而这种关系对他们的行为与态度的影响也较小。

在日常生活中,懂得社会角色与影响力在人际关系方面的作用非常重要,它使我们实际上可以预言某两个人之间的特定人际关系的前途。比如夫妻之间的人际关系,某些女性期望仅仅通过依赖和忠诚来维持丈夫对于自己的感情;而事实上,用这种方式来赢得爱是非常靠不住的。维持爱的真正可靠的途径,是夫妻双方都有独立的人格,达到实质意义上的平等。一个社会如果还存在很大的性别歧视,人在本质上平等的概念还没有成为一种自然的文化倾向和普遍的概念,那么女性就难以用温情、依赖和忠诚来保证丈夫对自己的感情。只有独立的社会经济地位与独立的人格,才是人际关系的保障。

(三) 个人性与非个人性关系

人际关系双方通过交往建立起来的联系,可以是以个人情感目标为中心的,也可以是以个人情感之外的目标为中心的。前者为个人性的关系,后者为非个人性的关系。日常生活中,爱情与友谊关系是典型的以个人情感为中心的人际关系,而推销与雇佣关系则为典型的以工作为中心的人际关系。很自然,两类人际关系对人的态度和行为的影响是不同的。

通常情况下,个人性的关系对人的态度与行为的影响,通常是在长期交往过程中通过潜移默化的渐进过程实现的。而非个人性关系对人的影响则是间断性的,是通过交往目的是否达成来实现的。

需要说明的是,个人性关系与非个人性关系的划分是相对的。更多的情况下两类关系是交织在一起的。个人情感性的关系可能会衍生出功利指向的联系,而非个人性的关系也可能获得个人情感的目标。不过,无论在何种情况下,和谐的情感关系都是人际关系对人发生积极影响的前提,它意味着人与人之间有一个良好的开放、接受与相互支持的准备状态。以这种状态为背景,人也更容易达成合作性的人际交往目标。相反,如果人与人之间的情感关系是不和谐的,那么人们会处于一种防御、拒绝和相互冲突的准备状态。毫无疑问,这种状态会直接影响到人与人之间的合作。

五、人际关系建立与发展的过程

奥尔特曼和泰勒（I. Altman & D. A. Taylor）认为，良好的人际关系的建立和发展，从交往由浅入深的角度来看，一般需要经过定向、情感探索、感情交流和稳定交往四个阶段。

（一）定向阶段

定向阶段包含对交往对象的注意、抉择和初步沟通等多方面的心理活动。在熙熙攘攘的人的世界里，我们并不是同任何一个人都建立良好的人际关系，而是对人际关系的对象有着高度的选择性。在通常情况下，只有那些具有某种会激起我们兴趣的特征的人，才会引起我们的特别注意。在一个团体中，我们在人际关系方面会将这些人放在注意的中心。

注意也是选择，它本身反映着某种需要倾向。比如在我们选择恋人时，某些与我们观念中理想的情人形象相接近的异性，尤其会吸引我们的注意。

与注意不同，抉择是理性的决策。而注意的选择是自发的、非理性的。我们究竟决定选择谁作为交往对象，并与之保持良好的人际关系，往往要经过自觉的选择过程。只有那些在我们的价值观念上具有重要意义的人，才会成为我们选作交往和建立人际关系的对象。

初步沟通是我们在选定一定的交往对象之后，试图与这一对象建立某种联系的实际行动。目的是对别人获得一个最初步的了解，以便使自己知道是否可以与对方有更进一步的交往，从而使彼此之间人际关系的发展获得一个明确的定向。由于初步沟通实际上是试图建立更深刻关系的尝试，因此，尽管我们所暴露的有关自我的信息是最表面的，但我们都希望在初步沟通过程中给对方留下良好的第一印象，以便使以后关系的发展获得一个积极的定向。

人际关系的定向阶段，其时间跨度随不同的情况而不同。邂逅而相见恨晚的人，定向阶段会在第一次见面时就完成。而对于可能有经常的接触机会而彼此又都有较强的自我防卫倾向的人，这一阶段要经过长时间沟通才能完成。

（二）情感探索阶段

这一阶段的目的，是彼此探索双方在哪些方面可以建立真实的情感联系，而不是仅仅停留在一般的正式交往模式。在这一阶段，随着双方共同情感领域的发现，双方的沟通也会越来越广泛，自我暴露的深度与广度也逐渐增加。但在这一阶段，人们的话题仍避免触及别人私密性的领域，自我暴露也不涉及自己根本的方面。尽管在这一阶段人们在双方关系上已开始有一定程度的情感卷入，但双方的交往模式仍与定向阶段相类似，具有很大的正式交往特征，彼此还都仍然注意自己表现的规范性。

（三）感情交流阶段

人际关系发展到感情交流阶段，双方关系的性质开始出现实质性变化。此时双方的人际关系安全感已经得到确立，因而谈话也开始广泛涉及自我的许多方面，并有较深的情感卷入。如果关系在这一阶段破裂，将会给人带来相当大的心理压力。在这一阶段，双方的表现已经超出正式交往的范围，正式交往模式的压力已经趋于消失。此时，人们会相互提供真实的评价性的反馈信息，提供建议，彼此进行真诚的赞赏和批评。

（四）稳定交往阶段

在这一阶段，人们心理上的相容性会进一步增加，自我暴露也更广泛深刻。此时，人们已经可以允许对方进入自己高度私密性的个人领域，分享自己的生活空间和财产。但在实际生活中，很少有人达到这一情感层次的友谊关系。许多人同别人的关系并没有在第三阶段的基础上进一步发展，而是仅仅在第三阶段的同一水平上简单重复。

六、人际关系的深度

奥尔特曼和泰勒也发现，良好的人际关系是在人们自我暴露逐渐增加的过程中发展起来的。随着我们对一个人的接纳性和信任感越来越高，我们也会越来越多地暴露自我，同时我们也要求别人越来越多地暴露他们自己。因此，我们要想知道自己同别人的关系深度如何，要想知道别人对我们有多高的接纳性，只需要了解别人对我们的自我暴露深度。

（一）自我暴露的范围与深度

社会心理学领域的大量研究发现，我们对于陌生人与对熟人和亲密朋友，在自我暴露的广度和深度上是明显不同的。对于陌生的人，自我暴露的深度和广度都极为有限,交流只涉及非亲密性的话题。对于熟悉的人,自我暴露的深度和广度会增加,但只在小范围内涉及亲密话题。而对于亲密朋友,交流最为广泛充分,所涉及的亲密话题和非亲密话题都很广泛。但是必须注意,对于任何人,无论关系多么亲密,我们都有不愿意暴露的领域。因此,我们没有理由因为关系亲密或者是情侣关系、夫妻关系、亲子关系而要求对方完全敞开心扉,更不能任意侵犯对方所不愿暴露的领域。否则,对方会产生强烈的排斥情绪,从而导致对你的接纳性大大降低。

然而,心理学诸多研究也显示,适当的自我暴露可以增进人际关系。柯林斯和米勒(N. L. Collins & L. C. Miller, 1994)区分了不同的自我暴露—喜欢效应,并提出:人们喜欢那些对其自我暴露的人。斯普雷彻等(S. Sprecher, S. Treger & J. D. Wondra, 2013)的研究证明,自我暴露的接收者会对初次见面的自我暴露者产生更多的喜欢与亲密感,且会感到自己与对方有更多的相似性。这也意味着,一方面我们会对自己自我暴露的对象产生好感,另一方面如果我们愿意对他人适当地自我暴露,也可以提高他人对我们的好感度,即适当的自我暴露可以提升双方对人际关系的满意度。随后,斯普雷彻等(S. Sprecher et al., 2013)又发现,相互自我暴露的被试比单向倾诉或者倾听的被试报告了更多的喜欢、亲密和与对方的相似性,并指出认识的人之间交替相互的自我暴露过程有利于积极关系的增强。邱蕾认为,良好的人际关系是在

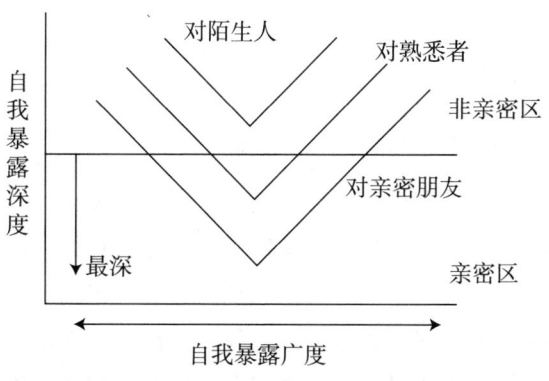

图 8-2 自我暴露的深度与广度

(资料来源:J. L. Freedman et al. (1985). *Social Psychology* (5th ed.), p. 246)

人们自我暴露逐渐增加的过程中形成的。自我暴露能缩小心理距离，建立起与他人的信任，提高人际沟通的有效性，并反映了人际关系的亲密程度。自我暴露的广度、深度和渐进程度都影响着人际关系的发展。自我暴露对人际关系的影响表现在：(1) 双方的自我暴露水平反映其关系的亲密程度；(2) 自我暴露提高人际沟通的有效性；(3) 通过自我暴露可以反省自己，从而增加别人对我们的喜欢；(4) 自我暴露遵守"相互性规范"；(5) 隐私和暴露的适度平衡有利于人际关系的正常发展。

(二) 自我的分层

究竟哪些方面属于自我的浅层，哪些方面属于自我的深层呢？对于这一问题，鲁宾等 (Z. Rubin & S. Schlenker, 1978) 直接以大学生为研究对象进行了研究，结果发现：人们的情感、兴趣爱好方面，如饮食、偏好、日常情趣、消遣活动的选择等属于自我的最表面水平。属于第二层次的是我们的态度，如对某一个人的看法、对时事政治的观点；对某一课程教师的评价、对改革开放的看法等也都属于第二层次。属于自我的第三层次的是自我的人际关系与自我概念状况。例如，我们同父母的关系、自己的夫妻关系、亲子关系状况，或者是自己的担心、自卑情绪等，都属于自我的第三层次。对属于这一层次的问题，我们有很高的自我卷入，轻易不向别人暴露。

属于自我最深层次的，是我们通常称为隐私的方面，如自己的某些不能为社会一般观念所接受的经验、念头、行为等。我们曾经产生过的偷窃念头、冲动或自己的第一次性经验等，都属于自我最深层的方面。有关这些方面的信息，我们可能一辈子也不对任何人暴露。如果别人向我们暴露了他们的这些方面，那说明他对你有了超乎寻常的信任和依赖。对于别人这些方面的事情，我们应当从保护别人的角度考虑，不应对其他任何人提及。

通过了解别人在怎样的层次上对我们暴露自己，我们可以很好地了解别人对我们的信任和接纳的程度，了解我们同别人关系的状况。当然，我们自己对别人的信任和接纳程度如何，也可以通过我们能没有顾虑地对别人暴露哪一层次的自我信息来了解。自我暴露的层次越深，说明我们在一种关系上卷入的程度也越深。

第二节 人际关系的原则

每个人都希望有一个美好的人际关系世界,希望在自己的人际关系实践上得到心理学有益的启示。虽然人与人之间的关系纷繁复杂,不同的人对别人的要求、期望各不相同,每个人的交往动机也有着巨大差别,但是心理学家仍然从最一般的方面总结出了帮助人们赢得别人、保持真挚的情谊、避免人际关系不幸的心理学原则。这些原则可以帮助人们更成功地建立并维持自己期望的人际关系。

一、交互原则

(一) 人际交往的交互现象

在日常生活中,我们有一个共同的倾向,那就是都希望别人能够承认自己的价值,支持自己、接纳自己、喜欢自己。由于这种寻求自我价值被确认和情绪安全感的倾向,我们在社会交往中往往更注意自己的自我表现,试图吸引别人的注意,处处期待别人接纳自己、喜欢自己。这种以自我为中心,而不是以他人为中心的倾向,恰恰是我们在人际关系上常常遇到困难的最根本原因之一。阿伦森与林德(E. Aronson & D. Linder)通过大量的实验研究发现,人际关系的基础是人与人之间的相互重视、相互支持。任何人都不会无缘无故地接纳我们、喜欢我们。别人喜欢我们是有前提的,那就是我们也要喜欢他们,承认他们的价值,对他们给予支持。人际交往当中喜欢与厌恶、接近与疏远是相互的。在一般情况下,喜欢我们的人,我们才去喜欢他们;愿意接近我们的人,我们才愿意接近。而对于疏远我们、厌恶我们的人,我们的反应也是相应的,对他们也会疏远或厌恶。

本书第六章曾介绍过阿伦森等做过的实验研究。他们安排互不相识的被试分别参加一系列合作性活动。每次交往以后,有意安排一名"假被试"(研究者的助手)对研究者评价其他被试(真被试),或夸奖、或抱怨、或先贬后褒、或先褒后贬,并让各组被试听到。最后,让被试自己选择下一阶段实验的合作者时,受到表扬的被试,都倾向于选择原来的伙伴(研究者的助手),而受到抱怨的被试,则倾向于拒绝选择原来的搭档(研究者的助手)。其他许多研究也证明,对于真心接纳、喜欢我们的人,我们也倾向于接纳对方,愿意同他们交往并建立和维持关系。相反,对于表现出不喜欢、排斥我们的人,我们也倾向于排斥、疏远对方,避免与其有深层的交往。

(二)人际交往交互性的原因

北京的某一路公共汽车上,一位优秀售票员请别人给抱小孩的乘客让座有一绝招。他先将抱小孩的乘客引到一位坐着的年轻小伙或姑娘面前,引导孩子先说"谢谢叔叔"或"谢谢阿姨",紧接着再说"请您给这位抱孩子的乘客让个座吧,谢谢"。研究者跟踪观察售票员请人让座的方式,结果这种方式竟然屡试不爽。而另一些售票员看到抱小孩的乘客上车后也同情地大声喊"请哪位乘客给抱小孩的乘客让个座",但真正得到让座的机会并不多。

为什么两种请求方式效果如此大相径庭呢?福阿夫妇(U. G Foa & E. B. Foa)发现,任何人都有着保护自己心理平衡的稳定倾向,都要求自身同他人的关系保持某种适当性、合理性,并根据这种适当性、合理性解释自己的行为及与别人的关系。这样,当别人对我们做出一个友好的举动,对我们表示接纳和支持,我们也会感到"应该"对别人报以相应的友好回答。这种"应该"的意识会使我们产生一种心理压力,迫使我们对别人也做出相应的接纳行动。否则,我们的行为就是不合理、不适当的,就会妨碍自己以某种观念为基础的心理平衡。如上述让座的例子,当人们接受了一声别人诚恳的"谢谢",特别是这声"谢谢"是从孩子口中说出时,其造成的心理压力更大。在这种情况下,人们会很情愿地做出让座的回报行为。

另一方面,我们对于行为合理性和适当性的理解也会投射到与我们发生相互联系的人身上。当我们对别人做出一个友好的行为,对别人表示接纳以后,我们也会产生一种要求别人做出相应回答的期望。如果别人的行动偏离了我们的期望,我们会认为别人不通情理,认为对方不值得我们报以友好的行为,从而产生一种不愉快的情绪体验,对对方产生排斥情绪。同样道理,对于排斥、拒绝我们的人,其排斥与拒绝对我们是一种否定。因此我们也必须报之以相应的排斥和拒绝才是合理的、适当的。如果我们对这样的人反而报之友好的接纳与喜爱，那我们的行为就得不到合理的解释，我们就难以达到心理上的平衡。所以，在实际生活中，对于排斥、拒绝我们的人，我们的反应也是相应的，对他们也会采取排斥、拒绝的行为方式。

基于以上原因，社会心理学家强调，我们在人际关系的建立与维持当中，必须首先遵循交互原则。对于同我们发生交往的人，我们应首先接纳、肯定、支持、喜爱他们，保持人际关系中的主动地位。不然，我们在人际关系上会困难重重，甚至遭人拒绝。在这个意义上说，"爱人者，人恒爱之；敬人者，人恒敬之"，"己所不欲，勿施于人"是有其心理学依据的。

二、功利原则

（一）人际交往的本质是社会交换

人际关系的交互原则所强调的，是人际交往行为倾向的相互对应。在日常生活中，人与人之间的交往更多的时候不仅需要倾向的相互一致，而且还需要保持交换的对等。

人是理性的动物，要求自己的一切行动都有符合心理逻辑的充足理由。霍曼斯（G. C. Homans，1974）发现，只有当一种关系对人们而言是值得的时候，人们的交往行为才会出现，人际关系才可以建立和维持。

霍曼斯提出社会交换理论，认为人与人之间的交往本质是一个社会交换过程。之后，布劳（Blau）把社会交换界定为"当别人做出报答性反应就发生，当别人不再做出报答性反应就停止的行动"，且区分了两种社会报酬：内在性报酬和外在性报酬。内在性报酬，即从社会交往关系本身中取得的报酬，如乐趣、社会赞同、爱、感激等；外在性报酬，即在社会交往关系之外取得的报酬，如金钱、商品、邀请、帮助、服从等。他把社会交换分为三种形式：（1）内在性报酬的社会交换，这种交换的行动者把交往过程本身作为目的；（2）外在性报酬的社会交换，这种交换的行动者把交往过程看作是实现更远目标的手段，外在性报酬对一个人合理选择伙伴提供了客观独立的标准；（3）混合性的社会交换，这种交换既具有内在报酬性，也具有外在报酬性。虽然这种交换与市场上在买卖关系中发生的交换不完全一样，它不仅有物质品的交换，同时还包括非物质品，如情感、信息、服务等各方面的交换，但是，发生在人际交往当中的交换与发生在市场上的交换所遵循的原则都是一样的，也就是人们都希望交换对于自己来说是值得的，希望在交换过程中得大于或至少等于失。不值得的交换是没有理由去实施的。不值得的交互关系也没有理由去维持。不然我们就无法保持自己心理的平衡。所以，人们的一切交往行动及一切人际关系的建立与维持，都是人们根据一定的价值观进行选择的结果。对于那些对自己来说是值得的或得大于失的人际关系，人们就倾向于建立和保持；而对于那些对自己来说不值得或失大于得的人际关系，人们就倾向于逃避、疏远或终止。

人是有机体。无论是谁，都有一定的需要，因而也有着一定的价值观，以及从这些价值观派生出来的得失观念。因此，人际关系的功利原则适合于我们每一个人。我们要想自己为他人所接纳，与他人建立和维持良好的人际关系，就必须了解他人在人际关系方面的价值倾向，并在与之交往中始终使他人的得大于或等于失，从而使他人感到同我们交往是值得的。也只有这样，我们同他人的关系才能够建立、维持和发展。心理学家强调，按照人际关系的功利原则，我们在同他人交往时必须时时注意关系的维护。无论怎样亲密的关系，我们都不能一味地只利用而不"投资"，否则，原来亲密的、值得的关系也会转化为不值得的、疏远的关系，使我们面临人际关系的困难。

应该说明，我们强调在同他人进行交往时要注意关系维护，强调使他人在同我们交往中得大于或至少等于失，并不意味着我们一定要吃亏，一定要多投资少收益。心理学家所做的大量研究证实，人们在人际关系交往中会自然地选择给双方都带来最大满足的行为。因此，我们实际上可与更多的人保持真正平等的、合理的交往或关系。

（二）增值交换与减值交换

我国心理学家研究发现，人们的价值观倾向不同，人际交往中也存在着不同的社会交换机制。对于重内在情感价值的人来说，他们在人际关系当中个人情感的卷入更多，因而有明显的重情谊、轻物质的倾向。这一类人与别人的交往倾向于增值交换过程，也就是他们对于交往媒介的价值估计往往高于交换行动的发出者。他们在人际关系当中感到欠别人的情分，因此，在他们回报时，往往也超出别人的期望。这种过程的循环往复，就导致了卷入增值交换过程的双方都感到得大于失。

同样，人际交往当中也有与增值交换相对应的减值交换机制的存在。对于重外在物质利益的一类人来说，他们在人际关系当中纯粹的物质利益交换意识要多于个人情感的卷入，因而他们倾向于用物质价值来衡量自己在人际关系当中的得失。这类人与别人的交往倾向于减值交换过程，也就是他们对于交换媒介的价值估计往往低于交往行动的发出者。他们总感到自己在人际交往中吃亏，感到别人对他们没有做到应该做的。这样，他们在对别人的交往行动做出回报时，就往往低于别人的期望。卷入减值交换过程的双方最终往往都感到失大于得，同对方的交往不值得。心理学家认为，人际关系双方都感到得小于失，正是由减值交换机制引起的。在实际生活中，交往双方都感到失大于得的现象只在这种情况下发生。

三、自我价值保护

所谓自我价值（self-value），指个人对自身价值的意识与评判；而自我价值保护，是指人为了保持自我价值的确立，心理活动的各个方面都有一种防止自我价值遭到否定的自我支持倾向。

大量的社会心理学研究证明，任何一个人，其心理活动的各个方面，从知觉信息的选择到内部的信息加工，从对行为的解释到人际交往，都具有明显的自我价值保护倾向。

在知觉方面，我们可能有体会：我们看中国球队与外国球队对抗时，往往会感到裁判对中国队不公平。而事实上，每一个裁判都刁难中国人是不太现实的。这里显然只有一种解释，那就是我们所看到的现象已不是事物的本来面目，而是其中已经融入了自己的愿望。由于高度希望与自身荣辱相联系的一方队员获胜，我们对己方的犯规动作高度宽容，而对对方队员的犯规却一丝不苟，甚至是希望对方犯规。这说明，我们的知觉是自我支持的（Hastorf & Cantril，1954）。

在内部信息加工上，兰伯特（W. E. Lambert，1963）发现，我们总是对支持自己观点的信息记得多，忘得慢；而对反对自己观点的信息则记得少，忘得快。记忆也是自我保护的。

在对行为的解释上，自我价值保护的倾向更加明显。当我们自己获得成功时，我们会倾向于将成功的原因归因于自身，以显示自己优越于别人。而当别人取得成功，我们在社会比较中处于不利地位时，我们会将别人的成绩归因于外部条件，以说明他们自身条件并不比我们优越（见第五章第一节中"归因的动机性偏差"）。

在人际关系方面，我们已经提到，人际交往中的接纳和拒绝是相互的。人们只接纳那些喜欢自己、支持自己的人，而对否定自己的人则倾向于排斥。这里同样可以看到明显的自我价值保护倾向。

四、人际吸引水平的得失原则

在"交互原则"中，我们提到了社会心理学家阿伦森与林德所做的著名实验。这个实验最重要的贡献是揭示了人际吸引的得失原则（gain-loss principle）。

该实验以巧妙的安排，让被试每次都可以听到合作伙伴怎样评价自己。前面已提到四种不同的实验情境中的两种：（1）肯定——被试始终得到好的评价；（2）否定——评价始终是否定的。实际上，它还有另外两种情境：（3）提高——前几次评价是否定的，后几次评价则由否定逐渐转向肯定，并最终达到第一种情况的肯定水平；（4）降低——前几次评价是肯定的，后几次评价则从肯定水平逐渐下降，最后降到第二种情况的否定水平。实验最后让被试评价自己对合作伙伴的喜欢程度。

表 8-5 喜欢水平的增降趋势

条件	喜欢水平
肯定——否定	+0.87
否定——肯定	+7.67
否定——否定	+2.52
肯定——肯定	+6.42

注：表中得分是在 $-10\sim +10$ 等级评定量表上的得分。-10 为最厌恶，$+10$ 为最喜欢。

表 8-5 的结果清楚显示，人们对于原来否定自己而最终变得肯定自己的交往对象喜欢程度最高，明显高于一直肯定自己的交往对象。而对于从肯定到否定变化的交往对象喜欢程度最低，大大低于一直否定自己的交往对象。这一结果意味着，在人际交往中，我们对别人的喜欢不仅仅取决于别人喜欢我们的量，而且还取决于别人喜欢我们的水平的变化与性质。我们最喜欢的是对我们的喜欢水平不断增加的人，而最厌恶的是对我们的喜欢水平不断减少的人。后来，格雷兹阿诺（Graziano）等的实验研究，也证明了这一点，并把这种尊重的得失现象称为人际吸引的得失原则。而阿伦森等人的研究发现被幽默地称作"对婚姻不忠的定律"，意指从陌生人处所获得的赞许往往比来自配偶的赞许更有吸引力。因为后者对自己的喜欢日久天长，其水平在降低或不变，而前者由淡漠转向赞许，其水平在提高。人们的这一心理倾向预示着友谊变化及对爱情不忠发生的可能性。至今，如何使长期存在的爱保持对人的吸引力，仍然是一个困扰人们而没有得到满意答案的问题。

阿伦森与林德认为，一个人在遭到否定评价的情况下会产生焦虑和自我怀疑，从而使人们更需要肯定。因而当肯定评价最终真的来到的时候，它比通常的肯定更有意义。心理学家弗里德曼等人则解释，人们在归因判断上，会认为一直给予自己肯定评价的人也会同样评价别人，缺乏对人的区分或诚意，因而贬低来自这种人的肯定。而对原来对自己持批评态度、但后来变得肯定自己的人，人们更倾向于相信他们，因而更高地评定来自他们的肯定评价，并回报以更高水平的喜欢。

显然，心理学家的上述解释并不十分令人满意。作者认为，自我价值定向理论，为人际交往中的得失现象可提供满意的解释。

人在任何一个时相上的自我价值感，都是既有的一切自我价值支持信息的总和。既有的自我价值支持力量，无论多大，都已成为一个人自我价值感的有机构成部分，它并不会引起任何特别的注意。阿伦森与林德的研究结果，正好证明了这一点。然而，由于人们的自我价值感依赖于外界对自我价值的支持性信息，当外界参照信息出现变化时，人们的自我价值感也会出现相应变化。这一点已经被大量有关自尊心的社会心理学研究所证明。如求职时优越或低劣的装扮，会有力地增强或损伤人们的自尊和接受挑战的勇气。人们寻求自我价值确立的需要，会使人尤其敏感于自我价值支持信息的改变。

自我价值支持的变化无非是两个方面：一是符合人们期望，有利于自我价值增强的积极变化，即自我价值支持力量的增加；另一方面是与人们的期望相反，使人们面临自我价值的威胁，因而必须进行自我价值保护的消极变化。

自我价值支持力量的增加，再小也意味着自我价值的上升，是一份珍贵的自我支持。因而丝毫不奇怪，新增加的喜爱，要比原来就已经具有的同等强度的喜爱更引人注意，人们被激发的做出回报的愿望也更强烈。相反，对于向来就否定自己的力量，人们在自我价值概念中已经将其置于一个特定的位置并适应它的存在，不用时刻对其设定心理上的防卫。而原来肯定我们的人转为否定我们，意味着我们正在丧失既有的自我价值支持力量。人们在面临自我价值威胁时的优先反应，不是否定自身，而是尽可能维护自己。这样，先喜欢而后转为否定我们的对象，必定会激发我们强烈的自我价值保护，使我们对其持高度否定和拒绝的态度。正因为如此，我们对这种人的否定和拒绝，比对原来就同样否定我们的人更强。这也正是阿伦森与林德实验研究的发现。

第三节　人际关系的改善及技术

一、沟通能力的自我提高

一个人与他人沟通、关系的状况，是反映人的生活品质的主要方面。生活的丰富，事业的成功，与别人稳定情感关系的建立和维持，都离不开沟通。心理学家经过反复研究，确认以下程序是提高个人沟通能力、使沟通状况得以改善的最有效的步骤和途径。

（一）评价自己的沟通状况

每一个人可以根据自己独特的生活范围和交往对象来评价自己的沟通状况。这种自我评价一般可分为三步。

第一步，开列一个自己沟通情境和沟通对象的清单。一般沟通情境包括家庭、学校、工作单位、朋友聚会、开会及日常的公共沟通（包括乘车、购物、看戏、看电影、跳舞、看病等）。通常的沟通对象一方面包括同事、同学、领导、父母同胞、配偶、孩子、朋友、亲戚、邻居等经常性的沟通对象，另一方面也有乘车买票、购物付款、看病、问路过程中的偶然性的沟通对象。不同的人有不同的沟通情境和沟通对象，可根据自己的情况来开列清单。开列清单的目的，是对自己的沟通范围和对象建立一个明确的概念。

第二步，评价自己沟通的状况。在这一步骤里，通常对自己所问的问题项目有：

- 对哪些情境的沟通感到愉快
- 对哪些情境的沟通感到有压力
- 最愿意保持沟通的对象
- 最不喜欢与哪些人沟通
- 能否经常与多数人保持愉快的沟通
- 是否常感到自己的意思没有说清楚
- 是否常误解别人，事后才发觉自己错了
- 是否与朋友保持经常性联系
- 是否经常懒得给别人写信或打电话

等等。

很好地回答上述问题，可以对自己的沟通状况有比较全面的了解，还可以诊断自己的社交状况。

第三，评价自己的沟通方式，沟通状况直接决定于沟通的方式。一般情况下，沟通主动性和沟通注意水平，是评价沟通方式最有效的两个维度。

沟通主动性是评价我们在与别人进行沟通时，究竟是主动始发沟通还是被动接受沟通。主动沟通者与被动沟通者的沟通状况往往有明显差异。主动沟通者沟通对象广泛，沟通内容不拘一格，容易经沟通与别人建立并维持广泛的人际关系。与他人的沟通也较为充分、及时和有效。而被动沟通者的倾向则正好与主动沟通者相反。

沟通注意水平所评价的是沟通者投入沟通，对沟通过程起相互支持作用，使其自然持续的注意水平。沟通注意水平高的沟通者，不仅注意自己所发出的信息的指向性、准确性和对方的可接受性，而且对于对方的反馈过程保持高度注意。因而，他们能够较好地根据反馈调节自己的沟通过程，对对方的沟通形成良好支持，使沟通始终保持较好的互动性，而使沟通得以顺利延续。

相反，沟通注意水平低的沟通者，注意会经常分散，发出的信息往往不能很好地与自己的沟通意图相对应，尤其是不能很好地注意对方的反馈和给予对方的沟通以充分的反馈支持。因此，他们与别人的沟通常缺乏应有的对应性，沟通过程难以顺利、自然地持续。

（二）提高沟通的准确性

准确是沟通成功的前提。在某种意义上，如果沟通的结果是误解，那发生沟通比不发生沟通更糟糕。

提高沟通的准确性，首先需要提高自己准确表述事物的能力。心理学家研究发现，相当一部分人都不能很好地将自己的意思用通畅的语言表达出来，使别人准确地理解他们。练习复述故事是提高表达能力很好的方式。能够将一件自己详细知道的事情描述出来，是准确表达的一个重要标志。许多著名作家在进行基本功训练时，都在练习准确描述某一个特定情境或特定的人。

在沟通的准确性方面，沟通者需要遵循一个原则，即站在信息接收者的角度来提供信息。提供信息的目的是为了被理解。而我们已经知道，由于人们的经验背景不同，对于同一种符号甚至语词，不同的人在理解上可能存在差异。只有当我们站在别人的角度，体会到别人理解所依赖的情绪与经验的背景时，才可能选择出最能够使别人准确理解我们的语词或其他符号。

此外，保持对别人的各种反馈信息（包括直接的语词反馈在内）足够的敏感，并及时调整自己的信息和符号选择，也是提高沟通准确性不可或缺的途径。及时接收和准确理解反馈，是准确沟通的一个重要环节。

二、正确使用身体语言

（一）增加对自己身体语言的自觉性

恰当使用身体语言与准确解释身体语言同样重要。要想提高自己有效使用身体语言的能力，首先要增加自己对身体语言的自觉性。

身体语言自觉性的增加需要经过三个步骤。第一步是自我监察自己的各种身体语言信号与整体的身体语言状况，如自己在各种不同的情绪状态和沟通需要下都有哪些身体语言行为，各种身体语言行为之间又有怎样的伴随关系等。

我们每个人都可以对自己的身体语言进行记录，自己来定义和解释自身的各种身体语言信号，并根据不同心态下各种身体语言信号相伴随的规律，建立起各种整体身体语言模型。通过这一过程，我们对自己在高兴、欣喜、激动、悲伤、失落、愤怒、生气等各种情绪状态下，身体各部位的身体语言状况如何及其相伴随的规律，会获得十分明确的认识。

第二步是对自己的各种身体语言行为和整体模型进行自我体验。自我体验的过程，不仅可以使人们将各种身体语言经历与自己的真实情绪状态和沟通过程更自然、更充分地联系到一起，而且可以使人们有机会对在第一步中建立起来的各种身体语言定义和整体模型进行自我检验，并进行必要的修正。

增加身体语言自觉性的第三步，是在实际的人际沟通过程中自然地运用各种身体语言行为和整体模型，并检验其有效性，即考察别人理解与自我定义的一致性。

由于不同的人有不同的经验，因此沟通者之间对某种身体语言行为与整体模型的解释完全有可能存在着一定差异。当差异超出一定限度时（差异总是存在的，因为世界上不存在经验背景完全相同的人），就会导致误解。

在日常生活中，要想避免因身体语言的使用而引起的误解，就需要检验自己的身体语言行为的有效性。如果更多的人对我们身体语言行为的理解与我们的自我解释都存在着高度的不一致，那就意味着我们需要修正自己的身体语言定义。

（二）提高身体语言的情境同一性

20世纪70年代后期，小亚历山大等人（C. N. Jr. Alexander & P. Lauderdale）提出了一个将日常社会心理现象概念化的新观念——情境同一性（situated identity）。按照这一观念，对应于每一种社会情境，人们都有与自己的社会身份相符合的行为模式。这种行为模式即人们对应于特定情境，并与自己特定的社会角色相符合的情境同一性。一个人在特定情境中的行为，如果与自己的社会身份或社会角色规范相符合，则有恰当的情境同一性；反之，则被认为是情境同一性混乱。

情境同一性问题所涉及的，实质是社会角色与情境对行为的限制问题。对于身体语言的运用而言，这两个方面的限制同样存在。外部社会对于一个人身体语言的理解与接受,也要受到其社会角色的影响,同一种身体语言,不同社会角色的人运用,其意义也会明显不同。长辈或领导者舒服地靠在沙发上听晚辈或下属谈话,仍然可以被理解成对谈话感兴趣;而晚辈或下属对长辈或领导者采取同样姿势,则会被理解成不耐烦或故意轻视。

情境对身体语言的规范作用同样明显。一个人在家里高度放松时可以随意地一边收拾东西,一边与家人谈话。而在正式的社交场合,你必须用更明显的身体语言行为告诉别人你正注意他的谈话。很显然,如果身体语言不能与社会角色和情境相对应,是不可能有效地实现沟通目的的。

在日常生活中,可以运用前面提高身体语言自觉性的类似程序,来提高身体语言与自己社会角色及行为情境的对应性。可以列表评价自己日常的身体语言行为是否符合自己的社会角色,是否与特定情境要求和社会期望相对应。通过评价,保留那些对应的身体语言行为,放弃那些不适当的行为。社会在不断变化,个人的年龄、社会身份也在不断变化。要想很好地保持自己身体语言与社会期望、自身社会角色及行为情境的良好对应,需要经常地评价、检查自己身体语言的适当性。

三、人际关系改善的综合性心理学技术

改善人际关系的心理学技术,是针对人际关系不良的相对易变的一类原因发展起来的。这些技术都是试图改变人们的自我意识水平、移情能力或社交技能,并通过这种途径使人们的人际关系状况得到改善。

总括起来,改善人际关系的心理学技术有两大类。第一类是综合性的方法,可以同时改善人们的自我意识、移情能力和社交技能。这类方法主要有敏感性训练和角色扮演等。第二类方法主要有意识训练法、移情练习和社交能力训练等。这类方法通常用于专门改善人们某一方面的能力或技能。下面我们主要谈谈综合性的方法。

(一) 敏感性训练

敏感性训练(sensitivity training)是一种从团体心理疗法发展起来的团体训练技术,即对正常人在群体中的人际技能及其有效性获得反馈的方法。

敏感性训练有各种形式。开展最普遍的是训练团体或称 T-小组(T-group,

training group 的简称)。它的活动方式主要是语言交流。这类团体通常由5—15人组成，包括一名心理学家。训练期限可以是一至四周。

训练团体主要以非指导性的方式为参与者提供真实体验"此时此地"的情境。在活动的最初，团体成员之间往往先谈论参加这种活动的意图、试图解决的问题和对什么样的目标感兴趣。随着沟通的深入，人们会逐渐了解别人对自己的问题或当时的表现怎样反应。当团体成员之间的信任感和真诚的气氛建立起来之后，团体作为一个整体将不容忍任何成员拒绝暴露自己的真正自我。此时参与者通常的角色伪装会被撕去，使他们更好地看到自我的本来面目，并在其他成员的支持下理解并接纳自己真正的自我。

与此同时，参与者也会在没有社会角色限制的条件下，通过各个成员所提供的多角度的见解，学会准确掌握、理解和评价别人的情绪状态和行为的意义，并在别人真实的反馈调节中，做出正确而为别人所接纳，同时又对人际关系起积极作用的反应。

在上述过程中，人们既可以了解自己的真实面目和别人对自己言行的真实反应，提高自我意识水平；也可以学会对别人所表现出来的真实的情绪状态和行为做准确的理解和评价，提高移情能力；还能够学会如何对别人做出恰当而又为社会所接受的反应，提高社交技能。

（二）角色扮演

角色扮演（role playing）可以作为一种直接摆脱既定角色关系束缚的个体训练技术，来达到改善人的人际交往能力的目的。它通过让扮演者充当某种角色，使人们站在一个新的立场去体验、了解和领会别人的内心世界，理解自己反应的适当性，由此来增加扮演者的自我意识水平、移情能力，并改变其过去的行为方式，使之更适合于自己的社会角色，从而获得新的社交技能。

在人际关系方面，角色扮演方法可以直接帮助人们改善双方相互作用的状况，最终有效地改善彼此之间的关系。下面是一个运用角色扮演方法改善人际关系的实例。

一位妻子感到很难同丈夫交流思想，因而求助于心理学家。通过咨询，心理学家发现这位妇女之所以很难同丈夫沟通，实质原因是她自己对丈夫的接纳性越来越差。夫妻之间的相互作用由此出现了恶性循环。她丈夫的许多生活习惯令她越来越难忍受,为此,她经常唠叨。结果是丈夫情绪恶劣,对她产生厌烦情绪,不愿与她交谈。

针对这一个案,心理学家提出了一个运用角色扮演方法来矫正夫妻关系的方案。他要求这位妇女从第二天起,就像是一个完全不了解丈夫的人,对丈夫的生活习惯熟视无睹;并且要求她每天至少从丈夫身上找到一个优点,并像对待一般人那样给予丈夫夸奖。

实行矫正方案的第一天,这位妇女感到要想找到丈夫的优点真是难上加难,看到的事都让她难以忍受。但她还是忍住未做评论,并终于找到一个夸奖丈夫的机会。

在以后的几天里,情况仍大致如此。

三个星期之后,奇迹发生了。这位妇女发现要找到丈夫的优点并加以由衷地夸奖不再是一件困难的事了。"看,他对工作总是那么负责;他对孩子总是那么友好;他很能干……"丈夫在她心目中的形象变了。她对丈夫的态度发生了实质性转变,她开始由衷地接纳丈夫,并感到对这样一个好丈夫唠叨没完其实是个坏毛病。

做丈夫的当然也会感到妻子如此明显的变化,他已长期听不到曾使他厌烦的唠叨。结果,双方之间的关系出现了一次实质性的改善。丈夫面对妻子的诚意,做了自我批评,表示自己的确有坏毛病,决心改掉。夫妻之间的情感重新变得融洽了,并有说不完的话。夫妻之间的相互作用出现了良性循环。

角色扮演方法还能用来培养儿童的移情能力和助人技巧,并被用于系统改造人的个性。这里我们不再详细讨论。

第四节　人际关系的测量

虽然,科学、定量、系统地测量人际关系,一直是人们不懈努力的方向,但是,由于人际关系与社会文化及人们的社会角色等有着深刻的联系,因此,开发一般性的人际关系测验是一件十分困难的事。当今虽然出现了指向人际关系不同方面的各种人际关系测验，但这些测验大都还不具有进行一般性人际关系评价的权威性。因此，本节主要介绍目前应用最为广泛且得到普遍承认的社交测量法。

一、社交测量法的原理

社交测量法（sociometry）也称社会关系测量法。它是从团体的角度，定量地揭示整个团体的人际关系状况，以及各成员在该团体内人际关系状况的一种方法。该方法是由莫雷诺（J. L. Moreno，1934）最先创造的。

社交测量法一经问世，就受到许多心理学家和社会学家的广泛注意。后来的许多心理学家都为这种方法的发展做了大量的工作，提出了多种新的社交测量方法的变式及相应的结果处理手段。

社交测量法的原理，是认为人与人之间的相互选择，反映着他们之间心理上的联系，肯定的选择意味着接纳，否定的选择意味着排斥。如果一个人在更多的方面都对另一个人做出肯定的选择，那么就意味着这个人对另一个人有高度的接纳性。如果肯定的选择是相互的，那么接纳也就是相互的，双方之间的心理距离也近。

反过来，如果一个人在更多的方面都对另一个人做出否定的、拒绝的选择，那么意味着这个人对另一个人是高度排斥的。如果否定的选择是相互的，那么排斥也是相互的，双方之间的心理距离也远。这里的心理距离，也就是我们所说的心理学意义上的人际关系。因此，心理学家们认为，人与人之间在反映不同评价意义的各个方面的肯定性或否定性选择，实际上反映着人们之间的人际关系状况。这样，我们就可以通过考察人与人之间在不同方面进行选择的情况，定量地测量每一个人在某个特定团体内的人际关系状况，也可以测量整个团体的人际关系状况。

二、社交测量法的实施方法

社交测量法的具体实施包括六个步骤。

（一）明确测量目的

测量目的是根据测量的实际需要提出来的。通过对这一个群体进行社交测量，我们可以知道群体内是否有人具备领导该群体的条件、这个人是谁；也可以了解群体内人际关系状况是否良好，群体是否保持着良好的凝聚性或对其团体成员的吸引力，是否保持着良好的整体结构。

（二）确定测量变量

可供被测量者选择的方面是多种多样的。它可以是被测量者对具体个人品质特征（如工作能力、交往能力、组织能力、可信赖性、道德水平等）的评价，也可以是被测量者对一个人的笼统判断，如"假若改选，你认为谁当主任（或班长、组长等等）更为合适？"；它可以是被测量者自己现实的人际关系状况，如"你目前同哪些人关系最好？""你同哪些人交往最为密切？"，也可以是被测量者对人际关系的期望或倾向，如"你最希望哪些人成为你最亲密的朋友？"等等。

究竟选择哪些方面进行测量，是测量的目的决定的。测量的结果，必须能够提供与测量目的密切相关的有价值的信息。在实际运用社交测量法时，常常是同时测量相互关联的多个方面，少则两三个，多达五至七个。如果同时测量多个方面，那就必须保证所选择的方面共同指向测量的目的。

（三）选择方法

选择方法的确定是社交测量法的关键一步。总括起来，社交测量法所运用的选择方法有五种。

1. 参数顺序选择法

这种方法要求被测量者在肯定或否定选择上都选出一个固定数目的被选人，并且必须明确标明选择的顺序，例如，"我过生日最愿意请的人，第一是_____，第二是_____，第三是_____。"

参数顺序选择的数目用得最多的是三人，通常不超过五人。原因有两个方面：一方面，在一个群体中，人们的判断能够准确把握，可以排列出可靠顺序的，往往只有对自己有着重要意义、接纳或排斥程度最为强烈的几个人。随着选择涉及人数的增加，判断的准确性将会明显下降。另一方面，如果我们确定的选择数目很大，那么在处理测量结果时也会感到十分困难。在团体较大的情况下更是如此。

参数顺序选择法通常适合于30—40人的较大群体，应用较为广泛。

2. 非参数顺序选择法

这是与参数顺序选择法相对应的一种方法。当一个团体的规模较小、不足15人时，参数顺序选择法的两方面限制就不复存在。此时，我们就不必要规定接纳或排斥选择的数目，而是完全由被测量者自由选择，并按选择的重要性排序。

3. 非参数简单选择法

该方法是非参数顺序选择法的一个变式，其实施步骤与非参数顺序选择法基本相同，选择人数同非参数顺序选择法一样，不加任何限定。不同之处在于，非参数简单选择法忽略选择顺序的差异，而只考虑接纳选择、不选择和排斥选择三种情况。

非参数简单选择法由于忽略选择顺序，带来了结果处理上的便利和新的图形结果处理方法的运用。图形结果处理方法的引入，使得人们有机会对一个群体的整体结构状况、小群体的分化及每一个成员在群体中的位置一目了然，从而使得这种方法成为运用最多的选择方法之一。非参数简单选择法的适用范围较为广泛，它既可以用于较小的群体，又同样适用于较大的群体。

4. 参数简单选择法

这种方法是非参数简单选择法和参数顺序选择法的变式。其与非参数简单选择法的差别在于对选择人数给予一定的限定；与参数顺序选择法的不同之处，在于不考虑选择顺序，只考虑选择倾向。

5. 接纳水平等级分类法

这种方法实质是非参数顺序选择法与非参数简单选择法的结合，兼具二者的主要优点。该方法是按五点量表，将人们的接纳水平从最接纳到最排斥分成五个等级，要求被测量者按此五个等级将所有其他团体成员分成五类，每一类的人数多少不做任何限定，完全由被测量者自由选择。

接纳水平等级分类法也同非参数简单选择法一样，有广泛的适用范围，既适用于较小群体，也适用于较大群体（参见表8-6）。

表 8-6 社交测量法运用的选择方法，特点及适用范围

方法名称	特点	适用范围
参数顺序选择法	顺序选择，人数确定	较大团体
非参数顺序选择法	顺序选择，人数不确定	较小团体
非参数简单选择法	简单选择，人数不确定	大小团体均可
参数简单选择法	简单选择，人数确定	大小团体均可
接纳水平等级分类法	等级选择，人数不确定	大小团体均可

（四）编制测量问卷

社交测量法的第四个步骤，是将选择出来试图测量的各个方面转化成问题，编制成问卷。问题如何表述，是由确定的测量方面及选择方法决定的。比如，假设你试图测量群体作为整体的人际关系状况及每一个成员的人际关系状况，你所确定的选择方法是最为常用的非参数简单选择法，那么你的问题就可以是："请写出目前同你关系最好的人的姓名。"同样的测量目的和方面，如果你所采纳的选择方法是接纳水平等级分类法，则问题的表述就变成"请分别写出与你关系最好、比较好、一般、比较差、最差的人的姓名"。

问卷的构成除了有关的问题外，还必须包括对测量目的、回答方法等方面简单明了的说明，并且明确声明对测量结果保密。应用社交测量法，对测量结果的保密很重要。采用接纳水平等级分类选择方法，或者在采用其他选择方法时使用否定性陈述，则保密问题就变得尤为突出。人际关系当中的接纳与排斥是相互的，当人们知道有些人并不接纳自己的时候，出于自我价值保护的需要，他们对这些人也会产生强烈的抵触情绪。严重时，还会酿成直接的人际冲突。很明显，测量结果的泄露，会对一个群体的人际关系造成严重损害，直接降低一个群体的凝聚力。

（五）测量的实施

社交测量法的实际施测有两种情况。一种是由一个群体的上级权威人士施测，另一种是由研究者自己施测。无论是哪种情况，测量者是否善于取得被测量者的合作，都是影响测量可靠性的关键因素。一般来说，测量者应用一定的时间熟悉群体的情况，与被测量者之间建立起相互信任的气氛和合作的关系，

会对测量产生积极的作用。此外，测量者必须以真诚的方式向被测量者解释测量的目的和意义，并对测量问卷给予明确的说明，强调测验结果将会严格保密。

（六）结果处理

社交测量法的最后一个步骤是结果处理。对应于不同的选择方法，结果处理的方法也不相同。对于两种顺序选择法，测量结果主要用 n×n（n 为被测量者的总人数）行列表格法处理。表格中的肯定选择，以正分计；否定选择，以负分计。得分按照排列顺序递增或递减。非参数顺序选择法的计分与参数顺序选择法的不同之处在于：非参数顺序选择法计分的最大值与最小值是根据整个群体中自由选择的最大范围来确定的；而参数顺序选择法由所规定的选择参数决定。由于在顺序选择法中，肯定选择的顺序越是靠前，表示接纳水平越高，因此计分是从最大值按选择序列递减。而对于否定选择，顺序越是靠前，表示排斥性越强，接纳性越低，因此计分从最小值按选择顺序递增。对于不选择的情况，一般计零分，由于零分的选择在最后的数据统计资料中没有反映，因此，实际处理时也就不计分。接纳水平等级分类法的记分一般是对应于五个等级，分别计 1—5 分，接纳程度最高计 5 分，最低计 1 分，依此类推。

下面，我们以一个社交测量的实际结果为例来说明怎样制作处理顺序测量结果的行列表。这一测量所采用的方法为非参数顺序选择法，被测量群体总人数为 13 人（参见表 8-7）。

表 8-7　顺序测量结果记分示例

姓名	编号	1	2	3	4	5	6	7	8	9	10	11	12	13	选择总分
王虹	1		3	1	2			6		5	4	7			28
肖颖	2	7		1		2		5	4	3		6			28
李钊	3		7					6			5				18
刘剑	4							7							7
韩雨晨	5			5	7			4			6				22
陈肖	6							6			7				13
黄璐	7			7		4		5				6			22

续表

姓名	编号	1	2	3	4	5	6	7	8	9	10	11	12	13	选择总分
蔡佳	8						6		7						13
梁红伟	9					6	5				7		4		22
潘京生	10			5			6	7							18
李丽	11		2	3		4		7		5			6	1	28
叶彤	12		4	5			6				7				22
王原	13							7				6			13
被选择总分		7	16	26	8	18	13	65	9	13	10	52	12	5	

表格最下面一行中,"被选择总分"为一个人被群体所接纳水平的数量指标,得分越高,意味着越受群体欢迎。

表格最右侧的"选择总分",是选择者个人接纳其他群体成员程度的数量指标。这一指标反映着群体对于选择者个人的吸引力,得分越高,群体对于选择者的吸引力越大。

根据以上原理,群体作为整体的凝聚力可以通过以下公式求出:

$$C = \frac{\sum_{i=1}^{} CSi}{nMcs} \times 100\%$$

公式中:C 表示群体凝聚力

CSi 表示各选择者的选择总分

n 表示被测量群体总人数

Mcs 表示最大选择总分

在实际处理结果中,如果由于测量涉及的各个问题重要性不同,则需要就每一个问题分别制作行列表,并将各个表格的结果按其重要性进行加权处理,然后再汇集成一个总的结果。参数顺序选择法的结果处理方法,与非参数顺序选择法的方法相同。

三、图形法社交测量结果处理

简单选择法的结果处理方法有两种,一种是行列表格法,另一种是图形法。简单选择法的行列表格的制作，与顺序选择法相类似，不同仅仅在于，简单选择法由于忽视了顺序差异，因此正的选择一律计1分，以"＋"表示；负的选择一律记－1分，以"－"表示。同样，我们也可以运用相同的公式，求出被测量群体作为整体的凝聚力。

图形法主要用于参数简单选择法的结果处理。使用非参数简单选择法对较小群体进行社交测量时，也可以运用这种结果处理方法。但在运用非参数简单选择法测量较大群体时，由于选择人数不做规定，人们之间的简单选择关系会十分复杂，此时用图形来表示这些复杂的关系也变得十分困难。因此，在这种情况下，人们往往避免运用图形法来处理结果。

通常使用的图形结果处理方法有靶形图和阶梯图两种形式。前者比后者更利于显示群体的结构分化，后者比前者更利于显示领袖在群体中的地位。

图 8-3 和图 8-4 是依据两个来自教育领域的实际社交测量结果分别绘制的靶形图和阶梯图。靶形图的结果来自一个班集体，总人数为 33 人。测量所用

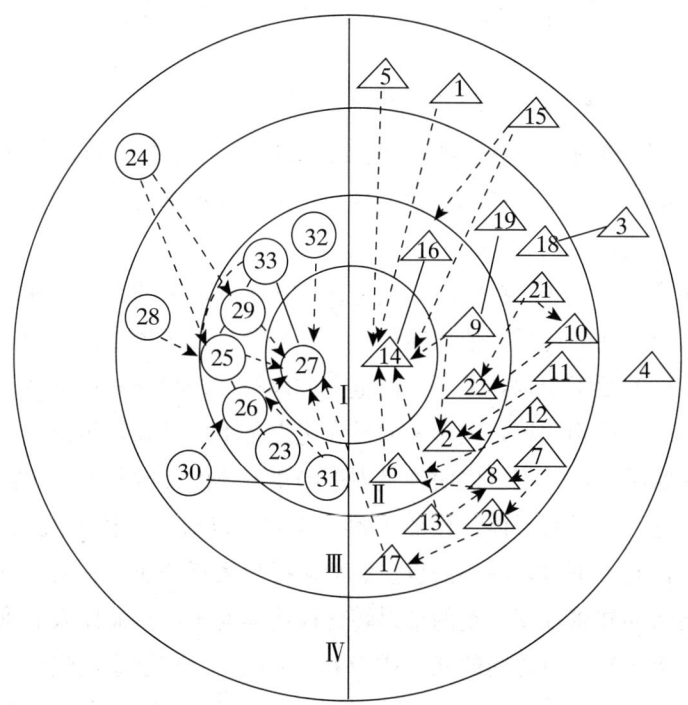

图 8-3　群体人际关系靶形图

的是参数简单选择法。图 8-3 中,数字是被测量者的编号,三角形表示男生,圆圈表示女生,实线表示相互选择,虚线表示单向选择,其箭头表示选择方向。

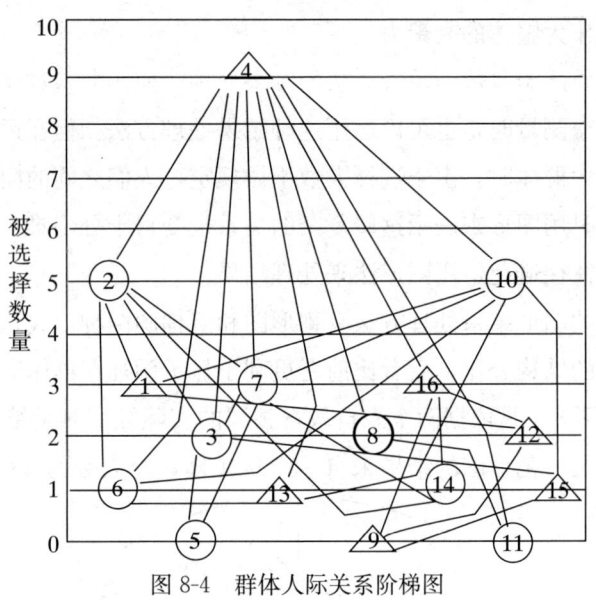

图 8-4　群体人际关系阶梯图

图 8-4 的阶梯图的结果来自一个小组,也是运用参数简单选择法获得的结果。同样,图中数字表示被测量者编号,三角形表示男生,圆圈表示女生,连线表示选择路线。

需要注意,在制作靶形图时,须将被选择次数最多的编号放在最里面,然后按照被选择次数的递增,依次向外层扩展分布,被选择次数最少的编号放在最外层。这样既便于绘制,又可以使整个群体的结构状况一目了然。

与行列表格法相比较,图形法的最大优点是不仅可以表明群体中每一个人的人际关系状况,而且也可以明确呈现被测量群体的结构状况、领袖的产生及小群体的分化。通过对群体结构的了解,我们可以对该群体的凝聚力、士气、效率等做出推断。不过,图形法也显然缺乏行列表格法所具有的优点。它不能像行列表格法那样将社交测量的结果转化成连续变量,从而使人们难于考察社交测量的结果与其变量之间的联系或相关。因此,心理学家们建议,在进行实际社交测量结果的处理时,应将两种方法综合使用,先进行行列表格法的处理，然后再根据表格法结果绘制靶形图或阶梯图。

接纳水平等级分类法的结果处理比较容易。它是根据被测量群体人数，制作相应数目的接纳水平等级分类表（亦即用于测量的表格，参见表 8-8），然后按照等级计分分别计算出每一个群体成员的选择总分和被选择总分。同样，前者是选择者个人接纳其他群体成员的程度，亦即群体对选择者的吸引力指标，后者是个人被群体所接纳程度的指标。

表 8-8 中的数据来自一个社交测量实例。从表中可以看出，表格的回答者李昭的选择总分和被选择总分可以直接算出：

选择总分＝5×10＋4×8＋3×12＋2×7＋1×3＝135

被选择总分＝5×13＋4×7＋3×13＋2×5＋1×2＝144

表 8-8 接纳水平等级分类表　　　　　姓名：李昭

姓名	编号	问题 等级	请指出对你来说每个人适合于哪种情况？				
			5 希望成为亲密朋友	4 愿意一起工作或学习	3 不愿在一起，但可偶尔交往	2 在同一班也可以，但不愿交往	1 不希望这个人与自己同班
李欣	1		✓				
赵曼丽	2				✓		
辛游	3			✓			
王宾	4					✓	
⋮	⋮						
韩彬	40						✓
选择人数			10	8	12	7	3
被选人数			13	7	13	5	2

根据前面同样的公式，我们也可以依据接纳水平等级分类法的测量结果，计算出群体作为整体的凝聚力。

社交测量法在我国已得到了颇为广泛的应用。章志光等人（1982）运用社交测量法研究小学生班级集体的人际关系状况，取得了非常有意义的结果。他们发现，不同班级中有不同的小群体分化，而在班级中人际关系状况不同的学生对学校环境的适应水平也不同，与具有消极人际关系状况的学生相比，具有积极人际关系状况的学生倾向于有更多社会期望的积极特征。金盛华在其有关后进生的研究中也运用了社交测量法，发现学习成绩长期落后的学生往往会被同辈拒绝。方晓义的博士论文《青少年友伴网络结构和友伴相似性》使用经由原始社交测量法衍化而来的十项友伴提名法作为主要研究方法，获得了很有意义的发现。可以肯定，随着我国社会心理学研究开展得越来越广泛，社交测量法在我国将得到更为广泛的应用并发挥积极作用。

【要点小结】

根据相互作用水平的不同，人际关系可有六种状态：零接触、注意、直接接触、轻度卷入、中度卷入、深度卷入。人际关系的建立与发展，一般需要经过四个阶段：定向、情感探索、感情交流和稳定交往。良好的人际关系，伴随自我暴露深度与广度的逐渐增加而建立。交互原则是维持良好人际关系首先需遵循的原则；功利原则是人际关系的第二个原则；人际关系的第三个原则是自我价值保护，从知觉到信息加工，个体都倾向于保持自我价值确立；人际关系的第四个原则是人际吸引水平的得失原则，自我价值定向理论为人际交往中的得失现象提供了满意的解释。敏感性训练和角色扮演是改善人际关系的主要心理学技术。社交测量法是目前应用最为广泛的人际关系测量方法。

【思考与练习】

1. 你怎样理解自我暴露与人际关系深度之间的联系？赢得良好的人际关系需要哪些基本条件？
2. 情感理想主义者期待不变的、无条件的爱，你怎样理解这种人际交往取向？
3. 沟通技能的改变怎样才能与人际关系的改善联系在一起？
4. 社交测量法为何可以在测量个人人际关系状况的同时，也可以测量一个群体的人际关系状况，并对群体凝聚力、士气、小群体分化做出科学推论？

【拓展性阅读导航】

1. 杨国枢著：《中国人的心理与行为：本土化研究》，中国人民大学出版社，2004。

本书谈到中国人本土心理学的宗旨与目标、本土化研究取向的方法论、本土化理论的建构、本土化实证研究的策略及本土心理学在整个人类心理学发展中的定位，希望读者能因阅读此书而深化对本土心理学的了解。除此之外，作者还希望读者在深切了解本土心理学与本土化研究取向之后，能认同此一心理学研究的新方向或新定位，并进而采取本土化的策略与方法从事心理学研究，共同为中国人心理学知识体系的建立而努力。

2. 翟学伟：《中国人际关系的特质——本土的概念及其模式》，载《社会学研究》1993年第4期。

本文探讨了如何寻求本土的概念来建构中国人人际关系的基本模式。本文认为中国人人际关系的本土概念是：人缘、人情和人伦。三者构成的三位一体成为中国人人际关系的特质。它们彼此的合一来源于中国传统社会文化背景中的天命观、家族制度和以儒家为核心的伦理思想的合一。

第九章 攻击和攻击行为

【内容提要】

本章首先介绍攻击的实质，包括攻击的定义、攻击与敌意的区别、攻击的普遍性；其次介绍攻击的理论，主要有攻击的本能论（包括弗洛伊德的精神分析观点、洛伦茨的习性学观点），挫折—攻击理论，攻击的社会学习理论；然后介绍攻击的影响因素，如情绪唤起水平、道德发展水平与自我控制、社会角色与群体的影响、大众媒体等。最后介绍攻击行为的预防与控制，包括完善社会惩罚机制、完善社会公平体系、避免去个性化状态、引导个人进行理性的宣泄、培养与训练移情能力、培养成熟个性六个方面。

【学习目标】

1. 了解攻击概念及其与敌意的区别。
2. 熟悉攻击的本能基础及学习经验与攻击的关系。
3. 熟悉攻击的个性与社会原因。
4. 了解去个性化、宣泄和移情对攻击的影响。

【关键词】

攻击　敌意　挫折—攻击理论　武器效应　去学习化　去个性化　宣泄

第一节 攻击的实质

一、什么是攻击

（一）攻击的定义

攻击（aggression）即攻击行为，也称侵犯或侵犯行为，指有意伤害别人且不为社会规范所许可的行为。伤害行为、伤害意图与社会评价，是攻击概念的三个要素。

首先，攻击行为必须是伤害性的。实际造成伤害的行为和可能造成伤害的行为都可以是攻击行为。如开枪杀人，虽说子弹可能没有命中目标，未造成实际伤害，但也仍然是攻击行为，因为它有造成伤害的可能性。

其次，判断一种行为是否属于攻击，必须考虑行为者的动机，即行为的意图。意欲伤害别人的行为，尽管没有造成伤害，也是攻击行为。如有人愤怒之下对人开枪，但枪是退了膛的。这种行为虽然没有造成实际伤害，但行为者的意图是要伤害别人，而且行为本身的确可能造成伤害，因此是攻击行为。有些行为，虽然实际上造成了对别人的伤害，但行为者却没有伤害别人的动机，则不是攻击。偶然的车祸伤害、医生诊治错误对病人造成伤害、缺乏责任能力的精神病人的伤害行为，都不属于攻击。

再次，与其他有意伤害行为不同，攻击是社会所不允许的。警察追捕罪犯时为防止罪犯伤害自己与别人采取的制服措施，个人受到攻击时的正当防卫，虽然都是有意伤害行为，但都在社会许可的范围内，因而不是攻击。当然，非攻击性的伤害行为也可以转化为攻击。警察制服歹徒后，如果继续对其虐待，则就构成了攻击。据报载，一个男青年为教训一个对自己女友非礼的青年，将其打伤，结果两人一起被拘留。这个男青年很不理解惩恶者怎么也被法律所制裁，这是典型混淆攻击与非攻击行为的例证。

需要说明的一点是，社会心理学家在对攻击行为进行实验室研究时，并未强调攻击为社会规范所不允许这一要素，因而实验研究中的攻击行为实际是攻击的一种特例。

攻击可分为两种类型：敌意性（hostile）攻击和工具性（instrumental）攻击。前者是源于愤怒，意在伤害的攻击，因此也被称作情绪性攻击行为；而后者则把伤害作为实现其他目标的手段。

（二）攻击与敌意的区别

法律上，一切可能造成身体、精神伤害，并不为社会许可的行为都属于攻击。但实际生活中，许多语言的侮辱、中伤、欺骗都没有造成法律所规定的严重、明显的伤害后果。习惯上，人们将这一类非身体接触性的直接或间接的有意伤害归为敌意。除此之外，敌意还有另外一个含义，即高度排斥性的态度。日常生活中，很多人还用"敌意"的说法来指人与人之间的高度怀疑。此时，敌意实质上为一种高度的自我防卫状态。

敌意（hostility）与攻击的最大区别，是敌意没有明确的社会规范限制。社会对于敌意的宽容，远远大于攻击。因此，在攻击受到明确的社会规范约束而不能实现时，往往是以敌意的方式表现出来。在这种情况下，敌意实质为代偿性的攻击。敌意不是攻击，但可能会激发别人的攻击，也可能发展为攻击。敌意行为还可以直接激化人际冲突，使敌意上升为攻击。

（三）攻击的普遍性

人类社会从来是不太平的。从人类诞生的那一天起，暴力与战争就从来没有停止过。在悲观主义者的眼睛里，我们的社会是一个充满罪恶的世界，暴力与攻击遍及这个社会的每一个角落。在经典哲学家看来，贫穷与愚昧是暴力和犯罪的渊薮。虽然整个世界的文化教育日益普及、繁荣，财富在以级数增长的速度积累，但暴力与犯罪仍是有增无减，愈演愈烈。1980年美国发生的暴力犯罪案件比1970年上升了62%。1970年每10万人中发生360起暴力案件，1980年这个数字上升到585起。

有关资料显示，美国总统每月收到的恐吓平均达100次。负责总统生命安全的美国保密局的庞大计算机系统里储存着6万名潜在危险分子的名单。但颇具讽刺意味的是，暗杀肯尼迪和里根总统的凶手并没有在名单之内。

日本等国也都有报告说暴力犯罪在持续上升。我国随着经济改革的深入，人民生活水平发生迅猛的积极变化，但暴力犯罪并没有因此减少。在有些大城市，人们的安全感不是随城市变革上升，而是显著下降。毫无疑问，全人类都

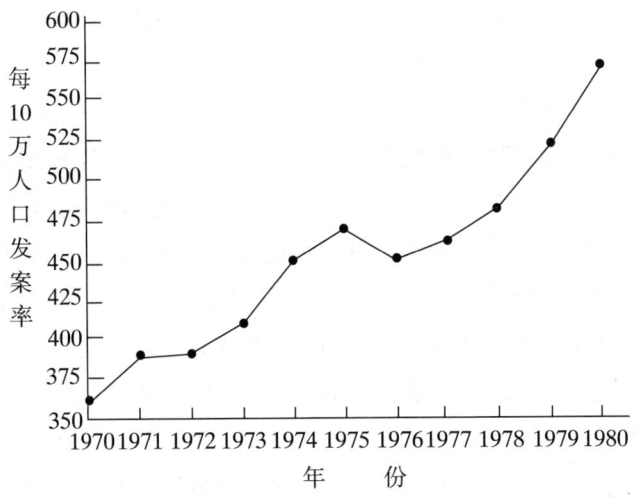

图9-1 美国1970—1980年10年间暴力犯罪上升了62%

需要社会心理学家在攻击这一与人的生存与幸福息息相关的问题上做更多、更深入的研究。

二、攻击的本能论

心理学家大卫·布斯等人（D. M. Buss & T. K. Shackelford，1997）发现，攻击行为对人类祖先具有重要的适应意义。攻击行为在获得资源、抵抗攻击、威胁甚至消灭竞争者、防止配偶的不忠等方面，都是一种有效的策略。在人类社会长期演化过程中，骁勇善战的英雄会得到更高的社会地位和更多的繁衍机会（M. Roach，1998）。布斯等人相信，攻击是男人从他们成功的祖先处继承的一种心理机制，攻击提高了基因在后代中得以保留和传递的概率。在社会心理学领域，本能论倾向的有关攻击的经典理论主要有弗洛伊德的精神分析观点和洛伦茨的习性学观点。

（一）弗洛伊德的精神分析观点

弗洛伊德早期认为，人有两种基本的本能：性本能与自我保持本能。性本能是人的行为的基本驱力，使人的行为遵循快乐原则；而自我保持本能或自我本能则使人有适应现实环境、趋利避害的变通性。攻击性是性本能的一部分。

第一次世界大战以后，弗洛伊德发现很难用他的理论来解释人格和社会中各种破坏性的冲动。如果人类行为的基本驱力是遵循快乐原则的,那怎样解释大战中的屠杀、痛苦和残害呢?

为此,弗洛伊德在1920年出版的《快乐原则之外》一书中,脱离了简单的快乐主义,将他原来提出的两大基本本能修正为生的本能与死的本能。他提出了与性本能(生的本能)相对立的攻击本能(死的本能),认为攻击本能的目的在于破坏。他发现,古希腊人恩培多克勒早就揭示,整个世界是深陷在爱(生的本能)与恨(死的本能)的永恒斗争中的。他在自己的许多患者身上,也发现了残酷地伤害别人(施虐狂)和希求别人伤害(受虐狂)的倾向。加上第一次世界大战中的非理性的破坏,弗洛伊德相信,攻击和自毁这两种冲动,都标志着人类有一种基本的无意识的死亡愿望。他认为,人在有关生与死或爱与恨的斗争经验中,下意识地知道了死亡是必然的胜利者。生命与爱的得胜仅仅是暂时的。人在精力旺盛、意气昂扬、欲望得到满足时,他的倾向是自爱。但是,当人在无尽无休的生存竞争中精疲力竭时,就渴望返回到他原来的无生命状态——死,此时人的倾向就会由自爱转向自毁。自杀就是在这种情况下发生的。

按照弗洛伊德的观点,死的本能本来是一种对内的自我破坏倾向,但生的本能与死的本能是对立的。人只要活着,死的本能的表现就会受到生的欲望的妨碍,从而对内的破坏力量转向了外部,并以攻击的形式表现出来。社会学的实证研究似乎证实了这种假说的正确性。有研究表明,一个地区如果自杀率高,则他杀案件的案发率就低,说明死的本能的破坏性就会减少。

弗洛伊德认为,攻击是以社会不允许的方式表现攻击冲动。如果以社会许可的方式表现,则攻击冲动就可表现为争论、竞技、冒险等。不管以什么样的方式表现,攻击冲动作为一种心理能量都必须得到宣泄,不然就会导致精神疾病。因此,社会许可的替代性宣泄方式,如体育、搏击等,都是很好的攻击冲动的释放途径。以下是运用这一理论的一个典型例证:一个青年自小就爱玩火,见到火有说不出的满足和兴奋。他被推荐做消防队员后,工作尤其勇敢出色。弗洛伊德的理论主要是通过对心理异常者的治疗实践发展起来的,因而其解释的范围适用于心理病理患者,而不能简单扩展到正常人群体。

(二) 洛伦茨的习性学观点

洛伦茨（K. Lorentz）是一位习性学家，他有关攻击的理论观点，是从动物研究推演得来的。同弗洛伊德一样，洛伦茨也认为攻击是一种本能。但与弗洛伊德相反，他不认为攻击指向毁灭，而认为攻击是具有生物保护意义的生的本能的体现。动物通过攻击来保护食物、生存的领地，使幼小后代得以成长、发展，使物种能够代代相传。他认为，同类的攻击不一定以毁灭为结局，而是以失败者的让步为目的。动物的争斗如此，人类的战争也是如此。

洛伦茨相信，攻击也是人类生活不可避免的组成部分。人类在每个时代之所以都有大规模战争的发生，正是人的攻击本能定期宣泄的结果。他认为，现代社会已经使人难于在日常生活中实施攻击，而战争就成了宣泄攻击冲动的重要途径。他建议，人类要想避免战争，就需要多开展冒险性的体育活动，耗散攻击本能。他预言，人口拥挤将会使攻击事件增加，人口数量的激增，有爆发战争的潜在危险性。

本能论指出了人类攻击性的生物遗传性质，提出了减少攻击的代偿或转移方法，显然有一定的合理性与应用意义。但是，用本能的观点解释所有人类的攻击行为，并试图用简单的本能观点来解释宏观的战争等现象，忽视了人类社会自身发展的规律，显然犯了心理学主义的错误。

(三) 本能论的科学证据

近年来的科学研究进展在多方面发现了攻击行为的神经和生物化学等方面的证据。有暴力倾向的人的大脑是否存在某种异常呢？瑞恩等人（A. Raine, et al., 1998, 2000）对一些杀人犯和有反社会行为障碍的人的大脑进行研究，结果发现，他们的前额叶激活水平比正常人分别低了14%和15%。而前额叶被认为是对攻击行为起紧急抑制作用的脑区。

最新的研究证实，基因可能同样在攻击行为中扮演重要角色。拉什顿等人（J. P. Rushton, et al., 1986; D. C. Rowe, D. M. Almeida & K. C. Jacobson, 1999）的研究发现，相对于异卵双胞胎而言，同卵双胞胎更可能在"脾气很大"或者"经常打架"的问题上有一致的回答。瑞恩（A. Raine, 1993）发现同卵双胞胎中的一个被判有罪，那另一个双胞胎也有犯罪记录的可能性是二分之一，而异卵双胞胎这一比率仅为五分之一。

通过影响神经系统对攻击性刺激的敏感性，血液中的化学成分可以影响攻击行为，这已经被实验和实践资料所证明。显然，酒精使攻击行为更容易发生（B. J. Bushman & H. M. Copper，1990；B. J. Bushman，1993；S. E. Taylor & S. T. Chermack，1993），有暴力倾向的人比一般人更可能饮酒，在喝醉以后更可能变得具有攻击性（H. R. White，J. Brick & S. Hansell，1993）。研究表明，在现实世界里，暴力犯罪酒后发生的占十分之四（Bureau of Justice Statistics，1998）。在65%的杀人案件和55%的家庭暴力案件中，攻击者或受害者喝过酒，或者两者都喝过酒（American Psychology Association，1993）。

研究证明，暴力行为常与神经递质5-羟色胺缺乏有关。在灵长类动物和人类中，有暴力倾向的幼儿和成人5-羟色胺水平均偏低（P. C. Bernhardt，1997；P. T. Mehlman, et al.，1994；R. Wright，1995）。在实验室条件下降低人们的5-羟色胺水平，可以增强他们对厌恶事件的反应和释放电刺激的意愿。

三、挫折—攻击理论

挫折与攻击之间有着较为直接的联系。不论是残忍杀死室友的马加爵，还是制造了骇人听闻的弗吉尼亚理工大学校园枪击案的韩国留学生赵承熙，他们的杀人动机都包含着对周围环境的强烈不满和愤怒。

（一）最初的理论观点

挫折一词有两种含义：一是指阻碍个人达到目的的外部情境；一是指由于目的行为受到阻碍而激发的心理紧张状态。虽然，目前人们对于挫折的理解已经在后一种意义上取得共识，但挫折—攻击理论中的挫折，却是指前一种含义，即"阻碍目的行为的一切事物"。挫折—攻击理论最初是由心理学家多拉德（J. Dollard）等人于1939年提出的。他们认为，"攻击永远是挫折的一种后果"，"攻击行为的发生，总是以挫折的存在为条件的"。

多拉德等人的最初理论观点，可以概括为以下三点：（1）攻击的强度同目的受阻的强度成正比例关系；（2）抑制攻击的力量，同该攻击可能受到的预期惩罚的强度成正比例关系；（3）挫折强度一定的情况下，预期惩罚越大，攻击发生的可能性越小；如果预期惩罚一定，则挫折越大，攻击越可能发生。

（二）理论的修正

随着大量资料的积累，人们越来越感到最初的挫折—攻击理论观点过于简单、概括，对许多同挫折和攻击有关的现象都不能提供令人满意的解释。例如，许多人受到挫折之后并不发生实际的攻击行为，也有许多攻击行为的发生与挫折无关。为此，原有理论提出者之一，心理学家米勒（N. E. Miller）1941年提出了修正的观点，认为挫折也可以产生攻击之外的其他后果，挫折并不一定引起攻击；并且，攻击与挫折的关系可以是先天的，也可以是后天习得的。将有关的理论修正与原有理论加以综合，可以得到如图9-2所示的理论模型。

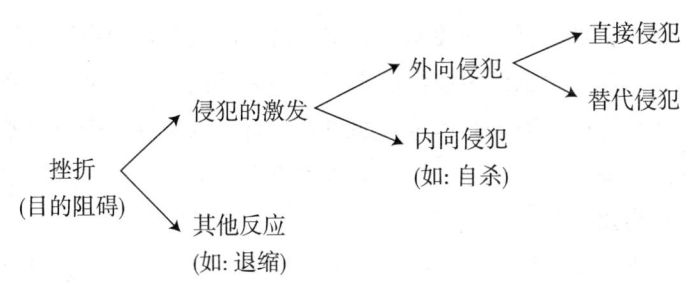

图9-2 传统挫折—攻击理论的概括

（三）实验验证

挫折—攻击理论得到了大量实验研究的验证。另一方面，这些验证性的研究也反过来进一步丰富和发展了原有的挫折—攻击理论。

1941年，社会心理学家勒温所做的一项著名实验，很好地证明了挫折同破坏性的攻击行为之间的关系。该实验安排实验组儿童站在窗外观看一个满是诱人玩具的游戏室，但不允许他们进去玩那些玩具。由对有高度吸引力的东西可望而不可及的情境，来使实验组儿童产生挫折感。控制组儿童则一开始就被允许直接玩那些玩具。研究结果发现，当实验组儿童最后终于有机会玩那些玩具时，他们明显比控制组儿童表现出更多的破坏性损坏玩具的行为，他们常常将玩具摔在地上，或是往墙上砸。由此可见，挫折引发了更多的破坏性行为。

心理学家马利克（S. K. Mallick）等人1966年所做的实验也发现了类似的现象。他们以三年级学生为被试，要求被试完成搭积木的实验工作。对于实验组，实验的操作是搭完积木有报酬，但实验安排一名六年级同性别的学生捣乱，不让他们搭成，借以引起挫折。对于控制组，则没有获取报酬的安排，所出现的大孩子也不是捣乱，而是帮助。

实验的后一个阶段，安排每个被试有机会在不见面的情况下电击实验中出现的大孩子。实验者告诉被试："如果刚刚的大同学没有正确回答我的问题，你就给他电击，给多少次，给多强的电压都行。他不知道谁在电击他。"研究结果表明，受挫折的实验组被试实施电击的次数更多，电压也更高。挫折增加了人们造成别人痛苦的攻击性。

研究者还发现，如果合理解释捣乱者的行为，说捣乱者情绪不好，则被试可以重新理解捣乱者的行为，减少攻击。这一发现说明，在实验的条件下，人们仍然保持着对于攻击行为的控制，并要求自己的攻击行为得到合理解释。即使是孩子，公平的观念也已为他们所掌握。如果他们认为捣乱是故意的，则感到有理由给捣乱者造成更多的痛苦；如果捣乱有可以接受的理由，则他们对捣乱者实施攻击的理由就不充分，从而会减少攻击行为。

（四）"武器效应"

由于原有理论过度估计了挫折与攻击的联系，著名社会心理学家伯科威茨（L. Berkowitz）1978年以其有影响的"武器效应"研究为根据，进一步修正了挫折—攻击理论。他提出，挫折导致的不是攻击本身，而是攻击的情绪准备状态——愤怒，攻击行为的发生还受情境攻击线索的影响。与攻击有关的刺激更可能增强攻击行为。

伯科威茨（L. Berkowitz & A. LePage，1978）等人1967年做了一个著名的实验。他们先让实验助手故意制造挫折情境，激怒被试，然后，安排一个机会让被试可以对激怒自己的假被试实施电击。电击时有两种情境。一种是可以看到桌子上放着一支左轮手枪，一种是只看到一只羽毛球拍。实验的结果与研究者的假设是相符的，被激怒的被试在看到手枪时，比看到羽毛球拍时实施了更多的电击。手枪增强了人们攻击的行为。后来，人们将武器增强攻击行为的现象称作"武器效应"（weapon effect）。

伯科威茨的研究与理论使人们相信，美国社会广泛的暴力事件与私人普遍拥有枪支有关。正如伯科威茨所说的，"枪支不仅仅使暴力成了可能，也刺激了暴力。手指抠动扳机，扳机也带动手指"。受美国国内控制武器的呼声日益高涨和校园枪击事件不断发生的影响，美国国会于1993年11月通过了"限制突击武器法案"。

四、攻击的社会学习理论

大多数社会心理学家都赞同，学习是攻击的主要决定因素，攻击是习得的，也可以通过新的学习予以消除。支持这一观点的实证材料很多，不仅社会学习理论的提出者班杜拉及其追随者提出了大量的实验证明，动物学与人类学研究也支持这一观点。大量动物习性学研究证明，动物的攻击性行为模式是可以通过训练养成或消除的。

（一）攻击可以通过强化来培养

班杜拉和沃尔特斯（A. Bandura & R. H. Walters）1963年做了一项经典研究发现，通过奖励儿童的攻击行为可以明显增加儿童对于攻击性行为方式的运用。这项研究的材料，是特别设计的一个玩具娃娃。娃娃肚子上写着"打我"。当用拳头击打娃娃的肚子时，它的眼睛和插在纽扣洞上的一朵花会发光。

参加实验的被试共分四组：第一组每次拳击玩具娃娃都得到一个有色玻璃球作为奖励；第二组则间断获得同样的奖励；第三组没有外加奖励，只有拳击时娃娃的发光作为积极反馈；第四组为无强化支持的控制组。

随后的处理是用巧妙的方式引起被试的挫折，然后安排被试同一个未参加实验的儿童玩一系列游戏，看被试如何解决游戏中出现的矛盾。结果发现，在推人、踢人、撞人、拳击、拽头发等攻击性行为表现上，各个奖励组被试实施的攻击明显多于控制组，而其中又以间断强化组为最高，显著高于其他各组。经典的强化理论原理在这一实验结果中都得到了体现。

后来的进一步研究考察儿童使劲拳击和轻轻拳击玩具娃娃的作用差异。结果发现，与轻击而受到奖励的儿童相比，因重击而受到奖励的儿童更富有攻击性，倾向于用攻击的行为方式解决冲突。

研究者认为，各种行为所受到的强化支持不同，儿童对于这些行为的价值知觉也不同。对于受到奖励的行为，儿童有更高的价值知觉，因而倾向于保持这些行为。

(二) 攻击可以通过观察学习而获得

观察学习及其规律的揭示,是班杜拉的杰出贡献之一。班杜拉通过实验研究,发现行为的获得与行为的表现是两回事,通过是否有某种行为表现去判断是否学习到了一种行为是错误的。人们仅仅通过观察别人的行为表现,就可以获得有关行为的概念,学习到这种行为。至于行为的表现,则涉及更多的其他因素,如表现的需要、情境的许可等。

班杜拉与其助手进行过许多研究,证明通过观察榜样的类似行为,儿童就可以学习到攻击。1961年,班杜拉等人在美国加州斯坦福幼儿园进行了这样一项实验。他们让被试儿童与一个成人一起待在一间屋子里。屋子里有一个高约1.5米的充气娃娃。与实验组被试在一起的成人,先修装一会儿其他玩具,然后把注意投向充气娃娃,对其实施9分钟的暴力攻击。成人不仅对娃娃拳打脚踢,而且还骑到娃娃身上,或使劲摔它,并用木棍抽打。攻击的同时,嘴里还不停喊叫"揍它的脸","打倒它"。与其在一起的孩子,则一直看他如何对玩具娃娃实施攻击。与控制组被试在一起的成人则静静地修装其他玩具,不去注意充气娃娃。过了一会儿之后,每个孩子都被单独留在游戏室20分钟,室中除其他玩具外,有三个充气娃娃。实验结果发现,实验组儿童模仿了成人的许多攻击行为,对充气娃娃的攻击远远多于控制组,两组差异十分明显,表9-1为该研究的具体结果。

表9-1 儿童观察不同榜样后的攻击行为

组别	榜样行为	攻击的行为总量	
		身体的	语言的
实验组	攻击的	12.73	8.18
控制组	中性的	1.05	0.35

进一步的研究还表明,不仅直接的观察学习可以使儿童学习到攻击行为,通过大众媒介实现的间接学习,也可以使儿童受到同样的影响。有关的问题在本章第二节我们还会从另一个角度来讨论。

(三) 去学习与再学习过程可以减少攻击

社会学习论者认为,行为既可以习得,也可以通过新的学习过程改变或消除。1965年，班杜拉所做的一个经典实验很好地证明了上述观点。他先让被试看一部5分钟的电视片，内容是一个孩子走近一个塑料娃娃，让它扫地，娃娃当然是没有反应。然后这个孩子就用各种攻击行为惩罚娃娃，包括拳打脚踢，骑在娃娃身上揍它的屁股，并用木棒抽打，而且边打边喊："好，揍你这个东西。"看完电视片后，研究者将被试分为三组：第一组是奖励组，让这一组被试继续看一段电视片，内容与前一段电视片连贯，描述影片中孩子攻击塑料娃娃之后，进来一个成人，不仅口头赞赏孩子的攻击行为，而且给予糖果作为实物奖励；第二组为惩罚组，被试也继续看电视片，但内容换成进来的成人惩罚攻击塑料娃娃的孩子；第三组为控制组，只看前一段电视片。

实验的最后一个阶段，让各组被试分别单独与其他儿童游戏，并通过一定方法造成其挫折，看被试如何解决自己同其他孩子间的冲突。结果显示，奖励组儿童实施的攻击行为最多，控制组其次，惩罚组最少。

是否后两组被试学习的攻击行为较少或没有学到攻击行为呢？班杜拉等人又做了进一步研究。结果发现，当最后一个阶段的实验条件改变为攻击行为会受到奖励后，三组被试表现出的攻击行为并没有差别。

研究者认为，事实上三组被试在研究第一阶段的电视片中学习到了同样的攻击行为，但奖励组和惩罚组通过后来的电视片建立了新的学习经验。后一段电视片中给予故事主人公的奖励或惩罚，虽然没有直接加在被试自己身上，但仍造成了与发生在他们自己身上类同的效果，这就是所谓的替代强化。通过替代强化作用，奖励组儿童的再学习过程加强了已经学习到的攻击行为。因而他们在与其他孩子发生冲突时，更多地倾向于使用攻击行为。而惩罚组儿童的再学习经验，是反对已经学习到的攻击行为的，是一种抑制原有学习经验的去学习化过程，因而他们倾向于避免使用攻击行为。

第二节　攻击的影响因素

人类的攻击行为是先天因素与后天因素交互作用的结果，受到诸多因素的影响，主要有遗传因素、脑神经因素、生理因素、家庭因素、个体因素、社会角色与群体的影响、大众媒介的作用等。

一、遗传因素

同人类的许多其他行为一样，攻击行为也具有遗传基础。20世纪90年代以来，随着人类行为遗传学的兴起，越来越多的研究者开始关注人类攻击行为的遗传性。一些元分析结果显示，遗传能够解释反社会行为在人群中40%—50%的变异（S. H. Rhee & I. D. Waldman，2002）。一些研究进一步指出关于遗传对攻击影响的证据甚至已经超过了家庭中的环境因素对攻击影响的证据（T. E. Moffitt，2005）。通过对几百名新西兰儿童进行的长期追踪研究表明，一种能够改变神经递质平衡的基因和儿童期受虐待的经历共同决定了攻击行为。

二、脑神经因素

实证研究显示一些神经心理及脑功能缺陷与攻击及反社会行为有关，例如执行功能及额叶和颞叶机能缺陷等。一些运用执行功能测验任务进行的研究表明攻击性个体具有执行功能缺陷。执行功能主要发生在前额皮质（prefrontal cortex），所以，运用神经成像技术（如PET、MRI）的研究显示，攻击、暴力或反社会个体的额叶、颞叶区域存在功能缺陷。此外，较低的智商水平也与较高水平的攻击有关，一些研究者认为言语智力不足会影响一个孩子发展正确解决社会性问题的技能，进而导致他们在冲突情境中无法较好地处理问题，因此更容易选择攻击行为。

大脑中神经介质的活动水平直接反映脑神经活动状况，进而会影响人和动物的攻击行为。5-羟色胺（serotonin，5-HT）与攻击行为的关联已在多种动物和人类研究中得到了证实。动物实验发现，脑中的5-HT以及5-HT代谢物水平下降时，攻击和冲动行为显著增加。另一些研究发现，具有攻击行为史（如暴力犯罪）的成人的5-HT活动水平较低，与5-HT的产生有关的物质，如单胺氧化酶和色胺酸的水平较低也与冲动性、暴力犯罪等有关。这可能是由于中枢5-HT系统具有冲动抑制功能，从而对攻击起到调节作用。

三、生理因素

前面我们已经提到，个人的总体情绪唤起水平会直接影响他的攻击行为。心理学家齐尔曼（Zillman）等、罗杰斯（Rogers）等的研究都证明，一般化非特异性的情绪唤起水平的提高，会直接导致人们攻击性的增加。20 世纪 70 年代之后的大量研究发现，不仅总的情绪唤起水平直接影响人们的攻击行为，特异性的生理唤起水平，如身体运动、性唤起，也会改变人们的攻击性。齐尔曼等人 1988 年的研究发现，给自行车打气、观看摇滚乐影片都会使人更容易把自己的情绪唤起错误地归因于他人的挑衅行为，从而实施更高攻击性水平的报复。心理学家多纳斯坦及马拉摩斯等人（Donnerstein & Malamuth）在 20 世纪 80 年代初期所做的一系列研究表明，暴力色情的宣传会通过增加人们的性唤起水平的途径，增加人们的攻击性。社会心理学家派因罗德（S. Penrod）1983 年曾经总结描述过性暴力的色情文字或音像制品，至少在三个方面会对人产生不利影响：（1）引发人们的性唤起；（2）引导人们错误理解性攻击受害者的反应；（3）直接增加人们的攻击性，尤其是对女性的攻击。图 9-3 是多纳斯坦 1980 年所进行的一项研究的结果。从这一结果可以看出，受暴力色情影响的被试对女性实验助手实施了更多的攻击行为。

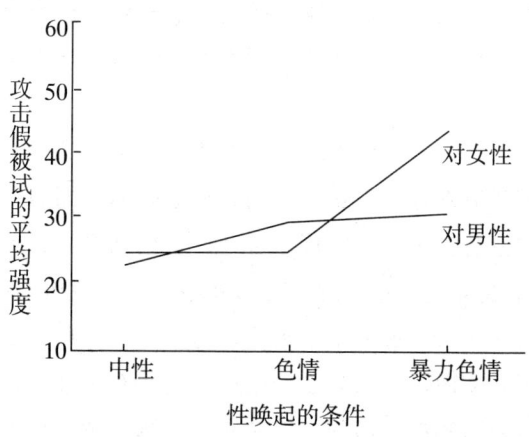

图 9-3　被试观察暴力色情影片后，攻击程度明显增加

血液中的化学成分同样可以影响神经系统对攻击性刺激的敏感性。实验室研究和警方资料都表明，在被激怒的情况下，酒精会使攻击行为更容易发生

(B. J. Bushman, 1993; M. Testa, 2002)。在一项实验研究中,喝醉的人会施加更强的电击,在回忆人际关系冲突时感觉到更强烈的愤怒。这是由于酒精降低了人们的自我觉知和考虑后果的能力,使其个性弱化,从而增加了暴力行为发生的可能性。睾丸素也与攻击性有关,降低睾丸素水平的药物可以削弱有暴力倾向男性的攻击性。在正常的青少年和成年人中,睾丸素水平高的人更容易出现不良行为、使用致瘾麻醉品以及对挑衅产生攻击性回应(J. Archer,1991)。实验室中,在听到寻呼机嘟嘟响时,睾丸素水平很高的个体报告感到了更多的不安与紧张(J. M. Dabbs & M. F. Hargrove,1997),他们更加冲动、易怒,挫折忍受能力也相对较低(S. A. Harris,1999)。

四、家庭因素

家庭是个体生长及人格形成的主要环境,不良的家庭环境易使个体形成较高水平的攻击性,甚至导致犯罪。洛伯(Loeber)等人发现在 40 篇有关儿童犯罪或攻击性行为与破裂家庭关系的研究中,33 篇研究显示两者存在统计学上显著的正相关,来自单亲或继父母家庭的儿童往往由于社会化水平低而较易受犯罪的影响。另外的研究表明,青少年罪犯的双亲感情失和、争斗不断以及他们与父母间关系紧张的比重远高于父母离婚的概率。这类家庭关系的紧张使儿童得不到关注和照料,情感需要和欲望得不到满足,从而抑制了其情绪发展的成熟。儿童情绪的不成熟和被忽视构成了反社会行为或犯罪行为的基础。敌对、仇视、争吵会使青少年感到不安全和不满,长期的家庭紧张会削弱家庭的凝聚力并影响家长营造教育青少年的氛围和解决问题的能力的发展。

家庭教养方式也会影响个体的攻击行为。安德利(Anderlee)对羁押机构中的 80 名违法犯罪少年与 80 名 12—15 岁的正常少年的面谈调查发现,违法少年从双亲(特别是父亲)那里得不到爱,与父母亲(特别是父亲)没有心理上的适当交流。研究发现,儿童被父母拒绝和犯罪有很强的相关,并且家庭的两个维度——父亲冷漠和母亲拒绝——能有效预测儿童的攻击行为。这种影响是由于早期严厉、没有爱的环境很可能导致孩子形成敌对的心理图式和社会脚本,并且形成"世界是充满敌意的"内部加工模式。梅因(Main)等人认为这种模式和信念是稳定和自我渗透的,因此个体在特定的情境中会有选择性地提取和建构能支持固有信念信息的倾向,从而一种敌对或反社会的反应很可能被激活。在犯罪研究领域,父母的教养方式、监控和温暖都与青少年以后的问题行为相联系,来自受忽视和充满敌对氛围的家庭的青少年会将这种经历内化为对世界的表征,并以此作为对其他人际关系进行解释的过滤器。这使得他们把模糊线索解释为敌对的和威胁的,进而形成负性信念和选择攻击性的防御。

五、个体因素

个人的道德发展水平越高,其以别人的痛苦为后果的攻击行为也就越难于发生。道德的实质,是强调个人与他人的关系,考虑到他人的利益。研究表明,道德水平越高,个人也就越容易从他人利益的立场感受和思考问题,行为也越趋近于正好与攻击相反的亲社会方向。这方面有关的研究,我们将在后面讨论攻击控制的问题时涉及。

研究还发现攻击者在加工信息时存在着一些认知偏向,如注意偏向(attention bias)和归因偏向(attribution bias)。注意偏向指的是个体在注意上选择性加工某些刺激(安献丽、郑希耕,2008),而攻击者的注意偏向即攻击者在注意上偏好选择性地加工敌意性刺激。有研究发现在视觉搜索范式的实验中,攻击性高的人不能忽略作为分心刺激的敌意性词语的影响(D. J. Cohen, C. I. Eckhardt & K. D. Schagat, 1998)。另有研究者所进行的一系列研究用情绪性Stroop范式观察到了暴力犯罪者的注意偏向,发现在情绪性Stroop实验中,暴力犯罪者在色词命名任务时受到了攻击性词语含义的干扰,而在视觉搜索实验中,发现暴力犯罪者在分心刺激是敌意性词语时的反应时较慢(P. Smith & M. Waterman, 2003, 2004, 2005)。

归因偏向(attribution bias)是指对行为原因的错误推断和解释扭曲(A. M. Colman, 2006)。攻击者的归因偏向也叫敌意归因偏向(hostile attribution bias),指攻击者在对情境进行归因时偏向把模棱两可的情境做敌意性解释(B. Orobio de Castra, et al., 2002)。研究发现,攻击性的儿童在解释模棱两可的情境时都会出现敌意归因偏向(B. Orobio de Castra, et al., 2002),高攻击性的成年人也存在归因偏向(C. A. Bailey & J. M. Ostrov, 2008)。国内一项研究考察小学攻击性男童的社会信息加工特点,发现攻击性男童在面临线索模糊的社会情境时，普遍具有较强的攻击反应和较多愤怒反应，特别是主动攻击的男童具有较多的敌意归因偏向（袁俏云、黄敏儿，2008）。

个体的自我控制能力也会影响其攻击性。一般不良行为理论认为，相比于高自我控制能力的个体，那些具有较低自我控制能力的个体在一定程度上更倾向于做出犯罪和不良的行为（M. Gottfredson & T. Hirsichi，1990）。有研究者发现与高自我控制特质的被试相比，低自我控制特质的被试更容易将冲动倾向转化为冲动行为（W. Hofmann，M. Friese & F. Strack，2009）。研究还发现，自我控制与愤怒和攻击行为都有显著的负相关（J. P. Tangney，R. F. Baumeister & A. L. Boone，2004）。戴春林等（2008）研究发现，自我控制与外显攻击行为呈显著的负相关，自我控制对外显攻击行为具有较高的负向预测作用。还有研究发现具有自负特质的个体更容易因自我受到威胁而产生负向情绪，负向情绪会损耗自我调控的资源进而造成自我调控失败，从而导致较高水平的攻击行为。

六、社会角色与群体的影响

我们在第一章中谈到的监狱模拟实验，很好地说明了当社会对一种特定社会角色较为容忍时，人们的攻击性会明显增加。"武器效应"的研究揭示了攻击性线索会明显提高人们攻击性冲动的释放。监狱模拟实验实际上证明了社会同一性（社会身份）同攻击行为的关联。当一种社会同一性与攻击行为之间存在某种合理性时，人们攻击冲动的释放也会变得更容易。1979年，两位以色列社会心理学家杰夫和义农（Y. Jaffe & Y. Yinon）发现，大学生在群体中倾向于比独自一人时有更多的攻击性。杰夫等人对普通工人的研究也得出了同样的结论（参见图9-4）。

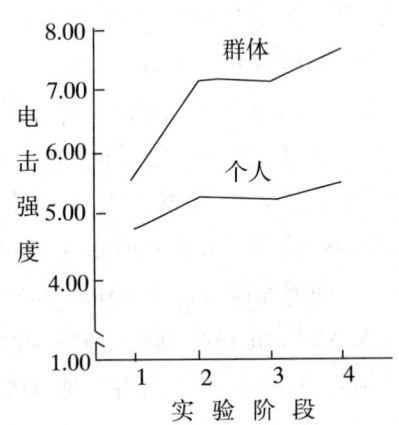

图9-4 实验条件下群体导致人们实施的攻击行为增加

同时代的更多研究表明，群体的相互作用可以导致人们攻击性的增加。刚从电视上学习到攻击行为的儿童，与伙伴一起游戏时会比独自玩耍时更倾向于实施攻击行为。群体的相互模仿和激发，直接使儿童的攻击性增加。另一方面，群体的极化作用和去个性化作用，也可以使人更倾向于选择与群体相一致的攻击行为，对于这些问题，我们后面会有进一步讨论。

有研究显示，外界不良的社会环境会增加个体出现攻击行为的风险，生活、居住在酒吧或酒馆较为密集地区的人群，由于接触酒精的机会较多，更易出现攻击行为。对非裔美洲人的纵向研究表明，环境和遗传因素对攻击行为的影响具有交互作用，相比较那些有攻击行为遗传基因却没有经历不良社会环境的个体，有攻击行为基因并且遭遇不良社会环境的个体更容易表现出攻击行为（R. L. Simons, et al., 2011）。在美国、加拿大两地进行的调查研究发现，处在同伴具有攻击倾向的学校环境中的学生，其攻击行为的表现较为明显，不良的社会环境是攻击行为发生的危险因素（W. Pickett, et al., 2009）。

七、大众媒介的作用

我们在讨论社会学习观点和暴力色情宣传问题时，实际上已经提到了大众媒介对于人们攻击行为的影响。20 世纪 80 年代中期，电视台公开播放引人入胜的美国电视连续剧《加里森敢死队》，结果青少年中间出现了许多"加里森敢死队"，他们模仿电视中的情节攻击无辜者，致使电视台不得不在社会呼吁之下，中途停止播放这一节目。

许多实验室研究和生活事实都证明了暴力传播的潜在危险。绝大多数社会心理学家都赞同，暴力传播会增加公众尤其是儿童的攻击性。研究表明，观看暴力媒体与增加攻击行为、攻击相关的态度和信念有关（B. J. Bushman, 1998; S. L. Smith & E. Donnerstein, 1998）。令人担忧的是，无论是国外还是国内，暴力都是文化娱乐产品的一个占压倒性优势的主题。据专家估计，1975 年，美国 15 岁少年已平均从电视上看到多达 15 000 例的凶杀情景。这种情况至今没有改变。在国内，社会、家庭录像的播放，有线电视台播放的电视、电影片，多数都含有暴力情节。而且，有关的情节描述越来越细致。无论在国内或国外，都时常有青少年模仿电视中的情节进行暴力犯罪的报道。在我国，评估大众媒介的各类节目对儿童的影响，制定有关法规，限制某些传播媒介对儿童的不良影响，已成为全社会面临的一个重要问题。

暴力游戏也是一个影响个体攻击行为的因素。有实验室研究发现，玩暴力游戏的被试比玩非暴力游戏的被试有更多的攻击行为，游戏和性别的交互作用表明游戏对男生的影响更大。研究显示，接触暴力游戏的个体会表现出攻击的增强，网络游戏会减少个体对攻击的消极感受，增强其攻击信念。根据伯科威茨的攻击认知神经联结模型，接触暴力游戏可以建立或激活攻击思维、攻击知觉、攻击记忆与攻击信念的联结。

第三节 攻击行为的预防与控制

一、完善社会惩罚机制

按照自我价值定向理论，在人们自我意识正常的情况下，攻击行为是在行为本身对个人有价值的情况下做出的。如果行为的预期代价超过行为能够带来的满足，行为就会被抑制。因此，社会增加对攻击行为处罚的强度，可以实现对攻击行为的外部控制。

动物学家艾泽林（N. Azrin）1967年曾经进行过一项著名的疼痛攻击实验。方法是让獾捕食位于笼子另一端的老鼠。在獾必须通过的格网上通以电流，而且越接近老鼠电压越高，由格网产生的电击痛苦也越来越大。研究者以电压的高低来考察饥饿的獾攻击老鼠时所能忍受的疼痛。很显然，当电压高到一定数值，造成的痛苦过大时，獾就会宁愿挨饿而停止攻击。因为此时捕食要付出的代价超出了捕食可能带来的满足。

习惯上，心理学家将获取需要满足所要付出的代价称作反向动因。利用反向动因来减少攻击的发生是很有效的。当将人们行为的预期代价增大，使人们对一个对象的趋近力量转化为逃避力量时，攻击就会得到阻止。2002年初，天津市公安局通过"严打"，使全市刑事案件立案数量比往年下降15.2%，盗窃、抢劫和各种严重暴力性犯罪发案率都呈大幅下降趋势。其中，6月份的夏季治安专项行动开展后，刑事案件立案同比下降24.5%。

必须指出的是，依靠社会的外部制约来减少攻击的发生，并没有使存在于个人身上的攻击性消失。因此，社会控制不是减少攻击的根本方法，而仅仅是变通的措施。攻击问题的最终解决，需要使个人的攻击性得到降低。

二、完善社会公平体系，有效化解社会矛盾

不患寡而患不均，人类对于分配公平的问题非常敏感，自古至今都在追求公平和正义。不平等直接损害人们的幸福感，增加个体的挫折感。很多研究证明，人类以及其他动物在社会比较当中都存在着强烈的不公平厌恶。在组织中，分配公平和程序公平可以分别预测员工的情绪衰竭和玩世不恭。萨拉（Sarah）等人在对卷尾猴的一项研究中发现，即使是灵长类动物也会表现出对不公平分配的拒绝。当卷尾猴看到同伴以同样的努力获得更有吸引力的报酬（如比黄瓜更好的葡萄），或者同伴没有付出任何努力却得到同等食物回报时，就会拒绝接受自己的报酬（S. F. Brosnan & F. B. M. De Waal，2003）。对家犬的研究发现，在获得奖赏的同伴面前，大部分家犬在15到20次没有奖赏的付出之后，就会停止再做伸爪的行为努力（F. Range，L. Horn，Z. Viranyi & L. Huber，2009）。在对黑猩猩的食物互惠分配研究中发现，拒绝做出公平分食行为的黑猩猩会遭受更多的攻击。

众多的公平研究发现，不公平的利益分配会导致矛盾与纠纷。政府应正确引导社会资源流向，缓解财富分配矛盾，对社会保障体系做出最有利于群众利益的调整、改进和改革，从而更好地实现和维护社会公平正义，疏导社会矛盾。

三、避免去个性化状态

去个性化（deindividuation）的概念最初是由费斯廷格等人于1952年提出的。所谓去个性化，指个体自身同一性意识下降，自我评价和控制水平降低的现象。个人在去个性化状态下行为的责任意识会明显丧失，从而做出通常不会有的行为。他们不太可能将自己看成是一个独立的个体，而更可能将自己看成是一个相对匿名的群体成员。处于这种状态的个体，认为自己相比平时更不会被他人认出，对自己的行为也可以负担更少的责任。

社会心理学家最初用匿名的方法，使群体成员感觉不到自己与其他人的区别，成功地造成了人们的去个性化状态。在群体中，一旦去个性化状态出现，个人的行为会较少受自己的个性支配，而倾向于跟随整个群体的状态。群体的规模越大，气氛越强烈，越易于引发人的去个性化状态。社会心理学家认为，投入群体暴乱活动的个体，往往处于去个性化状态。暴乱多在夜晚和大规模人群中发生，也正是这个道理。

除匿名（个人在大规模群体中无法被确认亦为匿名状态）外，极端自我卷入后暂时的心理活动高度集中于外界事物，以及药物、酒精或催眠等影响，也可造成人的自我意识和控制水平极度降低，使人处于去个性化状态。

社会心理学家津巴多认为，去个性化状态使人最大限度地降低了自我观察和评价的意识，降低了对于社会评价的关注，因而通常的内疚、羞愧、恐惧和承诺等行为控制力量都被削弱，从而使压抑行为外露的阈值降低，使人表现出通常社会不允许的行为，也使人的攻击行为增加。

社会心理学家辛格（J. E. Singer）等人1965年的研究很好地证明了以上的假设。当用匿名的方法引发被试的去个性化状态时，被试在有关色情问题的集体讨论中明显地更多使用猥亵性语言。

津巴多1969年所做的一个经典实验则很好地证明，个人在去个性化状态下攻击性明显增强。该实验的被试是纽约大学的女大学生。被试被编成4人一组，在两种情况下进行实验。一种情况是给被试每人发一件从头蒙到腿的大罩巾，不使用她们的姓名，并在黑暗中进行实验，因而同一组被试无法相互辨认；另一种情况则是被试每人胸前都有一个很大的姓名卡片，并被相互引见，从而同一组被试很快就知道了彼此的姓名。前者为去个性化组，后者为对照组。

研究者告诉被试，实验的目的是测定大家的移情能力，方法是给被评价对象以电击，引发她的痛苦，然后对其进行评价。被评价对象（实验助手）有两种情况：一种是一个温柔的富有献身精神的年轻妇女，她正为资助未婚夫上大学而工作；另一种是一个令人讨厌的自私自利的女性。

实验进行时，被试可以看到被评价者正在说话，但听不到声音。每当她们按电键给予电击时，被评价者就身体扭动、挣扎，表现出痛苦的样子。电击共

20 次，分两个阶段进行操作。当电击进行到第 10 次时，被评价者痛苦强烈，以致挣脱了电极带，但要求被试继续进行后 10 次的电击。图 9-5 为该实验的结果。从中可以看出，无论是前 10 次电击还是后 10 次电击，也无论电击对象是善良的人还是令人讨厌的人，去个性化组实施电击的平均持续时间约为对照组被试的两倍。

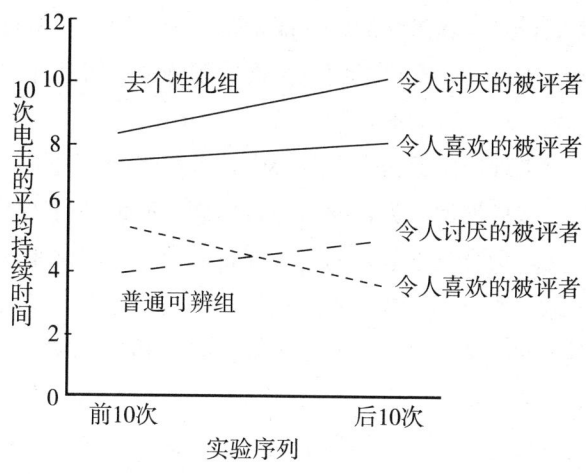

图 9-5　去个性化条件下人们的攻击行为明显增加

有关去个性化的研究表明，适度的自我评价和自我控制，是个人维持正常的社会角色和社会责任意识所必需的。如果一个人极度丧失自我意识，则其正常的行为调节力量就会失去作用，从而使人倾向于成为一个缺乏应有自我调节能力的有机体，使人的行为具有不可预测的破坏性。实际上，精神分裂患者的行为之所以有难以预计的破坏性，正是因为他们丧失了自我调节和自我控制的能力。

攻击是一种给别人带来伤害性后果的行为。个人只有在保持一定自我意识的情况下，才能觉察和评价自己行为的后果，有意识地避免伤害别人。因此，社会心理学家认为，在日常生活中，个人需要认识到去个性化状态的危险，并有意识地避免这种状态，保持行为的自我控制。特别是在被大规模群体的激愤包围时，保持对自己行为的理性判断和控制就更为重要。否则个人就可能卷入带来严重后果的暴乱或破坏性、毁灭性的攻击行动。

四、引导个人进行理性的宣泄

宣泄的思想可追溯到古希腊的亚里士多德。虽然，亚里士多德并未提到过攻击问题，但他认为，通过实际地体验某种情绪，可以使这种情绪得以释放。因此，看经典的悲剧可以满足人的同情心和消除恐惧，使相应的情绪得到宣泄。攻击的本能论者，无论是弗洛伊德还是洛伦茨，都倡导攻击的宣泄。

宣泄的基本假设是，攻击性的精神能量是一个常数，一切实际的攻击行为或在想象中实施攻击行为，都可以使攻击性的精神能量得到释放，从而减少攻击性冲动，达到减少攻击行为的目的。

随着挫折—攻击理论广泛为人们所接受，人们开始将这一理论同宣泄联系起来。弗洛伊德的水压模型认为，挫折导致愤怒，而愤怒的情绪状态转而堆积在个体内部，作为一种有攻击危险的心理准备而存在，好比在密闭环境中的水压，如果不及时地宣泄出去，就会逐渐积压直至最终爆发。人们一旦被挫折的情境惹怒，被激起的愤怒情绪必须得到宣泄，才可以有效地降低人们的攻击性。

宣泄对于减少攻击的作用，得到了大量研究证据的支持。心理学家霍坎逊（J. H. Hokanson）的研究发现，受到假被试（实验助手）侮辱的被试被激怒后，血压升高，心跳加快，生理紧张度增加，处于一种高唤起水平的攻击准备状态。此后，实验安排一部分被试有机会电击侮辱他们的假被试，另一部分作为控制组则没有这样的机会。过后的生理测量表明，实际实施了攻击行为的实验组被试血压下降，心跳恢复正常，生理紧张性下降，表明高唤起水平的攻击准备状态已经消失，而没有实施攻击的控制组被试的攻击准备状态则依然存在。

进一步的研究表明，想象的攻击行为和观察他人攻击也具有宣泄的作用。社会心理学家费希巴赫（S. Feshbach）1955年的研究发现，让被激怒的被试在主题统觉测验（TAT）上想象攻击行为，可以有效地降低被试的攻击性。没有做想象攻击的被试的攻击性则依然较高。

心理学家杜布（A. N. Doob）等人1972年进行过这样一项实验。研究者将被激怒的和未被激怒的被试分为三组：对第一组的操作是让他们有机会电击激怒他们的人；第二组则为目睹实验者对激怒他们的人实施电击；第三组为控制组。研究结果发现，三组被试在后一阶段对别人施以电击攻击时，在被激怒的被试中，原先已对别人实施电击的第一组实施的电击最少，目睹实验者电击的第二组居中，控制组最多；而在未被激怒的被试中则是控制组实施的电击最少，已对别人实施过电击的第一组居中，目睹实验者电击的第二组实施了最多的电击（参见表9-2）。

表 9-2　实践的宣泄与学习作用

条件	自己电击	目睹实验者电击	控制组
被激怒	6.80	7.60	10.67
未被激怒	8.07	9.73	6.60

表9-2的结果表明，对于被激怒的被试，自己先实施攻击的行为产生了宣泄作用，减少了后继的攻击冲动；而目睹别人实施攻击也有代偿性的宣泄作用。但对于未被激怒的被试，先进行攻击和目睹别人攻击的实验条件起到的不是宣泄作用，而是学习和强化作用，因而在后一阶段对别人实施攻击时的攻击行为反而多于控制组。

因此，必须强调，宣泄是对已经产生了对一定对象的攻击准备而言的。对于未产生愤怒攻击准备的人，实际地经历攻击行为，或想象、目睹别人实施攻击行为反而会增加攻击的危险性，这说明宣泄方法不能滥用，否则效果会适得其反。社会学习论者以宣泄方法有增加攻击的危险为由，反对使用这种方法，原因之一就是宣泄法有特定的适用范围。任何一种方法超出应有的范围，就可能无效，甚至会引起反作用。

研究表明，在实际社会生活中，宣泄是一种很好的消除人的怨恨与攻击冲动的方法。日本松下电器公司在其生产基地设有"精神健康室"，也称为"出气室"。如果工人心情不悦或对某个管理者心存怨恨，可以去"出气室"重建平衡。"出气室"里有各种哈哈镜、几个象征经理和老板的橡皮塑像、棍子。如果工人怒气犹存，可以拿起棍子，狠揍塑像，发泄不满。这样，工人就不至于把对管理者的不满转移到工作和人际关系上，从而避免影响生产的效率和质量。"精神健康室"的设立依据的就是宣泄原理。

五、培养与训练移情能力

社会心理学家费希巴赫（Feshbach）认为，移情主要包括三项基本内容：（1）对他人情感情绪的洞察与辨识能力；（2）观点采择能力，即能够设想并体验他人的观点；（3）情感反应能力，即能够很好地对他人的情感情绪产生共享共鸣反应。

理查森等人（R. Richardson, et al., 1994）的研究证明，移情可以成为人际攻击的缓和剂或抑制剂。费希巴赫等人经过长期系统研究也指出，移情能力与攻击行为之间是负相关的关系。移情能力越高，也就越少倾向于对别人采取攻击行为。另外，移情能力训练还可以带来更多的亲社会行为和更多的积极自我评价。

在移情能力的具体培养方法方面，费希巴赫与其助手们经过长期研究，于20世纪80年代初出版了一本由44个具体题目构成的移情能力培养方法著作《学会关爱》（Learning to Care）。该书从简单的变换看问题的角度到复杂的各种社会视角的分析，循序渐进地培养人们用别人的眼睛看世界、用别人的心体验世界的能力。

日常生活中十分易于运用的角色扮演方法，也是移情能力培养的好办法。使人身临别人所处的情境，暂时充当别人的角色，真实体验别人在一定情境下的内心状态，可以培养其对别人观点和情感的意识，并在真实行为中考虑别人的利益和对别人心理上的影响。角色扮演技术的作用，已经为设计复杂的实证研究所证明。

我国心理学研究者曾经用情感换位、情绪追忆、作品深化和作品评析等方法培养中学生的移情能力，通过情感的疏导来排除个体对外来信息输入的心理阻力，并主动对信息进行复杂加工，发生与之相应的心理变化，收到了良好的效果。

另外，在犯罪学研究方面，移情对于攻击行为的抑制作用已被普遍证实。犯罪心理学家发现，让性暴力犯罪者观看他所攻击的受害者痛苦反应的录像，可以有效地降低其重新犯罪的可能性。而没有看录像的对照组群体，重犯率显著高于看过录像的实验组。社会心理学家建议，移情能力的评价和培养应成为罪犯改造的一个重要步骤。

六、培养成熟个性

由于研究的着眼点不同，不同领域的心理学家对成熟个性的理解也有一定差异。但在总的趋势上，心理学家们的看法仍是高度一致的。尤其注重人的攻击行为方式的犯罪心理学家强调，个性成熟者的自我意识和控制水平较高，对别人采取攻击性行为的可能性也较小。犯罪心理学家强调成熟的个性特征主要有：（1）有道德责任意识和成熟的敏感性；（2）关心别人的福利和得失；（3）不保留敌意与怨恨；（4）不歪曲现实；（5）自我认识客观；（6）对自己的行为负责；（7）懂得自己的角色是权利和责任的统一。

与个性成熟者相反，个性不成熟者的自我意识水平较低，倾向于运用攻击性的行为方式来达到目的。犯罪心理学家强调不成熟的个性特征主要有：（1）社会退缩，不能建立正常的良好人际关系；（2）留恋家庭，行为目的以自我为中心；（3）缺乏独立性、自发性；（4）情绪不稳定，行为方式倾向于攻击与逃避；（5）缺乏自我行为责任感，缺乏忍受延迟满足的能力；（6）缺乏对外部世界和自我的客观认识。

研究表明，个性不成熟者运用社会允许的方式满足自己需要的能力较低，缺乏客观的自我意识和自我控制能力，因而运用突发性、破坏性、攻击性行为方式满足自己的可能性大大增加。

培养成熟的个性是一个长期的过程。心理学家认为，成熟的个性实际上需要从小就开始培养。消除自小养成的不良个性是个艰苦的过程。但尽管如此，大量研究表明，各种引导个体自我发现和自我矫正的心理学技术，如我们在第八章中论述的角色扮演、敏感性训练等方法，的确有助于改善个体的个性状况。后面第十章将要谈到的亲社会行为的培养，也直接有助于一个人个性的发展。

【要点小结】

关于攻击行为的实质，本能论、挫折—攻击理论、攻击的社会学习理论都从不同的角度加以论述，并提出了各自的观点。影响攻击行为的因素是多种多样的，包括情绪唤起水平、道德发展水平、自我控制、社会角色与群体的影响、大众媒体等。控制攻击行为的途径包括社会制约、避免去个性化、提高个体的道德水平等。此外,宣泄、移情能力的训练、成熟个性的培养等也可以有效减少攻击。

【思考与练习】

1. 什么是攻击行为?它与敌意有何区别?
2. 攻击行为的本能基础是什么?学习经验与攻击有关系吗?
3. 攻击行为与个体的人格因素有关吗?与其所处的社会情境又有什么关系?
4. 哪些手段可以有效控制攻击行为?

【拓展性阅读导航】

1. D. M. Buss & T. K. Shackelford (1997). Human aggression in evolutionary psychology perspective. *Clinical Psychology Review*, 17 (6), 605-619.

2. J. Dollard, L. Doob, N. Miller, O. H. Mowrer & R. R. Sears (1939). *Frustration and Aggression*. New Haven, CT: Yale University Press.

3. 陈秀丽:《我国青少年犯罪与家庭环境研究综述》,载《中国青年研究》2004年第3期。

第十章 亲社会行为

【内容提要】

亲社会行为是符合社会道德标准的行为。培养亲社会行为、形成良好的品德是个体社会化的重要任务之一。本章阐述了关于亲社会行为发生的三种理论,分析了亲社会行为的主要影响因素,介绍了助人行为的研究和理论,阐述了亲社会行为培养与品德教育的有关理论和研究。

【学习目标】

1. 理解亲社会行为及其发生。
2. 了解亲社会行为的主要影响因素。
3. 了解助人行为的研究和理论。
4. 掌握品德形成的几种理论模式。

【关键词】

亲社会行为　利他主义　助人行为　品德

在我们的社会生活中处处可见帮助别人的现象,从指路、扶老携幼、义务献血,到见义勇为与歹徒搏斗、抢救遇难儿童、甚至为此付出生命;但同时我们又可以看到,有些人对处于困境中的他人表现出冷漠的态度,见死不救。1964年,纽约发生了一起谋杀案。年轻妇女吉蒂下夜班后在回家的路上遇到歹徒的袭击,她大声呼救。当即周围居民楼的一些房间的灯亮了,有人打开窗户,并有一位男士大声喊道:"放开她!"歹徒放开她,溜进汽车开走。居民楼房间里的灯光熄灭了。这时,歹徒返回来,再次袭击吉蒂。她再次呼救。灯光再次亮起,窗户再次打开,歹徒再次逃走。灯光熄灭。当吉蒂到达住处大门口时,歹徒第三次袭来,她被杀了。谋杀进行了35分钟。警察在接到报警后只用了2分钟就赶到现场,然而人已经死了。事后了解到当时有38个目击者,然而在半个多小时的时间里竟无人报警。

正是这个事件中人们所表现出来的冷漠激起了强烈的社会反响,引起社会心理学家极大的关注,使"冷漠和助人"成为社会心理学研究的一个热点问题。

第一节 亲社会行为概述

一、亲社会行为及有关概念

亲社会行为(prosocial behavior)指一切有益于他人和社会的行为,如助人、分享、谦让、合作、自我牺牲等。

利他主义(altruism)指关心他人的利益而不考虑自己的利益。利他行为的特点是自愿帮助他人,而不期望得到任何外部的回报,甚至没有要给人留下好印象的想法。利他行为经常会有个人遭受损失和面临严重危险的情况发生。

亲社会行为可能由利他主义引起,但是不一定都由利他主义引起,它也包括为了某种目的做出的有所企图的助人行为,所以它是一个比利他行为更宽泛的概念。任何对他人或群体乃至社会有好处的行为都属于亲社会行为。这种行为可能是直接的,也可能是间接的,既包括一切积极的、有社会责任感的行为,也包括符合社会道德标准的侵犯行为。例如,司法人员的执法行为、教师或父母对儿童的适当惩罚,这些行为虽然具有潜在伤害性,但是合乎社会要求,其目的不是伤害,在一定意义上是积极的,所以是亲社会的,称之为亲社会侵犯行为(prosocial aggression)。

由于亲社会行为较为复杂,不同个体对它的理解并不一致。寇彧等人(2007)的一项针对青少年焦点群体访谈的研究表明,青少年所认同的亲社会行为内容十分丰富,不仅包括帮助类行为(体力支持、借出物品等)和关系类行为(安慰、同情、分享等),还包括努力提升个人品质的行为(如做一个快乐而不慵懒的人)和涉及公共利益的行为(如责任义务行为、环保行为)等。

二、亲社会行为的三种理论

我们为什么要帮助他人？在什么情况下助人，怎样助人？对此社会心理学家给出了不同的理论解释。

（一）社会交换理论（social-exchange theory）

社会交换理论是一种关于人类相互作用的理论。这种理论认为，人类的社会行为是受到"社会经济学"导向的。人们的相互作用是一种目的在于以个人最小的代价换取最大的报偿的交易。人们在交往中交换的不仅是物质和金钱，而且还有社会性的东西，如爱、服务、信息、地位等。

人们这样做的时候使用的是"最低失分"策略，即以最小的成本，得到最大的报偿。社会交换理论强调人们对这种成本和报偿的监控并不总是有意识的参与的。例如，见到一辆采血车，你可能没有认真思量献血的成本（要被针扎、付出时间、会感到疲劳）与不献血的成本（感到内疚、得不到赞许）；也没有仔细考虑献血的好处（因为帮助了他人而感觉良好、不会受到他人的批评）和不献血的好处（节省时间、不会感到不舒服）。但是通过对献血者的深入调查研究发现，事实上，献血者预先还是进行了这种考量的，只是非常微妙。

1. 亲社会行为有隐蔽的个人利益

帮助他人可以获得报偿，这种报偿可能是外部的，也可能是内部的。树立自己的形象、得到了他人的赞许或友谊，这种报偿是外部的，这种付出是为了得到。因此，我们最愿意帮助那些对我们有吸引力的人，我们希望得到他们的认可。

助人的好处还包括内部报偿。当我们听到一个小孩的哭声时，我们会感到不安、忧伤或烦扰。于是，我们会去给予关心和帮助，以解除或减轻我们内心的烦扰。研究发现，那些因为他人的忧伤而引起极大烦恼的人，也是给予最多帮助的人。献血者报告说"献血使我自我感觉良好"。显然，助人的结果无论是解除内心的烦扰，还是提升个人的自我价值感，都属于内部报偿。通过对与艾滋病患者交朋友的志愿者动机的调查（E. G. Clary & M. Snyder，1999），可以将这些志愿者的动机归纳为如下六种。

知识：更好地了解人们或学习技能；

职业：通过经验和交往增强职业能力；
社会适应：成为群体的一员并得到赞许；
自我防卫：减轻内疚或逃避个人问题；
提高自尊：提升自我价值和信心；
价值表达：表达个人的价值观和对他人的关怀。

显然，这六种动机中只有价值表达是属于真正的利他主义的。这就是说，人们在助人的时候经常是有"个人打算"的。这样，我们就会想到，那些看着歹徒行凶而不做出任何助人行为的人并非完全无动于衷，他们的内心可能也非常焦急，但是当他们意识到助人需要付出的潜在高昂代价的时候，他们就变得无能为力了。

2. 移情是真正的利他主义的根源

有爱心的母亲在孩子遭受痛苦时感到痛苦，在孩子快乐时感到快乐，这就是移情。移情的时候，我们的忧伤集中在遭受痛苦的人身上而不是我们自己的痛苦。真正的移情和同情是推动我们去帮助受害者的原因。这种移情是很自然的，就连刚刚出生的婴儿在听到其他婴儿的哭声时也会跟着哭起来，在产院的护理室里，经常是一个婴儿啼哭引起众多婴儿的齐声大哭。忧伤和移情会激发我们的助人行为。对受灾地区的人们的遭遇感同身受，为之担忧，抱有同情心的人比那些漠不关心的人捐献得更多，这是一再被证明了的事实。儿童的慷慨也因他们的移情能力不同而不同。心理学家认为，利己主义和利他主义都能使人做出助人行为。看到他人的苦恼可能唤起一种自我聚焦（self-focused）的苦恼，也可能是他人聚焦（other-focused）的移情。后者才是真正的利他主义。有的研究发现，如果人们在看到他人苦恼时感到忧伤，而同时又有除助人之外的其他方法能使他们摆脱忧伤，那么，他们就可能没有做出助人行为（M. Schaller & R. B. Cialdini，1988），这就是利己主义的动机。同时还有一些研究结果表明，真正的利他主义可能是存在的。例如：当人们确信对方会接受帮助时，即使对方是敌对群体的成员，对其共情也会产生助人行为（C. D. Batson et al.，1997）；被唤起移情的人即使在相信没有人知道自己所做的行为时也会助人；人们有时会坚持想帮助一个受苦的人，即使他知道自己是被固定在一种暂时的心境上。对于是否存在真正的利他主义，巴特森

（Batson）和其他研究者（J. F. Dovidio，1991；E. Staub，1991）在对移情和利己主义的25项测查实验中得出结论：有时人们确实聚焦于他人的幸福而不是自己的幸福。实际生活中也正是如此，在纷飞的战火中，用身体掩护战友的人是来不及考虑这会给自己带来什么光荣或长远的好处，而不这样做又会给自己带来什么耻辱的。

（二）社会规范理论（social norm theory）

我们经常帮助他人不是因为有意识地计算这种行为能给自己带来什么好处，而是简单地因为我们知道应该这样做。在公交车上为老幼病残者让座，拾到东西交还失主，这些都是社会行为规范。规范是社会的期待，它告诉我们什么是适当的行为，是我们在生活中应尽的责任。社会规范规定着人们在不同情境下的行为方式，指明哪些行为是被社会接受和受到鼓励的，哪些行为是不被允许或受到谴责的。亲社会行为是有益于社会整体的，所以是被接受的、受到鼓励的和可以得到一定报偿的。研究发现，有两种社会规范在推动助人行为的发生。

1. 互惠规范（reciprocity norm）

社会学家古德纳（A. W. Gouldner）指出，人类社会的一个普遍的道德规范就是互惠规范。对于那些帮助过我们的人应该给予回报和帮助，而不是伤害。社会学家甚至认为这是一个和乱伦禁忌一样普遍的规范。互惠之所以成为我们社会的规范是出于这样一个假设：社会生活中的每一个人都会遇到困难，都需要他人的帮助。因此，自己帮助他人正是因为当自己遇到困难时会得到他人的帮助。所以从根本上看，助人行为也是为自己着想，即人们认识到社会生活中的相互依赖，于是需要形成一种互惠的机制。用交换理论解释，就是我们在对他人"投资"的同时期待着"分红"。当然这种回报可能是近期的，也可能是长远的，但总的说来，人们在交往中期待着交换的平衡。如果接受帮助者反过来没有给予回报，那么就违反了互惠的原则。在人类的社会生活中，从政治到婚姻的各个领域都充满着这样的法则。这种规范常用于平等的关系中，也就是说，它发生在任何一方不认为自己低于对方或依赖对方的关系中。当一个人认为自己不能与对方互惠的时候，别人的帮助会使他感到自己卑下，受到威胁。因此，这些人更不愿意寻求帮助。对于那些明显地有依赖性和没有互惠能力的人，如儿童和确实没有能力的人、他人也承认他们确实没有同等回报能力的人，还有另外一种社会规范推动人们去帮助他们，这就是社会责任。

2. 社会责任规范（social responsibility norm）

进一步为社会整体和长远利益计，我们的社会规范规定，不管个人之间是否互利，人都应该助人。我们应该帮助那些需要帮助的人，而不考虑交换，这就是社会责任规范（L. Berkowitz，1972）。

人们遵从这一规范不仅为了互利，而且是为了"自身的声誉而采取的合乎社会要求的行为方式。"伯科威茨和丹尼尔斯（L. Berkowitz & L. R. Daniels，1964）在"责任和依赖"的研究中证实了这一点。实验要求被试在监督者指导下制作纸信封，告诉他们这实际上是一项对监督者的管理技能的测试。他们制作正确的越多，监督者得到的奖金也将越多。让一部分被试相信监督者取得的评价取决于自己的工作，而让另一部分被试相信自己的工作与监督者得到的评价之间没有关系。研究表明，前一组被试虽然明知自己从中得不到任何好处，但他们仍然好好工作，帮助监督者。研究者认为被试的唯一动机就是社会责任感。

研究发现，这种助人行为经常是在人们匿名或完全不期待任何回报的情况下做出的。然而，人们做出这种行为经常是有选择性的，即对那些并不是由于自己的过错而陷入困境的人给予帮助。对于那些不可控因素的受害者，如遭遇自然灾害的灾民，人们往往能慷慨解囊。如果身陷困境是由陷入困境者本人造成的，如懒惰、道德败坏、犯罪等，人们就会认为他们理应受到惩罚，所以不愿意帮助他们。在这里，我们清楚地看到人们的行为反应是和归因联系在一起的。如果我们将处于困境中的个人的需要归因于不可控的因素，就会提供帮助；如果我们将造成困难处境的原因归因于个人的选择，这时公平要求我们不给予帮助，因为这是陷于困境者自己的错（B. Weiner，1980）。

（三）**进化心理学理论**（evolutionary psychology）

对利他主义的第三种解释来自进化论。进化心理学指出，生命的本质是基因的保存。我们的基因驱使我们以最大限度取得生存机会的方式来活动。当我们的祖先死去以后，他们的基因继续存活下来。1976年，道金斯（Dawkins）出版的《自私的基因》一书热销，给人们留下的是一个卑下的人类的形象。然而，心理学家坎贝尔（Campbell）1975年的两项研究指出，生物学家重申了一个人类与生俱来的深刻的、自我服务的"原罪"。具有为陌生人谋取幸福的基因的个体是不会在进化的竞争中存活下来的，生存竞争使"自私"者后代绵长。但是人类自私的基因中却安排了两种特殊的无私，甚至是自我牺牲，这就是对家族的保护和互惠。

1. 保护家族（kin protection）

我们的基因安排我们关注和我们住在一起的亲属。因此，一种自我牺牲的形式，就是为保证基因的继续存活而热爱自己的孩子，将孩子的幸福放在自己的幸福之上。因此，热爱自己孩子的父母比那些忽视自己孩子的父母更可能将他们的基因传递下去。于是，人们总是关心自己的家人、朋友、邻居，而不是陌生人。人们对和自己关系更近的人做出更多的利他行为。在紧急情况下，人们救助对象的排序（如总是先小孩后老人，先家庭成员后朋友，先邻居后陌生人）似乎也让我们找到了进化论的根据。

2. 互惠（reciprocity）

生物学家特里尔斯（R. Trirers）说，一个生物体帮助另一个生物体是由于它期待反过来得到帮助。给予者期待日后成为得到者，而得不到互惠就是受到了惩罚。在现实生活中，这种情况被我们称之为欺骗、出卖、背叛等。在小的和比较封闭的群体中，人们相互作用中的这种互惠性特别突出。在小城镇、小学校、或宿舍里，人们在物质上和精神上都互相关心，互相帮助，而在大都市的人们却显得很冷漠，很孤独，因为那里有许多社会服务机构。显然，互惠是为了群体的生存。生物学上的根据不等于社会生活的原则，恰恰相反，社会生活要求我们制约这种与生俱来的自私本性，因此，我们要"教"会人们利他主义。在现实生活中，我们总是把救助陌生人的人称为英雄，而从来不认为救助亲人是壮举，就是这个道理。

这三种理论有明显的相似之处：每种理论都提出两种不同性质的亲社会行为，一种是互惠的交换，一种是无条件的利他主义。这三种理论是在三个不同的水平上对这两种行为进行解释的，形成了认识上的互补。进化论的观点是建立在生物学的基础上的，社会交换理论是建立在心理学基础上的，而社会规范理论是建立在社会学基础上的。如果进化论的观点是正确的，那么，基因的预先安排使我们必然在心理的和社会的活动中做出相应的表现。同时，值得注意的是，三种理论都指出亲社会行为不是与生俱来的，而是后天习得的。

另外，美国心理学家阿伦森（E. Aronson）在其《社会心理学》中总结了亲社会行为的三种基本动机：从进化心理学的角度看，助人是一种本能反应，以保证那些和我们的基因相似者的利益；从社会交换理论的角度看，因为助人的成本常常会超过收益，所以，我们只在利己的范围内助人；从移情—利他主义假说的角度看，在某些情境下，对受害者强有力的移情能够引发无私的亲社会行为。

以上学者从亲社会行为的基本来源考虑人们为什么会做出亲社会行为。2011年，巴特森等人从人们行为终极目标的角度，认为可能存在以下四种亲社会行为动机：利己主义、利他主义、集体主义、道义主义。

具体来说，如果终极目标是为了自己获益，那就是利己主义动机。他给出了三种基本的利己主义动机形式：为了物质的、社会的或自我的奖赏，如获得礼物、获得荣誉、保持好心境、美化自身形象；避免物质的、社会的或自我的惩罚，如逃避攻击、洗脱罪恶感；为了减少负面的唤起，如逃离不公正的、让人感到痛苦的情境。

纯粹的利他行为发生在对他人移情的时候，移情—利他主义假说的核心是：当我们对另一个人发生移情时，就会出于纯粹的利他主义理由来试图帮助他人，不管我们自己会得到什么。

集体主义动机认为我们的终极目标是为了整个群体的利益，尤其是涉及资源分配的时候，它是群体认同的结果。但是很多人都认为从集体角度出发是为自己的长远利益考虑，最终还是利己的，而且有时甚至会为了内群体利益而伤害外群体的利益。

另外，人们还可能从更高一些的视角帮助他人，即为了维持普遍的公正的道德规范而做出源于道义的亲社会行为。

三、儿童亲社会行为的发展

儿童亲社会行为的发展有一个过程，个体在很小的时候是没有亲社会行为的，亲社会行为随着年龄的增长而增多。这一观点得到了道德发展理论的支持。

认知发展论者皮亚杰（J. Piaget）认为，儿童的道德是经历了"他律道德性"和"自律道德性"两个有质的差别的阶段发展起来的。在第一个阶段，儿童认为规则是由外在的权威给予的，因此必须遵守，并根据对它的服从和脱离程度来辨别善恶。皮亚杰认为，这类他律道德性的特征来自儿童这一时期的认知方式，即无法区分自己和他人，也就是自我中心性。因此，这个时候的儿童只有在作为权威者的父母的要求下才会做出帮助别人的行为，由自我中心造成的移情能力缺乏，使他们很难自动做出助人行为。在第二个阶段，儿童认为规则是通过相互约定而形成的，而且能够变化。此时，儿童脱离了自我中心，变得会关心他人的立场和观点，开始不按结果而按意志判断事情的善恶，于是不想辜负朋友的期待，开始考虑各个人的情况，想要平等地分配物品。在这个阶段，由于关心他人的想法和感情的移情能力增强，帮助人的行为增多，而且，得到别人的帮助会产生感激之情，伤害了他人则产生罪恶感，于是儿童互惠的助人行为和补偿的助人行为开始逐渐增多。

这一观点得到了研究的证实。鲁宾和施奈德（K. H. Rubin & F. W. Schneider, 1973）研究发现，儿童帮助他人的意愿是随着年龄而增长的，与他们的道德推理直接相关。研究中看到，那些道德发展水平高，没有自我中心主义的儿童显然更愿意把糖果送给穷孩子，用钱来帮助年龄更小的孩子。格林和施奈德（F. P. Green & F. W. Schneider）的研究按年龄把被试分为四组，即5岁和6岁、7岁和8岁、9岁和10岁、13岁和14岁。结果发现，儿童分享糖果和帮助他人完成打扫任务的助人意愿累进式地增加。直到9岁和10岁，所有的儿童都能够与他人分享和助人。研究者说，儿童在前10年所习得的是识别他人的需要以及对鼓励利他主义的社会规范的理解能力。

一般认为，6—12岁是助人行为发展最快的时期，这与儿童认知能力的发展和生活范围、内容的变化使他们的道德判断从自我中心转向互惠是一致的。儿童的亲社会行为，一方面以道德认知发展和移情能力的发展为基础，另一方面它是在多种因素的影响下习得的。

心理学家在对助人者的访谈中发现，个人在家庭中的早期社会化对成年之后的亲社会行为有非常重要的影响。有人认为，如果父母以热情、支持和爱护的方式对待儿童,就会使儿童建立起一种利他和助人的心理倾向。儿童时期形成的观念及其父母的言传身教都是亲社会行为形成的重要原因。

模仿是儿童学习亲社会行为的重要途径。社会心理学研究表明,教会儿童亲社会行为的最好方法是成人在儿童面前展示出相应的行为,然后在儿童表现出这种行为时给予强化。米德拉基斯(E. Midlarsky)等人进行了这方面的研究(请参见第六章第二节"学习论"中的有关实验)。

研究还表明,外部的奖励和惩罚也是学习亲社会行为的一个重要途径。安鲁弗利德(J. Aronfreed)指出,儿童亲社会行为的表现得到称赞和表扬后,这种奖励的机制就会内化。当他们再助人的时候,自己认为这样做是好的,这能让他们持久地表现出亲社会行为。而拉什顿和蒂奇曼(J. P. Rushton, G. Teachman, 1978)的实验证明,由于把代币分给别人而受到批评的儿童,以后就很少有与他人分享的行为了。这说明奖励带来的积极体验能增加助人行为,而惩罚带来的消极体验则会减少助人行为。

进一步的研究表明,在观察到"过度"助人的示范者后人们的亲社会行为会减少。托马斯(G. C. Thomas)等人认为,与"过度"助人的人在一起可能产生消极的反应。这种现象被解释为,在看到"适度"助人示范者的行为后,个人对需要帮助的人产生同情、关注和怜悯,因而自觉地做出助人的行为,而在"过度"助人示范者的影响下,他们会明显感受到被迫助人的压力,而较少感到出于自己的内部需要。

总之,研究证明,在个体成长过程中,亲社会行为具有极大的可塑性。

第二节 亲社会行为的影响因素

一、情境
(一)旁观者在场

在紧急事件中,旁观者对困境中的他人常常表现出"冷漠""疏离"。这令人惊奇甚至愤怒,但是,这是由人们的性格决定的吗?还是有什么其他的原因?拉坦内和达利(B. Latane & J. Darley, 1970)在一项紧急事件的实验中发现了一个情境影响因素,即旁观者在场,会大大降低个人干预行为的发生。

截至1980年,大约有50个实验比较了当人们认为只有自己一个人的时候和知道还有其他人也在场的时候所做出的助人行为。研究涉及大约6 000人,其中大约90%的被试,在单独一人时做出了助人行为。有时,有许多人在场,受害者反而没有得到任何帮助。拉坦内和戴布斯和他们的145位同行在1 479次乘电梯时"偶然"掉落硬币和铅笔,当电梯里只有另外一个人的时候,有40%次得到了那人的帮助,而当电梯里有6个人的时候,只有20%次得到帮助(B. Latane & J. Dabbs,1975)。

拉坦内等人推测,随着旁观者人数的增多,个体可能更少会注意身边这样的小事情,不太可能将这样的事情看成是问题,更不会认为这是紧急事件,从而可能更不会认为自己应该采取行动,更不认为是自己的责任。

旁观者效应对旁观者造成影响的原因复杂多样:从责任分散的角度来看,当有他人在场时,帮助受助者的责任分担在每个个体身上,个体体验到承受的责任减小,则降低了亲社会行为发生的可能性;从从众现象的角度来看,在场旁观者的"不作为",会影响个体在群体中的决策与行为,甚至起到了某种群体规范的作用,个体感受到的无形压力也使其做出亲社会行为的可能性降低,他人在场抑制了个体亲社会行为表达的可能性。

(二) **榜样的存在**

助人的榜样可以引发亲社会行为。布赖恩(J. Bryan,1967)等人设计了一个榜样对助人行为影响的实验。他们在高速公路上人为地制造两种情境:一种情境是路上停着一辆轮胎撒气的小汽车,车旁站着女驾驶员,等人来帮助她;另一种情境是有两辆轮胎撒气的小汽车,其中一辆轮胎撒气的小汽车旁站着一位女驾驶员,有一位男士在帮她换轮胎,旁边停着自己的车子,另外一辆轮胎撒气的小汽车停在离此大约半公里以外,汽车旁也站着一位等待帮助的女驾驶员。结果发现,在第一种情境下,停下来帮助女驾驶员的共有35辆车子,占经过的车子总数的1.75%,而在第二种情境下,停下来帮助女驾驶员的有58辆车子,约占全部经过的车子总数的3%。这说明,第二种情境中有一位男士停下车子帮助女驾驶员,他成了后边经过的人的榜样,人们纷纷模仿他。拉什顿和坎贝尔（P. Rushton & A. Campbell，1977）发现，英国人通常是不愿意献血的，但是当看到其他人献血时，他们也会这样做。有时，榜样在实践中说的和做的自相矛盾，如父母对孩子说"按我说的做，不要按我做的做"。实验表明儿童既从他们听到的，也会从他们看到的来学习道德判断。

（三）时间压力

达利和巴特森（J. Darley & C. D. Batson，1973）发现了另外一个影响助人行为的因素，就是时间。他们做了这样一个实验。在一所大学的神学研究班上，要求学生们到旁边一栋楼里的录音室去录制一段关于乐善好施的即席演讲。然后，对一半学生说："你们要赶快，他们已经在等你们了。"而告诉另一半学生："不急，还有几分钟时间，他们还没准备好。"在去录音室的路上，研究者安排了一个男人出现，他形容憔悴，蓬头垢面，低垂着头，不时地咳嗽，痛苦地呻吟着。结果，知道"已经晚了"的被试中只有10%的人停下来给予帮助，而知道"还有时间"的被试中则有三分之二的人停下来给予帮助。这个实验被认为是所有社会心理学研究中最具讽刺意味的一个事例，去做乐善好施演讲的人对身边的受难者却置若罔闻！为什么会发生这种情况呢？巴特森和他的助手再次进行了一项类似的实验。他们指定40名大学生到另一栋楼的实验室参加实验。告诉一半学生"已经晚了"，而且参加这项活动对他们很重要，告诉另外一半学生"时间还早"，而且这也不是一项很重要的活动。与上述实验结果一样，感到时间紧迫而且认为活动重要的学生忙着赶往实验室，很少有人停下来帮助有困难的路人，而那些觉得时间还很富裕，而且认为活动也不重要的学生通常会停下来帮助遇到困难的人。研究者认为，这些匆忙的人并不是冷漠无情而有意识地选择忽视，而是因为他们心急火燎，心事重重，要赶在最后期限之前到达目的地，他们无暇顾及周围的事情。

（四）事件的紧急程度

对事件紧急程度的判断发生在人们认定帮助责任、计划帮助途径、实施帮助行为之前，只有当个体认为所处的情境需要自己的帮助时才可能伸出援手。对于亲社会行为情境来说，可以分为紧急情境和非紧急情境。研究者发现，事件的紧急程度越高，人们越愿意给予帮助，亲社会行为也更可能发生。非紧急情境虽然平常，但是也会给潜在的助人者一种不确定感，因此产生的模糊性会使潜在的助人者感到迷惑,不确定自己应该如何应对,这时他们更可能受情境中周围人的影响(寇彧、田启瑞、唐顺艳,2012)。

二、求助者

具有哪些特点的人容易引发人们的助人行为?研究证明,以下因素对求助者有影响。

(一)性别

如果说被他人看成比较软弱,缺乏能力而有依赖性的人容易得到帮助,那么相对于男性,女性更容易得到帮助。伊格利和克劳利(A. Eagly & M. Crowley, 1986)在美国进行的35项研究,比较了男性和女性受害者接受帮助的情况。结果发现,当潜在的助人者是男性时,女性受害者更可能得到帮助。当潜在的助人者是女性时,男女受害者得到帮助的可能性没有差异。一些研究发现,抛锚的女车主比男车主得到更多的帮助(Penner & others, 1973; Pomazal & Clore, 1973; West & others, 1975)。要求免费搭车的单独一人的女性比单独一人的男性或夫妻二人更可能得到帮助(Pomazal & Clore, 1973; Snyder & others, 1974)。研究还指出,女性得到更多的帮助也可能与她们更善于寻求帮助有关。

关于求助者的性别对助人行为的影响的研究还有一些有意思的结果,由于同性恋在很多社会文化中一般很难得到大众的认同,研究者(J. I. Shaw, H. W. Borough & M. I. Fink, 1994)让一名男性实验者假装自己的汽车出了故障,然后询问人们是否愿意帮助他,通过对市民的随机电话调查发现,人们更愿意去帮助一个异性恋的求助者。由此可见,人们帮助需要帮助的人时,不仅受到求助者性别的影响,还受其性取向的影响。

(二)相似性

由于相似性产生喜欢,喜欢又产生帮助,因此人们更愿意帮助与自己相似的人,那些与助人者来自同一群体、种族、国家的人,尤其是政治态度与助人者一致的人(Emswiller, Deaux & Willits, 1971),更容易获得帮助。人们对与自己的年龄、身份、地位、处境,甚至穿着外表相似的人都容易更多地寄予同情,给予帮助。社会心理学有关相似性对助人行为的影响研究最多的是关于种族偏见的问题。众多的研究结果虽不一致，但还是存在着一般规律的。总的看来，随着文明的发展，绝大多数人都认识到种族偏见是不对的、不好的，因此，很少有人愿意表现出自己有这种偏见，有的人甚至表现出更愿意帮助不同种族的人，来掩饰自己实际上存在的偏见（Dutton，1971，1973；Dutton & Lake，1973；Katz & others，1975）。然而种族偏见还是经常存在的，只是它以非常微妙的形式表现出来。实验者（S. L. Gaertner & J. F. Dovidio，1977，1986）发现，在遇到受害者中既有黑人妇女也有白人妇女的情况下，白人女大学生会帮助白人妇女。当问她的时候，她解释说，"我没有帮助她是因为有别的人会帮助她"。而当没有其他旁观者时她确实也会去帮助黑人妇女。这表明，在情境非常明确的时候，白人是不歧视黑人的，而一旦情况模棱两可或冲突时，种族的相似性的作用就显现出来了。

许多实验发现助人者和求助者间潜在的相似性会影响亲社会行为的发生，例如，研究者（Dovidio，1984）故意在纽约市的一个犹太人社区丢下两个粘在一起的信封，其中一个信封上面显示了失主的信息（有的是以色列裔，有的是阿拉伯裔），另一个信封中是需要寄出的信。结果发现，社区中出现的随机被试更愿意帮助以色列裔失主，因为他们之间更相似。还有研究发现，姓名、生日、指纹之间的相似性也能促进亲社会行为（Hornstein et. al.，1971）。即使在网络募捐情境中，如果求助者的名字与个体的名字相同或相似，个体参加募捐活动的可能性也更大（J. M. Burger et. al.，2004）。

（三）**不被责备者**

个体目前所遇到的困境不是由于自己的不当行为造成的，如老弱病残幼和遭遇突发疾病或意外灾害，这些情境容易引发他人的帮助行为，而因酗酒、犯罪等行为造成的困境则较少引发助人行为（M. J. Cerner，1970；Rubin & Peplau，1973）。

另外，研究还表明有吸引力的人（Benson et al，1976；West & Brown，1975；Pomazal & Clore，1973）、聪明、善良的人和未伤害过助人者的求助者容易得到帮助（M. J. Cerner，1970）。

（四）**值得帮助者**

人们在做出亲社会行为时，也会考虑潜在求助者的需要，以及他们是否值得帮助。比如，当个体判断对方需要帮助的原因不是求助者自身可以控制的，而是由于其他不可控的因素造成时，亲社会行为发生的可能性更高。韦纳（B. Weiner，1980）的实验发现，同样是面对笔记记不全的同学，人们更愿意将自己的笔记借给那些上课时认真听讲的求助者，而不愿意借给那些上课时不专心听讲却东张西望而造成笔记记不全的求助者。

三、助人者

除了外部因素会影响助人行为以外，助人者的内部因素，如情感状态和人格特质，也是助人行为的影响因素。

（一）情感状态

1. 内疚

内疚是一种痛苦的情绪。为了减轻这种痛苦，恢复被动摇了的自我形象，或试图恢复积极的公众形象，人们往往会做出助人行为（J. M. Carlsmith & A. E. Gross，1969）。当自己做了一件错事的时候，无论这事是否被别人知道，我们都会因为做过这件错事而做出亲社会行为，目的是为了减轻自己的内疚感。这个假设已经得到实验的证明。里根（D. Regan，1972）在纽约的一个购物中心里，引导一些妇女相信是她们弄坏了一架照相机。几分钟以后，一位主试的助手提着装得满满的糖果的购物袋，从那些妇女身旁走过时，袋中的糖果不慎撒落满地。研究发现，之前没有被引导认为自己弄坏相机的妇女，只有15％的人警觉到了撒落的糖果，而被引导认为自己弄坏相机的妇女，有60％的人觉察到了撒落的糖果，这个数值是前者的4倍。可见，负罪者会有减轻自身罪恶感的动机，所以由内疚可能导致更多的善行。

2. 消极心境

消极情绪状态下，人们也可能产生助人等亲社会行为。消极状态释放模型（negative-state relief mdoel）认为，帮助别人往往能减轻自身的忧伤和苦恼，乐行善事可以改变自己的情绪，抵消罪恶，减轻内疚感。但是，消极情绪的影响作用不那么稳定，它对亲社会行为的影响，比积极情绪更复杂。有关消极心境对助人行为影响的研究，有的证明了消极心境会增强助人行为，有的则证明消极心境会减少助人行为。但是当我们仔细地考察这些研究后就会发现，那些得出"消极心境减少助人行为"结论的研究都是关于儿童的（Isen & others，1973；Kenrick & others，1979；Moore & others，1973），而那些得出"消极心境增强助人行为"结论的研究大都是关于成人的研究（Aderman & Berkowitz，1970；Apsler，1975；Cialdini & others，1973；Cialdini & Kenrick，1976）。为什么消极心境对成人和儿童的影响不同呢？有研究者认为，对于成人来说，助人是自我满足，它能给个人带来内在的报偿（R. Cialdini，D. Kenrick & A. D. Bauman，1981）。正如，献血后的人因为自己的奉献而感到自己更好，学生在帮助别人拾起掉在地上的东西时也是自我感觉良好的（Williamson & Clark，1989）。因此，当一个人感到内疚、感到痛苦或有其他消极心境时，助人行为能帮助他抵消坏情绪。为什么这个过程对儿童不起作用呢？研究者认为，助人不会给儿童带来和成人一样的报偿。例如，年龄小的孩子会认为不帮助人比帮助人更快乐，因为帮助人需要自己付出。随着年龄的增长，他们的看法才会转变（Perry & others，1986），因为这时他们会有更多的内心体验。虽然年龄小的儿童会表现出移情，但他们在帮助别人时并不以此为乐，所以助人行为是社会化的产物。

那么，社会化良好的成年人在心境不好时总是会做好事吗？答案并非如此。消极的心境除了使人产生同情以外，还会造成沮丧的情绪。沮丧这种情绪是一种抑郁地沉溺于自我关注的状态（Carlson & Miller，1987；Wood & others，1990）。失去亲人的人，都会经历一段时间的强烈的自我聚焦，一种使自己难以自拔，无法做出任何付出的沮丧和悲痛的情绪状态（Aderman & Berkowitz，1983；Gibbons & Wicklund，1982），这时他们很难关注他人的需要而帮助他人。

3. 积极心境

心境不好有可能导致助人行为，那么，心境好时又会怎样呢？心理学在这方面的研究结果相对一致。快乐的人更乐于助人，而且不管好心境是来自成功还是来自快乐的思想或其他积极的体验（Salovey & others，1981）。一位妇女在回忆她恋爱的心境时说："在办公室里我有简直抑制不住想喊出来的快乐的感觉。我的工作变得非常容易，在以前使我感到挠头的事，现在立刻就解决了。而且我有强烈的帮助别人的冲动，我希望把我的快乐与别人分享。当玛丽的打字机出了毛病的时候，我就主动地帮助她。玛丽可是我以前的'敌人'啊！"为什么快乐的人爱助人呢？实验揭示其中有几种因素在起作用（Carlson & others，1988），助人能维持好心境，而且，积极的心境会产生积极的思维，还会提高行动者的自尊，这些都诱使行动者更愿意做出积极的行为（Berkowitz，1987；Cunningham & others，1990；Isen & others，1978）。因此，在好的心境下，人们更可能有积极的思维和积极的交往行为。

（二）人格特质

米德拉斯基的研究（E. Midlarsky，1972）表明，社会责任感与利他行为有正相关关系，后来许多实验也都验证了这一点。斯托布的研究（E. Staub，1979）发现以下几类人更可能表现出助人行为：（1）具有强烈的社会动机的人；（2）相信自己对事情有影响力的人；（3）有适合于情境需要的特殊能力的人；（4）同情和理解他人的人。

格根夫妇和米特（K. J. Gergen，M. M. Gergen & K. Meter，1972）在一项"特质倾向和亲社会行为的关系"的研究中，对 80 名大学生进行了 10 项人格特征（即自律性、易变性、听从、教养、秩序化、自我一致性、自尊、寻求乐感、救助性和谦卑）的测查，并对各种特征与利他行为进行相关分析。结果发现，不同人格特征与不同类型的助人行为有一定的相关，但是没有一个特征与所有五种助人行为都存在相关的（见表 10-1）。

表 10-1 特质倾向与亲社会行为的类型

特质倾向	被选择的亲社会行为的类型									
	对男中学生的咨询		对女中学生的咨询		对演绎思维实验的帮助		对意识异常状态研究的帮助		对班级收集材料	
	男	女	男	女	男	女	男	女	男	女
自律性			—					+	+	+
易变性						+	+			
听从			+							—
教养	+		+							
秩序化			+	+					—	

续表

特质倾向	对男中学生的咨询		对女中学生的咨询		对演绎思维实验的帮助		对意识异常状态研究的帮助		对班级收集材料	
	男	女	男	女	男	女	男	女	男	女
自我一致性		—			+		—			
自尊								+		+
寻求乐感	+			—			+	+	+	
救助性	+							—		
谦卑	—									

注:"+"表示正相关;"—"表示负相关

比尔霍夫等人(H. W. Bierhoff, R. Klein & P. Kramp, 1991)根据他们的研究总结出利他个体的人格特质有:(1)更强的移情能力;(2)更强的公正世界的信念;即相信世界是公平的;(3)更强的社会责任感;(4)更高水平的内控力;(5)较低的利己主义。

许多年来社会心理学家围绕人格特质与助人行为的关系问题进行了大量的研究,但始终没有发现一个能够像情境、内疚和心境因素这样有力地预测助人行为的人格特质。研究者发现,助人行为和某些人格变量有关,但是相关很有限。总的说来,人格测验不能准确地确定助人者。分析其原因,可能正如达利(1970)所说:"人格对于确定人们在紧急事件中的反应行动不是十分重要的,原因是情境的力量对个人决策的影响太大了。"

四、如何增多助人行为

(一) 消除助人的阻止因素

促进助人行为的一个方法是消除或减少那些阻止助人行为产生的因素。

1. 减少情境的不确定性,提高责任感

如果拉坦内和达利的决策过程所描述的旁观者面对两难情境是确定性的,那么,帮助人们正确解释一个事件并且承担责任就能提高他们的参与程度。比克曼在一系列的研究中(L. Bickman, 1975, 1977, 1979)证实了这个假设。

在超市或书店里,当人们目击冒充购物者的扒手时,虽然可以看到墙上张贴的提醒人们注意的警示标牌,但往往还是没有什么人采取行动制止偷窃。但是当旁观者听到别人在说"你看她,她是个扒手,她把那东西放进自己的包里了。"另一个人接着说:"是啊,我们都看见了,我们应该报告,这是我们的责任"时,就会大大促进目击者对偷窃者的举报行为。福斯(R. Foss, 1978)调查了几百个献血者,发现新的献血者和老的献血者不同,新的献血者通常是由另外一个人邀请来的。显然,朋友的召唤和影响比张贴献血布告和媒体通知更能有效地促进人们的亲社会行为。索罗门(H. Solomon & L. Solomon, 1978;1981)等人的实验证实,降低匿名性也会增多助人行为。他们发现如果用名字、年龄或其他特点标注旁观者,他们就会比匿名的旁观者更有可能做出助人行为。而且任何个人化的相互作用,像谈话、目光接触、称呼名字都能提高个体助人的意愿。这是由于个人之间的相互作用使个体能更加觉察到自我,并因此更加注意自己的态度和行为,使之与自我意象协调一致。与之相反,"去个性"化的人们更少有责任心。因此,提高自我觉察——比如让个体佩戴名签,被别人觉察和评价,设置不分心的环境等,都可能增多人的助人行为。杜瓦尔、达内尔和尼利(S. Duval, V. Dunal & R. Neely, 1979)证实了这一点。他们指出,在给一些女大学生提供一个别人需要她们贡献时间和金钱的机会之前,让她们在电视屏幕上或用传记法的问卷看到自己的形象。这时她们的自我觉察度更高,更可能助人。

2. 引发内疚和关心自我形象

前边我们指出,感到内疚的人会为了减轻负罪感和恢复自我价值而助人。那么,提高人们对自己违规的意识能增强他们的助人意愿吗?由卡茨夫(R. Katzev)领导的研究小组进行了这方面的研究。实验在博物馆里进行,有的参观者不遵守"不得触摸展品"的要求,受到实验者的批评。同样地,在动物园里,有的游人因给熊喂食不被允许的食物而被警告。过一会儿,这两群人都看到实验者的助手"偶然"地掉落东西。这时,58%的有内疚感的被试做出了助人行为,而那些没有受到批评的参观者和游人中只有三分之一的人实施了助人行为(R. Katzev, 1978)。

研究者还提出,可以利用"留面子"(door-in-the-face)的技术来增多助人行为。有研究者对一些大学生提出"陪伴有过失儿童去动物园游玩"的要求,结果只有32%的人接受。而在那些先拒绝了"给过失儿童做两年咨询员"的要求的大学生中,则有56%的人接受了此项要求(R. Cialdini,1975)。这就是所谓的"留面子"技术,即在个人先拒绝了一个大的要求以后,再向他提出一个更小的要求时,往往容易被接受。这也是一种改变态度的策略。

另外,给人们贴上助人的标签,也能加强个体助人的自我意象。有研究发现,在进行了一项慈善捐助活动后,对一些妇女说:"你是慷慨的人。"结果两周以后,在另一项慈善捐助活动中,这些被贴上"慷慨"标签的妇女比那些没有被贴上标签的人更愿意做出捐献的行为(R. Kraut,1973)。

(二)进行助人的社会化

前面提到,助人行为是社会化的产物。如果助人是习得的,那可以通过如下四种方法增多个体的助人行为。

1. 教会道德包容

道德包容是将他人看作是自己道德关注范围之内的对象,例如,医生"救死扶伤"的人道主义精神使他们对罪犯甚至敌人都给予帮助。与此相对的是道德排除。所谓道德排除,是将某些个人或群体看成是个体道德价值和公平规则界限以外的(Opotow,1990;Staub,1990;Tyler & Lind,1990)。纳粹就是将犹太人从他们的道德共同体中排除出去,因此,对犹太人歧视、奴役、施以严刑,甚至进行种族灭绝的屠杀。

因此,助人社会化的第一步是使个体突破内群体的偏见,即突破只帮助自己家庭成员或小群体成员的限制,教育他们将自己的关注范围扩大到所有的群体。

2. 树立助人的榜样

当看到别人的助人行为时,我们更有可能助人。萨拉森等人(T. Sarason, et al.,1991)在全美国66所高级中学的大约10 000名高中生中进行研究,发现那些亲临血液中心、事实使他们相信输血对病人恢复健康是非常有效的学生,比那些看了38张幻灯片的学生,献血的比例更高。

电视上的正面榜样能促进助人行为的发生吗?研究证明,亲社会榜样比反社会榜样有更大的作用。赫龙德(S. Hearold,1986)对108个观看亲社会节目、中性的节目和没有看节目的被试进行了比较,结果发现,观看亲社会节目的人(至少在当时)做出亲社会行为的比例能达到50%—74%。

3. 激发助人行为的内部动机

对行为的归因影响行为的再发生。心理学研究证明,过分的外部奖励有暗中瓦解内部动机的作用,这被称为过分肯定效应。因此,我们对助人行为的奖励应掌握分寸,给予足够的肯定,但不能过分地奖励,这样促使助人者将自己的助人行为归因于内部动机,从而乐于做好事。有研究发现,那些因为助人行为而获得报酬的人,在助人后更少感到自己是利他的。在另外一个实验中,实验者引导大学生将助人行为归因于依从("我真的别无选择")或同情("这个人需要帮助")。然后,当再次要求学生花费时间做志愿者时,那些感到自己先前的助人行为是出于依从的人中只有25%的被试同意这个助人要求,而那些认为自己是出于同情的人中有60%的人会同意这个助人要求。所以,当奖励有贿赂的作用时,会破坏个体助人的内部动机,然而一个预期之外的赞美却可以使人感到自己有能力和有价值。

研究发现,自主动机下的亲社会行为能够给个体带来更强的主观幸福感,个体通过自主助人行为能够满足能力感、自主性和关系性的需要(N. Weinstein & R. M. Ryan, 2010);当让儿童可以根据自己的喜好而选择分享自己物品的对象时,他们的分享行为能够维持更长的时间(N. Chernyak & T. Kushnir, 2013)。

4. 更多了解有关的心理学知识

某些社会心理学家担心,人们更多地了解社会心理学的研究成果,会导致他们行为的改变。例如,了解了阻止助人行为产生的因素之后,助人行为会不会减少(Gergen, 1982)? 事实恰恰相反,比曼和他的同事的实验证明,一旦人们了解了旁观者在场会阻止助人行为的发生,他们在群体情境中的助人行为反而增加了(A. Beaman et al., 1978)。由此看来,心理学知识的普及有利于助人行为的增多。

第三节　亲社会行为的实证研究

自 20 世纪 60 年代起，亲社会行为就成为社会心理学领域一个引人注目的研究课题，许多心理学家在这方面做了大量的研究并提出自己的理论。最主要的有以下几种。

一、拉坦内和达利的干预模式

我们在本章开头提到，1964 年发生在纽约的吉蒂被杀事件，持续了 35 分钟，有 38 名目击者，却无一人做出有效的反应，包括报警。这一事件之所以使人们特别激愤的一个原因是，人们一般认为，在场的人越多，个人采取行动的可能性越大。但是实际情况并非如此，往往是观望的人越多，行动的人越少，甚至无人相助。拉坦内和达利的研究发现，其他人在场减少了人们干预的可能性。他人在场情境的一个重要效应是责任扩散。拉坦内和达利（B. Latane & J. M. Darley，1970）的研究支持了这一观点。

（一）责任扩散实验

1. 房间充烟

实验要求一些大学生被试参与讨论城市生活中存在的问题。在实验开始前，要求被试填一张"预备问卷"。当被试填完两页纸的时候，实验者开始通过墙上的通风孔向被试所在的"等待室"释放无害的但让人感觉恐怖的白色烟雾。在整个 6 分钟的实验中，这种烟雾一直在释放。这个研究分为三种实验条件：(1) 等待室里只有一个被试；(2) 等待室里有三个被试，这三个被试互不相识；(3) 等待室里有三个被试，但其中两个被试是研究者的助手装扮的，他们表现出消极的态度，即看到烟雾什么也不说。研究发现，第一种条件下的 24 个被试中有 18 人（占总人数的 75%）在 2—6 分钟内报告有烟雾，这比其他两种条件下的被试报告人数的比例（分别为 38% 和 10%）要多。在两个三被试小组中，三被试互不相识的第二种实验条件下的被试比另一组中的被试报告得快。

2. 遭难女士

这一实验中的被试也是单独或和其他人一起在房间里填写调查表。这次要测量的是被试是否会去救助一个受伤的女士。这个研究的实验条件有四种：(1) 被试单独一人；(2) 被试与一个朋友在一起；(3) 被试与一个陌生的学生在一起；(4) 被试与一个表现消极的同伴在一起，这个同伴由实验者助手充当。女实验者向被试说明如何填写调查表，并送他们到隔壁的房间里去填表，然后再回到自己的房间。被试在填表时可以听到隔壁房间里女实验者活动的声响。几分钟以后，突然一声巨响从隔壁房间传来，伴随着女人的尖叫和呻吟："哎呦！天哪！我的脚！……我的脚不能动了……"（实际上是播放的录音）。结果表明，单独一人的被试中有70%的人跑去帮助；与朋友在一起的被试中有70%的人跑去帮助；与陌生人在一起的被试中有40%的人跑去帮助；而与表现消极的同伴在一起的被试中只有7%的人跑去帮助。

3. 罪行作证

这一实验设置了两种实验条件：(1) 被试与另外一个人（实验者助手）在一起；(2) 被试与其他两个人（均为实验者助手）在一起。实验安排一名接待人员向被试解释，由于原先拟定的会见要推迟几分钟，为了节省时间，她先把酬金付给被试。随后，接待人员从放在桌上的信封里取出几张大面额和小面额的钞票，并问在场的人是否有人能换开20美元的钞票。然后，她将剩下约30—50美元放回信封内。这时电话铃响，接待人员离开房间去接电话。然后，实验安排与被试在一起的实验者助手去偷信封中的钱，实验者助手故意做出企图掩饰自己行为的样子，而实际上又让在场的被试清楚地看到他确实偷走了钱。在偷窃发生后约一分钟，接待人员返回。结果发现，第一种实验条件下的被试比第二种实验条件下的被试，报告发生了偷窃的人数更多。

4. 癫痫发作

这一实验中，拉坦内和达利设计了一个紧急事件情境，实验假设是"即使是在明显的紧急情境下，看到紧急事件发生的群体中的个人也可能感到自己只有很少的责任"。实验中，被试坐在一个小房间内，被告知将要与隔壁房间的其他人一起参加一个讨论。在讨论过程中，隔壁房间中的一个人说他感到头昏，身体不适，接着他的声音变得模糊不清，一会儿便听到身体倒在地板上，再也听不到他的声音了，好像是癫痫发作的症状。

实际上，真正参加实验的被试只有一个，隔壁房间的声音是利用录音模拟出来的。实验条件分为三种：(1) 被试觉得他在同另外一个人讨论；(2) 被试觉得他在同另外两个人讨论；(3) 被试觉得他在同另外五个人讨论。实验的目的在于观察被试在三种条件下会对发病者采取什么行动，结果如表10-2所示。

表10-2 癫痫发作实验中不同群体规模下的干预情况比较

群体规模	被试人数	到癫痫发作结束时反应的百分数（%）	曾有过反应的百分数	干预发出的时间（秒）
2人（被试与不幸者）	13	85	100	52
3人（被试、不幸者与另外一人）	26	62	85	93
6人（被试、不幸者与另外四人）	13	31	62	166

拉坦内和达利的四个实验表明，其他人在场减少了个体在紧急情况下采取助人行为的可能性。最后一个实验表明，即使在明显需要帮助的情况下，其他人在场也会对亲社会行为的发生起到抑制作用。对这种现象的一种解释是责任扩散（diffusion of responsibility），也就是说，当有能提供帮助的他人在场时，人们倾向于认为自己的责任变小了，别人不采取行动便认为自己也没有采取行动的必要了。研究表明，在场的他人人数越多，越少有人提供帮助。责任扩散就是把责任分给了众人，使得每个人承担的责任变轻。

通过上述几个实验，我们看到，一方面，在场的人越多，干预的人越少；另一方面，在有他人在场的情境下，尽管干预的人数不同，但总有人干预。这就是说，虽然情境是亲社会行为的一个重要影响因素，但更具决定意义的因素还是个人的社会责任感。

(二) 干预模式和社会作用力理论（the intervention model and social impact theory）

1. 干预模式

拉坦内和达利在一系列关于紧急情况下他人在场对个人亲社会行为的影响

的研究基础上,提出"社会作用力理论",并阐述了旁观者最终是否助人的决策过程。

拉坦内和达利认为,个人在紧急情况下是否做出干预,需要经历五个认知阶段:(1)注意(notice),旁观者必须注意到发生的事件;(2)解释(interpret),个人将事件解释为紧急事件,意识到他人需要帮助;(3)决定(decide),个人考虑要不要帮助困难中的他人,判断这是不是自己的责任,自己是否要采取行动;(4)选择(choose),选择助人的形式和具体做法;(5)履行(implement),付诸行动(参见图10-1)。

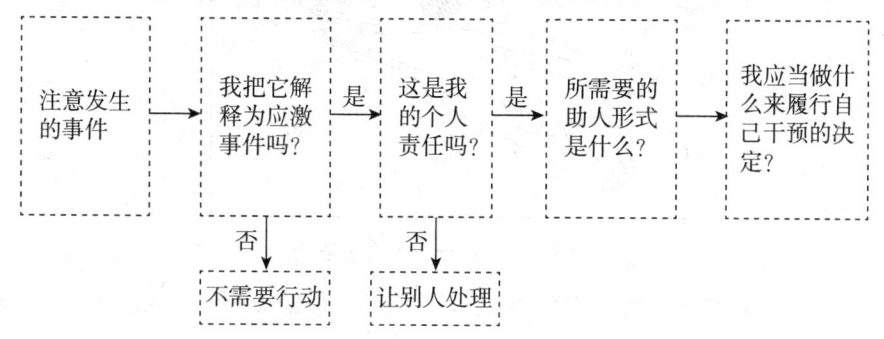

图10-1 拉坦内和达利的干预模式

在这一模式中的每一个决策点上都有许多社会因素影响旁观者的决策。旁观者如果在某一个决策点上做出否定的回答,那么,这个过程便中断,旁观者也就不会做出帮助的行为。这一决策过程通常是在当事人自己不自觉的情况下发生的。而他人在场是影响决策的诸多因素中重要的一个。

2. 社会作用力理论

拉坦内于1981年提出"社会作用力理论",并用这一理论来解释群体情境中出现的社会助长、社会惰化、从众和去个性化等现象。拉坦内的"社会作用力",是指"其他人的存在或行动对个体产生的任何影响",具体而言,指"由于其他个体真实的、潜在的和想象的存在或行动,而发生在个体身上的心理状态和主观情感、动机和情绪、认知和信念、价值和行为等方面的任何一种变化"。社会作用力理论就是有关这种群体和他人影响个体的理论。拉坦内在社会作用力理论中提出三个基本法则,并用数学表达式定量地描述了它们。

法则一:社会作用力法则 $I=f(SIN)$

这一法则是指，当一些社会源（social sources）或称作用源、影响源（sources of impact or influence）作用于一个目标靶个体时，该个体体验到的作用力的量（I：impact）是这些作用源的力度（S：strength）、直接性（I：immediacy）和数量（N：number）的乘法函数（multiplicative function），即 I（Impact）＝f(SIN)（参见图 10-2）。

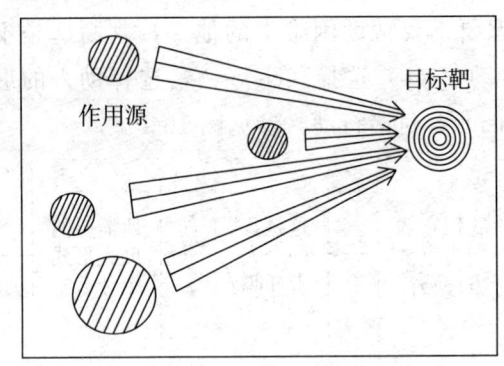

图 10-2　社会作用力法则

上述公式中，力度（S）指的是作用源的显著性（salience）、力量（power）、重要性（importance）和强度（intensity），它常取决于作用源的身份、年龄、社会经济地位或与目标靶的优势关系及其对目标靶未来的影响作用等。直接性（I）是指作用双方时间上或空间上的接近程度，或是双方之间有无障碍。数量（N）是指作用源的数量。

法则二：心理社会法则或边界递减作用法则 $I=sN^t$（$t<1$）

这一法则是指一些社会作用源作用于一个目标靶个体的作用力遵循幂函数（power function）的形式，并且，第 N 个他人的作用将小于第 N－1 个他人的作用，即 $I=sN^t$（$t<1$）。I 即社会作用力的量（impact），s 是一个比率常数，N 是社会作用源的数量（number），t 是幂值，其值小于 1。

人们常说第 1 元钱比第 100 元钱值钱，这并不是说宁愿不要 100 元而要 1 元，而是说 99 元与 100 元间的差异比 0 元和 1 元之间的差异小。同样道理，社会作用力场中的第一个他人的作用也应该比第 100 个他人的作用大，这也并非是指 100 人的总体作用不会比 1 个人的作用大，而是说 99 人与 100 人的差异要比 0 人与 1 人的差异小，这就是边界递减作用。也就是说，尽管 N 增大时，I 也要随之增大，但 I 的增量是逐渐减少的，I＝sNt（t＜1）。换言之，I 并非随 N 的增长而直线增长，而是以一定的 N 的根指数的形式成比例增长，这反映了客观作用力大小与主观心理强度之间非线性的对应关系。

法则三：作用力分散法则 I＝f(1/SIN) 或 I＝sN－t（t＜1）

这一法则是说，当作用力场中有其他人与个体一样，成为来自这一群体之外的作用力的目标靶时，其他目标靶的力度、直接性和数量的增加，将会导致作用力的分散或减小，使每个人体验到的作用力小于他单独作为目标靶时体验到的作用力，其值应是目标靶的力度、直接性与数量三者的负指数函数，即 I＝f(1/SIN) 或 I＝sN－t，并且 t＜1，即作用力的减小同样遵循边界递减原则，第 N 个目标靶对作用力的分散作用小于第 N-1 个目标靶对作用力的分散作用（参见图 10-3）。

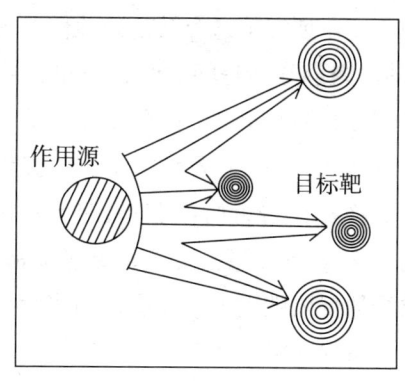

图 10-3 作用力分散法则

责任扩散是可以用作用力分散法则予以解释的。这个理论尽管充实和发展了勒温的场论，但它只侧重于从社会作用力场的角度对个体影响做定量分析，而忽视了人的能动作用，因而不能从外因和内因相互作用的角度来分析各种社会心理现象。所以这个理论还有待于进一步的深入探讨与推进。

二、摩根和佩克的"助人的代价—报偿模式"

摩根和佩克（C. J. Morgan & R. F. Peck，1978）认为，帮助别人时要付出的代价和可能得到的报偿之间的关系，是人们决定是否做出亲社会行为时重点考虑的，因而提出"助人的代价—报偿模式"（cost-reward model of helping）。

这一模式指出，当助人得到的报偿超过付出的代价时，助人行为最容易发生。这里所说的代价不仅限于钱财上的支出，还包括助人行为带来的所有负面的结果，如钱财、时间和精力的损失和可能带来的麻烦或危险。同样，报偿也不仅指得到的物质报偿，还包括社会强化，特别是来自个人钦佩的人、自己喜欢的人或与自己相似的人的赞誉。同情也是一种报偿。助人使个体感到做了一件有意义的事，提升个体有效性的知觉，提高自尊，提高自我价值感，也是一种重要的报偿。虽然代价与报偿之间的关系决定了助人行为发生的可能性，但由于个人的价值观不同，因此，在一个特定情境下每个人关于代价与报偿权衡的结果不同，是否做出助人行为的决策也会不同。

这一模式指出，随着助人代价的提高，助人行为的发生率降低；随着助人报偿的提高，助人行为的发生率提高。拉坦内和达利（1970）进行过一项非紧急状态下的助人行为的研究，证实了这个结论。他们要求大学生到纽约街头向1 520名过路人请求帮助，内容分别是问时间、问路、换钱、问对方的名字和向对方要一角钱。提供帮助的过路人比例分别是：告诉时间，85%；指路，84%；换钱，73%；告诉名字，39%；给钱，34%。显然，助人行为的发生率随代价的提高而降低了。换钱比告诉时间和指路麻烦一些，所以发生率小一些。而告诉陌生人自己的名字是有些冒险的，无缘无故给陌生人钱也是"不值"的，所以对这些求助的反应就大大减少了。而当学生告诉过路人自己的钱包被偷走，要求对方给一角钱的时候，72%的人都做出了积极的反应。当学生将自己的名字先告之对方后，做出反应的人数比例也增至59%。显然，这一变化可用报偿的增加来加以解释——对方被偷使给钱行为的意义大增，而对方将名字告诉自己有得到对方信任的感觉。

三、施瓦茨的利他主义模式

社会虽然鼓励利他行为，但并不是人人都会这样做。施瓦茨（S. H. Schwartz, 1977）认为，这是因为个人的行为是受个人行为规范支配的，因此个人是否产生利他行为，有赖于其个人所形成的个人规范的性质。个人将利他的社会规范内化为个人的规范形成道德义务感、社会责任感、利他信念和价值观从而推动个人做出利他的行为。如果个人没有将社会规范内化，"社会良心"不足，而且另有一套"只关注自己"的规范,尽管社会要求、提倡、鼓励利他行为,他们也不会表现出利他行为。

已经具有助人的个人规范的那些个体在紧急事件中也可能表现为不行动。施瓦茨提出"规范激活理论",通过对道德义务感的激活以及对利他行为需付出的代价和可能后果的评估等心理活动的分析,来预测人们在什么情况下做出利他行为。

施瓦茨认为,个人助人与否可用四阶段模式来描述,其模式如表10-3所示。

表10-3 施瓦茨的利他行为模式

1. 激活阶段:对他人需要和自己责任的知觉
(1) 意识到处于需要帮助状态中的他人
(2) 对存在着对方需要的某种帮助行为的知觉
(3) 对自己提供援助的能力的认识
(4) 对某些更复杂的责任感的领悟
2. 义务阶段:规范的构建和道德义务感的生成
(5) 先存的或情境性构成的个人规范的激活
3. 防卫阶段:对潜在的反应的估计、评价和再评价
(6) 对代价的估计和对可能结果的评价
(如果在第(6)步中,对一种特定的反应和所付代价的评估得到最佳的平衡,则后两步也可以省略;否则就要通过第(7)和第(8)两步进行一次或多次反复)
(7) 由于否定以下方面,对情境进行再估计和再解释
A. 需要状态(现实性和严重性)
B. 做出反应的责任感
C. 迄今被激活的规范的适宜性等
(8) 根据再估计重复前面的步骤
4. 反应阶段
(9) 行动或不行动的反应

在激活阶段,个人意识到他人的需要,并觉察到自己所采取的帮助这种需要的行动。在义务阶段,个人已有的义务感被唤起,或应承了新的义务。防卫

阶段在某种意义上是后退的阶段，打算施助的人开始评估付出的代价，并可能试图在情境中否认责任。最后是反应阶段，人们做出或不做反应。

施瓦茨认为，人们在决策是否做出助人行为时并不会自觉地意识到经历的各个阶段。实际上，所有这些阶段都是在瞬间完成的认知过程，人们很可能在没有意识到为什么之前就发生了助人行为。

这一模式的第一阶段和第三阶段包含着决定人们是否助人的两个极其重要的因素：(1) 对他人的需要及自己能提供帮助的意识；(2) 在特定情境下不否认个人责任的倾向。正如施瓦茨认为："在这一分析中假说的含义是，只有当认识到结果并承认帮助的责任时，个人道德规范和他的行为才联结起来。"通过一系列实验，施瓦茨证实了对助人结果的意识的作用。这些研究以要求被试写出关于处在需要之中的人的短故事结尾的方法，来测查这种意识。对结尾的评分涉及三个因素：对他人需要的意识、采纳他人的观点、承担行动后果的反应。被试在完成短故事一段时间后，接到电话，被请求拿出时间去指导盲人或用半成品去帮助贫困的学前儿童。在这些研究中，施瓦茨发现，那些故事结尾表明对行动结果具有高度意识的被试，普遍比那些结尾表明对行动结果只有低水平意识的被试，更可能发生助人行为。对责任的否认倾向也是与助人行为相关的重要因素。对责任感的否定水平低（即更可能接受助人的责任感）的被试，按照社会规范做出助人行为的可能性会大得多。

四、斯托布的移情实验

（一）移情实验

斯托布（E. Staub，1971）认为，影响个体亲社会行为的发生有两个关键因素，一个是有效地帮助他人的知识和技能，另一个是为困难者设身处地设想的能力，即移情的能力。因此，通过训练儿童的移情能力和相应的帮助人的能力就可以提高亲社会行为的发生率。斯托布设计了"表演游戏"和"诱导"两种方法，用来增进幼儿帮助处于困难中的儿童的意愿。实验将儿童分为四组，其中两组儿童分别用"表演游戏"和"诱导"法中的一种方法，还有一组儿童两种方法都用，最后一组为控制组。在"表演游戏"组中，要求每两个儿童表演一种情境（如"一个儿童在隔壁房间里从一把椅子上跌下来"，"一个儿童站在驶来汽车的马路中间"、"一个儿童为积木被另一个孩子拿走而苦恼"等），其中一个儿童需要帮助，另一个儿童给予帮助。实验者首先描述一个需要帮助的情境。于是要求扮演"帮助者"的儿童即时做出所有他能想到的帮助行为；接着实验者又描述一些其他需要帮助的情境，也要求他如实地表演出来。最后两个儿童交换扮演角色。"诱导"组和"表演游戏"组的方法一样，只是仅仅要求儿童口头上讲出如何给予帮助，而后实验者提出其他适合的帮助方法，并指出每种方法会对有困难的儿童产生怎样的积极效果，也就是说，所谓"诱导"法，即给儿童指出他们的行为对别人的效果。在"表演游戏"和"诱导"并用的一组中，儿童受到两种方法的训练。在儿童实际做出各种帮助行为后，实验者还会说明这些行为对有困难的儿童产生的积极效果。控制组儿童做着各种与帮助行为完全无关的游戏。

为了决定各种实验方法的直接效果，在上述活动后，每个参加实验的儿童被领到一间有各种玩具的房间。实验者和儿童简短交流后，宣称自己要离开一会儿，是去隔壁房间"看一个正在那里玩的女孩"。实验者离开后不到两分钟，隔壁房间发出一声很响的声音，接着有大约70秒的痛哭声和抽泣声（实际上隔壁房间并没有人，声音通过预制的录音带播放）。斯托布将儿童做出的反应分为三种：(1) 他们跑到隔壁房间去帮助，属于主动的帮助；(2) 跑去实验者那里，报告隔壁的房间里出了事情，属于自愿的报告；(3) 没有做任何努力以提供直接或间接的援助，属于没有帮助。

上述测验情境是紧接在使用"表演游戏"和"诱导"法进行训练之后进行的，所以还需确认所得的效果能否普遍适用于与训练不同的情境。斯托布因此设计了第二个实验。在这个实验中，被试和一个成人实验者开始游戏，这时成人"意外"地掉落一盒曲别针，于是实验者轻声惊叫，并开始捡起散落的曲别针。在这种情境中的因变量就是被试自发地和由于敦促而捡起的曲别针的数量。

在"表演游戏"和"诱导"法使用之后的一周之内，斯托布还进行了一系列其他的实验，结果证明，"表演游戏"可以培养亲社会行为，而且其效果至少可以保持一个星期。但是有趣的是，"诱导"法的效果并不显著，受这种方法训练的儿童，愿意帮助成人拾曲别针的意愿不如控制组儿童的意愿强。诱导法强迫使儿童变好的压力明显地对儿童的自由感产生一些威胁，因此儿童做出抗拒的反应。

（二）社会行为理论

斯托布提出社会行为理论（theory of social behavior）来解释亲社会行为是怎样产生的。该理论把价值取向和其他因素结合起来，试图形成关于道德行为的综合理论。社会行为理论认为，人在发展中形成了各种动机，而人的行为多数是以目的性为特征的，所以应侧重于探讨追求期望目标的动机。期望目标是个人追求的最终状态，是由相互联系的认知网络组成的，其中包括与对结果的评价相关的信念、思想和意义。期望目标是潜在的，在一定条件下可以被激活。当它处于潜在状态时，依据其对个人的价值或重要性，按层次排列。环境（包括内在的环境）条件可以同时激活一个、两个或多个期望目标，并且激活的程度是不同的。如果被激活的目标不只一个，就产生目标冲突并伴随着解决冲突的动机。我们可以把价值取向看作是道德领域中的个人的目标，亲社会价值取向则是利他和不伤害他人的个人目标。研究发现，人的亲社会价值取向越强，在特定情境中被激活的可能性就越大。

亲社会价值取向体现为两种动机源：一是作为利他的无私行为的动机源，其目的在于帮助他人，是以他人为中心的；二是以规则为中心（rule-centered）的道德取向为特征的动机源，目的在于坚持行为规则。所以，两种价值取向的动机不同，就会对行为产生不同影响。

社会行为理论认为，除了两种价值取向的动机源，移情（empathy）是第三个主要的动机因素。移情取决于三个条件：（1）初级移情（primitive empathy）；（2）对他人的积极评价；（3）自我概念。初级移情是指儿童由于他人的不安所引起的最初的情绪反应。这是移情的最初形式（还不能称其为移情）。人们对他人做出移情反应，或者说，由初级移情发展到移情时，除了需要把别人看成是独立的、可区分的个体外，还必须以对别人的积极评价为先决条件。对他人的积极评价是亲社会价值取向的一个成分。最后，自我概念影响移情。移情在某种程度上是从自我到他人的延伸，所以人们更有可能对和自己相似的人做出反应。缺乏精确的自我概念就难于以助人的方式扩展自我的界限。

动机转化为行动，除了存在动机间的竞争外，还受其他因素影响。比如，能力是其中的主要决定因素。如果没有达到期望目标的可能性，目标就不可能处于激活状态。有三种能力是非常重要的：(1)对于成功达到目的的能力的一般态度；(2)在特定条件下，制订行动计划和产生行动指导的能力；(3)以某种方式行动的特殊能力（如游泳是抢救落水者的必要条件）。此外，迅速决策的能力和知觉他人需要帮助的能力也是重要的。但是，这些都是服务于动机的。没有动机源，只有这些因素是不能产生利他行为的。

总之，社会行为理论提供了一种分析和预测亲社会行为的方法和思路。在特定情境下，通过综合考虑各种动机因素，有可能预测亲社会行为或对其做出较全面的解释。

第四节　亲社会行为与品德教育

一、群体影响与德育的作用

(一) 群体规范与舆论的形成及其对个人的影响

亲社会行为是我们的社会规范所要求的行为，但是有要求不等于人们就有行动。那么，什么情况下规范能制约人的行为呢？我们不妨先看一看人们遵从规范和不遵从规范的原因。研究表明，人们遵从社会规范的动机主要有：追求与规范一致的高层次的精神满足；为避免不遵从规范而受到的惩罚；通过遵从规范获得奖励。不遵从社会规范的动机主要有：与不遵从的人相比感到"吃亏"；想比遵从的人"多得"；不愿受规范约束，要保持自己的独立性。由此，人们可以得到两点启示：第一，遵从规范的行为可能因为规范内化为个人的需要而发生，也可能是奖励或惩罚外部作用的结果。因此，规范没有达到内化程度的个人，在外部控制放松或取消的情况下，他们的遵从行为就会消失。第二，只有规范的要求，而没有执行规范的检查，特别是适当的奖惩机制，一部分人会因没有外部制约而不遵从规范，同时还会引起一部分人因为与不遵从者相比感到"不公平"而同样做出不遵从规范的行为。群体理论告诉我们，一旦有人不遵从规范，从众倾向将大大降低，不遵从的人数会随之增多。群体一致性降低，规范力度则会下降。个体和群体的这种互动进行下去就有可能使现有的规范瓦解，代之以其他的规范。因此，在大力进行道德宣传教育使人们认识并自觉遵从规范的同时，要维持规范对人的行为约束的力度，使个体在没有达到规范内化时感到存在一定要服从规范的外部制约。

社会规范代表的是社会上大多数人的意见，当人们将这种意见用言论表达出来时就形成了舆论。因此，舆论是规范的一种表现形式，也是规范的重要支持力量。"异口同声"使人感到强大的群体压力，会制约人的行为。在道德要求上，我们不可能过多地依赖法律，而是主要依靠舆论，用舆论显示规范的力量。健康的社会舆论就是有力的奖惩机制，社会舆论应对助人为乐、大公无私、见义勇为、乐善好施等思想和行为给予大力褒奖，对各种不道德的思想和行为给予严厉的谴责，从而使更多的人遵从规范。

我们必须强调的是，全社会的规范固然对每个人都有影响，但对个人影响最直接的是其所属群体的规范。家庭、学校、班级、工作单位等都有各自的规范，这些规范可能与宏观的社会规范一致，也可能不一致。当不一致的时候，对个人行为更具约束力的是较小群体的规范。因此，如果在家庭、学校和班级中存在不良的规范，例如，认为帮助别人是"傻瓜"，"有便宜不占白不占"，等等，尽管社会大风气提倡和鼓励利他行为，个人也难以形成利他观念和做出利他行为。因此，形成好的家风、校风、班风对培养个人的亲社会行为是至关重要的。

（二）移情训练与观点采择能力

移情（empathy）是个人对他人情绪、情感状态的感知与体验（即对他人的处境感同身受）。移情能力和价值取向一样，是影响亲社会行为的重要变量，价值取向属于认知判断，而移情则属于情感体验。人们对于社会信息的加工以及行为决策存在认知与情绪并存的双加工模式。在情境信息不同的社会生活情境中，人们往往会采取不同的加工通路。因此，只有亲社会行为的价值认同而无移情能力的人可能只是口头上支持亲社会行为的意见而不一定会做出亲社会行为。研究表明，移情与亲社会行为有高度相关，即移情水平高的被试比移情水平低的被试表现出更多的亲社会行为。具体来说，移情对于亲社会行为决策具有动机功能和信息功能。前者表现为移情能够增强通过自身行为解除他人痛苦的亲社会道德动机，这一过程依赖于诱发移情的情境；后者表现为移情能够激活观察者的道德原则，带有重视他人福利和想使他人困境得到解除的程度的信息，这一过程具有稳定的倾向性（寇彧、徐华女，2006）。因此，提高移情的能力能激发、促进亲社会行为的产生和发展。李辽（1990）的研究证明，移情能力是可以培养提高的，移情能力的提高会增加亲社会行为。研究者采取"移情训练系列法"，即通过情绪追忆—情感换位—作品深化—作品评析的方式进行教育心理的实验。结果发现，青少年的移情能力提高了，亲社会行为也相应增多，两者呈正相关关系。

观点采择是指个体从他人情境出发，理解或推测他人的观点与态度。研究发现，观点采择与亲社会行为存在关联，具有观点采择能力的学前儿童具有更强的亲社会倾向，观点采择还能够通过静态、动态两种方式影响群体互动（赵显等，2012）。因此，增强个体准确理解和推测他人想法的能力有助于个体做出更多利他人、利群体的亲社会行为。然而需要强调的是，观点采择能力本身并不足以促使亲社会行为的产生，还需要做出亲社会行为所需的动机或社交自信等因素的参与。

二、品德形成的三维结构

品德心理结构（psycho-structure of moral trait）是指个体在外界影响下产生道德行为的中介过程（intervening process）所涉及的心理成分相互关联和制约的动力机制（dynamic machanism）。国外学者曾提出多种解释道德行为产生的理论和模式，例如，美国心理学家班杜拉（1962，1977，1986）的社会学习理论的观察学习模式（the observational learning model of social learning theory），拉坦内和达利（1970，1981）的社会作用力理论的干预模式（the intervention model of social impact theory），施瓦茨（1986，1977）的规范激活论的利他行为模式（the altruistic behavioral model of norm activation theory）以及苏联心理学家包若维奇（Л. И. Божович，1972）的动机圈理论（motivational sphere theory）。这些理论和模式对品德结构的某一方面进行了描绘，但都没有揭示品德结构的全貌。章志光（2002）在系列实验研究的基础上提出了品德形成的三维结构理论。品德三维结构理论认为，品德形成是一个动态过程,因此,可以从生成结构(generating structure)、执行结构(performing structure)和定型结构(stereotyped structure)三个维度来认识品德形成的结构。

"生成结构"指个体从非道德状态过渡到开始出现道德行为或初步形成道德性时的心理结构。儿童最初表现出某些类道德行为或道德性是他们在与周围环境的相互作用(人际交往)中产生的,也是成人社会以各种直接或间接的方式将道德规范传递给他们,和他们从多种途径进行学习并将这些规范加以内化的结果。道德规范一经内化为个人的道德认识,就会经常同个体原有的只顾自己的"需要—行为"模式产生矛盾。解决矛盾的方式有两种:一是忽视规范,维持原状;二是采纳规范,调节需要,产生符合规范的道德行为。符合规范的行为得到外界的强化,进而巩固了个体对规范的认知,进一步增强了以规范调节"需要—行为"的动力性。在又一个道德情境下,个体已有的道德性与环境要求再次发生矛盾,矛盾再次解决后,道德水平再次提高。在这个矛盾斗争和解决的循环过程中,个体的道德观念不断发展。这是个体获得道德规范的行为经验,产生是非感,形成道德定势或习惯的过程。这一结构的发展水平决定个体道德性的水平(参见图10-4)。

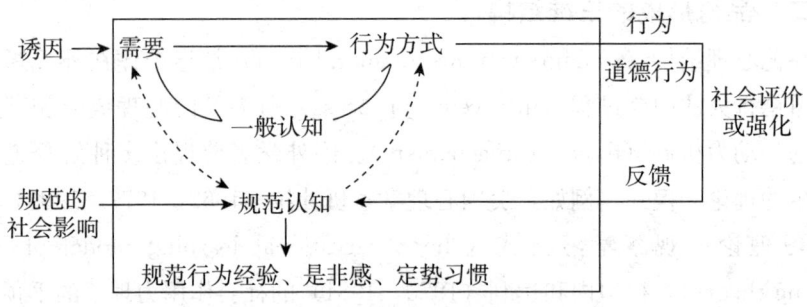

图 10-4 品德形成的生成结构

"执行结构"是指个人在"生成结构"基础上发展起来的更有意识地对待道德情境,经历内部冲突、主动定向、考虑决策和调节行为等环节的一种复杂的心理过程及其结构。它既表示个人处理道德问题时的一般心理空间状况,也表示简单的道德性向品德形成过渡的一种形式。首先,这里有一个"道德认知—情感系统区"(sphere of moral cognitive-affective system)的概念。它不仅是道德知识的"信息库",而且是对当前道德情境进行区分与筛选的"过滤器",是判断事件性质、确定个人责任与态度及行为方向的"定向器",也是克服利己性需要的动机干扰、抉择行为方式并进行制动的"调节器"。这是一个与其他心理活动（如思维、意志等）交织在一起,共同参与道德执行过程而有决定意义的意识系统或道德动机系统,也是个人表现出道德的高度自觉性与自律性的关键机制。其次,人在遇到道德情境时,从接收信息到产生道德行为要经历一个连续而分阶段的心理过程,包括对情境的知觉、移情、道德判断、责任意识和明确态度（其中经常出现动机冲突、代价报偿的权衡）、行为方式的抉择、意动几个阶段。每个阶段都存在是与否两种可能,只有得出肯定的答案时才会转入下一阶段,否则过程将中断。道德行为是否发生及其有效性不仅依赖于这个过程本身的顺利进行,而且取决于参与这一过程的"道德认知—情感系统区"的质量与功能水平。最后,还有一个反馈过程。在反馈的作用下,"道德认知—情感系统区"的内容和形式得到巩固、扩展或改变（参见图10-5）。

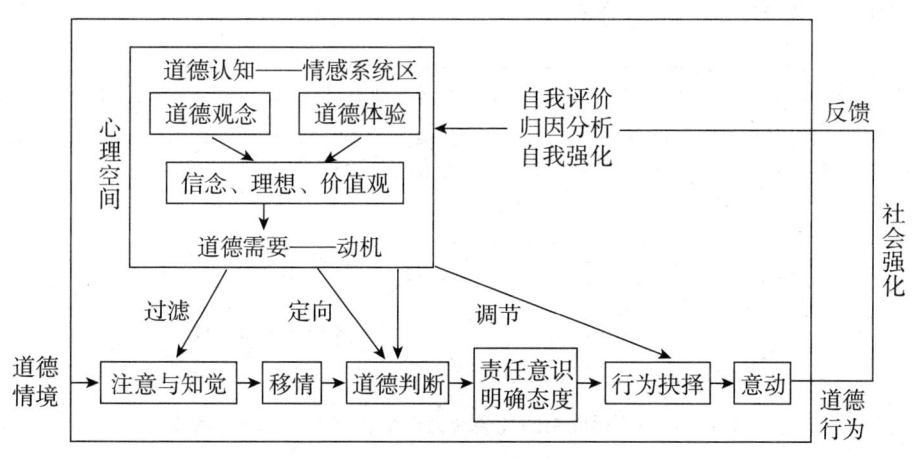

图 10-5　品德形成的执行结构

"定型结构"是指个体具有的品德（道德品质）的心理结构。道德行为可能是情境性的,也可能是倾向性的。情境性的道德行为更多受外部特殊情境及内部不稳定因素的驱使而发生,因而行为具有不经常、不一致的特征;倾向性的道德行为则不同,它是个体内部由于先期影响而形成的某种比较稳定的心理结构，所以带有恒常性。"定型结构"在"执行结构"的基础上形成，是具有高激活性、阶段简缩性以及自动化功能的结构（参见图10-6）。

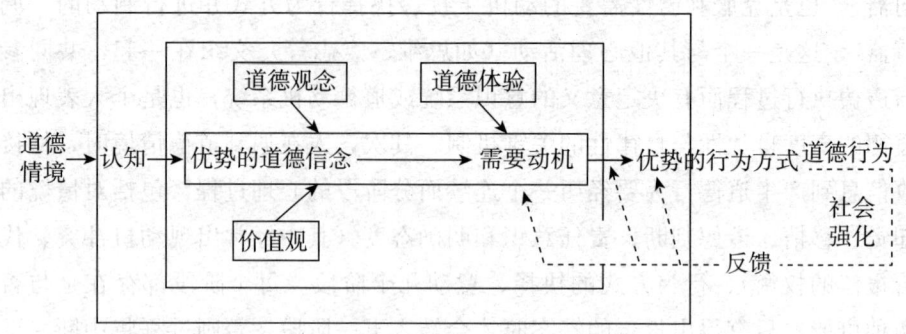

图 10-6　品德形成的定型结构

以上三种心理结构是品德形成过程中相继出现的不同形式，但又彼此包括，相互渗透为一体。这个结构是作为个体内部动力系统而存在的，事实上，它也是被置于社会大动力系统中的。社会动力系统和个人内部动力系统的关系如图10-7所示。

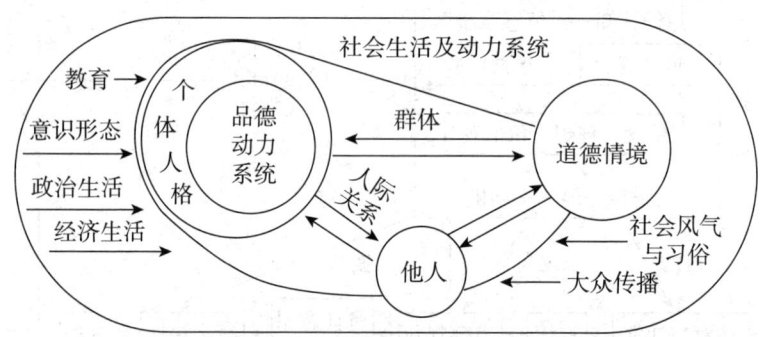

图 10-7　品德形成中的社会动力系统和个人内部动力系统

品德形成的三维结构的新设想不但有助于了解品德形成的动态过程，而且有助于进一步研究结构内部各种心理成分在内外条件下的发生、发展及其在品德形成中的地位、作用和相互制约的关系。

三、价值观教育

（一）价值观的概念

价值观（values）是关于事物具有不同价值（对个人或社会的重要性与意义）的看法、观点或观念体系，体现在人们对人生价值的看法、对生活意义的评价及对行为方式的选择等方面，人生观是它的重要组成部分。

价值观依其存在的方式分为社会价值观和个人价值观。前者是作为社会意识形态存在并为大多数人所持有的，后者只存在于个体的头脑中。

对于人类来说，任何事物都有潜在的价值。价值是客观存在的，而当它们反映在意识中，成为价值观念时，则由于在满足人的需要上的作用不同而带有个人的主观色彩。例如，一般人认为邮票的价值在于标记支付邮费的作用，因此一张用过的邮票就没有价值了，就会把它扔掉。然而，集邮者认为用过的邮票是有保存价值的，而且时间越久远，邮票越有价值。

个人或群体所持有的若干相关的价值观按照主次、轻重、缓急有序排列所构成的思想体系就是价值系统（value system）。匈牙利诗人裴多菲曾在诗中写道："生命诚可贵，爱情价更高，若为自由故，二者皆可抛。"自由高于爱情，爱情高于生命，这就是裴多菲的价值系统。

（二）个人价值观的定向作用与动力功能

个人价值观不仅是人生处世的定向工具，也是道德行为的定向工具。个人价值观一旦形成，便成为个人衡量或评价事物的标准，在个人认知事物中起到过滤器的作用。一些事情在一个人看来是重要的或首要的，他便会热心追求，甚至付出毕生精力，而另一个人则认为它是次要的或完全无意义的，他便会弃之如敝屣，这就是价值观不同造成的差别。这种选择性和指向性决定于对特定事物性质的判断，也决定个人在特定情境下的责任和行为方向。价值观一旦对个人的认知与行为具有经常的导向性，它就叫作价值取向（value orientation），也就是价值观对个人行为的定向作用。

价值观产生定向作用之后，进一步将价值的主体和客体联系起来，唤起行为。人的行为总是把价值作为目标的，在价值目标的指导下，人不断地发动和调整自己的行为，使其向着"具有价值"或"更大价值"的目标迈进。因此价值观不仅有静态的认知功能，还有推动行为的动力功能。价值观将个人与社会联系起来,反映个人与他人、个人与社会的利益关系,使个人行为具有道德意义。人的行为之所以具有一定的道德意义,是因为这些行为对社会生活产生了影响,价值观就是个人道德生活中的行为"调度者"。

(三) 价值观教育的探索

价值观是亲社会行为的一个最重要的影响因素,这一点已被研究证实。我国学者的研究表明,价值观类型与个体的亲社会行为有密切的关系,如社会型的人绝大多数会表现出亲社会行为,而经济型的人大多没有亲社会行为的表现;价值取向(集体取向或个人取向)与个体的亲社会行为有一定的或接近显著的关系。此外,研究还表明,当多种因素一起影响亲社会行为时,价值取向(利他取向)的主效应尤为显著。由此可推知,改变个人的现有价值观可增进亲社会行为。研究也证实了这一点。例如,经过教育干预后,利他取向由低变高的中学生,其亲社会行为的水平也出现了由低到高的明显变化趋势。因此,对青少年价值观的教育是促进社会主义品德发展的关键环节。

人的价值观虽然比较稳定,但许多研究表明,它是可以加以改变和培养的。价值观的培养有许多方法,价值澄清法是受到较多关注的一种。

价值澄清法(value clarification)是20世纪50—60年代由拉思(L. Rath)提出,经西蒙和哈明(S. Simon & M. Harmin)等加以发展的一套方法。他们认为,价值观是人固有的潜能,但人不是一开始就能清醒地意识到的,也就使价值观难以起到指导行为的作用,年轻人的许多问题行为多半是由缺乏清晰的价值观造成的。要想使青少年获得清晰的价值观并使其发挥作用,不能靠强制,而应借助环境的影响和成人的启发,帮助青少年对有关的事件展开理性思维与情绪体验,通过检查自己的行为模式,辨认支配自己行为的价值观,通过交流来了解自己的价值观与他人价值观的关系,揭露与解决价值观引起的冲突等,对自己的价值观逐步地进行澄清,然后依据自己选择的价值观行事。在这个过程中,教师的作用在于设计各种活动,运用各种方法和技术诱发学生表露、陈述、思考、体验并按照某种价值观去行动。教师可以谈自己的观点,但只是作为一个范例供学生思考,而不是唯一的正确答案。教师通过提问或组织小组讨论来启发学生深入思考而不去评论学生关于价值观的表露,一切抉择都由学生自己做出。

自 20 世纪 80 年代起，价值澄清法背后的相对道德主义受到了许多德育专家的批判。原因是几乎在所有文化环境下，道德都是具有价值指向的，而道德教育也常常涵盖一定的品德目标。因此在 20 世纪 90 年代，美国出现了一种回归传统道德教育的思潮。品德教育家们普遍认同学校品德教育中应当涵盖一种核心的价值观，只有在核心价值观的指导下，才能开展具有价值指向性的品德教育。例如，有研究者认为尊重是品德教育的基础与保障（鲍承模，2001），也有学者认为青少年道德教育的本质是发展其道德主体性；学校主体性道德教育的内容是激发青少年的创造性，提高青少年的自我意识，培养青少年的道德价值观，发展青少年的社会适应能力，塑造青少年的亲社会人格。团体活动是有效的学校主体性道德教育的方法，也是培养创造性的方法（寇彧，2007）。

【要点小结】

亲社会行为与侵犯行为同时对立地存在于人类社会中。关于亲社会行为的发生，研究者提出三种不同的理论，即社会交换理论、社会规范理论和进化心理学理论。研究发现，亲社会行为的发生受到诸多因素的影响，如情境、求助者的特点和助人者的特点等。由于儿童亲社会行为的形成受到他们的认识能力和活动能力发展水平的制约，因此，要创设一定的社会条件来影响和促进亲社会行为的发展。

【思考与练习】

1. 什么是亲社会行为？
2. 关于亲社会行为的生成有哪些理论？你对这些理论有何评价？
3. 拉坦内、达利的干预模式和摩根、佩克的"助人的代价—报偿模式"的主要内容是什么？你对它们有何评价？
4. 从品德形成的三维结构的理论设想中你得到什么启发？
5. 什么是价值观、价值系统和价值取向？它们与亲社会行为有何关系？

【拓展性阅读导航】

1. ［美］R. A. 巴仑、［美］D. 伯恩著，黄敏儿、王雪飞等译：《社会心理学》，华东师范大学出版社，2004。

第十章亲社会行为：助人。

2. ［美］R. M. 利伯特等著，刘范等译：《发展心理学》，人民教育出版社，1983，390—398 页。

本节材料有一些关于斯托布的实验研究值得参考。

第十一章 合作与竞争

【内容提要】

本章介绍了有关合作与竞争的概念、类型、关系、心理机制，影响竞争与合作的一些基本因素，如相互作用的次数、奖励、信息沟通、威胁、惩罚等。

【学习目标】

1. 掌握合作与竞争的概念。
2. 了解合作与竞争的关系。
3. 理解合作与竞争的原因。
4. 了解合作与竞争心理的趋势。
5. 掌握影响合作与竞争的因素。

【关键词】

合作　竞争　相互作用的次数　奖励　惩罚

第一节 合作与竞争概述

一、合作与竞争的概念

随着知识经济时代的到来,飞速发展的信息技术使人们之间的相互联系、交流越来越频繁。人际交往已经从闭合的单一结构向开放型多层次的网络结构转变,每个人都置身于不同的人际网络结构之中。正如马克思所说,人的本质不是单个人所固有的抽象物,实际上,它是一切社会关系的总和。作为人类社会一部分的单个个体,人总是在生活实践中相互作用的。不同主体(包括个体、群体)为实现共同利益或各自利益而进行的合作与为实现自身利益而展开的竞争,是相互作用的两种基本形式。

合作(cooperation)指不同的个体为了共同的目标而协同活动,促使某种既有利于自己、又有利于他人的结果得以实现的行为或意向。合作既是人们为实现共同目的或各自利益而进行的相互协调的活动,也是为共享利益或各得其利而在行动上相互配合的互动过程。合作的结果是共享其利或各得其利。人是合作的动物,没有合作,就没有人类社会的存在和发展,也就没有个体或群体的生存和发展。在人类实践活动中,当个体或群体依靠自身的力量达不到一定目标时,就需相互配合协调,共同采取行动,从而形成合作。合作是人类实践活动中相互作用的一种基本形式。

竞争(competition)指不同的个体为同一个目标展开争夺,促使某种只有利于自己的结果获得实现的行为或意向。竞争所导致的结果往往就是优胜劣汰。纵观整个人类社会的发展历程,竞争都贯穿于其中,同样也贯穿于个体或群体的生存和发展过程中。竞争是人类实践生活中相互作用的另一种基本形式。

二、合作与竞争的类型

(一)合作的类型

合作的形式是多种多样的。按照合作对象、目标的范围,可分为广义的合作和狭义的合作。广义的合作是指人们为了某种共同利益而开展的一切互利互助活动，一般没有明确的合作对象和合作目标，但最终的利益指向一致。狭义的合作是指有确定的合作对象、合作目标的合作，是合作者之间为了一个明确的利益目标而结成的合作关系。

按合作的层次来分，可分为简单合作与复杂合作。简单合作是合作内容和过程相对简单的合作，主要涉及日常生活方面。复杂合作是合作内容和过程较复杂的合作，涉及经济、政治、文化、科技、军事等领域。

按合作的内容来分，可分为经济合作、政治合作、文化合作、科技合作、军事合作等。

按合作的社会作用来分，可分为正当的合作与不正当的合作。正当的合作是符合历史发展要求和社会共同利益的合作。不正当的合作是指那些危害社会利益、对人类和平与发展起破坏作用的合作。

合作还可以按照其他标准来进行分类。例如，按照合作主体的不同，可以分为团体合作与个人合作；按照合作的道德性来分，可以分为道德的合作和非道德的合作。

(二) 竞争的类型

人类社会的竞争同样有多种多样的形式。按竞争对象、目标的范围来分，可分为广义的竞争和狭义的竞争。广义的竞争指人类个体或者群体为了满足自身需要而与其他个体或者群体进行的广泛意义上的竞争。在这种竞争中，竞争主体无法确认具体而明确的竞争对手，但能够感觉到自己正处在一种竞争情境中，因而不断做出努力的行为或倾向，力图获得优势地位。狭义的竞争指竞争主体能够确认具体竞争对手并围绕着一个具体的目标而进行争夺的竞争。

按照人的需要层次，可以将竞争分为生存竞争和发展竞争。生存竞争是较低层次的竞争，涉及主体的存亡、温饱、安全等最基本的需要。发展竞争是较高层次的竞争，涉及主体较高层次的需要，如体育竞争、科技竞争等。

按竞争的内容分，可以把竞争分为经济竞争、政治竞争、军事竞争、文化竞争、社会竞争等。经济竞争是当今世界最为普遍也最具影响力的竞争。它是指国家与国家之间、国家与地区之间、国家内部各地区之间、企业和公司甚至个人之间为了争夺经济利益而进行的竞争。自从人类社会第一次工业革命以后，经济竞争就成为人类社会主要的竞争方式之一。政治竞争也叫权力竞争，是以政治利益为目的的竞争，包括不同国家、国家联盟、阶级、党派、政治团体之间的竞争。如第二次世界大战中反法西斯同盟国与法西斯国家之间的竞争、西方国家领导人的竞选都属于政治竞争。军事竞争最为人们所熟悉的形式就是战争。自从人类社会诞生以来，全人类没有战争的时间寥寥无几，因此说人类生活在血与火中是一点也不夸张的。按照马克思主义的观点，军事竞争是政治竞争的延续和最高表现形式，其胜负决定着政治竞争的结局，所谓的"胜者诸侯败者寇"。文化竞争是指以满足科学文化需求为目的的竞争，包括科学竞争、体育竞争、文化艺术竞争等。文化竞争也是具有悠久历史的人类社会的主要竞争方式之一，例如古代奥林匹克运动。其中的科学竞争是指科学家在探索科学未知领域的竞争，如各国科学家全力以赴研制预防 SARS 疫苗的竞争；体育竞争最为人们所熟悉，各种类型的体育竞技、群众性体育运动都属于体育竞争的范畴。社会竞争是指不同的社会阶层、团体或者个人为了争取社会地位、声望、名誉而进行的竞争。这种竞争不是为了和其他的阶层、团体或者个人争夺利益，而只是希望得到其他阶层、团体或者个人的关注和认同。社会竞争与经济竞争、政治竞争有着千丝万缕的联系，但又有着本质差别。

当然，除了以上分类之外，竞争还可以按照其他标准分类。例如，按照竞争对人类社会的作用来分，可分为文明的竞争和不文明的竞争。文明的竞争不仅有利于胜者，而且有利于社会发展。不文明的竞争只是暂时有利于胜者，但不利于社会发展。按照竞争的道德性来分，可以分为道德的竞争和非道德的竞争。按照竞争的主体来分，可以分为团体竞争和个体竞争。

三、合作与竞争的辩证关系

人们之间是合作还是竞争，是以能否满足各自的利益，即满足各自的物质利益、精神需要为条件的。如果利益一致，而且共同的努力有助于各方利益更大程度上的满足就往往会出现合作。如果双方或多方存在不可调和的利益冲突，即某一方的利益满足必须以牺牲其他一方或者多方的利益为代价，那不可避免会出现竞争。然而现实生活中的情况非常复杂，例如，从总的方面来考虑彼此的利益是一致的，理应相互合作；但在某些具体问题上难免发生利益冲突，这时人们就开始激烈的竞争。当然，也会出现矛盾较大的竞争对手为了一些共同利益而合作的现象。

　　合作与竞争既对立又统一。一方面，二者不能同时并存于同一主体的选择中。也就是说，针对某一利益目标，不同的主体选择了竞争的方式达成目标就不可能同时又选择合作的方式来达成目标。另一方面，它们相互依存，相互转化，竞争中包含合作，合作中也包含着竞争。人类永远不可能看到只有竞争没有合作或者只有合作没有竞争的那种局面，特别是在当今时代，二者之间的相互依赖、相互促进表现得更加普遍、更加明显。

　　在市场经济条件下，竞争已经成为人们生存与发展的主要途径。竞争的成败往往意味着自身的价值是否能够被社会所认可。因而竞争变得越来越普遍、越来越激烈。同时，人们从激烈的竞争中也学会了如何更好地合作。因为单纯的竞争，往往使双方两败俱伤，彼此的利益都不能得到保障。在竞争中学会必要的合作则可以保证彼此得到更多的利益，越是善于在竞争中合作，则竞争力越强。在经济领域中，企业之间的联合经营、大公司之间的合并，都是在竞争中不断加强合作的例子。因此，竞争与合作永远不能相互孤立地存在。离开竞争，合作是无力的；脱离合作，竞争是无序的。人们已经深刻认识到单凭一己之力很难圆满解决自己所面临的各种复杂问题。

　　在当今的时代背景下，我们要敢于竞争，积极合作，在培养竞争意识的同时也要培养合作精神。竞争中合作，合作中竞争，是我们应当取得的价值选择和共识。人类在合作中发展，也在竞争中成长。无论个人、群体，或者一个国家，失去了竞争能力是无法想象的。无论一个人是否愿意，他所面临的将首先是人们竞争的准备状态。人可能会为了暂时的利益而考虑合作，但有更多、更稳定的理由促使人们竞争。第二次世界大战时期，盟军面临共同敌人希特勒时是合作的，一旦盟军胜利后，盟军之间很快转为竞争。事实上，人们的这种竞争意识从来没有消失过，只不过暂时潜伏着。分析新的社会条件下许多新公司的诞生与破产的经验也会发现，当人们合作的愿望占主导地位时，促成了新公司的出现。而合作后出现的权力竞争、利益竞争及超越愿望的满足等，也能很快使一家公司的氛围从合作转为竞争。

　　总之，合作与竞争是相互联系、辩证统一的。竞争存在于合作之中，合作以竞争为前提。没有合作的竞争是软弱无力的或是破坏性的；而没有竞争激励的合作，是没有活力和生命力的。我们既不能重竞争而轻合作，也不能重合作而排斥竞争。

第二节 合作与竞争的心理机制

一、合作与竞争的原因

人们在生活实践中经常会遇到合作和竞争的问题。那么，究竟是什么使人们选择合作或者选择竞争呢？对于这方面的问题，心理学家已经进行了大量的研究，也取得了丰硕的成果。概括起来，合作与竞争的原因，可以从两个方面来分析：一是人类合作与竞争方式的原发心理原因，即社会比较倾向；二是导致合作与竞争行为发生的直接动因，即利益一致和冲突。

人具有理性，这是人类得以成为"万物之灵"而根本区别于动物的特有天赋。从自我意识出现的那一天起，人就开始使用一定的价值尺度来评判自己。而这些价值尺度，是其在社会化的过程中，伴随语言的掌握形成而发展起来的。任何一个社会，都设定了一些一般的和具体的价值尺度对人进行评价。长期的社会化经验使人们懂得，只有在社会设定的这些价值尺度上，如好—坏、强—弱、高—低、快—慢、聪明—愚笨、美丽—丑陋等，获得了积极评价，人才会得到别人的注意与承认，才有价值。为此，人在成长中逐步形成了强烈的社会比较倾向，并期待社会比较的结果能够有利于自我价值的肯定。

社会比较理论最早由费斯廷格提出，其假设个体在缺乏客观信息的情况下，会利用他人作为比较的尺度，来进行自我评价。心理学家德雷尔（A. Dreyer，1954）对此进行了卡片分类的实验研究。他找了120名小学六年级的学生做被试，这些学生的家庭背景、学习状况、智力水平都基本相似。实验开始前，告诉参加实验的被试，该地区除他们之外所有六年级的小学生都参与了实验，并且从收集的数据中归纳出一个公式。根据每个人的背景信息可以很精确地得出其能正确放入盒子中的卡片数量，公式的准确度很高，每次预测都成功。他们的实验成绩将与这些人的成绩进行比较。通过实验指导语，工作人员为所有的被试虚构出一组比较对象。根据实验设计，告诉一半被试他们能够比虚构组的人做得更好，从而使之形成高期望水平；告诉另一半被试他们不可能比虚构组的人做得更好，从而使之形成低期望水平。让被试参加眼—手协调测试，根据成绩分成高、中、低三类。这样就可以构成六个实验组，即高期望—高等成绩组、高期望—中等成绩组、高期望—低等成绩组、低期望—高等成绩组、低期望—中等成绩组、低期望—低等成绩组。将120名学生分配到六个组中，每组20人。实验任务是将混在一起的黑桃、红心、方块、梅花四种卡片分别放入相应的盒子中，限时30秒。根据他们正确放入相应盒子中的卡片数量来计分。在每一次尝试之前他们都要向实验人员说明自己打算达到的目标；如果对自己的成绩不满意，可以进行多次尝试，直到自己满意为止。每次尝试的时间都会被记录下来，而且在测试结束后还对个人的主观感受（包括对自己和对同组伙伴的感受）按照一定的等级次序进行评定。实验结果发现高期望组比低期望组在正式实验中表现出更高的渴望获胜的水平；低等成绩组的被试一味责备实验而不是自己的糟糕表现；高等成绩组和低等成绩组的被试对同组伙伴表现的主观评定与自己的成绩水平较为接近。

人们试图在社会比较（social comparison）中确定自我价值的需要，使人们倾向于超越别人，与他人形成竞争关系。早期心理学家的大量实验研究结果都很好地证明了这一点。近年来，大量研究进一步证实个体决策和博弈行为选择会受到社会比较的影响。例如，在一项最后通牒博弈（ultimatum game）研究中，向接受分配方案的被试提供其他所有接受者得到的金钱数目的平均值，结果发现，即使面对不公平的分配方案，如果接受者获得的金钱比平均值多，他也会倾向于接受不公平方案；反之，接受者获得的金钱数额若小于平均值，接受者将会更多地拒绝不公平方案。

社会生活中的利益一致和冲突，则是合作与竞争的直接动因。日常生活中，虽然许多利益与满足通过个人努力就可以实现，但更多的利益与满足的达成，却需要通过多个人的协同努力才能实现，此时人们就必须实行相互间的合作。个人之间的关系是如此，群体之间的关系是如此，国家之间的关系也是如此。当人们受商业大潮裹挟，都希望开办公司实体时，合作的意向与现实就开始出现。一个人同时具有开办一个公司的全部条件的情况是很少的，所具有的往往是某一方面的优势。因此，新的公司实体的出现，往往是具有不同资源优势，如分别掌握技术、资金、市场和管理经验等的人们进行合作的结果。当群体间的双方或多边合作有利于双方或多边的利益时，群体相互之间也会出现合作。当今商战中的集团化倾向，正是由于集团化能增加企业自身生存能力的结果。国防关系中利益的一致，也会导致国家之间的结盟或特殊关系的出现。

利益的冲突或试图在社会比较上使自己处于优势的心理倾向，直接导致了日常生活中广泛存在的竞争。现实生活中，社会设定了许多成功—失败情境，处于这一情境中的人只能面对两种结果：自己成功或自己失败。体育比赛是这种情境中的典型。所有参加比赛的人员中，只有一人可以取得冠军，取得绝对意义上的成功，其他人在冠军面前则都是失败者。如果群体竞争性项目，成功者同样也只能有一个队，其他队都是失败者。这种成功—失败情境使得人们牢固树立起了"对手"的概念，直接激发了人们的竞争动机与行为。

在社会心理学中，我们可以称试图在社会比较上优越于别人的需要为超越意识（transcendent consciousness）。超越意识是直接同人们的自我价值肯定需要相联系的。超越别人是一个人获得自我价值肯定的重要途径。为此，人们在许多社会情境中都有超越别人，同时又担心被别人超越的倾向。这样，超越意识就直接转化为竞争意识（competitive consciousness）。与利益冲突引起的利益竞争相对应，可以把这种争上游的竞争称为超越竞争。学校中争取相对优秀成绩的竞争，生活中力争得到对自己有主要影响的他人的肯定的竞争（如销售商争取客户，公司雇员争取赢得老板重视等），都属于超越竞争。

二、合作与竞争的心理趋势

从 20 世纪 40 年代后期开始，各国社会心理学家对合作与竞争问题进行了大量、长期的研究。著名社会心理学家勒温（K. Lewin）的弟子多伊奇（M. Deutsch）提出了合作与竞争的理论。他认为，在合作性的社会情境下，群体内的个体目标表现为"积极的相互依赖"（positive interdependence），即个体目标与他人目标紧密相关，而且一方目标的实现有助于另一方目标的实现。在竞争性的社会情境下，群体内的个体目标则体现为"消极的相互依赖"（negative interdependence），虽然个体目标之间联系紧密，但一方目标的实现却阻碍着另一方目标的实现，是一种消极的相互关系。后来，多伊奇的学生约翰逊兄弟（D. W. Johnson 和 R. T. Johnson）将这一理论进行统整与拓展，形成了社会互赖理论（social interdependence theory）。该理论假定：社会互赖的结构方式决定着个体的互动方式，依次也决定着活动结构。积极的相互依赖（合作）产生积极互动，个体之间相互鼓励和促进彼此的努力。消极互赖（竞争）通常产生反向互动，个体之间相互妨碍彼此取得成绩的努力。在没有互赖（个人努力）存在的情境下，会出现无互动现象，即个体之间没有相互影响，彼此独立作业。

大量研究使研究者们得出一个共同的结论：与合作相比，在没有特别引导的情况下，人们更倾向于优先选择竞争的行为方式，若存在利益诱惑，则更倾向于选择竞争方式。一个典型的生活事例是，中世纪英国某些地区的农村曾允许人们在公共草场放牧，结果，人们选择的方式是尽可能增加自己牲畜的存栏数，使自己得到最大利益。牲畜的大量增加很快使草场失去再生能力，后果是大家都不能得到利益。

（一）合作与竞争的策略取向

在具体的问题情境面前，是合作还是竞争，涉及一个策略取向的问题。而相互作用中的决策是不同参加者在相互作用过程中做出的，不是个人单独做出的，这就使问题进一步复杂化。因为，不同方面的利益可能一致也可能不一致，对一方是最佳的决策对另一方而言就不一定是最佳决策。

社会心理学研究人员将合作与竞争的情境归纳为三种不同情况。第一种是纯竞争的情况，如一方赢另一方必定输。这在各种棋类、纸牌游戏中都可以见到。第二种是纯合作的情况，即双方一起赢或一起输，双方利益一致。这在一些团队研究中较常见，如罗内等人（R. Ronay, K. Greenaway, E. M. Anicich, & A. D. Galinsky, 2012）的研究采用组词造句任务。三人小组要在规定的时间内，写出尽量多的句子。每个句子必须包含每个成员提供的至少一个单词。第三种情况是更常见的，即既有合作又有竞争的情况。在这种情况下，人们如何决策呢？在许多对策游戏中，一种叫作对策论的数学理论提供了理想的策略。如果按照这种理论的指导一步一步做下去，可以获得最大的利益。但是实际情况并非完全如此，人们并不总是按照理想的策略办事。

社会心理学家对上述合作与竞争的策略取向进行了大量的研究。敏茨

(A. Mints，1951）是这一领域较早进行研究的学者。图 11-1 是敏茨做实验使用的装置：一个带有窄小瓶颈的玻璃瓶，瓶中放着数个铝制的圆锥体，每个圆锥体底面直径略小于瓶口直径，通过系在圆锥体上的细绳可以将其拉出瓶口，在玻璃瓶靠近瓶底的部位连接着一根玻璃管，通过这根玻璃管可以往瓶中注水。

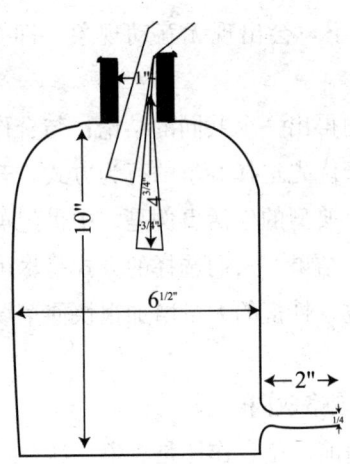

图 11-1　敏茨实验玻璃瓶示意图

在实验正式开始之前，实验者告诉招募来的志愿者，需要他们帮忙做一个实验，就如同参加一个游戏。每个志愿者抓住一根细绳，目标是将与细绳相连的圆锥体在被注入的水沾湿之前从瓶中拉出来。同时给他们示范，一次只能将一个圆锥体拉出来，如果同时拉动两个，则会被堵在瓶颈处，一个也出不来。在实验者给出开始信号的同时，通过玻璃管往瓶中注水。奖惩的规则是：如果拉出的圆锥体没有被沾湿，奖励二角五分；如果被沾湿的部分不足三分之一，不奖也不罚；如果被沾湿部分大于三分之一而不足三分之二，罚一分钱；如果被沾湿部分大于三分之二，罚两分钱。如果这些参加实验的志愿者依次拉动圆锥体，则圆锥体完全有足够的时间全部"脱险"。

实验结果表明，在进行的全部实验中，一半以上的实验出现了瓶颈堵塞现象。也就是说，当强调个体利益的时候，更多的竞争行为就会发生，尽管通过合作大家能够得到更多的利益。在日常生活中也可以看到这种现象，如当剧场失火时，观众都争先恐后向外逃生，结果由于拥挤通道被堵死，谁也出不去。

多伊奇和克劳斯（M. Deutsch & R. Krauss）也对此进行了深入的研究，他们于 1960 年进行的卡车游戏也是一个经典实验。这是一种角色扮演游戏，有两人参加实验，分别扮演艾可米运输公司和波尔特运输公司的司机。两家公司都有一批货物急需运送，具体的运送路线如图 11-2 所示。很明显，两人都有两条路线可以选择，一条是里程远的备用路线，另一条是里程短的主干道，而且双方在主干道上共有一段的两端各设置了一道控制门。全部线路都是单行线，走备用路可以互不干涉；走主干道则只能一方为另一方让路，否则双方就会堵在路上。游戏规则是把货物运送到目的地，所用时间越短，则所得收入越多。

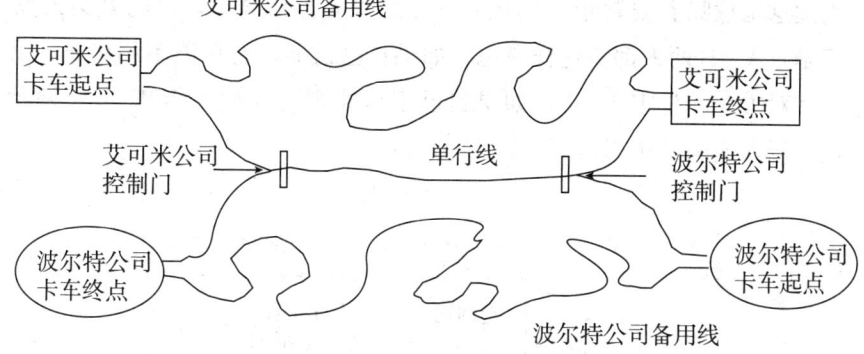

图 11-2 卡车游戏道路示意图

按照对策论的观点，艾可米和波尔特两家运输公司的司机应该都开启自己的控制门，轮流使用主干道，这样双方获得的收入可以最大化。但在实验中双方做出的选择却并非如此。双方都选择走主干道，很快就相遇形成对峙状态，双方待在原地都等着对方为自己让路，但等了一阵子觉得没有可能，于是一方返回到自己的起点，并且关闭控制门，迫使对方也不得不返回。双方最终都通过里程远的备用路线来运输货物。

在互相有制约对方手段的时候，尽管双方在合作的前提下能够获得最大利益，双方也往往倾向于采用制约对方的办法而导致两败俱伤。制约手段在人们的这种竞争优势心理发生的过程中起到了一种推波助澜的作用，所产生的结果也是灾难性的。在现实生活中，发生的恶性团伙斗殴事件就是很好的例子，本来双方是想通过谈判的方式达成一致的协议,最后因为一言不合而大打出手。

卢斯和莱法(R. Luce & H. Raiffa,1957)进行的囚犯两难困境(prison's dilemma)研究是探讨合作和竞争策略取向的又一项经典实验。在这一研究中,有A、B两个嫌疑犯,被警方怀疑共同参与了一项犯罪活动,但没有足够的证据可以给他们定罪。为了让他们招供,警方将他们单独囚禁并采取一个巧妙的办法来审讯他们。审讯中A、B两人各自面临着这样的三种选择:(1)自己如果认罪,将被无罪释放,而同伙将被判刑15年,反之亦然;(2)如果自己和同伙都认罪,则两人各被判刑10年;(3)如果自己和同伙都不认罪,那么两人只会被判刑1年。

很显然,对双方来说最佳的选择当然是都不认罪。由于双方不能互通信息,因此这也意味着要冒很大的风险——如果对方认罪了,自己就会入狱15年。于是,A、B两人都会这样考虑:如果自己认罪,有可能不用坐牢,最坏也就是和对方一起坐牢10年;如果自己不认罪则有入狱1年和15年两种可能。这样两人面临的选择可以如图11-3所示。

	嫌疑犯A 认罪	嫌疑犯A 不认罪
嫌疑犯B 认罪	判刑10年	B被释放 A判刑15年
嫌疑犯B 不认罪	A被释放 B判刑15年	各判刑1年

图11-3 囚犯两难困境

在这种情况下,真正的囚犯会怎么做,我们无法知道。但是社会心理学家从这些实验中得到启发:在交易和比赛中,参与者主要的考虑是以最小的代价获得最大的收益。但是人们的取胜感也是重要的。如果人们感到自己战胜了对方,超过了别人,那么就会乐意接受较少的收益。所以如果双方意见不一,通过协商,双方做出让步,达成协议,则双方不仅感到获得了好处,也感到取得了胜利。

（二）目标手段相互依赖理论

社会心理学家多伊奇提出一种理论，认为当目标和手段积极地相互依赖时，最可能产生合作关系。在这种情况下，人们最可能倾向于合作从而达成目标。如在足球、篮球、田径接力等团体性竞技比赛中，队员相互合作取得优异的比赛成绩。当目标和手段消极地相互依赖时，则更多表现为竞争行为，如乒乓球单打比赛、学习竞赛等。

多伊奇做过一个学习方面的实验。他将 50 名学生平均分成十组，每两个组构成一对，并给每个组提出两个需要解决的问题。对每一对的其中一组学生说，他们是作为一个组来评分的，即每人分数一样；告诉另一组学生他们的分数按个人的成就分别评分，每个成员分数不同，只有一个最高分。对于整体评分的组来说，每个学生之间相互依赖，但与其他合作组之间是一种竞争关系。而对于个体评分的组来说，组里的成员之间存在消极的目标相互依赖。结果表明，合作组成员表现出更强的相互依赖感、更多的协调一致，有很高的动机和兴趣，工作的质量和数量都超过竞争组。

敏茨的实验也很好地证明了该理论。敏茨除了进行前面提到的有奖励和处罚的玻璃瓶实验外，还进行了没有奖励的玻璃瓶实验。在没有奖励的实验中，敏茨告诉参加实验的志愿者，实验的目的是测量他们与同伴的合作能力。同样也给他们示范，一次只能将一个圆锥体拉出来，如果同时拉动两个，则一个也出不来。还告诉他们，虽然实验的难度较大，但是另外一组志愿者合作得非常好，用时 10.5 秒就将全部圆锥体成功拉出，看看他们是否能够和那组志愿者做得一样好。实验结果表明，在实验中没有发生一起瓶颈堵塞现象。也就是说，当强调团体利益的时候，在团体内部会出现更多的合作行为。如在足球场上，只有全体球员团结合作，才有可能赢得比赛。但也有的实验结果似乎与这一理论相互矛盾。特里普利特（N. Triplett, 1897）观察到，一个自行车选手独自训练的成绩往往不如有对手在一起进行竞赛的成绩。合作的产生不仅依赖于目标相互依赖的性质，而且也依赖于手段相互依赖的性质。

（三）社会价值取向

社会价值取向（social value orientation，SVO）提供了从个体差异视角理解合作与竞争问题的视角。社会价值取向又被称为社会动机、社会取向、社会价值和动机取向,是指个体对于自己和他人结果分配的特定偏好,是一种相对稳定的人格倾向。多伊奇最早指出个体具有合作性、竞争性和个体性三种动机取向,随后,梅西克等(D. M. Messick & C. G. McClintock)采用了社会价值取向的概念,并通过实验证实了人们对自我、他人收益所赋予的权重存在个体差异。社会价值取向是个体对事件重要性和价值的判断,是一种相对稳定的人格倾向,它与个体以往的社会交往经验存在直接联系。

社会价值取向可分为四类:个人主义取向(individualistic orientation),这类个体追求自我绝对利益的最大化;合作或亲社会取向(cooperative/prosocial orientation),这类个体追求双方利益的最大化;竞争取向(competitive orientation),这类个体追求自我相对利益的最大化;利他主义取向(altruistic orientation),这类个体追求他人利益的最大化。由于个人主义取向和竞争取向都追求自我利益的最大化,只是程度不同,所以有些研究者将个人主义取向和竞争取向合并为亲自我取向(proself orientation),又因为利他主义取向的个体存在比例较小,所以进而将社会价值取向简单地划分为亲社会取向和亲自我取向。具有这两种倾向的个体分别称之为亲社会者和亲自我者。

梅西克与麦克林托克提出的分解游戏(decomposed game)实验为评估社会价值取向奠定了基础。在实验游戏中,假定有两人在参与游戏,他们各有一个选择,这种双人游戏收益双选择的结构能够使人们推断出对应每种选择的动机。据此,不同的研究者开发出不同的分解游戏测量方法,但是最常用的技术是社会价值的三优势测量法(triple-dominance measure of social values)。它是由范兰格等(P. A. Van Lange, E. De Bruin, W. Otten & J. A. Joireman, 1997)发明的,其具体程序如下:让被试想象与不相识的陌生人一起玩由九道题目组成的策略选择游戏,每道题目包含A、B、C三个选项,表11-1为其中一道题目的三种选择下个体和他人的收益情况。方案A是三个方案中自己与他人获益的差异最大的,如果选择它,表明被试倾向于与别人竞争,是竞争型的价值取向;方案B是三个方案中双方获益之和最大的,如果选择它,表明被试看重双方的共同利益,属于亲社会价值取向;方案C是三个方案中自己获益最高的,如果选择它,代表被试是个人主义价值取向。

表 11-1　社会价值取向测量的三种选择下个体与他人的收益情况

	A	B	C
你得到	500	500	550
他人得到	100	500	300

三、个体合作与竞争意识的发展

从以上的论述可以看出，在人们的相互作用中，竞争较之合作占优势。这种优势究竟是从个体生命之初就如此，还是随着自身的发展而逐渐形成的。对这个问题的探讨，也有助于进一步全面了解合作与竞争的心理机制。

如果注意观察幼儿园的小朋友，我们会发现一个有趣的现象——有的小朋友非常喜欢受到老师的表扬，一心想得到"小红花"；而有的小朋友恰恰相反，不喜欢表现自己，他们对于能不能得到"小红花"无所谓。同在一个幼儿园，接受同一位老师的教育，从外部环境来讲应该没有明显的差异。那么儿童间的这种差异是怎样产生的呢？心理学家经过研究，得出的结论是遗传在起作用。心理学家霍夫曼（M. L. Hoffman）根据刚刚出生三四个小时新生儿对录音里的哭声和其他新生儿真正哭声的不同反应，提出"人的同情心可以遗传"的假设。这一大胆的假设引起了其他心理学家的关注。为了检验这一假设，他们对大量的同卵双生子和异卵双生子进行了研究。结果发现，遗传率高达68%。也就是说，在同情心这种行为上，遗传能够起到68%的作用，远远超过环境所起的作用。除了同情心之外，心理学家进一步发现，人的活动性、交际性、情绪表达等方面的特征，也都和遗传有关，遗传率平均在50%左右。因此，对于个体来说，竞争意识水平的高低在相当程度上于出生前就已经被编制在遗传密码中。

社会心理学家约翰逊及其同事分析了一百多项关于学校中竞争和合作的学习效果的研究（D. W. Johnson, R. T. Johnson & E. J. Holubee, 1993），比较研究了典型的一些群体的学习效果，包括在一项课题上合作的班群体、竞争的班群体、在本群体内合作并与外群体竞争的群体以及各成员自己工作的群体，涉及的学科有阅读、语文、数学、自然科学、社会科学、心理学以及体育。这个研究包括了各个年龄段的被试（从幼儿园到大学），还分析了一系列技能，包括口头问题解决、概念获得、空间问题解决、分类、保持、记忆、运动作业以及预测、翻译、改错。研究结果表明，合作是很好的学习方法，在班级中与他人合作的人比彼此竞争的人和自己学习的人学得好。各学科、各年龄段的被试都是如此，虽然对大学生来说合作的积极作用弱一些，原因可能是，上大学的人在某种程度上已习惯于学校的竞争性质。在翻译和改错这两项技能上，竞争的学习效果好一些。在其他方面，合作的学习效果都比较好。

这些结果来自短时实验。如果实验在长时期内进行会怎样呢？一旦合作的新颖性丧失了，是否也会失去其优越性呢？还是合作会表现出更大的优越性呢？要回答这些问题，还需要进一步研究。个人学习的效果类似于竞争的效果。文献综述并没有发现个人学习方法和竞争方法有什么区别，但二者都不如合作。

许多研究表明，在合作的学习条件下，儿童表现出更高水平的学业成绩和学习效率。在合作学习组中的儿童有更强的推理能力，他们比竞争或个人主义情境中的儿童能更快地集中到概念和问题解决上。合作学习环境中的儿童更频繁地运用元认知策略。埃姆斯等发现，合作组的儿童往往有一种叫作"过程获得"的感受——大家在分享信息及产生信息的合作性努力中，新的思想和方法产生了，这种感受在学生单独学习时是不会有的。合作性学习的另一益处是信息可以通过小组传向个人。约翰逊等人发现当对学生的小组活动进行评价时，那些在合作组中的学生比在个人主义组中的学生获得更高的后测成绩。他们发现，在合作的学习情境中，学生们相互支持去实现小组目标，正是通过这种合作与相互支持，他们相互学习，坚持完成任务。合作过程是一种同伴互动，而同伴关系又是儿童社会化的一个重要成分。在互动过程中，儿童直接学习到同伴的态度、价值观、技巧、信息等，而这些都是无法从成人那里获得的；同伴可为儿童学会控制冲动提供示范、期望、指导和强化等；同伴互动可为亲社会行为提供支持与示范；通过同伴互动，儿童学会了从他人角度看待问题和情境；在教育与学习环境中，同伴互动对于提高效率有重要的影响；儿童对受教育的渴望更多地受同伴影响。国内有关研究表明，学生越富有合作态度，就越把自己看成是受内部动力推动的，他们坚持追求明确的学习目标，相信学习的成功取决于自己的努力。

李幼穗、张丽玲、戴斌荣（2000）在儿童合作策略的发展水平的实验研究中发现，儿童的合作行为随着年龄的增长而呈现出增长的趋势，合作水平也随着年龄的增长而逐渐提高；性别对于儿童的合作水平影响不大。他们认为，儿童之所以表现出随年龄增长合作行为增多、合作水平提高的趋势，与儿童接受了教育以及由接受教育而引起的认知能力的不断提高有密切关系。关于性别差异对于儿童合作行为的影响，张丽玲在儿童合作行为中的性别角色差异研究中进行了深入的分析。她最后得出结论，儿童合作水平的发展与年龄的增长以及性别组合方式的不同有着较大的关系，具体表现为，男—男组合优于男—女组合，男—女组合又优于女—女组合。这似乎与我们的日常经验是相悖的。因为我们较为普遍地认为男孩们的合作水平应该比女孩们低。张丽玲认为是认知策略、智力性别、价值取向以及竞争心理和竞争意识的差别这几种因素导致了差异的出现。此外，张丽玲（2004）通过情境模拟实验发现，儿童的合作策略随着年级的增加而增加，小学五年级是合作策略发生转折的关键期，此时，儿童会拥有较高水平的合作策略。

庞维国、程学超（2001）关于9—16岁儿童的合作倾向和合作意图的发展研究发现，9—16岁儿童的合作倾向随着年龄的增长而逐渐减弱，初二到高一之间是儿童合作倾向发展的转折期；随着年龄的增长，9—16岁儿童合作意图的发展日趋复杂和分化。他们认为，这一研究结论和国外的研究结论是一致的。儿童合作倾向随年龄增长而减小的事实与他们的心理发展和教育的现实密切相关。从儿童心理发展的角度看，随着年龄增长，儿童的自我意识越来越强，他们越来越想摆脱对他人的依赖，谋求自己的独立地位，体现自我的价值。因此，他们更愿意通过竞争来证实自己的能力和价值，注重凭借自己的力量来适应社会。就学校教育的现实来看，尽管也进行合作和互帮互学的教育，但是更多的是鼓励竞争和个人奋斗。面对强大的学习压力，学生们知道只有通过自己的努力和竞争，才能赢得学业上的成功。因此他们谋求的不是与同学们共同进步，而是想方设法超越对手。随着年级的升高，竞争的压力越来越大，合作的倾向也就越来越小，尤其当分数被视为学生在班上的排名依据时，学生间的竞争变得越来越强而较少表现出合作。

上述儿童合作及竞争行为的发展研究大多采用了对比不同年龄组的行为的方法，而混合年龄组的合作研究近年来才被关注。例如，有研究表明，混合年龄组的互动增加了合作，并减少了同伴间的竞争（C. Liu & P. LaFreniere, 2014）。研究采用资源有限范式设计了两人完成的视频游戏，对幼儿园至六年级的儿童进行了测试。与同年龄组儿童相比，混合年龄组（组内有一个约年长五岁的儿童）儿童花费更多的时间在测试本身上，他们会更为公平地共享资源，更好地组织与合作，其测试过程更为流畅，并最终获得了更高的得分。混合年龄组的合作行为主要体现为较年长儿童表现出的身体帮助、指导、提供帮助等行为。

关于儿童的合作意图或合作动机的问题颇有争议。多伊奇等人认为，儿童主要是为了达到个人期望的目标而选择与他人合作的。艾森伯格（N. Eisenberg, 1992）则认为，儿童选择合作的意图不仅可能出于自利的目的，也可能出于利他的考虑。此外，维护群体的同一性（group identity）也是驱使个体选择合作的重要动机。庞维国等（2001）的研究结果显示，儿童的合作意图是极为复杂的。总的看来，儿童选择合作既有自利的目的，如自己获得的报偿大、可以得到他人的赞许等，也有利他的目的，如合作对同伴有利等，同时为了使共同的受益最大而选择合作的动机也占有很大的比例。尽管在实验中，报偿大小没有对儿童的合作倾向造成实际影响，但是从儿童陈述的合作意图看，他们还是把报偿作为一个很重要的考虑因素。只是在选择合作所得的报偿不是很大的情况下，为了交往的需要和维护同伴之间建立起的良好关系，增进友谊，才成为选择合作最为重要的动机因素。研究结果还显示，随着年龄的增长，儿童的各种合作意图的发展方向并不一致。

张智、阎秀冬、杜丽华（2001）所做的"三校大学生竞争/合作策略取向的特点及影响因素"研究发现，较之合作策略，大学生更倾向于采取竞争策略获得成功，表现为，对自我能力评价越高、父母期望值越高的学生越自信，越崇尚竞争。合作/竞争的策略取向受多种变量影响，其中学习能力、综合能力与父母期望对竞争策略取向有一定的预测性，而性别和母亲受教育程度可部分预测合作策略取向。

综合以上的研究，大致可以发现个体在儿童阶段的合作水平发展呈倒 U

型趋势。在某个阶段之前，合作水平随着年龄的增长而上升，但过了这个阶段，合作水平开始逐渐下降。合作是由来自集体内部的一种集体动力产生的。在合作性的团体里，具有不同智慧水平、知识结构、思维方式、认知风格的成员可以互相启发，互相补充，相互实现思维、智慧上的碰撞，从而产生新的思想。合作性的集体学习也有利于学生自尊自重的产生。

第三节　影响合作与竞争的因素

影响合作与竞争的因素是什么？社会心理学通过一系列的实验证明，人们之间的竞争和合作受以下因素的影响：相互作用的次数、奖励、信息沟通状况、威胁、惩罚、文化背景等。

一、相互作用的次数

随着相互作用次数的增加，合作行为随之增加。塔卡吉（E. Takagi, 1991）通过操作参与者所期望进行实验的次数（15 或者 30），探讨了一个资源两难任务中参与者的合作行为。结果发现，参与者期望进行 15 次实验时的资源平均获取量要大于期望进行 30 次实验时的资源平均获取量，即进行 15 次实验的参与者表现出更少的合作行为。鲁宾和布朗（J. Rubin & B. Brown, 1975）对影响合作程度的因素进行了深入的研究。他们认为，相互作用的次数是其中之一。实验是这样的：两个人分坐在两间小屋内，每个人面前各有两个按钮，一个黑色，一个红色。要求被试按动其中一个按钮。如果两个人都选择黑色按钮，各赢 1 元。如果两个人都选择红色按钮，各输 1 元。如果一人选择红色按钮，另一人选择黑色按钮，则选择红色按钮的人赢 3 元，选择黑色按钮输 2 元。他们发现一个有趣的现象：要求两人做一次这样的游戏比做重复多次时更倾向于竞争。原因何在？因为只做一次游戏时，被试不需要考虑未来的行为，所以更多地利用对方来获取自己的最大利益。多次重复这种游戏时，双方知道了对方每次可能的选择，于是尝试着进行合作。虽然合作的双方可能少得一些好处，但对双方都有利。如果一方想牺牲对方，多得好处，对方也会以牙还牙，则对双方都不利。

近年来，随着重复博弈理论的兴起，越来越多的研究者从"互惠"的角度阐述合作的演化。例如，人们提出可以让博弈在一个时间过程中反复进行，这样可将博弈双方都处于承受自己的选择与对方选择匹配的后果之中，避免以牙还牙的不合作现象出现。互惠理论由特里弗斯（R. L. Trivers，1971）提出，他认为合作源于"你来我往"的互相帮助。亚历山大（R. D. Alexander，1987）进一步提出了间接互惠理论，认为陌生人之间的合作好比是一条合作链，你帮助了我，是因为他曾经帮助你，或者因为我将会帮助他，重复博弈产生间接互惠的关键是存在声誉机制。正如诺瓦克和西格蒙德（M. A. Nowak & K. Sigmund，2005）指出，与陌生人交往占据了人一生中的相当一部分时间，而且越来越多的交易再也不是面对面的或者唯一一次的了，因此，人们在社会交往情境中，基于声誉机制的间接互惠，应该会更多地做出合作行为。

二、奖励

根据被试在实验中的不同表现而给予相应的奖励，随着奖励的内容、奖励的额度、奖励方式的不同，被试选择合作或者竞争的趋势就会发生相应的变化。

首先，奖励作为一种积极的激励可以有效地促进合作。兰德等人（D. G. Rand，A. Dreber，T. Ellingsen，T. D. Fudenberg & M. A. Nowak，2009）的实验发现，在重复的多人博弈中，奖励可以有效促进合作，实验中表现好的被试大多采用合作而非惩罚策略。戴里特等人（D. Dalliet，L. B. Mulder & P. A. Van Lange，2011）的研究，通过对187项效应值的元分析发现，奖励可以有效地促进合作，而且与单次博弈相比，重复博弈中奖励的作用更明显。奖励效果随时间增强的现象与社会互赖理论的阐述相一致。奖励之所以会促进合作，一方面因为它作为刺激物和强化物，可以提高未来行为的发生频率。另一方面，奖励可以通过促进互动系统的循环激起个体相应的情绪反应（如快乐、感激和骄傲），进而影响奖励的效果。

其次，奖励方式的不同是影响合作与竞争的关键因素。一方面，奖励方式是指运用何种方式来强化行为的结果，它包括：（1）奖励类型，如分数、表扬或物质性鼓励；（2）奖励频数，如奖励间隔时间的长短、奖励数量的多少等；（3）奖励的可接受性，如直接奖励或间接奖励；（4）奖励的对象，如面向全体、小组或个人。另一方面，奖励方式是指人际间奖励的互赖性。斯莱文（R. E. Slavin）认为，人际间奖励方式是指同伴的成绩之于个体的重要性。在竞争性的奖励方式中，如按正态曲线对学生评定等次，一个学生的成功注定了别人的失败。因为在竞争性的奖励方式中，别人的成功就是自己的失败，这是一种消极的奖励方式。反之，在合作性的奖励方式中，一个人的成功同时会帮助别人成功，人们之间存在着一种积极的互赖关系。

对于什么类型的奖励可以促进合作，现有研究存在一定分歧。有研究发现，直接的金钱奖励可以促进合作，但也有研究发现了相反的结论。1966年，心理学家加洛（P. S. Gallo）使用两种不同的奖励，来考察奖励是否会引发被试在卡车游戏中的不同行为倾向。被试两人一组进行卡车竞赛。实验将所有的参赛组分成两类，对一半的组奖励现金，而对另一半的组奖励分数。加洛发现，当奖给被试现金时，合作就大为增加。谢波什（J. Sheposh）的研究对比了奖励10美元的被试与奖励分数的被试的表现，发现了类似的结果。但是，其他对金钱奖励作用的研究却发现与之相反的结果。冈波特等人（P. Gumpert，M. Deutsch & Y. Epstein，1969）发现在一次囚犯难题竞赛中，现金比虚拟的金钱引发了更多的竞争行为。奥斯卡普与克林克（S. Oskamp & C. Kleinke）对这个问题进行了两项实验。在第一项实验中，每一次测验都给被试0.3—3美元的一份报酬。总酬金取决于测验次数的选择，为1.5—3美元。在第二项实验中，那些测验要么根本不给钱（只有分数），要么只给几美分或几角银币。虽然奖励的刺激作用不大，却总是酬金越低，合作的倾向性越强。强调刺激，实际上降低了选择合作的可能性。国内有研究表明，奖励的形式，即金钱奖励和荣誉奖励，对合作行为也有不同的影响。采用金钱奖励时，接受个人绩效反馈的个体比接受集体绩效反馈的个体具有更好的合作行为表现；采用荣誉奖励时，接受集体绩效反馈的个体表现出更好的合作行为。这说明奖励形式与绩效反馈方式的匹配会提高组织成员的绩效，并增加合作行为。

时间间隔及奖励数量对合作与竞争行为的影响不同。奖励的基础是强化理论，不同时间间隔的强化对合作行为的影响不同。以往研究表明，与连续强化和固定间隔强化相比，基于变动比率强化设计的奖励对促进个体的合作行为最有效，更能引发个体多而恒定的合作行为的出现，且合作行为不易消退。时间因素，尤其是资源两难情境下的时间因素对群体合作的影响是一个较新的研究领域，一般用亨德里克斯（L. Hendrickx, W. Poortinga & R. V. D. Kooij, 2001）提出的将受益函数、资源库增长函数及贴现函数进行整合的 RD 模型进行解释。RD 模型认为，只有在贴现率小于资源库增长率与参与者数量之间的比值时，合作产生的期望结果才会高于"背信"产生的期望结果，决策者才会选择合作。从该模型来看，影响两难情境中群体合作行为的时间因素主要有三个，即贴现率、资源库增长率和小组规模。其中，贴现率、小组规模与合作行为之间是负向相关关系，而资源库增长率与合作行为之间是正向相关关系。依据此模型发现，较近的时间间距会减少合作行为，因为此时人们很少考虑未来，更注重眼前得失。

在奖励的数量上，奖励的绝对值并不重要，人们所敏感的是酬金的变化。佛洛兰德、阿诺德等人（N. Friedland, S. E. Arnold, & J. Thibaut, 1974）的研究让被试为数量不等的酬金而进行竞赛，竞争的次数不受金钱数量的影响，但在竞赛过程中奖励的多少有所改变，不是多些就是少些。结果发现，增加报酬对合作影响甚小，但减少报酬则使合作减少。可以推测，每个竞赛者有两种动机：赢得金钱和战胜别人。当酬金忽然减少时，金钱的动机就变得不太重要了，被试集中注意寻求胜利，竞争增加。这项研究指出：奖励（酬金）对合作数量的刺激作用不是简单的。有时它似乎是加强合作；有时它会减少合作；有时它不起作用。对这种明显的不一致的可能解释认为，当酬金多的时候，能使人较多地关心收入，而不一定有较多的合作。挑选竞争以及挑选赢得奖金，这两种诱惑不管是得分还是赢钱都同样存在。增加刺激只能使某些被试集中注意于经济收入，至少是一些金钱，但是又造成被试借竞争把所赢得的利益扩大到最大的限度。诺克斯与道格拉斯（R. E. Knox & R. L. Douglas, 1971）的实验结果支持了这种解释。他们对赢得几美分或赢得几美元的被试进行了比较，从本质上看，在两种情况下合作的数量是相同的。但是，当可以赢得美元时，就出现了更多的情况：某些竞赛者多次合作，其他人则根本不合作。这表明，较高的刺激会使某些被试有更多的竞争性，而另一些人则有较多的合作性。当被试过多地关心收入，就会选择一种较为一致和更极端的策略。但是，没有证据说明他们一定要更多地合作。第三，奖励对象的不同对合作行为的影响不同。在奖励结构中，奖励的对象可分为面向团体和面向个人。团队又可以区分出竞争性奖励和合作性奖励。在竞争性奖励结构中，总是"我赢—他输"；合作性奖励则不然，一个人的成功同时也帮助了另外一些人（例如小组成员）的成功。皮尔索尔等（M. J. Pearsall, M. S. Christian & A. P. J. Ellis, 2010）探讨了面向不同对象的三种奖励方式后发现，与个人奖励（individual rewards）和共享奖励（shared reward）相比，混合奖励（hybrid reward）更能有效增加信息分配（即合奏）并减少社会懈怠。在团队工作中，组织主要依靠个人奖励和分享奖励来激励员工完成团队目标。每种奖励方式各有利弊。共享或合作式的奖励致力于促进团队成员间的互动，但同时降低成员的责任心和主观努力，容易产生懈怠；个人奖励会带来团队成员较高的满足感及对行为后果的重视，但却不利于团队成员的互助行为，减少合作。混合奖励既包含个人奖励的成分，即强调与其他组个体而非自己组员的竞争，又包含共享奖励的成分，即依据团队绩效会获得额外的奖励。

总而言之，奖励对合作或竞争倾向的影响是极为复杂的。在一般情况下，增加报酬对合作影响不大，但减少报酬会使人们倾向于竞争。研究者认为，游戏的参与者有两种不同动机，一是赢得金钱，二是超越别人。报酬减少使赢得金钱的动机退居次要位置，人们此时的行为主要受超越别人的动机引导，从而竞争倾向增强。

三、信息沟通

首先，信息本身能影响合作或竞争行为。在两难情境决策中，由于决策者没有参照系，决策的唯一依据就是来自对手或其他成员的合作或竞争信息，他人合作则选择合作，他人竞争便选择竞争，被称为针锋相对策略或一报还一报策略（TFT）。因此，有关对手或其他成员的合作信息将会影响决策者的合作行为。先前决策者榜样示范作用的发挥与后续决策者对其预期有关。皮卢特拉等（M. M. Pillutla & X. P. Chen, 1999）的实验研究发现，如果得知先前决策者在上一轮中出乎意料地表现出竞争行为，后续决策者的竞争性会更强；如果得知先前决策者在上一轮中出乎意料地表现出合作行为，后续决策者的合作性会更强；如果先前决策者的行为前后一致或在预料之中，其合作或竞争信息将不会影响后续决策者的行为。

其次，沟通可以有效增加合作行为。在团队中，沟通作为一种信息交流和情感交流的手段，是团队内成员之间信息共享、解决问题、做出有效合作行为的过程。这在早期研究中得到了证实。多伊奇等人（M. Deutsch et al.）在进行卡车游戏研究时，针对沟通变量设计了三种不同的操作：不许沟通、可以沟通、必须沟通。结果表明，与解决囚犯两难困境的情况相同，沟通导致了合作率的明显提高。强迫交流的情况更是如此。由此可见，对于合作来说，信息的交流非常重要。能否与对方进行有效的信息沟通，在决定双方的合作数量方面起到重要的作用。威克曼（H. Wichman, 1970）后来的研究更确切地证明了沟通对于合作的影响。他在囚犯两难困境实验中，设置了看不见同伴，可以看见、但不能谈话，看不见、但可以谈话，及看得见、可以谈话四种实验情境。结果证明，合作比率与沟通水平有着直接联系。沟通水平越高，合作比率也越高。无沟通与有非语词沟通时，合作比率仅约40%。而准许进行语词沟通或可以直接进行面对面沟通时，合作比率达到70%以上。李燕、曹子方（1997）用类似囚犯两难困境的个别实验法研究了交流对合作的影响。实验的结果发现，交流预期使被试表现出较高的合作倾向。信息沟通内容对合作也有影响：在沟通过程中向对手发出平等或合作信息的被试，在沟通后合作行为明显提高；没有发出实质性信息，合作行为也略有增加；发出竞争性信息的合作行为无增加或减少；无沟通机会与发出无关信息的类似。布帕万等（K. S. Bouas & S. S. Komorita, 1996）也研究了小组讨论对合作的影响。四种讨论情境为：在两难情境下讨论面对的两难问题，在两难情境下讨论与被试有关的其他问题，只有两难情境无讨论，无讨论无两难情境。结果发现，前两种情况都能增加小组成员的认同感，但只有认同感还不足以引发合作行为，双方还必须有认知上的一致性，即彼此愿意合作以及关于如何合作的看法等。

在这些实验中，了解对方特别是掌握了对方要干什么，信息交流就会起到促进合作的作用。交流信息可使合作率增加的一个明显的理由是，竞赛者在竞赛时常常错误地觉察对方的意图。凯利与斯坦赫尔斯基（H. H. Kelley &

A. J. Stahelski，1970）指出，在囚犯两难困境的实验中，最困难的是知道对方计划做什么。人们一般倾向于认为别人会选择竞争，因此竞赛者在选择合作时常常不能把合作意图坚持到底。如果他们的对手坚持选择竞争，之前选择合作的人为保护自己的利益也只好被迫做出竞争的选择。对参与者合作意图的错误理解，和这个人的实际行为是一致的。这是自我实现的预言的又一例证。一个参加者假定对手选择竞争，从而也以竞争的方式来做出反应，迫使对方也选择竞争方式。最后的结果便是，他最初猜想其他人也选择竞争的错误判断，会因为他事实上迫使对方这样做而反过来变成正确的了。同样，一旦你认为别人是危险的，以敌对态度对待他，他也就像个敌人了。当可以交流信息时，竞赛者错误判断的可能性大大地减少。因此准许或迫使参加者进行信息交流，就容易使他们进行合作。他们可以讨论计划，促使彼此的合作，并做出保证，使对方信赖自己，互相了解情况等。假定有任何合作的趋势，"了解对方"这一做法可以促进合作。很显然，人与人之间的相互作用越充分，合作的倾向也越强。沟通可以增加对方选择合作的机率。在典型的囚犯两难困境与卡车游戏情境中，最佳选择取决于对于对方的信任。信任感越强，沟通的影响作用也越大。

然而，也有研究关于沟通的作用得出不同的结论。史密斯与安德森（W. P. Smith & A. J. Anderson，1975）的一项研究发现，交流信息有时具有消极的作用。他们设置了一种类似卡车竞赛的实验情境，实验条件分为被试有信息交流的自由和没有信息交流的自由两种，此外，还区分了双方有威胁和无威胁的两种情况。在没有威胁的情况下，自由交流信息会增加合作。在双方有威胁的情况下，自由交流实验条件下的合作比不允许交流时更少。原因是这些被试利用交流信息的机会进行威胁，加强对抗，而并非借此解决相互之间的问题。把这一发现连同上述多伊奇与克劳斯（M. Deutsch & R. M. Krauss，1960）的实验结果一起考虑则说明，在竞赛者互相平等，双方都没有什么威胁手段的情况下，或者当信息交流能够清楚表明一方具有可以进行单方面威胁的优势并允许力量微弱的一方妥协时，信息交流才是有助于合作的。

四、威胁

在合作或竞争任务中，个体和对手总会面临威胁。对威胁作用的探讨集中于20世纪70年代，近年来随着对惩罚因素的重视，关于这一主题的探讨逐渐减少。

以往研究表明，威胁会使双方受损，破坏合作。在前面提及的卡车游戏实验中，双方各自控制的门对彼此来说就是一种威胁。也就是说，如果对方做出不利于自己的举动，自己也可以采取类似的办法让对方蒙受损失。让我们再来看看卡车游戏实验中在共用单行线上设置控制门的情况，当仅有一方设置控制门时，称之为单方面的威胁。当双方都设置控制门时，则称之为双边威胁。控制门的存在使两人合作的数量发生了相当大的差别。两人中没有一个人使用控制门，就可形成最大程度的合作。如果有一人使用控制门，合作就会减少。在一项典型的实验中，两辆卡车在道路的中途相遇，问题是谁首先倒车。如果使用控制门的人倒车，关闭控制门阻止对方利用这条路。这样，二者都受到损失，但没有使用威胁的一方其损失可能更大一些。如果另一个人倒车，则使用威胁的一方的卡车就能通过，并且赢得许多分。因此，所有合作的选择对使用威胁的一方都是有利的，所以赢得的分数较高。最后，当双方都使用威胁时，合作就会很少。典型的结果是，双方都关闭控制门，立刻绕道走一段冤枉路，这肯定要损失金钱，但是避免了狭路相逢由于僵持引起的更大损失。

虽然威胁有时会让双方受损，但使用威胁的一方的确比没有使用威胁的一方能得到更多的好处。在囚犯两难困境或者其他交易的竞赛中，如果一方竞赛者持有威胁，就会占有牢固的地位；要是他成功实现了威胁目的，则更是如此。在这种情况下，讨价还价是可以得到便宜的——赢得更多的分数、钱或别的什么东西。另一方面，人有权力而不使用它，则会被认为是软弱的，还会受到别人的利用。然而，布莱克与希格比（T. E. Black & K. L. Higbee，1973）发现的情况更为复杂，因为男性和女性的被试对威胁的反应有所不同。女性在同伴持有威胁而不用时，具有特别的合作性；男性则对是否感到对方是个有权力的人，会做出不同的行为。如果别人有权力，但不使用威胁，男性就会认为其软弱而加重剥削对方。但是，如果对方持有威胁，男性与有权力的人的合作比与软弱者的合作多。也就是说，不管选择合作还是竞争，威胁都起着重要的作用，而且在一般情况下，使用威胁的一方会得到更多的好处。

五、社会文化因素

在合作与竞争的影响因素中，文化背景也是一个不容忽视的重要因素。在不同文化背景下，个体在合作与竞争行为上存在一定差异。

早期对来自不同国家人群的对比证实了文化的影响。马德森等(M. C. Madsen & A. Shapira，1970)的比较研究发现，美国黑人和英裔美国人最富于攻击性，墨西哥的城市儿童的竞争性相对较弱，墨西哥的乡村儿童则无竞争行为。夏皮罗等的研究发现，以色列集体农庄里的儿童比城市儿童更具合作性。卡根（S. Kagan）和马德森的研究发现4—5岁和7—9岁的儿童中，年龄越小越倾向于合作。墨西哥人的合作性最强，其次是美籍墨西哥人，英美人是最倾向于竞争的。他们认为，学龄儿童早期生活于美国这个高度重视通过竞争获得个人成就的环境，这会导致强烈的个人倾向。马德森等人直接比较了朝鲜的城乡儿童，发现乡村儿童更倾向于合作；也发现以色列集体农庄的儿童表现得更加合作。看来城市化与竞争有一定关系。在加拿大，印度人比欧洲血统的加拿大人更合作。在澳大利亚，土著人比欧洲血统的澳大利亚人更少竞争。其他一些比较研究发现，中国孩子比加拿大孩子更富有合作性，肯尼亚乡村的儿童比美国城市的儿童更为合作。这可能是因为中国自古就更为重视对儿童从小进行友好、谦让、协商、合作等的教育。与城市人相比，乡村人的合作性更为密切一些，而且在他们的文化中，对竞争的要求也相对低一些。

近年来，超越国家的跨文化比较证实了文化背景对合作行为的影响。赫尔曼等人（B. Herrmann，C. Thöni & S. Gächter，2008）的研究探讨了16个国家在不同条件下合作水平的差异，发现道德氛围良好的国家，大学生们出于道德谴责（而不是经济利益驱动），将提高合作水平并惩罚那些不合作者；而在社会道德氛围差的国家，大学生们自己不但不增加合作水平，反而违背个人利益最大化的原则惩罚高水平合作者，使整体合作水平下降，赫尔曼等将此称为"反社会惩罚"（antisocial punishment）。2010年，他们对2008年的数据进行了重新分析，对比了6种不同文化背景下合作水平的差异（见表11-2）。实验通过公共物品博弈中的捐献值反映合作水平，同时设计了带惩罚和不带惩罚两种条件。研究结果发现，文化内的合作水平差异要小于文化间的差异，这种效应在有惩罚的条件下更为显著。

表 11-2　不同文化背景下合作水平（捐献额）的差异

文化背景	代表国家	无惩罚条件	惩罚条件
英语文化（English speaking）	美国、英国	7.02	5.73
新教欧洲（Protestant Europe）	德国、瑞士	7.52	5.45
前共产主义（Orthodox/Ex-Communist）	俄国、乌克兰	7.19	7.02
南欧（Southern Europe）	瑞士、土耳其	5.88	6.26
阿拉伯语文化（Arabic speaking）	阿曼、沙特阿拉伯	6.62	7.05
儒家文化（Confucian）	中国、韩国	6.44	5.56

（资料来源：Gächter, S., Herrmann, B. & Thöni, C. (2010). Culture and cooperation. *Philosophical Transactions of the Royal Society B：Biological Sciences*，365（1553），2651-2661.）

六、惩罚

惩罚对合作的影响，自 2000 年后逐渐受到关注，研究成果多次发表于 *Science* 和 *Nature* 等主流杂志，并且更新迅速。

首先，惩罚是促进合作的重要机制。人类可以在规模很大的群体中与非亲属成员进行合作，这在自然界中是独一无二的，也非常令人困惑。因为合作行为具有一定的利他性，需要个体自己承担给非亲缘的群体成员带来收益所付出的成本。许多研究者认为惩罚是维持这种大规模合作的原因，因为背叛行为会导致严厉惩罚，从而使背叛成本超过合作成本，即合作者比背叛者具有更高的适应性，从而惩罚机制可以维持群体合作的演化。费尔和格史特（E. Fehr & S. Gächter，2002）采用博弈实验证实了惩罚可以显著提高群体的合作水平。他们将 240 名大学生分配为每小组 4 人，进行两阶段共 12 局重复公共物品博弈，第一阶段没有惩罚，第二阶段引入惩罚，结果发现惩罚的效果非常明显（见图 11-4）。

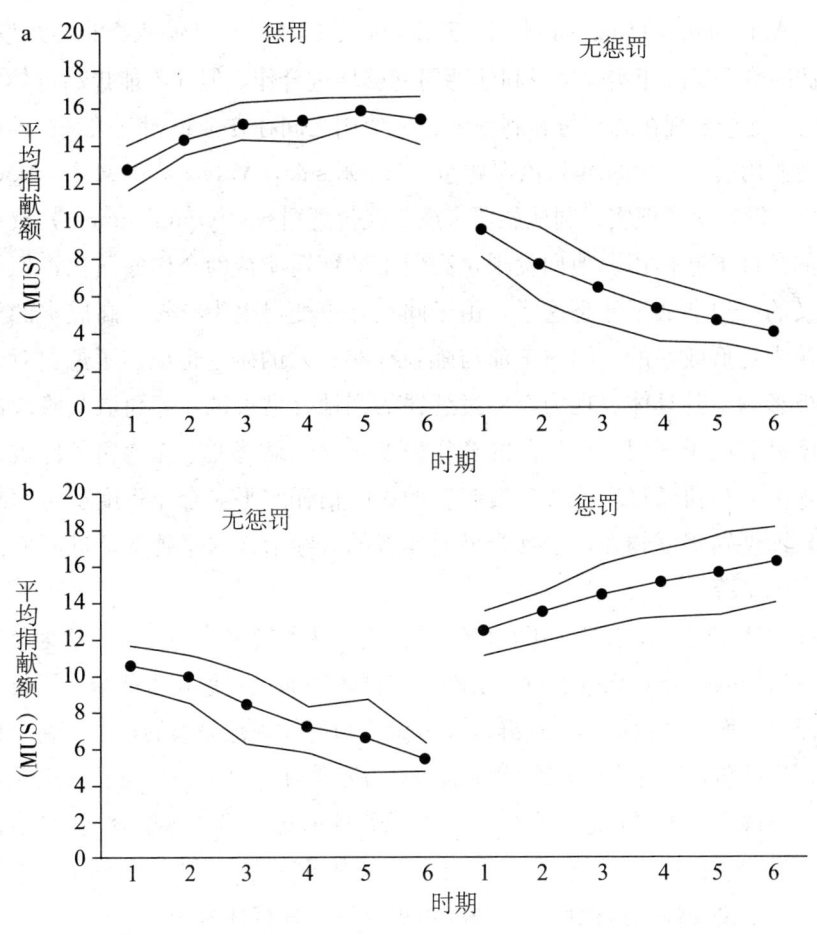

图 11-4 有无惩罚条件下捐献额度的变化

(资料来源:Fehr, E. & Gächter, S. (2002). Altruistic punishment in humans. *Nature*, 415, 137-140.)

针对上述惩罚的积极作用,研究者提出了不同的解释。一种解释是惩罚改变了博弈的收益结构,使得背叛的成本要高于其可能带来的收益,因而当惩罚存在时,人们不再具有背叛的动机。另一种解释是从进化论的角度提出的。在进化心理学家与进化生物学家看来,合作是经过自然选择的进化稳定策略,在进化过程中能够战胜其他的策略而被个体普遍采用,具有巨大的生存意义。

但惩罚的作用也受到了质疑。2008 年,诺瓦克(M. A. Nowak)领衔的课题组（A. Dreber，D. G. Rand，D. Fudenberg & M. A. Nowak，2008）发现，在囚徒困境重复博弈实验中，利他惩罚能够增进合作，但却不能提高群体的平均支付。他们发现在总支付和利他惩罚的使用之间存在强负相关关系，即赢家都不会使用惩罚。2009年，该课题组（H. Ohtsuki，Y. Iwasa & M. A. Nowak，2009）又发表文章证实，利他惩罚（或高代价惩罚 costly punishment）仅在很有限的条件下起作用。他们发现，高成本的惩罚能帮助合作的演化，但只是在狭义的一组参数下才是这样。由于间接互惠变得更为有效，高成本的惩罚便被认为是低效率的。国内王沛与陈莉（2011）的研究也证实了惩罚对合作的消极影响。其具体表现为经历过惩罚的亲社会型被试在惩罚取消阶段的合作程度显著低于惩罚存在阶段的合作程度，并且显著低于无惩罚条件被试的相应水平。惩罚通过亲社会型博弈者的人际信任水平对合作程度产生间接负效应，即惩罚程度越强，亲社会型博弈者的人际信任水平越低，进而使其合作程度也下降。

针对惩罚的上述消极作用，研究者提出了两种解释。一种解释认为惩罚释放了不信任的信号或营造了敌对氛围。在群体层面上，惩罚可能暗示了群体内的信任与合作水平较低，导致群体成员做出与群体规范一致的行为。在个体层面上，当惩罚威胁存在时，个体会认为对方不信任自己，由于自我实现预期的存在，使得个体不愿意进行合作，并形成恶性循环。另一种解释是动机转变，也就是说，惩罚将个体信任与合作的动机由内部动机转变为了外部动机，将个体的行为由伦理性、道德性考量转变为工具性、计算性考量。

惩罚与合作的关系之所以存在矛盾，可能是由于中间变量的存在。例如，荷兰阿姆斯特丹自由大学两位教授（D. Balliet & P. A. M. Van Lange，2013）的最新研究表明，信任程度不同是惩罚效果存在差异的原因。他们对18个国家进行的83项实验的结果汇总并加以分析、对比后得出结论：在人与人之间有高度信任感的社会，如丹麦、荷兰等，惩罚机制可大幅促进团队合作；相反，在土耳其、南非等信任度较低的社会，这种方式却不那么奏效。他们表示，这是因为在相互信任程度较高的社会中，惩罚机制会被视为加强合作的规范，更易被人们接受。

七、其他因素

（一）信息反馈方式

国外研究（K. J. Archer，D. W. Johnon & R. T. Johnson，1994）表明，在群体合作学习中，个人反馈比集体反馈（只反馈集体的整体表现）更能激发被试的赞扬、鼓励、分享、帮助等合作行为和更强的成就动机。国内何贵兵（2004）的研究却表明，集体反馈比个人反馈更能促进被试的合作行为，并且群体认同度对合作行为的影响不显著。

（二）信任

许多研究均认可信任对合作的影响。例如，福山（F. Fukuyama，1995）指出当社会关系处于高度信任的情况下，人们将会愿意与他人进行交易，进一步会降低整个交易成本从而促成双方合作的稳定性，即信任可以削减社会经济关系中的不确定性和易变性，从而为合作建立基础。近期，国内学者（陈叶烽、叶航、汪丁丁，2010）首次运用实验数据从个体微观角度考察了信任与合作之间的关系。

（三）思考时间

2012年，诺瓦克课题组（D. G. Rand，J. D. Greene & M. A. Nowak）的研究指出，人类内心的第一反应是合作，但如果给予他们更多时间思考，人们则趋向贪婪，不再那么慷慨。研究采用双过程框架（dual-process framework）理论探讨了人类合作决策的认知基础。合作在很大程度上是由直觉神经系统实现而不是由慎思神经系统来完成的，前者的决策时间一般较短，而后者的决策时间相对较长。他们采用公共物品实验探讨了被试的决策时间与最终捐献率之间的相关性，发现决策时间短的被试捐献得更多，从而更倾向于合作。并且，当要求被试加快决策速度时可以提高其捐献率，当提示他们放慢决策速度时会降低其捐献率。可见，合作在很大程度上不是计算的结果，而是由人类天生的心智结构自动完成的。

（四）同情心

亚当·斯密在《道德情操论》一书中提出抑制人类自私的天性，并提供稳定合作的关键便是同情心。萨莉（D. Sally，2001）通过博弈实验发现，同情心的存在可以在单次囚徒困境中促成合作。相互熟悉的大学生在单次囚徒困境条件下，参与者的同情心越强，参与者之间同情共感的距离越近，合作就越容易实现。

【要点小结】

合作与竞争是不同主体为实现共同利益或各自利益而进行的相互作用的两种基本形式。按合作对象、目标的范围来分，合作与竞争的形式是多种多样的。合作与竞争既对立又统一，两者不能同时并存于同一主体的选择中，但它们相互依存，相互转化。

合作与竞争的产生：一方面是人类合作与竞争方式的原发心理原因，如自我价值的需要等；另一方面是直接原因，如现实生活中的利益一致和冲突。与合作相比较，人们更倾向于优先选择竞争的行为方式。合作的产生不仅依赖于目标相互依赖的性质，而且也依赖于手段相互依赖的性质。个体在儿童阶段的合作水平总的发展趋势呈倒 U 型。

一系列的实验证明，竞争和合作主要受以下一些因素的影响：相互作用次数、奖励、信息沟通状况、威胁、社会文化因素、惩罚等。

【思考与练习】

1. 简述竞争与合作的概念。
2. 试论竞争与合作的辩证关系。
3. 合作与竞争的原因是什么？
4. 试述合作与竞争的心理趋势。
5. 简述影响合作与竞争的因素。

【拓展性阅读导航】

1. M. A. Nowak & R. Highfield（2011）. *Super Cooperators*：*Altruism*，*Evolution*，*and Why We Need Each Other to Succeed*. New York：Free Press.

（中文版本：[美] 马丁·诺瓦克、[美] 罗杰·海菲尔德著，龙志勇、魏薇译：《超级合作者》，浙江人民出版社，2013。）

本书是一部洞悉人类社会与行为的里程碑式的科普著作。作者马丁·诺瓦克从生物学、数学、社会学、计算机科学等多学科角度出发,深入剖析并阐述了生物之间"合作"得以达成的五种机制——直接互惠、间接互惠、空间博弈、群体选择以及亲缘选择。同时极具洞见地指出,合作是继突变和自然选择之后的第3个进化原则。本书生动展现了自达尔文创立进化论以来,生物学和进化动力学最重要、也最激动人心的进展。

2. D. G. Myers. (2012). *Social Psychology* (9th edition). New York: McGraw-Hill.

本书被美国700多所大学/学院的心理系所采用,是社会心理学领域的经典教材。本书将基础研究与实践应用完美地结合在一起,以富有逻辑性的组织结构引领学生了解人们是如何思索、影响他人并与他人建立联系的。它是人们了解自身、了解社会、了解自己与社会之间关系的最佳的指导性书籍。

第十二章 从众、服从、依从

【内容提要】

本章首先介绍从众的概念以及经典的研究,如谢里夫的"自运动现象"、阿希的知觉判断实验,接着介绍从众的类型、从众的原因、影响从众的因素。然后介绍服从,详细描述了米尔格拉姆的权威—服从实验,论述了服从的原因以及影响服从的因素。最后介绍依从,讨论了依从的定义、依从与服从的区别,并特别介绍了诱导人们依从的社会影响技术,包括"登门槛"策略、低球技术、留面子策略、过度理由策略等依从诱导策略。

【学习目标】

1. 了解从众的本质及其与社会规范和群体压力的关系。
2. 熟悉各种从众的心理原因。
3. 熟悉权威—服从实验。
4. 了解服从的社会心理原因。
5. 认识依从诱导策略。

【关键词】

从众　社会规范　服从　依从

社会影响是指因人际互动而产生的态度或行为上的改变。个人接受社会影响的途径是多种多样的。群体的背景、个人之间的交往、大社会的文化环境,乃至个人所处的人为物理条件,都会对个人的行为发生种种性质不同的影响。不过,个人接受社会影响的方式都是高度集中的。在行为的层面上,从众、服从、依从是个人接受社会影响的几种主要方式。由于这一原因,社会心理学有关社会影响方式的研究成果也较多集中于这几个方面。在从众、服从与依从等几种个人接受社会影响的方式中,从众较多涉及群体对个人的影响,服从涉及个人由于社会角色关系连带而发生的影响作用,而依从则涉及更为一般的人际影响。

第一节 从　　众

一、从众的概念与经典研究

(一) 从众的概念

从众（conformity）指个人的观念与行为由于群体的引导或压力,而向与多数人相一致的方向变化的现象。日常生活中的从众,可以表现为在临时的特定情境中对占优势的行为方式的采纳,如助人情境中跟随大家旁观,暴乱中跟随大家一起破坏等;又如开会形成决议时进行举手表决,少数人由于多数人举手的压力而最终赞成多数人的意见。也可以表现为长期性的对占优势的观念与行为方式的接受,如顺应风俗、习惯、传统等。

实际的群体压力可以导致从众。想象上假设的群体优势倾向,也会对人的行为造成压力,使人选择与设想的多数人的倾向相一致的行为。比如,我们在家里可以试穿新获得的奇装异服,但当我们决定是否要把这套衣服穿到学校时,想象的来自多数人的压力就可能使我们放弃将衣服穿到学校的打算。

另一方面,群体的压力可以在人们意识到的情况下发生作用,使人们通过理性抉择选择从众行为,也可以在人们没有意识到的情况下发生作用,使人不自觉地跟随多数人的行动。足球赛后的骚乱,许多人因为受大众行为与情绪的感染,会不自觉地采取暴力的行为方式,就是典型的例证。

从众的行为方式对于个人的社会适应意义非常明显。任何一个社会,无论社会功能的执行,还是社会文化的延续,多数人在观念与行为上保持一致都是必要的。一个社会需要共同的语言、价值观与行为方式。也只有这样,人与人之间才能顺利地进行交往,社会才能正常运转。

从个人的角度来说,个人只有在更多的方面与社会的主导倾向取得一致,才能够适应其赖以生存的社会，否则将困难重重。此外，任何一个人无论怎样聪明，其知识都是有限的，都不可能多到足够应对所遇到的每一种情境。因此，个人需要用从众的方式，在最大程度上使自己迅速适应未知的世界。这时，从众就是一种个人适应与生存的必要方式。

（二）社会规范的形成

社会心理学家谢里夫（M. Sherif）1935年进行了一项经典实验。实验时，被试坐在一间完全黑暗的屋子里，实验者在距被试15英尺远的地方出示一个光点。随着光点的明灭，完全不动的光点看起来好像在移动。这就是著名的"自运动现象"（autokinetic phenomenon）。被试的任务是估计光点移动的距离。单独估计时，被试的个体差异很大，估计距离可从几英寸到数十英尺。但是，如果将被试组成为一个两人或三人小组，将其安排在同一房间里一起观察，同样让每个人报告自己的估计距离，他们会很快发生相互影响，并最终会聚至一个共同的平均距离。图12-1是一个三人小组四天中单独估计与三人一起估计时的所估距离变化情况。从第二天开始，原有的个人差异逐渐缩小，第四天最终会聚于同一距离。

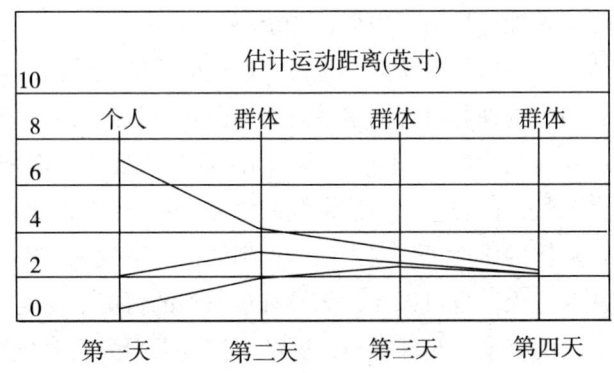

图12-1 谢里夫群体规范形成研究的一个例证

社会心理学家认为，个人为了对社会情境尤其是不确定的情境做出准确的理解和有效的反应，往往会寻求社会规范的帮助（R. B. Cialdini，2001）。然而也有学者认为，社会规范不论是对行为塑造还是对从众或依从的影响都取决于该规范受关注的程度（Kallgren et al.，2000）以及不同种类的社会规范的一致程度（Cialdini，2003）。

(三) 群体压力研究

社会心理学家阿希（S. Asch）是有关从众问题研究影响最广泛的一位学者，他于20世纪50—60年代一直致力于从众问题的研究。1956年，阿希报告了一个有关群体压力的经典实验，考察了影响从众的各种因素。他原先假定，聪明人在可以顺利看到事情真相时不会从众。但事实证明问题没有这么简单，聪明的人也会说"白谎"，表面上保持与群体或他人的一致。

阿希将被试组成7人小组，请他们参加所谓的知觉判断实验，而实验的真正目的是考察群体压力对从众行为的影响。7名被试中，只有编号为6的被试为真被试，其他均为实验助手。真被试与其他群体成员都围桌坐下后，实验者依次呈现50套两张一组的卡片。两张卡片中，一张画有一条标准直线，另一张画有三条直线，其中一条同标准直线一样长（见图12-2）。要求被试在每呈现一套卡片时，判断三条编号依次为1、2、3的比较线中，哪一条与标准直线一样长。

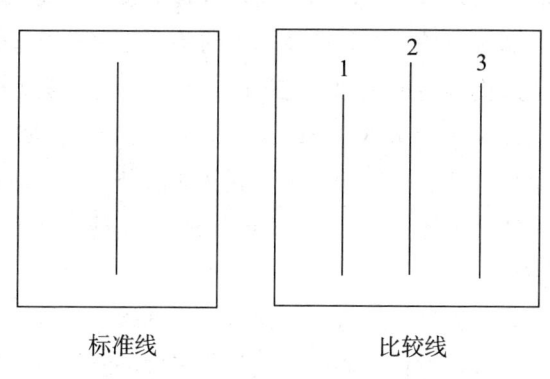

图12-2 阿希从众实验的图例

实验开始后，前两次比较平静无事，群体的每一个成员都选择同一条比较线。第6个进行判断的真被试开始觉得知觉判断很容易。在第三次比较时，实验助手们开始按实验安排故意做出错误的判断。真被试听着这些判断，困惑越来越大。他要等到第6个才报告自己的看法，因此必须先听前5个人的判断。结果，他面临着是相信自己的判断，还是跟随大家一起做错误判断的两难问题。实验结果表明，数十名自己独自判断时正确率超过99%的被试，跟随大家一起做出错误判断的次数占全部反应的37%，而且75%的被试至少有一次屈从于群体压力,做出从众的判断。

二、从众的类型

根据外显行为是否从众以及行为与自己内心的判断是否一致,可以将从众行为分为以下三类。

(一)真从众

这种从众不仅在外显行为上与群体保持一致,内心的看法也与群体一致。谢里夫实验中的群体一致便属于这种情况。由于实验情境中没有任何光点移动距离的参照,人们自觉接受了群体的判断,在观点与行为上都与群体保持一致。在阿希实验中,当将卡片线段的差异减小到一定程度时,人们的从众性质也发生了逆转,即由于难于相信自己的判断是否正确,实际上将群体的判断当成了判断的标准,此时已是表内一致的从众。日常生活中,一部分个性高度依赖、缺乏做决定能力的人对于群体的跟随,也属于表内一致的从众。

与群体相符及真从众是个人与群体理想的关系,它不引起个人心理上的任何冲突,此时的从众更偏向于一种无意识的自动化行为,是个体认知资源的最优分配(T. L. Chartrand & J. A. Bargh,1999)。有研究证实,受到不从众信息(光头朋克形象)启动的被试相比于受到从众信息(会计师形象)启动的被试更少地跟从他人的客观评价(L. Pendry & R. Carrick,2001)。

(二)权宜从众

在有些情况下,个人虽然在行为上保持了与群体的一致,但内心却怀疑群体的选择是错误的,真理在自己心中,只是迫于群体的压力,暂时在行为上与群体保持一致。这种从众,就是权宜从众。典型的阿希实验中的从众,就是这种类型的从众。因为相关的研究表明,被试实际上可以准确无误地进行正确判断。

在实际生活中,权宜从众是从众的一种主要类型。由于种种利害关系,个人在许多情况下,不管内心看法如何,必须保持行为与群体的一致,否则将由于群体制裁而使个人付出太大的代价。

这类从众由于外显行为同内心观点不一致,使个人处于认知不协调的状态。如果群体压力始终存在,而人们既无法脱离群体,又必须从众时,心理上的调整便趋向于改变个人自身的态度，与群体取得意见上的一致；或者是将自己的行为合理化，找出新的理由，来弥补观点与行为之间的距离，使认识系统实现协调状态。一个人成为群体成员一段时间后，之所以最终观点与群体取得了一致，原因正是如此。

（三）不从众

不从众的情况有两类。一类是内心倾向虽与群体一致，但由于某种特殊需要，行动上不能表现出与群体的一致。如由于某种原因而群情激愤时，作为群体的领导者，情感上虽认同于群体，但行动上却需要保持理智，不能用自己的行动鼓励群体的破坏性行动而逞一时之快。这是表内不一致的假不从众情况。

另一类不从众是内心观点与群体不一致，行动上也不从众，这是表内一致的真不从众情况。通常来说，只是在群体对个体缺乏吸引力，因而个人在行动时不需要考虑与群体的一致性时，这种不从众才出现。

三、从众的原因

（一）行为参照——定向需要

在许多情境中，人们由于缺乏有关适当行为的知识，又不愿在判断或行为上出现错误，就需要从其他途径来获得行为引导。根据社会比较理论，在情境不定的时候，其他人的行为最具有参照价值。而从众由于指向多数人的行为，自然就成了最可靠的参照系统。

在通常情况下，人们在遇到不明确的情境时，对多数人的行为会尤为信任。在不了解更多信息的情况下，我们也会愿意到人多的商店购物，到人多的地点去旅行。人们会自然地假定，那么多人的出现自有他们的理由，而在这些理由中，自己行为的合理性也包括在其中。跟随多数人的行为从而获得较大收益的可能性，要远大于跟随少数人而获得收益的可能性。不法商人雇佣"托儿"进行不正当促销能够奏效，正是利用了人们的这种从众心理。

（二）对偏离的恐惧

"木秀于林，风必摧之。"这一格言提醒人们，个人对群体的偏离会面临群体的强大压力乃至严厉制裁。研究证明，任何群体都有维持群体一致性的显著倾向和执行机制。对与同群体保持一致的成员，群体的反应是喜欢、接受和优待；对于偏离群体者，群体则倾向于厌恶、拒绝和制裁。因此，出于自我保护目的，在一些情境中，人们从众是为了避免被拒绝和不被人喜欢。

社会心理学家沙赫特（S. Schachter）1951年的一项研究发现，群体在发现有人意见与群体不一致时，会努力施加影响，促使其与群体取得一致。在这一实验中，沙赫特安排三名实验助手加入一个6人组成的群体。第一名实验助手的态度与群体一致；第二名实验助手的初始态度偏离群体，但后来与群体取得一致；第三名实验助手的态度始终保持偏离状态。结果表明，群体的其他成员会花大量时间对两个态度偏离者施加压力，促使他们改变态度。当群体的原有成员被问到对三名新成员的评价时，群体明显表示出喜欢与接受从众者，而厌恶与拒绝偏离者。对于原先态度不一致、但在群体引导下改变态度的新成员，群体已经将他当作成员之一看待。而对于始终不改变态度的那名顽固分子，群体则明显倾向于将其抛弃到群体之外。

弗里德曼等人（J. L. Freedman & A. Doob, 1968）的实验研究通过操作让临时组成的6人小组相信，小组中有5个人具有一致的特征，而另一个人则与众不同。此后，当要求群体选择其中一个成员充当电击学习实验中的被试，去承受实验中的电击痛苦时，群体中5个特征共同的成员，几乎一致选择了被认为特征与群体不同的那个人。而当要求群体选择一人参加另一种有报酬的愉快学习实验时，群体却尽可能避免选择那个与众不同的人。

每个人在自己的日常生活中或者在文艺作品中，也可以经常发现类似的现象。黑社会对于偏离者的种种残酷制裁，足以使每个卷入者轻易不敢言不。在日常生活中，许多人实际上已经养成了一种尽可能不偏离群体的习惯。个人的从众性越大，偏离群体所产生的焦虑也越强，也就越不容易偏离。从文化特征上说，东方文化倾向于鼓励人们的从众行为，因而也更容易使人产生偏离的恐惧。

（三）与群体融合的需要

一个群体对于从众行为的社会奖励可能有很多。青少年吸烟、女性文身，不是为了顺应"主流"文化，而是为了被同辈群体所接受。有关情绪感染的研究表明，人们为了增加与群体的融合，会模仿群体成员的表情、口头表达方式、姿势和那些人们认为有价值的操作性行为（E. Hatfield, J. T. Cacioppo &

R. L. Rapson，1994）。沙特朗与巴奇的研究发现这种模仿往往是无意识的；不仅如此，该研究还发现，个体对模仿他行为的同伴的喜爱程度会增加（T. L. Chartrand & J. A. Bargh，1999）。这一结果表明从众可以通过模仿他人这一行为来发展和增进社会关系。这种无意识的行为模仿的机制又被称为知觉—行为联结（perception-behavior link），即个体在知觉到对方的行为后会无意识地采取同样的行为，又被称为变色龙效应（chameleon effect）（A. Dijksterhuis & J. A. Bargh，2001）。

除了无意识的行为模仿，个体往往还为了与他人建立有价值的社会关系并从中获得自尊的提升，而有意识地做出努力去赢得他人的赞许。当人们预期到或是实际感到不能与群体融合时，人们的自尊会受到威胁。比如，当人们在游戏中被排除在外时，会报告更低的自尊水平，有更强烈的与群体融合以获得归属的动机，在后续的评价任务中表现得更从众。此外，拥有双重文化身份的少数民族在面对与主流群体融合或同化的问题时，往往也会有认知负担，认为自己与众不同的外表可能使他们被主流群体所排斥（R. W. Tafarodi et al.，2002）。研究发现，当研究者用镜子启动加拿大华裔的外表自我意识时，被试对艺术作品的评价往往会与欧裔加拿大人的观点保持一致。

从群体维护的价值取向出发，从众可能是一种"美德"，与群体的行为保持一致可以使人们更可爱并为群体成员所接受。群体规模越大，与背景区分越鲜明，群体本身越有吸引力和价值，引发的融合需求和从众行为的程度就越强。

此外，不仅为了被群体成员所接受，人们还需要使自己变得更可爱从而被异性和重要他人接受。因此心理学家们认为，人类本能性的社会需求——求偶动机（mate attraction motivation）也会影响从众行为，这一观点被实证研究所证实。有研究就发现，依赖于性冲动的求偶动机会促使女性更加从众，而导致男性更加不从众，这是因为在求偶中，尤其在依靠个体主观判断的事情上，顺从别人会使女性看上去更加可爱，而不从众会让男性显得更加独特，从而增加对异性的吸引力（V. Griskevicius et al.，2006）。

（四）群体的凝聚力

群体的凝聚力（cohesiveness）指群体对其成员的吸引力水平。高凝聚力群体的成员，对自己所属群体有强烈的认同感。群体凝聚力越高，从众倾向的压力就越大，这也是大部分人比较愿意接受朋友或偶像的影响，而不愿意接受陌生人影响的原因。

如果说由于群体的行为参照作用引发的从众是真从众，那么由于群体具有高凝聚力，个人期望保持与群体的一致，并由此来维护群体的利益，显示对群体的忠诚和确立自身的价值而引起的从众，则是一种更深层次上的真从众。

根据自我价值定向理论，个人对某些群体的隶属关系，是其自我同一性的重要构成部分，也是其自我价值感的重要来源。人们通常认为失业者普遍出现的心理问题是经济生活无着落的结果，实际上，失业后人们失去了与社会发生稳定联系的纽带，失去了社会交往，处于一种不确定状态，因而自我价值出现了根本性的危机，由此带来的心理压力与自我价值感的破坏，也许远超过经济上出现危机所产生的心理打击。

由于个人与群体关联的这种深刻意义，个人在许多时候需要通过维护群体的形象来维持自我的价值。心理学家兰伯特（W. E. Lambert）1960 年的研究表明，当教徒们听到不利于自己宗教的评价时，会甘愿忍受更大疼痛，显示自己宗教群体的不容怀疑。研究表明，群体的凝聚力越大，与个人的关系越密切，个人也就越愿意采取与群体一致的行为。社会心理学家多伊奇等人 1955 年做过一个阿希式的实验。他将情境变为几个小组竞赛，看哪个小组在线段对比实验中出错最少，并奖励出错最少的优胜者，以此来增加临时性实验小组的凝聚力及与个人关联的密切程度。结果表明，与非竞赛性情境相比，在竞赛情境中，群体成员更倾向于有意识地、自愿地形成一致意见。

四、影响从众的因素

（一）群体的一致性

群体自身的一致性是构成群体压力最重要的因素之一。阿希在 20 世纪 50 年代及莫里斯等人（W. N. Morris & R. S. Miller，1975）的研究证实，无论群体的规模如何，只要群体出现了不一致，即使持不同意见的人没有任何权威，都会使从众的比率大大下降。阿希的研究发现，当出现一人与群体意见不同时，被试的从众率会比通常下降达 75%。

莫罗夫等人（M. Malof & A. J. Lott，1962）及艾伦等人（V. L. Allen & J. M. Levin，1969）的研究则证明，群体一旦出现不一致意见，无论持不一致意见者与其他人在情感和态度上是否相同，都会导致从众率的下降。这些研究说明，对群体一致性的任何破坏，都会导致从众率的显著下降。

（二）群体的规模

大量实证研究证明，在一定范围内，人们的从众性是随群体人数的不断增加而上升的。阿希在较早的研究中（S. E. Asch，1951）发现，两人的一致意见构成的压力明显大于一个人意见的压力，从而使从众率上升明显；3 个人的一致意见又比 2 个人的一致意见产生更显著的压力。但当群体达到 4 人以上时，群体的规模就不再明显引起从众率的变化（见图 12-3）。

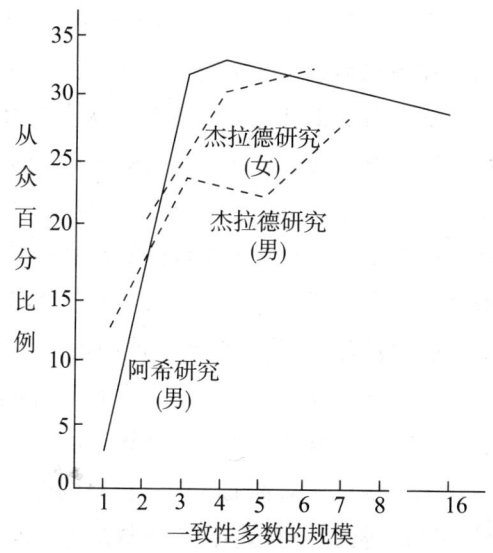

图 12-3 群体规模与从众率的关系

社会心理学家杰拉德等人（H. B. Gerard，R. A. Wilhelmy & E. S. Conolley）1968 年进行的阿希式研究，结果虽有所不同，但都反映了同样的趋势。如图 12-3 所示，相对于女性，男性从众率的最高点出现得稍晚一些。但无论哪种情况，最高从众率都与阿希的研究接近。我国社会心理学工作者 20 世纪 80 年代所做的阿希式研究得到的最高从众率为 40%，类似于下面提到的米尔格拉姆（Milgram）等人的研究。但同样地当最高的从众率出现后，即使一致性的群体规模再大,也不再导致从众率的增加。心理学家米尔格拉姆等人(S. Milgram, L. Bickman & L. Berkowitz, 1969)的社会感染现场实验的发现,也很好地证明了群体规模与从众率的关系。

(三) 肯定程度与个性特征

前面提到,判断涉及的事物客观标准越明确,人们对自我判断的肯定程度也越高,相应的行为从众率也越低。而随着问题的模糊性增加,人们会由于自身的判断失去明确的参照而倾向于从众。心理学家科尔曼等人的研究表明,问题难度与从众率的相关系数存在性别差异,男性为0.58,女性高达0.89。这说明问题越困难或缺乏客观标准,从众率也越高,女性在相同的困难程度下比男性更倾向于从众。

心理学家克雷奇等人(D. Krech, R. S. Crutchfield & E. L. Ballachey, 1962)的研究也表明,在被试可以非常肯定的项目上,从众率只有15%,在较为肯定的项目上为24%,而在难于肯定的项目上从众率为36%。

个性特征对于从众性的影响已经为许多研究所证实。施奈德等人的研究发现,被试的自我评价越高,从众性越低。我国心理学工作者1982年的研究也发现,表现一致的独立行为被试,倾向于对自己的看法积极而稳定,有很强的自信心,他们都强调"尽管许多同学与我不一致,我还是深信自己的判断是正确的"。相反,易于从众的被试的自信心较差,他们表示"有几次我感到不对头,但还是跟从了大家","开始我坚持,后来发现大家说的同我不一样,就开始怀疑自己的眼睛有问题,害怕自己弄错了,就跟随了人家"。

后来的研究也证明了个性对从众性的影响。伊克斯等人(W. Ickes et al.)的研究发现,被试的果断性越强,则越倾向于不从众。此外,在中等自我卷入的具体价值取向问题上,认知方式倾向于场独立的被试,从众率明显低于场依存的被试。

(四) 个人的自我卷入水平

一种意见一旦被表达出来,对于个人自己,人们会更强烈地意识到自己已经选择了某种态度。如果由于群体压力,人们被迫表现出与多数人相同,而与原来选择不同的态度,人们也会明确知道自己屈服于群体压力而使态度发生改变。很显然,这种意识会激发人们的抗拒反应,促使人们保持自己态度的一致，不轻易屈服于他人的压力，从而使人们倾向于做不从众的选择。如果意见是当众表达的，则不仅有上述自我意识更为强烈的问题，还有在公众面前是否有独立性以及坚持自己意见的自我形象问题。这种意识会使人们选择不从众的倾向更为强烈。

心理学家多伊奇等人（M. Deutsch & H. B. Gerord，1955）的一个极为巧妙的研究极好地证明了以上推论。研究者设计了四种情境考察被试从众率的不同。这四种情境分别为：（1）实验的刺激呈现后，被试在听到群体其他人表达意见前，完全不表达自己的判断，这一情境与阿希等人的实验情境相类似；（2）被试在听到别人意见之前，先在石墨魔术本上写上自己判断的答案（魔术本即石墨与玻璃纸做成的写字板。写字时，玻璃纸被石墨吸住，出现字迹，揭开玻璃纸，字迹即消失），听完别人的反应后，再次写出自己的答案；（3）被试在听到别人意见之前，先将答案用普通的能随便抹掉的纸张写下来，但写下的答案不用交给实验者；（4）被试预先写下自己的答案，并签上自己的姓名，实验结束时交给研究者。通过这种巧妙的实验安排，四组被试就在四种不同的自我卷入水平下进行实验，并且卷入水平是由低到高逐渐增加的。研究结果表明，随着自我卷入水平的增加，人们保持自己最后行为与原先判断相一致的倾向也越来越强烈，因而从众的比率也越来越小（见表 12-1）。

表 12-1　自我卷入水平与从众

条件	自我卷入水平	从众百分比
无预先表达	低	24.7
魔术本私下表达		16.3
一般私下表达		5.7
公开表达	高	5.7

（五）文化差异

文化对于人们从众性的影响，已经为大量的实验研究所验证。在不同的文化中，从众行为的含义也不同（H. Kim & H. R. Markus，1999），不从众行为（nonconformity）在东亚文化中代表异常和偏离，而在西方文化中则代表独特和个性。1967 年，心理学家惠泰克等人（Whittaker et al.）在多个国家和地区重复了阿希的研究。结果表明,从众率存在着民族差异(见表 12-2)。

表 12-2 从众率的种族差异

国家或地区	从众率(%)
黎巴嫩	31
香港	32
巴西	34
班图*	51

*津巴布韦的一个部落,对不从众有严厉的惩罚

米尔格拉姆的研究也发现,对于不同类型的问题以及不同的实验情境,挪威人的从众性总是高于法国人,而费拉格的研究发现,日本学生明显比美国学生更具有不从众性。社会心理学家(J. Garbarino & U. Bronfenbrenner,1976)对不同国家的 12 岁少年所做的系统比较研究则发现,不同国家的少年对习俗道德标准的遵从有着显著的差异。邦德和史密斯的研究发现集体主义国家的居民比个人主义国家的居民在评价群体时更倾向于从众(R. Bond & P. B. Smith,1996)。同样地,有研究也发现,当面对是否需要听从别人提出的要求时,来自集体主义国家(波兰)的被试比来自个体主义国家(美国)的被试会更多参考同辈群体的行为(R. B. Cialdini et al., 1999)。

(六)权力

社会心理学家将权力定义为在特定的情况和社会关系中对有价值的资源的控制(S. T. Fiske & J. Berdahl,2007;J. C. Magee & A. D. Galinsky,2008),而权力的本质不仅是一种不对称的控制,还包含了一种不被他人影响的独立性(A. D. Galinsky et al.,2008),这种独立性使权力将人们从外界的影响中解放出来(J. R. Overbeck,L. Z. Tiedens & S. Brion,2006)。有研究也证实,有权力的人往往更能抗拒从众的压力,并且在表达观点和态度时更少受到同辈主流观点的影响(A. D. Galinsky et al.,2008)。

五、少数人的影响力

在讨论社会影响时,焦点是多数人对少数人的影响,即从众。但社会生活

中也存在着各种少数人影响多数人的情况，如进步思想家引导整个社会的发展，群体中新观念倡导者启动群体的变革等。

（一）少数人影响多数人的过程

贝克和佩蒂（S. M. Baker & R. E. Petty）研究发现，人们既重视多数人的建议，也重视少数人的意见。对二者的接受程度取决于信息的来源和内容。当信息来源和内容平衡时，人们相对不重视信息内容；当信息来源和信息内容不平衡时，人们会比较注重信息内容。少数人提出意见时，二者从来源上是不平衡的，因此，信息的内容更容易受到注意，多数人会因为受到少数人的质疑而感到困惑，从而启动认知过程，试图了解少数人质疑的原因。多数人仔细思考少数人的意见，这一过程被称为可能性精细加工（likelihood elaboration）。

（二）少数人影响多数人的原因

少数人之所以能够发挥影响，有两个重要原因。一是人有价值自我认同的需要，即虽然我们需要与他人一致，但不会牺牲个人认同。个人更需要维护自己的个人特性。虽然，人们渴望正确和被人喜欢，但同时也渴望有个性，渴望与他人不同，希望维持自己的特色。

二是人有对生命控制的需要。大部分人都希望能决定生命中所发生的事，但从众有时会违反这种渴望，因为从众代表着失去主导权，限制个人的自由和控制。为维护自己对生命的控制，人们会愿意对抗群体的压力（J. M. Burger, 1992）。接受少数人的影响或追随少数人，恰恰满足了人的这种需要。在这种情况下，少数人的建议被认为是代表了自己的观点，对少数人意见的赞同体现了自己的选择。

（三）少数人影响多数人的条件

少数人只有在某些条件下才能对多数人造成影响：（1）必须有几个少数人一致地反对多数人的意见；（2）这一群少数人必须避免过于固执和说教，适当表现灵活性且不反复重中反对意见的少数人，更能产生关键性的影响力；（3）当少数人的意见与社会环境趋势相符合时，少数人影响多数人的机会也较大。

通常大多数人的意见代表着社会共识，是人们行为的基本资讯背景，因此，少数人的意见对多数人产生影响的过程往往是非常艰难的。但是，即使少数人的意见一开始并未动摇多数人的意见，它依然会发动社会改造的过程。实际上，社会的变革通常都是由少数人具有突破和创新的观点开始的。古今中外，概莫能外。

第二节 服 从

服从（obedience）即按照他人命令行动的行为，是人与人之间发生相互影响的基本方式之一。运用科学方法对这一普遍存在的社会现象进行研究，并产生深远影响的社会心理学家是斯坦利·米尔格拉姆（S. Milgram）。

一、米尔格拉姆的权威—服从实验

米尔格拉姆 1965 年在美国耶鲁大学进行的权威—服从实验（S. Milgram, 1965）是其最有影响的一个社会心理学研究。

（一）研究的被试

这一实验的 40 名被试多是使用广告招募的办法征集来的志愿者。被试的详细情况见表 12-3。

表 12-3　米尔格拉姆权威—服从实验的被试

职业	20—29 岁	30—39 岁	40—50 岁	人数	百分比
熟练和不熟练工人	4	5	6	15	37.5
推销员，商人及白领工人	3	6	7	16	40
专家	1	5	3	9	22.5
人数	8	16	16	40	
百分比	20	40	40		100

了解米尔格拉姆实验被试的广泛性对于理解实验含义的广泛性非常重要。通常情况下，美国社会心理学实验的研究对象是大学生，但米尔格拉姆的权威—服从实验却以社会普通人作为被试，这就使研究结果具有更广泛的意义。

（二）研究过程

米尔格拉姆的实验是将被试两两配对后进行的。每对被试中，一名为真被试，另一名为实验助手。两名被试被领进实验室之后，被告知："我们的实验是关于学习的研究，考察两个问题，一是教师对学生的学习有什么影响，二是电击惩罚对学生的学习有什么作用。你们两人中选择一人当教师，另一人当学生，抽签决定。"实际上真被试均会抽中写有"教师"的签，而"学生"则总是由实验助手担任，被试不知道这种特意的安排。研究者告诉被试，教师的任务是教学生学习语词配对，并检查其学习效果。方式是教师读出刺激词，学生从四个词中选择一个与其匹配。如果错了，教师将给予电击惩罚，而且电压不断加大。

然后，实验者将两名被试带进实验室旁边的另一个房间，让真被试看到充当"学生"的被试被带子固定在椅子上，并在"学生"手上绑上电极。然后实验者告诉真被试："如果'学生'学习上出现错误，就会受到你的电击。""学生"的手边有一个键盘，上有四个电键。实验时，学生通过按电键进行回答，"教师"操作电击的机器。操作台上有相应的指示灯，可以知道"学生"的反应是否正确。

安排好"学生"后，实验者带真被试回到另一间屋子，坐在一台有30个电键的电击控制器前面。每个电键上都注明了电压的数值，并有各自显示相应电压正在工作的指示灯。此外，每个电键都有编号，并按15 V的幅度递增，直至450 V。同时，设备上按每四个编号一组，标明了电击的严重程度，从"轻微电击"（编号在1—4，电压15—60 V）一直到"危险：严重电击"（编号25—28，电压375—450 V），最后的两个电键都标明了"×××"。

实验开始后，每当"学生"给予错误的回答，实验者就让真被试打开电键，给予电击，并逐渐增加电击强度。如果真被试犹豫，实验者就告知："出于实验需要，你必须继续。"

（三）预测结果与实际结果的差异

米尔格拉姆原先预测，在上述学习—电击的实验情境中，极少被试会服从实验者提出的对学生施加240 V以上的"强电击"。他请精神病专家、大学生和一般白领共110人来预测结果，三个群体预测的平均电压为135 V，没有一个人预测会超过 300 V。110 人中的 40 名精神病专家预测，在米尔格拉姆的实验情境中，真被试对"学生"施以最强的 450 V 电击的可能性只有 0.1%。

研究的实际结果与人们的预测大相径庭。虽然实验在电压加强到 300 V 时，特别设计了被电击者挣扎、踢打墙壁的声音，但在 40 名真被试中，只有 5 人到 300 V 时不再继续提高电压。有 4 人到 315 V 时开始不服从实验者的指示。在 330 V 时停下的有 2 人。在 345 V、360 V、375 V 时，停下的各 1 人。在实验过程中，总共有 14 名真被试在不同电击水平上拒绝实验者的命令，不再继续增加电压，占总数的 35%。但是更多的被试一直服从实验者的指示，将实验进行到最后，即将电压增加到 450 V。这类被试的人数达 26 人，占总数的 65%。图 12-4 为实验的详细结果。

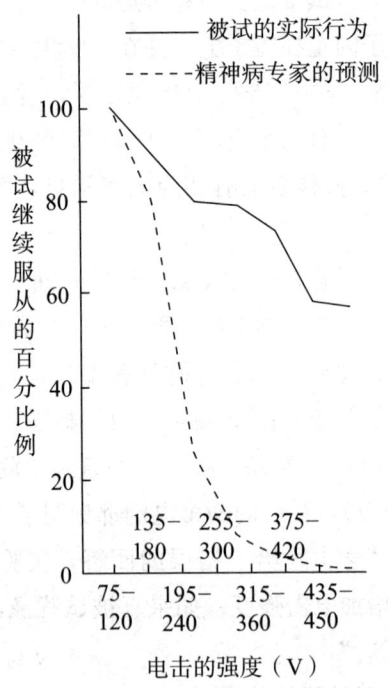

图 12-4　实际服从与估计服从的水平

后来的研究运用类似这种基本程序的 17 次施测，结果与米尔格拉姆在电击模式中所得的结果有显著的相似性。研究发现，尽管摧毁性评价会让求职者失去工作，而且这些评价并非标准的工作测验过程中的一部分，但是仍有83%—91%的被试对求职者施加了所有15个评价。当问及谁将为求职者未能获得该工作负责时，被试将大部分责任归于实验者而不是他们自己。与米尔格拉姆的发现相似的是，与实验者离开时相比，实验者在场时得到的服从是最多的。

二、服从的原因

（一）合法权力

合法权力指社会赋予了卷入社会角色关系的一方更多的影响力，从而使另一方认为自己有服从的义务。老师要学生回答问题时，学生就有应答的义务；警察要求司机停车时，司机就必须将车开到路边。第一章中提到的监狱模拟实验，极有说服力地证明了社会角色关系对人们行为的影响。虽然同是应聘来参加实验的大学生，扮演看守的一部分人由于在社会结构上处于有利位置，因而他们就获得了命令乃至虐待另一部分人的权力。而同为被试、但却扮演了囚犯的一部分人，由于社会角色的规定，认为自己作为囚犯有义务服从看守的命令，哪怕这些命令显然是不合理的，他们也采取了服从的态度与行为。

稳定的社会角色关系使一部分人获得指挥另一部分人的合法权力，而被指挥者又有服从的义务，老板与雇员、军官与士兵、上级与下级之间都属于这种情况。更重要的是，临时性的社会角色关系，也会使在社会结构上处于有利位置的人获得指挥别人的权力，而被指挥者有义务服从指挥。米尔格拉姆的权威—服从实验，涉及的正是这种临时社会角色关系。在米尔格拉姆的实验中，实验者对于被试而言不仅具有合法权利，同时也具有高度的专家权威（T. Blass，1999）。

研究表明，医院里，"医生"头衔具有高度权威性并能有效引发医院职员的服从行为。当护士被不认识的医生通过电话指示使用药盒上所写最大剂量两倍的药物时，22名护士中的21人听从了命令，其后果是有可能给病人带来危险。

临时性的合法权力是同特定的情境或领地相联系的。脱离开特定的情境条件，临时性的合法权力就不复存在。教授在学校里受到普遍尊重。当他们身处其他场合时，如果没有令人尊敬的条件，人们就不再特别看重他们的意见。医生在大街上试图拦停别人的汽车，没有人会去理睬他。而无论怎样，警察在大街上也没有命令别人脱去衣服的权力。

（二）责任转移

米尔格拉姆进一步的研究证明了责任转移的推论。在另一个实验中，实验者不是直接给被试指示，而是通过电话系统来控制实验情境。结果表明，由于实验者不与被试直接在一起，被试的行为自我责任意识明显增加。在这种情况下，只有22%的被试一直服从命令，对"学生"施以最高电压的电击。

在归因时，没有别人在场更容易使人们将行为责任归于自己本人，从而拒绝服从给别人实施伤害性电击的人数显著增加。在讨论亲社会行为时，我们提到，人们的道德理解超越了"维护权威和秩序的道德定向阶段"后，人们开始倾向于用独立的普遍道德原则评价自己，因而在米尔格拉姆的实验情境中拒绝伤害别人的被试比例也大大增加。

相关的研究表明，服从权威和责任转移是人们非常稳固的心理机制。人在社会化的过程中，已从社会中很好地学会了这些，并将它们当作适应社会的手段在日常生活中使用。美越战争激烈进行的1968年，上百名美国官兵在陆军中尉卡利带领下，制造了一起屠杀数百名无辜平民的血案。官兵中只有一位大学生出身的上等兵没有对无辜的老人、妇女和儿童开枪。他后来报告了这次大屠杀。1971年，卡利中尉也因此在美国受审。发人深省的是，不仅报告者的家庭不支持报告这一案件，盖洛普民意测验所在卡利被判罪后进行的电话民意调查表明，全美抽样的人群中，完全支持卡利的比例高达79%。正如卡利在法庭上为自己开脱时所说的，他仅仅是服从上级军官的命令，自己对事件没有责任。大多数公众显然也认为，一个军官服从上级命令不应受到惩罚，即便是滥杀无辜，也是在行使自己的合法权力。

三、影响服从的因素

（一）他人的支持

他人的支持会直接导致人们对权威的蔑视。在原有实验的基础上，米尔格拉姆设计了一个三名被试同时进行学习—电击实验的情境。三名被试中，有两名为实验助手，只有一名为真被试。当实验电压加到150 V时，安排第一名假被试拒绝继续实验,说他不愿再做下去,然后拿一张椅子坐到一边。电压加到210 V时,第二位假被试也拒绝继续实验。这种实验操作的目的就是考察被试会不会受他人影响而拒绝服从。结果表明,尽管实验者仍然命令最后留下的真被试继续实验,但90%的被试都变得对抗实验者,拒绝服从。有些被试在假被试退出后,也马上拒绝继续实验。另一些被试则延迟一会儿再做出拒绝反应。很明显,社会支持会显著增加人们对权威的反抗。在最初的实验中,被试独自进行实验,没有行为的参照系统。而在群体背景中,人们会转向用同样的行为作为自己行为的参照。当人们发现不必忍受内心巨大的冲突而去伤害别人时,就更倾向于拒绝,而不是服从。

(二) 行为后果的反馈

米尔格拉姆研究的另一个变式是用不同方式来提供行为后果的反馈。反馈按充分和直接程度划分,有如下四种不同情况。

1. 间接反馈

在米尔格拉姆最初的实验中,充当教师的被试与充当学生的实验助手不在同一间屋子里,因而真被试看不到被电击者的痛苦状态,也听不到声音,只是在电压加到300 V之后,能听到通过录音播放的撞墙壁的声音。这种方式就是间接反馈。

2. 声音反馈

这种反馈是让被试听到受害者的喊叫、抱怨、愤慨和挣扎。对应于不同的电压水平,声音的痛苦程度也不同。声音实际为预先制作好的标准化录音。如从75 V到105 V,发出不同声响的"啊!"声。120 V时,为"啊!真疼!"。150 V时,声音变为"啊!实验员!够了!我要出去……"。再后来是痛苦的尖叫,声明心脏不好,拒绝再做出回答,要求退出实验等喊叫。330 V时,强烈的喊叫变得缓慢,内容为"让我离开!我要走!我的心脏难受!"。最后变为歇斯底里式的重复:"我要离开!让我走!"

3. 身体接近

身体接近的情况下,受害者与被试相隔仅约40厘米,受害者的反应由专门的实验助手做规范化的逼真表演。因此,被试不仅能听到受害者的各种声音反馈,而且可以看到受害者的种种痛苦表现。

4. 身体接触

这种情况是由被试将受害者的手压放在电击台上，实施电击时受害者的声音的痛苦表现与身体接近时的情况相同。

从图 12-5 的结果可以看到，行为后果的反馈越直接，越充分，人们越可能不服从权威，做出伤害别人行为的可能性就越小。相反，被试对自己的行为后果了解越少，服从权威而对别人施加伤害性电击的可能性就越大。社会心理学家分析，这一发现有着令人不安的现实意义。现代武器技术已经发展到控制武器发射的人丝毫不接触受害者的程度。这就存在着一种危险，即武器系统的操作人员越来越缺乏对自己工作的危险性的认识，就好像他们的工作对象就是武器本身，而不是可能造成成千上万人丧生，甚至可以毁灭城市的现代恐怖工具。

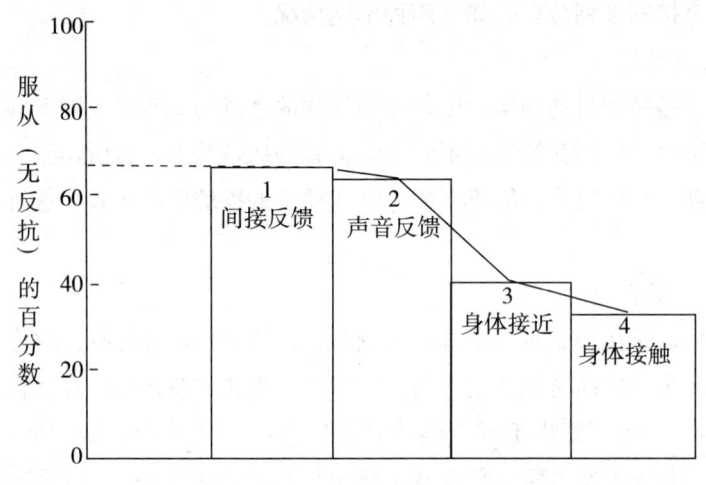

图 12-5　不同行为反馈方式与服从率的关系

（三）个性因素

前面提到，道德发展水平直接同人们的服从行为有关。个体的道德水平越高，越倾向于按照自己的独立价值观行事，拒绝服从权威给出的去伤害别人的指示。这些研究实际上已经证明了人们的个性特点会直接影响他们的服从行为。卡利中尉指挥的上百名官兵几乎都卷入了屠杀平民的活动，仅有一个人没有服从命令，并且他始终保持对事件的一贯见解，抵御社会压力，还将事件公诸于众，使事件的制造者受到制裁。毫无疑问，这名不服从者有着区别于他人的独特性。

第三节 依 从

依从（compliance）也是人与人之间发生相互影响的基本方式之一。人接受他人请求而行动，使别人的请求得到满足的行为称为依从。

依从与服从有着根本的区别。服从的引发具有某种强制的特征，命令者与服从者之间也存在着规定性的社会角色关系。服从的理由是外在的，而依从的理由是内在的。请求者与依从者之间，并没有规定性的社会角色关系的束缚。面对请求者的请求，依从者必须有一定的认同，才会顺应其要求做出相应行为。

一、依从的目标

（一）情感目标

依从者在收到请求后往往会以自己的感受为线索对要求做出有效反应（R. B. Cialdini & N. J. Goldstein, 2004）。惠特利等人1999年的研究发现，个人通过公开依从（public compliance）来避免或缓解羞愧和恐惧的情绪，而通过私下依从（private compliance）来避免或缓解内疚和怜悯的情绪（M. A. Whatley et al., 1999）。

（二）交往目标

人们本能的会与他人创造并且维持有意义的、良好的社会关系。人们内心会认为如果我做了别人赞许的行为，那么别人也会接受和赞许我这个人（R. B. Cialdini & N. J. Goldstein, 2004）。研究发现，人们对他人的喜爱程度与依从他人的可能性成正相关（R. B. Cialdini & M. R. Trost, 1998），这条规律不仅适用于熟人或认识的人之间，它往往还被人们不自觉地应用于与陌生人交往的时候，尤其与陌生人面对面或者面对突如其来的要求时（J. M. Burger et al., 2001）。

在日常生活中，更多的人之间发生的相互影响，不是命令—服从模式，而是请求—依从模式。正因为如此，引发别人依从的社会影响策略受到了人们广泛的关注。

目前，社会心理学中诱导人们依从的社会影响策略，主要是从推销术发展演化而来的。这些依从诱导策略主要有：依据"一致"原则的依从策略、依据"互惠"原则的依从策略以及其他策略。社会心理学研究者对这些技术进行过大量的实验研究，其有效性已经得到很好的证明。

二、依据"一致"原则的依从策略

（一）"登门槛"策略

"登门槛"（foot-in-door）效应原意指推销员只要能把脚踏进人家的大门，他最后就能成功地让人家买他的东西，实现推销的目的。后来社会心理学家通过研究，用"登门槛"效应一词来泛指在提出一个较大要求之前，先提出一个小的要求，从而使别人对较大要求的接受性增大的现象。

最初用实验方法验证"登门槛"效应存在的是社会心理学家弗里德曼和他的助手。前面第四章对这一经典研究做了详细介绍。后来的许多研究都证明了"登门槛"效应的存在。心理学家普利纳（Pliner）和她的助手研究发现，如果直接提出要求，多伦多城郊居民愿意为癌症学会捐款的比例为46%。而如果前一天先请人们佩戴一个宣传纪念章，则每个参与者都同意。第二天再请他们捐款，愿意捐款的人数比例几乎增加了一倍。日本社会心理学家原岗的研究也揭示，若直接到居民区请求家庭主妇给予饮料解渴，要求被接受的比例为45.5%。如果分两步，先提出一个较小的要求，然后再提出要喝饮料，则78.5%的家庭主妇愿意提供帮助。研究者认为，这种效应背后所蕴含的机制类似于维护自我概念的一致性，人们通过近期的行为来反映自我，即被试同意第一个要求的行为会改变他们对自我的认知，为了保证自我同一性，他们更可能进一步依从他人。

鉴于"登门槛"效应的普遍存在，社会心理学家将先提出较小要求，然后再提出比较大的要求，这种诱发人们依从的方法称为"登门槛"策略。严格的实验研究结果表明，"登门槛"策略是一种有效的态度或行为改变方法。

(二) 低球技术

低球（low ball）技术的具体做法是先提出一个小的要求，别人接受这个小的要求后马上提出一个别人要付出更大代价的要求。这同样是从推销策略中引申出来的依从策略。研究表明，运用低球技术要比直接提出较大要求更易于为人们所接受。西方二手车销售商卖车时往往把价格标得很低，等到顾客同意出价购买时，又以种种借口加价。有关研究证实，这种方法可以使人最后接受较高的价格，而如果开始就标出高价格，顾客就难以接受。日常生活中，请别人帮助时，如果一开始就提出较大要求，很容易遭到拒绝，而先提出较小要求，等别人同意后再增加要求的分量，则更容易达到目标。

"登门槛"策略与低球技术同为两步式渐进策略，但有两个明显区别。第一个区别是两步时间联系的区别。"登门槛"策略的两步操作中间有时间间隔，而低球技术的两步操作是紧接在一起的，没有较长的时间间隔。两者的第二个区别在于两步要求的性质方面。"登门槛"策略的两步要求之间没有直接的联系，而低球技术的两步要求则是直接相联系的。

西方社会心理学家认为"登门槛"策略与低球技术的作用原理在于接受一个要求会增强人们在某个特定问题上的投入，增强其责任意识，从而增加了人们对更大要求的接受性。事实上，问题的关键可能被忽略了。由于这两种策略的两步要求是由同一个或两个人提出的，并且请求者与被请求者卷入了直接的交往，因此，人际关系在其中所起的作用可能更大。由于人们需要在同自己交往的人面前维持一致的社会形象，因而一旦接受了一个要求，拒绝别人要求的困难也就明显增加，从而使人接受更大要求的可能性增加。根据自我价值定向理论，人们总是倾向于接受别人更大或更多的要求，除非拒绝别人的要求比在人们面前维持一致形象的价值更大。

三、依据"互惠"原则的依从策略

(一)"留面子"策略

为了使人更好地接受一个较小的请求，先提出一个较大的请求使较小的请求看起来像是对对方的让步，在人们拒绝了较大的请求后，使得接受小请求的可能性提高的方法，就称作"留面子"（door-in-the-face）策略。"留面子"

效应则是指人们拒绝了一个很大的请求之后，对较小的请求接受性增加的现象（第四章对此已做了详细介绍）。

由于人际相互作用，当人们拒绝了别人的一个要求后，会感到内疚，因此在面对下一个要求时会愿意做出一点让步，给别人一个面子，使别人获得满足。人与人之间的交往是人的自我价值意识最为重要的来源。他人的不愉快，是个人不愉快的最主要原因之一。因此，在人际交往中，人会自然地倾向于选择给交往双方都带来最大满足的行为。出于补偿的心理，拒绝别人后对人的接受性往往会增加。

日常生活中，很多买卖交易都在使用"留面子"效应。自由市场中的售货员往往会把价格定得远远超过实际应有的价格，然后在讨价还价中让顾客在拒绝高价后接受一个比高价低得多而实际又高于应有价格的价目。然而，后续研究发现，有时人们不只关注第二个要求是否比第一个要求付出的代价更少，还会怀疑提要求者的真实目的。如果人们感觉对方的让步行为明显不合理，就会毫不客气地拒绝要求（R. B. Cialdini & N. J. Goldstein, 2004）。

此外，"留面子"策略也有时间效应。时间上的滞后会降低后一个要求是在做出让步的感觉，当提出两个要求之间的时间间隔延长时，不论让步是否是真心的，人们都会觉得没有必要和义务去做出补偿（R. B. Cialdini & N. J. Goldstein, 2004）。

总的来说，尽管互惠性让步是学者们对于"留面子"效应机制的主流解释，但其他一些因素，比如自我表现（self-presentation）、知觉反差（perceptual contrast）、对话卷入（dialogue involvement）、社会责任以及缓解内疚，都在一定程度上影响着"留面子"策略的效果（R. B. Cialdini & N. J. Goldstein, 2004）。

（二）"附加价值"策略

"附加价值"（that's-not-all）策略就是向对方提出要求，在对方尚在考虑要不要答应说服者的要求时，马上提出较小诱因——比如折扣或者增加依从后可获得的好处——以增加答应要求的附加价值，增加对方依从的机率。这种策略很好地利用了人们在短时间内无法做出充分理性的判断的特点。通常依从的一方会将附加价值视为一种让步，觉得自己也有义务做出相应的让步，因而依从了对方的要求。

但后续对于"附加价值"策略的研究表明,如果初始提出的要求成本太高或者需要付出太多时,这种策略可能会导致事与愿违的结果,即在游说者还没来得及提出诱因时就被对方立刻拒绝了(J. M. Burger et al.,1999)。

(三)"破坏—重构"策略

一些研究者根据伯格(J. M. Burger)等人对"附加价值"策略的机制研究,将"附加价值"策略归属于"破坏—重构"策略,认为"破坏—重构"策略(disrupt-then-reframe,DTR)是通过破坏对方对游说行为的理解和抵抗并且重构说服性的信息或要求的内容,以使个体更容易被打动(B. P. Davis & E. S. Knowles,1999)。这种策略可以通过抑制对方的抵抗过程,而不是直接强化对依从结果的渴望,来增加依从行为的可能性。

(四)"相同处境"策略

当人们觉得自己与对方有关系或感知到与对方在某些方面相似,无论这种关系和相似性是多么微不足道,人们都会因此而接受要求,比如同名或生日相同。有研究证实了这个策略的有效性。实验者在校园内请求路上遇到的学生为一个著名的慈善组织捐赠。其中对一组学生不提供额外信息,而询问另一组学生是否是学生,如果回答"是",则回应:"太好了,我也是!"结果是被询问的学生表现出更多的捐赠行为。研究发现,这种依据互惠原则而确定的策略,即使彼此的关系非常脆弱,也往往会使人处于不得不接受的境地之中。

四、依从诱导的其他策略

(一)"过度理由"策略

"过度理由"效应(over-justification effect)指的是附加的外在理由取代人们行为原有的内在理由而成为行为的支持力量,从而使行为由内部控制转向外部控制的现象。

根据认知不协调理论,如果一种行为本来有充分的内在理由,如兴趣支持,则人们对于行为与其理由的认知是协调的。但此时如果以具有更大吸引力的刺激(如金钱奖励),给人们的行为额外增加一种"过度"理由,那么人们对于自己行为的解释,会转向这些更有吸引力的外部理由,而减少或放弃采用原有的内在理由。此时人们的行为就从原来的内部控制转向了外部控制，如果外在理由不复存在，如不再提供金钱奖励，则人们就失去了做出行为的理由和动力，从而倾向于终止这种行为。这种方法就是"过度理由"策略。

费斯廷格等人20世纪50—60年代所进行的大量实验研究证实了"过度理由"效应的存在，社会心理学家德西等人（E. L. Deci & R. M. Ryan, 1987）及博吉亚诺等人的实验研究也证实了它的存在（A. K. Boggiano, J. M. Harackiewicz, J. M. Bessette & D. S. Main, 1985）。这些研究表明，与没有得到报酬的人们相比，得到报酬的人降低了对原来喜欢的测智难题的兴趣，如果不继续支付报酬，他们倾向于放弃解题的机会，而没有受到报酬这一"过度"理由影响的人，则倾向于一直保持对解题的兴趣。对于儿童，承诺付给报酬也会使他们原来喜欢玩的游戏变成了工作。如果不付给报酬，他们就不再玩这些游戏。而没有承诺付给报酬的儿童，则继续保持对游戏的兴趣。

"过度理由"效应的研究发现使人们找到另一种分步诱导人们依从的迂回式方法。这一方法可以由以下的应用实例很好地说明。

一群孩子白天在院子里相互追逐打闹，吵声喧然。这可苦了夜班族的邻居们。面对孩子的吵闹，他们不能好好休息，屡次的干涉也全然不起作用。孩子们很快就在游戏的兴奋中把吵闹会影响别人的事忘得一干二净。一位邻居的朋友是心理学家，偶然来访知道此事之后，为他的夜班族朋友找到了一个解决孩子吵闹的方法。方法是先将孩子们叫到一起，告诉孩子们，谁的叫喊声越大，谁得到的钱就越多。结果，有些孩子得到5角钱，有些得到2角钱，有些只得到5分钱。等到孩子吵闹的理由转变为可以得到金钱奖励之后，突然大大减少发给孩子们的钱。但此时，孩子却希望得到的钱能够更多，结果是无论怎么喊叫，谁也没有得到一分钱。奖励被彻底停止了。孩子们因此觉得受到了不公正对待。"昨天那么喊都得到了钱，今天喊得这么响怎么一分钱也不给"，"不给钱了谁还给你喊叫"。至此，孩子们对大声喊叫完全失去了兴趣，原来的行为模式也发生了根本性改变，吵闹的问题得到了解决。

以上实例是典型的利用"过度理由"策略诱发人们依从行为的例子。金钱奖励使孩子们原来对行为自身的兴趣，转变成了对金钱的兴趣。既然最后金钱奖励不再存在，吵闹的行为也就没有理由再继续了。金钱作为外加的"过度"

理由，很好地引发了"过度理由"效应。

"过度理由"效应告诉我们，由于人们天生具有维持认知平衡的心理需要，一种行为的外在理由越多，相应的内在理由也会越少。无论是对学习成就给予的物质奖励，还是给人们道德行为强加的外在约束力量，都会使人倾向于用外在理由来解释自己的行为，促使人们养成他律的人格。受外在奖励而学习的人，没有了奖励也就不再愿意学习。学习最终不能对个体自身人格的发展起促进作用。由于外在约束才使自己的行为符合道德的人，当外在约束消失后，他的行为也会自然地超出道德允许的范围，这是缺乏自律的道德。

（二）让对方有好心情

当人处于好的情绪状态下比在中性或负性情绪状态时更可能依从他人所提出的要求。林德的研究发现，被告知天气晴朗的房客给的小费高于被告知天气阴雨的房客（B. Rind，1996）。这也是为什么在提出要求前，大多数人会吃一顿大餐，当对方因为吃喝而有好心情时，比较不会拒绝提出的要求。改变自己的外表、赞同对方、表达对对方的兴趣、将自己与对方的喜好相关联、表达小善意等都能使对方有好心情，或是使他人对自己产生好感，从而使他人依从自己的可能性增加。阿利克（M. D. Alicke et al., 1992）的研究发现，含有改变对方意图的抱怨也能成功地影响他人，使对方依从自己的意图行事。

（三）阿谀奉承

这是通过奉承、讨好他人，而被对方喜欢以影响他人，达到交往目的的一种策略。研究发现，即使是微小的讨好行为，比如记住对方的名字，也可以改变对方对提出的要求的反应。被奉承的人对逢迎者的态度更加积极，这是因为被奉承的人往往会因为自尊（自我价值）的需要对阿谀奉承的话信以为真，由此增加了对逢迎者的好感，从而更容易依从对方（R. B. Cialdini & N. J. Goldstein，2004）。

【要点小结】

从众指个人的观念与行为由于群体的引导或压力，向着与多数人一致的方向变化的现象。经典的从众研究有谢里夫的"自运动现象"、阿希的知觉判断实验。从众行为可分为三类：真从众、权宜从众、不从众。从众的原因有行为参照、对偏离的恐惧、与群体融合的需要、群体的凝聚力。影响从众的因素有群体的一致性、群体的规模、人们对自我判断的肯定程度以及个体的个性特征、个人的自我卷入水平、文化差异以及权力。服从指按照他人命令行动的行为。米尔格拉姆的权威—服从实验是社会心理学中最有影响力的有关服从的经典研究之一。服从的原因包括合法权力和责任转移。影响服从的因素有他人的支持、行为后果的反馈、个性因素。他人的支持会直接导致对权威的藐视；行为后果的反馈越直接，个性越成熟，道德水平越高，越会减少人们的服从行为。依从是指人接受他人的请求而行动，使别人的请求得到满足的行为。依从的目标有情感目标和交往目标。诱导人们依从的社会影响技术有"登门槛"策略、低球技术、"留面子"策略、"附加价值"策略、"破坏—重构"策略、"相同处境"策略、"过度理由"策略、让对方有好心情以及阿谀奉承等诱导策略。

【思考与练习】

1. 分析从众的心理后果与态度变化之间的联系。

2. 社会现实中许多规范都没有得到很好的执行。试分析这一现象与各种社会影响途径之间的不同性质的联系。

3. 分析服从与依从的区别及心理机制的差异。

4. "过度理由"策略为什么可以有效地引发人们的行为变化？现实生活中还有哪些领域能够有效地利用这种心理作用？

【拓展性阅读导航】

1. D. G. Mayers（2005）. *Social Psychology*（8th edition）. New York：McGraw-Hill.

本书的第六章从从众的概念、经典的从众实验研究、从众的原因、如何抵制从众的社会压力几方面系统阐述了从众行为。

2. S. Milgram.（1974）. *Obedience to Authority*. New York：Harper & Row.

关于服从权威的经典著作。

第十三章　群体的基本过程

【内容提要】

本章介绍了群体的概念、类型、群体与个人的关系、群体的形成过程及其影响因素、群体的功能等知识,对社会助长、社会惰化和去个体化现象进行了细致分析,并阐述了头脑风暴、社会助长、社会惰化和去个体化现象的心理机制,还对冒险转移、群体极化与群体思维现象及最近的相关研究做了详细介绍。

【学习目标】

1. 熟悉群体的概念及其形成条件。
2. 了解人在群体中行为效率改变及改变条件的创设。
3. 了解社会惰化、去个体化、群体极化及群体思维的发生机制。

【关键词】

社会助长　社会惰化　去个体化　群体极化　群体思维

人是社会的动物。任何一个个体,都在社会中占据着一定位置,是社会整体的一个成员。因此,个体必定受到社会其他成员以及作为整体的社会的影响;同时个体也反过来影响群体的其他成员,并由此对社会发生作用。在社会心理学中,个人的行为与态度由于社会压力或作用而朝社会允许和鼓励的方向发生变化,统称为社会影响(social influence)。本质上,一个人不断适应社会的过程,正是社会影响的过程。

广义的社会影响包括个人间互动发生的影响、群体对个人的影响、社会运行机制对个人的影响以及社会文化背景对个人的影响等多方面。在本章中,我们主要讨论社会心理学家们关注与研究较多、相关资料积累也较为丰富的群体中人与人相互作用的问题。

第一节 群体概述

一、群体的基本概念

(一)定义

群体(group)也称团体,指为了一定的共同目标,以一定方式相结合,彼此之间存在相互作用,心理上存在共同感和相互认同的两人以上的人群。不过,社会心理学中讨论较多的群体,通常为规模不超过40人的较小群体。

作为群体结合在一起的人群,与由于时间、空间上的某些因素偶然集中到一起的人群是不同的。群体具有以下四个特点。

1. 群体成员之间具有一定的共同目标。为了实现这一目标,群体通常会制定一系列的规范。长期存在的群体往往还发展起自己特定的亚文化(subculture),有自己的价值观、态度倾向与行动方式。

2. 群体是组织化的人群,具有一定结构。群体内每一个成员,都在群体中占据一定的位置,扮演一定的角色,有一定的权利和义务。

3. 群体成员心理上有依存关系和共同感,并存在相互之间的认同、相互作用与相互影响。

4. 群体的一个重要特征是成员在年龄、性别、信念、观点等方面具有相似性(J. M. Levine & R. L. Moreland, 1998)。群体的同质性有两个原因:首先,由于相似性吸引的作用,许多群体倾向于吸引一些在未加入之前就很像的人;其次,群体的运作方式也促使成员越来越像。

偶然聚合的人群是没有共同目标和隶属感,没有结构与社会角色分化的。社会心理学家赖茨曼等人(L. S. Wrightsman, S. Oskamp & C. K. Sigelman, 1977)称这类人群为聚合体(aggregate)。例如,马路上等候绿灯过街的人群、电影院里的观众和飞机上的乘客,都属于这种非群体性的人群聚合体。不过,聚合体也可以转化为群体。被劫持飞机上的乘客,为了一个制服罪犯、求得生存的共同目标，可能会很快转化为一个结构化的群体。

在苏联的社会心理学概念体系中，曾经强调集体是群体发展的最高形式，认为当群体目标与社会的根本利益一致，而不只局限于群体内部时，群体就成了集体。

（二）群体的类型

1. 首属群体与次属群体

首属群体（primary group）也称初级群体。这是由美国早期社会学家库利（C. H. Cooley）提出的，是个人直接生活在其中、与群体成员有充分的直接交往和亲密人际关系的群体。家庭、邻里、青少年的同伴群体（peer group）等，都属于首属群体。

首属群体通常是由于自然的人际交往而形成的。它的基点是人际交往与人际关系，通常没有严格的群体规范。首属群体的运转依靠人与人之间的情感联系，而不是规定性的角色关系。由于首属群体常常是一个人最为直接的社会现实，也是社会影响的最直接来源。因此，首属群体对于个人的社会化起着重要作用。

对应于库利提出的首属群体概念，一些研究者提出了次属群体（secondary group）的概念以区别于首属群体，指按照一定规范建立起来，有明确社会结构的群体。

次属群体是根据一定的目标建立起来的，如学校、工厂、政府机构等。这类群体通常有明显不同于首属群体的较大规模，其运转也首先依赖于社会角色关系，群体成员间有明确的角色分工。

次属群体是人们介入更广泛的正式社会的途径。人们在次属群体中的社会角色起着沟通个人与社会的桥梁作用。个人在次属群体中的正式社会角色常常是个人与社会认同（social identification）的核心构成部分，并由此对其自我认同（self identification）发挥重要影响。

2. 正式群体与非正式群体

社会心理学家梅奥（E. Mayo）20世纪早些时候在霍桑实验中发现，人们的生产率一方面受到有明显表面结构的正式群体的影响，另一方面也受制于缺乏表面结构的非正式群体。由此，梅奥将具有正式社会结构，其成员有明确地位与社会角色分化,并有相应权利和义务规范的群体称作正式群体(formal group)。而将彼此之间以情感联系作为纽带而联结成的人群称作非正式群体(informal group)。这类群体通常是自发形成的,没有明确的社会角色分化和权利、义务规定。

正如首属群体与次属群体具有不同的社会职能一样,正式群体与非正式群体也发挥着不同的功能。事实上,正式群体与次属群体、非正式群体与首属群体有着很大的对应性,但两两之间并不重合,因为这些概念是从不同的理论背景上提出来的。如果说人们对于正式群体的选择和参与是基于理性思考,是通过参与正式群体来参与社会,明确自己的社会立足点和社会同一性,那么人们对于非正式群体的选择和参与,则主要基于情感上的好恶,是通过参与非正式群体来满足自己的情感需要。从个人与社会联系的意义上说,对非正式群体的参与,为人们参与正式群体提供了更多的背景支持。

根据不同的需要和视角,还可以对群体做出其他不同分类,如可以根据年龄、性别、民族、社会经济地位乃至群体的大小等各种参数来划分群体类型,这些角度的划分非常容易理解。

(三) 群体与个体

个体(individual)的概念是相对于群体而言的,是指具有人的普遍自然属性与社会属性,并以独特方式行动的单个人。

个体与群体的关系是相互依存的。个体离开群体,就失去了与社会联系的结点,心理活动与行为就失去了直接参照,就不能获得不断的社会支持与社会比较反馈,从而自我意识失去基点。甚至可以说,个体离开群体就不能生存。正如马斯洛(A. H. Maslow)在需要层次论中指出的,加入群体的归属需要在人的整个需要结构中具有重要地位。所有文化中的人们都有与他人建立联系、防止关系破裂的动机。人们都在努力确保自身在群体中的地位,也会去寻找可能被排斥的所有迹象(N. Kerr & J. Levine, 2008;J. M. Twenge, 2008)。社会排斥确实令人恐惧。

群体对个体的影响也体现在帮助个体确认自己的身份。所有群体都对现实世界的本质做出了假设,因此给我们提供了这样一个视角,通过它我们可以了解这个社会和我们所处的位置(M. A. Hogg, Z. P. Hohman & J. E. Rivers,

2008)。因此，群体是我们身份认同的一个重要部分，现实生活中，我们经常看到属于某一群体的个体会穿着印有群体标志的衣服，如校服等。在群体中，你必须考虑他人的愿望。事实上，个体在成为一个群体的新成员的时候，群体会努力改变和促进个体朝群体目标发展，使他们能够对群体做出最大贡献。社会实践中的诸多群体教育，从企业的入职培训到保持党员先进性教育，都是为了促进群体中的个体更好地为群体做出更大努力。

从群体角度来说，由于它是由不同个体组成的，因此个体的特征与状态也会直接影响群体的状况与特点。群体中具有重要影响力的个人的特征还可能影响整个群体的走向。但是，需要注意的是，个体一旦组成群体，它就有了自己不能简单由个体来解释的新特征。整体大于部分之和的原理，在群体的运行机制中同样适用。个体组成群体后出现的群体影响、群体心理气氛、群体极化与群体思维等现象，都是个体所不具有的现象。

对于个体而言，群体是其直接的社会现实和联系宏观社会的中介。大社会对于个体的作用，往往需要通过群体实现。而个体对于大社会的反馈和影响作用，通常也需要借助群体来实现。研究群体如何影响个体的心理与行为，是社会心理学的重要任务之一。

二、群体的形成

（一）群体形成的过程

1961年，社会心理学家谢里夫等人进行了一项经典研究，完整地揭示了人们从个体形成群体的全过程。

这一研究邀请互不相识的12岁男孩参加夏令营。他们来自不同的学校和街区，他们都来自中产阶级白人家庭。研究分几个阶段进行。第一阶段历时一个星期，参加实验的被试被分为两个独立的人群，相互不知道对方的存在。研究分别安排两个人群进行一系列活动，如一起做饭、修理游泳池、玩垒球、做绳梯等。结果，通过这一阶段的共同活动与交往，两个人群分别从原来的聚合体状态转变成为群体。每个小组都形成了自己不成文的规则，确定了非正式的领导者以及出现其他一些组织化群体所具有的特点。两个小组甚至自发地为自己的群体起了名字，一个叫"响尾蛇"，一个叫"雄鹰"。至实验第一阶段结束，群体中每个成员的角色已发生明显分化，并稳定下来。

实验第二阶段安排两个群体相遇，彼此之间开展一系列诸如橄榄球、垒球及其他项目的比赛。竞争使两个小组出现了明显的"我们情感"（we-feeling），"我们"和"他们"的意识发生明显分化。群体成员将自己的群体看作是内群体（in-group），认为自己所属的群体更优越，而将对手看成外群体（out-group），似乎对方的特点都不合自己的愿望。竞争引起了针对对手群体的敌意。第二阶段结束时，请被试在两个群体中择友，结果两个群体的成员选择本组成员作为朋友的比例，分别达到92.5%和93.6%。

实验第三阶段是探索如何减轻或消除群体间冲突。实验安排两个小组进行一系列共同的活动，如用餐、看电影短片、撒豆游戏（即先把豆子撒下，然后捡起来，再猜捡到的豆子数目）。然而，这些尝试并未有效减轻双方的敌意。有一次两个群体在吃饭时竟发生了直接冲突。

实验的第四阶段是提供给两个群体必须合作活动的机会，如一起修理野营基地的贮水池（否则大家都会缺水），一起协力将卡车拖出泥潭等活动。结果，两个群体的敌对情绪明显减缓。野营生活结束时再次进行择友测验，结果两个群体的成员选择对方成员作为朋友的比例约占三分之一，与第二阶段形成显著对比。

由此看出，交往、共同活动和目标一致是群体形成的基本条件。谢里夫等人设计的巧妙实验很好地证明了这一点。

（二）影响群体形成的因素

1. 共同目标

心理学家米德尔布鲁克（P. N. Middlebrook）提出，当人们意识到不能单独完成某项工作，或是通过多人的共同努力可以更顺利地完成某项工作时，就倾向于组成群体。因此，为不同个体所认同的共同目标的提出，是群体形成的直接原因。上述内容在谢里夫等人不同阶段的实验中，很好地得到了证明。

2. 隶属需要

所谓隶属需要（need for affiliation），指个人认同于他人或群体的行为方式，并以相同方式行动，以获得安全感的需要。生活中每个人都需要有一个对自己进行评判的参照基点，否则就难于自我确认，不能有足够的安全感。因此，个人需要将自己归属于某个自己认同的群体，这就是隶属需要。

心理学家沙赫特进行的一项著名研究很好地证明了以上理论，即一个人的安全感越是缺乏，他的隶属需要越强烈。沙赫特用不同的实验操作引发被试不同的恐惧水平，然后考察恐惧水平与人们希望和他人在一起的要求强度是否相关。研究的结果证明了原先的假设：恐惧水平越高，合群倾向也越强。

3. 共同兴趣

兴趣一致是现实生活中群体形成的重要原因之一。兴趣的不同直接导致了人们在群体归属上的分化。心理学家蒂博（J. Thibaut）的研究证明，一个群体的吸引力直接同其所开展的活动是否具有吸引力有关。活动越是可以激发人们的兴趣，越易于吸引人们参与群体的活动。

4. 压力情境

大量社会心理学研究的结果都显示，高压力的情境会直接促进人们形成群体或加入群体。前述沙赫特的研究已经证明了这一点，其他心理学家对现实生活展开的研究也证实了这一点。心理学家夸伦泰利（Quarantelli）等人的研究发现，灾祸的受害者会自动与邻里、朋友组成群体，去寻找庇护或救援其他受害者。佩皮通（A. Pepitone）等人的研究表明，高恐惧诱发情境会明显增加个人参与群体的倾向。

很显然，当人们的安全感受到威胁时，组成群体或加入群体，是人们获得足够安全感支持的最佳途径。

5. 群体的工具作用

人们加入某一群体有时是为了达到某种功利的目的，或实现与群体无关的期待。此时，人们加入群体成了实现其目的的手段。

心理学家罗斯（I. Rose）研究发现，工会成员们报告工作成员身份的意义在于得到高薪和更多的工作保障。威勒曼（B. Willerman）等人的研究则揭示，女大学生参加联谊会的一个重要原因，是试图通过这种身份增加自己在学校里的声誉。其他研究者对不同生活领域所做的大量研究，也得出了同样结论。

三、群体的功能

（一）社会规范

社会规范是我们行为的一个强大的决定因素。所有的社会都有可接受的行为规范，有些规则是所有社会成员都必须遵守的（如在图书馆看书要保持安静），而另一些规则就因不同的群体而各不相同（如各职业领域内的职业规则）。当出现违规行为的时候，最容易看到规范对行为的影响力：其他成员开始回避违规者，极端情况下，违规者不得不离开这个群体（J. Marques，D. Abrams & R. Serodio，2001）。

（二）社会角色

社会角色是指一个群体对特定成员的行为的共同期望（A. P. Hare，2003）。角色规定了群体中特定位置的人应有的行为。例如，雇主与雇员在公司中扮演的不同角色，决定了他们在这个情境中有不同的行为方式。当群体成员遵守一套明确的角色分工时，他们会感到满意而且表现得很出色（B. A. Bettencourt & K. Sheldon，2001）。

然而，社会角色也存在潜在的代价。人们可能会因过分专注于自己的角色，而丧失了自己的身份认同和人格特性。菲利普·津巴多（P. G. Zimbardo）和他的同事认为社会角色的威力是相当强大的，他们甚至会带走我们的身份认同，使我们变成我们正在扮演的角色本身。就如同津巴多和他的同事在斯坦福大学进行的"模拟监狱实验"所发现的结果一样（C. Haney，C. Banks & P. Zimbardo，1973），即使所有参加实验的学生都知道他们是在进行一项心理学实验，而监狱也都是假的，但看守和犯人的角色力量如此强大，最终使这一简单的事实被忽略了。人们过分专注于自己的角色，以致他们的身份认同和道德感都丧失了（P. G. Zimbardo，2007）。

（三）群体凝聚力

群体将成员联结起来并增强成员间的相互好感的品质就是群体凝聚力（group cohesiveness）（K. L. Dion，2000；N. Friedkin，2004）。一般而言，一个群体的凝聚力越强，成员就越希望能处于群体之中，参与群体的活动，并试图吸纳更多意气相投的新成员（C. L. Pickett，M. D. Silver & M. B. Brewer，2002）。

成功完成任务可以促进群体的凝聚力（B. Mullen & C. Cooper，1994），但反过来群体的凝聚力一定能促进群体的表现吗？如果任务需要群体成员的密切合作，如一个足球队要参加异常激烈的比赛，那答案也许是肯定的（S. M. Gully, D. J. Devine & D. J. Whitney，1995），然而，有时候，如果维持良好关系对群体成员而言比解决问题更重要，凝聚力反而会妨碍人们的最佳表现。我们会在本章第三节介绍群体思维时再讨论这个问题。

第二节　社会助长、社会惰化与去个体化

一、社会助长

（一）社会助长的概念

社会助长（social facilitation）也称社会助长作用，指个人由于意识到他人的存在（包括他人在场或与别人一起活动）所带来的行为效率的提高。与社会助长相反，如果他人在场或与他人一起活动，造成了行为效率的下降，就称为社会阻抑（social inhibition）或社会干扰（social inference）作用。

最早以科学方法揭示社会助长现象的是心理学家特里普利特（N. Triplett，1897）。他在1897年通过实验研究发现，有他人在场或群体性的活动会明显促进人们的行为效率。他安排被试在三种不同的情境下骑车完成25英里的路程。第一种情境是单独骑行计时；第二种情境是骑行时让另一个人跑步伴同；第三种情境是与其他人骑车竞赛。结果显示，在单独计时的情况下，平均时速为24英里；有人跑步伴同，时速达到31英里；在竞争情境下，平均时速为32.5英里。特里普利特进一步的系统实验表明，在实验室条件下，让被试在不同条件下完成计数、跳跃等任务，同样存在社会助长作用。

（二）社会助长的性质

20世纪20年代，实验社会心理学的创始人奥尔波特在哈佛大学进行了一系列有关社会助长作用的研究（F. H. Allport，1920）。一方面，研究结果证明社会助长作用的确广泛存在，社会助长不仅可以引起人们行为数量上的增加，还可以提高某些工作的行为质量。但另一方面，研究结果也揭示，他人在

场或与别人一起工作并不总是会带来社会助长。随着任务难度的增加，社会助长作用会逐渐下降，甚至最终逆转为社会干扰。

心理学家扎伊翁茨（R. B. Zajonc）和科特雷尔（N. B. Cottrell）等人在20世纪60年代完成的研究进一步证明，群体背景究竟起社会助长作用还是社会干扰作用，取决于工作任务的性质和个体对任务的熟悉程度。在科特雷尔等人1968年的实验中，被试被安排在独自一人及与群体一起两种情境中学习单词配对表。单词配对表有两类：一类由同义词组成，学习起来非常容易；另一类由无关单词组成，学习起来难度较大。研究结果表明，在完成简单任务时，群体背景有明显的社会助长作用；而在完成难度较大的无关单词配对任务时，效果正好相反，群体背景带来了社会干扰，成绩反而不如独自一人完成得好。研究的结论十分清晰，即当任务比较简单，或个体对工作任务比较熟悉时，他人在场更可能产生社会助长作用。

（三）社会助长的机制

为什么群体背景会引发社会助长作用呢？目前研究者提出三种解释来回答这个问题。

第一种解释指出他人在场让人变得非常警觉。当我们面对实物时，比如读书，我们不需要关注书本身是否向我们做出反馈，但是面对人时，我们需要做好准备，因为别人随时可能与我们交谈或向我们提问，这具有不可预测性。因而，他人在场本身会让我们更加警觉，从而引发生理唤醒。基于此，扎伊翁茨（R. B. Zajonc, 1965）提出了自己的社会促进理论，包括三个基本观点。首先，他人在场造成个体产生先天性的生理唤醒反应；其次，这种生理唤醒能够增强人占主导地位的（出现概率较大的）反应倾向的表现水平；最后，对于熟悉或容易的任务来说，主导反应是正确的反应，而对于不熟悉或难的任务来说，主导反应则是错误的反应。因此，他人在场将会提高熟悉任务中的正确反应，同时干扰不熟悉任务中的正确反应。已有的大量实证研究证明他人在场对于社会促进的影响，例如，一项针对大学生台球选手的研究表明，高水平的台球选手在有观众在场时击球的准确性比没有观众时提高了（从71%提升到80%），而低水平的台球选手的击球准确率则降低了（从36%降到25%）。

第二种解释是他人在场会唤起个体被评价的意识。扎伊翁茨通过研究指出，社会助长产生的原因，在于群体背景增加了人们的内驱力（R. B. Zajonc，1965）。弗里德曼进一步解释，群体背景之所以能够唤起行为内驱力，是因为它唤起了人们的竞争和被评价意识。弗里德曼认为，人们在社会化的过程中，已经学会了将社会情境看作竞争情境，在有他人出现的社会情境中，人们会有意无意地感到由社会比较引发的竞争压力，从而使人们行为的内在动力增强。

毫无疑问，他人在行为背景中存在，会直接激发人们的被评价意识，使行为情境转化为具有外在激励作用的评价情境。被评价意识的激发会直接提高人们的自我观察、自我评价和自我调整水平，使行为过程实质上成为一个由高度的自我意识支配的自我表现过程。按照自我价值定向的理论原理，高度的自我意识被激发后，人们的行为会遵循自我价值的支持和保护原则，即行为朝着有利于自我价值确立的方向倾斜，去寻求新的自我价值支持，或在自我价值遭遇威胁时进行自我保护。被评价情境下，人们期望得到积极评价的动机被有意识或无意识地激发，从而导致行为效率的明显增加，被评价意识越强烈，这种作用也会越强。

科特雷尔等进行的另一项实验，为上述被评价意识激发行为动机的理论提供了极有力的证明。实验中，科特雷尔让被试分别在三种不同情境下完成一项熟练的工作任务。第一种情境为独立工作；第二种情境为与他人一起工作（群体背景）；第三种情境同样是与他人一起工作，但其他人都被蒙住了双眼。结果显示，第二种群体背景下被试的工作效率明显高于独立工作的第一种情境。但在第三种情境中，虽然也是与他人一起工作，但工作效率却与第一种独自工作的效率相同。很显然，由于同伴被蒙住了双眼，被试知道他们看不到自己是如何工作的，因而也不再存在社会助长作用。根据这种解释，唤起我们行为内驱力的，不是简单的他人在场，而是那些会对我们进行评价的他人在场。其后的研究也同样验证了这一心理机制的作用（Jr. C. F. Bond, A. O. Atoum & M. D. Van Leeuwen, 1996）。

他人存在所激发的被评价意识，在某些情况下也可能引发过高的焦虑水平，使正常的思维活动受到干扰，从而使社会助长作用减弱，甚至转化为社会干扰。例如，缺乏演讲经验的人在公众面前讲话时，过度的被评价压力会导致过分的焦虑，从而使演讲人忘了该说什么和从哪里说起。

对社会助长机制的第三种解释是注意力分散理论。弗里德曼等人认为，在有些复杂的思维工作中，群体背景之所以造成社会干扰作用，是因为他人的存在和由此造成的种种影响，会导致注意力不集中。而对于复杂的思维任务的完成，集中注意力显然是一个重要条件。事实上，巴伦（R. S. Baron，1986）的研究发现，不停闪烁的灯光这种物理因素，会产生与他人在场效果一样的社会干扰作用。

（四）性别助长

对于性意识发展成熟的人，异性在场比同性在场对个体行为的促进作用更大。它是一种特殊的社会助长现象。迄今为止，西方有关社会助长问题的研究，一直没有注意到性别助长这一特殊现象。我国研究者根据对多种日常生活情境的观察，提出了性别助长假设。这一假设认为：对于性意识发展达到成熟水平的个体，异性的存在会导致特殊的行为效率增加；而性意识尚未得到充分发展的青春期之前的儿童，则不存在这种性别助长现象（金盛华，张杰，1995）。我国学者王青（1990）的实验研究很好地证明了性别助长作用的存在。李朝旭等人（2004）的研究则表明，印象管理是性别助长作用的主要心理机制，并由此引起不同条件下不同特征的男女行为者由于异性在场而出现的行为朝向有利于自身形象的增强效应和行为抑制效应。

本书第十章在讨论亲社会行为的影响因素时曾提到，女性明显比男性更容易得到男性的帮助。这也可以从另一角度反映性别助长作用在日常生活中的普遍存在。"男女搭配，干活不累"，是人们早已总结出的普遍行为促进原则。莫雷、张卫（1997）在其著作中提出了"异性效应"概念，指出异性在场会引起各种微妙的行为效果，并在一定条件下表现为相互显示、相互制约与相互激励。莫雷等人的研究表明，在青少年进行的工作或活动中，如果有不同性别青少年在一起，往往会表现得更为出色。

另外，大量的动物学研究还证明，性别助长也存在于多种动物行为中。很多鸟类在发情期都有明显的性别助长行为，灵长类动物中也普遍存在着性别助长作用。

二、头脑风暴

奥斯本（A. F. Osborn）提出：群体一起来解决问题，具有个人所没有的特殊的"头脑风暴"（brainstorming）作用，可以促使人们找到更多、更新颖、更独创的问题解决方法。因此，群体讨论式的头脑风暴法，是普遍发挥人们的创造性、充分利用这笔宝贵资源的有效途径，也是变革现状的良好开端。据研究，头脑风暴在美国、德国是最常运用的创造促进方法，日本公司选择头脑风暴培训员工的比例约占70%。另一方面，头脑风暴法还可以使人们的受尊重需要、自我实现需要得到满足，增强人们的工作动机和对工作的满意度。

头脑风暴法的具体步骤主要有：(1) 明确需要解决的问题，鼓励每一个群体成员努力提出各种解决问题的方法；(2) 群体营造一种氛围，使每一个成员不用担心自己的意见被批评，并坚信每种观点都是受欢迎的，甚至那些看起来荒谬的或异想天开的意见也是如此；(3) 其他群体成员不是评价他人提出的方案，而是鼓励他人充分发表意见；(4) 记录群体中每个成员提出的意见，而不是用任何先定概念进行评价性筛选；(5) 鼓励群体成员补充与完善提出的每一个问题解决方案。

不难看出，上述头脑风暴法的具体步骤实际是一个完整的"集思广益"、最大程度发挥群体成员的互补与互促作用的操作性系统。正如英国作家肖伯纳所说："你有一个苹果，我有一个苹果，彼此交换，每个人还是只有一个苹果。但如果你有一种思想，我有一种思想，彼此交换，我们就会都有两种思想。"更重要的是，思想的交换还可能激发更多思想的产生。奥斯本的头脑风暴法正是运用了这种思想交换和激发的原理。

虽然发达国家的许多著名企业运用头脑风暴法取得了良好效果，但在心理学家进行的有严格控制的实验研究中，并没有使头脑风暴的假说得到证明。邓尼特（M. D. Dunnette）等人的一项研究中以科研人员与设计师为对象，分别让他们在两种情境中对两个难题提供解决办法：一种情境为独立思考；另一种情境以四人为一组，采用头脑风暴法。结果发现，独立思考情境中的被试提出的解决办法更多，也更具实际意义。其他研究者的类似研究也得到同样的结论（B. Mullen, C. Johnson & E. Salas, 1991）。这些研究者认为，头脑风暴的问题解决方式常常会使个人在讨论中过于注意别人的意见，或者使个人的表达机会被剥夺，使思维活动受到干扰而中断。因此它并没有起到头脑风暴的作用，也无助于新想法的产生。

林格伦（H. C. Lingren）依据研究提出，头脑风暴法对解决问题的促进作用应表现在它的"预热效应"（warm-up effect）上。林格伦设计了一个检验头脑风暴法作用性质的实验。在研究中，实验组被试先采用头脑风暴法讨论解决问题，之后每个成员单独继续思考问题的解决办法，控制组的操作则是始终采用独立思考的方法。结果表明，无论是提出的问题解决方法的数量还是质量，实验组都显著优于控制组。后来，布坎南和林格伦（L. J. Buchanan & H. C. Lingren）以小学四年级学生为被试所做的研究，也得出了相同的结论。

林格伦分析，问题解决过程中加入头脑风暴程序，使群体产生了交流的气氛，并使成员间得到相互启发；而且，群体一起解决问题的形式可以提高个人对解决问题的兴趣和卷入水平，使思维达到积极、活跃的高度激活状态。这种方式作为解决问题预热性的准备，可以直接起到推动创造性思维的作用，从而使最终提出的问题解决方法更多、更具创造性。

根据上述研究结果，社会心理学家主张：在复杂的问题解决中，发挥社会助长作用的最佳途径是，采用头脑风暴法使人们进行问题解决的预热准备，然后再引导人们独自深入地思考问题解决方法。

三、社会惰化

（一）社会惰化的概念

社会惰化（social loafing）也称社会惰化作用，指群体共同完成某一任务时，个人所付出的努力会比单独完成时减少的现象。早在数十年前，达希尔（J. F. Dashiell）就发现，随着共同完成一件事情的人数增加，每个人所付出的个人努力程度也会逐步下降。达希尔曾经用实验的方法测量在拔河比赛中每个人的用力水平，结果发现：如果个体独自参加实验，那么在不同性别、不同年龄段的群体中，平均拉力都存在社会惰化现象。

（二）社会惰化的性质

社会惰化是否存在性别与文化差异，研究者卡罗与威廉姆斯（S. J. Karau & K. D. Williams, 1993）为此回顾并分析了150篇关于社会惰化的研究。他们发现，男性比女性表现出更强的惰化倾向。相比男性，女性更倾向于关系型互赖（relational interdependence），即更关注与其他个体的人际关系，这可能使女性在群体中更愿意表现得好，所以她们相对男性表现出更少的社会惰化。在文化差异方面，他们认为社会惰化在西方文化背景中比在亚洲文化背景中表现得更突出，这可能与不同文化中普遍存在的个人自我定义（self-definition）有关，亚洲个体更倾向于认为人与人之间是相互依赖的，因而群体中的社会惰化倾向相对降低。然而值得注意的是，差异虽然存在，但不应夸大其效。社会惰化作用虽然在西方个人主义文化下更明显，但在强调集体主义的亚洲国家和地区同样存在，如日本、泰国、印度、马来西亚以及我国台湾地区等。不同的工作情境、工作性质（脑力劳动、体力劳动）下，均可能出现社会惰化。如卡罗和威廉姆斯所说，正因为人类生活中的许多工作只能通过群体合作才能完成，研究社会惰化的产生机制和避免技术也就显得非常重要。

（三）社会惰化的机制

社会心理学家提出了许多不同的理论解释社会惰化出现的原因。比如，出现社会惰化是因为个人的被评价焦虑减弱，使个人在群体中的行为责任意识下降，行为动力也相应降低；群体中的成员认为自己的努力只是群体的一部分，而不愿意付出较大努力等。其中，得到最多认可、解释力最强的是1993年卡罗和威廉姆斯提出的"集体努力模型"（collective effort model）（S. J. Karau & K. D. Williams, 1993）。他们将个人动机理论中的期望价值理论应用于对群体工作表现的解释。期望价值理论认为，只有在满足下面三个条件的情况下，个体才会努力工作：(1) 相信自己努力工作会带来良好的工作成绩；(2) 相信自己良好的工作表现会得到认同，获得奖励；(3) 所得奖励正是自己希望得到的。也就是说，个体只有在相信自己的努力会得到想要的结果时，才会在与他人一起工作时表现得很努力。

当群体共同完成某一工作任务时，一方面，个人的工作表现会更多受到个体以外其他因素的影响，另一方面，良好的工作表现所带来的奖励会被群体中其他成员分享，而且这种奖励的分配还不一定是公平的。在群体中与他人一起工作时，个人的努力、表现和奖励间的关系，会变得比个人独自工作时更加不确定，社会惰化的出现也就容易理解了。

为了证明该理论模型的正确性，卡罗和威廉姆斯对 12 篇与社会惰化有关的研究进行了元分析。在研究中，根据期望价值模型提出 6 个减少社会惰化出现的因素：群体规模较小；个体对工作任务感兴趣或是工作对个体意义重大；与喜欢的人一起工作；工作本身是特别的、非重复性的；个体认为其他成员的表现与自己相比会很差；个体所处环境强调个人努力而非群体表现。分析结果完全支持了上述预测，从而一方面验证了"集体努力模型"，另一方面也再次说明社会惰化存在的广泛性与可预测性。

布里克纳（M. Briekner）等人的研究表明，在被试感觉自己的努力没有被承认时，个人贡献会偏低。而如果群体的成绩与群体成员个人相关，则社会惰化就不会发生。因此，社会惰化在个人贡献不容易被区分以及结果与个体的关系不大时更易发生。

（四）社会惰化的预防

威廉姆斯等人的研究发现，如果让被试相信自己的行为效率是可以被鉴别出来的，或是对个人行为贡献可以单独进行测量，则即便与其他人共同完成某项工作，个体身上也不再有社会惰化作用存在。单独测量使个体保持了足够的被评价焦虑，使个体的行为动机得以激发，这是减少社会惰化现象最显著的方法。

总结以往研究的成果，我们可以发现，在以下几种情境下，社会惰化会较少出现：（1）将群体中成员的工作明确化，让每个人都必须为自己的工作负责；（2）增强群体的凝聚力，群体有鼓励个人投入的"团队精神"；（3）群体成员之间关系密切；（4）个体相信群体中其他成员也像自己一样努力；（5）让成员相信自己在完成工作任务中起到的作用是无可替代的；（6）以群体整体成功为目标进行激励引导；（7）工作本身具有挑战性、号召性或能有效激发个体的卷入水平。

四、去个体化

（一）去个体化的概念

去个体化是指个体在群体中自我意识丧失、身份解体和自我调控能力下降，并以各种非典型的、反规则的方式行动的现象。比如，平日温和的个体在群情激昂的示威游行中，表现出异乎寻常的暴力破坏行为。早在19世纪末，法国社会学家勒庞在《乌合之众》(1894)一书中便提及此类现象，并做出理论性的阐释。之后，许多研究者对此展开实证探索。在一项研究中，实验者要求置身于小群体中的被试讨论他们对自己父母的感受，结果发现当被试越少意识到个体身份时，他们在讨论中就越轻率和大胆。可见，去个体化现象的表现形式多种多样。

(二) 去个体化的影响

去个体化使个体做出平时被抑制的行为反应，更趋从于当下的群体规则，容易造成群体性破坏等消极结果。迪纳（E. Diener）在探讨去个体化与集群行为之间的关系时发现，自我觉察（self-awareness）是一个重要的中介变量，在去个体化的实验情境下，被试的自我觉察和对评价的敏感性更低，有更强的集群一致感，会选择更危险的违背习俗的行为。另一项针对500名北爱尔兰人的调查（A. Silke, 2003）也显示，超过一半的被试会在个体身份得到伪装时实施暴力行为。此外，随着信息时代的发展，互联网的匿名性引起的去个体化也解释了虚拟空间的集群行为。网民在去个体化状态下，更容易做出网络世界中的反规范行为，如在聊天室里集群漫骂，使用电子邮件攻击他人等（L. Sproull & S. Kiesler, 1992）。

去个体化除了产生消极的结果外，是否也会产生某些积极结果呢？津巴多与格根等研究者对此均给出了肯定的回答。格根在研究中将实验组被试逐个带到一个黑暗的房间中度过一小时。这些被试互不相识，并被告知可以自由活动，最后会有人将他们逐个带离房间，所以他们将不会再见面。而控制组则在一个明亮的房间里，同样度过一小时。结果发现，在"黑暗房间"这种去个体化状态下，被试的关系需要被释放了。他们比控制组被试交谈得更少，但对这些交流的评价更高。90%的人故意去触摸他人，50%的人互相拥抱，甚至还有接吻。而控制组却无人表现出类似的行为。其他一些研究（C. B. Spivey & S. Prentice-Dunn, 1990）也显示，去个体化也能增强亲社会行为，从而产生积极的结果。

这表明去个体化最终产生何种结果很可能与当下的群体规则相关，即取决于环境鼓励的是积极行为还是消极行为。因而，去个体化理论不仅有助于解释一些群体性的故意破坏行为，还有助于了解其他的集体性社会行为。

（三）去个体化的机制

关于去个体化如何发生的早期研究，主要观点是由于个人身份的缺失，导致行为的表达失去控制。与个体身份缺失相关的因素包括群体匿名性、群体规模等外部因素与个体自我觉察、生理唤起、感官超负荷等内部因素。

费斯廷格等认为，成员隐匿在集群中不易辨认，导致个体的自我约束力降低，因而一些平时被抑制的行为随之表现出来。普伦蒂斯-邓恩和罗杰斯（S. Prentice-Dunn & R. W. Rogers）进一步指出诸如匿名之类的责任感线索（accountability cue）告诉人们自己可以免责的程度。这些线索会改变人们的成本—收益计算（cost-reward calculation），从而使他们放松对自己越轨行为的抑制。比如，在群体游行暴动中，人们一般认为自己不会因违规行为而被捕或受罚，这种成本—收益分析就会降低个体的自我抑制。随后一系列研究发现了更多去个体化的影响因素，如责任感的消失、生理唤起、感官超负荷、无结构情境、酗酒或滥用毒品导致的意识改变等。近来的一项研究证实班级规模是学生去个体化群体参与行为的函数（J. M. Englehart, 2006）。

除了群体匿名性，最受研究者关注的因素还有自我觉察（self-awareness）。迪纳与其同事比曼（Beaman）等认为去个体化关键的认知因素是缺乏自我觉察，一旦失去自我觉察，个体就不会将自己当作独立的个体，也不会关注自己的内部价值标准和行为标准。比曼等研究者以万圣节为背景进行实验，将前来索要糖果的孩子作为被试，研究者在告知孩子们每人只能取一块糖果后假装离开，留下孩子们单独面对糖果。实验组的糖果盘后面放了一面镜子，当孩子们去拿糖果时，便会从镜子中看到自己的形象，而控制组则没有放置镜子。镜子的作用在于提高被试的自我觉察，让被试意识到自己是注意的对象。结果表明，实验组中只有12%的孩子拿了额外的糖果，而控制组中额外拿糖果的人数比例增加到34%。这表明自我觉察的削弱确实是引发去个体化的一个因素。

普伦蒂斯-邓恩和罗杰斯将自我觉察进一步区分为公共自我觉察（public self-awareness）和私下自我觉察（private self-awareness）。前者指对责任性（accountability）的意识，由低责任性导致的低公共自我觉察会产生行为的去抑制化和反规范行为；后者包括匿名性（anonymity）、外部的关注需求

(external demands on attention)、群体一致性（group unity）和区分性（identifiability），四者任一方面缺失都可能导致私下自我觉察的降低，进而导致个体自制力下降，情绪反应、冲动行为和群体凝聚力的加强等。

近年来，有研究者从社会认同的角度对去个体化现象进行解释。波斯特梅斯和斯皮尔斯（T. Postmes & R. Spears, 1998）认为，去个体化的状态会促使个体由个人身份向社会身份转变，个体产生的所谓不合规范的行为实际上是该环境下特别突出的群体规范的表达。通过对60个去个体化研究进行元分析，他们提出在集群环境下表现出来的所谓不合规范与失去抑制的行为，可能实际上是遵守该特定环境下的群体规范的行为表现。无论是万圣节孩子多拿糖果，还是黑暗房间中拥抱陌生人的行为，去个体化者只是在遵守当下的主流群体规范而已。

第三节 冒险转移、群体极化与群体思维

一、冒险转移

（一）什么是冒险转移

日常生活中，人们面临的决策情境常常是两难的，做出选择的同时也必须付出代价。试想，我们正面临一个决策难题：一位青年人身患严重心脏病，不做手术则来日无多，做手术又有立即丧命的可能。如果手术成功的可能性有1/10、2/10、3/10、4/10、5/10、6/10、7/10、8/10、9/10、10/10十种情况，那我们愿意在冒多大风险的情况下考虑手术呢？社会心理学家对于此类风险决策的问题进行了大量研究，涉及投资冒险、赌博冒险、获取成功冒险等问题。研究结果表明：人们在独自进行决策时，愿意冒的风险较小，倾向于较为保守地选择成功可能性较大的行为；而如果改由群体共同决策，则最后的决定会比个人独自决策时有更大的冒险性。

上述这种群体决策比个人决策更具冒险性的现象，就称为"冒险转移"（risk shift）。对它的研究源自1961年斯托纳（J. A. F. Stoner）所做的工业管理方面的硕士论文。在研究中，斯托纳比较了个人和群体进行冒险决策时可能

存在的差异，以验证"群体会比个体更加谨慎小心"这一假设。可结果出乎意料，群体做出的决策冒险性更大。其后的很多研究表明，这种存在于各类决策中的冒险转移现象是人类社会的共同现象。以美国、加拿大、德国、英国、以色列等不同国家、不同年龄段的被试为研究对象，发现不同群体中都存在着冒险转移现象。

斯塔瑟（G. Stasser）等人的研究表明，信息的共享和非共享直接影响群体的判断，共享信息有利于群体形成一致的意见，独享信息的人的看法会受到群体的拒绝。拉森等人（Jr. J. R. Larson, C. Christensen, C. Franz & A. S. Abbott, 1998）的研究也证实了这一结论。

（二）冒险转移的原因

总结各种相关研究，发现冒险转移的原因主要有以下几方面。

1. 个人认为群体鼓励表达富有冒险性的见解

与个人决策的情境不同，群体决策的情境为评价性情境，个人需要提出一个为群体其他成员所赞赏的意见。如果在决策上显得过于谨慎，个人担心自己会被群体成员视为胆小、保守、缺乏气概。

2. 责任分散

从前面有关社会惰化及第十章有关亲社会问题的讨论中，我们已经知道，群体背景会直接导致个人行为责任意识的下降。责任意识下降的直接结果，是使人们的冒险性得到鼓励。有关去个体化的研究也证明，行为责任意识下降时，个人会变得敢于尝试通常被自我控制所抑制的行为。

3. 文化价值倾向于对高冒险性有较高评价

社会心理学家的研究已经证实，人们倾向于对高冒险性的人有较高评价。日常生活中的斗牛、骑野马、竞技、空中飞人、高空走钢丝等冒险活动，广泛吸引了人们赞赏、羡慕的眼光，表演者也被视为英雄。因此，在人类的文化价值取向中，高冒险性与英雄气概联系到了一起，从而倾向于鼓励人们冒险。群体的鼓励冒险倾向，正是来自于这种文化价值的影响。

进一步的研究表明，"冒险转移"效应也不总是在群体中出现。冒险转移在本质上是群体的"极端化转移"。群体决策受制于多种因素的影响，例如，随着决策内容的不同，群体在冒险转移方面的作用也是不同的。在有些情况下，群体决策的结果不是冒险，而是比个人决策的结果更保守。诺克斯等人的研究发现，在赛马赌博下注的问题上，群体决策比个人决策更为保守，押注的数目小于个人决策。这一事实使研究者开始重视用"群体极化"来解释冒险转移。实际上，无论群体决策的结果是更为冒险还是更为保守，它在本质上都是群体极化的结果。

二、群体极化

（一）群体极化的概念

所谓群体极化（group polarization），指群体成员中原来已存在的倾向性得到加强，使一种观点或态度从原来的群体平均水平增强到具有支配性地位的现象。按照群体极化假设，群体的讨论可以使群体中多数人同意的观点得到加强，使原来同意这一观点的人更加相信观点的正确性。这样，原先群体支持的观点，讨论后会变得更加被成员支持；而原先群体反对的观点，讨论后反对的程度也更强；从而最终使群体的观点出现"极端化"。如图 13-1 所示，按照群体极化假设，群体讨论会使群体的态度倾向朝两极方向运动，使原来不同意见之间的距离加大。

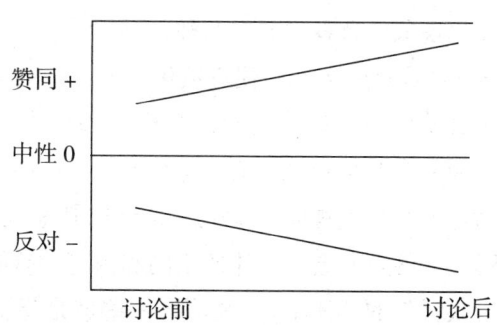

图 13-1　群体极化假设预言的群体讨论对群体态度倾向的影响

20 世纪 60 年代以来的大量实验研究很好地证明了群体极化假设的正确性。例如，莫斯科维奇（S. Moscovici）等人 1969 年的实验发现，群体讨论明显使法国学生对总理的积极态度得到加强，也使他们原来对美国人的消极态度的强度增大。迈尔斯等人 1970 年以中学生为被试，考察他们在讨论前后种族偏见的变化。结果表明，高偏见组与低偏见组的态度差异在讨论后的确增大。

高偏见组讨论后的种族偏见更大，而低偏见组讨论后的种族偏见更小。

群体极化在日常生活中也普遍存在。社会心理学家对大学生的研究表明，不同大学的亚文化，会由于学校内特征相似的同学之间的相互作用而显著增强，使不同学校之间的差异加大。同一个社区、同一个地区、同一个社会经济阶层中人群的许多特征，也会由于某一特定群体内部的相互作用而出现极化，使这一群体与其他群体的差异增大。

近年来随着互联网的普及，越来越多的人加入到互联网的各种群体中。研究者也开始关注虚拟网络空间中的群体极化现象。怀特（R. Wright）就曾指出，电子邮件、搜索引擎和网络聊天室提供了一种便利条件，使相同目的的人集结起来，令分散的敌意更加明确，甚至能够起到动员致命的武装力量的作用。他推测随着宽带的广泛使用，由互联网产生的极化现象也会越来越多。国内基于中文论坛的探究表明，极化现象与论坛群体和特定的议题类别紧密相关（乐嫒，杨伯溆，2010）；在总体网络议题下，网络群体极化现象并不存在，但是在不同议题下，网络群体极化现象差异显著，同时发现针对某一议题，随着时间变化，群体极化现象也会随之发生显著的变化。

（二）群体极化的机制

研究者对群体极化现象的解释主要有两种。

1. 社会比较（social comparison）促进极化

当一个群体被成员认同时，群体的价值会成为每个成员自身价值的一部分。在群体中，成员为了表明自身的价值，每个人都会试图表现得高出群体的平均水平，当自己的意见受到重视时，就表示自己比其他成员"高明"一些，虽然"高明"本身所代表的意义会随群体的不同和情境的差异而有所区别。

比如，在一些喜欢冒险的群体中，"高明"一些就是指更激进一点；而在一个保守的群体中，"高明"一些就是更保守一点。因此，在群体讨论的过程中，其他的成员为了超过他人，会倾向于选择更为极端的观点，以显示自己的"高明"，群体的决定也因而越来越趋于极端化。按照这种思维，有研究发现，当人们知觉到群体取得一致并必须做出选择时，人们会变得对自己的观点更加自信。这种增长的自信会使人们在一种观点上更为极端。

根据社会比较理论，当群体讨论某一问题时，群体讨论会造成规范性影响。个体在选择自己的观点前，会先考虑其他人的看法。群体的取向如何，是具有冒险性的，还是小心谨慎？为了保持与群体的一致性，多数人会选择既与其他人基本一致，但又稍微强化一点的态度。这样，个人就能既表现出一种支持群体的价值观，又能显示出自己是一位积极的思考者。

2. 争论与说服的互动推动极化

在讨论过程中，当有人坚持不同意见时，群体中就会出现争论，说服也会随之而来。随着争论和说服的加剧，越来越多的成员会支持大多数成员的意见，也就是加强了对原本还可能被怀疑的意见的支持。最后，成员会认为只有坚持这个意见才是正确的，于是推动了群体极化现象的产生。

在此过程中，信息的影响是首要因素。当群体中的一种观点获得了最强的支持时，某些群体成员被说服，从而他们会改变原有观点，转向支持这种有说服力的观点，从而使该观点在群体中出现极化。欣茨（V. B. Hinsz, 1984）等人及其他一些心理学家的研究证明，论据是使一种态度在群体中被极化的主要因素。在信息影响方面，积极的语言参与要比被动地听别人陈述引发更多的态度变化。格林沃德等的研究揭示，积极的语言参与可以扩大群体讨论的影响，使人们变得易于接受一种观点而出现群体极化现象。我们在有关态度的讨论中也曾提到，个人的投入可以增加其对某种态度的接受程度。

虽然很多研究者倾向于用社会比较机制解释群体极化现象，但事实上，强调争论与说服的互动说服理论同样得到了充分的实证支持。正是由于社会心理学研究的复杂性，以上的任何一种观点都是难以独立解释所有数据的。人类的复杂性致使一个以上的因素常常会影响最终结果。在群体讨论中，有论点的说服力往往对那些涉及事实的问题影响更大（"她是否为自己所犯的罪行感到愧疚？"），而社会比较会影响那些涉及价值判断的反应（"他应该被判多长时间的刑期？"）。在很多既涉及事实又涉及价值判断的事件中，这两个因素会共同起作用。

三、群体思维

（一）群体思维的概念

高凝聚力的群体在进行决策时，人们的思维会倾向于要求高度一致，以至于对其他可行方案的现实性评价受到压制。这种群体决策时的思维方式倾向性,就称作群体思维(group think)。

1961年4月17日,1 400个美国支持的古巴反政府武装成员登陆古巴猪湾。他们的使命是建立一个滩头阵地,加入古巴反叛活动,并发动起义,推翻卡斯特罗的领导。这次反叛活动由美国中央情报局(CIA)控制,并得到肯尼迪总统的直接支持。但是,整个计划最后彻底失败了。卡斯特罗的军队对入侵做了充分的准备,所有反叛武装成员或者被杀或者被俘。美国遭受了严重的政治挫折,并遭致世界上很多国家对此次进攻的谴责。

从20世纪70年代初期开始,耶鲁大学社会心理学家詹尼斯(I. Janis)就一直致力于群体思维的研究。他细致分析了美国各界高层决策失误的典型案例,除上述猪湾失败外,还有1941年珍珠港事件中的美国军队不设防、20世纪60年代中期的美越战争升级以及20世纪80年代发生的航天飞机"挑战者号"的发射失败等。

詹尼斯发现,在具有高度凝聚力、很少受到外界不同意见的直接影响并且领导喜欢用自己的想法来指导下属的决策小组中,常常容易出现为保持意见一致,使不同意见和评论受到压制的群体思维现象。他认为导致决策失误的群体思维有以下八种表现。

1. 无懈可击错觉

过于自信,不认为自己有潜在危险。詹尼斯发现,出现群体思维的群体都有一种过度的乐观主义,它使人们看不到外来的警告,看不到决策的危险性。

2. 合理化

群体通过集体讨论将已做出的决定合理化,忽视外来的不同意见。群体形成决议后,会花更多时间将决议合理化,而不是对它们重新审视和评价。

3. 对群体的道德深信不疑

相信自己群体的决策是正义的,不存在伦理道德问题。不理会外界从道德上提出的挑战。

4. 对于对手的看法刻板化

群体思维的卷入者,倾向于认为反对他们的人是恶魔,不屑与他们谈判,或认为他们过于软弱、愚蠢,自己所在群体的既定方案会获胜。

5. 从众压力

群体不欣赏不同意见。对于怀疑群体的立场和计划的人，群体一直处于反击的准备之中，而且常常不是以论据反击，而是以个人嘲笑的方式使其难堪。为了获得群体的认可，多数人在面对这种嘲弄时会改变态度转而赞同群体的意见。

6. 自我压抑

由于不同意见会显示与群体的不一致和破坏群体的统一，因而群体成员会避免提出与群体不同的意见，压抑自己对决定的疑虑，甚至怀疑自己的担忧是否多余。

7. 统一错觉

自我压抑与从众压力的结果，使群体的意见看起来是一致的，并由此造成群体统一的错觉。表面的一致性又会使群体决策合法化，缺乏不同意见造成的统一错觉甚至可以使最罪恶的行动合理化。

8. 思想警卫

"思想警卫"（mindguards）是相对于身体安全警卫提出来的。群体决策形成后，某些成员会回避那些不利于群体决策结果的信息与资料，或是限制其他成员提出不同意见，借此来保护决策的合法性与影响力。

（二）群体思维的过程与预防

1. 群体思维的过程

詹尼斯认为，群体思维会直接导致决策过程出现缺陷。1977年，詹尼斯等人提出了一个理论分析模型，阐释了群体思维从原因到后果的各个环节（见图13-2）。

根据詹尼斯的理论，群体思维的产生有两个原因。一是产生于群体成员间极高的凝聚力。出现群体思维的群体，往往是由拥有相同背景和意识形态的成员构成。第二个原因是群体中出现的群体规则。成员认为群体非常崇高，不会犯错，已做出的决定不必再进一步讨论，只需要尽力支持即可。詹尼斯认为，决策群体出现群体思维后，维持群体的凝聚力凌驾于一切之上，也就是说寻求共识已超过了寻求正确决定的动机。结果，原本是为了做出最佳决策而组成的群体，变成了强调高度一致性的群体，群体成员相信群体所做的一切都是正确的。

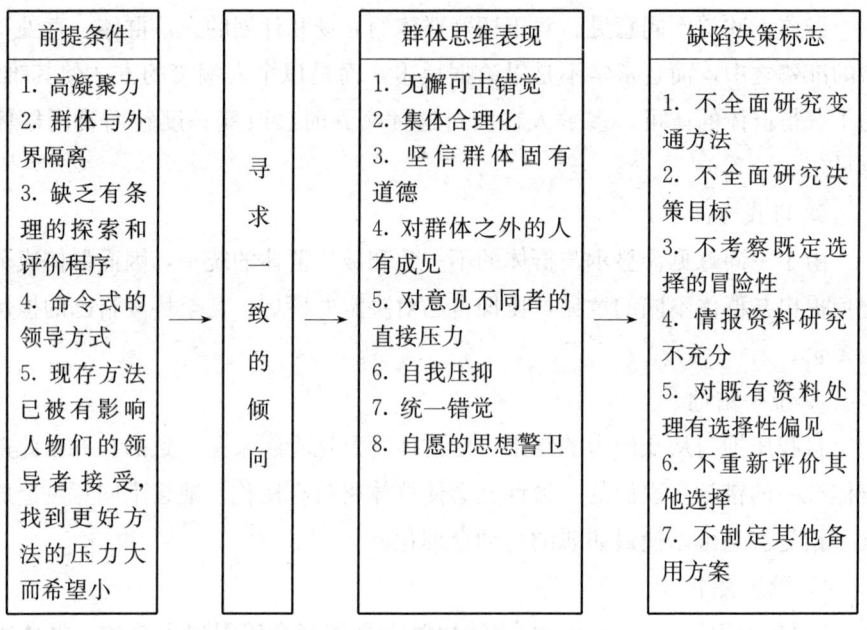

图 13-2 群体思维理论分析模型

詹尼斯的理论提出之后，很多学者据此进行了研究。但结果并不与理论预期完全一致，有些研究似乎表明群体凝聚力并不像詹尼斯说的那样决定群体思维的产生（R. J. Aldag & S. R. Fuller，1993；P. E. Tetlock et al.，1992）。群体凝聚力对群体思维的影响是在其他条件（如喜欢用个人想法对群体进行指导的领导、高压力等）同时存在的情况下才起作用，有研究也证明了这一点（B. Mullen，T. Anthny，E. Salas & J. E. Driskell，1994）。

有研究表明，领导行为对群体思维的作用比群体凝聚力更大。群体思维在"煽动性情景"中往往更容易出现。在这种情境下，群体压力很大，成员会由于过去的失败或任务的困难而降低自信。凯利等人（J. R. Kelly，J. W. Jackson & S. L. Huston-Comeaux，1997）的研究表明，时间压力可减少人们对相关信息的关注和降低考虑变通的程度而强化群体思维。

群体思维的作用是复杂的。有研究证明（R. J. Aldag & S. R. Fuller，1993），群体决策并不必然带来群体思维的负面影响，很多情况下群体决策还是好于个人决策。有些支持群体思维存在的学者也承认，导致群体思维的过程远比詹尼斯提出的模型要复杂得多。事实上,詹尼斯提到的那些产生过重大决策失误的群体,所做的其他决策还是很好的。

2. 群体思维的预防

群体思维的确常常在日常生活中发生,并造成严重后果。特别是在当今世界,无论政治决策、军事决策或经济决策,决策智囊团的运用已成为普遍潮流,因而群体思维的危险性也比以往更高。很显然,有效避免群体思维的不良作用,减少重要决策集团的决策失误,无论从群体自身利益,还是从更广泛的社会利益着眼,都具有十分重要的意义。1982年,詹尼斯在其《群体决策》一书中,提出了如下防止群体思维发生的十种具体操作方法。

(1) 使群体成员懂得群体思维的表现、原因及后果;

(2) 领导者应保持公正,不偏向任何立场(防止形成不成熟的思维倾向);

(3) 领导者应引导每一位成员对提出的意见进行批判性评价,应鼓励提出反对意见和怀疑;

(4) 应指定一位或多位成员充当反对者角色,专门提出反对意见;

(5) 时常将群体成员分成若干小组,并让他们分别聚会拟议,然后再全体聚会,交流分歧;

(6) 如果问题涉及与对手群体的关系,则应花时间充分研究一切警告性信息,并确认对方会采取的各种可能行动;

(7) 形成预备决定后,应召开"第二次机会"会议,并要求每个成员提出自己的疑问;

(8) 在决议达成前,请群体之外的专家与会,并请他们对群体意见提出质疑;

(9) 每个群体成员都应向可信赖的有关人士就群体决策交换意见,并将他们的意见反馈回群体;

(10) 让几个不同的独立小组,分别同时就有关问题进行表决(最终决议在此基础上形成,以避免群体思维的不良影响)。

【要点小结】

群体有共同的目标,成员在心理上有依存关系和共同感。影响群体形成的因素有共同目标、隶属需要、共同兴趣、压力情境、群体的工具作用。社会助长指由于意识到他人的存在（包括别人在场或与别人一起活动）所带来的行为效率的提高。社会助长取决于工作任务的性质。社会助长作用的机制在于，群体背景激起人们的竞争和被评价意识。社会惰化指群体共同完成一件事情时，个人所付出的努力比单独完成时减少的现象。社会惰化的原因是个体的被评价焦虑减弱。去个体化是指个体在群体中自我意识丧失、身份解体和自我调控能力下降，并以各种非典型的、反规则的方式行动的现象。群体极化指群体成员中原来已存在的倾向性得到加强，使一种观点或态度从原来的群体平均水平增强到具有支配性地位的现象。群体思维指群体决策时的思维方式倾向性，它有八种表现。

【思考与练习】

1. 分析日常生活中人们认同于某些群体的原因。
2. 社会助长作用除了即时行为效应之外，还可能对个人产生怎样的影响？
3. 群体思维与群体极化的机制的异同点是什么？

【拓展性阅读导航】

1. 毕鹏程，席酉民，王益谊：《群体思维理论的发展及其实证研究综述》，《管理科学学报》，2004（8），75—84。

该综述简要回顾了群体思维理论的发展过程，重点对其自1971年提出以来所进行的实证研究，包括案例分析和实验检验，进行了比较详尽的总结和评述；并对这两种研究的方法、内容和结果进行了比较。

2. 杨正宇，王重鸣，谢小云：《团队共享心理模型研究新进展》，《人类工效学》，2003（9），34—37。

本文谈了群体和团队研究的两种思路：行为研究思路和认知研究思路；着重讲述了共享心理模型在团队绩效研究中的前沿地位；具体分析了共享心理模型的历史渊源、多重结构、核心特征及绩效关联。

第十四章 社会认同与群际偏见

【内容提要】

社会认同和群际偏见一直是社会心理学家关心的两大群际关系话题：社会认同描述了个体与某一社会身份建立心理联系的历程和后果，体现了人们对个体与群体关系这一命题的处理；群际偏见描述的是对外群体的负面态度，对社会生活具有一定的破坏力量。它们描述了在群际关系背景下人们对自我的认识和对外界的反应。本章系统阐释了社会认同的概念、发生过程及心理效应，并详细介绍了偏见的本质、成因及干预措施。了解社会认同，将帮助我们更好地认识自我与群体、群体与群体的关系；了解偏见，并克服它的影响对维护社会的稳定和促进不同群体之间的交流与合作有着重要的意义。

【学习目标】

1. 了解社会认同的基本概念、基本条件和心理历程。
2. 认识社会认同理论具有的理论意义和应用价值。
3. 理解偏见的本质及其与刻板印象、歧视的关系。
4. 理解偏见产生的原因。
5. 了解消除偏见的方法。

【关键词】

社会认同　偏见　群际关系

第一节 社会认同

社会心理学早期的奠基人之一奥尔波特（F. H. Allport，1962）在他本人晚年的一篇论文中写道："从更广泛的角度看，个体与群体的问题是社会心理学中真正的'总问题'。"对于个体与群体的关系，自20世纪之初当代社会心理学诞生以来就一直是社会心理学家争论的主要问题，到了20世纪70年代中期，欧洲社会心理学家从群际关系（intergroup relation）、群体过程（group process）以及群体成员身份（group membership）的角度对这一问题做出了回答，开辟了一个新的社会心理学研究领域——社会认同，并以此形成了一个独特的理论视角。以这样一个视角，他们重新审视了社会心理学近百年的研究成果，做出了开创性的贡献。目前，社会认同理论已经成为社会心理学的宏大理论之一，相关的研究不再局限于欧洲，应用的范围也扩大到国家认同、种族认同、族群认同、政治认同、组织认同、职业认同、性别认同、文化认同等诸多领域。

一、社会认同概述

（一）社会认同的定义

简单地说，社会认同（social identity）是指人们对社会身份的认同。身份是人们很熟悉的概念。当人们成为群体成员或社会类别中的一员（如女性、石油工人、导游、小学生、海外华人、城市居民、青年、基督教徒等）时，才可能以某种身份进入社会生活，获得归属感和价值感，而由获得群体成员身份而来的归属感和价值感是每一个人自我概念形成与发展的重要组成部分。

社会认同，也被称为社会身份认同，是指一个社会成员意识到了自己是某一个社会群体或社会类别中的一员。成为群体的成员或类别中的一分子，不仅会具有来自社会制度的安排或与生俱来的特征（例如，具有某一个国家的国籍，属于某一种族等），同时，也必然伴随着相应的身份获得的心理过程，即社会认同过程（social identification，也被译为"社会身份认同过程"）。这个心理过程即个体与某一社会身份建立心理联系（psychological link）所经历的过程。那么，归属于某一个群体或社会类别意味着什么？这种归属会影响人们生活的哪些方面？又是怎样影响人们生活的？

（二）**社会认同与角色和身份**

每一个社会成员都有社会身份。这些身份告诉人们，个体并不是孤身一人，而是身处一个巨大的社会系统中。随着对社会生活的卷入程度的不断改变（或加深或淡出），社会身份的种类也会逐渐增加或减少。在不同的情境中，有些身份会因时因地因事件凸显出来，而有些则隐身而去。这些身份，有些并不大具有社会评价的意义，而另一些则由社会的、他人的评价来定位，形成声望和地位系统。

社会学家和社会心理学家提出的角色理论（role theory）揭示了人们如何按照社会期望的脚本（script）去行动，并且将社会的脚本与自己的脚本相互协调，适应性和创造性地担当角色。身份是与角色相关联的一个概念，在很多场合和语境下，两个概念常常被混用。二者都是个人与社会的联结点。细分的话，"角色"概念更侧重指个体如何接受、领会和符合社会的预期，让人们各就其位，各司其职，并且创造性地建构他所扮演的角色，特别具有规范和互动的意义；"身份"概念则侧重指在一个社会结构中，在社会形成一定的分层之后，个体被赋予的地位意义，以及社会类别化之后，个体被赋予的尊卑、高下、贵贱、价值大小等认知和评价上的意义。而对身份的认同，则是一个个体的社会心理历程，它更侧重在身份认同的过程中群际互动产生的动力意义。社会认同理论正是将理论的焦点放在人们如何将自我与某个身份类别联系起来，联系起来后会发生什么变化或后果等问题上，因而社会认同理论的重点是"群体成员身份"（group membership），而非社会结构中的地位身份。

（三）**自我认同与社会认同**

自我认同（self identity）与社会认同（social identity）是两个相互依赖的方面。自我认同过程（self identification）是指一个人在个人发展历程中，经过社会化，将自己的生理特性、社会特性和心理特性与自己本身建立同一关系的过程，而这一过程同时也是一个人与周围社会环境之间建立深层心理关系的过程。通过社会生活，个体才可能形成完整、统一的自我概念，从而获得一个人的自尊。自我认同是对"自我"的发现,这一发现把"自我"与许许多多与自己相似的人区别开来。自我认同在这个层面上看,也被称为个人认同(personal identity)。当一个人发现了"我"的唯一性和独特性,也就在一定程度上回答了"我是谁?"这一问题。

社会认同被定义为个体对自己作为群体成员而属于某些特定的社会群体,以及对其伴随而来的情感意义及价值意义的了解。换言之,就是指构成一个人自我概念中源自于一个人社会群体成员(或群体类别成员)身份的那部分。可见,自我认同不可能脱离社会认同,因为人们关于自我的概念,与对社会角色、社会类别的知觉与认识相互关联。

在自我研究中普遍使用的 TST(Twenty Statement Test)自我量表中,人们对自我的描述,往往是从社会角色开始的,例如,"我是一个律师","我是一个贫穷的人"等。人们对自我的描述一般可以分为以下八类(参见表14-1)。

表14-1 自我描述的特征分类及例句

特征	例句
先赋性特征	"我是一个男人","我是一个19岁的女孩"
社会角色特征	"我是一个学生","我是一位医生"
兴趣与爱好特征	"我喜欢运动","我是一个集邮爱好者"
自我定向特征	"我是一个可以完成博士学业的人"
社会阶层和类别特征	"我来自一个贫困家庭"
自我意识特征	"我是一个好人"
内在信仰特征	"我是一位主张民主的人"
存在性特征	"我是一个与众不同的人","我是一个有魅力的人"

TST 研究发现,年龄与性别是人们自我概念中最核心、最重要的成分。人们的描述八成以上与年龄有关,七成以上与性别有关。这是由于年龄与性别是先赋的和初级的属性,其边界很容易划分,如男性一般对应女性,青年对应老年,并且不易因个人的原因产生变化;而且很多其他特性会直接或间接与之产生联系,类别的特性相当稳定。

社会心理学家发现,一个人会由于与众不同而形成自我概念;与此同时,一个人也会由于与众相同而形成自我概念。后者是指一个人对某一些群体的归属，即社会认同，即回答"我们是谁?"这一问题。而回答"我们是谁"的时候，也把除"我们"之外的人囊括进"他们"的概念中。在个人认同与社会认同之间，人们力求达到平衡：一方面通过区分"我"与"我们"，满足独特性的需要，另一方面通过区分"我们"与"他们"，满足归属感的需要。

（四）社会认同与人类需要的满足

根据马斯洛的人类基本需求理论，我们可以了解社会认同对满足人类需求的意义。在人类生活中，面对来自自然界和社会环境中的不确定性和风险，人们发展出很多应对方式，例如，利用科技手段、信奉宗教等。其中，了解"我们"是谁，可以明确自己归属的社会类别或群体的行为特征和规范，通过保持与本群体的一致性，融入群体，与群体成员同舟共济，共担风险。同时，了解与"我们"相对应的外群体——"他们"是谁以及"他们"的特征，可以较好地预期他人的行为，从而减少不确定性带来的威胁和风险。通过社会身份认同，还可以对特定群体形成归属感。社会认同使组织更具有凝聚力，促成社会合作及与外群体的竞争。通过归属的群体或类别，人们会形成"群体我"（collective self）和"群体自尊"（collective esteem），例如，由国家认同而生发出爱国主义的情怀，会让人产生民族国家的自豪、伟大、光荣等感受。这些感受也提高了自我的价值感。更为重要的是，人们以各种具体的社会身份进入社会生活，在承担这些身份应有的责任和满足社会期待的同时，也获得了生活的现实感以及生存的价值。各种群体身份具有相应的来自自我和他人的价值评价，这些评价建构了人们的生活意义，例如，对母亲身份的认同使女性体验到抚养、慈爱、关照子女的感受、责任和自身的生命价值。

社会认同是个体对自己作为群体或类别成员归属于某些特定的社会群体或类别，而经历的情感体验和价值感获得的心理历程。理解社会认同概念的关键，在于将社会心理现象放在群际关系的背景下思考，而不仅仅是放在人际关系的背景下思考。例如，母亲对子女的慈爱，不仅是她本人对她的孩子的慈爱，而且还会包含"母亲"（与非母亲相对应）这一身份和"子女"（与非子女）这一身份的类别间关系。

二、社会认同的条件

如果说人们同时具有自我认同和社会认同的需要,那么什么时候社会身份认同会凸显出来呢?换言之,什么是激活社会身份认同的条件呢?

(一)群体名称或标志

群体身份常常有一些象征符号,这些符号的出现可以诱导、明确和强化群体成员的身份意识。例如,美国密歇根大学以该大学英文名称的第一个字母"M"("M"为黄色,并配以深蓝色的底色)作为学校的标志。这一标志出现在学校的各个地方,使学校的教师、学生和职员都时常能意识到自己的该学校一员的身份。亚洲人的黑头发、黑眼睛、黄皮肤就会使亚洲人意识到自己的种族身份。常见的标志有:激活国民意识的国家名称、语言、国旗、国徽、国家版图、国歌、民族图腾与象征物(如中国的龙)、历史遗迹(如中国的长城)、自然景观(如中国的长江、黄河)、重大科技创造(如中国的四大发明)、重大事件(如中国的抗日战争)等;激活团队意识的校服、工作服、特殊的服饰(如少先队员的红领巾)、各种厂标、徽章、歌曲;激活职业身份及等级意识的职业制服(如军服、警服)等。这些象征物可以起到提示个人所归属的群体的作用。

(二)外群体成员的出现

当个人所归属的群体被标识出来之时,也潜在地形成了一个群体的内外边界。个体归属的群体被称为"内群体"(ingroup),而与之对应的群体被称为"外群体"(outgroup)。例如,我们称祖国为"我国"或"本国",而称祖国以外的国家为"外国"或"他国";称自己供职的单位为"本单位",而称其他单位为"外单位"。当外群体的成员出现时,个体内群体的身份会被自然激活。教师面对学生群体,就会意识到自己是从事教育工作的职业身份。在讨论会上,如果一些人对某一观点持赞成意见,而另一些人持反对意见,就会形成一个临时的"意见内群体"。

(三)成为少数人或处于群体冲突当中

麦圭尔(W. J. McGuire)与他的同事请在校的学生用五分钟时间描述他们自己,并对这些资料进行编码后发现,如果男孩和女孩的性别在家里属于少数的话,他们更倾向提到他们的性别(如图 14-1)(W. J. McGuire,

C. V. McGuire & W. Winton，1979）。

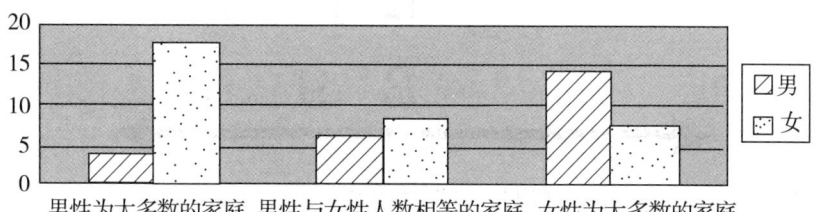

图 14-1 在自我描述中提到性别的反应百分比

此外，在群体之间存在歧视的情况下，个体更倾向于意识到自己的那些被歧视的特性。例如，女性更倾向于意识到自己是女性；在北美国家里，黑人更倾向于意识到自己是黑人。社会地位高的人倾向于认同自己的个别性和与众不同的方面，而社会地位低的人倾向于认同自己所属的群体。也就是说，有关群体成员或社会类别身份的意识可以直接被作为少数族群、社会地位等信息激活。

一般来说，社会认同出现的条件是内外群体的区别。当区别的标志出现或社会情境中对比的线索比较凸显时，人们归属内群体的心理需要被激活，从而个体会被诱导进行社会认同。

三、社会认同的基本心理历程

个体如何与群体建立一种心理的联系呢？其中经历了怎样的心理历程呢？社会认同理论从社会知觉的角度，将社会认同的心理机制分为三个基本过程。

（一）社会类别化（social categorization）与自我类别化（self categorization）

类别化是一种便捷的认知策略。人们对于各种信息都要进行类别化处理，为的是对所处的环境进行组织化，以便更迅速和更好地适应环境。当人们认为一些因素之间的相似性较大，而另一些因素之间的相似性也较大的时候，人们就倾向于将这些因素作为两个类别分开。在此基础上，人们会不自觉地夸大已经分开的两组因素。例如，在图 14-2 中，人们一般会很容易地区分字母和数字，而忽略字母 L 和数字 8 在颜色上的相似性。

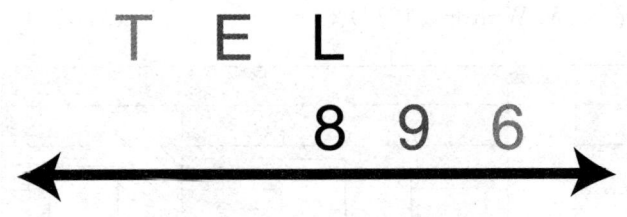

图 14-2　类别化实验的材料

自我类别化是指个体将自己与某一类别建立心理联系的过程。经过这一过程，个体成为这一群体或类别的一员，与其他相同类属的成员便形成了心理群体的关系。

类别化的过程会受到以下三个方面的影响。

1. 易取性或易得性（accessibility）

易取性是指在一般情境下提取类别的便利性。一些社会身份具有明确的性质，类别边界清晰，因而具有较高的易取性，如性别类别、职业类别、种族类别等。这样具有知觉易取性的类别，也就是心理现实与社会现实相互关联紧密的类别，可以用心理群体的实体性（entity）程度来表达。高实体性的群体会被感知为真实的社会现实存在，而不是心理现实。高实体性的群体勾画的群体边界会更为牢固，群体的认同感也会更加强烈，所负荷的认知/情感/价值意涵也更为显著，而群体成员挣脱这一身份的难度也会更大。

2. 对比切合度（comparative fit）

在进行类别化时，群体或类别间的对比切合度高，被个体选择使用的机会就会比较大。一个类别可以对应这一类别之外的所有事物，也可以对应某一相近但又有差异的事物。例如，白马可以对应所有非白马，也可以对应黑马。在社会生活中，已经形成了大量的对比适用度较大的社会群体或社会类别，如穷人与富人、农村人与城市人、儿童与成人、男人与女人、老师与学生、上级与下属等。

3. 规范切合度（normative fit）

一种社会群体或社会类别，一般都具有一定的社会期望和行为规范。如果一类人的行为非常符合某一类社会的规范和预期，那么这类人被归为一类的可能性也比较高。例如，学生努力学习，遵守学校制度，尊重教师，那么从他的行为特征上就会被识别为学生。

文化心理学的研究也发现类别化上的文化差异。例如，尼斯比特（R. Nisbett）等人的研究发现，东亚人与北美人在对事物进行分类上有着不同的倾向。例如，东亚人倾向于将熊猫、猴子、香蕉三者中的猴子和香蕉分在一组，而北美人倾向于把熊猫和猴子分在一组。东亚人在进行类别化时，会较多考虑分类对象之间的功能关系和相互之间的影响；而北美人则更偏重考虑事物之间的类属和逻辑。这也影响了个体与群体之间建立心理联系的方式和机制。

（二）社会身份认同（social identification）

对群体类别进行划分的同时，个体也把自己的信息与这一划分相联系，因此形成自己社会类别的定位。这一过程就是将自我与社会类别建立归属联系的过程，也就是社会身份认同的过程。这一过程导致个体的个别性、特殊性的隐退和群体身份的凸显。然而，这种去个性化（depersonality）与在临时性群体中的非理性状态的去个性化不同，它不是去责任意识的，而是以群体或类别的责任意识取代了个人的责任意识。个体由此获得了"群体我"和"群体自尊"。

（三）社会比较（social comparison）

此处的社会比较是将各种群体或类别信息进行比较，因而与社会心理学家费斯廷格的社会比较理论讨论的重点有所不同。后者是比较个人与他人，即人际比较，比较的是"我"与"他"，因此，实质是比较"我"与"我们"；而前者是比较社会群体，特别是"我"群体和"他"群体，也就是"我们"与"他们"之间的比较。通过社会比较，群体成员形成了本群体或本类别的心理独特性（psychological distinctiveness）。

自我类别化、社会身份认同和社会比较的结果是个人获得"内群体"和"外群体"的概念。由"内群体"概念，个体形成群体自尊、归属感和内群体偏私，即为自己所属的群体特征感到自豪，在行为和态度上偏向自己所属的内群体。由"外群体"概念，个体形成对外群体成员的排斥和负面的刻板印象。例如，自认为自己是"城里人"，就看不起所谓"乡下人"，认为乡下人愚昧、懒惰、肮脏、保守，反过来认为自己聪明、勤劳、整洁、开放等；因而为自己属于城里人而感到骄傲和自豪，更加认同城里人，对城里人这一概念更具有归属感。

社会认同理论的核心是探讨社会类别化的心理机制,也就是探讨个体如何与一个或多个社会类别、社会群体建立心理联系的过程。社会认同的心理过程会发生在一切社会类别当中,如语言、宗教、年龄、性别、地域、国家、党派、职业、阶级阶层等。社会类别化是社会认同的核心心理机制,因此这一概念在20世纪80年代被发展成为社会认同理论中的自我类化理论(self categorization theory),它是由特纳等人提出的。这一理论的发展,将社会认同理论更加系统化,突出了个体与群体之间的心理联系这一社会认同理论的核心观点。

四、社会认同研究的应用领域与理论意义

经过近四十年的理论积累,社会认同理论的影响力逐渐扩大,并且在各个领域中得到广泛应用。随着研究的增多,该理论对于社会心理学的学科发展的意义也渐渐彰显出来。

(一)社会认同研究的应用领域

社会认同研究可以应用在组织凝聚力、国际关系、族群或族裔冲突、职业流动(如跳槽)、社会影响(如从众)、社会运动、宗教行为和社会变迁等许多方面。在此介绍三个方面的研究。

1. 国家认同

现代民族国家(nation-state)概念不同于传统的地域或民族概念,指近代以来形成的以民族为基础的政治共同体。在全球一体化的过程中,国际关系在人们社会生活中的地位日益重要,国家的发展和强盛也越来越影响着个人的生活状况。一个人不仅要与自己周围的人打交道,而且要以某一国家国民的身份与其他国家的国民打交道,在经济、政治、文化等各个方面主动或被动地卷入全球化的过程中。比如,中国制造的产品远销世界各地,一国发生的事件可能很快在万里之外的国家引起震荡。在日常生活中,可以看到人们为本国的体育健儿在国际赛事上获奖夺冠而欢呼雀跃,可以看到人们为做出移民他国的决定而奔波,可以看到本国派出技术人员或医务人员参加外国的救灾行动,等等。这些日常生活中的常见现象都与国家认同有关。

香港回归中国前后,国家认同也成为香港居民社会生活中的一件大事。在

临近回归时，有些人选择继续留在香港，有些人则选择离开香港，加入其他国籍。有些人认定自己是"英国人""香港人"，而有些人认定自己是"中国人"。香港的心理学家（林瑞芳、刘绮文、赵志裕、康萤仪，1998）对这一时期的香港青少年的国家认同进行了研究。他们将广州的青少年与香港的青少年对国家的认同进行对比后发现，广州青少年对中国人的身份认同较香港青少年强烈，香港青少年则对香港人的身份认同较强烈（参见表14-2）。

表14-2　广州和香港两地青少年的国家认同比较

认为自己是	香港学生（926名）	认为自己是	广州学生（899名）
香港人	33.9%	广州人	3.2%
香港人，其次才是中国人	39.9%	广州人，其次才是中国人	7.4%
中国人，其次才是香港人	15.8%	中国人，其次才是广州人	64.2%
中国人	10.4%	中国人	25.2%

调查还显示，越是对中国人及中国文化有正面评价，就越觉得自己对中国的前途负有责任。反之，越是瞧不起中国人和中国文化，对中国的前途就越不感到负有责任。由此可见，香港和广州的青少年对中国的责任感是以对民族文化的认同为基础的。研究者发现，心系祖国并非天经地义。由于国家认同过程包含提高认同者自尊与自豪的动机，因而与对国家的正面评价有很大关系。

2. 文化认同

一般而言，人们对于自己"生于斯、长于斯、终老于斯"的祖国形成的认同，也伴随着对本国语言（包括方言）、习俗、民间信仰、历史等文化方面的认同。然而，在国际移民和迁徙发生之后，一些人或被迫或自主来到另一个国家、民族和文化中生活，他们中的一些人加入了移入国的国籍，一些人接受了移入国流行的饮食、服装和生活方式，还有一些人使用移入国的语言进行人际交流，甚至一些人放弃了自己原来的宗教信仰，选择皈依了其他信仰。在这种情况下，一个非常现实的问题是，这些移民还是原来意义上的国民吗？

以马来西亚的华人为例，生活在那里的华人，祖先大多是来自福建、广东和海南的中国人，经过几代人在异国他乡的生存、努力和发展，后来加入马来西亚国籍，成为马来西亚公民。然而，他们中的很多人仍然执着地学习和使用中文，保持着中华文化的传统。"华人"身份对他们来说意味着什么呢？研究者在东南亚对海外华人的实地研究发现，大部分马来西亚华人保持着很强的中华文化认同。经过历史的演变和对现实处境的适应，与祖籍地认同、原国籍认同、方言认同、习俗认同等密切关联的文化认同，在异国他乡逐渐分化和独立出来，成为海外华人身份认同的重要内涵。文化认同主要由四个相互关联又相互独立的要素组成：（1）文化范畴认知；（2）文化自我确认；（3）文化价值承诺；（4）海外华人的文化卷入。文化认同与国家认同、方言认同、习俗认同等相独立的这种性质，表现出文化认同强大的动力性，为移民在适应当地环境的同时，保持自身特征提供了心理资源。在调查中发现，大部分马来西亚华人乐意公开承认自己的华人身份；他们关注祖籍渊源和祖籍地的发展，特别为现代中国的发展强盛而感到自豪；他们对中国传统文化情有独钟，积极参与华人社会的公共事务，并坚守以中华文化价值为基础的为人处世之道；他们强调通过保持中华语言应用及教育，传递和强化文化的认同（杨宜音，2002；陈午晴，2002）。

3. 性别认同

性别差异（gender differences）即男女差异，是人类社会中重要的群体差异。性别身份认同从人的婴儿期就开始了。婴儿在生活中慢慢意识到自己属于某一个性别群体，不仅具有身体上的性别特征，而且接受了社会关于性别的有关行为规范，形成了一定的社会赞许的性别特质。在青春期，个体伴随着第二性征的出现和性别社会化过程获得了性别认同（gender identity），获得性别"内群体"的概念。

性别认同有自身的特殊性。（1）比较的单一性。当性别身份认同发生时，即在一定情境中完成性别的自我类别化的同时，女性总是将男性作为外群体进行比较，男性也是如此。性别比较中比较对象是单一的，比较的后果则增强了两性差异的二元对立。男女两大阵营这一组间（intergroup）差异往往掩盖了对女性内部、男性内部的组内（intragroup）差异的知觉。这种认知图式，很容易导致刻板印象和对性别差异的生物学角度以及社会教化的归因，而使社会类别的先赋性、固定性特别凸显出来。于是身份认同本身具有的社会心理联系被生物联系替换了,能动的选择性也被顺应和服从社会安排和角色要求取代了。(2)社会性别的影响。性别是被社会赋予了一定的社会文化意义的,是一个社会化了(socialized)的概念。社会对性别社会意义的规定,使社会生活被这样的性别社会意义性别化(gendered)了。这样,性别的社会化以及社会的性别化,使性别成为定义社会成员社会关系、社会权利和权力、社会地位、社会行为的指标之一。它不仅根据社会期望规范了个体的性别角色行为,也确定了个体的性别群体归属后的社会地位和权力。因此,内群体认同的普遍效应——自尊的提高和对外群体的排斥和贬低——在女性性别身份认同的过程中并不典型(杨宜音、王甘、陈午晴、王俊秀,2004)。有研究发现,在某一个情境中,例如男女数量相等,在对待一个事物的看法上,如果男女态度明显不同,性别就会凸显出来;如果有些男性的观点与有些女性相同,而另一些男性的观点与另一些女性相同,那么性别就不会凸显出来。女性在女性群体中会表现出较高的领导才能、成就动机和自信,不与异性进行社会比较可能是其原因。在女性内部,性别因素不再凸显,个人的成就主要依赖个人的努力和优秀的个人特质。有一项研究发现男孩在场对女孩行为的影响,表现为女孩们在一起玩球时表现得很有竞争性,在男孩加入后,女孩的行为发生了很大的变化,她们显得比较害羞和被动(朱莉琪、方富熹,1998)。对于非传统的女性,性别处于更中心的位置,性别带有更多积极的意义,而对传统女性来说,性别带有更多负面的意义。

(二)社会认同理论对社会心理学的理论意义

社会认同理论(social identity theory)经过很长时间的孕育,成形于 20 世纪 70 年代末的欧洲,从 20 世纪 90 年代开始在北美及其他国家的社会心理学界形成一定的影响。这一领域的研究带有浓厚的欧洲社会心理学的学术传统,也是欧洲社会心理学家从社会心理学角度对欧洲社会现实所做出的研究贡献(D. Abrams & M. A. Hogg,1990)。了解社会认同理论及其形成的背景,不仅有助于更加深刻地理解社会心理学关于群体心理的理论,也有助于我们对以北美社会心理学为主流的社会心理学理论进行重新思考。

北美的社会心理学的发展基本上基于人类对于唯一性、个别性和独特性的需要。它强调个体的视角。例如,社会认知着力解释的是如何知觉和解释他人，社会态度着力解释的是如何评价和对待他人，社会关系着力解释个人与个人之间的关系的建立与保持，社会影响着力解释的是如何受到他人的影响，社会行为着力解释的是如何与他人竞争与合作的规律，亲社会行为着力解释的是如何帮助他人，社会沟通着力解释的是如何接受他人的信息和如何控制自己发送的信息，等等。可以说，北美社会心理学的研究视角是个体及个体间的，因而看不到个体如何与群体及社会形成心理联系。

而欧洲社会心理学的发展脉络与北美有所不同。一方面，欧洲社会心理学家在第二次世界大战后面临在欧洲学术传统的基础上重建社会心理学的艰巨任务；另一方面，由于第二次世界大战的影响，欧洲人，包括欧洲的社会心理学家，经历了刻骨铭心的遭遇。从欧洲的社会现实来看，欧洲不仅国家的数量比较多，民族、语言、宗教的类别也非常复杂，同时，欧洲致力于共同体的建设又需要人们重新形成自己的类别意识。

由于这些问题的存在，社会认同理论的研究者以群际关系为思考背景，开始质疑主流社会心理学中关于群体形成的理论、社会影响理论、亲社会行为理论、人际吸引理论等。在此介绍两方面的研究。

1. 群体形成的心理机制

群体是如何形成的？从社会心理学的角度看，人际吸引理论认为是人际吸引的机制导致群体中成员的凝聚；社会关系理论认为是不同的人际关系联结了人们；社会交换理论认为是社会资源的互惠联结了人们。社会认同理论不满足于这样的群体理论，特别是对"社会凝聚力模型"（social cohesion model）提出了质疑，他们提出了"社会身份认同模型"（social identification model）。他们认为，所谓社会群体，是拥有两个或两个以上的个体对于群体的社会身份认定。也许这两个个体之间并不存在相互的吸引或者利益的交换。也就是说，这两个个体意识到他们是一个相同的社会类别中的成员，对他们的社会类别有一个"群体意识"（collective consciousness）或"群体知觉"（collective perception），这才是群体行为的心理基础。

社会认同理论认为，从社会心理学的角度看，社会群体也是一个心理群体（psychological group），社会群体中的成员拥有一种"我们感"（weness）、"归属感"（belongingness）。对群体的认同使群体中的成员重新认识和理解自己周围的成员。

社会身份认同模型与社会凝聚力模型的主要差别有两点。(1) 在小群体的形成问题上,社会凝聚力模型可能更加有效,而对于大的社会类别或大群体形成的问题,社会身份认同模型对群体凝聚的解释可能更有效。例如,社会身份认同模型对群际关系的解释更加有效。(2) 社会身份认同模型更加强调认知因素,而社会凝聚力模型更强调情感的因素。社会身份认同模型更加关注个体与群体的心理联系,而不是将他人看作一个外在的因素和对象。

2. 从众

社会认同理论认为,个体归属于某一群体之后会出现去个性化的现象,而去个性化的心理机制正是由于社会类别化造成的。当一个个体将自己与某一个群体类别建立了心理联系,那么,他的独特性将不复存在,而是成为这一类别中典型的一分子。从群体成员的角色来看,某一个成员与另一个或另一些成员没有差别。这就是所谓"群体心""群体思维"的来源。因此,从众行为不一定是为了避免群体的压力而做出的与群体相符的行为。个体在认同群体的情况下,会自愿与群体保持一致。

社会认同是一个具有丰富内涵的社会心理学研究和应用领域,社会认同理论也是一个正在发展的理论,许多值得探讨的问题有待我们进行研究。从社会认同研究的发展脉络中,不难看出社会心理学正在从关注个体逐渐扩展到注重群体,从关注人际关系扩展到关注群己关系和群际关系的发展趋势。关于群体关系的探讨,丰富了社会心理学的理论体系框架,使之从个体内部(intrapersonal)、个体内(personal)、个体间(interpersonal)、群体(collective)发展到群体间(intergroup)以及整个社会心理(social mentality)。

第二节 群际偏见

一、什么是群际偏见

奥尔波特最早提出偏见(prejudice)的概念,他认为偏见是基于错误和顽固的概括而形成的厌恶感。群际偏见通常是指对一个群体及其个体成员的负性的预先判断（prejudge），偏见让我们基于对某人所属群体的认识而不喜欢这个人。偏见可以被理解为一种"对某一群体或其成员的消极态度"（C. Stangor & T. Nelson, 2009）。我们知道，态度包括三种成分：信念或认知、情感以及行为意向，因此偏见也包括这三种成分——从情感层面看，偏见本身伴随着很强烈的（通常是负面的）情感，如傲慢、反感、厌恶和憎恨等，这种情感将对方置于消极的处境；而有偏见的人往往表现出逃避、控制、征服或消灭外群体的行为倾向；同时偏见还表现为持有普遍化的错误信念。

在日常生活中，群际偏见现象并不少见。从讨厌那些矮个子、肥胖或者不好看的人等日常生活小事，到纳粹党的死亡集中营、欧洲和非洲的种族清洗运动或者"9·11"恐怖袭击等暴行，这些都是群际偏见的体现。

群际偏见常常会引发具有破坏力的暴力行为，对社会生活的协调与和谐产生破坏性后果。最为典型的例子是西方的反犹太主义（anti-Semitism）。对犹太人的偏见与排斥在欧洲有着深刻的文化背景与历史渊源，1933年希特勒领导的德国纳粹开始法西斯独裁统治，纳粹党一上台立即开展了大规模的反犹太人活动。1935年的纽伦堡法案（Nuremberg Code）规定，凡是有一个犹太裔祖父母以上的德国人都会被认为是犹太人。之后，该法案就开始剥夺犹太人的德国国民权利，甚至还进行所谓的"种族清洗"。1938年11月9日，纳粹政府策划了"水晶之夜"行动，对犹太人进行有组织的屠杀。第二次世界大战中，600多万犹太人惨遭杀害，这是由群际偏见引发的最为令人发指的暴行。

二、千变万化的群际偏见

前面我们已经讲过，群际偏见是社会生活中普遍存在的现象。群际偏见的种类繁多，正如态度可以根据意识的参与程度划分为外显态度与内隐态度，我们也可将群际偏见划分为外显群际偏见和内隐群际偏见。同时，根据偏见对象的不同，又包括地域偏见、性别偏见、职业偏见、外貌偏见、种族偏见等各种形式。下面，我们着重介绍其中四种常见的群际偏见。

（一）微妙偏见（subtle prejudice）

以往，人们可以毫无顾忌地公开表达自己的偏见，如种族偏见（D. O. Sears, 1998）。但随着社会文明的发展和法律法规的健全，公开表达偏见和歧视越来越受到约束和规范。例如，20世纪60年代询问美国白人"如果大量的黑人将成为你的邻居，你会搬走吗？"和"白人是否有权力使黑人不能成为自己的邻居？"，他们回答肯定的比率约占80%和50%，而在20世纪90年代的调查中，对这两个问题的肯定回答分别仅占20%和10%，可见白人对黑人的态度发生了较大的变化。然而，这并不意味着种族偏见的减少或消除，很多社会心理学家认为，这只是种族偏见从公开明显的形式变成了微妙隐蔽的形式。例如，美国某些学校或机关会故意收容少量黑人以表示种族平等，这是一种微妙偏见，被称之为象征主义（tokenism）。它指的是个体对那些他们怀有强烈偏见的外群成员做出一些并不重要的积极行为，这种象征性行为随后会被用作拒绝对这些群体做出更有实际利益的行动的借口。有研究体现了另外一种微妙偏见——逆向偏见（reverse discrimination）。研究者让被试作为老师进行论文评定的任务，其中论文作者的种族是随机分配的。结果发现对"优"和"差"的论文进行评定时，被试给出的分数不存在种族差异，但是对"中"和"良"的论文进行评定时，被试会给黑人作者更高的分数。"给出高分数"体现了对受偏见群体的优待，但这种优待恰恰是一种微妙偏见的体现。

（二）内隐偏见（implicit prejudice）

微妙偏见是一种外显偏见（explicit prejudice），是人们意识到的偏见但并没有公开声明，而是采用了比较隐蔽的形式；内隐偏见（implicit prejudice）则指的是无意识层面的偏见，它的产生是自然而然的、不受控制的，同时也是难以被意识到的。内隐偏见区别于被意识到的外显偏见。在一定程度上，内隐偏见调节着某个社会范畴所具有的属性中那些无法内省辨认或者不能准确辨认的过去经验的痕迹，它对人的社会活动有重要的指导性意义。例如，研究者会给被试呈现一些启动刺激，如不同种族或族群（黑人、白人、亚洲人、拉丁美洲人）的人脸照片，这一刺激呈现的时间非常短，通常都不会被被试觉察到。然而当启动刺激过后，要求被试进行形容词的褒义贬义判断时，结果发现，如果事先呈现黑人的脸部照片，被试对褒义词的反应速度较慢，而对贬义词的反应速度较快，这是由于贬义词与启动刺激激发的否定态度相一致（M. R. Banaji & C. D. Hardin, 1996; Towles-Schwen & Fazio, 2001）。这就说明人们确实抱有种族歧视的内隐态度。

(三) 外貌偏见 (physical attractiveness prejudice)

外貌是人的一种外在属性，一直以来，外貌被认为是一项重要资源，作为一种身份特征，同智力、魅力、幽默、运动能力、社会价值联系在一起。人们普遍认为外貌有吸引力的人具有积极的社会人格，有较顺利的社会经历和令人愉快的职业，会有良好的配偶和伴侣，他们的结婚对象往往具有较高的社会地位。戴恩等人的研究发现人们头脑中存在着一种关于外貌的偏见，认为"美的就是好的"。外貌偏见是对某个人的相貌持有的一种不公平、不合理的片面态度（A. Feingold, 1992），也就是常说的"以貌取人"。例如，在大学校园中，学生对有魅力的教授的教学评价更高（D. S. Hamermesh & A. Parker, 2005）；平均而言，与长着大众脸的中等水平面貌的人相比，貌美的雇员多赚5%，貌丑之人少挣9%（J. D. Salter, 2005）。当然，外貌偏见一定程度上决定于具体的文化价值观。例如，在韩国，与其集体主义文化相一致，貌美之人常常被认为非常关心其他人的幸福，但西方社会并不存在这样的现象（L. Wheeler & Y. Kim, 1997）。在我国，袁慧娟和张智勇（2005）的研究利用"无偏见证明"发现了招聘过程中的外貌偏见。所谓"无偏见证明"，指的是被试认为自己的行为已经向人们证明了自己在招聘决策时并不受外貌偏见的影响。他们要求被试根据招聘任务选择应聘者，结果发现部分被试通过在招聘任务中选择外貌丑陋的候选人而体现出"无偏见"的行为，而这种有意识的避免正是体现了外貌偏见。

(四) 性别偏见 (sexism)

性别偏见通常指的是对女性存在固有的负面态度。这一现象在不同文化、不同国家中都有体现，甚至在很多国家对女性造成有害的影响（P. Glick & S. T. Fiske, 2001）。以往我们谈及偏见时，常常是以消极否定的眼光看待偏见群体，然而还有一种偏见是恰恰相反的，这在对女性的偏见中较为明显。前一种偏见可以称之为敌意的性别偏见（hostile sexism），该观点认为女性有很多负面特质（如软弱、敏感、多疑、猜忌等）；而后一种偏见可以称之为仁慈的性别偏见（benevolent sexism），该观点认为女性需要男性的保护，她们的优秀是男性不可或缺的一部分。这种偏见同样是将女性看作一种从属的角色，因此这两种态度都是对女性的偏见。

三、偏见、刻板印象与歧视

刻板印象和歧视是与偏见有关的两个概念。前面我们已经提到过，刻板印象（stereotype）是偏见的认知成分，是指对一个群体的全体成员的概括，它将相同特征应用于群体的每一个成员身上，无视成员之间实际存在的差异。奥尔波特将刻板印象形容为"最省力的规则"。通常，刻板印象只是人们简化对世界看法的一种方法，不一定带有情绪性，也不一定引发敌意的行为。我们平时所说的偏见一般为负面的，有时候这种偏见是错误的，有些是有违于社会公正的。但刻板印象不同，它是无所谓积极和消极的。比如在人们的刻板印象中，法国人是浪漫的，德国人是严谨的，意大利人是具有艺术气质的，美国人是开放的。这些刻板印象用于判断他人和应对交往情境，可能是不准确的，但带来的态度却不一定是负面的和不公正的。

在一定程度上，偏见是建立在刻板印象的基础之上的，往往是人们过度概括或概括不当的结果。偏见还与先入为主的观念有关。在认识和了解一个人之前，人们会根据个人所属的群体对他做出某种评价。在偏见与刻板印象之间进行严格的划分，显然是非常困难的。比如，不同人对艾滋病患者的知觉不同，那些对男同性恋者有偏见的人往往在脑海里为他们贴上一个群体标签，比如"男同性恋"，同时还在记忆里存储了伴随这个标签的刻板印象，比如"不道德"，并且将群体标签与负性情感联系在一起（W. G. Stephan & K. Finlay, 1999; W. G. Stephan & C. L. Renfro, 2002; W. G. Stephan & C. W. Stephan, 2001）。这说明虽然我们可以将刻板印象与偏见区别开来，但实际上两者相伴相生。人们对自己持有偏见的不同群体可能有不同的刻板印象。例如19世纪初，虽然大多数美国人对黑人和犹太人都持有偏见，但对这两个群体的刻板印象却大相径庭。人们对黑人的刻板印象是懒惰、愚蠢，但身体素质好；对犹太人的刻板印象则是精明、贪婪而且野心勃勃。

歧视（discrimination）是指因某一个人是某特定群体或社会类别中的成员而对个体实行不公正的、负面的和伤害性的区别对待（G. W. Allport, 1954）。它是偏见的行为成分，根源往往在于偏见态度。歧视是一种与社会刻板印象及社会偏见紧密相关的行为，是群际偏见的行为成分。它由人们针对个人的负性行为组成，而这些负性行为的基础是个人的群体归属。

正如态度和行为的关系一样，偏见与歧视并不总是完全一致的。偏见的态度不一定导致歧视的行为；歧视的行为也不一定直接来自偏见的态度。前一点在拉皮尔（R. T. LaPiere, 1934）的研究中表现得很明显。拉皮尔的这项研究我们已在第六章第一节进行了详细介绍，这里不再赘述。从研究结果可以看出，餐馆和旅社的老板的态度与行为发生了矛盾。拉皮尔认为，尽管事后的调查显示老板们对所有亚裔客人都抱有很深的偏见，但他们几乎都彬彬有礼地接待了出现在他们门口的衣着华贵的中国夫妇，也就是说，他们没有在行为上表现出任何歧视中国人的迹象。当然，如今的美国法律已经明文禁止任何基于民族、种族或性别的歧视行为，不论餐馆老板对客人的群体归属抱有多深的偏见，都不允许他们因此而拒绝提供服务，但这种态度与行为的不一致仍然广泛存在。可见，歧视和偏见有关联，但相应表现在行为和态度上可能有所不同。

第三节 群际偏见的起因

正如前面所说的，群际偏见作为一种具有破坏性的事实存在，无论是明显的、有针对性的，还是微妙而隐蔽的，都给我们的生活带来了负面的影响。那么，什么因素导致了偏见的发生？社会心理学家数十年的研究成果将帮助我们认识和理解偏见。这里，我们主要探讨偏见产生的三类重要根源——社会根源、动机根源和认知根源。

一、群际偏见的社会根源

群际偏见本质上是一种社会性根源的偏差。奥尔波特早在1954年《偏见的本质》（*The Nature of Prejudice*）一书中就指出，偏见是人们基于不充分了解的基础上产生的难以改变的厌恶之情，这种厌恶感可以直接针对整个群体，也可以针对属于该群体的某个个体。在以后的研究中，研究者（张婍、冯江平、王二平，2009）发现群际偏见的现象普遍存在，对群际偏见的研究因此也逐渐从种族之间发展到社会各类人群之间，包括残疾人群体、同性恋群体、性别群体和其他具备某一特征的群体（如药物成瘾者、特殊职业者和疾病患者等)。这些群际偏见的背后存在一定的社会根源。

(一) 社会不平等

在现实社会生活中,社会的各个群体、阶层之间存在着利益上的冲突和地位的不平等。不平等带来的社会分层以及人们对该不平等制度的维护,都被认为是引起群体关系问题的重要因素 (C. S. Crandall & A. Eshleman, 2003; K. Hoff & P. Pandey, 2004)。根据奥尔波特(G. W. Allport, 1954)对历史上各种群际偏见发生和持续过程的研究,提出在某一文化圈之内,许多群际偏见的发生,是那些在政治、经济或文化资源上占据支配地位的社会集团对相对弱势的社会集团的剥削统治进行合理化的结果。例如,在欧洲工业革命后,被称为"泰勒制"和"福特制"的工业生产模式开始兴起。统治阶级与资本家把工人当作一群缺乏独立人格的生产工具,认为他们没有独立思考的能力,其主要的诉求是养家糊口,因此对这些人加以严格的管制监督,以保障高水平的生产纪律性和生产效率。这种群际偏见形成并传播开来之后,便融入了文化传统,并在社会上形成一种偏见的氛围。与此同时,如果人们认为现行的不平等制度是合理的、理应如此的,那么他们对弱势群体的歧视会进一步增强。也就是说,系统公正性的感知与个体对弱势群体的偏见水平有关。系统公正性(system justification)是指人们对目前社会制度的公平、合法和合理程度的感知与评价 (J. T. Jost & M. R. Banaji, 1994)。系统公正理论和相关的实证研究表明,对不平等制度的公正性感知是导致群际偏见的原因之一,因为公正性为偏见与歧视等消极行为提供了借口与掩饰 (G. W. Allport, 1954; C. S. Crandall & A. Eshleman, 2003; J. T. Jost & M. R. Banaji, 1994)。费瑟(N. T. Feather)认为,在一个层级社会中,如果个体相信现行的社会层级分化是合理的,则他们对弱势群体的偏见水平会更高。一系列研究也发现,那些为不平等制度或阶级分化进行辩护的个体,更可能会歧视和贬损社会中的弱势群体,如黑人、同性恋者和肥胖人士等 (M. Biernat, T. K. Vescio, S. A. Theno & C. S. Crandall, 1996; C. S. Crandall, 1994; D. M. Quinn & J. Crocker, 1999)。总而言之,一个不平等的社会制度以及人们对它的公正性辩护,都能引起或增强个体对低地位群体的偏见水平。

(二) 社会学习的作用

群际偏见的产生还有其文化历史因素的作用。文化传统的特性之一是牢固,最初的文化因素消失之后很长时间,文化传统还会继续存在。作为文化传统成分之一的偏见也同样如此。通过社会化过程,个体吸收并内化了文化传统,也继承了群际偏见。其中,从众行为(conformity)是一个重要的方面。群际偏见一旦形成,在很大程度上会由于惯性而持久存在,许多人愿意顺从社会,接受偏见的存在。佩蒂格鲁(T. F. Pettigrew)在20世纪50年代研究了南非和美国南部的白人,发现他们越是遵从社会规范,其偏见越强;而那些不怎么遵从社会规范的人,其态度却更为积极。从众行为有两种:规范影响的从众和信息影响的从众。它们都能成为群际偏见的起源。从规范影响的角度看,人们不愿意被自己所属的群体排斥,因此倾向于迎合在群体内被普遍认同的偏见。例如,有研究考察了美国印第安纳州的钢铁工人和弗吉尼亚州西部的煤矿工人,发现在工厂和矿井中,不同种族的工人们一起工作,其乐融融,但他们邻里关系的规则却是严重的种族隔离。从信息影响的角度看,人们总希望屈服于群体以获取更多的信息,当一些错误的信息占优势时,人们往往会在道听途说的基础上形成消极的态度,所谓"众口铄金,积毁销骨",就是指这方面的影响。

群际偏见也有可能是社会学习的结果。儿童从他们的家庭、伙伴、大众媒体以及他们身处的社会中学会了偏见。对于社会化(socialization)的含义,社会心理学家曾从不同的角度进行了界定。西方著名社会心理学家弗洛姆(E. Fromm)认为"社会化诱导社会成员去做那些要想使社会正常延续就必须做的事",是"使社会和文化得以延续的手段"。赖茨曼等人(L. S. Wrightsman, S. Oskamp & C. K. Sigelman, 1977)指出,没有任何一个儿童是在完全的真空状态中成长起来的。从婴儿出生的时候起,他就被各式各样的人物和事件所包围,而这些人和事会塑造他对世界的认知。个体意识到它所属的社会的各种价值并把它们都吸收进去的过程,一般就称为社会化。而被广泛采用的社会化定义是霍兰德(E. P. Hollander)在其《社会心理学的原理和方法》(*Principles and Methods of Social Psychology*)一书中的解释:"一个婴儿是带着繁多的行为潜能来到人世间的,这些行为的发展有赖于各种复杂因素的相互联系，包括与他人的相互作用。儿童在成长于人类社会的过程中，学会了抑制某些冲动，并被鼓励获得在特定社会环境中的人所具有的特征和价值。这个过程叫做社会化。"因此，霍兰德认为，社会化是作为获得特有的人类特征的手段而开始的，而这些特征的获得仅仅可能产生于我们与他人的相互作用之中。因而，我们的社会化过程，实际上也是我们适应社会生活、成为社会人的过程。

阿什莫尔和德尔博卡（R. D. Ashmore & F. K. Del Boca）提出的社会学习理论认为，群际偏见是偏见持有者的学习经验，在偏见的学习过程中，父母的榜样作用和新闻媒体的宣传最为重要，儿童的种族偏见与政治倾向大部分来自父母，儿童所接受的新闻媒体的影响使得儿童学习到了对其他人（比如少数民族和妇女）的偏见。在偏见的气氛中成长起来的儿童会服从带有偏见的规范。首先是形式上的服从，后来就将这些规范内化于心。儿童的社会化过程融于其父母的偏见文化之中，即他们面临许多压力，使他们选择与父母和其他指导者的思想和行为保持一致。一般地，儿童在社会化过程中习得偏见的具体途径可分为三种。第一种是直接学习，儿童周围的人运用赏罚强化其偏见态度，如父母不允许孩子同自己对其有成见的人的孩子一起玩，并灌输以"他们是一些肮脏无教养的孩子"的思想观念；第二种是模仿学习，儿童经常看到、听到自己周围的人关于反对某一群体及成员的议论，从而逐渐地认同于他们的观念和行为；第三种是环境气氛的渲染，这是学习者对特殊环境气氛的一种认知了解，如在种族歧视严重的国家里，白人、黑人分区而居，分校而读，白人很少光顾黑人在的地方，白人会讨厌黑人喜欢的东西，整个生活环境中弥漫着黑白有异、黑人劣等的氛围，久居其间就会潜移默化地受到影响。

（三）社会制度的支持

社会制度对偏见形成的促进作用也是偏见产生的重要社会根源。导致社会分化为不同阶层的政治制度，如印度的种姓制度、美国的种族隔离政策等，也同样会导致阶层之间出现关系问题，引发对弱势阶层或群体的偏见（K. Hoff & P. Pandey，2004）。有时，制度性的偏见是显而易见的，它以成文的条令、规则等形式呈现，并被强制保障执行，如美国长期施行的种族隔离制度。但大多数情况下，社会制度对偏见的支持是不知不觉的，它们并非要故意压制某一群体，而是一种理所当然的文化假定。有研究发现，对来自报纸和杂志的1 750张照片进行分析，其中大约2/3的普通男性的照片是专注于人物面部的，而专注于人物面部的女性照片只占了不到一半的比例。研究者猜想这反映了性别偏见，因为传统社会更重视男性，于是对男性照片会有更细致的面部表情的刻画。同样，其他大众传媒（如电影、电视）中的素材也反映出各种盛行的文化态度，例如，东北地区的农民往往被刻画为大大咧咧、开朗质朴的形象。

总之，社会情境以多种方式促使并维持着群际偏见的发生。一个在社会和经济方面优越的个体往往会以偏见的信念为他们的地位做出辩解。人们在社会化过程中，会由于社会影响而维持群际偏见，社会制度在大背景下也会支持或助长群际偏见。这些都是群际偏见的社会根源。

二、群际偏见的动机根源

群际偏见可能由于社会情境而滋生繁衍，但偏见的维持则涉及动机方面的因素。有两种理论可以解释偏见的动机根源：其一是保护和提升自尊的需要，即社会认同理论所解释的偏见；其二是竞争导致了群体间的敌意，带来了偏见，即现实冲突理论视野下的偏见。

（一）社会认同理论（social identity theory）

社会认同（social identity），也被称为社会身份认同，是指一个社会成员意识到自己是某一个社会群体或社会类属中的一员。这一心理过程是个体与某一社会身份建立心理联系的历程。它包括以下三个方面：(1) 知觉到自己的群体身份，即自我理解为群体的成员；(2) 伴随有积极的或消极的情感卷入和情感增强；(3) 理解和共享该身份的社会评价意义，其中既有内群体成员与自己形成的共识，也有来自外群体的评价。社会心理学家发现，社会身份认同会极大地影响人们的情感、思想和行为。本章第一节已经专门介绍了社会认同理论，鉴于该理论在群际关系研究中的重要地位，在这里重点阐述其如何影响群际偏见。

社会认同是个体很重要的一种身份认同，根据各种特征，个体被归入不同的社会类别或群体。社会认同理论认为，人们会对个体进行主动的分类，而这种分类也是群体之间产生偏见与歧视的心理基础。最简群体范式（minimal group paradigm) 的研究表明，即便是简单地使个体形成内外群体，也足以引起群体间的歧视 (R. Brown, 2011)。一系列研究表明，社会分类会提高个体对内群体成员相似性的评价的水平，并增强了对内、外群体的评价偏差，具体表现为内群体偏好和外群体贬损。内群体偏好 (in-group favoritism) 是指由认同引起的给予内群体成员较多的资源及正面评价的倾向；相反，由认同缺乏而引起的给予外群体成员较少的资源及负面评价的倾向，被称之为外群体贬损 (out-group derogation)。

1. 内群体偏好

当人们将自己认同为某些群体的成员时，他们也会对该群体做出积极的评价。"最简群体范式"的研究就证明了这一点。在这一实验范式中，实验者首先请被试对一张卡片进行点估计的操作，并以此为据，将被试随机分为高估组和低估组两组，接着要求被试从事资源分配的工作。结果发现，虽然被试与同组成员互不相识而且从未谋面，也没有实际的互动，他们还是分配给自己所在组的成员较多的资源。换言之，哪怕没有先期的互动关系，只要被试单纯地知觉到群体分类时，就会给予自己的群体更多的资源和正向的评价。另外，在与外群体的比较中，积极的社会认同使本群体成员更加偏好自己所属的群体，更加积极地看待自己所属的群体。研究表明，在大学运动队赢得一场比赛的胜利后，学生们更有可能穿上带有学校标志的服装和用"我们"这个词语去描述比赛的结果。

2. 外群体贬损：替罪羊理论

替罪羊理论把偏见当成是"替代性攻击"(displaced aggression)，也就是说，当一个人感到愤怒或受到挫折的时候，一般情况下，他们会对使自己不高兴的人或事表现出攻击性。可是，一旦因为引起不愉快的根源过于抽象或过于强势而使直接的攻击无法实现时，个体便会将愤怒发泄到另一个相对弱势的替代物身上，就是寻找"替罪羊"(scapegoat)。在这种情况下，他们可以怪罪、能够攻击的人或事就成为他们的替罪羊。比如，有研究发现，第二次世界大战之前，美国南部对黑人处以私刑的案件数量随当地经济情况的恶化而增加，贫穷的白人无力反击使他们受挫的真正来源——巨大的经济压力，因此他们选择了一个更实际、更安全的报复对象——当地的黑人。

（二）现实冲突理论（realistic conflict theory）

现实冲突理论认为，群际偏见来源于社会群体对有价值物品和机会的竞争。简单而言，权力、经济资源、社会地位和其他令人向往的东西是十分稀少的，人们为了争夺这些资源发生了群际偏见甚至歧视、敌意的行为。这个理论进一步揭示，这种竞争继续下去的话，群体间的成员就会更多地以消极的眼光看待对方，视彼此为"敌人"，这样的结果会使既有的竞争关系更加严峻，而原来的单纯竞争关系也会发展成为群际偏见。

现实冲突理论来自于谢里夫与其同事 1961 年所进行的强盗地窖（Robber's Cave）实验。在这个实验中，22 名五年级的男生被带到一个偏远的地方参加夏令营。这些学生来自相同的地区，有着相似的背景，无心理和行为问题，因此可以被认为是相似同质的。他们不知道实验目的，在旅行之前他们被随机分为两组，并且分配到相隔很远的木屋驻扎。在第一个星期中，他们并不知道还有另外一组人的存在。同一小组的营员在一起生活和玩耍，一起参加远足、游泳和其他体育项目，他们为自己的小组起了名字，并将名字印在自己的衬衫和旗子上，一组叫作老鹰队，另一组叫作响尾蛇队。

之后，实验进入第二阶段。两组人第一次发现了对方的存在，同时他们被告知要以小组的形式参加一系列的比赛活动，如足球或拔河，所有活动的总分将决定最终获胜的队伍。为了获胜，两组成员进入了激烈的竞争阶段。不久，组与组之间出现语言侮辱的冲突迹象。随着比赛进行，最初的口头嘲弄和喊叫渐渐演变成更加激烈的行动——老鹰队队员烧掉了响尾蛇队的队旗；响尾蛇队袭击了对手的房屋，掀掉了他们的床，撕破了他们的蚊帐，还掠夺了他们的财物。这一竞赛游戏最终以响尾蛇队获胜而告终。响尾蛇队在球场上插上自己的旗子，将其据为己有。随后两组人开始相互咒骂，还唱着侮辱对方的歌曲。不久，两组人拒绝在同一个房间里吃饭。当竞争发生后，两个群体对外群体消极评价的得分显著高于对内群体的评价（如图 14-3），这说明竞争后，两个小组对彼此怀有强烈的偏见。

谢里夫等人的这一研究描述了在资源缺乏的情况下，人们是如何由合理的竞争迅速加剧演变成全面的冲突的，这种冲突进而还会促使他们形成关于竞争对手的消极态度，而这正是形成群际偏见的核心。

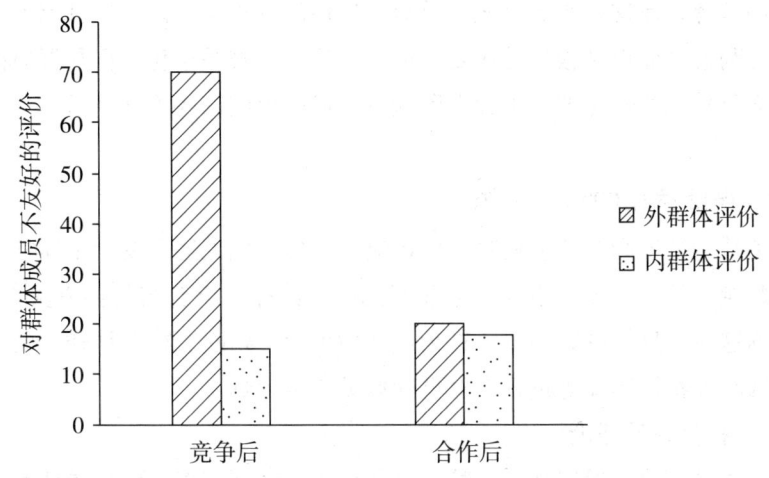

图 14-3　竞争和合作后对内外群体不友好的评价比较 (Sherif et al., 1961)

社会是由多个群体构成的，这些群体拥有的资源各不相同。优势群体希望保持自己的特权地位，而弱势群体则希望减少这种不平等。这种竞争引起了群体间的冲突，从而导致群际偏见的产生。例如，在美国，早期有研究表明，黑人和拉美人对蓝领工作的竞争，以及白人和少数民族对名校入学指标的竞争都可能导致群际偏见。另外，白人对亚裔和黑人的群际偏见普遍存在，但一项对美国 3 个高校的 222 名美国大学生的调查发现，美国人对亚裔的偏见不是轻蔑的人种偏见，而是认为其能力高但社交性弱的矛盾偏见，这一点与白人对黑人的刻板印象是完全不同的，美国人对亚裔的群际偏见来自于群体性资源的竞争 (M. H. Lin, V. S. Kwan, A. Cheung & S. T. Fiske, 2005)。马达克斯等人在 "偏见地图" (bias map) 的基础上证明美国白人对亚裔群体刻板印象中的否定态度、情感与行为具有重要关联性，并认为现实威胁是联结类似对少数族群刻板印象的重要机制。他们发现，美国白人普遍认为亚洲人聪明、能干、雄心勃勃、精确、自律和勤奋；同时也认为亚洲人狡猾、害羞、自私、缺乏热情和社交性、在公共事务中不主动 (W. W. Maddux, A. D. Galinsky, A. J. Cuddy & M. Polifroni, 2008)。马达克斯强调，消极态度与行为的出现是因为美国白人时常感到外群体的现实主义威胁，其中包括可能的对工作、教育、经济和政治机会的竞争。正是现实主义危机导致了美国白人对亚裔群体产生否定的、消极的态度和情感,但这种否定消极是具有矛盾性的刻板印象。在这种情况下,只要双方的利益都能得到很好的满足,群际偏见将会被最小化。但是群体间的某些利益之争是无法避免的,因此群际偏见不可能得到彻底根除。

三、群际偏见的认知根源

除了社会情境和个体动机带来的影响外,群际偏见还会受到个体社会认知过程的影响。社会认知是指我们关注其他人,储存并整合与他们有关的信息,然后根据这些信息推论其态度、行为或者做出社会判断。社会认知中的社会分类、归因和独特性感知等过程会对群际偏见产生影响。

(一) 社会分类理论

人们通常倾向于根据共同的特点(如种族、性别)将人们分成截然不同的两大类——"我们"和"他们"。简单来说,人们看待别人的时候要么把他们看作属于内群体,要么把他们归属于其他的群体,即外群体。这种分类基于很多方面的差别,包括种族、宗教、职业、地域等。许多研究均表明,分类是一种重要的认知加工方式,处于社会中的个体几乎不可避免地都要对自己和他人进行归属不同群体的划分(S. T. Fiske & S. E. Taylor, 1991)。

社会分类的过程可以便于我们思考事物。因为一个群体内部的人都具有一定的相似性,那么当我们了解一个人的群体成员身份时,我们就可以很快地提取出很多有用的信息(C. N. Macrae, G. V. Bodenhausen, A. B. Milne & J. Jetten, 1994)。有时候这种分类过程会有刻板印象的参与,刻板印象可以通过快速的、启发式的加工过程和先入为主的信念提供关于这个群体的信息,这一过程会为我们节省很多认知能量(G. V. Bodenhausen, 1993; C. N. Macrae, G. V. Bodenhausen, A. B. Milne & J. Jetten, 1994)。社会分类的认知过程也会导致我们过高地估计群体间的差异,过低地估计群体内部差异,外群体同质效应(outgroup homogeneity effect)就清晰地说明了这一问题。

外群体同质效应指的是人们倾向于认为外群体都是"相似的",是不同于内群体的(T. M. Ostrom & C. Sedikides, 1992)。几年前,在南京街头有一个外国人因身穿印有"给中国人十条告诫"内容的T恤衫,而引起周围中国人的极大不满。T恤衫上面印着"不要盯看外国人""不要老跟外国人说hello、OK""不许外国人住便宜旅馆不合理""对外国人收费与中国人同等""不要说移民留学或换钱的事"等十句中文。在众人的抗议下，这名外籍男子被送到当地派出所，脱下这件T恤衫，在承认了自己的错误后才离开。这件事引起舆论的普遍关注。有人觉得这是外国人对中国人的侮辱，为了维护中国人的尊严，一定要提出抗议。这件事情就是典型的外群体同质效应。这一效应使外群体成员"看起来都一样"。例如，中国人会认为美国人如何如何，而对中国人自己来说，要想一言以蔽之"中国人如何如何"是一件很困难的事情。因为，中国人的情况很复杂，无法用简单的词句概括。实际上，美国人的情况何尝不是如此？同样，美国人也是这样，他们甚至会感觉中国人的长相好像都差不多。这就是说，人们对内群体成员的特性更清楚，而对外群体成员相对了解较少。当判断态度、价值观、人格特质和其他个性特征时，人们倾向于认为外群体成员比内群体成员之间彼此更相似。因此，中国人看到上述外国人的行为，就会感觉受到外国人的侮辱而义愤填膺。

普林斯顿大学的研究人员让在四个不同俱乐部的学生给自己的组员和其他三个组的组员做人格评价。结果表明，学生对自己组员的人格评价相比对其他组员的评价更加多样化。当内群体和外群体是稳定真实的群体（而不是实验室中的临时群体），并且当内群体规模较大时，外群体同质效应最强烈。

（二）归因理论

归因是一个重要的社会知觉过程，它反映了人们如何认知世界，如何解释他人。这种解释和认知会影响人们的态度。通过对肥胖和同性恋群体的研究发现，如果人们将肥胖或同性恋认为是可控的，那么他们会表达出更多的偏见（C. S. Crandall et al., 2001；N. Sakalli, 2002）。另外，研究者也试图利用归因训练降低群际偏见。研究者对被试进行归因训练，即训练被试在给出的可能的行为原因中选择情境归因，结果发现相比控制组，进行情境归因训练的被试自动化的刻板印象评定的行为减少了，这说明情境归因可以有效地降低群际偏见（T. L. Stewart, I. M. Latu, K. Kawakami & A. C. Myers, 2010）。

另外，人们也会通过归因来表达群际偏见。归因并不都是准确的，它会受到人格、情境等多方面的影响，而发生归因偏差。例如，罗斯（L. Ross，

D. Greene & P. House, 1977) 提出的基本归因偏差 (fundamental attribution error), 这一概念也被吉尔伯特和马隆 (D. T. Gilbert & P. S. Malone, 1995) 表述为一致性偏差 (correspondence bias), 即我们在解释事件时, 存在过高估计个体特质性因素作用的倾向 (第五章第一节已有阐述)。这一现象得到了广泛的验证, 跨文化研究表明, 美国、韩国、中国和日本的大学生均表现出基本归因偏差 (A. P. Fiske, S. Kitayama, H. R. Markus & R. E. Nisbett, 1998; D. Krull et al., 1996; Y. Miyamoto & S. Kitayama, 2002)。

基本归因偏差描述了人们在解释自我和他人行为时倾向于将行为者本身看作是行为的起因。终极归因偏差 (ultimate attribution error) 从群际关系视角扩展了基本归因偏差 (T. F. Pettigrew, 1979)。研究者发现人们在归因中倾向将内群体成员的积极行为和结果 (或成功) 进行内在归因 (如归于其能力、努力、责任等内因), 将其消极行为和结果 (或失败) 进行外在归因 (如归于运气、任务的难度等外因); 但是, 对于外群体成员的行为与结果, 人们表现出相反的归因倾向。终极归因偏差的存在得到了广泛的证实 (D. De Cremer, 2000; B. Guerin, 1999; W. Ma & M. Karasawa, 2006)。人们通过归因过程表达出的内群体偏好和外群体贬损, 体现了归因对群际偏见的影响。

(三) 独特性感知

假设现在有以下两条信息: (1) A 组有 1 000 人, 但是 B 组只有 100 人; (2) 去年 A 组有 100 人被警察逮捕了, 而 B 组有 10 人被逮捕。如果要求你估计一下这两个组的犯罪倾向是否相同, 你的答案会是什么? 最初的回答可能是"当然不一样了, 这怎么会一样呢?"虽然两个组的犯罪率都是 10%, 为什么人们的估计却不一样呢? 而且大部分事实都证明人们大多对 B 组很少有比较好的评价 (C. Johnson & B. Mullen, 1994; A. R. McConnell, S. J. Sherman & D. L. Hamilton, 1994)。社会心理学家把人们过高估计相对的小群体的不良行为发生率的倾向称为虚假相关 (illusory correlation)。这一效应涉及人们对各变量间相关的觉知, 虽然这种相关并非真正存在, 但这种觉知却会影响人们的群际偏见。虚假相关有助于解释为何大群体的成员常把消极行为和消极倾向归因到各类弱势群体成员的头上。例如, 有些社会心理学家已经证明虚假相关有助于解释为什么很多美国白人会过高地估计美国黑人男子的犯罪率。

这种效应为什么会存在呢？罕见事件或刺激的独特性是其中一种解释。有特色（如生动、鲜明等）的刺激往往会引起我们的注意，对它形成的印象也是非常深刻的。在对人的认知过程中，有特色的个体会吸引我们的注意，其特征可能会引起我们对这一类人的好与坏的品质或特性的夸大知觉。比如在一群女性中出现了唯一的男性，或者一个白人置身于中国的少数民族集市中，这个男人或这个白人将会引起人们特别的注意，并且其好的和坏的特征存在被夸大的倾向。兰格等人的实验证实了这种情况，他们让被试观看一位男士认真阅读的录像，在观看时使被试相信这位男士不同于一般人——他是一个癌症病人、百万富翁或同性恋者。结果发现，被试能够观察到事先不知道这些特征的其他观察者没有注意到的特征，同时被试对这位男士的评价也更加极端，认为该人是一个癌症患者的被试会注意到他的不一般的面部特征和身体运动特征（E. J. Langer & L. Imber，1980）。对不一般的人的特别注意往往造成一种错觉，即认为这类人不同于其他人，如果人们认为你是一个高智商的天才，那么他们将注意到许多以前没有注意到的有关你的特征。

第四节 消除群际偏见

在我们的社会中，群际偏见是普遍存在的，并且产生着各种各样的消极后果。消除群际偏见一直是人类努力的目标，在当今社会中，消除种族中心主义、性别偏见等对世界的和平发展和进步都具有重大的意义。社会心理学家始终从专业的角度探索消除群际偏见的有效途径，提出了诸如改变错误的刻板印象、增加个人间平等接触、共同命运与合作奖励、制定消除偏见的社会规范等策略。近年来，通过进一步的深入研究，研究者获得了更多消除群际偏见的有效途径。

一、群际接触

社会心理学家一直致力于促进群际关系，而群际接触（intergroup contact）一直被认为是最有效的策略之一。自奥尔波特于1954年提出群际接触假说（intergroup contact hypothesis）以来，众多研究证明了群际接触的确可以减少群际偏见（intergroup bias），促进群际关系（J. F. Dovidio, S. L. Gaertner, & K. Kawakami, 2003; T. F. Pettigrew, 1998），并进一步形成了群际接触理论（intergroup contact theory）。

（一）接触条件

奥尔波特认为，群际偏见是由于某一群体对另一群体的了解缺乏充足信息或存在错误信息而产生的。群际接触之所以可以改善群际偏见，主要原因在于其提供了获得新信息和澄清错误信息的机会。因此，他提出的群际接触假说的主要内容是：减少群际偏见的主要方式是与外群体在最佳条件下进行接触，而最佳的群际接触要符合以下几个关键条件。

1. 平等的地位

在群际接触中，接触双方地位平等（E. G. Cohen & R. A. Lotan, 1995）。这样的接触一方面可以改善群际关系；另一方面也反过来促进平等地位的形成（J. Moody, 2001），以达到良性循环。

2. 共同的目标

共同的目标促使接触双方共同努力、态度积极、目标明确。比如，在由不同种族的运动员组成的队伍中，要完成获得胜利这一共同目标，队伍成员必须互相配合、友好协作；而这一共同目标的实现也进一步强化了成员间团结协作的过程。

3. 群际合作

共同目标的作用得以顺利实现要求双方建立合作关系而非竞争关系。

4. 权威、法律的支持

得到权威、法律支持的群际接触可以更有效地改善群际关系（转引自T. F. Pettigrew, 1998）。

我们可以通过谢里夫等人进行的后续实验来理解这些条件。在前面提到的谢里夫和同事1961年进行的实验中，我们说到老鹰队和响尾蛇队都对对方怀有敌意偏见，之后研究者试图去消除这种不良效应。开始的时候，他们进行了宣传教育，结果发现并没有起作用。后来他们设计了一个合作任务，有效地改善了这一状况。他们把孩子们带到一个新的地方，并给出一系列需要他们解决的问题。在第一个问题中,孩子们被告知一些破坏者蓄意袭击了他们的供水系统。在两组人成功合力扫除一个龙头旁的障碍后,第一粒"和平"的种子被播种下了。在第二个问题中,两组人需要一起凑钱去看一场电影。他们选定了一部大家都愿意看的电影。那天晚上,两组成员又一次共同聚餐。接下来的几天里,孩子们又"意外地"遭遇了更多的问题。这一过程中,两组成员一起合作完成了牵涉他们共同利益的事情。结果,两组成员对于对方"不友好"的评价明显地降低了(如图14-3)。而且研究者还发现,这样的合作促进了跨群体的交往(如图14-4)。

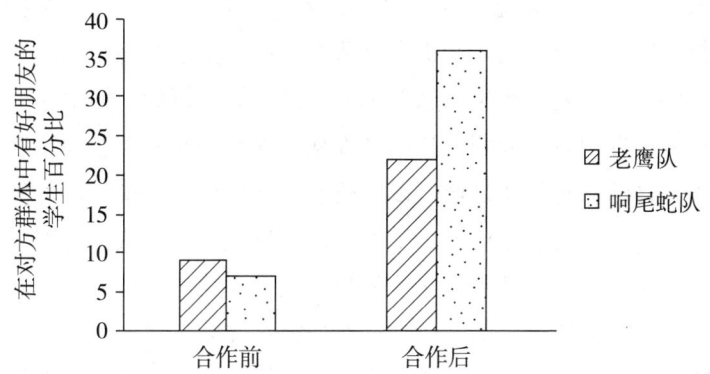

图14-4 合作前后在对方群体中有好朋友的学生百分比(Sherif et al., 1961)

合作情境的设置满足了消除群际偏见的多个条件:首先,地位的平等,营地里群体成员的地位和权力几乎一样;其次,共同目标的设立,比如共同处理供水系统故障等出现的困难,这些共同目标提高了群际合作发生的可能性;再次,群际合作,解决共同难题的情境要求两组成员必须一起努力才能完成任务,在这个过程中,他们相互依赖、相互依靠,最终,这几种情境都减少了营区里的敌意与负面的刻板印象;最后,群际接触规范的设立,研究者创设群际接触的情境,并鼓励群际接触,正是这样的氛围和情境促成了群际偏见的消减。

自群际接触假说提出以来,群际接触可以改善群际关系这一结论已经被普遍证明。多项研究都发现,越多接触目标群体,越可能显著地提高对该群体的喜爱程度(E. Harmon-Jones & J. J. Allen, 2001; A. Y. Lee, 2001)。例如,居住在同一寝室可以减少不同种族或信仰的学生之间的消极态度,这种消极态度会随着年级的增加而逐渐减少(C. V. Laar, S. Levin, S. Sinclair & J. Sidanius, 2005; N. J. Shook & R. H. Fazio, 2008)。

(二) 延伸接触

虽然直接接触是消除群际偏见的有效途径,但是,人们也发现,由于既有的群际偏见的存在,直接接触在实际生活中难以实现,这一点使许多社会心理学家感到沮丧。但是,近年来提出的延伸接触假说(extended contact hypothesis)却为他们带来了希望(S. C. Wright, A. Aron, T. McLaughlin-Volpe & S. A. Ropp, 1997)。该假说认为,对于消除群际偏见来讲,个体之间的直接接触并非是必须的,个体只要知道自己所在的群体中已经有人和其他群体的人建立了良好的关系,就会产生消除群际偏见的效果。例如,如果一个对同性恋者持有偏见的人发现自己的朋友认识同性恋,那么他对同性恋的态度就会有所好转。这种间接的接触可能是通过以下机制发挥作用的:第一,可使人意识到与外群体成员接触的观念是可以接受的,内群体不像过去认为的那样排斥外群体;第二,可使人降低与外群体交往的焦虑程度;第三,可使人认识到外群体成员是能够接受内群体成员的。例如,有研究在北爱尔兰地区考察了延伸的群际接触对改善群际关系的作用,结果发现,经历较高延伸接触水平的被试更加信任外群体成员,并且对外群体成员表现出更加积极的态度(T. Tam, M. Hewstone, J. Kenworthy & E. Cairns, 2009)。

(三) 想象接触

近年来的研究还发现,想象的群际接触也可以降低群际偏见(S. Stathi & R. J. Crisp, 2008)。想象接触的基本观点是,即使只是让人们想象与外群体成员的接触,也可以改善群际态度和行为(R. J. Crisp, S. Stathi, R. N. Turner & S. Husnu, 2009; R. J. Crisp & R. N. Turner, 2009; R. N. Turner & K. West, 2012; L. Vezzali, D. Capozza, S. Stathi & D. Giovannini, 2012)。想象的群际接触的含义是,人们在心理上模拟与外群体成员的社会互动,体会与外群体成员积极的接触经历,通过这种想象会缩短人们与外群体成员的社会距离,改善对外群体成员的态度。例如,有研究考察了想象接触对改善群际关系的影响,实验要求意大利的儿童被试想象与外来移民同伴的接触互动,结果发现想象接触条件中的被试对外群体成员的信任水平要显著高于没有进行想象接触的控制组被试,他们对外群体的行为意图也更加积极(L. Vezzali, D. Capozza, S. Stathi & D. Giovannini, 2012)。虽然想象群际接触具有促进群际关系的积极作用,但是也有研究发现,想象的群际接触所造成的态度改变并不像直接的群际接触那样稳定,极易受到其他因素的影响(R. N. Turner & K. West, 2012)。

二、"我们"与"他们"界限的重新划分

正如前面对社会分类理论和社会认同理论的阐述,群体身份标签是影响群际偏见的重要变量。无论是我们在认知世界时进行的自动化的群体分类(划分出"我们"和"他们"),还是我们对群体身份的认同,都会产生对外群体的消极评价,发生群际偏见或歧视。因此,研究者们也尝试通过改变"我们"与"他们"的界限来消除偏见。

(一)再类别化(re-categorization)

再类别化是对作为群际偏见对象的个体或群体重新进行分类的过程。例如,中国队与韩国队进行足球比赛,中国球迷把中国队视为"自己的球队",把韩国队视为"他们的球队",他们当然希望中国队战胜韩国队。可是,在韩日世界杯上,当中国队早早被淘汰后,许多中国球迷又把希望寄托在韩国队身上,把它看作是"自己的球队",希望它能战胜对手,为亚洲人争光。这就是一个典型的"我们"和"他们"再分类的过程。共同内群体认同模型(common ingroup identity model)即通过构建一个新的、更高一级的、共同的群体身份来进行群体再分类(S. L. Gaertner & J. F. Dovidio, 2000)。这一过程可以有效弱化群际边界,把原先的外群体成员知觉为内群体成员,更多地认识到他们之间的相似性。研究结果发现,当人们建立起上位的认同之后,对原来外群体的态度变得积极,可以有效地增加群际信任和合作行为,有效地减少群际偏见(L. Andrighetto, S. Mari, C. Volpato & B. Behluli, 2012; S. L. Gaertner & J. F. Dovidio, 2000, 2005; B. M. Riek, E. W. Mania, S. L. Gaertner, S. A. McDonald & M. J. Lamoreaux, 2010)。

(二）跨类别化（cross-categorization）

跨类别化是取消原有的群体之间或类别之间比较的过程，是一种降低群际界限凸显性的方法（C. D. Goar，2007；T. K. Vescio，C. M. Judd & V. S. Kwan，2004）。跨类别化的工作原理是：个体在某一身份类别上属于外群体成员，然而在另一身份类别上则是内群体成员，人们对前一种类别化的消极态度会被对后一种类别化的积极态度所平衡，因此减少了群际偏见。它能够使社会分类变得更加复杂，降低群体间的差异和简单对立。例如，为了更好地促进本地人和外地人的关系，我们可以通过凸显职业信息来进行跨类别化，如均是IT工程师等，这样可能会拉近本地人和外地人之间的距离，减少群际偏见。

（三）去类别化（de-categorization）

去类别化强调的是抹平类别的过程，需要突出个人特征，让评价和比较对象不在群体和类别之间进行，而在个体之间进行，让个体身份的重要性超过社会身份的重要性（A. Ata，B. Bastian & D. Lusher，2009；L. Cameron，A. Rutland，R. Brown & R. Douch，2006；R. González & R. Brown，2006）。例如，很多女性不喜欢他人在介绍自己的成就时说"她是一位卓越的女企业家"或者"她是我们这个城市最有名的女律师"，她们认为这是一种歧视。事实上，这是有道理的，因为我们在介绍某位男士时，很少说"他是一位卓越的男企业家"或者"他是我们这个城市最有名的男律师"。这就说明，过分强调类别化也容易导致群际偏见，所以去除群际偏见可以采用去类别化的方式。

（四）次类别化（sub-categorization）

针对那些不易改变的类别群体，可采用身份细分的方式减少原有群体或类别引起的群际偏见，这一过程被称之为次类别化。例如盖特纳（S. L. Gaertner）研究团队（S. L. Gaertner & J. F. Dovidio，2000；R. González & R. Brown，2006）提出了双重身份模型（dual identity model）。这一模型认为，个体具有双重身份，其中一种身份是与外群体共享的高一级的身份认同，可称之为上位认同；而另一种身份是原有的身份认同，可称之为下位认同。这两种认同并存，可以促使个体将由上位认同建立起来的积极关系从个体水平向群体水平延伸。另外，对于那些怕被同化的少数群体或高地位群体成员而言，这种认同只需要付出较少的具有消耗性的策略。研究也发现，这一策略可以有效改善群际关系（L. Cameron et al., 2006；D. Chrobot-Mason et al., 2007；R. González & R. Brown, 2006）。哈斯拉姆和埃勒莫斯（S. A. Haslam & N. Ellemers, 2005）认为，次类别化的优势在于让次一级群体成员参与到能提升身份的活动中来，然后又把不同的次级群体结合到一起，建立一个更高一级的相互理解、彼此相似的群体身份。次类别化尤其适用于规模或地位不对等的群体，将会利于这些群体之间的相互合作（R. González & R. Brown, 2006）。比如，美国的黑人群体一般会受到歧视，但又无法改变，毕竟改变肤色是一件非常复杂的事情。那么针对这一群体强调其亚类别化，比如强调某个人的能干、聪明、博学等，总之采用细分方式强调细分的类别中的积极特征可以有效地缓解难以改变的群际偏见。

【要点小结】

社会认同是个体与某一社会身份建立心理联系所经历的历程。一方面，在群际关系的背景下，社会认同过程很容易被激活；另一方面，社会认同也使现实存在的群际关系被知觉到，从而形成一系列心理效应。社会认同是一个重要的社会心理学研究领域，涉及国家认同、政治认同、文化认同、族群和民族认同、性别认同、职业认同等很多方面。从研究社会认同过程发展起来的社会认同理论具有很强的理论解释力，已经成为当前社会心理学中的宏大理论之一。

群际偏见是仅仅根据某些社会群体的成员身份对其群体成员形成的一种负面态度。它既可能以公开的言论或行为表达出来，又可能是微妙而隐蔽的，还有可能是自动化、内隐而不被觉察的。群际偏见如同其他态度一样，有着认知、情感和行为意向三个方面，其中对偏见群体排斥或敌意的行为被称为歧视。关于群际偏见的产生，研究者提出多种不同的根源，相关的理论有社会认同理论、现实冲突理论、社会分类理论等。我们可以通过改变群际界限或者增加群际接触的方式来消减群际偏见。

【思考与练习】

1. 社会认同理论对我们观察和理解社会行为有哪些启发？它是否适合用来解释中国社会"关系网"的形成？

2. 社会认同理论对社会心理学有哪些贡献?

3. 什么是群际偏见?关于群际偏见的发生有哪些理论?对此你有何评价?

4. 改变群际偏见的方式有哪些?列举一些实际生活的例子。你对减少生活中的群际偏见有什么好方法吗?

【拓展性阅读导航】

1. [美]戴维·迈尔斯著,侯玉波等译:《社会心理学(第8版)》,人民邮电出版社,2006。

2. Turner, J. C., Hogg, M. A., Oakes, P. J., Reicher, S. D. & Wetherell, S. M. (1987). *Rediscovering the Social Group*: *A Self Categorization Theory*. Oxford: Blackwell Publishers.

3. Brewer, M. B. & Hewstone, M. (2004). *Self and Social Identity*. Oxford: Blackwell Publishing.

第十五章 作为交叉和应用学科的社会心理学

【内容提要】

本章介绍了三个社会心理学的交叉和应用领域,展示出社会心理学的强大应用功能和与相关学科交叉后形成的理论和应用的生长点。健康社会心理学围绕现代社会较多出现的压力情境,介绍了应激理论和影响因素。环境社会心理学围绕人类生产方式和生活方式发生的改变而引发的环境问题以及与环境相关的观念,介绍了人与环境关系的理论、个人空间与领域行为、都市环境以及环境观念等方面的研究进展。文化社会心理学从社会心理学的角度解释文化现象的理论和研究发现,主要关注自我构念和思维方式以及文化融合与排斥反应等。

【学习目标】

1. 理解社会心理学的理论和社会心理学应用的广泛性。
2. 通过三个应用和交叉领域,从社会心理学角度加深对健康、环境以及文化的理解。

【关键词】

健康社会心理学　环境社会心理学　文化社会心理学

社会心理学的应用领域广泛,与许多学科交叉形成很多交叉学科或应用分支。这些分支学科应用了社会心理学的基础理论,同时发展出更多精细的分支和领域,并形成一些新的特点(参见表15-1)。

表 15-1　作为交叉和应用学科的社会心理学

相关学科	社会心理学的交叉和应用学科	研究领域举例
政治学	政治社会心理学	政治观念、民意、政治运动、投票、政治参与、权力距离
国际关系学	国际关系心理学	国家观念、国际关系
经济学	经济心理学	消费心理学、广告心理学、营销心理学、就业心理学、投资心理学、储蓄心理学、税收心理学、行为金融学
法学	法律社会心理学	犯罪心理学、罪犯心理学、庭审心理学、法官心理学
教育学	教育社会心理学	师生关系、亲子关系、校园文化、班级气氛
管理科学	管理心理学、组织行为学	领导行为、心理契约、激励机制、工作价值、组织公民行为
环境科学	环境社会心理学	城市社会心理学、拥挤、城市交通、建筑设计、环境意识、灾害应对
传播学	大众传媒社会心理学	社会价值观、社会流行语、网络心理学、手机、沟通与传播心理
健康与医学	健康社会心理学	心理咨询与辅导、健康与生命观念、医患关系、心理疾病污名、压力与焦虑
体育学	体育社会心理学	体育价值观、竞争、成就归因、公平意识
文化人类学	社会心理人类学	仪式、信仰、习俗心理
宗教学	宗教社会心理学	崇拜、宗教心理
文化研究	文化社会心理学	文化传承、文化再生产、文化间互动、移民
性与性别研究	性别社会心理学	性别身份认同、两性关系

社会心理学与其他学科形成交叉研究的伸展能力很强，应用领域很广，除了表15-1中列举的之外，还有很多交叉学科和应用领域，如人口学、城市研究、贫困研究、社区研究、老年研究、残疾人研究、移民研究等。本章仅重点介绍三个交叉学科和应用领域。

第一节　社会心理学与健康

人类对"健康"的认识经历了一个发展的过程。过去相对较长的时期内，人们一直习惯于将"健康"视为一种良好的生理状况，或者更为具体地说，是一种没有疾病、不虚弱的状态。直到20世纪中叶，这一传统观念才发生转折性变化，其中一个里程碑式的标志是：1948年，世界卫生组织（WHO）在成立之时将"健康"定义为"一种生理、心理与社会适应都臻于完满的状态"。当主导性疾病模式（dominant model of disease）由"生物医学模式"（biomedical model）发展为"生物—心理—社会模式"（bio-psycho-social model）后，"疾病"与"健康"也愈来愈多地被视为社会性、心理性与生理性事件交互作用的产物。

在影响人的健康的诸多社会心理因素中，应激是一个重要的因素。本节将介绍关于应激的一些知识以及应对应激的方式。

应激是影响人的身心健康的一个重要因素。应激的概念至少包括三种不同的含义：使人感到紧张的事件或环境刺激；紧张或唤醒的一种内部心理状态；人体对需要或伤害侵入的一种生理反应。对应激生活事件的研究是应激研究中的一个重要领域。这一领域揭示了重大社会生活事件对人体健康和疾病的影响。在研究应激与各种疾病的关系的同时，研究者们还研究了成功应对社会生活中应激的方式。总的来说，对应激的消极反应可以随着环境的改变或者个体内部的改变而减少。

一、应激概述

当我们大多数人谈到应激时,通常认为应激是个体感受到的来自我们周围的压力。学生们谈到"应激",可能是因为考试成绩太差,或者是一篇重要的论文的最后期限到了;大学毕业生谈到"应激",可能是因为毕业后找工作困难,或对选择在哪一类城市落脚而踌躇;父母们谈到"应激",可能是因为养家糊口、买房还贷而带来的经济负担,或者教育孩子、应对竞争带来的不安;教师们谈到"应激",可能是因为一方面要保持自己在专业领域内的成就,另一方面还要把课堂教学做到最好;医生、护士与律师们谈到"应激",可能是因为他们要应付病人或当事人无休止的要求。

从上面的每一个实例中我们不难看出,还有一些其他术语可以代替"应激"这个概念,其中两个术语分别是"压力"与"张力"。这两个术语可以替换上段中"应激"这一概念,而不用做提前说明。这种术语的变化表明"应激"这个概念戴着多层面具。

(一)应激与烦恼(distress):一个消极的观点

许多人经常将"应激"与"烦恼"看作两个可以互换的术语。但从广泛意义上来讲,应激有时是不好的,有时则是好的。为了避免这种两难情境,塞利(H. Selye)引用了两个术语:烦恼与正应激。他把烦恼定义为:有破坏性或不愉快体验的应激。在这一描述中,应激更像是一种愤怒、恐惧、担忧和激愤的状态,这种心理状态的核心是消极的、痛苦的,有时是要避免的。

(二)应激与正应激(eustress):一个积极的观点

塞利所谓的正应激表现的是一种愉快的满意的体验,如参加一个婚礼庆典,参加一个大型体育活动的竞争,参加一个戏剧节目的演出等,这是一种积极的应激,"应激"此时就用来强调应激带给我们的好的积极的一面。

正应激可以加深我们的意识,增强我们的心理警觉,还经常会引发高级认知与行为表现。也许,正应激给一个人提供的是创造性完成一项艺术工作的唤醒动机,给另一个人提供的是一服急需的药,而给第三个人提供的是一个科学理论。换句话说,正应激是一种挑战,它引发了应激,并促进个人的成长和职业的发展。

但是唤醒动机与绩效之间的关系并不只是呈简单的正比关系。耶基斯—多德森定律（Yerkes-Dodson Law）则是第一次概括总结了这个关系。这个定律认为：在到达某个点之前，效率将随着唤醒水平的提高而提高，当唤醒水平处于一个最优值时（而不是最高点），其效率是最高的，如果超过了唤醒水平的这个最优值，那么其效率开始下降。

除了高水平的紧张状态外，当一个人根本没有被唤醒时，其效率也是最差的。我们来比较一下，某个人由于疲劳或厌倦而处于睡眠状态时的绩效，与一个处于歇斯底里状态的人的绩效，二者总体上都是无效率的。要使人们产生最高效率，至少要有一些应激，应激太少或应激太多其结果是一样糟的。因此应激管理的目的，不是彻底消除应激，而是把唤醒水平控制在一个最佳状态上。塞利（H. Selye，1974）曾指出："完全脱离应激等于死亡。"我们所要避免的是那些极端的、令人心烦意乱的应激。

（三）应激的定义

美国著名的生理学家坎农（W. B. Cannon）把应激这个术语引入了社会领域。他提出了稳态这个思想，即有机体维持体内环境的平衡状态。坎农还考察了紧急备战，即搏斗—逃跑反应的机制。他指出这个反应包含复杂的交互作用，是交感神经系统的唤醒与肾上腺分泌的荷尔蒙之间的交互作用。

在当代的科学文献中，应激这个概念至少有三种不同的含义。第一种，应激指那些使人感到紧张的事件或环境刺激。从这个意义上来讲，应激对人而言是外部的。第二种，应激指的是一种主观反应。从这个意义上讲，应激是紧张或唤醒的一种内部心理状态，它是人体内部出现的解释性的、情感性的、防御性的应对过程。这些应对过程是发展的，会提高并趋向成熟，它们也能产生心理紧张，所产生的特殊后果依赖于某些因素。第三种，应激也可能是人体对需要或伤害侵入的一种生理反应。坎农和塞利都是在这个意义上使用应激这个术语的。需要会提高人体的自然唤醒水平以达到高水平的活动。这些身体反应的作用是支持行为和心理上的应对努力。

为了更好地理解应激的定义，我们分别从以下三个方面进行分析。

1. 应激与外因

当我们把应激看成是外部刺激时，更恰当地说法应该是应激源（stressors）。"应激源"这个概念与工程学中"强度"的概念很相似。工程师会计算小汽车作用于桥上的力，或者计算风对摩天大楼产生的压力。我们每天所经历的日常需要就是作用于我们自身的力，如太多的工作、太少的收入、太多的信用卡账单、孩子的出生、找到一份新工作的兴奋等，这些都是应激源，而不是应激，就像桥必须承受小汽车或卡车的载重，我们也必须要有一些应付或抵制外部应激源所带来的压力的方法。这些我们将在应对策略或防御性反应中再做具体讨论。

2. 作为心理阻抗和心理紧张的应激

认知过程中的一些方法，如问题解决、计划、决策和认知重建等都是应付应激的积极方法，而认知过程中的合理化、否认、幻想等方法被认为是应付应激的消极方法。然而，研究表明这些消极的应对策略能帮助人们应付创伤性应激的早期阶段。

在应激过程中，即使阻抗是有效的，认知副作用也会出现。你可以对应激做出被动的或主动的外部反应。但是，从某种意义上来讲，个体面临外部需要等心理过程总是主动的、消耗能量的和产生紧张的。个体的情绪反应则是更易多变的，其特点是激怒、暴躁、愤怒和挫折的转移等。个体的知觉过程，如解释外部刺激，可能会被歪曲。先前被认为是风趣的、没有危险的情境，现在却变得险恶和危险，理性计划和决策过程可能根本不能执行。

虽然我们的注意力是放在内部状态上，但是人们仍然使用一系列身体术语来报告他们个人应付应激的感受。他们可能会谈到自己正处于生理或情感崩溃的边缘，或者他们会暗示自己休息片刻。如果认知的、生理的和行为的应对资源用到了极限，人们会说："这超出了我的能力范围，"或者说："我再也受不了这个压力啦。"有些人甚至会说："我只是想放弃。"有迹象表明，在忍受应激时，机体的防御器官会衰退。

正如应激源这个术语指的是作用于人身上的力，紧张则指的是应激所产生的效果。根据塞利的观点，他认为无论应激源是愉快的还是不愉快的，紧张都会发生。所有这些的"重要性在于适应或再适应需要的强度"。除此之外，判断紧张能够使人从挑战中成长还是会带来对生理和心理健康的损害，则依赖于个人对需要及资源的评价。这些概念将在后面详细讨论。

3. 作为身体防御的应激

应激的第三种解释强调的是对应激做出的普遍性的生物反应。塞利指出："应激不仅仅是神经紧张。"应激是"人体对某些需要做出的非特定性的反应"（H. Selye, 1974）。人体有三个系统控制着这个非特定性反应，分别是：神经系统（下丘脑）、腺体（脑垂体和肾上腺）以及激素系统（肾上腺素和其他激素）。塞利很少涉及处理应激的心理和社会方面，这也是他理论中的一个不足之处。因此，我们也可以说，应激不仅仅是生理唤醒。

综上所述，一个应激源是一种外力，而紧张则是忍受应激产生的后果。由此可见，应激源是原因，紧张则是心理效应和生理效应的结果。因此，如果应激与紧张的概念在没有限定的条件下出现，那么我们就应该想到应激是心理唤醒（psychological arousal）与生理唤醒（physiological arousal）的联合。

二、应激与认知的关系

认知研究者在谈论大脑加工信息的通路时，试图去了解应激的机制。这些年来已经出现许多关于应激的认知理论，其中最具代表性的是拉扎勒斯（R. S. Lazarus）提出的交互作用模型。

正如拉扎勒斯所言，该理论根植于科学的沃土里，其内容包括认知科学、人格理论、态度研究、社会研究、健康研究以及行为医学等。拉扎勒斯假设应激与健康是相互影响的。也就是说，应激对健康有很大的影响力；相反，健康也能改变个体的抗拒或应对能力。

交互作用模型的核心是，应激既不是环境刺激，不是人的性格，也不是一个反应，而是需求以及理性地应对这些需求之间的联系。

首先，同一个环境事件对某一个人来讲可能具有应激性，而对其他人来讲可能不具有应激性。这表明，大多数外部刺激不能绝对地被定义为具有应激性。事实上，是个人的认知评价决定了一个事件是否具有应激性。

其次，同一个人在不同场合会把同一个事件解释成具有应激性或不具有应激性，这可能是因为身体条件或是心理状态发生了变化。一个人在某一场合可能会很放松并得到休息，而在另一个场合却感到紧张和疲惫。情绪和动机状态的不同也会影响评价过程。

应激的产生是某一种环境与某一种人对环境可能产生的威胁的评价相结合的结果。如果个体—环境的关系是有应激的话,首先,个体要认为自己所面临的工作与个人有重要关系,其次,只有当个体认为外部或内部要求使用或超出了自己的资源时,心理应激才会发生。

人们对所发生的事件的评价通常为三种:伤害、威胁或挑战。伤害指已经发生的损失,如失去一份工作,得到较差的工作评定,未得到提升,或受到上级或同事的批评。威胁指还未发生的损失,但预料会在未来出现。当某一情景所要求的应对能力超过个人能力时,就会产生威胁评价。这种评价的感情基调是消极的。挑战指的是一种高要求的情景,个体在这一情景中强调的是掌握所提出的要求,克服困难,并使个体成长和发展。挑战评价的感情基调是兴奋和期待。我们都喜欢挑战,而不喜欢威胁。持有挑战的态度可以使我们充满热情、全力投入并得到发展,而不是感到处于危险中,形成防御状态,需要自我保护。

什么决定了个体是否将一个事件评价为应激性事件?其中至少有三个因素:与事件相联系的情绪性、由于缺乏足够的信息来评价情景或由于无法应对情景的模糊性而产生的不确定性以及意义评定。下面让我们分别来看看这三个因素。

(一)情绪性

情绪可以从四个方面影响个体的应激应对方式和应对过程。

1. 当环境中存在异常时,情绪是一种早期的警告信号。这种情绪性反应与生物的基本生存需要有关。我们的记忆系统把情绪和环境的相互作用——积极或消极的结果——与事件的细节储存在一起。然后,当相同或相似的事件发生时,我们对该事件的知觉就染上了储存在记忆系统中的情绪色彩。

2. 情绪可以打断正在进行的行为。情绪性评价是一种注意发生器。当一件事情有危险或威胁时,情绪就会把注意的目标转到这一重要的事情上。当一个事件强烈到"要求"我们的注意时,我们就极可能将该事件评价为应激性的事件。

3. 情绪可以打断已进行的认知任务,开始满足新的任务。这就是为什么在引发强烈的情绪性事件后,个体很难集中注意力处理实际事物的原因。例如，一个深爱的人的死亡，会数月甚至数年地干扰个体的思维过程。严重的情况下，丧偶者会一直念念不忘死者的一切，难以进行日常活动。

4. 情绪可以引发动机。有些情绪是令人愉快的，因此个体会用各种行为来维持这些情绪体验，或置身于有望重新产生这种情绪的情景中。登山、跳伞、滑翔、蹦极等可以引起强烈的情绪唤起的活动，对于喜欢寻求强烈兴奋感的人可以带来强烈的高峰体验。因此，他们就会重复进行这种活动以再次得到高峰体验。而另一些情绪是令人不快的，人们会想尽一切办法摆脱这种情绪，采取消除或减少应激的行为。

（二）不确定性

与应激评价有关的第二个因素是不确定性。不确定性有以下三种表现方式。(1) 事件可能是不可预测的，如炸弹袭击或地震。(2) 事件可能要求个体所不具备的知识，这种情况称为数量缺乏。(3) 事件可能含有比个体图式更复杂的内容，这种情况称为质量缺乏。例如，对病人的研究发现，安排好的治疗本身并不产生应激性评价；引起病人应激的是病人不清楚或缺少有关医疗过程的信息。因此，不确定性与应激之间有很强的联系。

当一个事件是可以预期的时候，如在事件发生之前有未预期事件到来的信号，个体会在信号发生时惊骇万分，但当信号结束就会松弛下来。另外，当信号发生时，如果个体可以做点儿什么来抵挡逼近的厄运，那么，个体就不会像什么也不能做时那样有恶劣的体验了。

不确定性是对身体和心理的损耗。当无法预测一个事件时，人们就会经历慢性唤醒。主观紧张感和身体疲劳感都会发生。

两种人格特质决定了不确定性是否会引起应激反应。第一个是对模糊情景的忍受性。当一个事件可以有不同的解释，或当事件笼统难解时，就是一个模糊的事件；忍受性指忍受模糊的能力。第二个是寻求信息的能力。

不确定状态发生时，个体可以寻找新的数据来消除不确定性。寻求信息的能力是个体可以培养的最重要的应对策略之一。寻求相关信息的一个前提是，在获得必要信息前要能够忍受模糊情景。只要坚韧不拔，就可能发现新信息，使得不可预见的事件转变为可预见的事件。当不可改变的应激发生时，个体应当努力将目光放远一些。这一应对策略就是要牢记多数问题都是短暂的。生活中的其他方面还会给你带来幸福,坏结果是可以忍受的。

(三)意义评定

随着经验的积累,一些关于世界如何运作的概念变成了人们记忆中的一部分。人们将这些概念整合为心理文件,这些文件包含人们所知的关于一个或一类特定事件的所有信息。此外,人们还在一个文件内以有意义的、相关的方式组合这些信息,从而能以一定的准确性来预测行为的结果。凯利(G. Kelly)的个人建构理论解释了图式形成的过程。凯利认为,个人建构和图式都是人对现实世界的主观解释,它们可以影响人的知觉和反应。建构是人们赋予现实世界的意义。建构是预测性的猜测,它将在现实中受到检验,如世界是否公正、老板或熟人是好是坏。一些建构一成不变,排斥新信息的渗入;另一些建构则灵活性较大,可接纳大范围的新信息。

与图式相连的基本知觉过程会影响意义评定。随着一个事件的展开,新信息会引起我们对该事件知觉的改变。这种改变会唤起新的图式,然后,个体就可能将事件的意义从应激性变为良性。

三、应激生活事件的研究

应激这一概念在心理治疗领域有着特殊重要的意义,这一领域中,对与应激有关的心理疾病的预防和治疗占据着相当重要的地位。心理医生对应激生活事件的研究对医学界有很大的影响,同时也引起心理学家对这一问题的重视。引起心理医生们注意应激生活事件的一个重要人物是阿道夫·迈尔斯(A. Myers,1866—1950)。迈尔斯认为如果要确切了解一个病人当前的状况,唯一的方式就是了解他的生活历史。虽然这样做既花费时间又花费精力,但他认为如果医生想要成功地帮助病人,这样做是必需的。医生应该了解的生活历史包括疾病、生活地点的变化、入学、毕业、失败、各种工作、家庭成员的出生和死亡以及其他重要的环境影响。

霍姆斯(T. H. Holmes)和拉赫(R. H. Rahe)在20世纪60年代末编制的"社会再适应评价量表"(Social Readjustment Rating Scale)对应激生活事件的研究是一个极大的推动。霍姆斯对病人生活中的应激事件非常重视。他认为应激生活事件由于会引起前面叙述过的个体的心理反应和生理反应,可能是引发许多疾病的原因。

从 1949 年开始，霍姆斯和他的同事们开始研究 5 000 多个病人所报告的在他们生病前不久发生的应激事件。从这个数据库里，他们列出了一个包括 43 种有代表性的生活事件的量表，并根据应激的强度对这些事件进行了排列。表 15-2 是这个量表中的部分题目。

在制作量表的过程中，关于生活事件的选择，研究者有两个重要的决定。第一，虽然量表中的大多数项目可以被认为是不受欢迎的生活事件（如配偶死亡、婚姻破裂、被关入监狱等），然而他们并未将应激生活事件这一概念局限在这类项目中，而是包括了一些受欢迎的事件（如结婚、复婚、获得突出的个人成就等）。由于对应激的定义中包括"生活需要重新调整"的含义，而有些受欢迎的事件是与不受欢迎的事件一样需要调整生活的。

表 15-2 社会再适应评价量表的部分题目

排序	生活事件	压力值	排序	生活事件	压力值
	配偶死亡	100		家中新添人口	39
	离异	73		生意上的变化	39
	夫妻分居	65		经济状况的改变	38
	被判入狱	63		亲密朋友去世	37
	家中亲人死亡	63		工作改变	36
	个人不适和身体疾病	53		和配偶争吵上的变化	35
	结婚	50		较多的购房借款	31
	被解雇	47		贷款和抵押品赎取权的取消	30
	夫妻团圆	45		工作责任的变化	29
	退休	45		儿女离开家庭	29
	家庭成员身体健康发生变化	44		与儿媳妇或女婿相处困难	29
	怀孕	40		杰出的个人成就	28
	性生活遇到困难	39		妻子开始或停止工作	26

第二,霍姆斯认为这一量表中生活事件的应激程度应该由外人而不是由经历这些事件的人来进行判断。这样,虽然对应激生活事件与疾病的关系的研究仍在进行,由于有了霍姆斯和拉赫的量表,对于应激生活事件本身的研究就有了迅速的发展。有了这个量表就可以对各种生活事件评分,将各种事件的分数加起来以后就可以检验这些事件对随后出现的疾病的影响程度。

(一)对应激生活事件的测量

自从最初的应激生活事件量表出现后,为不同群体所设计的各种各样的生活事件量表也随之出现,包括为学前儿童、中小学生设计的量表,为老年人设计的量表,为父母离异的儿童设计的量表,为以农业为主的群体设计的量表。另外,研究者开始注意那些日常生活中经常发生的较轻微的应激事件。

霍罗威茨(M. J. Horowitz, 1979)等人编制的"生活事件问卷"(Life Events Questionnaire)也是一个较常用的研究一般生活事件的量表。他们的量表在制定时也按照霍姆斯和拉赫的方法请外人判断事件的应激程度。他们的量表有两个优点:(1)每个事件的意义更加清楚;(2)事件的应激程度由两方面的因素决定,一方面是事件本身的性质,另一方面是事件发生的时间。越严重的事件和发生时间越近的事件被认为是应激程度越高的事件。表15-3列出了这个量表中的几个例子。

表15-3 生活事件问卷的例子

生活事件	事件发生时间				
	1个月	1—6个月	6—12个月	1—2年	2年以上
丈夫、妻子、情人或孩子死亡	90	81	67	50	32
离婚或失恋	79	70	51	34	23
家庭成员由于严重疾病住院	70	53	36	22	12

研究者们还把较普遍应用的应激这一概念又细分为"长期的角色应激"(long-term role stress)、"小应激源"(small stressor)和"日常应激"(daily hassles)。这些概念表明研究者已经开始注意到应激的长期性和严重程度,并

开始设计测量这些应激的不同维度的量表。

生活事件除了在时间长短和严重程度方面有所不同外,还有其他不同的方面,如它的可预见性、熟悉程度、个体对事件的喜欢程度、突发性的还是逐渐发生的、间断的还是不间断的、个体对事件的控制程度、与即将发生的疾病是否有关。有些研究者在测量生活事件时测量的是个体的心理紧张程度,而不是测量事件本身。

(二) 应激生活事件与疾病

根据前面的介绍,应激生活事件是需要个体进行调整和适应的外部事件。个体可以成功地适应一些事件,而有些事件却会引起个体心理和生理的应激,久而久之形成某种疾病。

应激生活事件与随后发生的疾病之间有着复杂的联系,这种联系包括几个重要的因素。不同的研究者对这些因素有不同的看法,拉赫认为在研究这一过程时应检查以下五个不同的方面。(1) 过去的经验。个体在以前的生活中是如何对待应激生活事件的,他比一般人的承受能力更强还是更差。(2) 心理防御能力。一个人是否有较强的应对能力,因而所受的不良影响也较少。(3) 生理反应。应激生活事件引起的生理反应。(4) 应对能力。减轻生理反应的能力。(5) 疾病行为。个体如何对生理反应进行解释,是否认为这些反应属于疾病,并决定去医院就诊。

另外一些研究者认为机体较易得病的人在应激生活事件发生后得病的可能性增加,而有较强的应对能力、社交能力及有较强的社会支持系统的人得病的可能性则较小。

关于应激生活事件和疾病,大多数研究者取得以下共识。(1) 对生活事件所产生的影响的理解只有在社会和心理的背景下进行。这个背景中包含着减轻生活事件的不良影响的因素,如较强的社会支持系统、较强的个性;也可能包含着增加生活事件不良影响的因素,如较差的应对危机的历史,特殊的、过分的生理反应。(2) 应激生活事件的长期后果并不一定是消极的。成功地应对一个应激事件可以增加今后应对应激事件的能力。(3) 如果要评价应激生活事件的后果,应该了解个体寻求医疗帮助的特点。有的人在生活事件发生后身体出现不适可能会去医院,有的人则不会去医院。这两种不同的行为并不是由对应激的不同反应造成的,而是个体对医疗制度的不同态度造成的。

(三) 应激生活事件的后果

很多研究考察了应激生活事件对生理健康的影响,这里介绍几个有代表性的研究。

欣克尔(Hinkle,1974)在近三十年的研究中一直在考察人际关系、社会、文化环境的变化对健康的影响。他发现个体在遭受社会环境或人际关系的挫折时,会出现各种各样的疾病。还有一项研究选取了52名18—49岁各种职业的人作为被试,研究者给被试注射了一种感冒病菌。在注射之前,研究者测试了被试的生活应激程度以及个性。结果发现某些应激生活事件,特别是那些要求活动水平改变较大的事件,与注射病菌后的发病程度有显著的相关(参见 B. L. Bloom,1988)。

卡斯尔(Cassel)在许多情景下研究了应激的后果。他的结论是,减少应激引起疾病的社会心理因素之一是有自己同类成员的存在。他的结论来自对动物的研究以及对人的研究的综述。他提出了四种假设:(1) 高人口密度与得病危险的增加并不是高人口密度本身造成的,而是人际关系的无序造成的;(2) 在权力位置上处于服从地位的人最容易生病;(3) 在人际关系无序的状况下,个体的生物或社会的保护层可以保护个体不受这种状况的影响;(4) 当社会发生变化或社会组织状况发生变化时,个体得病的危险性就会增高(参见 B. L. Bloom,1988)。

四、应激的应对

在研究应激与各种疾病的关系的同时,研究者们还关注对成功应对(coping)应激生活事件的方式的研究。总的来说,对应激的消极反应可以通过环境的改变或者个体内部的改变而减少。

应激有三个主要来源:心理社会因素、生物生态因素、个性。引起应激的心理社会因素有四个突出的心理过程:(1) 需要适应变化的环境;(2) 由于无力取得渴望的目标或行为而产生的挫折感;(3) 超负荷,过分的刺激或要求;(4) 刺激不够,表现为无聊或孤独感。

应激的生物生态因素产生于外部的环境,它所产生的应激反应是生理反应，很少取决于个体的特性。生物规律（生物钟）、营养习惯、噪声污染等都是引起应激的生物生态因素的例子。过多的噪声、对生物规律的破坏以及某些饮食习惯（如喝咖啡、吸烟）都会降低对应激的应对能力。

某些个性特征也是使应激产生不良后果的原因，如低自尊、恐惧感、某些特定的行为方式（如A型行为特征）、习得的无助感或者认为自己能力较差，这些都会产生应对的困难。

个体可以采取很多方法来应对应激。一般来说，研究者把应对方法分为两大类：解决问题的办法和调整情绪的办法。当个体企图做一些有用的事情来改变引起应激的事件和环境时，用的是解决问题的办法。调整情绪的办法则是个体试图对自己的情绪反应进行调整（如看到事情积极的一面、换个角度看问题、对事情进行合理化等）。这两种应对方式有时会同时出现。对于不同的事件，选用的应对方式也会有所不同。

（一）成功应对的标志

衡量应对行为是否成功的标准不止一个。有人用生理和生化的标准来检验应对的作用。如果个体通过应对减低了生理唤起，如心跳放缓，脉搏和皮肤电的指数从过高恢复到正常，应对就被认为是成功的。

经常用来衡量应对是否成功的第二个标准是个体是否恢复了正常的生活以及恢复过程的长短。由于应激会干扰正常的生活，妨碍工作和休息，因此，如果应对能够使人重新开始这些生活和工作，那么应对就是成功的。

最后一个最常用的标准，是应对是否能减少心理应激和紧张。如果某些不良的情绪，如焦虑、压抑，能够通过应对得以减轻，应对就是成功的。

成功的应对依赖于各种应对资源。应对资源可分为内部资源和外部资源。内部资源包括应对方式和个性；外部资源包括金钱、时间、社会支持。下面介绍一些主要的应对方式。

（二）应对方式

每个人在面临生活中可能引起心理紧张的事件时，都有一种特定的应对方式，有的方式是应对有效的，有的则是较差的应对方式。

1. 逃避和迎击

当生活中出现问题时，有的人喜欢直接面对问题，想方设法解决问题，而有的人则是采取逃避的手段，如喝酒、看电视、沉迷电子游戏，试图忘记问题的存在。这每一种方式并不一定比其他方式能更有效地解除心理紧张，每一种方式都有它的优点和缺点。

如果生活中的问题是短期的、暂时的，逃避方式则比较有效。然而，如果这个问题反复出现或持续时间很长，逃避的方式可能就不太成功了。逃避使个体不会努力去预料和想办法解决以后的问题，也就无法应付未来的危机。与逃避者相反，对问题直接迎击的人对长期存在的问题应对得更好一些，然而，在应对暂时的问题上，他们可能比逃避者存在更多的焦虑。

以做小手术和工作上的人事关系问题的应对为例，逃避者可能对做手术引起的紧张应对得较好，因为他不去想手术的问题，就可以使自己摆脱紧张、害怕的情绪。然而对于工作中的人事问题，逃避者就不易处理得好，因为这种事不是很容易忘记的，它每天都可能发生，所以很难逃避。与逃避者相反，迎头解决问题的人在面对一个小手术时会顾虑重重，考虑它的各种过程和后果，给自己造成很大的压力。然而，这种人却能够较好地解决工作中出现的人事问题。

2. 情感的宣泄

宣泄理论认为人不应该压抑自己的情感，而应把它表达出来。宣泄对于人的心理健康是有积极意义的。

创伤性事件，如家庭中亲人的死亡、被强奸或离婚，都会引起个体强烈的情感反应，使个体几年或几十年都会被有关这些事情的想法所困扰。心理学家们认为，一个经历了创伤性事件的人如果能够同别人交流自己的经历和情感，对心理健康和正常生活的恢复都是很有利的。

为了证实这一假设，心理学家彭尼贝克（J. W. Pennebaker）和另外一个研究者做过一系列研究。在一个研究中，他们让 48 个大学生进行写作练习。有的学生的写作题目是他们生活中最痛苦的事和让他们感到心理最紧张的事情，有的学生的写作题目则是与个人生活无关的小事情。这些学生被要求每天都写一点东西，连续写几天。写作结束后的六个月内，研究者测量了学生的情绪反应以及血压，还记录了学生去校医院看病的次数。结果发现，那些写作题目是自己生活中的痛苦事件以及自己的情感反应的学生在写作刚刚结束后比另一组学生的情绪更遭糕,血压也有所升高。然而,在随后的六个月时间里,前者去医院的次数较少。

为什么谈论一件创伤性事件会增进健康?彭尼贝克认为,同别人谈论创伤性事件可以使个体获得与该事件有关的其他信息,或者更多地知道如何应对这个事件,还可以从别人那里得到积极的反馈和情感支持。

另外,倾诉或写出对创伤性事件的认知结果也是积极的。比如在写作或谈论创伤性事件时,个体可以对自己的思想进行组织和调整,或重新认识自己的经历。

3. 个性特征

某些个性特征也反映了个体的应对方式。这里我们介绍两种受到研究者关注的个性特征。

(1) A 型行为

有些应对方式也许会成功地对付来自某一生活事件所产生的心理紧张或不舒适,然而对健康却会产生不良影响,最好的例子就是与心脏病有关的 A 型行为。

具有 A 型行为的人有一种特殊的行为和情感方式,他们总是处于进攻状态,希望在尽量少的时间内取得越来越多的成绩,总是处于同别人竞争的状态。A 型行为有三个组成成分:易激起的敌意、时间紧迫感、竞争性。

与 A 型行为相对应的是 B 型行为,具有 B 型行为的人的竞争性较弱,没有 A 型行为的特点。

具有 A 型行为的人生活节奏较快,与 B 型行为的人相比他们总是工作时间更长,加班时间更多。他们对别人慢节奏的行为很不耐烦,当别人的话还没说完时就会帮着他们把话说完,他们还喜欢同时做几件事情。

A 型行为的人常常能够取得很大成绩,对于所取得的成绩,他们总是以数量而不是以质量来评价,而且常常会对工作的数量感到不满意。他们很喜欢挑战别人,同别人竞争。

研究者发现 A 型行为与心脏病有着很密切的关系。当 A 型行为的人遇到引起心理紧张的事件时,常常会表现出极高的生理唤起,然后是生理唤起的大幅降低,这种反应会对心血管造成损伤。不过这一假设现在并未得到结论一致的研究证实。最近,研究者们发现 A 型行为中敌意这一因素对于心脏病的影响最大。敌意给人造成的威胁要比时间紧迫感和竞争性带给人的威胁都大。表 15-4 是一种鉴定 A 型行为的标准。

表 15-4　鉴定 A 型行为的标准

序号	鉴定 A 型行为的题目	选项
1.	在谈话中你是否过分强调一些词,并且对句子中最后的几个词一带而过?	是___否___
2.	你行动、吃饭、走路的速度是不是总是很快?	是___否___
3.	当事情的进展速度不能如你所愿时,你是不是会变得不耐烦,或者生气?	是___否___
4.	你是否经常在同一时间干几件事?	是___否___
5.	你是否经常把话题转到你所感兴趣的问题上来?	是___否___
6.	当休息时,你是否有点负罪感?	是___否___
7.	你是否经常不注意环境中的新事物?	是___否___
8.	你是否更关心结果而不是过程?	是___否___
9.	你是否经常在很短的时间内安排很多的事情?	是___否___
10.	你是否发现你和也喜欢赶时间的人在暗地里竞争?	是___否___
11.	在交谈时,你是否喜欢用一些有感染力的手势,比如为了强调某一个问题而握紧拳头或敲桌子?	是___否___
12.	你是否认为行动迅速是成功的关键?	是___否___
13.	在日常生活中,你是否经常用数字给你的成就打分,比如卖出货物的数量,汽车的数量等?	是___否___

注:如果你对多数问题的回答是"是",你就可以被认为是一个 A 型行为的人。如果你对一半问题的回答是"是",你仍可以被认为是一个 A 型行为的人,但不是极端的 A 型行为的人。

(2) 内控性格

内控性格是一种认为自己能够控制自己生活的个性特征。在一个研究中,研究者卡芭莎考察了几种个性变量在应激事件后所起的中介作用。在这个研究中,被试是许多公司的经理,在研究进行的前三年中,他们一直过着不同程度的紧张的生活。从这些被试中,卡芭莎挑选了两组人,每组一百人。一组身体有疾病,一组身体无病,两组生活和工作的紧张程度都是一样的。这个研究选用了三个与应对方式有关的个性变量:①个体认为自己对生活事件的控制或影响程度;②对各种活动的参与或负责程度;③认为变化是为了进一步发展的有意义的挑战。与很多研究者的结果一致,应激程度与疾病有着一定的相关。

在两组健康程度不同的被试之间,卡芭莎发现了一些个性的差异,这些个性因素都与内控这个因素有关。她的研究表明,如果要在应激的生活状态下保持健康,一个人必须要对自己的价值、目标和能力有清醒的认识,对自己工作的重要性有充分的信心,积极参与周围生活中的活动,相信自己能够控制和改变生活中的事件,有能力对付生活中的应激,使它们不会威胁自己的心理调整。

(三) 应对的社会资源

面对应激,除了可以运用个体的资源(如个体的应对方式)进行应对,还可以运用社会资源进行应对。对于社会资源的研究,大量注意力都集中在社会支持这一概念上。什么叫作社会支持呢?如果一个人认为自己是:(1)被关心和爱护的;(2)被尊敬和有价值的;(3)归属于有互相交流和负责任的网络;那么他就是有社会支持的。

研究表明,怀孕的妇女,特别是生活在高度应激状态中的妇女,如果有足够的社会支持,就很少出现不良症状。另外,对于许多种疾病的治疗和应激性生活事件的恢复,如对酒精中毒的治疗,对于应对被动的失业,对于成功地应对亲人的丧失以及对于老年疾病的治疗,拥有社会支持的人都有较好的应对效果。

在一个连续五年对一万名以色列男性公民心绞痛疾病的研究中,研究者发现这种疾病与年龄、出生地以及一些生理变量有关,同时,那些有高焦虑、家庭问题较多的人发病也较多。心理社会因素进一步加强了生理因素与心绞痛之间的关系。有危险因素的人比没有危险因素的人发病的可能性要高20倍。

除了以上的因素外,研究中的另外一个变量是认为自己的妻子对自己的爱和支持有多少。研究者们发现,那些有高度焦虑的人如果认为自己有一个爱自己并且支持自己的妻子,得心绞痛的机会就会大大减少。这个研究的结论是,如果想要减少心肌梗塞的发病率,至少是减少心绞痛,可以采取一些预防措施,如戒烟、降低胆固醇和血压、减轻体重,然而要了解心绞痛的原因,还要认真调查病人的个人、家庭和工作情况。

关于社会支持的实验室研究也得到过类似的研究结论。在一个研究中,实验任务是猜谜,但题目很难。有一组被试在完成任务之前进行了20分钟的讨论,目的是使大家互相熟悉,以建立起一个支持系统,另一组被试没有参加讨论。结果是参加讨论的被试的成绩明显高于没有参加讨论的被试。在第二个实验中,社会支持是以另一种方式产生的,即给没有能够猜出谜的被试简短的同情,也得到了同样的结果。这个研究的结论是,在某些情景下,社会支持可以减轻高度焦虑引起的不良后果。

在老年人的研究中,也发现了社会资源的重要性。有一个研究考察了老年人人际关系对保持健康和幸福的作用。这个研究的被试是旧金山的280个60岁以上的老人,每年对他们进行三次访谈。而有一个密切的可以与之交谈的朋友可以在老年人失去配偶时起到保护作用。然而是否结婚与是否有一个可交谈的朋友并不一定是相等的。因为在他们的研究中,有一些已婚的被调查者认为自己没有一个可以交谈的人,而一些未婚的人则认为自己有可以交谈的人。结果发现,如果在过去的一年中失去过配偶并且有较少的社会交往,情绪就比较低落。

研究还发现,如果一个人有一个可以交谈的人,那么即使减少社会交往也不会产生抑郁情绪。但是如果没有一个人可以交谈,同时又减少社交活动,得抑郁症的可能性就非常大。一个失去配偶7年但是有一个可交谈的人比一个虽然有配偶但仍无人可交谈的人的情绪还要好。在有可交谈的朋友的情况下,失去配偶的人得抑郁症的比例只比没有失去配偶的人多了10%,但是在失去配偶而又无朋友可交谈的人中,有3/4的人得抑郁症,而无人可交谈的未失去配偶的人则有一半患有抑郁症。

研究者们认为女人比男人长寿的部分原因在于她们在发展和保持与他人的密切关系上有较高的能力和愿望。

在免疫学研究中，几个以医学院的学生和精神诊所的病人为被试的研究发现，孤独、应激与免疫的生理反应特点有着显著的相关。在这些研究中，高度孤独的被试的免疫反应都较弱，如抵抗肿瘤和抵抗病毒的细胞都较少。同样，高度应激的被试也有这样的现象。

社会支持什么时候会影响人的健康呢？有一种"直接影响"假设，认为社会支持对人总是起着有益的作用，不管是当人面对心理紧张事件的时候，还是在平时。另一种"防御假设"认为，社会支持对人的身心健康的积极影响只是在不良的生活事件发生时才起作用，而在平时则不起作用。

第二节 社会心理学与环境

在现实生活中，我们所有行为都是发生在环境所提供的各种情境中，环境影响人的心理与行为，同时也会随着行动而发生改变。我们所处的环境包括所有自然与人工的环境，这套系统的平衡一旦被打破，就可能发生非常危险的后果。随着城市化运动的深入，环境问题日益凸显，与之相应的环境社会心理研究也更加迫切。本节我们将在环境—行为关系理论的基础上，选取与社会心理密切相关的几个环境主题展开讨论，包括空间、都市与环保行为。

一、环境—行为关系的理论

关于环境与行为的关系，目前比较被接受的共有七大理论观点，下面我们逐一进行简单介绍。

（一）情绪唤醒取向

环境刺激对个体行为产生的重要影响之一便是改变个体的唤醒（arousal）程度。比如生理学所说的自主性活动等生理反应增强，如心跳加快、血压升高、呼吸频率加速以及肾上腺素分泌增多等,或是外在行为反应上的动作增加,或只是自我报告的情绪激动。

唤醒理论作为环境心理学的一个重要理论基础,在解释环境因素引起的一些行为变化(如作业绩效、攻击性行为等)方面具有较强的预测力。然而,对于唤醒水平的测量,目前还难以做到准确和统一。已有的常用测量方法主要包括心率、血压、呼吸频率、皮肤电反应、脑电活动、自陈量表等。在特定的环境下,某一测量指标表明被试的唤醒水平有所提高,但其他指标则可能显示被试的唤醒水平有所降低或无显著变化。因此,选择哪些测量方法和指标来预测行为就非常重要。

(二) 环境负荷取向

假如你正在准备后天的考试,但是室友想看电影,隔壁有个吵闹的聚会,两个朋友还想约你去吃大餐,在这些情境下你如何能专心地准备考试呢?这个情境与环境负荷取向(environmental load approach)或者过度刺激理论(overstimulation)所解释的情境类似,该模式源于认知心理学对于注意与信息加工过程的研究,主要从信息加工的角度来探讨环境—行为之间的的关系,特别关注个体对一些新奇刺激和意外刺激的反应,具体内容有以下几点。

1. 个体对外部刺激的加工能力是有限的,对外部刺激输入的注意容量也是有限的。

2. 当环境信息量超过个体信息加工的最大容量时,就会导致信息超载(overload)。信息超载的一般反应是注意狭窄,即个体会忽略那些与任务相关不大的信息,但会对相关信息给予更多关注。

3. 当刺激出现(或个体意识到刺激出现)时,就会要求个体有相应的适应性反应。在做出应对反应之前,个体会对该刺激的意义进行评估。当刺激强度较大,具有较强的不可预测性、不确定性与不可控性时,它的适应性意义就越大,需要个体给予越多的注意力。

4. 长时间的注意可能会导致资源耗竭。这种超负荷或注意疲劳会导致注意力涣散、绩效下降和情绪问题。

5. 通过减少信息加工量或通过进入一些有利于恢复健康和体力的环境,

例如，林荫小道、公园、动物园等，可以使注意疲劳现象得到改善，这一机制被称为注意恢复理论（attention restoration theory，ART）。

（三）不足刺激取向

环境负荷理论认为若刺激源太多，可能会导致负面行为或情绪。但是，另外一些理论家认为环境—行为问题也源于刺激不足（understimulation）。感觉剥夺（sensory deprivation）研究指出，个体被剥夺所有感觉会引发焦虑和其他心理反常。虽然很多人都有过独居的体验，但是这种体验通常令人嫌恶。另一方面，减少刺激也有益处。例如，在属于自己的空间里，安静而独立，可以放空心情，减少焦虑、敌意及沮丧，甚至提高创造力。

就理论本身而言，刺激不足的观点的确有助于预测环境—行为之间的关系，但显然与过度刺激理论的观点相对立。虽然有研究者认为感觉剥夺在某些情境下是有益的，但我们对刺激不足理论仍然持保留态度，希望将来有一个理论能够整合刺激不足理论与过度刺激理论。

（四）适应水平理论：最佳刺激

如果既有证据支持过度刺激理论和情绪唤醒理论，又有证据支持刺激不足理论，那么可能中等程度的刺激是比较理想的，这是由沃尔威尔（J. F. Wohlwill，1974）所提出的环境刺激的适应水平理论（adaptation level theory）。他认为这个原则适用于所有类型的刺激，包括温度、噪音或是铁路沿线的风景，个体的偏好就是刺激的最佳水平（M. Zuckerman，1979）。

沃尔威尔假定每个人都有一个刺激的最佳水平，例如，西藏人对氧气浓度的理想水平与一般人不同，他们可以住在高山低氧地区，一般人在该情境下却难以维持清醒的意识。与此相似，城市居民比农村居民更能容忍人群拥挤，但却难以容忍孤独。农村长大的人在城市住上几个月或者几年之后，就可以比从未住过城市的农村人更能容忍人群拥挤，沃尔威尔称这一过程为适应（adaption）。适应指持续处于某一刺激下，个体对其的判断或情感反应会发生变化。个体如何评价环境并做出反应，部分取决于环境变量超过适应水平的程度。环境变量超过适应水平越多，个体反应就越强。

（五）行为限制取向

前面几个理论所持的观点有一个共同的特点，即都认为令人厌恶的环境刺激会导致情绪激动或信息加工能力的负担。事实上,环境对行为的影响还有一个可能的结果,就是个体感到丧失了对情境的控制感,即知觉控制感(perceived control)。如果你曾经被困在冬天的暴风雪之中,或者被炙烤在夏天的热浪下,如果你曾经因地铁过于拥挤而一再挤不上去,你是否体验到一种无能为力感?

行为限制模型(behavior constraint model)有三个基本步骤:丧失控制感、抗拒(reactance)、习得性无助感(learned helplessness)。当个体对环境失去了控制,首先会体验到不舒服或负向情绪,可能会尝试重建对环境的控制,这种现象被称为心理抗拒(psychological reactance)或抗拒(reactance)(S. S. Brehm & J. W. Brehm,1981)。如果为了重获自由而重建控制的努力不成功,会有什么后果?行为限制模型认为,丧失控制感的最终结果就是习得性无助感(M. E. P. Seligman,1975)。如果个体不断努力重获控制感,却总是失败,就会认为自己的行动对情境毫无影响力,就会停止继续努力。习得性无助感通常引发个人的沮丧感,要么顺应环境,要么放弃自我。

(六)环境应激取向

环境应激理论是最为广泛应用的环境心理学理论之一。有时应激(stress)这一概念被限定为环境事件,而另一种解释"紧张"则主要是用来描述有机体反应的结果。但在此,我们将应激视作整个的刺激—反应情境,用应激源来标识环境因素,用应激反应来标识由环境因素引发的有机体反应,而这种反应包含生理、情绪与行为等成分。由于生理和心理应激反应通常是相互联系、相伴而生的,因此环境心理学家通常将这些所有的成分整合到一个理论中去,即环境应激模型(environmental stress model)(R. S. Lazarus & S. Folkman,1984)。

环境应激源主要包括灾难性事件(如自然灾害、科技灾难等)、生活事件(如重大疾病、家庭问题等)、日常烦事(如拥挤或较长时间的上下班往返路程等)、潜在环境因素(如长期处于高分贝噪声环境下等)等四类(F. T. McAndrew,1993),其中后面两者可被统称为背景应激源(background stressors)。一个事件是否能够成为应激源取决于多种因素,其中主要包括事件本身的特点和个体对事件的认知评价,其中认知评价是应激过程中重要的环节。

有研究表明，对一个即将发生的负面事件（如拥挤等）的认知评价往往足以引发应激过程与反应，即使这一事件本身还并未真正发生。关于应激反应中有机体生理状态的变化情况最初由塞利提出，他认为，应激会导致一般性适应综合症（general adaptation syndrome，GAS），其过程包含三个阶段：警觉阶段、抵抗阶段和衰竭阶段。

（七）生态心理学取向

巴克（R. G. Barker，1987，1990）是生态心理学的主要倡导者，该理论认为环境与行为的关系是双向的，或者在生态上是相互独立的。与环境心理学的其他理论相比，生态学理论更强调情境而非个体差异性对人在环境中的行为反应所起到的决定性作用。由于巴克的模型特别关注行为情境（behavioral setting）的影响，因此也被称为超个体行为模型（extra-individual behavior pattern）。

社会行为总是发生在某一个空间框架中，如果我们已知行为空间是教室，那么就可以推断该空间的行为与在广场上、工厂中、足球场上的行为大大不同。生态心理学认为，有关环境的知识能够帮助我们预测即将发生的行为。行为情境包含了行为的固定模式（standing patterns of behavior）和物理环境（physical milieu）的相互独立性。行为的固定模式代表群体的集体行为，而非个体行为。如果行为环境是教室，则行为的固定模式就包括讲课、听课、观察、坐着、做笔记、举手发言和交换问题与答案等。该行为的物理环境包括教室、讲台、椅子、黑板和麦克风。当个体离开教室，物理环境依然存在，所以行为的固定模式与物理环境之间是相互独立的。行为的固定模式发生改变（如教室中有人开会），或是物理环境的改变（春光明媚的时候到户外上课）都会改变行为环境。

上述理论只是环境心理学的一些常用理论，它们之间并非总是互相排斥的，拜尔等人（2003）在此基础上提出了一个环境—行为关系的折衷模型（参见图15-1），试图整合先前讨论过的理论和概念。虽然拜尔本人也认为这一模型并不完善，尚有一些资料难以融合，但这一模型已然可以帮助我们解释许多环境—行为关系的问题。

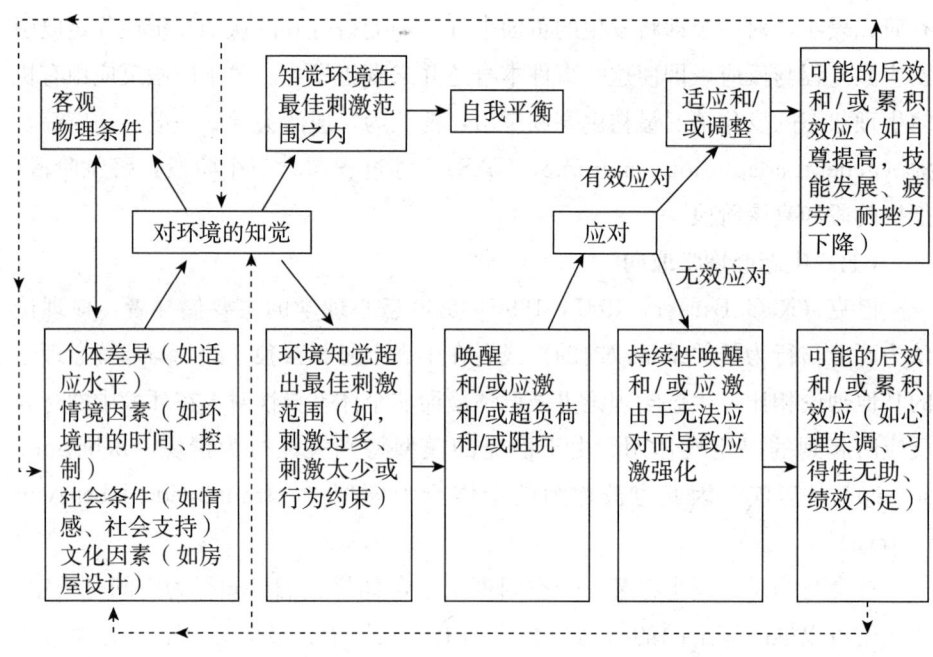

图 15-1 贝尔的环境—行为关系的折中理论模型

二、个人空间与领域性行为

当人们走入电梯后,他们会站在哪里?当电梯内很拥挤的时候,人们会做出怎样的反应(如眼神接触状况、面部表情、肢体动作等)?当陌生人故意接近时,个人会做出什么样的回应?以上这些情境都涉及个人空间的问题。每个人都需要拥有自己的个人空间,个人空间给我们提供了一定的安全与自由,为了维护空间,便产生了领域性行为。领域性行为可以个人为单位,也可以以群体为单位。

(一) 个人空间

1. 个人空间的概念与功能

个人空间(personal space)指的是环绕在我们四周的一种可移动的、看不见的界限,他人无法侵入。这种界限可用于调节我们与他人互动的亲密性和接近性,并依据我们所处的情境而扩展或缩小(拜尔等人,2003)。它不是人们的共享空间,而是个人在心理上所需要的最小空间范围。

"个人空间"最早由卡茨(P. Katz)提出,心理学、生物学、人类学、建筑学等多个学科都涉及这一主题。这一概念甫一提出,大众与科学界就对此表现出浓厚的兴趣,其中人类学家霍尔(E. T. Hall)的近体学理论(proxemics)尤为著名,他将个人空间视作一种非言语交流方式,并认为人际距离决定着信息交流的质量,从中可以看出交际双方之间的关系和交往活动的类型。霍尔提出,根据情境条件的不同,美国人在与他人互动时会使用四种空间范围(见表15-5):亲密距离(intimate distance)、个人距离(personal distance)、社交距离(social distance)与公众距离(public distance)。人们会依据不同的情境条件(我们与他人的关系、我们所从事的活动)来使用不同的空间范围。

表15-5 霍尔的个人空间区:人际关系类型、活动和感觉品质

距离	适合的关系和活动	感觉品质
亲密距离 (0—45厘米)	亲密接触(例如做爱、抚慰等),体育运动(例如摔跤等)	强烈意识到来自对方的感官刺激(如气味、热辐射等),通常触觉代替言语成为主要的交流模式。
个人距离 (45—120厘米)	好友之间的接触,熟人之间的日常交往	比亲密距离更少意识到来自对方的感官刺激;频繁的视线交流;交流更多地通过言语而非触觉实现。
社交距离 (120—360厘米)	非个人的和公务性的接触	来自对方的感官刺激极少;视觉通道提供的信息不如个人距离情况下那样详细;正常的声音水平(在20英尺处可听到);不可能碰触。
公众距离 (360—720厘米)	个体(例如演员、政治家等)和公众之间的正式接触	没有来自对方的感官刺激;没有细节的视觉输入;夸张的非言语行为用于补充言语交流,因为在此距离上看不清细微的表情变化。

在多数情况下,个人空间被侵犯都会令人感到不快,甚至导致紧张、压力和愤怒。比如你一个人坐在空荡荡的公交车上,新上来的陌生乘客径直坐到你身边,你就会感到很紧张。所以我们经常会有意识地调整自己的举止,避免侵犯他人的个人空间,同时也会努力不让自己被他人侵犯。当个人空间受到侵犯时,生理唤醒水平就会瞬间上升,个体通常会选择放弃并逃离此地。

保护个人空间对个体而言具有重要的适应功能，主要体现在三个方面：自我保护、调节感觉输入、亲密度传达与调控（房慧聪，2012）。个人空间作为身体的"缓冲区"，可以保护个体免受身体或心理上的威胁。在遭受侵犯或收到一些负面反馈时，人们通常会拉开交际距离，使个人保持控制感并减少或消除恐惧与疑虑。个人空间也可以帮助个体调控感觉信息量，使其保持在舒适的最佳水平。尼斯贝特和史蒂文（Nesbitt & Steven）在加州一家游乐场里进行研究发现：与充当"低强度刺激"相比，当实验助手变身"高强度刺激"（着艳丽的衣装并喷洒大量香水）排队等待时，队伍中其他人会与其保持更远的距离。个人空间还可以传达和管理人际交往的亲密度。人们会根据人际关系的远近来调整并保持个人空间的平衡，并在交流中辅之以微笑、眼神接触、身体定向、姿势、身体接触等。

2. 个人空间的应用

既然个人空间对人很重要，但人又不可能离开群体而存在，那么是否在不同的情境下存在不同的最佳空间距离呢？我们以学习情境和办公空间设计为例来讨论这一问题。

（1）学习情境中的最佳空间

在老师与学生两两互动的条件下，师生之间的距离可能会影响学习效果。一般来说，在霍尔的个人距离范围与亲密距离范围内的互动，比起其他空间范围而言，可能为学生带来更良好的学习表现。

而在典型的教室场景中，虽然没有研究确切地指出教师应该与学生保持多大的距离，但是已有一些研究发现，若学生可以自由选择位置，则座位的位置与学习效果相关。教室的前半段偏中央的区域通常是互动效果最好的，坐在这一区域有利于言语交流并有助于集中注意力（参见图 15-2）。当然，通常选择中间位置的人拥有较强的自尊心（R. B. Hillmann, C. I. Brooks & J. P. O'Brien, 1991），他们的参与性较强，态度也更积极，并能取得较好的成绩，并且已经有研究可以证明这一说法（L. Stires, 1980；参见图 15-3）。图 15-3 模拟了一个课堂教学场景，其中的百分数代表了学生的课堂活动参与度。从图中，我们可以看到坐在教室不同区域的位置上的学生，其课堂活动的参与程度是不同的。

图 15-2　在教室中选择不同的座位会影响学习效果

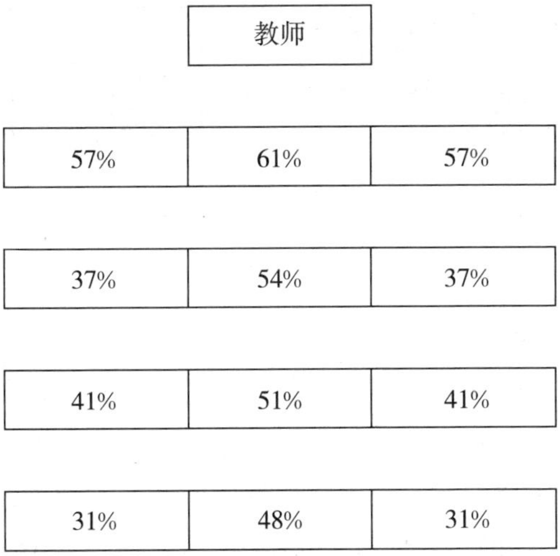

	教师	
57%	61%	57%
37%	54%	37%
41%	51%	41%
31%	48%	31%

图 15-3　座位安排对学生参与课堂活动的影响

(2) 办公空间设计

在办公室中,个人空间非常重要,它通过对距离的控制来调整私密性、寻求舒适性、控制人与人的交流与自我保护。在独立办公室中,个人空间比较明确,私密性较强。在开放式办公室中,个人空间主要是通过隔断或者家具的围合来实现的,隔断和家具的高低长短对个人空间起着决定作用。家具长而宽,隔断高而长,个人空间的私密性强;家具短而窄,隔断矮而短,个人空间的私密性弱。因此,在选择办公室家具的时候应该考虑到个人空间的私密性。

在办公空间选择座位，人们更倾向于选择靠墙、有隔断、有高靠背的座位，因为这样的区域可以帮助人们与他人保持距离，它是个人空间对自我的保护方法。如图 15-4，随着办公隔断的加长，个人空间也随之变大，因此增加依托能够较强地加强个人空间（李敏，2013）。

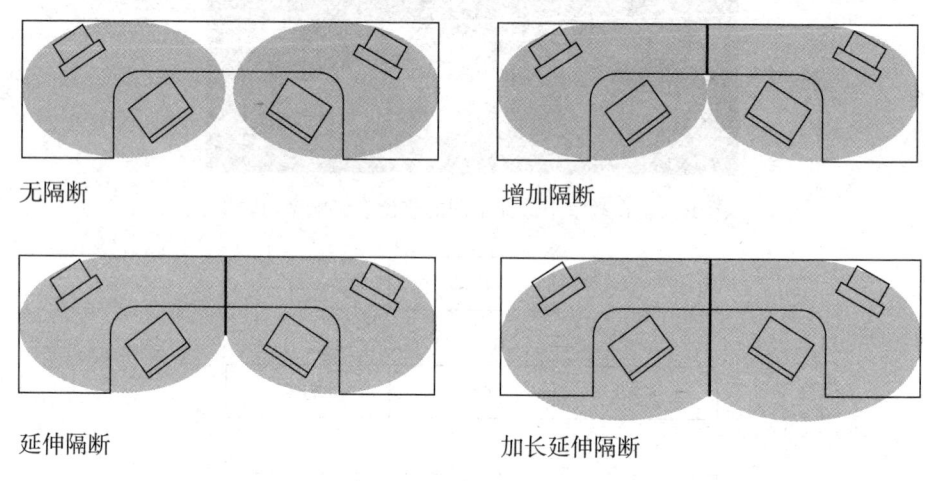

图 15-4　隔断与个人空间

（二）领域性行为

个人空间与领域性行为都是人际间边界的调节机制。个人空间是不可见的，可以移动的，以人为中心；而领域是可见的，相对固定的，有明显界限，决定谁可以在其中活动。对人类领域性行为的关注与研究始于 20 世纪中叶，阿德里（R. Ardrey）和洛伦茨（K. Lorenz）是这方面研究的先驱者。领域性行为对有机体具有重要的适应意义，与动物相比，人类领域性行为具有其独特的社会性以及与情感维系等密切相关的各种心理效应。

1. 人类领域性行为的概念与功能

奥尔特曼（I. Altman）将人类领域性行为界定为一种管理自我与他人之间界限的机制，包括对某一场所或物品的个人化或标记行为，以及表明它们已被某人或某个群体"拥有"过程中的全部沟通活动。个人化及所有权旨在调控社会互动并促成主体实现各类社会与物质动机。当领地界限被侵犯时，主体有时会做出反击保卫。

奥尔特曼根据领域对主体生活的重要性,将人类领域划分为三类:主要领域(primary territory)、次要领域(secondary territory)和公共领域(public territory)。不同领域在主体占用时间、领域占有者知觉到的所有权的范围、对领域的个性化程度以及被侵犯时实施防卫的合理性与可能性等方面均存在差异,具体描述见表 15-6。

表 15-6　与三种领域有关的人类领域性行为

三种领域	领域被占领的程度/自己和别人所知觉到所有权的程度	个性化程度/假如遭到侵犯时进行防卫的可能性
主要领域 (如家、办公室等)	高:相对持久地拥有	极度个性化;有完全的控制权;被侵犯是严重的事件
次要领域 (如教室等)	中:没有所有权,只是众多合格的使用者之一	一定程度的个性化;一些管理权
公共领域 (如沙滩等)	低:没有所有权,只是广大可能的使用者之一	有时能暂时地个性化;不能实施控制;几乎没有防卫行为

领域性行为的功能主要表现在两个方面:组织功能和心理功能。在组织方面,领域性行为通过降低随意性,增强秩序感,可以有效减少主体生活的压力与紧张,提高与环境交流及适应过程的效率。例如,在家庭里,领域性行为的组织功能主要体现在阐明群体的社会生态学特点,激发群体功能,并能提供主场优势;在邻里与社区水平上,领域性行为的组织功能则主要体现在区分群体内与群体外的人,群体内的人属于这个地方、可被信任,而群体外的人不属于这个地方、不能被信任;在某些城市地区,领域性控制还可增强安全性。除了组织功能,人类领域性行为还有助于使主体拥有区别感、私密性、自我效能感,进而提升个体的主观幸福感。已有研究表明:拥有适宜的领域性行为能有效预测大学生的生活满意度及员工的工作满意度(A. Vinsel, B. B. Brown, I. Altman & C. Foss, 1980);而不能控制自己的空间或所属会导致各类不良后果,包括积极性下降、情绪不良,甚至会导致异常行为等。

2. 人类领域性行为研究的环境设计意义

拥有并宣示领域权是一种积极的心理与行为。然而在许多环境设计中，这种领域权被忽视了。比如大多数精神病院、养老院、监狱以及疗养院等都没有采用促进个人领域感的建筑特征或行为（如个人用品、将某区域个人化等）。当我们重新设计某地区以增加领域性时，或我们允许居住者将环境个人化，则病房中的社交氛围会有所增强，而且研究已经发现这种环境更有利于居住者建设积极的心态。

布朗和奥尔特曼（B. B. Brown & I. Altman, 1983）的经典研究发现，当空间中有清楚的领域权特征存在时，犯罪和破坏行为会更少。他们检验了306所被盗家庭的领域特征，并将其与未被盗家庭进行对比，结果发现未被盗的家庭中更显著、更普遍地拥有某些领域特征，包括真正的和象征性的界限，如篱笆、墙壁、报警系统等。此外，可见的房主的姓名与地址牌，还有其他能表明房主在家的重要线索，也是重要的领域特征。例如，泊好位的汽车、院子里孩子的玩具或一直在工作的洒水器等。另外，未被盗的房子通常具有较好的监控性，尤其是从邻近的房子上可以很容易清楚地看到。相反，被盗房子在领域标记中看起来更像是公共区域，人迹罕至，并且看起来更隔离和隐蔽。图 15-5A 和图 15-5B 显示的就是依据这些信息而绘制的被盗家庭与未被盗家庭典型的领域特征原型图。

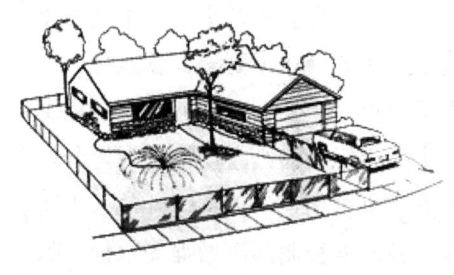
A. 未遭窃的房屋

B. 遭窃的房屋

图 15-5 被盗家庭与未被盗家庭典型的领域特征原型图

总之，鉴于领域性行为的积极意义，设计者应预先考虑如何传达空间的领域性信息，尽量避免空间使用率过低、使用者不当、使用者误用等状况。

三、都市环境

人造环境在工业化社会和后工业化社会发展迅速,整个都市环境和都市生活几乎都是"人工"的。然而,任何事物都有两面性。当人们为实现美好愿望创造出一种事物并从中得到享受时,又往往受到其不良影响,产生负面的感受。鉴于这方面的考虑,在此将讨论都市环境中的两个特殊的人造环境因素——噪声和城市居住区。

(一)噪声

从物理性方面考察,噪声是音高、音强无规则,旋律、节奏不和谐的可感声波。它是一种物理现象,与乐音相对。从人的主观方面考察,噪声是被感受到的嘈杂、刺耳的声音。它是一种心理感受,与和谐、悦耳相对。从这一角度看,即使是音乐,如果一个人不喜欢,听起来感到刺耳、不舒服,也属于噪声。在我们的讨论里,噪声包括这两种含义。

噪声影响社会行为。一方面,噪声有可能降低帮助行为发生的可能性。在马修斯(Matthews)和坎农(Canon)的研究中,被试处于3种噪声条件下:(1)自然噪声,(2)65分贝的广播喇叭噪声,(3)85分贝的广播喇叭噪声。结果发现,当被试看到别人的书本、纸张散落到地上时,所遭受的噪声影响越大,帮助行为(捡起书、纸)越少。实验者认为,当人们处于噪声之下时,最迫切的愿望是尽快摆脱噪声,消除因此遭受的烦躁,以致产生帮助行为的可能性较小。对这一研究结果的引申是:生活于城市中的人因为受到噪声的持续影响,信息严重超载,会难以觉察他人的帮助需要并做出反应。

另一方面,有实验认为,噪声能够增加人们的攻击行为,特别是在人们觉得自己对于噪声没有控制能力的时候。换句话说,噪声尽管不一定是导致攻击的直接原因,但是可以增强原来已经存在的攻击倾向。

长期噪声对人的不良影响更为严重。很多研究表明,长期处于持续的噪声环境中,人可能受到非常严重的不良影响,尽管这种影响可能是缓慢的、不易觉察的。科恩(S. Cohen)等人于1973年对住在一所居民楼房里的儿童做了阅读能力和听觉辨别能力测定。这座楼房位于高速公路旁边,噪声相当高,而且低层比高层受到的干扰更厉害。这些孩子在这座楼房里至少居住了4年。测定结果表明,所住楼层的噪声越大,他们的阅读能力和听觉辨别能力越差。一般来说,城市儿童的阅读能力和听力都不大好,这是城市高噪声长期作用的结果。

(二) 城市居住区

随着城市发展,很多人家搬进了统一设计的单元楼房。拥有一套宽敞、明亮的单元楼房,是很多人的梦想。这既改善了居住条件,增加了居住面积,又满足了独处的需要。然而,这样的建筑设计也带来了孤独问题。人们感到与邻居之间的交往太少,除了在走廊相遇时的点头之交之外,数年里没有其他交往。

住高层住宅的人往往比住低层住宅的人有更多的不满意,比如不利于儿童独自到楼下去玩,房间的朝向不合适等。同时,高层住宅的居民也不大珍惜与邻居的友谊。高层住宅都具有一定幅度的晃动,因此居住的楼层越高,越可能因为晃动而引起头晕、烦躁等生理与心理的不适,并且影响智力活动的效率。在中国,一些居住者还认为高层建筑"不接地气",会导致身体的健康问题。

但是,不管怎样,我们的居住区有向大城市集中的趋势。有研究(C. Korte, 1980)认为,大城市的居住环境对人际关系的建立和维持有不利的一面。与居住在小城镇的居民相比,大城市的居民比较担心犯罪的发生,比较关心个人的安全,比较不信任别人。他们也比较不可能去帮助陌生人,比如不大愿意帮助某些打错电话的人、退回一封错投的信、做些小公益、帮助一位迷失的孩子或者让陌生人使用电话等。另一项研究发现,城市里的人比小镇上的人更倾向于去帮助激进的团体,包括不顺从一般思想的人,而小镇的居民则比较愿意帮助那些属于可接受的类别的人。不过,城市居民更容许和欢迎多样性和开放性,比较能够接受不同生活形态的人。小镇居民的同质性比较高,城市人则尊重人的种族、宗教、民族背景、性态度、政治态度等。因而,在大城市更可能存在同性恋团体。这些都表明,城市居民比较能够接受个别差异,欣赏特立独行的人。

另外,城市化也导致交往活动和人际关系的支离破碎。人们在甲处工作,在乙处居住,在丙处消费,在丁处休闲。每一种活动都牵扯到一组相互分离、互不相干的人群,因为彼此陌生而相互疏离,社会认同和社会互助难以形成,社会的整合程度大大降低。"熟人社会"的道德舆论导向被"生人社会"所代替，在过渡时期，很容易形成人际冷漠、短期行为和侵害行为。这种"匿名大众"成为社会不和谐的来源之一。因此，如何加强社会治理就成为城市相当重要的任务。

四、环保行为

随着经济的高速发展，我国正面临环境的急剧恶化，环境问题已经成为制约经济发展和社会稳定的重要因素，也成为公众热议的话题。

（一）环保行为的概念

人类对自然界的友好行为，被称之为"环保行为"（conservation behavior）。可以简明地说，任何支持自然环境可持续性的活动，不管是通过减少人类对环境的负面行为，还是采取与鼓励人类对自然的积极行为，都可被称之为"环保行为"。按照环保心理学家门罗（M. C. Monroe）的解释，环保行为便是支持可持续发展的人类活动。

致力于环境心理学以及环保心理学研究的斯特恩（P. Stern），曾把环保行为划分为"直接的环保行为"和"间接的环保行为"。前者如采用环保型日常用品和采取环保型生活方式；后者如参与有利于环保政策的制定以及参与有关的环保教育和策划等。环保心理学家们认为，促进环保行为的策略涉及以下诸方面：（1）环保活动的公众参与；（2）绿色消费行为，比如，购买可回收、可循环、低能耗的环保用品，改变非环保的消费习惯；（3）生态系统行为，比如关心爱护野生动物，种植树木或种养绿色花草等。组织与策划环保行为应该注意公众意识或公众的显示度，让环保行为成为公众生活的亮点和热点；同时，也应该注意组织环保活动的经常性和持续性；然后就是需要对有关的环保活动和环保行为进行有效的评估与反馈。教育、家庭、宗教组织、政府、社区与民间组织等，都能够在促进环保行为中起到重要的作用（徐峰、申荷永，2005）。

（二）规范焦点理论在环保行为中的应用

1. 规范焦点理论

综合近十多年的中国公众环境意识调查数据，可以发现我国公众的环境知识和环境保护意识逐渐增强，但公众的环保行为（尤其是主动参与的行为）却呈现减少趋势。如何解释这种意识与行为不一致的现象？规范焦点理论（the focus theory of normative conduct）是近年来影响最大的一种理论（韦庆旺、孙健敏，2013）。

规范焦点理论将社会规范区分为"示范性规范"（descriptive norms）和"指令性规范"（injunctive norms），并指出行为发生的当时成为注意焦点是社会规范发生作用的前提条件（R. B. Cialdini，R. R. Reno & C. A. Kallgren，1990）。社会规范是指群体成员理解的弱于法律效力的指导或限制行为的规则和标准（R. B. Cialdini & M. R. Trost，1998）。示范性规范指大多数人的典型做法，是社会规范的"实然"（is）层面；指令性规范指某文化下大多数人赞成或反对的行为标准，是社会规范的"应然"（ought）层面。示范性规范对行为的影响类似于从众行为的产生，大多数人怎么做，我就怎么做。这种行为的发生往往出于对周围情境的适应。指令性规范对行为的影响与社会评价联系在一起，人们倾向于对符合规范的行为给予认可或奖励，对不符合规范的行为给予否定或惩罚。因此，个体遵从指令性规范时会更多地考虑他人和社会的评价。

不管是何种类型的规范，若要发生作用，必须在行为发生的当时成为注意的焦点。规范焦点理论提出了三种增强规范成为注意焦点的方法。首先，观察到他人的示范行为可以令个体注意到相应的规范。在一个充满垃圾的环境中，如果看到一个人乱丢垃圾，可以令个体更加注意到环境中到处都是垃圾，而使"很多人乱丢垃圾"的示范性规范成为注意的焦点（R. B. Cialdini，R. R. Reno & C. A. Kallgren，1990）。在一个相对整洁的环境中，如果看到一个人捡起地上的垃圾，可以令个体更加注意到环境的整洁，使"不应乱丢垃圾"的指令性规范成为注意的焦点（R. R. Reno，R. B. Cialdini & C. A. Kallgren，1993；C. A. Kallgren，R. R. Reno & R. B. Cialdini，2000）。其次，提高生理唤醒水平也可以增强注意焦点。卡尔格伦等人（C. A. Kallgren，R. R. Reno & R. B. Cialdini，2000）发现，在其他条件均等的情况下，那些在实验中爬过楼梯（运动提高了唤醒水平）的被试比没有爬楼梯的被试更容易在充满垃圾的环境中乱丢垃圾。此外，在使用社会规范信息干预个体的行为时，采用否定的陈述比肯定的陈述更容易使相应的规范成为注意的焦点。例如，指令性规范

"请不要从公园拿走石化木",本身是一种否定陈述,如果换一个角度,可以变成肯定陈述"请将石化木留在公园里";同样,"过去有许多游客拿走了石化木,破坏了石化林的面貌",是一种否定陈述的示范性规范,而"大多数游客将石化木留在了公园,保护了石化林的自然状态",则是一种肯定陈述的示范性规范(R. B. Cialdini et al.,2006)。

2. 规范焦点理论与促进环保行为

规范焦点理论适用于改善各种社会心理与行为,这里仅选取节约和保护资源行为举例说明,以展现该理论在促进环保行为方面的广泛应用。

"使用社会规范信息"进行简单干预,比"倡导保护环境"的教育和宣传更能促进环保行为,这是规范焦点理论的重大发现。在节约资源行为方面,研究者也有类似的发现。随着社会的发展,越来越多的人需要出差和旅游,绝大多数宾馆为顾客提供毛巾(和浴巾),而洗毛巾需要消耗大量的水资源(当然也包括消耗电能)。研究者发现,使用规范信息进行干预比传统的提倡保护环境的宣传,能够更好地促进顾客重复使用毛巾(N. J. Goldstein, R. B. Cialdini & V. Griskevicius, 2008; P. W. Schultz, A. M. Khazian & A. C. Zaleski, 2008)。戈尔茨坦等人(N. J. Goldstein, R. B. Cialdini & V. Griskevicius, 2008)将印有干预信息的卡片挂在宾馆房间的门把手上,发现使用示范性规范信息("75%的宾馆顾客通过重复使用毛巾的方式加入了我们的新资源保护项目")的房间,比使用传统的倡导环保的信息("如果顾客都参与我们的新资源环保项目而重复使用毛巾,将在一年内节省72 000加仑水")的房间,重复使用毛巾的比率提高了9%。舒尔茨等人(P. W. Schultz, A. M. Khazian & A. C. Zaleski, 2008)进一步发现,结合使用示范性规范和指令性规范两种类型的规范信息,比单独使用其中一种信息更能提高毛巾的重复使用率。

利用社会规范信息促进人们的环保行为,可以把握以下几点。

(1)在影响环保行为的诸因素中,充分重视社会规范的作用。很多研究表明,社会规范对环保行为的影响常常是不自觉的,却比进行环保教育和传播环境知识对环保行为的影响更大(J. M. Nolan et al.,2008)。由于违反人们的常识,这一点很容易被忽视,所以更要重视。

(2)要根据所涉环保行为的背景和特征,区分使用示范性规范和指令性规范两种不同类型的规范。两种规范各有利弊：示范性规范往往以"规范信念"的方式，不自觉地优先成为人们行为的向导，但与行为发生的特定情境联系紧密，其作用容易受到情境的限制；指令性规范由于具有社会评价的导向性，能对行为产生跨情境的广泛影响，但更需要个体的意志努力。在示范性规范与指令性规范发生冲突的时候，应只强调指令性规范，以免受到示范性规范的干扰。此时，需要激发个体强烈的自我被评价意识（C. A. Kallgren，R. R. Reno & R. B. Cialdini，2000）。

（3）要负责任地调查取证，正确引导人们形成客观和积极的规范信念。首先，人们常常高估坏行为发生的普遍性，使自己受到错误的规范信念的影响（C. Neighbors，M. E. Larimer & M. A. Lewis，2004）。其次，公共环境传播实践中有一种倾向，即总是喜欢通过强调一个坏行为多么普遍和严重，来引起人们的重视。这样做的结果不仅不会制止坏行为的发生，反而会使坏行为越来越多（R. B. Cialdini et al.，2006）。实际上，一个坏行为的发生状况可以有不同的描绘角度。例如，亚利桑那石化林国家公园每年被偷化石有14吨之多，但从另外一个角度看，游客中偷窃化石的比例不到5%（R. B. Cialdini et al.，2006），可说"绝大多数游客都不会偷化石"，这就是一个"积极的"示范性规范。

（4）要在全社会形成良好规范的氛围，协调一致地结合使用两种类型的规范去引导人们的行为。尤其在坏行为比较普遍的时候，负面的示范性规范的作用常常超过正面的指令性规范的作用。因此，要想方设法尽快形成一个鼓励良好规范的氛围。例如，在一个垃圾满地的环境中，禁止乱丢垃圾的指令性规范再突出，也会失去作用。如果配备一些清洁人员，一旦有垃圾就进行清扫，使环境始终保持整洁，避免负面的示范性规范的影响，就可能有效减少乱丢垃圾的行为。

第三节　社会心理学与文化

一、社会心理学的文化视角

文化是近年来对心理学，特别是对社会心理学研究具有革命性意义的研究领域和研究视角。近十几年来，社会心理学、本土心理学及跨文化心理学从各自的视角出发，共同关注了文化对于心理过程的意义。在遍及全世界的有关心理学刊物中，这些研究和讨论都成为心理学家探究的焦点。例如，持续二十多年的关于"个体主义/集体主义"（individualism/collectivism）分析框架的研究和争论至今还在美国核心期刊《美国心理学家》《美国心理学报》《人格与社会心理学研究》上占有大量篇幅。特别是亚洲国家的文化心理比较研究、非北美的本土社会心理学研究发现，大大震动了当今处于社会心理学主流地位的北美社会心理学。在这样的背景下，1998年美国《社会心理学手册》中曾特别发表了一篇长达66页的理论文章，标题为《社会心理学的文化基质》（A. P. Fiske, S. Kitayama, H. R. Markus & R. Nisbett, 1998）。文章的四位撰稿人也是这一领域的领军人物。他们是美国加州大学伯克利分校的菲斯克（A. P. Fiske）、日本东京大学的北山忍（S. Kitayama）、美国斯坦福大学的马库斯（H. R. Markus）和美国密歇根大学的尼斯比特（R. Nisbett）。他们指出，近年来的研究已经发现，许多基本的心理过程实际上都依赖文化的意义与文化的实践。在不同于欧美文化的其他文化中，个体的心理过程会与欧美文化中生活的人有极大的不同。例如，欧美人强调社会行为基于个人特性，而另一些文化中的人则以社会角色、责任和情景因素来解释人的行为。欧美人一般强调他们自己是唯一的、与众不同的、超过他人的；而在东亚，人们强调他们自己是普通的、与他人没有什么大差别的。运用这些发现，心理学家正在研究文化与心理之间共同具有的动力性的构造。这一研究背后的假定是，为了在社会世界中顺利地生活，人们必须将文化模式、文化意义和文化实践并入他们的基本心理过程之中。这些心理过程反过来又限制、再生产和改变文化系统。因此，某一文化被很多心理过程的相互作用而建构的同时，这些心理过程本身也被它们所作用的特定文化所引发、建构和促动。于是，那些一向被视为社会心理学最基础、最普遍的发现，不过也是某一文化框架下的特有功能。那些看来反常的，在其他文化中无法重复验证，所谓标准的现象，一旦当我们认识到人们的思想、情感、判断和行为都是与文化模式有关，就变得不难理解了。

社会心理学家关于文化的研究，催生了一个新的交叉领域——文化社会心理学。文化社会心理学（social psychology of culture）是从社会心理学的角度看文化而形成的独特的社会心理学分支学科（赵志裕、康萤仪，2011）。它确立了"文化因素在社会心理学中的解释地位"（方文，2008）。在20世纪70年代社会心理学经历了"认知革命"后，对社会心理学学科影响最大的就是文化。这种对社会心理学的剧烈影响，引起了社会心理学家对自身存在意义的质疑。在这一被称为危机的学科反思之后，文化的视角被引入，导致了一场被称为"文化革命"的学科取向的震荡。这是因为在此之前的几十年，在处于主流地位的北美社会心理学的影响下，社会心理学的研究问题、研究方法和研究结果被看成是全世界普适的，因而是泛文化的。没有人从文化的视角来重审社会心理学的所有发现，来考问那些赫赫有名的成果。在社会心理学中加入文化的视角，是参与当代"文化转向"（culture turn）的一种努力，而这正是当代关于社会科学方法论的讨论所推动的。在这一视角下，文化不是作为不同传统、发展阶段的代名词，而是一个全新的研究视角，具有方法论的意味。

文化社会心理学的基本观点是，文化与心理是相互构成的。文化社会心理学有三个同等重要的目的：第一，辨明各种文化的意义和实践，以及与之相连的社会心理结构和过程；第二，发现使社会与心理被文化模式化后而具有多样性这一事实背后的系统原则；第三，描述社会心理与文化相互建构的过程，说明文化如何创造和支持了社会心理过程，而这些社会心理倾向如何反过来支持、再生产，有时是改变文化系统的。人类的社会心理是与文化相联系的，然而这一联系是遵循普遍性原则的。

在文化的视角下，社会心理与文化的密切联系被彰显出来，文化被视为社会心理的"基质"（matrix），是社会成员为了适应生存而发展出来的共享的知识（knowledge）和意义系统（meaning system），因而是与社会心理须臾不可分的（A. P. Fiske, S. Kitayama, H. R. Markus & R. Nisbett, 1998）。

文化是一套共享的知识网络，这些共享知识在一个相互关联、彼此依赖的个体集合中被生产、分布和再生产出来。当社会心理学家将文化看作一系列社会心理过程，不仅个体是以文化为背景的，文化也存在于个体内心之中。文化不仅是个人的意义表征，也是群体过程。作为一系列共享的意义，文化提供了人类群体获得现实感、对外在环境的适应以及协调群体生存所要求的各种活动。同时，这些共享的知识也在人类的实践活动中不断被传承、生产和创造出来，文化的多样性就是这种过程的产物（赵志裕、康萤仪，2011）。

从分析水平上看，文化社会心理学视角主要表现在以下方面。

（1）个体水平，包括：①文化对自我构念的影响，即形成文化的自我概念、文化的自我构念、文化的自我认同等；②文化对认知风格的影响，包括认知、印象、归因倾向、思维方式的文化特征；③对文化知识的应用；④文化对自我发展观的影响。

（2）群体水平，群体内对文化规范的应对，包括遵守、破坏和新规范的生成。

（3）群己水平，包括个体的文化认同与多元文化的认同。

（4）群际水平，包括文化间接触、文化传播与文化竞争。

（5）宏观水平，包括文化变迁、全球化过程中的文化现象的社会心理过程。

从结构功能的研究取向上看，文化社会心理学的研究内容有：（1）通过文化群体的比较，确定不同文化下规范的社会行为，描述价值观—信念系统；（2）分析价值观—信念系统的结构功能，包括这些价值观和信念的启动情境；（3）了解这些价值观—信念系统产生的物理环境、经济、社会、历史、生物进化和个体心理方面的条件因素。

（一）自我构念与文化心理

关于"人"的概念，在西方主要是"我"（self）的概念，强调个体的自主、自立、对环境的掌控和自我潜能的实现。而在中国儒家文化传统中，"人"的概念不仅包括个体自身，而且包括对个体而言的重要他人，以及与他人相处之道，即"仁"。在中国儒家传统文化强调的价值中，个体不是要表现自我、控制环境，而是要与环境融合、天人合一，要自我克制、顾全大局、和谐处世。这才是中国人的"为人"或"做人"（杨国枢、陆洛，2009；何友晖、彭泗清、赵志裕，2007）。中国传统文化中这种关于人的看法，全面地影响个体对于文化的适应和文化行为，包括个体的自我构念，也包括人际关系、社会认同、群际关系，并最终型塑和积淀下来，形成了个人的人格特征。

自我构念（self construal）是一个表现自我边界结构特征的概念，它反映出个体自我与他人的关系，或他人在自我界定中所发挥的作用（S. E. Cross,

E. Hardin & B. Gercek-Swing，2011）。二十多年来，自我构念的理论和实证研究已经非常丰富，其中马库斯和北山忍（H. R. Markus & S. Kitayama，1991）提出的"独立自我构念"（independent self-construal）与"互依自我构念"（interdependent self-construal）这一对用以比较东西两种文化中自我的结构特征的概念，可以看作是自我构念的比较研究的源头。

马库斯和北山忍发现，西方人（以美国人为代表）和东方人（以日本人、中国人为代表）对自我的理解是完全不同的。从西方社会心理学的观点来看，个体应是指以自己的特性与他人相互区别的、自主的实体。而所谓自己的特性，一般是指个体的能力、态度、价值观、动机和人格特质，这些特性必然影响和导致个体的某些与众不同的行为。他们认为，许多东方文化中具有保持个体之间相互依赖的机制，在这种文化的影响下，个体的自我特点在于与他人的相互依赖。他们的观点可由图 15-6 和表 15-7 表示。

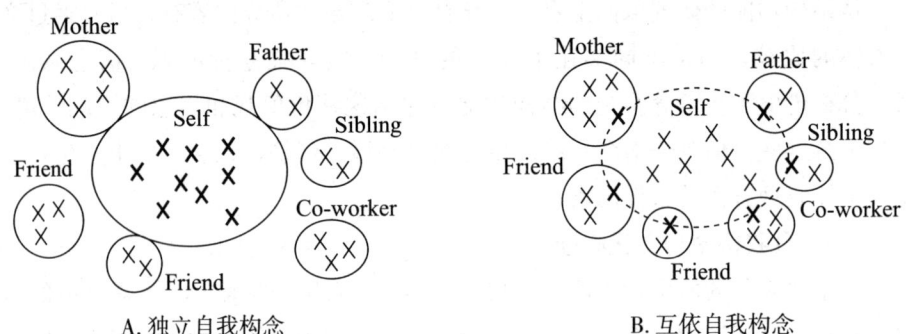

A. 独立自我构念　　　　　　　　B. 互依自我构念

图 15-6　马库斯和北山忍独立自我构念和互依自我构念概念示意图

马库斯和北山忍在解释图 15-6 时指出，图 15-6（A）中粗体的×代表的是"有意义的自我表征"（the significant self-representation），是一种"去环境脉络化的自我"（de-centextualized self）。这种自我强调个体内在特征的完整性和唯一性，在此基础上表现出与他人的区别性与独立性，它激励和推动个体去实现自我，发展独特的自我潜能，表达个体特殊的需要和权利，展示个体与众不同的能力。在这种文化中，他人只是个体进行社会比较的对象，而比较的目的不过是为了更好地了解个体自己的内在特性。

图 15-6（B）中粗体的 X 同样代表有意义的自我表征。但是，显而易见，

这些表征处于自我与某些特别他人的联系之中。这样的表征强调的是个体与他人的联系与依赖。所以，个体行为只有在特定的社会联系中才有意义。互依自我构念对自己的确定不是根据唯一性，而是根据自己与他人有关的那些特性。

根据这样的分析框架，马库斯和北山忍从认知、情感和动机过程对两种不同的自我结构和边界进行区分。他们发现，独立性自我有关自我知觉的信息一般来自自我特性方面，而互依性自我有关自我知觉的信息一般来自重要他人以及自我与他人的关系方面。独立性自我的情感体验更多来自自身内部，如感官需求带来的体验。而互依性自我的情感体验更多来自社会、与他人之间的关系等外在因素。独立性自我往往成为推动个体表达自我和实现自己内在潜能的动机，而互依性自我则促使个体注重发展与重要他人的交往并获得应有的地位。

马库斯和北山忍的研究将文化变量引入自我结构和边界概念之中，使过去西方人眼中的自我不再是唯一的人类自我的表征。他们的发现对于整个社会心理学理论中的一些问题，提出了有力的批评。例如，社会影响（从众等）、社会惰化和社会助长、态度与行为不一致引起的认知不协调等，都不适用于解释由互依性自我构成的东方社会。他们将不同文化中的自我概念作为个体与社会行为连接的中介，较好地找到了解释人类行为的重要的、无法忽略的维度。

表 15-7　独立自我构念与互依自我构念的比较

比较特征	独立型	互依型
定义	与社会背景相分离	与社会背景相联结
结构	坚实、统一、稳定	弹性、易变
重要特征	内在化、私属性 （能力、思想、情感）	外在化、公共性 （地位、角色、关系）
任务	彰显独特性 表达自我 实现内在特质 达成自身目标 坦率："说出内心看法"	归属、适应 人适其位 行为得宜 成人之美 委婉："读懂别人心思"

续表

比较特征	独立型	互依型
他人角色	资以进行自我评价:为社会比较、反思性评价提供重要参照	资以进行自我界定:以自己与他人在特定情景下的关系界定自我
自尊的基础	自我表达的能力、确证内在特质	调适能力、克己、与社会环境保持和谐

资料来源:Markus, H. R. & Kitayama, S. (1991). Culture and the self: Implications for cognition, emotion, and motivation. *Psychological Review*, 98 (2): 224-253.

由表 15-7 可以看出,"独立自我构念"与"互依自我构念"的关键区别在于对自身/环境的优先关注倾向,即究竟优先关注自身,抑或环境;显著区别在于自我心理边界的特性不同:"独立自我构念"的边界清晰坚实,"互依自我构念"的边界颇具弹性,易随情景的变化而改变。从现有相关研究来看,越来越多的研究者(H. R. Markus & S. Kitayama, 1991; T. M. Singelis, 1994; H. C. Triandis, 1989)倾向于认为同一个人集"独立我""互依我"两种自我构念于一身,但其所处文化环境却通常会更为强劲地促进其中一种自我构念的发展。

布鲁尔(M. B. Brewer)和加德纳(W. Gardner)基于本土文化比较提出"个体我"(individual self)、"集体我"(collective self)和"关系我"(relational self)这三种自我构念(M. B. Brewer & W. Gardner, 1996)。其中,"个体我"与"独立我"类似,是一种"自足式自我",其中包含着个人的独特性和唯一性。这一种自我表征依赖于人际比较,与之相关联的主导性心理动机是自我保护或自我增强。"集体我"与社会认同(social identity)有关,是与特定符号化群体或社会类别建立的非人格化纽带(impersonal bond),也就是通过自我归类成为群体中的成员(特纳等人,2011;杨宜音,2008),一般表现为内群体偏好。"关系我"则最带有文化差异。从表面上看,东西方文化中的"关系我"都是由"自我(边界)的社会性扩展"(social extension of the self)获得,但不同的是,两者在使自我与他人和群体建立联系的机制上不同。西方文化的"关系我"(relational self)与人际关系有关,是与重要他人建立的个人化依恋性纽带（personalized bond of attachment），例如亲密关系中双方"你中有我，我中有你"，相互嵌入；而具有中国文化特色的"关系我"（Guanxi self）是透过"关系"的运作将他人包容到自我的边界里，形成所谓"自己人"（杨宜音，2001）。

中国人的自我构念在社会格局的影响下，还具有差序特性（杨宜音，2001），具体表现为以血缘亲属制度为亲疏尊卑蓝本，以交往关系来调整的关系我自我构念。这种自我构念隐含着中国人与社会结构的镶嵌关系和自我对边界的掌控和建构性，并且受到社会规范、社会价值观的引领，所以也有"大小我"的形式（Y. Yang, et al. 2010；杨宜音、张曙光，2012）（参见图15-7）。

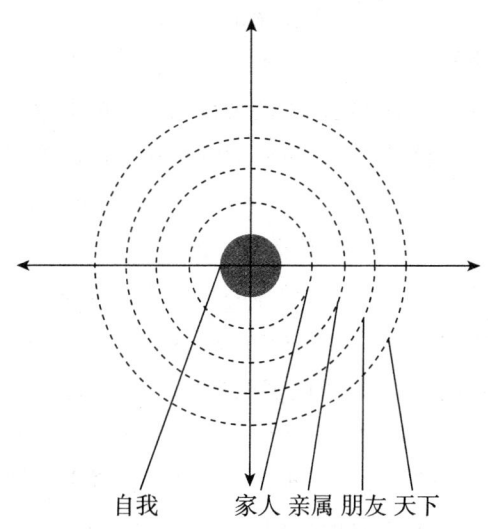

图15-7 中国人的自我构念：关系我（大小我）

我们对事物和人的分类方式直接影响我们对外部世界的体验，而我们自己却很少注意到这一事实。区分自我与他人是人类社会生活中最重要的分类，因此，个体如何在某种文化的生态下，建立自己的分类系统和解释系统一直受到文化社会心理学家的普遍重视。相关的理论还有格林沃尔德（A. G. Greenwald）等人关于"公我"、"私我"和"群体我"的理论，桑普森（E. E. Sampson）关于"自足性自我"和"包容性自我"的理论（E. E. Sampson, 1988），克罗斯（S. E. Cross）等人的"关系性互依型自我"（relational-interdependent self-construal）

(S. E. Cross, P. L. Bacon & M. L. Morris, 2000)等。很多研究表明，自我构念能够影响个体的认知、情绪、动机以及认知绩效、审美偏好、社会互动等，并且表现出依随情景的变化而变化的特性以及个体差异性（D. A. Stapel & W. Koomen, 2001；T. M. Singelis, 1994）。

（二）整体性认知与分析性认知

尼斯贝特（R. Nisbett）在他的著作《思维的版图》一书中，将东西方典型的思维方式作为文化心理现象来看待。他和他的同事、学生通过大量研究发现，东方人比西方人能够更好地看到事件之间的关系，同时，东方人把一个物体从其所在的环境中剥离出来相对比较困难；在因果推断方面，西方人比较容易忽视背景对人的行为的影响，更多做出内部归因；西方的婴儿学名词比学动词快得多，而东方的婴儿正相反，学动词比学名词快得多；在进行物体和事件分组时，东方人会更注意到事物之间的关系而不是逻辑范畴；东方人更接受相互矛盾的推理，更能够看到事物正反两面的相互转化；等等。所有这些被概括为两种不同的思维系统，即整体性（holistic）思维和分析性（analytic）思维（尼斯贝特、彭凯平、崔仁哲和诺伦萨扬，2010）。

偏好整体性思维的人，更多从整体的视角关注事物和理解事物，表现为更多注意对象与情境的关联性、对象和情境的细节、对象和情境发生动态变化（例如阴阳转化）的可能性，因而也表现为比较"辩证"和"中庸"地考虑问题、长时段思维倾向、多重的归因倾向。而偏好分析性思维的人，则更多从分析的视角关注事物和理解事物，表现在对事物的知觉和理解较少受到情境的影响、内部归因倾向、当下的时间思维倾向。

这两种思维方式的差别，也被看作是场依存性（field independence）和场独立性（field dependence）的差别，是不同文化中生活的人形成的理解世界的模式，在男女之间、东西方人之间、美国黑人和白人之间都可以看到这一差异。例如，在镶嵌图形的测验中（参见图15-8），来自于依靠个体行动求生存的被试，例如因纽特人，比较容易将目标图形从干扰背景中挑选出来，而来自于依靠集体行动求生存的被试，例如西非的滕内人，感到从背景中分离出目标图形比较困难（史密斯、彭迈克、库查巴莎，2009）。

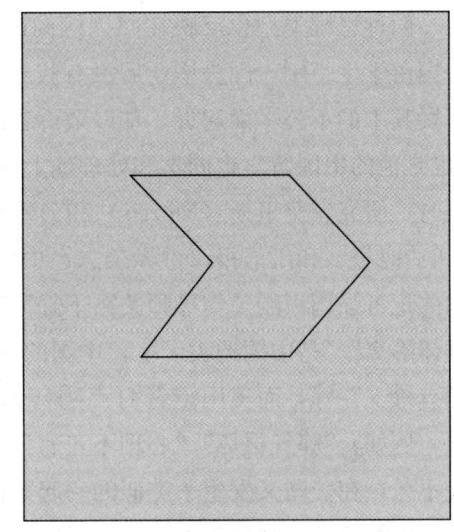

A. 有干扰线段的背景图形　　　　　　B. 目标图形

图 15-8

资料来源：[美] P. B. 史密斯、M. H. 彭迈克、C. 库查巴莎著，严文华、权大勇等译：《跨文化社会心理学》，人民邮电出版社 2009 年版，第 140 页。

例如，Masuda 等人（2001）向日本学生和美国学生呈现水中环境和动物的照片，日本学生可以更好地回忆起图片里的水中鱼（处于图片中心位置）、青蛙、水草、石头等（处于图片边缘位置）。并且，当鱼与原有图片中的背景相互匹配时，日本学生的记忆速度要比美国学生快很多，而当鱼与原有图片中的背景相互不匹配时，美国学生的记忆速度并无改变，而日本学生的记忆速度明显下降。这说明，日本学生在组织记忆材料时，是将对象和背景作为一个整体来认知的。

在分类的研究中，纪丽君、尼斯贝特和张智勇比较了中国大学生和美国大学生的分类是采用"范畴"还是"关系"的方式。他们使用每一组三个词汇，（如"熊猫、猴子、香蕉"）请被试指出哪两个词汇的关系最为密切。美国学生倾向于通过判断每个词汇之间是否属于同一范畴来决定，他们的回答是"熊猫和猴子都是动物"。而中国学生倾向于判断每个词汇之间是否存在某种功能关系，他们的回答是"猴子吃香蕉"。一般而言，名词属于某个范畴，而动词则隐含着关系（Ji L-J, R. Nisbett & Zhang, 2004）。

两种思维类型也反映在归因倾向的差异上。1991年在美国艾奥瓦大学的中国留学生卢刚,因为毕业后没有找到教职,也没有得到继续工作的奖学金,怀疑其中的不公平而起诉,却以败诉告终。因此,他开枪杀死了他的竞争对手(也是他的中国留学生同学和处理他上诉的顾问)以及一些旁观者,最后自杀。当时,研究者莫里斯(Morris)和彭凯平就对在美国发行并报道此事的英文报《纽约时报》和汉语报《世界杂志》中的报道内容进行了分析。他们发现,中国的记者强调卢刚"与导师关系不好""与被杀同学处于敌对状态""与中国人群体隔离""是中国的尖子生,中国的教育制度只注重学习成绩""在美国可以拥有枪支"等,而美国记者对卢刚行为的解释,集中在对其个人品质的推测上,例如,"脾气很坏""心理不正常""用枪来排解不满的生活态度"等。此后不久,在美国又发生了类似的一起案件。一名美国的邮递员托马斯·麦克温尼在底特律郊区邮局工作,失业后向工会提出上诉,没有成功,后来也没有找到工作。一天,他走进他工作过的邮局,枪杀了处理他上诉的管理人员、几名同事和旁观者,然后自杀。莫里斯和彭凯平对《纽约时报》和《世界杂志》中的报道内容也进行了分析,发现还是存在不同的归因倾向:特质性归因(disposition attribution)和情境性归因(situational attribution)(尼斯贝特,2005)。

二、多元文化与文化之间的互动

更加深入的文化社会心理学的研究发现,东西方人之间的认知差异并不是固定不变的,而是有着更为深刻的"人×情境×环境"的关系。

(一)社会流动与文化适应

在不同文化中流动的人,如何处理文化之间的关系呢?当国际移民、地域移民现象越来越普遍的时候,我们从国际留学生、旅行者、跨国公司的员工、举家迁徙的人们身上,看到了文化适应的问题。换言之,这些人不仅需要选择文化认同,而且还要处理文化之间关系的问题,决定如何适应二元甚至多元文化的处境。相关的研究可以追溯到最早研究异文化适应的社会学家帕克(R. E. Park)。他提出的"熔炉理论"(the melting pot theory)广为人知,具体包括接触(contact)、融合(accommodation)和同化(assimilation)三个阶段。人类学家雷德菲尔德（R. Redfield）等人在20世纪30年代的研究则强调同化过程不仅包括原有文化的改变，还包括两种文化的相互改变。文化心理学家的研究则以贝里（J. W. Berry）从1980年至今关于跨文化心理学的移民研究最为系统和最有进展。

移民或其他在文化间流动的人，其文化适应的心理过程和特征可以借用贝里厘清的以下五个主要概念来进行探讨。(1)"涵化"（acculturation，也译为"文化适应"）。最初，这一概念被看成一个单一的维度，即由从拒绝到接受的两极构成，描述移民从原有文化（original culture）向客居文化（host culture）的过渡和转化。经过多年的研究，跨文化心理学家发现，同化不但意味着移民与客居地居民在各方面相似性的增加，例如，当地语言的使用、朋友不再限于移民圈、接受当地的风俗习惯等，而且还应该包含文化间的互动甚至创新。(2)"复数社会"（plural societies），一般是所谓支配性（dominant）或非支配性（non-dominant）的社会组成，它们在权力关系上往往是不对等的。特别是处于强势与弱势群际关系当中的身份认同，实际上反映了主客文化的权力关系。(3)"心理涵化"（psychological acculturation），包括涵化过程中的文化压力（cultural stress）、文化冲击（culture shock）等。(4)"文化距离"（cultural distance），即主客文化之间在相似性方面的差距，以及个体在其间的位置选择。有些人选择努力接近新的文化，有些人则选择与其保持一定的距离。(5)"适应"（adaption）。这是个体或群体对外在文化环境要求的相对稳定的改变和顺应，可以区分为心理适应和社会文化适应（J. W. Berry, 1997）。

不同的文化融入策略和选择，被概括为涵化动机与态度的双维度模型。在此基础上，贝里区分了四种身份。其一，原有的文化认同；其二，客居文化认同；其三，双文化认同（bicutural identity）；其四，复杂的混合身份认同（complex hybrid identity）（参见表15-8）。

表 15-8 涵化动机与态度的双维度模型

		保持原有文化身份的动机与态度	
		高/积极	低/消极
获得新文化身份的动机与态度	高/积极	整合（integration） 双文化认同 双文化身份	趋同（assimilation） 客居文化认同 新文化身份
	低/消极	分离（separation） 原有文化认同 原文化身份	边缘（marginalization） 混合身份认同 不确定身份

在这一框架基础上，贝里将客居文化对移民的态度也纳入分析框架中。他分析了移民的四种应对策略：（1）多元文化取向（multiculturalism），（2）熔炉取向（melting pot），（3）种族隔离取向（segregation），（4）排斥取向（exclusion）。

现实的文化间流动的情况远比上述理论框架复杂得多。例如，当我们使用这一视角分析中国城镇化这一历史巨变中的农民工身份问题，就很容易看到这一框架忽视了社会的权力结构带来的文化之间的不平等问题。中国农民工的身份鲜明地打上了许多重大的历史事件的烙印，包括我国自20世纪50年代起实行的城乡分治的户籍制度、改革开放后农村劳动力流动、经济快速发展以及市场经济体制改革、21世纪初加速形成的城市化进程等。农民工的身份所具有的不确定性，与一般移民（immigrant）所遇到的文化冲击（culture shock）既有相同之处，也有不同之处。相同之处在于，一般意义上的移民和新生代农民工都是社会流动的产物。特别是，他们都是在地理空间、生活方式、语言文化存在差异的社会文化之间转换。不同之处在于，农民工与老家还保持着重要的联系，这种联系并不都是自愿的、可选择的。在农村的家，仍然是不能不回的地方，社会保障、家庭责任、亲情牵挂以及一些梦想仍然在那里。同时，长期生活在城市的某一个地方，农民工了解了都市，找到了生存的机会，学会了专门的技能，接受了城市的生活方式，正在逐渐向一个"城里人"靠拢。他们在两个被历史、政治、经济、社会、心理等各类因素割裂的地方流动、徘徊、往复，不知道最终会落在哪里，不知道最终能够落在哪里。作为农村人，他们有户口，有土地，有房屋，但是，新生代农民工大多从未务过农，对劳动的排斥已经让他们无法依靠土地谋生和发展。很多人都是在"不外出没有活路"的情况下远走他乡的。有一部分新生代农民工甚至就是在城市中出生长大的。他们在城市中生活，已经不限于出于谋生的动机。他们希望获得自己的新身份，和城里人一样生活在城市里。他们所具有的身份并不是一个被社会正式或非正式接纳的移民的身份，而是在一个制度的边缘和空隙中谋得的一种模糊的、暧昧的、两栖的、可进可退的身份。他们面对的不仅是跨文化心理学关注的文化融合、文化社会适应的问题（J. W. Berry，2005），还有制度性歧视和排斥的问题，并且是来自城市和农村双重的制度性歧视和双重的社会排斥。在解读新生代农民工这一现象时，将文化距离（cultural distance）概念转换为权力距离概念应是一个关键点，因为它凸显了农村文化与城市文化之间的权力关系。

（二）文化威胁下的文化排斥反应

全球化带来的外来文化与本地文化的冲突是全世界人们共同面临的问题。例如，2009年，麦当劳进驻卢浮宫引发法国民众抗议，一方面他们担心法国艺术受消费主义的污染，另一方面也是法国人抵制美国流行文化输入的行为表现。2012年在洛杉矶发生大规模游行反对在唐人街附近设立沃尔玛超市，当地民众担心，沃尔玛超市的到来将使唐人街变成一个没有移民工作和生活的历史区域，唐人街居民的生活形态将被改变。2007年，针对星巴克入驻故宫事件，一些人认为星巴克作为全球化和西方连锁商品符号入驻代表中国文化的神圣场所是一种文化的污染。

我们可以从这种本地人对外来文化的抗拒看出他们对本地文化在全球化过程中被污染被侵蚀的担忧，另一方面也可以看出，当文化因群体的权力地位而具有一定的权力属性时，弱势群体成员面临内群体文化受污染的情形会形成强弱不等的应对，可以称之为"文化威胁下的排斥反应"。文化排斥反应是指在文化接触中害怕内群体文化被污染与受威胁的情绪反应，是一种本能的快速反应，伴随着消极情感体验，并且会进一步导致对外来文化疏离、拒绝和攻击的反应。

文化排斥行为出现的外部边界条件有以下几条。（1）文化象征（cultural symbol）受到威胁。当双文化的事物分别是本地文化和外来文化的象征或标志物时，双文化共同呈现更容易唤起人们的排斥反应。例如，麦当劳被认为是殖民主义的象征，星巴克被视为西方中产阶级的符号。当这些外来文化的象征侵入象征本地文化或内群体文化的空间时，双文化呈现将激起人们对外来文化的排斥反应。（2）对文化侵入性（intrusion of culture）的知觉。研究发现，与美国被试相比，中国被试对全球化侵蚀本土文化的问题有更强烈的关注。这与西方国家作为全球资本输出国及其经济和军事上的优势，以及近百年西方国家对东方的殖民侵略历史对人们理解文化之间关系问题的影响有一定的联系（D-M. Li, R. Kreuzbauer & C-y. Chiu, 2012；A. K-y. Leung, L. Qiu & C-y. Chiu, 2013）。（3）存在动机（existential motivation）的凸显。文化具有延续性，因而文化对生活其中的文化成员来说是让自身死而不朽的媒体。社会心理学研究发现，人们处在被死亡提醒的状态中，较倾向于保护其文化传统，好让自身能在死后通过立德、立功、立言，在后世留名，永垂不朽（A. K-y. Leung, L. Qiu & C-y. Chiu, 2013）。处在死亡提醒状态中的人，更喜欢那些支持拥护他们文化价值观的人，更不喜欢那些贬损自己文化价值观的人（J. Greenberg et al., 1994）。死亡焦虑可能会导致知觉到文化间差异的人，在面对全球文化或外来文化流入本土文化的时候，表现出更多的文化排斥行为。（4）启动文化类别化思维。双文化呈现条件能够启动人们的文化类别化思维，使人们对文化的认知更具刻板性。并且，当外来文化侵犯本地文化，特别是有代表性的文化符号时，人们会表现出排斥外来文化的行为（吴莹、杨宜音、赵志裕，2014）。

　　心理学家勒温（Kurt Lewin）有一句名言："好的理论最实用。"从社会心理学的应用来看，社会心理学有很多实用的"好理论"，这些理论解释力强，让我们可以理解社会文化历史等很多行为。但是，这些理论是否真的是"好理论"，还需要在实用中检验，用好理论，才能让理论更好。

【要点小结】

　　社会心理学作为一个基础的心理学理论体系，其应用领域广泛。

　　在健康领域中，应激是重要概念，它的主要含义有三个：（1）应激指那些使人感到紧张的事件或环境刺激；（2）应激指的是一种主观反应；（3）应激也可能是人体对需要或伤害侵入的一种生理反应。应激生活事件是需要个体进行调整和适应的外部事件。个体可以成功地适应一些事件,而有些事件却会引起个体心理和生理的应激,久而久之形成某种疾病。个体在应激事件发生之后可能会发生疾病的原因是外部的应激会通过一定的方式进入到机体内部。人体的主要器官几乎都会受到心理和具体事件交互作用的影响。

个体可以采取很多方法来应对应激。一般来说,研究者把应对方法分为两大类:解决问题的办法和调整情绪的办法。成功的应对依赖于各种应对资源。它可分为内部资源和外部资源。内部资源包括应对方式和个性;外部资源包括金钱、时间、社会支持。

在环境领域中,社会心理学用于研究环境与人的心理和行为之间的关系。本章重点介绍了七个环境心理学的理论;讨论了个人空间和领域性行为的特点和功能,特别针对都市这种人类生存的典型环境进行了分析;并分析了环保行为中两种规范的作用和应用策略。

个人的心理空间指的是环绕在我们四周的一种可移动的、看不见的界限,他人无法侵入。这种界限可用于调节我们与他人互动的亲密性和接近性。由于人类具有隐私和占有一定空间的需求,领域行为成为满足这类需求的途径,同时,也是人际或群际边界和关系的表达。都市的出现,大大改变了人类的生存和合作的方式,促进了生产的发展和文化的繁荣,但也带来了人与都市环境相互影响的问题,特别是人口密集、分工精细带来的拥挤、噪音、陌生的人际关系等。从社会心理学的角度看,改善环境、保护环境不仅要调整人与环境的关系,还要调整人与人之间的关系、人与社会的关系。

在文化领域中,社会心理学将文化解释为社会成员共享的知识。不同的文化下,其成员通过长期的社会生活形成了不同的认知倾向、思维结构以及交往规则。本章介绍了东西方文化在自我概念、思维方式方面的差别。在全球化时代,人们还不得不面对文化之间的交流、冲突、融合的问题。对异文化的策略直接影响在文化之间流动的人的文化适应。当异文化表现为强势而进入本文化时,人们还有可能出现文化的排斥反应。

【思考与练习】

1. 当一个应激生活事件发生后,个体为什么常常会发生疾病?

2. 你生活中的应激主要是什么?你的应对方式通常是什么?你认为哪种应对方式更有效?

3. 中国进入了快速城镇化的社会发展阶段,你看到了哪些城市社会心理现象?有哪些社会心理学的理论和原理可以对此做出恰当的解释?

4. 观察你身边的校园文化现象,尝试描述和解释它的特点。

5. "东方人见森,西方人见木"的说法有什么根据?假如真是如此,东西方人的这种思维差异会表现在哪些社会行为上?

【拓展性阅读导航】

1. [美] 萨波斯著:《斑马为什么不得胃溃疡——解压手册》,中国社会科学出版社,2004。

本书是关于压力、与压力相关的疾病以及抗压之道的入门指南。

2. 理想编著:《减压减出好心情》,中国纺织出版社,2006。

本书用平实的语言让读者了解压力的实质,并介绍了应对各种压力的有效方法。

3. [美] 保罗·贝尔等著,朱建军、吴建平等译:《环境心理学》(第5版),中国人民大学出版社,2009。

本书系统介绍了环境心理学作为社会心理学的应用分支,包括人—环境关系理论、环境知觉和环境认知的模型、噪声、天气、自然和科技灾害、空间使用、城市设计等许多热点问题。

4. [美] 理查德·尼斯贝特著,李秀霞译:《思维的版图》,中信出版社,2006。

本书从文化的视角,采用大量实验结果讨论了东西方人思维差异的文化原因。

5. [美] 赵志裕、[美] 康萤仪著,刘爽译:《文化社会心理学》,中国人民大学出版社,2011。

本书从社会心理学的角度解读文化的起源与发展、文化的表达与传播、文化的变迁与传承。

主要参考文献

一、中文文献

1. ［澳］J.C. 特纳、M.A. 霍格、P.J. 奥克斯、S.D. 里切尔、M.S. 韦瑟雷尔著，杨宜音、王兵、林含章译：《自我归类论》，中国人民大学出版社 2011 年版。

2. ［比利时］威廉·杜瓦斯著，赵蜜、刘保中译：《社会心理学的解释水平》，中国人民大学出版社 2011 年版。

3. ［美］F.H. 奥尔波特著，赵演译：《社会心理学》，商务印书馆 1931 年版。

4. ［美］P.A. 拜尔、T.C. 格利讷、J.D. 费舍、A. 鲍姆著，聂筱秋等译：《环境心理学》，桂冠图书公司 2003 年版。

5. ［美］R. 尼斯贝特、彭凯平、崔仁哲、A. 诺伦萨扬著，王兵译：《文化与思维系统：整体性认知与分析性认知》，载徐冰主编《中国社会心理学评论·文化心理学》，社会科学文献出版社 2010 年版。

6. ［美］S.E. 泰勒等著，谢晓非译：《社会心理学》，北京大学出版社 2004 年英文影印版。

7. ［美］阿伦森（Aronson, E.）等著，侯玉波等译：《社会心理学（第五版）》，中国轻工业出版社 2005 年版。

8. ［美］戴维·迈尔斯著，张智勇、乐国安、侯玉波等译：《社会心理学（第 8 版）》，人民邮电出版社 2006 年版。

9. ［美］理查德·尼斯贝特著，李秀霞译：《思维的版图》，中信出版社 2006 年版。

10. ［英］P.B. 史密斯、M.H. 彭迈克、Ç. 库查巴莎著，严文华、权大勇等译：《跨文化社会心理学》，人民邮电出版社 2009 年版。

11. ［英］亚当·斯密著，郑红峰译：《道德情操论》，华中师范大学出版社 2012 年版。

12. 安献丽、郑希耕：《惊恐障碍的认知偏向研究》，载《心理科学进展》2008 年第 2 期，第 255—259 页。

13. 鲍承模：《品德教育：从学会尊重开始》，载《教育发展研究》2001 年第 6 期，第 47—49 页。

14. 蔡华俭：《内隐自尊的作用机制及特性研究》，华东师范大学 2002 年博士学位论文。

15. 蔡华俭、周颖、史青海：《内隐联想测验 IAT 及其在性别刻板印象研究中的应用》，载《社会心理学研究》2001 年第 4 期，第 6—11 页。

16. 陈午晴：《海外华人文化认同的建构：一个社会心理学分析框架》，载《社会心理研究》2002 年第 4 期，第 1—13 页。

17. 陈叶烽、叶航、汪丁丁：《信任水平的测度及其对合作的影响——来自一组实验微观数据的证据》，载《管理世界》2010 年第 4 期，第 54—64 页。

18. 戴春林、应贤慧、刘玉玲：《中学生自我控制对内隐和外显攻击性的影响》，载《中国行为医学科学》2008 年第 9 期，第 839—840 页。

19. 戴文婷、时勘、韩晓燕、周欣悦：《奖励的价值导向对绩效反馈效果的影响》，载《心理科学》2013 年第 6 期，第 1451—1458 页。

20. 董奇、林崇德著：《当代中国儿童青少年心理发育特征——中国儿童青少年心理发育特征》，科学出版社 2011 年版。

21. 方文：《转型心理学：以群体资格为中心》，载《中国社会科学》2008 年第 4 期，第 137—147 页。

22. 房慧聪：《空间焦虑与导航方式对寻路行为的影响》，载《心理与行为研究》2012 年第 6 期，第 413—418 页。

23. 费孝通著：《乡土中国》，三联书店 1985 年版。

24. 管延华、迟毓凯：《自我参照与朋友参照对人格特质记忆的影响》，载《心理科学》2006 年第 2 期，第 448—450 页。

25. 郭晓丽、江光荣：《暴力电子游戏对儿童及青少年的影响研究综述》，载《中国临床心理学杂志》2007 年第 2 期，第 188—190 页。

26. 何贵兵：《动态两难对策中信息反馈方式对合作行为的影响》，载《心理科学》2004 第 4 期，第 876—880 页。

27. 何友晖、陈淑娟、赵志裕：《关系取向：为中国社会心理方法论求答案》，载杨国枢、黄光国编订：《中国人的心理与行为》，桂冠图书公司 1991 年版。

28. 何友晖、彭泗清、赵志裕著：《世道人心－对中国人心理的探索》，北京大学出版社 2007 年版。

29. 黄光国：《人情与面子：中国人的权力游戏》，载黄光国、湖先缙等著，黄国光编订：《面子——中国人的权力游戏》，中国人民大学版社 2002 年版。

30. 黄璜：《合作进化模型综述》，载《北京大学学报（自然科学版）》2011 年第 1 期，第 185—192 页。

31. 蒋索、何姗姗、邹泓：《家庭因素与青少年犯罪的关系研究述评》，载《心理科学进展》2006 年第 3 期，第 394—400 页。

32. 金盛华：《角色理论与家庭儿童发展研究》，载《心理发展与教育》1994 年第 1 期，第 38—43 页。

33. 金盛华：《自我概念及其发展》，载《北京师范大学学报（社会科学版）》1996 年第 1 期，第 30—36 页。

34. 金盛华、张杰著：《当代社会心理学导论》，北京师范大学出版社 1995 年版。

35. 金盛华、郑建军、辛志勇：《当代中国人价值观的结构与特点》，载《心理学报》2009 年第 10 期，第 1000—1014 页。

36. 寇彧：《青少年主体性道德教育与创造性培养》，载《北京师范大学学报（社会科学版）》2007 年第 1 期，第 35—40 页。

37. 寇彧、付艳、庆鹏：《青少年认同的亲社会行为：一项焦点群体访谈研究》，载《社会学研究》2007 年第 3 期，第 154—174 页。

38. 寇彧、田启瑞、唐顺艳：《社会比较视角下的亲社会行为研究及其培养》，载《教育研究与实验》2012 年第 1 期，第 89—93 页。

39. 寇彧、徐华女：《移情对亲社会行为决策的两种功能》，载《心理学探新》2005 年第 3 期，第 73—77 页。

40. 乐媛、杨伯溆：《网络极化现象研究——基于四个中文 BBS 论坛的内容分析》，载《青年研究》2010 年第 2 期，第 1—12 页。

41. 李海军、徐富明、相鹏、孔诗晓、孟贞贞：《基于预期理论的参照依赖》，载《心理科学进展》2013 年第 2 期，第 317—325 页。

42. 李敏：《满足环境心理需求的办公空间室内设计的研究》，南京林业大学 2013 年硕士学位论文。

43. 李晓文：《不同适应水平小学生自我描述和评价比较——关于小学生自我调节机制的一项研究》，载《心理科学》2002 年第 2 期，第 156—159 页。

44. 李燕、曹子方：《中学生合作行为的影响因素的实验研究》，载《心理科学》1997 年第 3 期，第 230—234 页。

45. 李幼穗、张丽玲、戴斌荣：《儿童合作策略水平发展的实验研究》，载《心理科学》2000年第4期，第425—429页。

46. 李朝旭、莫雷、Feng Wenlu：《对性别助长假设的初步验证：在场观众的性别影响作业绩效吗?》，载《心理科学》2004年第6期，第1400—1403页。

47. 梁宁建、吴明证、高旭成：《基于反应时范式的内隐社会认知研究方法》，载《心理科学》2003年第2期，第208—211页。

48. 林瑞芳、刘绮文、赵志裕、康萤仪：《香港青少年的身份认同及其现代化概念》，载《香港社会科学学报》1998年第11期，第83—99页。

49. 刘国芳、辛自强：《惩罚对信任与合作的影响：争论与解释》，载《上海师范大学学报（哲学社会科学版）》2014年第1期，第146—152页。

50. 罗大华、何为民：《犯罪心理学》，浙江教育出版社2002年版，第56—68页。

51. 莫雷、张卫：《青少年发展与教育心理学》，暨南大学出版社1997年版。

52. 庞维国、程学超：《9—16岁儿童的合作倾向与合作意图的发展研究》，载《心理发展与教育》2001年第1期，第31—35页。

53. 戚健俐、朱滢：《中国大学生的记忆的自我参照效应》，载《心理科学》2002年第3期，第275—278页。

54. 隋光远：《中学生学业成就动机归因训练效果的追踪研究》，载《心理科学》2005年第1期，第52—55页。

55. 王沛、陈莉：《惩罚和社会价值取向对公共物品两难中人际信任与合作行为的影响》，载《心理学报》2011年第1期，第52—64页。

56. 王晓丽、芦咏莉、栾子童、钟珩：《中学教师师生冲突外显态度和内隐态度的比较研究》，载《教育学报》2010年第4期，第71—76页，接第86页。

57. 王晓田、王鹏：《决策的三参照点理论：从原理到应用》，载《心理科学进展》2013年第8期，第1331—1346页。

58. 王秀丽、彭杜宏、吴铁钧：《大学生内隐与外显合作态度的比较研究》，载《高教探索》2008年第1期，第129—131页。

59. 韦庆旺、孙健敏：《对环保行为的心理学解读——规范焦点理论述评》，载《心理科学进展》2013年第4期，第751—760页。

60. 魏运华著：《自尊的心理发展与教育》，北京师范大学出版社2004年版，第40—45页。

61. 吴莹、杨宜音、赵志裕：《全球化背景下的文化排斥反应》，载《心理科学进展》

2014 年第 4 期，第 721—730 页。

62. 向小平、张春妹、邹泓：《小学生自我概念的发展特点及其与人格的相关研究》，载《中国临床心理学杂志》2006 年第 3 期，第 294—296 页。

63. 辛志勇：《当代中国大学生价值观及其与行为关系的研究》，北京师范大学 2002 年博士学位论文。

64. 徐峰、申荷永：《环境保护心理学：环保行为与环保价值》，载《学术研究》2005 年第 12 期，第 55—57 页。

65. 徐海玲：《自我概念清晰性和个体心理调适的关系》，载《心理科学》2007 年第 1 期，第 96—99 页。

66. 杨国枢：《华人社会取向的理论分析》，载杨国枢、黄光国、杨中芳主编《华人本土心理学》，台湾远流图书公司 2005 年版，第 173—213 页。

67. 杨国枢、陆洛主编：《中国人的自我：心理学的分析》，重庆大学出版社 2009 年版。

68. 杨宜音：《关系化与类别化：中国人我们概念形成的社会心理机制》，载《中国社会科学》2008 年第 4 期，第 148—159 页。

69. 杨宜音：《文化认同的独立性和动力性：以马来西亚华人文化认同的演进与创新为例》，载张存武、汤熙勇主编：《海外华族研究论集》第三卷《文化、教育与认同》，华侨协会总会出版社 2002 年版，第 407—420 页。

70. 杨宜音：《自己人：一项有关中国人关系分类的个案研究》，载《本土心理学研究》2001 年总第 13 期，第 277—316 页。

71. 杨宜音、王甘、陈午晴、王俊秀：《性别认同与建构的心理空间：性别社会心理学视角下的互联网》，载孟宪范主编：《转型社会中的中国妇女》，中国社会科学出版社 2004 年版。

72. 杨宜音、张曙光：《在生人社会中建立"熟人"关系：对大学"同乡会"的社会心理学分析》，载《社会》2012 年第 6 期，第 158—181 页。

73. 姚计海、申继亮：《中学生偶像崇拜与自我概念的关系研究》，载《心理科学》2004 年第 1 期，第 55—58 页。

74. 袁慧娟、张智勇：《招聘情境下内隐化相貌偏见的表达》，载《北京大学学报（自然科学版）》2005 年第 2 期，第 303—308 页。

75. 张怀春、杨昭宁：《师范大学生学业自我概念差异分析》，载《心理科学》2003 年第 3 期，第 381 页。

76. 张丽玲：《两难问题儿童对策行为发展的实验研究》，载《心理发展与教育》2004年第4期，第25—29页。

77. 张婍、冯江平、王二平：《群际威胁的分类及其对群体偏见的影响》，载《心理科学进展》2009年第2期，第473—480页。

78. 张智、阎秀东、杜丽华：《三校大学生竞争/合作策略取向的特点和影响因素》，载《心理学探新》2001年第3期，第30—35页。

79. 章志光编著：《学生品德形成新探》（修订版），北京师范大学出版社2002年版。

80. 章志光：《学生的价值观，价值取向及其与亲社会行为的关系初探》，载《社会心理科学》2005年第4期，第24—32页。

81. 章志光、王广才、季慎英：《个人在班级集体中的地位及其对品德影响的心理分析》，载《心理学报》1982年第2期，第190—198页。

82. 赵显、刘力、张笑笑、向振东、付洪岭：《观点采择：概念、操纵及其对群际关系的影响》，载《心理科学进展》2012年第12期，第2079—2088页。

83. 赵志裕、康萤仪著，刘爽译：《文化社会心理学》，中国人民大学出版社2011年版。

84. 郑全全、耿晓伟：《自我概念对主观幸福感预测的内隐社会认知研究》，载《心理科学》2006年第3期，第558—562页。

85. 周晓虹主编：《现代社会心理学名著菁华》，南京大学出版社1992年版。

86. 朱莉琪、方富熹：《儿童性别角色发展的理论研究》，载《心理学动态》1998年第4期，第31—35页。

87. 朱智贤著：《中国儿童青少年心理发展与教育》，中国卓越出版公司1990年版。

二、英文文献

1. Abrams, D. & Hogg, M. A. (1990). *Social Identity Theory: Constructive and Critical Advances*. Springer-Verlag Publishing.

2. Ajzen, I. (2005). From intentions to actions: A theory of planned behavior. In Kuhland, J. & Beckman, J. (eds.), *Action Control: From Cognitions to Behavior* (pp. 11-39). Heidelberg: Springer.

3. Aksoy, O. & Weesie, J. (2012). Beliefs about the social orientations of others: A parametric test of the triangle, false consensus, and cone hypotheses. *Journal of Experimental Social Psychology*, 48 (1), 45-54.

4. Albarracin, D., Johnson, B. T., Fishbein, M. & Muellerleile, P. A. (2001).

Theories of reasoned action and planned behavior as models of condom use: A meta-analysis. *Psychological Bulletin*, *127*, 142-161.

5. Aldag, R. J. & Fuller, S. R. (1993). Beyond fiasco: A reappraisal of the group think phenomenon and a new model of group decision processes. *Psychological Bulletin*, *133*, 533-552.

6. Alicke, M. D. (1992). Culpable causation. *Journal of Personality and Social Psychology*, *63*, 368-378.

7. Allen, V. L. & Levin, J. M. (1969). Consensus and conformity. *Journal of Personality and Social Psychology*, *5*, 389-399.

8. Allport, F. H. (1920). The influence of the group upon association and thought. *Journal of Experimental Psychology*, *3*, 159-182.

9. Allport, F. H. (1962). A structuronomic conception of behavior: Individual and collective: I. Structural theory and the master problem of social psychology. *The Journal of Abnormal and Social Psychology*, *64* (1), 3-30.

10. Allport, G. W. (1954). *The Nature of Prejudice*. Oxford, UK: Addison-Wesley.

11. Allport, G. W. (1955). *Becoming: Basic Considerations for a Psychology of Personality*. New Haven: Yale University Press.

12. Anderson, C. A. (1999). Attributional style, depression, and loneliness: A cross-cultural comparison of American and Chinese students. *Personality and Social Psychology Bulletin*, *25* (4), 482-499.

13. Anderson, C. A., Berkowitz, L., Donnerstein, E., Huesmann, L. R., Johnson, J. D., Linz, D. & Wartella, E. (2003). The influence of media violence on youth. *Psychological Science in the Public Interest*, *4* (3), 81-110.

14. Andreassi, J. L. (1995). Pupillary response and behavior, In *Psychophysiology: Human Behavior & Physiological Response* (*pp. 193-200*). Mahwah, NJ: Erlbaum.

15. Andrighetto, L., Mari, S., Volpato, C. & Behluli, B. (2012). Reducing competitive victimhood in Kosovo: The role of extended contact and common ingroup identity. *Political Psychology*, *33* (4), 513-529.

16. Archer, J. (1991). The influence of testosterone on human aggression. *British Journal of Psychology*, *82*, 1-28.

17. Archer, K. J., Johnon, D. W. & Johnson, R. T. (1994). Individual versus group feedback in cooperative groups. *Journal of Social Psychology*, *134*, 681-689.

18. Aron, A., Aron, E. N., Tudor, M. & Nelson, G. (1991). Close relationships as including other in the self. *Journal of Personality and Social Psychology*, *60* (2), 241.

19. Aronson, E., Wilson, T. D. & Akert, R. M. (2013). *Social Psychology* (8th edition). Pearson Education, Inc.

20. Asch, S. E. (1946). Forming impressions of personality. *Journal of Abnormal and Social Psychology*, *41*, 258-290.

21. Asch, S. E. (1951). Effects of group pressure on the modification and distortion of judgements. In H. Guetzkow (eds.), *Groups, Leadership, and Men*. Pittsburgh: Carnegie Press.

22. Asch, S. E. (1955). Opinions and social pressure. *Scientific American*, 31-35.

23. Ata, A., Bastian, B. & Lusher, D. (2009). Intergroup contact in context: The mediating role of social norms and group-based perceptions on the contact-prejudice link. *International Journal of Intercultural Relations*, *33* (6), 498-506.

24. Bailey, C. A. & Ostrov, J. M. (2008). Differentiating forms and functions of aggression in emerging adults: Associations with hostile attribution biases and normative beliefs. *Journal of Youth and Adolescence*, *37*, 713-722.

25. Balliet, D. & Van Lange, P. A. M. (2013). Trust, punishment and cooperation across 18 societies. *Perspectives on Psychological Science*, *8* (4), 363-379.

26. Banaji, M. R. & Hardin, C. D. (1996). Automatic stereotyping. *Psychological Science*, *7* (3), 136-141.

27. Bandura, A. & Walters, R. H. (1963). *Social Learning and Personality*. New York: Holt, Rinehart and Winston.

28. Barker, R. G. (1987). Prospecting in environmental psychology: Oskaloosa revisited. In D. Stokols & I. Altman (eds.), *Handbook of Environmental Psychology* (Vol. II, pp. 1413-1432). NY: Wiley-Interscience.

29. Barker, R. G. (1990). Recollections of the midwest psychological field station. *Environment and Behavior*, *22*, 503-513.

30. Baron, R. S. (1986). Distraction-conflict theory: Progress and problems. *Advances in Experimental Social Psychology*, *19*, 1-39.

31. Bartal, D. & Saxe, L. (1976). Perceptions of similarly and dissimilarly attractive couples and individuals. *Journal of Personality and Social Psychology*, 33, 772-781.

32. Batson, C. D., Sager, K., Garst, E., Kang, M., Rubchinsky, K. & Dawson, K. (1997). Is empathy-induced helping due to self-other merging? *Journal of Personality and Social Psychology*, 73, 495-509.

33. Batson, C. D., Ahmad, N. & Stocks, E. L. (2011). Fourforms of prosocial motivation: egoism, altruism, collectivism, and principlism. In D. Dunning (eds.), *Frontiers of Social Psychology: Social Motivation (pp. 103-126)*. New York: Psychology Press.

34. Bensley, L. & Van Eenwyk, J. (2001). Video games and real-life aggression: Review of the literature. *Journal of Adolescent Health*, 29 (4), 244-257.

35. Berkowitz, L. (1972). Social norms, feelings, and other factors affecting helping and altruism. *Advances in Experimental Social Psychology*, 6, 63-108.

36. Berkowitz, L. (1978). Whatever happened to the frustration-aggression hypothesis? *American Behavioral Scientists*, 21, 691-708.

37. Berkowitz, L. & Daniels, L. R. (1964). Responsibility and dependency. *The Journal of Abnormal and Social Psychology*, 66 (5), 429-436.

38. Berkowitz, L. & LePage, A. (1978). Weapons as aggression-eliciting stimuli. *Journal of Personality and Social Psychology*, 7, 202-207.

39. Bernhardt, P. C. (1997). Influences of serotonin and testosterone in aggression and dominance: Convergence with social psychology. *Current Directions in Psychological Science*, 6, 44-48.

40. Berry, J. W. (1997). Immigration, acculturation and adaptation. *Applied Psychology: An International Review*, 46, 5-34.

41. Berry, J. W. (2005). Acculturation: Living successfully in two cultures. *International Journal of Intercultural Relations*, 29, 697-712.

42. Bettencourt, B. A. & Sheldon, K. (2001). Social roles as mechanism for psychology need satisfaction within social groups. *Journal of Personality and Social Psychology*, 81, 1131-1143.

43. Bierhoff, H. W., Klein, R. & Kramp, P. (1991). Evidence for the altruistic personality from data on accident research. *Journal of Personality*, 59 (2), 263-280.

44. Biernat, M., Vescio, T. K., Theno, S. A. & Crandall, C. S. (1996). Values and prejudice: Toward understanding the impact of American values on outgroup attitudes. In C. Seligman, J. M. Olson & M. P. Zanna (eds.), *The Psychology of Values*: Vol. 8. *The Ontario Symposium* (pp. 153-189). Mahwah, NJ: Lawrence Erlbaum.

45. Blass, T. (1999). The Milgram Paradigm after 35 years: Some things we now know about obedience to authority. *Journal of Applied Social Psychology*, 29 (5), 955-978.

46. Bloom, B. L. (1988). *Health Psychology: A Psychosocial Perspective*. Englewood Cliffs, NJ: Prentice Hall.

47. Bodenhausen, G. V. (1993). Emotions, arousal, and stereotypic judgments: A heuristic model of affect and stereotyping. In D. M. Mackie & D. L. Hamilton (eds.), *Affect, Cognition and Stereotyping: Interactive Processes in Group Perception* (pp. 13-37). San Diego: Academic Press.

48. Boggiano, A. K., Harackiewicz, J. M., Bessette, J. M. & Main, D. S. (1985). Increasing children's interest through performance contingent reward. *Social Cognition*, 3, 400-411.

49. Jr. Bond, C. F., Atoum, A. O. & Van Leeuwen, M. D. (1996). Social impairment of complex learning in the wake of public embarrassment. *Basic and Applied Social Psychology*, 18, 31-44.

50. Bond, R. & Smith, P. B. (1996). Culture and conformity: A meta-analysis of studies using Asch's (1952b, 1956) line judgment task. *Psychological Bulletin*, 119 (1), 111-137.

51. Bouas, K. S. & Komorita, S. S. (1996). Group discussion and cooperation in social dilemmas. *Personality and Social Psychology Bulletin*, 22, 1144-1150.

52. Boucher, H. C. & O'Dowd, M. C. (2011). Language and the bicultural dialectical self. *Culture Diversity and Ethnic Minority Psychology*, 17 (2), 211-216.

53. Brehm, S. S. & Brehm, J. W. (1981). *Psychological Reactance: A Theory of Freedom and Control*. Academic Press.

54. Brewer, M. B. (1991). The social self: On being the same and different at the same time. *Personality and Social Psychology Bulletin*, 17, 475-482.

55. Brewer, M. B. & Gardner, W. (1996). Who is this "we"? Levels of collective

identity and self representations. *Journal of Personality and Social Psychology*, 71, 83-93.

56. Brosnan, S. F. & DeWaal, F. B. M. (2003). Monkeys reject unequal pay. *Nature*, 425 (6955), 297-299.

57. Brown, B. B. & Altman, I. (1983). Territoriality, defensible space, and residential burglary: An environmental analysis. *Journal of Environmental Psychology*, 3, 203-220.

58. Brown, R. (2011). *Prejudice: Its Social Psychology*. John Wiley & Sons.

59. Burger, J. M. (1992). Desire for control and achievement related behaviors. *Journal of Personality and Social Psychology*, 48 (6), 1520-1533.

60. Burger, J. M., Messian, N., Patel, S., del Prado, A. & Anderson, C. (2004). What a coincidence! The effects of incidental similarity on compliance. *Personality and Social Psychology Bulletin*, 30 (1), 35-43.

61. Burger, J. M., Reed, M., DeCesare, K., Rauner, S. & Rozolis, J. (1999). The effects of initial request size on compliance: More about the that's-not-all technique. *Basic and Applied Social Psychology*, 21 (3), 243-249.

62. Burger, J. M., Soroka, S., Gonzago, K., Murphy, E. & Somervell, E. (2001). The effect of fleeting attraction on compliance to requests. *Personality and Social Psychology Bulletin*, 27 (12), 1578-1586.

63. Burleson, B. R. & Samter, W. (1996). Similarity in the communication skills of young adults: Foundations of attraction, friendship, and relationship satisfaction. *Communication Reports*, 9, 127-139.

64. Bushman, B. J. (1993). Human aggression while under the influence of alcohol and other drugs: An integrative research review. *Current Directions in Psychological Science*, 2, 148-152.

65. Bushman, B. J. (1998). Priming effects of media violence on the accessibility of aggressive constructs in memory. *Personality and Social Psychology Bulletin*, 24, 537-545.

66. Bushman, B. J. (2002). Does venting anger feed or extinguish the flame Catharsis, rumination, distraction, anger, and aggressive responding. *Personality and Social Psychology Bulletin*, 28 (6), 724-731.

67. Bushman, B. J. & Cooper, H. M. (1990). The effects of alcohol on human aggression: An integrative review. *Psychology Bulletin*, *107*, 341-354.

68. Buss, D. M. & Shackelford, T. K. (1997). Human aggression in evolutionary psychology perspective. *Clinical Psychology Review*, *17* (6), 605-619.

69. Cacioppo, J. T., Petty, R. E., Feinstein, J. A., Jarvis, W. & Blair, G. (1996) Dispositional differences in cognitive motivation: The life and times of individuals varying in need for cognition. *Psychological Bulletin*, *119*, 197-253.

70. Cameron, L., Rutland, A., Brown, R. & Douch, R. (2006). Changing children's intergroup attitudes toward refugees: Testing different models of extended contact. *Child Development*, *77* (5), 1208-1219.

71. Carli, L. L., Suzanne, J., Christopher, L. & Loeber, C. (1995). Nonverbal behavior, gender, and influence. *Journal of Personality and Social Psychology*, *68* (6), 1030-1041.

72. Caspi, A., McClay, J., Moffitt, T. E., Mill, J., Martin, J., Craig, I. W. & Poulton, R. (2002). Role of genotype in the cycle of violence in maltreated children. *Science*, *297* (5582), 851-854.

73. Caspi, A., Sugden, K., Moffitt, T. E., Taylor, A., Craig, I. W., Harrington, H. & Poulton, R. (2003). Influence of life stress on depression: Moderation by a polymorphism in the 5-HTT gene. *Science*, *301* (5631), 386-389.

74. Chartrand, T. L., & Bargh, J. A. (1999). The chameleon effect: The perception-behavior link and social interaction. *Journal of Personality and Social Psychology*, *76* (6), 893-910.

75. Chernyak, N. & Kushnir, T. (2013). Giving preschoolers choice increases sharing behavior. *Psychological Science*, *24* (10), 1971-1979.

76. Chiavegatto, S., Dawson, V. L., Mamounas, L. A., Koliatsos, V. E., Dawson, T. M. & Nelson, R. J. (2001). Brain serotonin dysfunction accounts for aggression in male mice lacking neuronal nitric oxide synthase. *Proceedings of the National Academy of Sciences*, *98* (3), 1277-1281.

77. Choi, I., Nisbett, R. E. & Norenzayan, A. (1999). Causal attribution across cultures: Variation and universality. *Psychological Bulletin*, *125*, 47-63.

78. Chrobot-Mason, D., Ruderman, M. N., Weber, T. J., Ohlott, P. J. & Dal-

ton, M. A. (2007). Illuminating a cross-cultural leadership challenge: When identity groups collide. *The International Journal of Human Resource Management*, 18 (11), 2011-2036.

79. Cialdini, R. B. (2001). *Influence: Science and Practice* (4th edition). Boston, MA: Allyn & Bacon.

80. Cialdini, R. B. (2003). Crafting normative messages to protect the environment. *Current Directions in Psychological Science*, 12 (4), 105-109.

81. Cialdini, R. B., Demaine, L., Sagarin, B. J., Barrett, D. W., Rhoads, K. L. & Winter, P. L. (2006). Managing social norms for persuasive impact. *Social Influence*, 1, 3-15.

82. Cialdini, R. B. & Goldstein, N. J. (2004). Social influence: Compliance and conformity. *Annual Review of Psychology*, 55, 591-621.

83. Cialdini, R. B., Reno, R. R. & Kallgren, C. A. (1990). A focus thoery of normative conduct: Recycling the concept of norms to reduce littering in public places. *Journal of Personality and Social Psychology*, 58, 1015-1026.

84. Cialdini, R. B. & Trost, M. R. (1998). Social influence: Social norms, conformity, and compliance. In D. Gilbert, S. Fiske & G. Lindzey (eds.), *Handbook of Social Psychology* (4th edition, Vol. 2, pp. 151-192). Boston: McGraw-Hill.

85. Cialdini, R. B., Vincent, J. E. & Lewis, S. K. (1975). Reciprocal concessions procedure for inducing compliance: The door-in-face technique. *Journal of Personality and Social Psychology*, 31, 206-215.

86. Cialdini, R. B., Wosinska, W., Barrett, D. W., Butner, J. & Gornik-Durose, M. (1999). Compliance with a request in two cultures: The differential influence of social proof and commitment/consistency on collectivists and individualists. *Personality and Social Psychology Bulletin*, 25 (10), 1242-1253.

87. Clary, E. G. & Snyder, M. (1999). The motivation to volunteer and practical considerations. *Current Directions in Psychological Science*, 8, 156-159.

88. Cleare, A. J. & Bond, A. J. (1995). The effect of tryptophan depletion and enhancement on subjective and behavioural aggression in normal male subjects. *Psychopharmacology*, 118 (1), 72-81.

89. Cohen, D. J., Eckhardt, C. I. & Schagat, K. D. (1998). Attention allocation and habituation to anger-related stimuli during a visual search task. *Aggressive Behavior*,

24, 399-409.

90. Cohen, E. G. & Lotan, R. A. (1995). Producing equal-status interaction in the heterogeneous classroom. *American Educational Research Journal*, 32 (1), 99-120.

91. Collins, N. L. & Miller, L. C. (1994). Self-disclosure and liking: A meta-analytic review. *Psychological Bulletin*, 116 (3), 457-475.

92. Colman, A. M. (2006). *Oxford Dictionary of Psychology*. Oxford: Oxford University Press.

93. Cooley, C. H. (1902). *Human Nature and the Social Order*. New York: Scribner.

94. Correll, J., Park, B., Judd, C. M. & Wittenbrink, B. (2002). The police officer's dilemma: Using ethnicity to disambiguate potentially threatening individuals. *Journal of Personality and Social Psychology*, 83, 1314-1329.

95. Crandall, C. S. (1994). Prejudice against fat people: ideology and self-interest. *Journal of Personality and Social Psychology*, 66 (5), 882-894.

96. Crandall, C. S., D'Anello, S., Sakalli, N., Lazarus, E., Nejtardt, G. W. & Feather, N. (2001). An attribution-value model of prejudice: Anti-fat attitudes in six nations. *Personality and Social Psychology Bulletin*, 27 (1), 30-37.

97. Crandall, C. S. & Eshleman, A. (2003). A justification-suppression model of the expression and experience of prejudice. *Psychological Bulletin*, 129 (3), 414-446.

98. Crisp, R. J., Stathi, S., Turner, R. N. & Husnu, S. (2009). Imagined intergroup contact: Theory, paradigm and practice. *Social and Personality Psychology Compass*, 3 (1), 1-18.

99. Crisp, R. J. & Turner, R. N. (2009). Can imagined interactions produce positive perceptions? Reducing prejudice through simulated social contact. *American Psychologist*, 64 (4), 231-240.

100. Cross, S. E., Bacon, P. L. & Morris, M. L. (2000). The relational-interdependent self-construal and relationships. *Journal of Personality and Social Psychology*, 78, 791-808.

101. Cross, S. E., Hardin, E. & Gercek-Swing, B. (2011). The what, how, why, and where of self-construal. *Personality and Social Psychology Review*, 15, 142-179.

102. Dabbs, J. M. & Hargrove, M. F. (1997). Age, testosterone, and behavior

among female prison inmates. *Psychosomatic Medicine*, 59 (5), 477-480.

103. Dalliet, D., Mulder, L. B. & Van Lange, P. A. (2011). Reward, punishment, and cooperation: A meta-analysis. *Psychological Bulletin*, 137 (4), 594-615.

104. Darley, J. & Batson, C. D. (1973). From Jerusalem to Jericho: A study of situational and dispositional variables in helping behavior. *Journal of Personality and Social Psychology*, 27, 100-108.

105. Davis, B. P. & Knowles, E. S. (1999). A disrupt-then-reframe technique of social influence. *Journal of Personality and Social Psychology*, 76 (2), 192-199.

106. De Cremer, D. (2000). Effect of group identification on the use of attributions. *The Journal of Social Psychology*, 140 (2), 267-269.

107. Deci, E. L. & Ryan, R. M. (1987). The support of autonomy and the control of behaviour. *Journal of Personality and Social Psychology*, 53, 1024-1037.

108. Dehart, T., Pelham, B., Fiedorowicz, L., Carvallo, M. & Gabriel, S. (2011). Including others in the implicit self: Implicit evaluation of significant others. *Self and Identity*, 10 (1), 127-135.

109. Deutsch, M. & Gerord, H. B. (1955). A study of normative and informational social influence upon individual judgement. *Journal of Abnormal and Social Psychology*, 51, 629-636.

110. Deutsch, M. & Krauss, R. M. (1960). The effect of threat upon interpersonal bargaining. *Journal of Abnormal and Social Psychology*, 61, 181-189.

111. Dijksterhuis, A. & Bargh, J. A. (2001). The perception-behavior expressway: Automatic effects of social perception on social behavior. *Advances in Experimental Social Psychology*, 33, 1-40.

112. Dion, K. L. (2000). Group cohesion: From "fields of forces" to multidimensional construct. *Group Dynamics*, 4, 7-26.

113. Dovidio, J. F. (1991). The empathy-altruism hypothesis: Paradigm and promise. *Psychological Inquiry*, 2, 126-128.

114. Dovidio, J. F., Gaertner, S. L. & Kawakami, K. (2003). Intergroup contact: The past, present, and the future. *Group Processes & Intergroup Relations*, 6 (1), 5-21.

115. Dreber, A., Rand, D. G., Fudenberg, D. & Nowak, M. A. (2008). Winners don't Punish. *Nature*, 452, 348-351.

116. Dreyer, A. (1954). Aspiration behavior as influenced by expectation and group comparison. *Human Relations*, 7, 175-190.

117. Duck, S. W. & Pittman, G. (1994). Social and personal relationships, In M. L. Knapp & G. R. Miller (eds.), *Handbook of Interpersonal Communication* (2nd ed.), pp. 676-695). Thousand Oaks, CA: Sage.

118. Eagly, A. H., Ashmore, R. D., Makhijani, M. G. & Longo, L. C. (1991). What is beautiful is good, but...: A meta-analytic review of research on the physical attractiveness stereotype. *Psychological Bulletin*, 110, 109-128.

119. Eisenberg, N. (1992). *The Caring Child*. Cambridge, MA: Harvard University Press.

120. Englehart, J. M. (2006). Teacher perceptions of student behavior as a function of class size. *Social Psychology of Education*, 9 (3), 245-272.

121. Farwell, L., & Weiner, B. (2000). Bleeding hearts and the heartless: Popular perceptions of liberal and conservative ideologies. *Personality and Social Psychology Bulletin*, 26, 845-852.

122. Fehr, E. & Gächter, S. (2002). Altruistic punishment in humans. *Nature*, 415, 137-140.

123. Feingold, A. (1992). Good-looking people are not what we think. *Psychological Bulletin*, 111 (2), 304-341.

124. Finucane, M. L., Peters, E. & Slovic, P. (2003). Judgment and decision making: The dance of affect and reason. In S. L. Schneider & J. Shanteau (eds.), *Emerging Perspectives on Judgment and Decision Research*, (pp. 327-364). Cambridge: Cambridge University Press.

125. Fiske, A. P., Kitayama, S., Markus, H. R. & Nisbett, R. E. (1998). The cultural matrix of social psychology. In D. Gilbert, S. Fiske & G. Lindzey (eds.), *The Handbook of Social Psychology* (4th ed., Vol. 2). (pp. 915-981). Boston: McGraw-Hill.

126. Fiske, S. T. & Berdahl, J. (2007). Social power. In A. W. Kruglanski & E. T. Higgins (eds.), *Social Psychology: Handbook of Basic Principles*, (pp. 678-692). New York: Guilford Press.

127. Fiske, S. T. & Taylor, S. E. (1991). *Social Cognition* (2nd edition). NY: McGraw-Hill.

128. Freeman, M. (1992). Self as narrative: The place of life history in studying the life span. In Brinthaupt, T. M. & Lipka, R. P. (eds.). *The Self: Definitional and Methodological Issues*, (pp. 15-43). Albany, NY: State University of New York Press.

129. Friedkin, N. (2004). Social cohesion. *Annual Review of Sociology*, 30, 409-425.

130. Friedland, N., Arnold, S. E. & Thibaut, J. (1974). Motivational bases in mixed-motive interactions: The effects of comparison levels. *Journal of Experimental Social Psychology*, 10 (2), 188-199.

131. Fukuyama, F. (1995). *Trust: The Social Virtues and the Creation of Prosperity*. New York: Free Press.

132. Gächter, S., Herrmann, B. & Thöni, C. (2010). Culture and cooperation. *Philosophical Transactions of the Royal Society B: Biological Sciences*, 365 (1553), 2651-2661.

133. Gaertner, S. L. & Dovidio, J. F. (2000). *Reducing Intergroup Bias: The Common Ingroup Identity Model*. Psychology Press.

134. Gaertner, S. L. & Dovidio, J. F. (2005). Understanding and addressing contemporary racism: From aversive racism to the common ingroup identity model. *Journal of Social Issues*, 61 (3), 615-639.

135. Galinsky, A. D., Magee, J. C., Gruenfeld, D. H., Whitson, J. A. & Liljenquist, K. A. (2008). Power reduces the press of the situation: Implications for creativity, conformity, and dissonance. *Journal of Personality and Social Psychology*, 95 (6), 1450-1466.

136. Gawronski, B. & Payne, B. K. (2010). *Handbook of Implicit Social Cognition: Measurement, Theory and Applications*. New York: Guilford Press.

137. Gibbons, F. X., Benbow, C. P. & Gerrard. M. (1994). From top dog to bottom half: Social comparison strategies in response to poor performance. *Journal of Personality and Social Psychology*, 67, 638-652.

138. Gilbert, D. T. & Hixon, J. G. (1991). The trouble of thinking: Activation and application of stereotypic beliefs. *Journal of Personality and Social Psychology*, 60 (4), 509-517.

139. Gilbert, D. T. & Malone, P. S. (1995). The correspondence bias. *Psychologi-

cal Bulletin, 117 (1), 21.

140. Gilovich, T. & Medvec, V. H. (1994). The temporal pattern to the experience of regret. *Journal of Personality and Social Psychology*, 67 (3), 357-365.

141. Glick, P. & Fiske, S. T. (2001). Ambivalent sexism. In M. P. Zanna (eds.), *Advances in Experimental Social Psychology* (Vol. 33, pp. 115-188). San Diego, CA: Academic Press.

142. Goar, C. D. (2007). Social identity theory and the reduction of inequality: Can cross-cutting categorization reduce inequality in mixed-race groups? *Social Behavior & Personality: An International Journal*, 35 (4), 537-550.

143. Goldstein, N. J., Cialdini, R. B. & Griskevicius, V. (2008). A room with a viewpoint: Using social norms to motivate environmental conservation in hotels. *Journal of Consumer Research*, 35, 472-482.

144. González, R. & Brown, R. (2006). Dual identities in intergroup contact: Group status and size moderate the generalization of positive attitude change. *Journal of Experimental Social Psychology*, 42 (6), 753-767.

145. Gottfredson, M. & Hirschi, T. (1990). *A General Theory of Crime*. Stanford, CA: Stanford University Press.

146. Greenberg, J., Pyszczynski, T., Solomon, S., Simon, L. & Breus, M. (1994). The role of consciousness and accessibility of death-related thoughts in mortality salience effects. *Journal of Personality and Social Psychology*, 67, 627-637.

147. Greenwald, A. G. & Banaji, M. R. (1995). Implicit social cognition: Attitude, self-esteem and stereotype. *Psychological Review*, 102 (4), 4-27.

148. Greenwald, A. G. & Farnham, S. D. (2000). Using the Implicit Association Test to measure self-esteem and self-concept. *Journal of Personality and Social Psychology*, 76, 1022-1038.

149. Greenwald, A. G., Poehlman, T. A., Uhlmann, E. L. & Banaji, M. R. (2009). Understanding and using the Implicit Association Test: III. Meta-analysis of predictive validity. *Journal of Personality and Social Psychology*, 97 (1), 17-41.

150. Greenwald, A. G., McGhee, D. E. & Schwartz, J. L. K. (1998). Measuring individual differences in implicit cognition: The Implicit Association Test. *Journal of Personality and Social Psychology*, 74, 1464-1480.

151. Griskevicius, V., Goldstein, N. J., Mortensen, C. R., Cialdini, R. B. & Kenrick, D. T. (2006). Going along versus going alone: When fundamental motives facilitate strategic (non)conformity. *Journal of Personality and Social Psychology*, 91 (2), 281-294.

152. Guerin, B. (1994). What do people think about the risks of driving? Implications for traffic safety interventions. *Journal of Applied Social Psychology*, 24, 994-1021.

153. Guerin, B. (1999). Children's intergroup attribution bias for liked and disliked peers. *The Journal of Social Psychology*, 139 (5), 583-589.

154. Gully, S. M., Devine, D. J. & Whitney, D. J. (1995). A meta-analysis of cohesion and performance: Effects of level of analysis and task interdependence. *Small Group Research*, 26, 497-520.

155. Gumpert, P., Deutsch, M & Epstein, Y. (1969). Effect of incentive magnitude on cooperation in the Prisoner's Dilemma game. *Journal of Personality and Social Psychology*, 11 (1), 66-69.

156. Hamermesh, D. S. & Parker, A. (2005). Beauty in the classroom: Instructors' pulchritude and putative pedagogical productivity. *Economics of Education Review*, 24 (4), 369-376.

157. Haney, C., Banks, C. & Zimbardo, P. (1973). Interpersonal dynamics in a simulated prison. *International Journal of Criminology and Penology*, 1, 69-97.

158. Hanzan, C. & Shaver, P. R. (1994). Attachment as an organizational framework for research on close relationships. *Psychological Inquiry*, 5, 1-22.

159. Hare, A. P. (2003). Roles, relationships, and groups in organizations: Some conclusions and recommendations. *Small Group Research*, 34, 123-154.

160. Harmon-Jones, E. & Allen, J. J. (2001). The role of affect in the mere exposure effect: Evidence from psychophysiological and individual differences approaches. *Personality and Social Psychology Bulletin*, 27 (7), 889-898.

161. Harris, S. A. (1999). RAPDs in systematics: A useful methodology. *Molecular Systematics and Plant Evolution (Systematics Association Special Volume)*, 57, 211-228.

162. Haslam, S. A. & Ellemers, N. (2005). Social identity in industrial and organizational psychology: Concepts, controversies and contributions. *International Review of Industrial and Organizational Psychology*, 20 (1), 39-118.

163. Hatfield, E., Cacioppo, J. T. & Rapson, R. L. (1994). *Emotional Contagion*. NY: Cambridge University Press.

164. Heine, S. J., Kitayama, S., Lehman, D. R., Takata, T., Ide, E., Lueng, C. & Matsumoto, H. (2001). Divergent consequences of success and failure in Japan and North America: An investigation of self-improving motivations and malleable selves. *Journal of Personality and Social Psychology*, 81 (4), 599-615.

165. Hendrickx, L., Poortinga, W. & Kooij, R. V. D. (2001). Temporal factors in resource dilemmas. *Acta Psychologica*, 108 (2), 137-154.

166. Herbert, J. & Martinez, M. (2001). Neural mechanisms underlying aggressive behaviour. *Conduct Disorders in Childhood and Adolescence*, 67-102.

167. Herrmann, B., Thöni, C. & Gächter, S. (2008). Antisocial punishment across societies. *Science*, 319, 1362-1367.

168. Hillmann, R. B., Brooks, C. I. & O'Brien, J. P. (1991). Differences in self-esteem of college fresh-men as a function of classroom seating-row preference. *Psychological Report*, 41, 315-320.

169. Hoaken, P. N., Shaughnessy, V. K. & Pihl, R. O. (2003). Executive cognitive functioning and aggression: Is it an issue of impulsivity? *Aggressive Behavior*, 29 (1), 15-30.

170. Hoff, K. & Pandey, P. (2004). Belief systems and durable inequalities: An experimental investigation of Indian caste. *World Bank Policy Research Working Paper*, (3351).

171. Hoffman, M. L. (1987). The contribution of empathy to justice and moral judgment. In N. Esenberg & J. Strayer (eds.), *Empathy and Its Development*. New York: Cambridge University Press.

172. Hofmann, W., Friese, M. & Strack, F. (2009). Impulse and self-control from a dual-systems perspective. *Perspectives on Psychological Science*, 4 (2), 162-176.

173. Hofstede, G. (2001). *Culture's Consequences: Comparing Values, Behaviors, Institutions and Organizations across Nations* (2nd edition). Thousand Oaks, CA: Sage.

174. Hogg, M. A., Hohman, Z. P. & Rivers, J. E. (2008). Why do people join groups? Three motivational accounts from social psychology. *Social and Personality Psychology Compass*, 2 (3), 1269-1280.

175. Hong, Y. & Mallorie, L. A. M. (2004). A dynamic constructivist approach to culture: Lessons learned from personality psychology. *Journal of Research in Personality*, *38*, 59-67.

176. Iatridis, T. & Fousiani, K. (2009). Effects of status and outcome on attributions and just-world beliefs: How the social distribution of success and failure may be rationalized. *Journal of Experimental Social Psychology*, *45*, 415-420.

177. Isen, A. M. (2008). Some ways in which positive affect facilitates decision making and problem solving. *Handbook of Emotions*, 548-573.

178. Jecker, J. & Landy, D. (1969). Liking a person as a function of doing him a favor. *Human Relations*, *22*, 371-378.

179. Ji, L-J., Nisbett, R. E. & Zhang, Z. (2004). Is it culture or is it language? Examination of language effects in cross-cultural research on categorization. *Journal of Personality and Social Psychology 87* (1), 57-65.

180. Johnson, C. & Mullen, B. (1994). Evidence for the accessibility of paired distinctiveness in distinctiveness-based illusory correlation in stereotyping. *Personality and Social Psychology Bulletin*, *20* (1), 65-70.

181. Johnson, D. W., Johnson, R. T. & Holubee, E. J. (1993). *Circles of Learning: Cooperation in the Classroom* (4th edition). Edina, MN: Interaction Book Company.

182. Jost, J. T. & Banaji, M. R. (1994). The role of stereotyping in system justification and the production of false consciousness. *British Journal of Social Psychology*, *33* (1), 1-27.

183. Kallgren, C. A., Reno, R. B. & Cialdini, R. B. (2000). A focus theory of normative conduct: When norms do and do not affect behavior. *Personality and Social Psychology Bulletin*, *26*, 1002-1012.

184. Karau, S. J. & Williams, K. D. (1993). Social loafing: A meta-analytic review and theoretical integration. *Journal of Personality and Social Psychology*, *65*, 681-706.

185. Keating, C. F. & Heltman, K. R. (1994). Dominance and deception in children and adults: Are leaders the best misleaders? *Personality and Social Psychology Bulletin*, *20*, 312-321.

186. Keenan, J. P., Gallup, G. G. & Falk, D. (2004). *The Face in the Mirror: The Search for the Origins of Consciousness*, (pp. 18-71). New York: Harper Collins Pub-

lishers Inc.

187. Kelley, H. H. & Stahelski, A. J. (1970). Social interaction basis of cooperators' and competitors' beliefs about others. *Journal of Personality and Social Psychology*, *16* (1), 66-91.

188. Kelley, H. H. (1950). The warm-cold variable in the first impressions of persons. *Journal of Personality*, *184*, 431-439.

189. Kelly, J. R., Jackson, J. W. & Huston-Comeaux, S. L. (1997). The effects of time pressure and task differences on influence modes and accuracy in decision-making groups. *Personality and Social Psychology Bulletin*, *23*, 10-22.

190. Kelman, H. C. (1958). Compliance, identification and internalization: Three processes of attitude change. *The Journal of Conflict Resolution*, *2*, 51-60.

191. Kerr, N. & Levine, J. (2008). The detection of social exclusion: Evolution and beyond. *Group Dynamics: Theory, Research, and Practice*, *12*, 39-52.

192. Kim, H. & Markus, H. R. (1999). Deviance or uniqueness, harmony or conformity? A cultural analysis. *Journal of Personality and Social Psychology*, *77* (4), 785-801.

193. Kitayama, S., Markus, H. R., Matsumoto, H. & Norasakkunkit, V. (1997). Individual and collective processes in the construction of the self: Self-enhancement in the United States and self-criticism in Japan. *Journal of Personality and Social Psychology*, *72* (6), 1245-1267.

194. Kitayama, S. & Uchida, Y. (2003). Explicit self-criticism and implicit self-regard: Evaluating self and friend in two cultures. *Journal of Experimental Social Psychology*, *39* (5), 476-482.

195. Knowles, E. D., Morris, M. W., Chiu, C. Y. & Hong, Y. Y. (2001). Culture and the process of person perception: Evidence for automaticity among East Asians in correcting for situational influences on behavior. *Personality and Social Psychology Bulletin*, *27* (10), 1344-1356.

196. Knox, R. E. & Douglas, R. L. (1971). Trivial incentives, marginal comprehension, and dubious generalizations from Prisoner's Dilemma studies. *Journal of Personality and Social Psychology*, *20* (2), 160-165.

197. Korte, C. (1980). Urban-nonurban differences in social behavior and social psy-

chological models of urban impact. *Journal of Social Issues*, *36*, 29-51.

198. Kring, A. M., David, A., John, S. & Neale, M. (1994). Individual differences in dispositional expressiveness: Development and validation of the emotional expressivity scale. *Journal of Personality and Social Psychology*, *66* (5), 934-949.

199. Krull, D. S., Loy, M. H-M., Lin, J., Wang, C-F., Chen, S. & Zhao, X. (1999). The fundamental attribution error: Correspondence bias in individualist and collectivist cultures. *Personality and Social Psychology Bulletin*, *25*, 1208-1219.

200. Kuang, L. & Liu, L. (2012). Discrimination against Rural-to-Urban Migrants: The role of the Hukou system in China. *PLoS ONE*, *7* (11), e46932.

201. Laar, C. V., Levin, S., Sinclair, S. & Sidanius, J. (2005). The effect of university roommate contact on ethnic attitudes and behavior. *Journal of Experimental Social Psychology*, *41* (4), 329-345.

202. LaFrance, M. & Hecht, M. A. (1995). Why smiles generate leniency? *Personality and Social Psychology Bulletin*, *21*, 207-214.

203. Landy, D. & Sigall, H. (1974). Task evaluation as a function of the performer's physical attractiveness. *Journal of Personality and Social Psychology*, *4*, 299-304.

204. Langer, E. J. & Imber, L. (1980). Role of mindlessness in the perception of deviance. *Journal of Personality and Social Psychology*, *39* (3), 360.

205. LaPiere, R. T. (1934). Attitudes vs. actions. *Social Forces*, *13*, 230-237.

206. Jr. Larson, J. R., Christensen, C., Franz, C. & Abbott, A. S. (1998). Diagnosing groups: The pooling, management, and impact of shared and unshared case information in team-based medical decision making. *Journal of Personality and Social Psychology*, *75*, 93-108.

207. Latane, B. (1981). The psychology of social impact. *American Psychologist*, *36*, 343-356.

208. Latane, B. & Dabbs, J. (1975). Sex, group size and helping in three cities. *Sociometry*, *38*, 180-194.

209. Latane, B. & Darley, J. (1970). *The Unresponsive Bystander: Why Doesn't He Help?* NY: Appleton-century crofts.

210. Laurin, K., Fitzsimons, G. M. & Kay, A. C. (2011). Social disadvantage and the self-regulatory function of justice beliefs. *Journal of Personality and Social Psychology*,

100, 149-171.

211. Lazarus, R. S. & Folkman, S. (1984). *Stress, Appraisal, and Coping*. New York: Springer.

212. Lee, A. Y. (2001). The mere exposure effect: An uncertainty reduction explanation revisited. *Personality and Social Psychology Bulletin, 27*, 1255-1266.

213. Lee, S., Rogge, R. D. & Reis, H. T. (2010). Assessing the seeds of relationship delay: Using implicit evaluations to detect the early stages of disillusionment. *Psychological Science, 21*, 857-864.

214. Lee, Y. T. & Seligman, M. E. (1997). Are Americans more optimistic than the Chinese? *Personality and Social Psychology Bulletin, 23*, 32-40.

215. Lerner, M. J., Somers, D. G., Reid, D., Chiriboga, D. & Tierney, M. (1991). Adult children as caregivers: Egocentric biases in judgments of sibling contributions. *The Gerontologist, 31*, 746-755.

216. Leung, A. K-y., Qiu, L. & Chiu, C-y. (2013). Psychological science of globalization. In V. Benet-Martinez & Y-y. Hong (eds.), *Oxford Handbook of Multicultural Identity: Basic and Applied Perspectives*. Oxford University Press.

217. Levine, J. M. & Moreland, R. L. (1998). Small groups. In Gillbert, D. T., Fiske, S. T. & Lindzey, G. (eds.), *The Handbook of Social Psychology* (4th edition, Vol. 2), (pp. 415-469). New York: McGraw-Hill.

218. Levine, R., Sato, S., Hashimoto, T. & Verma, J. (1995). Love and marriage in eleven cultures. *Journal of Cross-Cultural Psychology, 26*, 554-571.

219. Lewis, M. (1992). Self-conscious emotions and the development of self. In Shapiro, T., Emde, R. N. (eds.), *Affect: Psychoanalytic Perspectives*, (pp. 45-73). Madison, CT: International Universities Press.

220. Li, D-M., Kreuzbauer, R. & Chiu, C-y. (2012). Globalization and exclusionary responses to foreign brands. In S. Ng and A. Lee (eds.), *Handbook of Culture and Consumer Behavior*. New York: Oxford University Press.

221. Lin, M. H., Kwan, V. S., Cheung, A. & Fiske, S. T. (2005). Stereotype content model explains prejudice for an envied outgroup: Scale of anti-Asian American stereotypes. *Personality and Social Psychology Bulletin, 31*, 34-47.

222. Liu, C. & LaFreniere, P. (2014). The effects of age-mixing on peer cooperation

and competition. *Human Ethology Bulletin*, 29 (1), 4-17.

223. Lockwood, A. T. (1997). What is character education? In Molner, A. (eds.), *The Construction of Children's 5 Character*, (pp. 180). Chicago: The National Society for the Study of Education.

224. Loeber, R. & Stouthamer-Loeber, M. (1986). Family factors as correlates and predictors of juvenile conduct problems and delinquency. *Crime & Justice.*, 7, 29.

225. Lyoo, I. K., Lee, H. K., Jung, J. H., Noam, G. G. & Renshaw, P. F. (2002). White matter hyperintensities on magnetic resonance imaging of the brain in children with psychiatric disorders. *Comprehensive Psychiatry*, 43, 361-368.

226. Ma, W. & Karasawa, M. (2006). Group inclusiveness, group identification, and intergroup attributional bias. *Psychologia*, 49, 278-290.

227. MacDonald, D. A. & Holland, D. (2002). Spirituality and boredom proneness. *Personality and Individual Differences*, 32, 1113-1119.

228. MacLeod, C. & Campbell, L. (1992). Memory accessibility and probability judgments: An experimental evaluation of the availability heuristic. *Journal of Personality and Social Psychology*, 63, 809-902.

229. Macrae, C. N., Bodenhausen, G. V., Milne, A. B. & Jetten, J. (1994). Out of mind but back in sight: Stereotypes on the rebound. *Journal of Personality and Social Psychology*, 67, 808.

230. Maddux, W. W., Galinsky, A. D., Cuddy, A. J. & Polifroni, M. (2008). When being a model minority is good... and bad: Realistic threat explains negativity toward Asian Americans. *Personality and Social Psychology Bulletin*, 34, 74-89.

231. Magee, J. C. & Galinsky, A. D. (2008). Social hierarchy: The self-reinforcing nature of power and status. *Academy of Management Annals*, 2, 351-398.

232. Mallick, S. K. & McCandless, B. R. (1996). A study of catharsis of aggression. *Journal of Personality and Social Psychology*, 4, 591-596.

233. Manis, M., Shedler, J., Jonides J. & Nelson, T. E. (1993). Availability heuristic in judgments of set size and frequency of occurrence. *Journal of Personality and Social Psychology*, 65, 448-457.

234. Manning, M. (2009). The effects of subjective norms on behaviour in the theory of planned behavior: A meta-analysis. *British Journal of Social Psychology*, 48, 649-705.

235. Markus, H. R. & Kitayama, S. (1991). Culture and the self: Implications for cognition, emotion, and motivation. *Psychological Review*, 98, 224-253.

236. Marques, J., Abrams, D. & Serodio, R. (2001). Being better by being right: Subjective group dynamics and derogation of in-group deviants when generic norms are undermined. *Journal of Personality and Social Psychology*, 81, 436-447.

237. Marsh, H. W., Ellis, L. A. & Craven, R. G. (2002). How do preschool children feel about themselves? Unraveling measurement and multidimensional self-concept structure. *Developmental Psychology*, 38, 376-393.

238. Mason, M. F. & Morris, M. W. (2010). Culture, attribution and automaticity: A social cognitive neuroscience view. *Social Cognitive and Affective Neuroscience*, 5, 292-306.

239. Masuda, T. & Kitayama, S. (2004). Perceiver-induced constraint and attitude attribution in Japan and the U. S.: A case for the cultural dependence of the correspondence bias. *Journal of Experimental Social Psychology*, 40, 409-416.

240. Masuda, T. & Nisbett, R. (2006). Culture and change blindness. *Cognitive Science*, 30, 381-99.

241. McAndrew, F. T. (1993). *Environmental Psychology*. Pacific Grove, CA: Brooks/Cole.

242. McConnell, A. R., Sherman, S. J. & Hamilton, D. L. (1994). Illusory correlation in the perception of groups: An extension of the distinctiveness-based account. *Journal of Personality and Social Psychology*, 67, 414-429.

243. McGuire, W. J., McGuire, C. V. & Winton, W. (1979). Effects of household sex composition on the salience of one's gender in the spontaneous self-concept. *Journal of Experimental Social Psychology*, 15 (1), 77-90.

244. Mead, G. H. (1934). *Mind, Self and Society*. Chicago: University of Chicago Press.

245. Mead, M. (1928). *Coming of Age in Samoa*. New York: Morrow.

246. Mead, M. (1935). *Sex and Temperament in Three Primitive Societies*. New York: William Morrow and Company.

247. Mehlman, P. T., Higley, J. D., Faucher, I., Lilly, A. A., Taub, D. M., Vickers, J., et al. (1994). Low CSF-5 HIAA concentrations and severe aggression and im-

paired impulse control in nonhuman primates. *American Journal of Psychiatry*, *151*, 1485-1491.

248. Milgram, S. (1965). Some conditions of obedience and disobedience to authority. *Human Relations*, *18*, 57-76.

249. Milgram, S., Bickman, L. & Berkowitz, L. (1969). Note on the drawing power of crowds of different size. *Journal of Personality and Social Psychology*, *13*, 79-82.

250. Millar, M. G. (2011). Predicting dental flossing behavior: The role of implicit and explicit responses and beliefs. *Basic and Applied Social Psychology*, *35*, 7-15.

251. Miller, B., Seeley, W., Mychack, P., Rosen, H., Mena, I. & Boone, K. (2001). Neuroanatomy of the self: Evidence from patients with frontotemporal dementia. *Neurology*, *57*, 817-821.

252. Miller, J. G. (1984). Culture and the development of everyday social explanation. *Journal of Personality and Social Psychology*, *46*, 961-978.

253. Miller, N. E. (1941). The frustration-aggression hypothesis. *Psychological Review*, *48*, 337-342.

254. Miller, N. E. & Dollard, J. (1941). *Social Learning and Imitation*. New Haven: Yale University Press.

255. Mintz, A. (1951). Non-adaptive group behavior. *Journal of Abnormal and Social Psychology*, *46*, 150-159.

256. Miyamoto, Y. & Kitayama, S. (2002). Cultural variation in correspondence bias: The critical role of attitude diagnosticity of socially constrained behavior. *Journal of Personality and Social Psychology*, *83*, 1239-1248.

257. Moffitt, T. E. (2005). The new look of behavioral genetics in developmental psychopathology: Gene-environment interplay in antisocial Behaviors. *Psychological Bulletin*, *131*, 533-554.

258. Moffitt, T. E. & Lynam, D. (1994). The neuropsychology of conduct disorder and delinquency: Implications for understanding antisocial behavior. *Progress in Experimental Personality and Psychopathology Research*, 233-262.

259. Moody, J. (2001). Race, school integration, and friendship segregation in America. *American Journal of Sociology*, *107*, 679-716.

260. Moore, J. S., Graziano, W. G. & Millar, M. G. (1987). Physical attractive-

ness, sex role orientation, the evaluation of adults and children. *Personality and Social Psychology Bulletin*, 13, 95-102.

261. Moreland, R. L. & Beach, S. (1992). Exposure effects in the classroom: The development of affinity among students. *Journal of Experimental Social Psychology*, 28, 255-276.

262. Morris, M. W. & Peng, K. (1994). Culture and cause: American and Chinese attributions for social and physical events. *Journal of Personality and Social Psychology*, 67, 949-971.

263. Morris, W. N. & Miller, R. S. (1975). The effects of consensus-breaking and consensus preempting partners on reduction of conformity. *Journal of Experimental Social Psychology*, 11, 215-223.

264. Mullen, B., Anthny, T., Salas, E. & Driskell, J. E. (1994). Group cohesiveness and quality of decision making: An integration of tests of the Groupthink hypothesis. *Small Group Research*, 25, 189-204.

265. Mullen, B. & Cooper, C. (1994). The relation between group cohesiveness and performance: An integration. *Psychology Bulletin*, 115, 210-227.

266. Mullen, B., Johnson, C. & Salas, E. (1991). Productivity loss in brainstorming groups. *Basic and Applied Social Psychology*, 12, 3-24.

267. Murray, S. L., Holmes, J. G. & Griffin, D. W. (1996). The benefits of positive illusions: Idealization and the construction of satisfaction in close relationships. *Journal of Personality and Social Psychology*, 70, 79-98.

268. Myers, D. G. (2002). *Social Psychology* (7th edition). NY: McGraw-hill.

269. Neighbors, C., Larimer, M. E. & Lewis, M. A. (2004). Targeting misperceptions of descriptive drinking norms: Efficacy of a computer-delivered personalized normative feedback intervention. *Journal of Counseling and Clinical Psychology*, 72, 434-447.

270. Newcomb, T. M. (1961). *The Acquaintance Process*. NY: Holt, Rinehart & Winston.

271. Newcomb, T. M. (1968). Interpersonal balance. In Abelson, R. P. et al. (eds.), *Theories of Cognitive Consistency: A Sourcebook*. NY: Rand-McNally.

272. Nolan, J. M., Schultz, P. W., Cialdini, R. B., Griskevicius, V. & Goldstein, N. (2008). Normative social influence is underdetected. *Personality and Social Psy-*

chology Bulletin, 34, 913-923.

273. Nowak, M. A. & Sigmund, K. (2005). Evolution of indirect reciprocity. *Nature*, 437, 1291-1298.

274. Ohtsuki, H., Iwasa, Y. & Nowak, M. A. (2009). Indirect reciprocity provides a narrow margin of efficiency for costly punishment. *Nature*, 457, 79-82.

275. Oishi, S., Jr. Wyer, R. S. & Colcombe, S. J. (2000). Cultural variation in the use of current life satisfaction to predict the future. *Journal of Personality and Social Psychology*, 78, 434-445.

276. Orobio de Castra, B., Veerman, J. W., Koops, W., Bosch, J. D. & Monshouwer, H. J. (2002). Hostile attribution of intent and aggressive behavior: A meta-analysis. *Child Development*, 73, 916-934.

277. Ostrom, T. M. & Sedikides, C. (1992). Outgroup homogeneity effects in natural and minimal groups. *Psychological Bulletin*, 112, 536-552.

278. Overbeck, J. R., Tiedens, L. Z. & Brion, S. (2006). The powerful want to, the powerless have to: Perceived constraint moderates causal attributions. *European Journal of Social Psychology*, 36, 479-496.

279. Oyserman, D. & Lee, S. W. (2008). Does culture influence what and how we think? Effects of priming individualism and collectivism. *Psychological Bulletin*, 134, 311-342.

280. Palmer, E. J. (2000). Perceptions of parenting, social cognition and delinquency. *Clinical Psychology & Psychotherapy*, 7, 303-309.

281. Pearsall, M. J., Christian, M. S. & Ellis, A. P. J. (2010). Motivating interdependent teams: Individual rewards, shared rewards, or something in between? *Journal of Applied Psychology*, 95, 183-191.

282. Pendry, L. & Carrick, R. (2001). Doing what the mob do: Priming effects on conformity. *European Journal of Social Psychology*, 31, 83-92.

283. Pettigrew, T. F. (1998). Intergroup contact theory. *Annual Review of Psychology*, 49, 65-85.

284. Petty, R. E. et al. (1995). Elaboration as a determinant of attitude strength. In Petty, R. E. & Krosnick, J. A. (eds.), *Attitude Strength: Antecedents and Consequences*, (pp. 93-130). Hillsdale, NJ: Erlbaum.

285. Petty, R. E. et al. (2009). The need for cognition. In M. R. Leary & R. H. Hoyle (eds.), *Handbook of Individual Differences in Social Behavior*, (pp. 318-329). New-York Guilford Press.

286. Pickett, C. L., Silver, M. D. & Brewer, M. B. (2002). The impact of assimilation and differentiation needs on perceived group importance and judgments of ingroup size. *Personality and Social Psychology Bulletin*, 28, 546-558.

287. Pickett, W., Iannotti, R. J., Simons-Morton, B. & Dostaler, S. (2009). Social environments and physical aggression among 21,107 students in the United States and Canada. *Journal of School Health*, 79, 160-168.

288. Pillutla, M. M. & Chen, X. P. (1999). Social norms and cooperation in social dilemmas: The effects of context and feedback. *Organizational Behavior and Human Decision Processes*, 78, 81-103.

289. Postmes, T. & Spears, R. (1998). Deindividuation and antinormative behavior: A meta-analysis. *Psychological Bulletin*, 123, 238-259.

290. Quinn, D. M. & Crocker, J. (1999). When ideology hurts: effects of belief in the protestant ethic and feeling overweight on the psychological well-being of women. *Journal of Personality and Social Psychology*, 77, 402-414.

291. Raine, A. (1993). *The Psychopathology of Crime: Criminal Behavior as a Clinical Disorder*. San Diego, CA: Academic Press.

292. Raine, A., Lencz, T., Bihrle, S., LaCasse, L. & Colletti, P. (2000). Reduced prefrontal gray matter volume and reduced autonomic activity in antisocial personality disorder. *Archives of General Psychiatry*, 57, 119-127.

293. Raine, A., Stoddard, J., Bihrle, S. & Buchsbaum, M. (1998). Prefrontal glucose deficits in murderers lacking psychosocial deprivation. *Neuropsychiatry, Neuropsychology & Behavioral Metrology*, 11, 1-7.

294. Rand, D. G., Dreber, A., Ellingsen, T., Fudenberg, T. D. & Nowak, M. A. (2009). Positive interactions promote public cooperation. *Science*, 325, 1272-1275.

295. Rand, D. G., Greene, J. D. & Nowak, M. A. (2012). Spontaneous giving and calculated greed. *Nature*, 489, 427-430.

296. Range, F., Horn, L., Viranyi, Z. & Huber, L. (2009). The absence of reward induces inequity aversion in dogs. *Proceedings of the National Academy of Sciences*,

106, 340-345.

297. Reno, R. R., Cialdini, R. B. & Kallgren, C. A. (1993). The transsituational influence of social norms. *Journal of Personality and Social Psychology*, *64*, 104-112.

298. Rhee, S. H. & Waldman, I. D. (2002). Genetic and environmental influences on antisocial behavior: A meta-analysis of twin and adoption studies. *Psychological Bulletin*, *128*, 490-529.

299. Richardson, R., Hammock, G. S., Smith, S. M., Gardner, W. & Signo, M. (1994). Empathy as a cognitive inhibitor of interpersonal aggression. *Aggressive Behavior*, *20*, 275-289.

300. Riek, B. M., Mania, E. W., Gaertner, S. L., McDonald, S. A. & Lamoreaux, M. J. (2010). Does a common ingroup identity reduce intergroup threat? *Group Processes & Intergroup Relations*, *13*, 403-423.

301. Riggio, R. E. (2006). Nonverbal skills and abilities. In V. Manusov & M. L. Patterson (eds.), *The Sage Handbook of Nonverbal Communication*, (pp. 79-96). Thousand Oaks, CA: Sage.

302. Rind, B. (1996). Effect of beliefs about weather conditions on tipping. *Journal of Applied Social Psychology*, *26*, 137-147.

303. Rise, J., Sheeran, P. & Hukkelberg, S. (2010). The rule of self-identity in theory of planned behavior & meta-analysis. *Journal of Applied Social Psychology*, *40*, 1085-1105.

304. Ronay, R., Greenaway, K., Anicich, E. M. & Galinsky, A. D. (2012). The path to glory is paved with hierarchy when hierarchical differentiation increases group effectiveness. *Psychological Science*, *23*, 669-677.

305. Rosenberg, M. (1960). An analysis of affective-cognitive consistency. In Hovland, C. J. & Rosenberg, M. J. (eds.), *Attitude Organization and Change*. New Haven, CT: Yale University Press.

306. Rosenberg, M. (1979). *Conceiving the Self*. New York: Basic.

307. Rosenberg, S., Nelson, C., Vivekananthan, P. S. (1968). A multidimensional approach to the structure of personality impressions. *Journal of Personality and Social Psychology*, *9*, 283-294.

308. Ross, L., Greene, D. & House, P. (1977). The false consensus phenomenon:

An attributional bias in self-perception and social-perception processes. *Journal of Experimental Social Psychology*, *133*, 279-301.

309. Rotter, J. B. (1966). Generalized expectancies for internal versus external control of reinforcement. *Psychological Monographs: General and Applied*, *80*, 1-28.

310. Rowe, D. C., Almeida, D. M. & Jacobson, K. C. (1999). School context and genetic influences on aggression in adolescence. *Psychological Science*, *10*, 277-280.

311. Rubin, J. & Brown, B. (1975). *The Social Psychology of Bargaining and Negotiation*. NY: Academic Press.

312. Rubin, K. H. & Schneider, F. W. (1973). The relationship between moral judgement, egocentrism and altruistic behavior. *Child Development*, *44*, 661-665.

313. Rubin, Z. & Schlenker, S. (1978). Friendship, proximity, and self-disclosure. *Journal of Personality*, *46*, 1-22.

314. Rushton, J. P. & Campbell, A. (1977). Modeling, vicarious reinforcement and extraversion on blood donating in adults: Immediate and long-term effects. *European Journal of Social Psychology*, *7*, 297-306.

315. Rushton, J. P., Fulker, D. W., Neale, M. C., Nias, D. K. B. & Eysenck, H. J. (1986). Altruism and aggression: The heritability of individual differences. *Journal of Personality and Social Psychology*, *50*, 1192-1198.

316. Rushton, J. P. & Teachman, G. (1978). The effects of positive reinforcement, attributions and punishment on model induced altruism in children. *Personality and Social Psychology*, *4*, 322-325.

317. Safdar, S., Lewis, J. R., Greenglass, E. & Daneshpour, M. (2009). *An Examination of Proactive Coping and Social Beliefs among Christians and Muslims*, (pp. 177-196). New York: Springer.

318. Sakalli, N. (2002). Application of the attribution-value model of prejudice to homosexuality. *The Journal of Social Psychology*, *142*, 264-271.

319. Sally, D. (2001). On sympathy and games. *Journal of Economic Behavior & Organization*, *44*, 1-30.

320. Salter, J. D. (2005). *Designing and Testing a Prototypical Landscape Information Interface for Lay-people*. University of British Columbia.

321. Sampson, E. E. (1988). The debate on individualism: Indigenous psychologies of

the individual and their role in personal and societal functioning. *American Psychologists*, 1, 15-22.

322. Sarason, I. G., Sarason, B. R., Pierce, G. R., Shearin, E. N. & Sayers, M. H. (1991). A social learning approach to increasing blood donations. *Journal of Applied Social Psychology*, 21, 896-918.

323. Schaller, M. & Cialdini, R. B. (1988). The economics of empathic helping: Support for a mood management motive. *Journal of Experimental Social Psychology*, 24, 163-181.

324. Schultz, P. W., Khazian, A. M. & Zaleski, A. C. (2008). Using normative social influence to promote conservation among hotel guests. *Social Influence*, 3, 4-23.

325. Schwartz, S. H. (2009). Culture matters: National value cultures, sources, and consequences. In R. S. Wyer, C-y. Chiu & Y-y. Hong (eds.), *Understanding Culture: Theory, Research, and Application*, (pp. 127-150). New York: Psychology Press.

326. Scott, S. G. & Bruce, R. A. (1995). Decision-making style: The development and assessment of a new measure. *Educational and Psychological Measurement*, 55, 818-831.

327. Sears, D. O. (1998). *Racism and Politics in the United States*.

328. Sedikides, C. & Brewer, M. B. (2001). *Individual Self, Relational Self and Collective Self*. London: Psychology Press.

329. Sedikides, C., Gaertner, L. & Toguchi, Y. (2003). Pancultural self-enhancement. *Journal of Personality and Social Psychology*, 84, 60-79.

330. Selye, H. (1974). *Stress without Distress*. Philadelphia: Lippincott.

331. Seligman, M. E. P. (1975). *Helplessness: On Depression, Development, and Death*. San Francisco: Freeman.

332. Shapka, J. D. & KeaLina, D. P. (2005). Structure and chance in Self-Concept during Adolescence. *Canadian Journal of Behavioral Science*, 37, 83-96.

333. Shaw, J. I., Borough, H. W. & Fink, M. I. (1994). Perceived sexual orientation and helping behavior by males and females: The wrong number technique. *Journal of Psychology & Human Sexuality*, 6, 73-81.

334. Shaw, L. L., Batson, C. D. & Todd, R. M. (1994). Empathy avoidance: Forestalling feeling for another in order to escape the motivational consequences. *Journal of Personality and Social Psychology*, 67, 879-887.

335. Sherif, M. (1935). A study of some social factors in perception. *Archives of Psychology*, 22, 187.

336. Shook, N. J. & Fazio, R. H. (2008). Interracial roommate relationships: An experimental field test of the contact hypothesis. *Psychological Science*, 19, 717-723.

337. Shu-Chen, L. (2003). Biocultural orchestration of developmental plasticity across levels: The interplay of biology and culture in shaping the mind and behavior across the life span. *Psychological Bulletin*, 129, 171-194.

338. Sigall, H. & Aronson, E. (1969). Liking for an evaluator as a function of her physical attractiveness and nature of the evaluations. *Journal of Experimental Social Psychology*, 5, 93-100.

339. Silke, A. (2003). Deindividuation, anonymity, and violence: Findings from Northern Ireland. *Journal of Social Psychology*, 143, 493-499.

340. Simons, R. L., Lei, M. K., Beach, S. R., Brody, G. H., Philibert, R. A. & Gibbons, F. X. (2011). Social environmental variation, plasticity genes, and aggression: Evidence for the differential susceptibility hypothesis. *American Sociological Review*, 76, 833-912.

341. Singelis, T. M. (1994). The measurement of independent and interdependent self-construals. *Personality and Social Psychology Bulletin*, 20, 580-591.

342. Skitka, L. J. (1999). Ideological and attributional boundaries on public compassion: Reactions to individuals and communities affected by a natural disaster. *Personality and Social Psychology Bulletin*, 25, 793-808.

343. Smith, E. R. & Henry, S. (1996). An in-group becomes part of the self: Response time evidence. *Personality and Social Psychology Bulletin*, 22, 635-642.

344. Smith, P. & Waterman, M. (2003). Processing bias for aggression words in forensic and nonforensic samples. *Cognition and Emotion*, 17, 681-701.

345. Smith, P. & Waterman, M. (2004). Role of experience in processing bias for aggressive words in forensic and nonforensic populations. *Aggressive Behavior*, 30, 105-122.

346. Smith, P. & Waterman, M. (2005). Sex differences in processing aggression words using the emotional Stroop task. *Aggressive Behavior*, 31, 271-282.

347. Smith, S. L. & Donnerstein, E. (1998). Harmful effects of exposure to media violence: Learning of aggression, desensitization, and fear. In R. G. Geen & E. Donner-

stein (eds.), *Human Aggression: Theories, Research, and Implications for Social Policy*, (pp. 167-202). San Diego: Academic Press.

348. Snyder, M. & Campbell, B. H. (1982). Self-monitoring: The self in action. In J. Suls (eds.), *Social Psychological Perspectives on the Self* (Vol. 1). Hillsdale, NJ: Lawrence Erlbaum.

349. Spangler, W. D. (1992). Validity of questionnaire and TAT measures of need for achievement: Two meta-analyses. *Psychological Bulletin*, *112*, 140-154.

350. Spivey, C. B. & Prentice-Dunn, S. (1990). Assessing the directionality of deindividuated behavior: Effects of deindividuation, modeling, and private self-consciousness on aggressive and prosocial responses. *Basic and Applied Social Psychology*, *11*, 387-403.

351. Sprecher, S., Treger, S. & Wondra, J. D. (2013). Effects of self-disclosure role on liking, closeness, and other impressions in get-acquainted interactions. *Journal of Social and Personal Relationships*, *30*, 497-514.

352. Sprecher, S., Treger, S., Wondra, J. D., Hilaire, N. & Wallpe, K. (2013). Taking turns: Reciprocal self-disclosure promotes liking in initial interactions. *Journal of Experimental Social Psychology*, *49*, 860-866.

353. Sproull, L. & Kiesler, S. (1992). *Connections: New Ways of Working in the Networked Organization*. Cambridge, MA: MIT press.

354. Stangor, C. & Nelson, T. (2009). The study of stereotyping, prejudice, and discrimination within social psychology. *Handbook of Prejudice, Stereotyping and Discrimination*, 1-12.

355. Stapel, D. A. & Koomen, W. (2001). I, we, and the effects of others on me: How self-construal level moderates social comparison effects. *Journal of Personality and Social Psychology*, *80*, 766-781.

356. Stathi, S. & Crisp, R. J. (2008). Imagining intergroup contact promotes projection to outgroups. *Journal of Experimental Social Psychology*, *44*, 943-957.

357. Staub, E. (1991). Altruistic and moral motivations for helping and their translation into action. *Psychological Inquiry*, *2*, 150-153.

358. Stephan, W. G. & Finlay, K. (1999). The role of empathy in improving intergroup relations. *Journal of Social Issues*, *55*, 729-743.

359. Stephan, W. G. & Renfro, C. L. (2002). The role of threat in intergroup rela-

tions. In D. M. Mackie & E. R. Smith (eds.), *From Prejudice to Intergroup Emotions: Differentiated Reactions to Social Groups*, (pp. 191-208). New York: Psychology Press.

360. Stephan, W. G. & Stephan, C. W. (2001). *Improving Intergroup Relations*. Sage Publications, Inc.

361. Stewart, T. L., Latu, I. M., Kawakami, K. & Myers, A. C. (2010). Consider the situation: Reducing automatic stereotyping through Situational Attribution Training. *Journal of Experimental Social Psychology*, 46, 221-225.

362. Stires, L. (1980). Classroom seating location, student grades and attitudes: Environment or selection? *Environment and Behavior*, 12, 241-254.

363. Tafarodi, R. W., Kang, S. J. & Milne, A. B. (2002). When different becomes similar: Compensatory conformity in bicultural visible minorities. *Personality and Social Psychology Bulletin*, 28, 1131-1142.

364. Takagi E. (1991). Harvest behavior and communication in a resource dilemma game. *The Japanese Journal of Interpersonal Behavior*, 10, 11-20.

365. Tam, T., Hewstone, M., Kenworthy, J. & Cairns, E. (2009). Intergroup trust in Northern Ireland. *Personality and Social Psychology Bulletin*, 35, 45-59.

366. Tangney, J. P., Baumeister, R. F. & Boone, A. L. (2004). High self-control predicts good adjustment, less pathology, better grades, and interpersonal success. *Journal of Personality*, 72, 271-322.

367. Taylor, S. E. & Chermack, S. T. (1993). Alcohol, drugs, and human physical aggression. *Journal of Studies on Alcohol*, 11, 78-88.

368. Taylor, S. E., Crocker, J., Fiske, S. T., Sprinzen, M. & Winkler, J. D. (1979). The generalizability of salience effects. *Journal of Personality and Social Psychology*, 37, 357-368.

369. Testa, M. (2002). The impact of men's alcohol consumption on perpetration of sexual aggression. *Clinical Psychology Review*, 22, 1239-1263.

370. Tetlock, P. E., Peterson, R. S., McGuire, C., Chang, S. & Field, P. (1992). Assessing political group dynamics: A test of the group think model. *Journal of Personality and Social Psychology*, 63, 403-425.

371. Trafimow, D., Triandis, H. C. & Goto, S. G. (1991). Some tests of the distinction between the private self and the collective self. *Journal of Personality and Social*

Psychology, 60, 649-655.

372. Treno, A. J., Gruenewald, P. J., Remer, L. G., Johnson, F. & LaScala, E. A. (2008). Examining multi-level relationships between bars, hostility and aggression: Social selection and social influence. *Addiction*, *103*, 66-77.

373. Triandis, H. C. (1988). Collectivism vs. individualism: A reconceptualization of a basic concept in cross-cultural psychology. In G. K. Verma & C. Bagley (eds.), *Cross-cultural Studies of Personality, Attitudes and Cognition*. London: Macmillan.

374. Triandis, H. C. (1989). The self and social behavior in differing cultural contexts. *Psychological Review*, *96*, 506-520.

375. Triplett, N. (1897). The dynamogenic factors in pacemaking and competition. *American Journal of Psychology*, *9*, 507-533.

376. Tsui, A. S., Nifadkar, S. S. & Ou, A. Y. (2007). Cross-national, cross-cultural organizational behavior research: Advances, gaps, and recommendations. *Journal of Management*, 3, 426-478.

377. Tuinier, S., Verhoeven, W. M. A., & Van Praag, H. M. (1995). Cerebrospinal fluid 5-hydroxyindolacetic acid and aggression: a critical reappraisal of the clinical data. *International Clinical Psychopharmacology*, *10*, 147-156.

378. Turner, J. C., Oakes, P. J., Haslam, S. A. & McGarty, C. (1994). Self and collective: Cognition and social context. *Personality and Social Psychology Bulletin*, *20*, 454-463.

379. Turner, R. N. & West, K. (2012). Behavioural consequences of imagining intergroup contact with stigmatized outgroups. *Group Processes & Intergroup Relations*, *15*, 193-202.

380. Tversky, A. & Kahneman, D. (1973). Availability: A heuristic for judging frequency and probability. *Cognitive Psychology*, *5*, 207-232.

381. Twenge, J. M. (2008). Social exclusion, motivation, and self-defeating behavior: Why breakups lead to drunkenness and ice cream. In J. Y. Shah & W. L. Gardner (eds.), *Handbook of Motivation Science*, (*pp.* 508-517). New York: Guilford.

382. Van Lange, P. A., De Bruin, E., Otten, W. & Joireman, J. A. (1997). Development of prosocial, individualistic, and competitive orientations: Theory and preliminary evidence. *Journal of Personality and Social Psychology*, *73*, 733-746.

383. Verschueren, K., Marcoen, A. & Schoefs, V. (1996). The internal working model of the self, attachment, and competence in five-year-olds. *Child Development*, *67*, 2493-2511.

384. Vescio, T. K. Judd, C. M. & Kwan, V. S. (2004). The crossed-categorization hypothesis: Evidence of reductions in the strength of categorization, but not intergroup bias. *Journal of Experimental Social Psychology*, *40*, 478-496.

385. Vezzali, L., Capozza, D., Stathi, S. & Giovannini, D. (2012). Increasing outgroup trust, reducing infrahumanization, and enhancing future contact intentions via imagined intergroup contact. *Journal of Experimental Social Psychology*, *48*, 437-440.

386. Vinsel, A., Brown, B. B., Altman, I. & Foss, C. (1980). Privacy regulation, territorial displays, and effectiveness of individual functioning. *Journal of Personality and Social Psychology*, *39*, 1104-1115.

387. Wang, Q. (2001). Culture effects on adults' earliest childhood recollection and self-description: Implications for the relation between memory and the self. *Journal of Personality and Social Psychology*, *81*, 220-233.

388. Wang, X. T. & Johnson, J. G. (2012). A tri-reference point theory of decision making under risk. *Journal of Experimental Psychology: General*, *141*, 743-756.

389. Weiner, B. (1980). A cognitive (attribution)-emotion-action model of motivated behavior: An analysis of judgments of help-giving. *Journal of Personality and Social Psychology*, *39*, 186-200.

390. Weinstein, N. & Ryan, R. M. (2010). When helping helps: autonomous motivation for prosocial behavior and its influence on well-being for the helper and recipient. *Journal of Personality and Social Psychology*, *98*, 222-244.

391. Weisbuch, M., Ivcevic, Z. & Ambady, N. (2009). On being liked on the web and in the "real world": Consistency in the first impressions across personal webpages and spontaneous behavior. *Journal of Experimental Social Psychology*, *45*, 573-576.

392. Whatley, M. A., Webster, J. M., Smith, R. H. & Rhodes, A. (1999). The effect of a favor on public and private compliance: How internalized is the norm of reciprocity? *Basic and Applied Social Psychology*, *21*, 251-259.

393. Wheeler, L. & Kim, Y. (1997). What is beautiful is culturally good: The physical attractiveness stereotype has different content in collectivistic cultures. *Personality and*

Social Psychology Bulletin, *23*, 795-800.

394. White, H. R., Brick, J. & Hansell, S. (1993). A longitudinal investigation of alcohol use and aggression in adolescence. *Journal of Studies on Alcohol*, *11*, 62-77.

395. Wilson, T. D., Lindsey, S. & Schooler, T. Y. (2000). A model of dual attitudes. *Psychological Review*, *107*, 101-126.

396. Wohlwill, J. F. (1974). Human response to levels of environmental stimulation. *Human Ecology*, *2*, 127-147.

397. Wright, R. (1995). The biology of violence. *New Yorker*, 69-77.

398. Wright, S. C., Aron, A., McLaughlin-Volpe, T. & Ropp, S. A. (1997). The extended contact effect: Knowledge of cross-group friendships and prejudice. *Journal of Personality and Social Psychology*, *73*, 73-90.

399. Wrightsman, L. S., Oskamp, S. & Sigelman, C. K. (1977). *Social Psychology*. Brooks/Cole Publishing Company.

400. Wu, Y., Zhou, Y., van Dijk, E., Leliveld, M. C. & Zhou, X. (2011). Social comparison affects brain responses to fairness in asset division: An ERP study with the ultimatum game. *Frontiers in Human Neuroscience*, *5*, 131.

401. Yang, Y., Chen, M., Chen, W., Ying, X., Wang, B., Wang, J. & Kolstad, A. (2010). The effects of boundary-permeated self and patriotism on social participation in Beijing Olympic Games. *Asian Journal of Social Psychology*. *13*, 109-117.

402. Zajonc, R. B. (1965). Social facilitation. *Science*, *149*, 269-274.

403. Zajonc, R. B. & Sales, S. M. (1966). Social facilitation of dominant and subordinate responses. *Journal of Experimental Social Psychology*, *2*, 160-168.

404. Zimbardo, P. G. (2007). The human choice: Individuation, reason, and older versus deindividuation, impulse, and chaos. In W. J. Arnold & D. Levine (eds.), *Nebraska Symposium on Motivation* (*1969*, *Vol. 17*, *pp. 237-307*). Lincoln: University of Nebraska Press.

405. Zucker, G. S. & Weiner, B. (1993). Conservatism and perceptions of poverty: An attributional analysis. *Journal of Applied Social Psychology*, *23*, 925-943.

406. Zuckerman, M. (1979). *Sensation Seeking: Beyond the Optimal Level of Arousal*. Hillsdale, NJ: Erlbaum.